# 전문서비스경영

## Professional Service Management

김진한

박영사

# 머리말

전문서비스는 노동 집약과 상호작용, 고객화의 수준이 높은 서비스를 의미한다. 그 특징에 기초하여 의사, 변호사, 회계사, 경영컨설턴트, 교수, 감정평가사, 경영컨설턴트, 세무사, 관세사, 광고대행사, 건축사, 디자인 엔지니어, 헤드헌터, 채용전문가, 패션디자이너, 재무설계사, 투자은행원, 미디어제조업자, R&D 연구원, 소프트웨어엔지니어, 사회복지사와 교육컨설턴트 등이 이 서비스를 수행하는 사람들에 포함된다.

우리나라의 전문서비스는 국가 경제를 지탱하는 중추로써 계속 발전하여 왔다. 과거에는 전문성에 기반한 고수익 창출과 전문직에 대한 전통적 선호에 기초하여 전문서비스는 앉아서도 돈을 벌었기 때문에 전문서비스에 대한 경영부문의 관심은 수동적이었다. 그러나 시장개방과 자율규제의 도전으로 인해 이제는 전문서비스 기업도 적극적인 경영관리가 필수 사항으로 요구되고 있다. 전문서비스에서도 광고와 브랜딩 도입, 인재 확보와 관리, 학습과 지식에 기반을 둔 기업형 조직으로의 변신, 블록체인과 AI기술의 적용, 고객접점 관리 강화, 국제화의 도전 등의 현상이 이제 전문서비스 분야에서 보편적이 되고 있는 것이다.

전문서비스는 한 국가의 경제에서 중요한 역할을 수행한다. 한 국가의 경제가 발전하기 위해서는 전문서비스에 의해 수행되는 정보제공, 문제해결, 행복추구 등과 같은 경제활동의 지원을 촉진하는 서비스가 필수적으로 건전하고 정확하게 실행되어야 한다. 나아가, 높은 상호작용과 고객화 수준이라는 특성으로 인해 전문서비스는 경영학분야에서 중요한 관심의 대상이 될 수밖에 없다. 그럼에도 불구하고 전문서비스를 주제로 한 교재는 저자가 알기로는 세계적으로 하나 정도에 그치고 있다. 이러한 현상은 저자로 하여금 전문서비스경영이라는 교재를 집필하게 된 주요 동기가 되었다.

본서는 전문서비스경영을 위한 거의 모든 주제를 포함하고자 하였다. 주요 내용으로는 전문서비스의 개념과 특징에서 시작하여 중요성과 진화 과정을 통해 기본적인 전문서비스의 개념을 제시하였다. 이후, 전문서비스에서 가치를 창출하는 방안을 제안하고 성공적 관리를 위한 전략과 접점관리를 설명하였다. 이러한 내용에 토대하여 구체적인 경영기능의 관점에서 전문서비스의 조직, 지식과 학습, 인적자원, 운영, 품질, 마케팅, 혁신관리를 위한 여러 가지 이슈들을 소개하였다. 마지막으로, 전문서비스를 이야기하는 데 빠질 수 없는 주제인 최신 기술의 적용과 국제화 이슈가 제시되었다.

본서는 다음의 특징을 갖고 있다. 첫째, 본서는 전문서비스와 관련된 여러 내용을 가급적 모두 포함하고자 하는 시도로 준비되었다. 이렇듯 다양한 주제를 포함시킴으로써 본서는 독자가 전문서비스경영의 광범위한 내용에 대해 전반적으로 이해를 하는데 큰 도움을 줄 수 있을 것으로 저자는 생각한다. 둘째, 본서에서 일부 내용은 조금 장황하리만큼 자세히 설명하려 노력하였다. 그 이유는 전문서비스경영에 대해 참고할만한 교재가 거의 없기 때문에 일부 내용의 중복이 발생하더라도 독자들이 이 교재만 읽고서도 기본 개념을 이해할 수 있도록 자세히 설명하였다.

이 교재가 출판되기까지 많은 분들의 도움이 있었다. 이 책의 출판을 위해 많은 도움을 준 박영사 임직원분들께 감사드린다. 마지막으로 저를 위해 한없는 희생을 해주신 부모님께 감사의 마음을 전한다.

2023년 2월
자택에서 저자 씀

# 목차

## ◆ 1장   전문서비스의 개념과 특징 · 3

## ◆ 2장   전문서비스의 중요성과 진화 · 39

# ◆ 3장   전문서비스에서 가치창출 · 67

## ◆ 4장 　전문서비스 전략 · 107

## ◆ 8장　　전문서비스 인적자원관리 · 235

## ◆ 14장　전문서비스와 기술 · 463

# 1

## 전문서비스의 개념과 특징

#  전문서비스의 정의와 유형

## 1.1. 통계청의 정의와 분류

통계청에 의하면 전문서비스(professional service)는 법률자문 및 대리, 회계기록 및 감사, 광고대행, 시장조사 및 경영컨설팅 등과 같은 전문적 서비스를 제공하는 산업활동을 말한다. 또한, 통계청에서 정의한 '한국표준산업분류'에 의하면 최상위에 '전문, 과학 및 기술서비스업'이 존재하고 그 하위에 '연구개발업', '전문서비스업,' '건축기술, 엔지니어링 및 기타 과학기술서비스', '기타 전문, 과학 및 기술서비스업'이 존재한다. 특히, '전문서비스업'에는 법무관련 서비스업, 회계 및 세무관련 서비스업, 광고업, 시장조사 및 여론조사업, 회사본부 및 경영컨설팅서비스업, 기타 전문서비스업이 포함되어 있다.

각 전문서비스의 주요 내용을 구체적으로 설명하면 다음과 같다.

### (1) 법무관련 서비스업

변호사업(변호사사무, 소송대리인, 공증변호인, 소송사건 법률상담 등), 변리사업(특허사무, 변리사사무, 저작권관련 법률사무, 비금융 무형자산 관련 법률사무 등), 법무사업(법무사사무, 등기관계 서류작성 대행, 공탁증서 작성대행, 사법기관 제출서류 대리작성 등), 기타 법무관련 서비스업(행정서류 작성대행, 여권서류 작성대행, 대서사무, 행정사 등)

### (2) 회계 및 세무관련 서비스업

공인회계사업(회계서류 작성, 감사, 조사 및 조정 등), 세무사업(조세에 관한 신고청구 등의 대리, 세무관련 서류의 작성, 세무상담 및 자문 등), 기타 회계 관련 서비스업(회계 기장 대리 및 상담, 부기전문 사무 대리 등)

### (3) 광고업

광고대행업(광고주를 대신하여 시장조사 및 광고기획, 광고물 제작, 매체선택, 매체와의 광고계약, 기타 라디오/텔레비전/신문/인터넷 광고 대행 등), 기타 광고업(옥외 및 전시광고업, 광고매체 판매업, 광고물 문안/도안/설계 등 작성업, 다양한 광고물 배포 등)

### (4) 시장조사 및 여론조사업

시장 및 여론조사에 관한 자료를 체계적으로 수집/도식화/분석하는 활동

### (5) 회사본부 및 경영컨설팅서비스업

회사본부(회사 또는 기업의 전략이나 조직 기획, 의사결정을 수행하고 소속 사업체의 운영을 통제하고 관리하는 사업단위로서 직접적인 산업 활동은 수행하지 않고 소속 사업단위를 관리 및 지원하는 산업 활동을 수행하는 본사 및 지사), 경영컨설팅업(일반경영자문, 전략기획부문, 특정부문 경영자문, 시장관리자문, 생산관리자문, 재정관리자문, 인력관리자문 등), 공공관계 서비스업(홍보자문, 홍보서비스, 로비활동, 정치자문 등)

### (6) 기타 전문서비스업

전문지식이 요청되는 서비스 제공과 관련하여 사업계획 수립, 전문인력 확보 및 조직관리, 회계관리 업무 등을 총괄적으로 수행하는 서비스산업 활동을 말한다. 부수적으로 지식재산권 취득 및 관리, 시장 및 여론조사, 자문 및 컨설팅, 기술이전 지원업무 등을 수행하는 산학협력담당 등

### (7) 건축기술, 엔지니어링 및 기타 과학기술서비스업

건축설계 및 관련 서비스업(건축사, 건축물 설계, 건축 상담 등), 도시계획 및 조경 설계서비스업(정원설계, 산업용토지이용 설계, 골프장 또는 스키장 설계, 조경 및 경관디자인, 국토개발 및 토지이용계획 설계 등), 엔지니어링 및 관련 기술서비스업(건물 및 토목엔지니어링서비스, 환경관련 엔지니어링서비스, 기타 엔지니어링서비스 등)

### (8) 기타 과학기술서비스업

기술 시험, 검사 및 분석업(식품/화학물/환경요인/대기오염/미생물/금속 및 광물 등의 품질성분 검사 및 분석업, 자동차품질/장비종합검사/비파괴검사 등의 기타 기술시험/검사 및 분석업), 측량, 지질조사 및 지도 제작업(측량업, 제도업, 지질조사 및 탐사업, 지도 제작업 등)

### (9) 기타 전문, 과학 및 기술서비스업

수의업(축산 및 애완동물병원, 수의서비스, 수의 관련 실험서비스, 동물관련 임상병리 및 구급 서비스), 전문 디자인업(인테리어, 제품, 시각, 패션디자인 등), 사진촬영 및 처리업(인물사진 및 행사용영상 촬영업, 상업용사진 촬영업, 사진처리업 등), 그 외 기타 전문, 과학 및 기술서비스업(매니저업, 번역 및 통역서비스업, 사업 및 무형재산권 중개업, 물품감정, 계량 및 견본 추출업, 의약품 조사처리, 농산물 방사선 처리, 식품조사 처리 등)

한편, '한국표준산업분류'에 의하면 본 교재에서 전문서비스로 분류될 병의원과 복지시설 운영업은 '보건업 및 사회복지서비스업', 대학 및 학원강사는 '교육서비스업', 소독/구충/방제/경호/여행 등의 서비스는 '사업시설관리, 사업지원 및 임대서비스업'에 구분되어 포함되어 있다.

## 1.2. 서비스 프로세스 매트릭스에 의한 정의와 분류

앞서 제시했던 통계청의 '한국표준산업분류'는 전문서비스의 특성을 이해하는 데 다소 어려움이 존재한다. 일반적이고 학술적으로 전문서비스를 정의하는 데 가장 많이 사용하는 방법은 Schmenner(1986)의 '서비스 프로세스 매트릭스(SPM: Service Process Matrix)'에 기초한다. 이 방식은 고객화의 수준과 고객접촉의 수준에 따라 〈표 1.1〉과 같이 서비스 유형을 2차원 방식으로 분류한다.

**표 1.1** 서비스 프로세스 매트릭스의 분류체계

| | | 상호작용과 고객화의 수준 | |
|---|---|---|---|
| | | 낮음 | 높음 |
| 노동집약의 수준 | 낮음 | 서비스공장<br>(service factory) | 서비스샵<br>(service shop) |
| | 높음 | 대량서비스<br>(mass service) | 전문서비스<br>(professional service) |

    이 매트릭스의 수직축은 노동집약의 높고 낮은 수준을 나타내고 수평축은 상호작용과 고객화의 높고 낮은 수준을 나타낸다. 이 두 차원하에서 높고 낮음이라는 두 가지 평가 기준을 각각 적용하면 총 네 개의 항목이 발생하고 그 항목들을 각 특성에 따라 정의할 수 있다. 여기서 노동집약수준은 설비와 장비의 가치에 발생된 노동비의 비율을 의미한다. 즉, 높은 노동집약은 상대적으로 작은 설비와 장비투자 혹은 노동시간, 노력, 비용에 대한 매우 높은 투자를 반영한다. 또한, 상호작용 혹은 고객화 수준은 고객이 서비스 프로세스에 능동적으로 참여 혹은 개입하는 정도를 의미한다. 즉, 개별 고객의 특정 선호를 만족시키는 것을 서비스 조직이 얼마나 지향하는지를 반영한다. 여기서 전문서비스는 높은 수준의 지식강도, 낮은 수준의 자본강도, 높은 고객관여, 광범위한 고객화의 관점에서 설명된다. 여기에 추가로 높은 수준의 전문화된 노동력이 고려되기도 한다.

    전문서비스는 매우 전문적인 노동력의 발전으로 등장하기 시작했다. 각 사회, 기업, 개인이 모든 것을 알 수 없기 때문에 소수의 전문가들이 구체적 스킬(skill)을 얻고 그들에게 서비스를 판매하기 시작하였다. 모든 선문서비스에서 시비스 활동의 본질이 노동력의 지식에 의존한다는 점에서 이 서비스는 매우 무형적(intangible)이라 할 수 있다. 또한, 접촉의 수준 관점에서 그들은 높은 수준의 고객화와 개별 고객니즈에 대한 관심을 갖고 다른 서비스 유형에 비해 상대적으로 높은 수준의 고객접촉 범위를 갖는다. 그러나 전문서비스를 이용하는 고객은 지식의 비대칭성으로 인해 서비스 제공자의 스킬수준을 평가하는 데 어려움을 갖는다. 따라서, 전문서비스의 무형적이고 복잡한 특성으로 인해서 고객이 서비스 제공자의 특성을 평가할 때 그 제공자의 명성이나 커뮤니케이션과 같은 신호(signal)를 자주 활용한다. 이처럼 관찰할 수 없는 특성을 신호에 의해서 설명한다는 이론이 전문서비스에 자주 적용되고 이 신호를 위해 중요하게 고려해야 하는 요소로서는 명성, 신뢰성, 관계품질 등이 있다.

## 1.3. 전문직, 전문서비스 업무, 전문서비스 기업

### (1) 전문가

전문서비스는 장기 훈련으로 얻어진 어떤 분야의 지식에 역량을 갖고 이 지식을 실무에 적용하는 스킬을 갖는 하나 이상의 사람들에 의한 서비스의 제공으로서 볼 수 있다. 전문가(professional)에게 전문가 집단은 어떤 행동 규칙, 전통, 전문적 윤리가 공유되는 중요한 준거 틀(reference frame)이다. 자신의 전문성과 스킬에 기반하여 전문가는 혼자 혹은 팀으로서 이미 주어진 솔루션이 존재하지 않는 매우 복잡한 문제를 다룬다.

여기서 전문가(혹은 전문서비스 제공자)는 전문화된 서비스를 제공하기 위해 특화된 스킬을 적용하는 사람(혹은 인력, 노동자)으로서 그 스킬은 명확하게 정의된 분야에서 지적이고 실무적인 훈련에 의해 획득된다. 또한, 이 전문가는 그 역량을 검증하고 역량과 행동의 표준을 규제하기 위한 시스템을 제공하는 관련 단체(대한변호사협회, 대한의사협회, 대한치과의사협회, 한국공인회계사회, 한국감정평가사협회, 한국세무사회, 대한건축사협회 등)에서 국가를 대신하여 인증을 하게 된다. 그러나 교수, 컨설턴트는 따로 협회의 인증을 필요로 하지는 않지만 정부가 인정하는 공식적인 교육기관의 학위가 요구된다.

### (2) 전문직

전문직(profession)은 독특한 문제를 해결하는 데 전문적 지식을 적용하는 전문가들의 직업 집단(예: 의사, 변호사)으로서 정의한다. 전문직은 특정 케이스(case)에 어느 정도 추상적인 지식을 적용하는 배타적인 직업집단이다. 그러나 이 추상적이 전문가에게 어떤 수준으로 추상적인가는 명확히 정의하기 어렵다. 전문협회, 전문시험, 전문면허와 같이 어떤 전문직에서 보여지는 요소들이 존재하나 그 요소들에 의해 전문직을 정의하는 것은 부적절할 수밖에 없다. 오히려, 전문가와 관련된 가장 중요한 특징은 특정 전문성 혹은 지식기반의 숙련성일 것이다. 여기에 전문서비스의 지식집약 정도를 강조할 수도 있다.

이 개념은 전문가에 의한 지식의 적용을 강조하고 있다. 결국, 전문직은 특화된 지적 연구와 훈련(예: 의사들의 학술활동과 수련)에 기초하고 수수료 혹은 임금을 위해 숙련된 서비스 혹은 상담을 제공하는 직업으로서 정의될 수 있다. 전문직은 지식체계에서 개발된 직업으로서 고객에게 서비스를 제공하기 위해 지식과 경험의 적용에 초점을 두고 그 서비스의 중요성으로 인해서 모든 서비스 활동은 특정 윤리강령에 기초하게 된다.

## (3) 전문서비스 업무

업무(practice)는 일반적으로 목적 혹은 결과를 달성하기 위해 수행된 정신적 혹은 육체적 노력을 포함하는 활동들로서 정의된다. 따라서, 전문서비스 업무(professional service task)는 고객의 문제를 해결하기 위해 전문성을 지닌 전문가에 의해 수행된 활동들로서 정의할 수 있다. 이 업무의 예로는 컨설팅 프로젝트, 의료 행위, 법률 소송, 감정평가, 설계도면 작성들을 들 수 있다. 나아가, 특정의 구체적 전문서비스 업무는 전문서비스 유형에 따라 법률과 의료분야는 케이스(case), 회계/세무/감정평가/건축설계분야는 프로젝트(project) 등으로 혼용해서 사용하기도 한다.

이 전문서비스 업무는 일반적으로 패키지 형태로 제공된다. 서비스패키지는 서비스제공품과도 유사한 개념으로서 이들의 개념은 다음과 같다(Roth & Menor, 2003).

① 서비스패키지

고객이 인식, 지불, 사용, 경험하는 유형과 무형의 편익의 결합을 의미하는 서비스패키지(service package)는 명시적 서비스, 암묵적 서비스, 지원시설, 정보, 촉진재화의 5개의 요소들로 구성되며, 최종적으로 고객의 경험 창출에 기여한다. 서비스 제공자의 관점에서 이 패키지는 함께 묶여져 판매됨으로써 제공품의 범위를 단순화시키고 운영에서 규모의 경제를 제공한다. 반면에, 구매자의 관점에서는 이 패키지가 함께 구매됨으로서 선택을 단순화시키거나 필요로 하지 않는 요소들을 추가로 지불하는 결과로 나타날 수 있다.

- 명시적 서비스(explicit service): 인간의 오감을 포함하여 감각적으로 쉽게 관찰할 수 있고 서비스의 핵심적, 본질적, 일차적 특징으로 이루어진 편익들을 의미한다. 치과병원에서 치아치료 후 치통의 해소, 변호사를 통한 무죄 입증, 세무사를 통한 정확한 세금신고 및 납부, 약사의 정확한 약 제공과 설명 등이 해당된다.
- 암묵적 서비스(implicit service): 고객이 단지 막연하게 감지할 수 있는 심리적 편익 혹은 서비스의 부수적인 특징들을 의미한다. 명시적 서비스와 달리 모든

고객이 그 편익에 공통적으로 공감하지 않고 각기 다른 심리적 평가를 내릴 수 있으며, 그 서비스를 구매하는 주요 목적이 아닌 특징들은 모두 암묵적 서비스에 해당한다. 치과병원에서 신뢰할 수 있는 비용청구, 변호사의 친절함, 대학교수의 취업 추천, 회계사의 이해할 수 있는 추가 설명, 약사의 질문에 대한 친절한 답변 등이 이에 해당한다.

- 지원시설(supporting facility): 서비스가 제공되기 전에 특정 위치에 있어야 하는 서비스 전달을 지원하는 유형의 물리적 자원들을 의미한다. 치과병원의 의자 및 의료시설, 로펌의 빌딩 및 회의시설, 대학교수의 연구실, 약국의 병원 인근 위치, 건축설계소의 독특한 건물 디자인 등이 이에 해당한다.

- 촉진재화(facilitating goods): 고객에 의해 구매되거나 소비된 재료 및 도구 혹은 고객에게 제공된 품목들이다. 치과병원에서 제공하는 교정칫솔/치간칫솔/금니, 대학교수의 교재, 경영컨설팅기업에 의해 제공된 고객이 추가적으로 요청한 시장동향보고서, 병원의 혈압 측정기 및 약국의 음료수 등이 이에 해당한다.

- 정보(information): 효율적이고 고객화된 서비스를 지원하기 위해 고객 혹은 서비스 제공자로부터 이용가능한 데이터가 이에 해당한다. 병원의 진료예약 및 비용납부 키오스크(kiosk), 약국에 등록한 환자의 복용 정보, 세무법인의 세금납부 및 수입기록, 대학교수의 학생상담 정보 등이 이에 해당한다.

② 서비스제공품

제공품은 사전적 의미로는 '판매 혹은 사용에 이용할 수 있는 어떤 것'을 의미하기 때문에 제품이건 서비스건 간에 판매 혹은 사용할 수 있는 모든 것은 제공품으로 불릴 수 있다. 기업은 재화, 서비스, 정보 등의 다양한 산출물을 만들고 있다. 이러한 재화와 서비스는 제공품에 결합되는데 여기서 재화, 서비스, 정보, 지원, 셀프서비스(self service)의 복잡한 꾸러미 혹은 묶음이 바로 서비스제공품(service offerings)이 된다. 예를 들어, 항공사가 제공하는 서비스제공품으로는 고객의 이동, 비행정보와 출발 및 도착시간, 음료수 및 음식과 신문, 화장실 이용 등 다양한 유형의 서비스가 꾸러미 형태로 제공된다. 그러나 전문서비스 기업을 대표하는 병원이 제공하는 주요 서비스로는 건강검진, 의사의 진료와 처방, 처방약, 입원 및 간호, 수술 서비스로써 유형의 제품보다는 무형의 서비스가 훨씬 더 많은 비중을 차지한다. 이처럼 전문서비스의 제공품은 다른 유형의 서비스보다 무형의 서비스가 상대적으로 큰 비중을 차지한다는 특성이 있다.

### (4) 전문서비스 기업

전문서비스 기업(PSF: professional service firm)은 고객에게 전문적 상담과 전문적 지식을 제공하는 지식집약적인 조직(예: 병원, 법무법인 혹은 로펌, 회계법인 등)이다. 그 조직의 핵심 자산은 설비와 장비가 아니라 직원(예: 주로 전문가)의 경험과 지식에 있다. 이 전문서비스 기업에 의해 제공된 서비스는 고객의 다양한 니즈(needs: 대부분의 고객이 명시적으로 표현하고 설명할 수 있는 요구사항에 초점)와 원츠(wants: 고객 자신도 명백히 잘 모르는 잠재적 요구사항에 초점)를 다루기 때문에 본질적으로 다양할 수밖에 없다.

세계적인 전문서비스 제공기업으로는 여러분이 이미 한번쯤 들어보았을 Deloitte Touche Tohmatsu Limited, PwC, Ernst & Young, Accenture, KPMG, Total SA, PowerChina, WPP plc, Omnicom Group Inc. and Jacobs Engineering Group Inc. 등이 있다. 한편, 시장점유율 기준으로 국내기업으로는 소위 5대 로펌으로 불리는 김앤장 법률사무소, 법무법인 태평양, 법무법인 광장, 법무법인 율촌, 법무법인 세종이 있고 소위 4대 회계법인으로는 PwC삼일회계법인, KPMG삼정회계법인, EY한영회계법인, Deloitte안진회계법인이 있다. 또한, 국내 경영컨설팅사로서 글로벌은 맥킨지, 베인&컴퍼터, AT커니, 글로컬(glocal)은 네모파트너스, 이연그룹, N-Platform, 로컬로는 KER컨설팅, 생산성본부, 능률협회, 표준협회, 회계법인으로는 삼일회계, 하나회계 등이 있다.


## 1.4. 비즈니스 서비스와 지식기반 서비스와의 차이

전문서비스와 유사한 개념으로서 대표적으로 비즈니스 서비스와 지식 서비스가 있다. 혼란을 막기 위해서는 이들과의 차이점을 명확히 정리할 필요가 있다.

### (1) 지식기반 서비스와의 차이

지식기반 서비스산업이란 지식을 집약적으로 생산, 가공, 활용하고 다른 산업과의 융합을 통해 높은 부가가치를 창출하는 산업으로서 소프트파워를 기반으로 제조업의 혁신을 지원하고 서비스산업의 고부가가치를 이끄는 핵심적인 기반산업으로 표현할 수 있다. 이 산업유형으로는 전문서비스를 포함하여 전자상거래, 영화 및 방송프로그램 제작, 정보서비스, 음악 및 기타 오디오 출판, 환경정화 및 복원, 도매 및 상품중개, 기술 및 직업훈련학원, 전시 및 행사 대행업 등이 포함된다. 이 분류는 산업통산자원부의 '산업기술분류표'에 근거한 것으로서 일반적인 지식서 비스산업의 범위이나 범위의 중복 문제가 발생한다. OECD의 경우에는 연구개발 (R&D: research & development)활동, 정보통신기술투입, 공급인력의 투입 및 활용도가 높은 서비스부문을 지식기반 서비스로 정의하고 있다. 결과적으로 본 교재에서 정 의한 전문서비스는 지식기반 서비스의 일부분에 해당하지만 가장 큰 비중을 차지 하고 있다고 볼 수 있다.

### (2) 비즈니스 서비스와의 차이

비즈니스 서비스는 법률, 회계, 컨설팅, 광고 및 시장조사, R&D, 엔지니어링, 전문디자인, 시설관리, 정보처리 및 컴퓨터 운영관련, 인력파견 등을 포함하는 고 부가가치 지식기반서비스업이다. '한국표준산업분류'와 한국은행 '국민계정'에서 모두 사업서비스업으로 부르고 있는데 본 교재에서 정의하는 전문서비스의 유형에 IT와 같은 기술적 서비스뿐만 아니라 문화서비스, 시설관리와 같은 기타 서비스도 포함한다. 이와 같이 비즈니스 서비스를 따로 분류한 이유는 이들이 서비스부문에 서 차지하는 비중이 높고 제조업에 중요한 부가가치를 창출하는 지원역할을 하기 때문이다. 결과적으로 본 교재에서 정의한 전문서비스는 지식집약적 비즈니스 서 비스에 초점을 두고 있다고 말할 수 있다.

# 2 전문서비스의 특징

전문서비스는 매우 다양한 방식으로 그 특징이 설명될 수 있다. 몇 가지 중요한 차원에 따라 그 특징을 다시 정리하면 다음과 같다.

## 2.1. 지식에 기초한 특징

### (1) 지식의 본원적 특징

의사, 변호사, 회계사, 감정평가사, 세무사, 관세사, 광고대행사, 건축사, 디자인엔지니어, 헤드헌터(headhunter), 채용전문가(recruiter), 패션디자이너, 보험중개인, 투자은행원, 경영컨설턴트, 미디어제조업자, R&D 연구원, 소프트웨어엔지니어, 사회복지사와 교육컨설턴트 등과 같은 전문가의 운영은 어떤 공통적인 특징을 보이고 있는가?

앞서 전문서비스의 정의와 유형에서 논의한 바와 같이 이 서비스에 대한 본원적 관점은 이들이 높은 수준의 고객관여, 광범위한 고객화, 지식집약, 낮은 수준의 자본집약을 내포한다는 것이다. 또한, 전문서비스 산업 간의 일부 차이에도 불구하고 그들은 모두 고객문제를 해결하기 위해 지식의 창출, 입증, 적용에서 특화된 기능과 역할을 담당하고 있다. 전문가는 복잡한 지식의 기반에서 고객에 대한 통제를 실행할 수 있는 상담가, 조언자, 자문가의 역할을 한다. 숙련성이 낮은 수준인 일반 노동자의 실무적 지식과는 달리 전문가는 많은 경험을 보유한 전문가의 높은 수준의 창의성, 자유재량, 실무적으로 정당화되는 상황별 지식 적용, 학술에 기반한 지식의 스톡에 크게 의존한다. 따라서, 전문서비스의 전달과 가치창출시 지식기반 (knowledge base)은 핵심이 되고 이 활동에서 중요한 두 가지 과정이 존재한다.

- 지식기반의 개발: 이 지식기반은 고객에게 제공될 어떤 유형의 서비스를 위한 토대이다. 전문서비스 기업에서 지식기반은 구체적 스킬을 갖는 전문가를 채용 (예: 인재스카웃), 프로젝트 업무 중 산업 내 선도고객으로부터 학습(예: 벤치마킹), 자체 연구를 통해 지식기반을 발전(예: 학술세미나)시킴으로써 창출된다.
- 전문서비스 전달: 고객의 특정 문제에 초점을 두어 일하도록 고객이 전문서비

스 기업과 합의하면 서비스 전달이 시작된다. 지식기반으로 대표되는 전문서비스 기업의 전문성은 서비스 프로세스의 '공동생산자(co-producer)'로서 관여하는 고객별로 조율되어야 한다. 이 고객화의 수준은 고객문제의 형태에 의존한다. 그 서비스 생산 프로세스의 산출물은 무형적이고 복잡한 지식으로서 결과되기 때문에 이것은 고객이 제공된 서비스의 품질을 평가하는 것을 어렵게 만든다.

### (2) 추가 특징

이러한 논의에 기초하면 전문서비스는 다음의 특징을 갖는 것으로 설명할 수 있다. 그것은 매우 지식집약적이고, 고도로 교육받은 사람에 의해 제공되고, 서비스를 제공하는 전문가에 의해 높은 수준의 고객화/상호작용/자유재량적 노력/개인적 판단이 포함되며, 그 서비스는 전문가의 행동규범의 틀 내에서 제공된다. 즉, 다음과 같은 전문서비스의 부가적 특징이 다시 정리될 수 있다.

- 전문서비스의 의사결정 프로세스는 고객이 문제를 정의하고 조언하는 데 서비스 제공자에게 더욱 많이 의존하는 서비스이다.
- 성공적으로 전문서비스를 제공하는 데 필요한 전문성(expertise)이 강조되어야 한다.
- 전문서비스의 복잡성으로 인해 구매 의사결정을 하는 데 고객의 어려움이 발생한다.
- 전문서비스를 구매자들이 평가하는 것이 매우 어렵다.
- 전문가는 공식적 고등교육을 통해 개발된 전문성을 보유한다.
- 전문서비스를 전달하는 데 전문적 판단이 이루어진다.
- 전문가는 인정된 그룹 정체성을 보유하고 자율적으로 규제하려 하며, 이러한 특성으로 인해 자신을 판매하려 하거나 시장 지향적으로 행동하지 않는다.

## 2.2. 서비스제공품에 기초한 전문서비스 특징

전문서비스가 전달하는 모든 서비스를 의미하는 제공품(offering)의 특징을 결정짓는 것은 전문서비스 운영관리의 이해를 구축하는 중요한 단계이다. 가령, 어떤 전문서비스에서 높은 수준의 고객 상호작용과 고객화가 존재한다면 이것은 상당한 프로세스 변동성을 창출할 수 있다는 의미이다. 유사하게, 전문서비스가 높은 수준의 지식집약적 판단에 의존한다면 이것은 다시 서비스 전달의 변동과 상대적으로 늘어난 프로세스 처리시간 모두에 영향을 미칠 것이다. 또한, 어떤 서비스 상황에서 적절한 행동을 안내하는 명시적인 외부 윤리강령과 암묵적인 규범을 전문가가 준수하는 수준은 내부적인 서비스품질 모니터링의 니즈와 관련비용을 줄이게 된다.

전문서비스가 제공하는 제공품은 서비스 프로세스 매트릭스 상에서 보통 높은 수준의 지식 강도, 낮은 수준의 자본 강도, 높은 고객관여, 광범위한 고객화의 관점에서 설명된다. 이러한 차원에서 본다면 다음의 세 가지 관점에서 전문서비스의 특징을 다른 서비스와 비교하여 더욱 구체적으로 강조할 수 있다.

### (1) 높은 수준의 고객관여

높은 수준의 고객관여(customer engagement)가 다른 서비스 유형과 전문서비스를 차별화시킨다. 이 특성이 서비스 전달 동안 고객이 존재하는 수준(예: 고객과 직접 대면접촉하지 않는 후방부서의 운영이 아니라 고객과 대면접촉하는 전방부서에서)을 의미할지라도 기술에 의한 커뮤니케이션의 성장은 이제 고객/제공자의 대면이라는 물리적 존재가 더 이상 어떤 상호작용의 결정적 요소가 아닐 수 있다는 것을 의미(예: 키오스크 주문, 챗봇에 의한 문제해결, 화상접촉 등)한다. 때문에 이 유형은 상대적인 상호작용 활동 또한 언급한다.

즉, 전문서비스는 고객과 제공자 사이에 폭넓은 대화(여기서 서비스 요구사항과 서비스패키지가 논의되고 설계)가 존재한다고 전제하기 때문에 매우 상호작용적이다. 이 높은 관여서비스 운영은 흔히 고객이 전달되는 것(예: 오퍼링, 패키지)의 수정을 요구하기 위해 서비스 프로세스에 고객이 능동적이고 적극적으로 개입하는 것을 허용한다. 그러나 높은 관여가 오히려 효율성의 감소를 초래한다는 점을 고려하면 서비스 제공자에게 상업적 압력(예: 효율성의 증가로 인한 이익증가)의 증가와 높은 수준의 고객참여는 양날의 칼(예: 대학병원의 3분진료와 같은 대량생산 대 개별맞춤형 서비스)일 수 있다.

서비스 제공자와 고객 사이에 강한 지식/정보 비대칭이 존재하는 상황에서 고객 역할은 일차적으로 문제진단 시 '정보 공급자'로서 작동하지만 상대적으로 수동적인 것으로 간주될 수 있다. 비록 이 참여 프로세스가 매우 긴밀한 상호작용 기간 (예: 컨설팅 프로젝트에서 데이터 수집 단계)을 포함할 수 있을지라도 이 시간은 일반적으로 시간이 제약될 수밖에 없고 총 상호작용은 평균적으로 매우 낮을 수 있다.

### (2) 전문서비스에서 고객화

관여와 상호작용성의 개념과 밀접하게 관련된 개념으로서 전문서비스제공품은 개별 고객에게 상당히 고객화된다. 그러나 그러한 분류는 실증적이라기보다는 이론적으로 도출된 차이일 뿐이다. 가령, Schmenner(1986)는 매우 고객화된 서비스 제공자의 한 사례로서 의사를 들었으나 다른 전문가들의 업무(예: 변호사, 회계사, 엔지니어)는 강력하게 규제표준과 규범에 의해 통제된다. 예를 들어, 회계업무는 한국회계기준과 국제회계기준 등과 같은 규정을 충족시켜야 한다. 이처럼 전문가에 의해 만들어진 모든 서비스가 반드시 높은 수준의 고객 영향을 포함하지는 않는다. 예를 들어, 법률 전문서비스 기업에서 많은 규제와 일상적인 특성(예: 표준계약, 선행사례, 계획절차, 채무상황에 대한 표준 접근법 등)은 서비스제공품이 고객화되는 수준을 제한할 수도 있다.

비록 전문서비스 유형에서 폭넓게 도입되지 않았을지라도 컨설팅과 같은 전문서비스 기업에서 운영 프랙티스에 대한 Maister(1993)의 세 가지 유형의 분류가 존재한다. 여기서 프로세스의 고객화에 따른 세 가지 유형은 '두뇌(brain)', '백발(grey hair)', '절차(procedure)'로서 '양-다양성'이라는 차원을 통해 그 유형이 해석될 수 있다. 즉, 높은 다양성을 보이나 작은 양을 갖는 업무는 두뇌 유형의 핵심 특징이고 백발 유형은 더 많은 양을 가지나 더 낮은 다양성으로 관리하기 위한 경험의 축적과 사용에 의존하며, 절차 유형은 가장 많은 양을 대상으로 하나 가장 낮은 다양성을 보이는 업무에 대해 적용된다. 따라서, 이들은 순서대로 각각 전문성(두뇌), 경험(백발), 효율성(절차)이 중요하게 되고 효율성에 기반을 둔 전문서비스의 경쟁력 강화를 위해서는 점차 두뇌에서 백발을 거쳐 절차로 진화하게 된다.

### (3) 전문서비스에서 지식과 자본집약

이미 여러 번 지적되었지만 전문서비스의 세 번째 본원적 특징은 그들이 다른 유형의 서비스 운영보다 더 지식집약적이면서도 덜 자본집약적이라는 것이다. 그 이유로 전문서비스는 지식자산(예: 전문가)에 대한 풍부한 투자를 필요로 하나 상대적으로 인프라와 설비에 대해서는 작은 투자(예: 많은 설비와 자본이 요구되는 병원은 예외)를 요구한다. 그러나 고객관여에서 논의한 것처럼 전문서비스의 아웃소싱 및 해외진출(offshoring)의 증가와 함께 상당히 증가된 서비스 기술에 대한 투자의 증가는 그러한 특징을 점점 회의적으로 여겨지도록 만든다. 상호작용적인 정보기술이 현재의 전문서비스 상황에서 넓게 퍼져있고(예: 병원정보시스템) 많은 컨설팅기업은 지식을 규명, 성문화, 저장하는 것을 지향하는 지식경영시스템의 열정적인 사용자들이다.

## 2.3. 구성요소에 따른 전문서비스 특징

전문서비스의 정의와도 관련이 있지만 전문서비스가 되기 위해서는 일반적으로 다음의 구체적 요소들이 갖춰질 필요가 있다.

- 신뢰(credence): 이 특징은 전문서비스의 품질이 고객의 전문서비스 소비 후에도 비전문가 혹은 고객에 의해 쉽게 평가될 수 없다는 이유에 의해 발생한다. 따라서, 고객은 서비스 제공자를 얼마나 신뢰할 수 있느냐에 따라 구매 의사결정을 하게 되고 이러한 특성은 전문서비스가 선택받기 위해 보유해야 하는 핵심적인 요소이다.
- 전문성(expertise): 고객이 어떤 서비스에 대해 인식하는 전문성을 의미한다. 이 요소는 신뢰를 초래하는 특성이다. 이 전문성은 다시 고객의 관점에서 '탐색(search)'과 '경험(experience)'의 두 가지로 분류할 수 있다. 탐색특징이 지배하는 경우에 구매 이전에 제품의 품질이 고객에 의해 인식될 수 있다는 것을 의미하고 경험특징은 사용 후에 고객에 의해 품질이 평가될 수 있다는 것을 암시한다.
- 평가(evaluation): 고객이 전문서비스를 평가하는 것은 매우 어렵다는 것은 자명하다. 서비스 제공자가 고객보다 우월한 전문적인 서비스 지식을 보유하고 있기 때문에 고객에 의해 서비스 자체와 그 성과를 판단하는 것이 실제로는 매우 어려운 일이다.
- 이질성(heterogeneous): 서비스가 서비스 제공자별로 다양할 것으로 기대하는지를 의미한다. 전문서비스 전달이 그 전달에 포함된 사람에 매우 높게 의존

하기 때문에 이러한 이질성은 당연하다. 예를 들어, 치과병원의 환자별 요구사항의 차이와 치과의사별 치료방식의 차이가 분명히 존재한다.

- 추천(referral): 서비스에 대한 개인적 추천의 중요성을 의미한다. 전문서비스의 구매자는 그 서비스에 대한 평가가 어렵고 신뢰가 중요하기 때문에 다른 서비스의 구매자들보다 높은 수준에서 이 추천방식을 사용할 것이다.

- 중요성(criticality): 서비스의 인식된 중요성이 서비스의 결정요소 중 하나이다. 따라서, 어떤 서비스가 고객에게 필수로서 고려된다면 그것은 전문서비스가 될 가능성이 높다. 예를 들어, 병원, 변호사, 회계사가 제공하는 서비스는 한 개인뿐만 아니라 기업, 나아가 경제에서도 필수적인 서비스이다. 하지만, 서비스가 중요한 것으로 고려되지 않는다면 대량서비스처럼 서비스의 가격이 더욱 중요한 것으로 인식될 것이다.

- 니즈 확실성(needs clearity): 구매자들의 전문서비스에 대한 니즈가 얼마나 확실한가를 의미한다. 사람들은 몸이 아플 경우에 흔히 어떤 전문서비스(예: 어떤 병원에서 어떤 치료를 받아야 하는지)를 사용해야 하는지를 확신하지 못한다. 따라서, 전문서비스의 구매자는 어떤 문제를 정의하고 자문(혹은 상담)을 받는 데 있어서 절대적으로 서비스 제공자에게 의존하게 된다.

- 광고(advertising): 사람들이 전문서비스에서 광고가 가치있는 것으로 고려하는지를 의미한다. 흔히 사람들은 전문서비스를 광고하는 것에 대해 부정적 태도를 취한다. 일반적으로 의료가 더 전문적이기 때문에 의사에 대한 광고는 변호사와 같은 다른 전문가들보다 훨씬 더 부정적으로 간주된다.

- 정직(integrity): 서비스 제공자의 인식된 정직성을 의미한다. 전문성을 뒷받침하는 것이 윤리강령이기 때문에 서비스 제공자의 정직성은 전문서비스의 필수 요소이다.

## 2.4. 기본 전제에 따른 전문서비스 특징

Empson et al.(2015)는 전문서비스 기업이 보유하는 모든 조직 특징을 네 가지 핵심 전제를 이용해 규정하였다.

## (1) 일차적 업무

전문서비스 기업은 그 업무에 의해 정의된다. 일차적으로 전문서비스 기업의 주 업무는 고객의 문제에 대해 고객화된 솔루션을 창출하는 데 전문가적인 지식을 적용하는 것에 있다. 어떤 지식집약적 조직은 그 전문화된 지식에 의해 정의되고 대부분의 조직은 어느 정도 고객화에 관여하나 전문서비스 기업은 배타적으로 고객의 문제를 해결하는 데 비즈니스의 초점을 갖는다. 나머지 세 가지 특징은 이 첫 번째 특징에 토대한다. 그것은 지식(knowledge), 지배구조(governance), 정체성(identity)이라는 추가적 특징으로 표현된다.

## (2) 지식

전문가의 지식은 지식과 숙련에 기반한 학습 프로세스를 통해 오랫동안 개발된다. 명문화된 지식에 대한 공식적 훈련과 함께(흔히 전문 학위와 전문 자격을 포함) 젊은 전문가들은 선배 전문가들이 고객과 상호작용하는 것을 관찰하고 경험함으로써 그 지식을 적용하는 방법에 대한 암묵적 지식을 학습하고 개발한다. 그 과정을 경험하는 동안에 그들은 향상된 고객 지식도 획득한다. 이러한 반복적인 상호작용과 관여를 통해 고객은 특정 전문가와 함께 신뢰기반 관계를 개발할 것이다.

## (3) 지배구조

전문서비스 기업은 일반적으로 전문가들 사이에 공유된 소유권과 이익을 갖는 파트너십(partnership)으로 특징된다. 반면에 최근 많은 전문서비스 기업들이 법적 형태에서 파트너십을 포기하는 반면에 일반 기업의 특징(특히, 광범위한 자율성과 임시권한의 포기)을 흔히 모방하기도 한다. 즉, 전문서비스 기업의 경영에 대한 외부규제의 증가와 전문화의 증가는 전문가의 자율성을 제한하고 전문가가 속한 전문서비스 기업의 권한을 강화하는 추세로 다시 바뀌기도 한다.

그럼에도 불구하고, 시니어(senior) 전문가들은 여전히 그들의 전문성을 적용하는 방법에 대해 세밀한 자율적 판단을 하도록 폭넓은 자율성을 제공받고 있다. 또한, 그들은 동료 중에서 리더(예: 법인대표)를 선택하거나 선발한다. 여기서 리더의 권한은 동료의 지지를 얼마나 많이 받는가라는 상황에 의존한다. 따라서, 리더는 중요한 의사결정을 위한 지지를 얻기 위해 조직 내 구성원들의 동의를 얻는 프로세스에 관여해야 한다. 만약, 전문가의 자율성과 권한이 제한되는 상황이라면 어떤 조직문화적 통제가 관리상 규제의 보편적 형태로 나타난다.

전문가들은 보통 대학을 졸업하자마자 전문서비스 기업에 합류하고 전문가와 조직규범에 의해 오랜 기간 사회화를 경험한다. 그들은 토너먼트(tournament) 방식의 승진 프로세스를 통해 기업 내에서 경쟁하고 생존한 사람들은 동료관계에서 많은 사람들과 밀집한(dense) 네트워크를 구축한다. 결과적으로 시니어 전문가들의 이 사회적 내재성(social embeddedness) 혹은 사회적 자본(social capital)은 전문가 동료에 대한 통제와 상호 모니터링이 문화적 통제에 의해 구축된 규범을 더 강화시키는 환경을 창출하도록 만든다.

### (4) 정체성

전문서비스에서 기업 정체성(전문가적과 조직적)은 세 가지 기능을 한다. 첫째, 전문가에게 자신의 조직과 전문직에 대한 강한 동일시는 어느 정도의 존재적 안정감을 부여한다. 업무가 매우 모호하고 업무환경이 안정적이지 않을지라도 지속적으로 많은 업무를 맡게 되면(심지어, 혹사한다는 표현까지 사용할 정도로) 이 동일시에 의해 전문가 자신이 그 조직 내에서 어떤 업무를 인내하는 것이 당연하다고 느낄 정도로 받아들이게 된다. 우리는 실제로 검찰, 병원, 회계법인 등 많은 전문서비스 조직에서 온정주의라는 표현이 사용될 정도로 이러한 일이 문제되고 있는 이야기를 자주 듣곤 한다. 둘째, 전문서비스 기업에서 정체성을 철저히 규제함으로서 전문가의 신념과 행동을 넘어서 전문가들이 조직적 및 전문가적 규범에 순응하도록 유도한다. 최근에, 전문가적 이상에 대해 전문서비스 기업은 다양성을 확보하려 노력(예: 워라밸(work-life balance, 조직보다 나 자신, 삶이 일을 따라가는 것이 아니라 일이 자신의 삶에 맞춰지길 바람 등))하고 있으나 그럼에도 불구하고 강력한 규범들은 전문가가 보고, 말하고, 옷입는 적절한 방식에 대해 집요하게 암묵적으로 강요하고 있다. 왜 전문가 집단이 스스로 자신의 조직을 보호하고 심지어 조직을 위해 자신을 희생하려고 하는지를 이제 이해할 수 있을 것이다. 셋째, 고객에게 보여주기 위해 도심 번화가의 높은 빌딩과 상업적 성공의 물질적인 상징(예: 고급 자동차, 고급 양복, 비싼 술 등)과 같은 엘리트 전문서비스 기업 정체성의 과시적인 요소는 높은 수준의 임금과 소득을 정당화하며 다시 고객이 자신의 조직을 선택함으로서 높은 품질의 전문서비스를 받을 거라는 것을 재보장하는 데 사용한다.

## 2.5. 전문서비스 운영과 관련한 특징

전문서비스가 운영되고 유지되는 방식에 초점을 둔 그 특징은 다음과 같다.

- 어떤 전문서비스 기업의 지식시스템은 가치있는 전문성을 제공하고 그 전문성으로 다른 기업의 시장진입을 제한한다.
- 전문가는 지식이 특정 케이스(혹은 프로젝트)에 적용되도록 문제와 업무를 다시 정의할 수 있는 능력이 중요하다.
- 전문가는 자격에 대한 특별한 요구사항을 통해 전문직에 대한 멤버십을 제한하는 교육수준과 전문가 사회 때문에 존재한다.
- 스스로 동기를 부여하는 전문가에 의한 개인적 판단과 자율적이고 독립적인 행동이 빈번하게 이루어진다.
- 자문적이고 문제지향적인 서비스의 제공이 이루어지고 이 전달의 성과는 다른 사람의 일에 밀접하게 영향을 미친다.

## 2.6. 이상적 전문서비스의 특징

전문서비스에는 다양한 유형이 존재할 수 있으나 이상적인 전문서비스는 산출물 특성, 생산 특성, 문화 특성이라는 세 가지 차원의 특징을 갖는 서비스를 말한다. 이상적이라는 용어가 사용된 것처럼 당연히 모든 전문서비스는 동일한 수준에서 이 이상적 유형과 반드시 일치하지 않을 것이다.

### (1) 산출물 특성
산출물은 다음의 특성을 지닌다.

- 최종 제품 이상이다. 그것을 실현하는 방법은 또한 산출물의 일부분이다.
- 제한된 수준에서만 보장된다. 전문가가 문제가 해결될 것이라는 것을 보장할 수 없다. 따라서, 전문적 조직이 고객과 맺는 관계는 결과를 위한 접촉이 아닌 노력을 위한 접촉으로서 특징될 수 있다.
- 매우 이질적인 특성을 갖고 표준화된 형태로 제공되기 어렵다. 각 서비스에 전문가의 의견이 요구된다.

- 유형의 요소가 거의 없다. 비록 산출물이 어떤 유형적 특징을 갖는 것이 사실일지라도(변호사가 문서와 계약을 작성, 컨설턴트가 보고서를 작성, 건축사가 설계도를 작성) 실제 서비스는 상담과 자문, 아이디어, 혹은 고객의 문제해결 프로세스에 기여하는 정보이다. 그렇기 때문에 유형의 요소는 작은 역할을 한다.
- 전달 이전에 수정될 수 없으나 생산 프로세스의 상호작용적 특징 때문에 전달되는 도중에 산출물의 일부분을 조정하는 것이 보통 가능하다.
- 저장될 수 없기 때문에 재고를 통해 공급하는 것이 불가능하다.

## (2) 생산 특성
- 매우 복잡한 문제를 갖는 특성으로 인해 주요 프로세스는 단지 제한된 수준에서만 표준화될 수 있다.
- 생산은 제품의 판매와 병행해 진행된다.
- 생산업체(즉, 전문서비스 기업)와 고객은 상호작용 방식으로 생산 프로세스에서 직접 접촉을 한다.
- 고객은 생산 프로세스에서 어떤 역할을 맡는다. 이 점에서 전문가는 고객과 역설적인 관계를 갖는다. 전문가가 중요한 투입물로서 고객에 의존하는 반면에 고객은 서비스 전문가의 지식과 스킬에 의존하기 때문이다. 이 지식과 스킬은 서비스 전문가에게 생산 프로세스에서 어떤 지배력의 토대를 제공한다.
- 생산은 매우 노동집약적이다.

## (3) 전문가의 문화 특성
- 전문가에게 자신이 소속한 조직보다 전문그룹과 동료들이 자신의 정체성을 구축하는 데 중요하다. 그들의 전문적 정체성은 조직의 정체성보다 더 중요한 것으로 보인다.
- 전문가는 가능한 한 작은 규제 및 조직 방해와 최소의 회의 및 관리업무를 선호한다. 그러나 기업에 대한 충성, 집단협력, 강한 조직문화, 새로운 전문가의 사회화, 제도적 헌신을 강조하는 전문가 조직에서 일하는 것을 선호하는 전문가들 또한 존재한다.
- 개인주의와 자율성의 관점에서 전문가는 그들의 업무를 수행할 때 높은 수준의 자유에 가치를 둔다. 그들은 통제받는 것을 원하지 않고 전문가로서 강한

개인적 업무배분과 계약 패턴을 갖는다. 그들은 자신을 생산된 산출물의 소유자로서 고려한다.

- 많은 전문가들은 자신의 전문적 경력에 도움이 되도록 자신의 서비스를 제공한다.

## 2.7. 의료 전문서비스 운영의 특징

의료부문의 전문서비스 운영은 세 가지 차별적 특징을 갖는 것으로 개념화될 수 있다.

### (1) 고객접촉과 고객화

Chase & Tansik(1983)의 고객접촉 모델의 분류는 의료전달을 순수 서비스로서 분류한다. 순수서비스는 생산이 고객의 존재 하에 수행되는 조직들(예: 의료, 레스토랑, 운송, 개인서비스)을 포함한다. 순수서비스의 핵심 특징은 주관적 성과표준, 전달편차의 부정확한 측정, 잘못 정의된 피드백 루프, 즉각적인 수정행동을 포함한다.

암묵적으로 서비스 기업은 '공동생산'을 위해 다음의 네 가지 상호의존적인 특징을 지니고 있다.

- 가치의 공동생산
- 성과의 이질성 대 동질성
- 서비스의 소멸성
- 서비스에서 고객의 분리불가능성

고객참여는 서비스 기업에 필수이나 제조기업에서는 덜 인식된다. 참여는 최소의 상호작용에서 높은 상호작용(공동창출)까지 다양할 수 있다. 그들의 참여수준이 증가할수록 고객은 생산역할을 떠맡을 수 있고(가치의 공동생산자로서) 산출물의 품질, 생산성, 가치에 영향을 미친다. 고객과 상호작용하는 전문서비스 운영은 독특하고 이질적인 고객을 위한 산출물의 창출 혹은 고객화로 나타난다. 가치있는 산출물의 이질적인 창출뿐만 아니라 전문서비스 운영은 이질적인 서비스 제공자들과 서비스 프로세스를 관리해야 한다.

마지막으로, 의료에서 전문서비스는 소멸성과 분리불가능성으로 특징된다. 많은 재료생산과 달리 의료 제공기관에 의해 만들어진 서비스는 동시에 생산되고 소비되어야 한다. 따라서, 고객은 생산/창출과 전달 프로세스에 참여하고 가치창출에 포함된 핵심활동으로부터 분리할 수 없게 되며, 공동생산자로서 관여된다.

## (2) 서비스 프로세스 변동

전문서비스 운영은 개별 서비스 제공자들의 판단이 서비스 전달에서 지배적 역할을 하는 상황을 갖는다. 이 상황은 느린 서비스 처리시간과 높은 수준의 서비스 프로세스 변동에 기여한다. 프로세스 변동의 다른 기여요인은 전문서비스 운영이 직면한 본원적 서비스패키지의 변동성에 있다. 가령, 엔지니어링 전문서비스 운영은 단일 장비의 기본 설치부터 빌딩의 완벽한 디자인을 포함하는 복잡한 프로젝트까지 다양한 프로젝트를 가질 수 있다.

의료서비스 전달에서 서비스 프로세스와 패키지의 변동은 많은 주체들(예: 환자, 간호사, 의사)이 가치 창출에서 여러 역할을 하는 '역할 모호성'으로 관찰될 수 있다. 물론 환자는 효과적 의료서비스 공급사슬의 최종 고객 혹은 수혜자이다. 그러나 그들은 또한 투입물로서 작용한다. 환자는 엔지니어링 전문서비스 운영과 같이 여러 형태와 크기로 다가온다. 어떤 한 개인의 질병은 안정적 상태가 아니라 응급 혹은 변화로 특징되는 것처럼 환자의 상태는 또한 동태적이다. 이것은 병원과 환자 사이에 매우 변동이 심한 수요와 개인화된 상호작용으로 결과된다. 간호사는 의사결정자이고 많은 재료(예: 주사기, 바늘, 식염수 등)의 최종 사용자이며, 내부 고객으로 고려될 수 있다. 그러나 간호사는 또한 환자에게 서비스 공급자로서 중요한 역할을 서비스한다. 마지막으로, 환자들이 투입물-산출물 변환 프로세스에서 일종의 재료이기 때문에 의사들이 치료를 위해 환자를 입원시킴으로서 병원에서 공급자로서 서비스한다. 한편, 의사는 환자들을 다른 병원으로 가도록 추천하는 의사결정을 하기 때문에 첫 번째 수준의 고객으로서도 작용한다. 또한, 의사는 진단 검사를 명령, 전문가 자문, 기타 서비스를 제공할 때 병원의 고객으로서 역할을 한다. 의료서비스 공급사슬 내 핵심 주체들 사이의 이 이중역할은 역할 모호성으로 결과되고 이것은 병원에서 수행된 서비스 프로세스의 변동에 기여한다.

### (3) 서비스 제공자에 대한 외부 영향

의료 전문가는 환자의 질병을 진단하고 치료계획을 결정하기 위해 병원에 전문화되고 보완적인 지식을 가져온다. 환자의 니즈에 관한 이 평가와 후속 의사결정은 심지어 비슷한 증상을 갖는 환자들에 대해 의료 서비스 전달에 사용된 재료에서 큰 변동을 가져올 수 있다. 이것은 불필요한 재고로 이어질 수 있고 대부분 병원의 비효율성을 창출한다. 궁극적으로, 의료서비스 전문가의 이 의사결정은 병원재료와 자원의 다른 소비 동인들과 함께 환자의 입원 기간, 핵심 성과지표에 영향을 미친다.

급성장하는 의료 지식과 의료서비스 전달의 복잡성으로 인해 의료 인력은 극단적으로 전문화되고 있고 전문가의 수는 다른 산업에서 볼 수 없는 비율로 계속 증가하고 있다. 간호사, 의사, 치료사, 영양사, 약사를 포함한 매우 광범위한 다양성을 갖는 의료 전문가들은 그들의 경력을 위한 준비로 전문화된 그리고 대부분의 경우에 최첨단의 학술적 훈련에 참여한다. 이 포지션들은 흔히 전문가 협회의 지속적인 교육과 멤버십 혹은 다른 지식 독점을 필요로 하고 이것은 서비스 제공자들에 의해 활용된 방법에 영향을 미친다. 이러한 지식 독점은 전문서비스 운영에서 병원 관리자의 영향을 최소화할 수 있는 전문가에 의한 방어의 한 방편이 된다.

## 2.8. 전문서비스에서 소비자의 의사결정 프로세스

전문서비스에서 소비자의 의사결정 프로세스는 일반적인 서비스에서 발생하는 소비자 의사결정 프로세스와 다른 차이들을 보인다. 중요한 차이점을 정리하면 다음의 〈표 1.2〉와 같다.

**표 1.2**    일반서비스와 전문서비스의 소비자 의사결정 차이점

| 고객의 의사 결정 프로세스 | 본원적 서비스 | 전문서비스 |
|---|---|---|
| 문제 인식 | – 구매자가 문제를 정의<br>– 제공자가 자문역할을 거의 하지 않음 | – 문제와 자문을 정의하기 위해 제공자에 의존하는 구매자 |

| 고객의 의사 결정 프로세스 | 본원적 서비스 | 전문서비스 |
|---|---|---|
| 탐색 프로세스 | – 탐색에 노력을 쏟으려는 의지가 상대적으로 작음<br>– 이용가능한 정보가 충분<br>– 광고의 사용<br>– 구매자가 경험을 보유 | – 많은 노력을 쏟으려는 의지 충분<br>– 이용가능한 정보가 불충분<br>– 광고를 거의 사용하지 않음<br>– 구매자는 추천과 같은 개인적 정보원을 활용 |
| 대안의 평가 | – 평가하는 대안이 많음<br>– 비교가 상대적으로 쉬움<br>– 평가기준이 알려져 있음 | – 평가하는 대안이 작음<br>– 비교가 상대적으로 어려움<br>– 평가기준이 알려져 있지 않음 |
| 선택 | – 상대적으로 명확 | – 매우 불확실 |
| 사용과 구매 후 평가 | – 산출물이 불확실하나 결과는 최소 영향<br>– 재작업이 가능 | – 산출물이 불확실하나 결과는 심각한 영향<br>– 재작업은 불가능하거나 바람직하지 않음 |

자료원: Hill & Neeley(1988)


이러한 특성들로 인해서 전문서비스는 본원적 서비스와 다른 형태의 관리가 필요하게 된다. 전문서비스의 소비자 의사결정 프로세스의 효과성을 향상시키기 위한 기본 전략은 다음의 〈표 1.3〉과 같다.


**표 1.3** 전문서비스에서 소비자 의사결정 프로세스의 효과성 향상 전략

| 전략 | 실행 |
|---|---|
| 이용가능한 외부 정보를 증가 | – 다른 전문가들에게 자격과 관련한 정보 제공<br>– 세미나, 출판을 통한 가시성 증가<br>– 고객에게 서비스를 요약하는 브로슈어(borchure) 개발<br>– 서비스와 가능 산출물을 설명하는 비디오 준비<br>– 추천 리스트를 제공<br>– 세부 정보를 제공하기 위해 대면 인터뷰 사용(예: TV 출연) |
| 소비자 의사결정 프로세스의 고객 통제를 확대 | – 서비스 디자인의 초기 단계에 고객을 포함<br>– 서비스 전달과 서비스 후 요구사항에 고객을 포함<br>– 서비스 종료 시점을 고객에게 제공 |

| 전략 | 실행 |
|---|---|
| 명확한 고객의 리스크를 축소 | – 리스크를 솔직하게 논의<br>– 리스크 감소 인센티브를 제공(무료 진행서비스를<br>  위한 방문)<br>– 실패의 회복과 보상 절차를 제공 |

자료원: Hill & Neeley(1988)

## 3 전문서비스 유형

### 3.1. 유형분류의 어려움

일반적으로 법률, 의료 및 헬스케어, 회계, 경영컨설팅, 자동차 정비, 패션 디자인, 종교, 건축 및 엔지니어링, 컴퓨터 관련, 광고, 금융 및 보험, 심리상담 및 치료, 안경제조, 세무, 물류 컨설팅, 출판 및 편집, 사회복지, R&D, 스포츠는 전문서비스로 불리는 대표적 사례이다. 하지만 교육, 은행, 주식투자, 기자, 미디어, 부동산 중개, 보석가공, 웨딩 플랜, 고급미용, 물리치료, 장례, 운전교육, 도서관, 명품수선, 인테리어, 백신접종 등도 전문서비스에 해당되는 지는 여전히 많은 논란이 되고 있고 다른 유형의 서비스 (예: 대량 서비스, 서비스 공장, 서비스 샵)로 분류하는 경우도 있다. 이러한 혼란과 예외는 여전히 전문서비스 개념의 불명확하고 다양한 관점의 정의에서 발생한다.

### 3.2. 세 가지 유형의 운영 프랙티스

이미 언급한 바와 같이 세 가지 유형의 운영 프랙티스를 설명하기 위해 두뇌 (brain), 백발(grey hair), 절차(procedure) 유형이 Maister(1993)에 의해 사용되었다. 비록 고전적인 양-다양성 특징에서 명시적으로 도출되지 않았을지라도 이 세 가지 유형은 단순하지만 폭넓게 해석될 수 있다.

- 흰머리 경험기반 기업: 낮은 다양성을 관리하기 위해 경험의 축적과 사용에 의존하는 많은 양의 업무

- 두뇌기반 전문기업: 높은 다양성과 작은 양의 업무
- 절차적 효율성 기반 기업: 낮은 다양성과 많은 양의 업무
이 다른 모형에 따라서 자원을 활용하는 다른 방식이 요구된다.

## 3.3. 기업의 자원기반관점에서 바라본 세 가지 유형

Lowendahl(1997)에 의하면 자원기반관점에서 전문서비스의 세 가지 분류가 이루어질 수 있다.
- 고객 관련기반 기업: 장기 고객에게 상대적으로 폭넓은 서비스 집합을 제공
- 창의적 문제해결기반 기업: 주어진 분야에서 전문가가 되는 것을 목적으로 하고 가장 독특하고 어려운 문제를 해결하는 것을 추구
- 기존 솔루션기반 기업: 상대적으로 낮은 가격으로 제공될 수 있는 표준화된 솔루션의 개발을 강조

## 3.4. 고객과 연결강도 및 혁신 특성에 기초한 분류

Smedlund(2008)는 전문서비스에서 발생하는 혁신을 설명하기 위해 특정 전문서비스 특유의 유형과 분류를 설명하는 매트릭스를 제안하였다. 그 매트릭스는 두 가지 차원인 혁신의 본질(점진적-급진적)과 고객과 연결의 강도(약한-강한)에 기초한다. 결과적으로, 〈그림 1.1〉과 같은 매트릭스는 전문서비스를 네 가지 항목인 운영적(operational), 실험적(experimental), 전술적(tactical), 높은 잠재력(high potential)으로 분류한다.

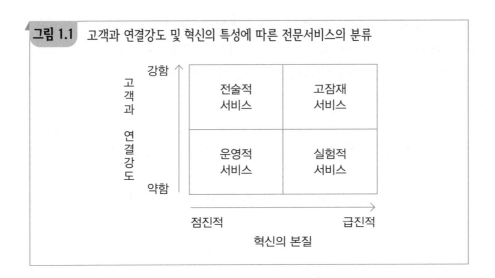

**그림 1.1** 고객과 연결강도 및 혁신의 특성에 따른 전문서비스의 분류

### (1) 운영적 서비스

이 유형의 전문서비스 기업은 사전에 결정된 형태로 서비스를 전달하고 고객과 관계는 상대적으로 약하다. 운영적 서비스는 시장에서 널리 알려져 있고 서비스 제공자와 고객의 양 당사자는 서비스가 포함하고 있는 것과 기대하는 결과를 이미 잘 알고 있다. 그 서비스는 명확히 규정되어 있고 서비스 전달은 규정된 프로세스와 운영을 따른다. 비록 그 서비스가 어느 정도 고객별로 고정되고 변동하지 않을지라도 전달 방법과 창출 프로세스는 뛰어난 효율성을 얻기 위해 지속적으로 향상된다.

그 예로는 건강검진, 감사, 회계, 금융서비스가 있다. 고객이 많은 유사 대안들 사이에서 선택할 수 있기 때문에 이 서비스에서 발생하는 이익의 크기는 작다. 이 서비스에서 혁신의 역할은 향상된 효율성으로 결과되는 기존 일상 루틴에 점진적이고 진화적인 변화를 도입하여 서비스의 이익을 증가시키는 것이다. 이 서비스에서 실패 리스크는 낮고 혁신은 혁신역량의 향상(competence-enhancing) 혹은 서비스 구성요소의 점진적 개선(incremental improvement)으로 설명될 수 있다.

### (2) 실험적 서비스

이 서비스는 높은 시장 불확실성 혹은 기술 불확실성을 포함한다. 이 서비스는 시장에 급진적으로 새로우며 특정 고객문제를 해결한다. 이 서비스에서 고객은 해결되어야 하는 니즈를 갖고 있으나 서비스 제공자는 이 니즈에 대해 이미 만들어진 솔루션을 갖고 있지 않다. 고객의 관점에서 실험적 서비스는 운영적 서비스와 유사하다. 그러나 제공자 관점에서 이 서비스는 서비스혁신이 급진적이고 높은 수준의 불확실성을 포함하기 때문에 심각한 리스크를 안게 된다.

이 서비스의 예로는 음성통신서비스(VOIP service)와 같은 웹 서비스가 있다. 고객은 전화를 통해 소통하는 니즈를 갖으나 전화의 근간을 이루는 기술은 서비스 제공자에 의해 혁신이 이루어진 새로운 서비스를 통해 급진적으로 변화하였다. 실험적 서비스는 급진적, 비선형적 혁신을 통해 높은 이익 잠재력을 갖기 때문에 이 유형의 서비스와 함께 일하는 전문서비스 기업은 기꺼이 그 리스크를 감수할 것이다.

이 서비스에서 전문서비스 기업은 준비된 서비스를 보유하지 않고서 고객에게 서비스를 판매한다. 이 사실과 고객이 R&D에 포함되지 않는다는 사실은 전문서비스 기업의 실패 리스크를 증가시키나 이익의 기회도 증가시킨다. 때때로 고객이 주문 시 그들이 운영적 서비스 유형을 주문한다고 생각할지라도 서비스가 고객을 위해 즉석으로 창출되기 때문에 이것은 자연스럽게 실패의 리스크를 증가시킨다. 이 서비스에서 실험의 리스크를 줄이는 전략은 기존의 기술을 혁신적인 방식과 결합하는 모듈적(modular) 서비스로 특정 고객니즈를 해결하는 것이다. 따라서, 실험적 서비스는 그 안에 아키텍쳐적(architectural) 혁신의 속성을 갖는다. 요양병원에서 기존의 대면서비스는 그대로 유지하되 서비스 로봇을 통해서 환자와의 대화, 약품전달 등의 일상적으로 발생하는 서비스를 교체하는 것이 이 사례에 해당한다.

### (3) 전술적 서비스

이 서비스는 서비스를 제조하는 운영적 특성과 강한 고객참여를 결합하기 때문에 전문서비스 기업의 현금줄(cash cow)이 된다. 이 서비스에서 고객은 성공적인 서비스 전달에 높은 관심을 보이나 전문서비스 기업은 일상 기반에서 서비스를 전달하기 위한 역량과 운영 프로세스를 개발하는 데 초점을 둔다.

이 서비스의 예로는 로펌, 웨딩서비스, 장례서비스가 있다. 이 유형의 서비스에서 고객은 서비스의 전달이 성공일지 확실히 하기 위해 추가요금을 기꺼이 지불할 의지를 갖는다. 전술적 서비스는 비즈니스 모델 혁신을 위한 여지를 남기고 이익은 헌신한 고객에게 서비스하는 새로운 방식을 고안함으로서 만들어진다. 그 이유로 관심이 단순히 서비스 전달의 효율성을 향상시키는데 있는 운영적 서비스의 혁신과 상당히 다르다. 전술적 서비스에서 이익의 크기는 고객에게 기존 서비스를 고객별로 맞추고 전달하는 더욱 효율적 방식을 달성하기 위한 비즈니스 모델 재설계로 더 향상될 수 있다.

### (4) 잠재 서비스

이 서비스는 급진적 혁신과 고객과 제공자 사이의 강한 연결을 통해서 발생한다. 이 서비스 내의 고객은 급진적으로 새로운 서비스가 혁신될 때 혁신의 리스크에 대해 자신이 감수해야할 부분을 인내할 것이다. 높은 잠재력(혹은 가능성)을 갖는 서비스는 미래에 고객과 전문서비스 기업 모두에게 편익을 제공할 것이다. 이러한 잠재력을 갖는 서비스가 미래에 전문서비스 기업과 고객 모두의 성과를 급진적으로 증가시킬 때 그 서비스는 기존의 서비스를 대체할 것이고 경쟁 서비스의 가치를 하락시킬 것이다. 기존 시장에서 이 유형의 파괴적 기술변화는 흔히 기존 비즈니스의 외부에서 도입된다.

그 예로는 소규모의 독립적인 유럽의 통신 운영기업에 의해 인터넷 붐(boom) 시기에 만들어진 SMS(short message service)가 있다. SMS 서비스는 통신 운영자들에게 결국 높은 이익을 만들어줬고 이 서비스의 지속적인 새로운 변화를 초래하여 관련 산업을 창출하였다.

## 3.5. 지식집약적 기업의 분류

Von Nordenflycht(2010)은 이분법적 전문서비스 기업의 표준을 제시하기 보다는 〈표 1.5〉와 같이 전문서비스 기업의 전문서비스 강도에 의해 그 유형을 분류하였다. 여기서 전문서비스 강도는 전문서비스 기업 전문성의 상대적 수준을 의미하고 세 가지 영역(지식집약, 낮은 자본집약, 전문화된 노동력)으로 측정된다. 다시 말하지만 지식집약은 기업의 산출물이 풍부하고 복잡한 지식체계에 의존하는 수준을 의미하고 낮은 자본집약은 기업의 산출물이 기계, 재고, 설비와 같은 비인적자산에 의존하지 않는 수준을 나타내며, 전문화된 노동력은 전문화된 지식기반에서 업무를 수행하고 그것을 통제하고 전문가 윤리강령에 서명한 직원들로 설명된다.

**표 1.4** 전문서비스 강도에 기초한 유형분류

| 항목(예) | 지식강도 | 낮은 자본강도 | 전문화된 노동력 |
|---|---|---|---|
| 고전적 PSF(법률, 회계, 건축) | ○ | ○ | ○ |
| 신PSF(컨설팅, 광고) | ○ | ○ | |
| 전문가캠퍼스(병원) | ○ | | ○ |
| 기술개발자<br>(바이오기술,<br>R&D연구소) | ○ | | |

결국, 전문성의 정의에 관한 모호성을 명확히 하고 분석을 위한 유용한 프레임워크를 제공하기 위해 지식집약적 기업들을 다음의 네 가지 계층으로 분류할 수 있다.

### (1) 고전적 전문서비스 기업(classic PSF)

높은 수준에서 위의 세 가지 특징을 보유한 로펌, 회계기업, 엔지니어링회사, 건축설계조직을 포함한다. 이에 대해서는 이미 많은 설명이 이루어졌다.

### (2) 전문가캠퍼스(professional campuses)

병원, 뉴스 통신사 등이 대표적 예이다. 병원은 전문 노동력을 활용하면서 그 프랙티스는 높은 수준의 지식집약을 필요로 하고 그들의 자본집약의 수준은 매우 높은 경향이 있다. 의사들은 공인되어야 하고 엄격한 전문적 표준을 고수해야 한다. 게다가, 그들의 업무는 전문가로서의 명성과 관련되고 그러한 명성을 얻기 위해 높은 수준의 전문성을 개발하는 것을 필요로 한다. 그러나 고전적 전문서비스 기업과 달리 병원은 높은 자본집약 수준을 수반한다. 의료 행위에 필요한 장비와 도구는 많은 양의 자본을 요구하고 이 요구는 노동력에 대다수 자본을 투자해야 하는 병원의 역량을 침해한다. 이 초과적인 자본요구는 흔히 조직 외부의 많은 투자를 필요로 하고 그 투자에 의해 외부에 의한 전문적 관리와 높아진 관료주의 수준으로 결과될 수 있다. 그 예로서, 대기업에 의해 설립된 대형병원 내 전문가들은 고전적 전문서비스 기업과 같은 수준의 높은 자율성을 누리지 못한다.

### (3) 신전문서비스 기업(Neo-PSFs)

전문가캠퍼스와 반대로 신전문서비스 기업은 높은 지식집약과 낮은 자본집약의 특성을 보이나 전문화된 노동력을 갖지 않는다. 이 유형은 특정 지식기반의 숙달과 개발에 매우 의존하는 컨설팅, 금융서비스, 헤드헌팅, 부동산중개, 광고기업에 의해 가장 잘 설명될 수 있다. 그들의 프랙티스는 높은 외부 투자와 많은 관리 부담으로부터 기업을 자유롭게 하고 설비와 도구에 낮은 자본지출을 요구한다. 그러나 신전문서비스 기업은 공식적으로 전문화된 노동력이 결여되고 이것은 그들의 전문성을 자율 규제하는 능력을 제한하여 결과적으로 그들의 자율성을 줄인다. 그들은 전문화된 노동력을 활용하는 전문서비스 기업에 의해 활용된 높은 인센티브 조건부 보상 프로그램을 활용할 수 없도록 만들기 때문에 기업가정신(entrepreneurship)의 일차적 동인 중 하나가 결여된다. 결과적으로, 이 유형은 고전적 전문서비스 기업보다 기업가정신에 덜 우호적인 환경을 갖게 된다.

### (4) 기술개발자(technology developers)

이 유형은 전문화된 노동력이 부족하고 높은 자본집약을 보유하기 때문에 가장 낮은 수준의 전문서비스 강도 수준을 보일 것이다. 일기예보 서비스 제공자, 바이오테크놀로지와 R&D 연구소와 같은 기술개발자들은 전형적으로 기본 업무에 필요한 자재와 설비에 많은 자본투자를 필요로 한다. 이 중후한 투자는 보통 많은 외부 관리와 감독을 초래하는 상당한 외부 투자에 의해서 이루어진다. 그 결과로 발생하는 외부 관리인력의 투입에 의한 관료주의 증가, 직원에 대한 모니터링, 공식적 통제 메카니즘은 그 기업의 기업가정신을 방해한다. 그러나 수행해야 하는 업무와 기술개발사들의 목표는 보통 높은 수준의 혁신과 창의성을 필요로 한다. 그들의 본질적 특성에 의해 그들은 신제품과 신기술을 창출하고 새로운 영역의 제품 및 서비스 개발을 추구한다. 따라서 이들은 낮은 수준의 전문서비스 강도에도 불구하고 강한 기업가정신 수준을 보일 것이다.

## 3.6. 산업과 기능적 전문화에 따른 유형분류

Brandon-Jones et al.(2016)에 따르면 전문서비스의 관리에 영향을 미치는 요소로서 기업의 전문성과 산업의 전문성이 고려될 수 있다. 기업의 전문성은 어떤 기업이 기능적/지식적 전문성을 중심으로 구조화된 수준을 의미하고 산업의 전문성은 어떤 기업이 산업/시장에 특유한 수준을 의미한다. 그 결과로 〈표 1.6〉이 제시되었다.

**표 1.5**  산업과 기능적 전문성에 의한 전문서비스의 유형분류

| | | 기능적 특화 | |
|---|---|---|---|
| | | 좁은 | 넓은 |
| 산업 특화 | 넓은 | 심오한 지식거래자 | 제너럴리스트 |
| | 좁은 | 수퍼스페셜리스트 | 시장지식거래자 |

### (1) 제너럴리스트(generalist)
다양한 스킬을 제공하고 폭넓은 시장에 서비스한다. 예를 들어, Boston consulting, PWC는 모든 산업분야의 모든 기능분야를 담당하는 고전적인 브랜드를 갖는 글로벌 컨설팅기업이다.

### (2) 슈퍼스페셜리스트(super specialist)
인적자원관리나 특정 시장세그먼트에서 거래와 같은 특정 기능적 역량을 다룬다. 예를 들어, 포스코경영연구원은 철강산업부문에 초점을 둔 컨설팅 기업이고 대항병원은 대장과 항문질환에 특화된 전문병원이다.

### (3) 깊은 지식거래자(deep knowledge trader)
기능적 전문화 수준이 다양한 시장 세그먼트들과 거래하는 데 충분히 강한 역량을 갖는 전문서비스 기업들이다. 예를 들어, Arthur D. Little은 기술경영, 네모파트너스는 조직 및 인적자원에 초점을 두어 전 산업에서 컨설팅을 수행하는 기업이다.

**(4) 시장지식거래자(market knowledge trader)**

어떤 특정 기능적 역량이 아니라 시장통찰, 경험, 명성에 기반하여 운영하는 전문서비스 기업들이다. 한국철강협회는 철강산업의 통계, 정보, 뉴스, 회원사 소식, 교육, 채용 등의 모든 분야를 담당하는 전문기관이다.

# 참고문헌

Brandon-Jones, A., Lewis, M., Verma, R. & Walsman, M.C. (2016), "Examining the characteristics and managerial challenges of professional services: An empirical study of management consultancy in the travel, tourism, and hospitality sector", Journal of Operations Management, 42-43, 9-24.

Chase, R.B. & Tansik, D.A. (1983), "The customer contact model for organization design," Management Science, 29(9), 1037-1050.

Empson, L., Muzio, D., Broschak, J.P., Hinings, B. (ed.) (2015), The Oxford Handbook of Professional Service Firms, Oxford University Press.

Hill, C.J. & Neeley, S.E. (1988), "Differences in the consumer decision process for professional vs. generic services", Journal of Services Marketing, 2(1), 17-23.

Lowendahl, B.R. (1992), Global Strategies for Professional Business Service Firms, Dissertation paper, University of Pennsylvania.

Maister, D. (1993), Managing the Professional Service Firm, Free Press.

Roth, A.V. & Menor, L.J. (2003), "Insights into service operations management: A research agenda", Production & Operations Management, 12(2), 145-164.

Schmenner, R.W. (1986), "How can service business survive and prosper?", MIT Sloan Management Review, 27(3), 21-32.

Smedlund, A. (2008), "Identification and management of high-potential professional services", Management Decision, 46(6), 864-879.

Von Nordenflycht, A. (2010), "What is a professional service firm? Toward a theory and taxonomy of knowledge-intensive firms", The Academy of Management Review, 35(1), 155-174.

# 2

## 전문서비스의 중요성과 진화

## 2장 전문서비스의 중요성과 진화

## 1 전문서비스의 중요성

### 1.1. 국내 전체 서비스 현황

#### (1) 경쟁력 현황

아래의 그림들은 우리나라 전체 서비스의 현황을 보여준다(자료원: The World Bank).

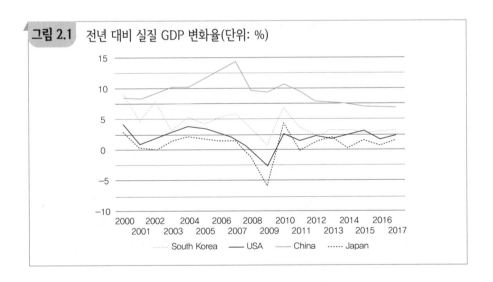

**그림 2.1** 전년 대비 실질 GDP 변화율(단위: %)

위에서 보듯이 실질 GDP의 연도별 변화율은 중국보다는 낮으나 다른 주요 국가와 유사하게 안정화 추세로 나타나고 있다. 여기서 실질 GDP는 우리나라의 소유에 상관없이 물가의 영향을 제외한 후 한 나라에 있는 노동, 자본 등 모든 생산요소를 결합하여 만들어낸 최종생산물의 합인 생산활동지표를 나타낸다.

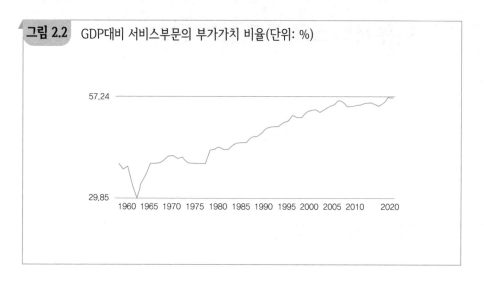

**그림 2.2** GDP대비 서비스부문의 부가가치 비율(단위: %)

한편, 우리나라의 GDP대비 서비스부문의 부가가치 비율은 1960-2020년 사이에 평균 46.77%로서 1964년 최소 29.85%에서 2019년 최대 57.24%를 차지하였으며, 총 168개 전 세계국가 중에서 75위 수준에 머물렀다. 하지만 서비스부문의 부가가치 비율은 점차 향상하는 추세이다.

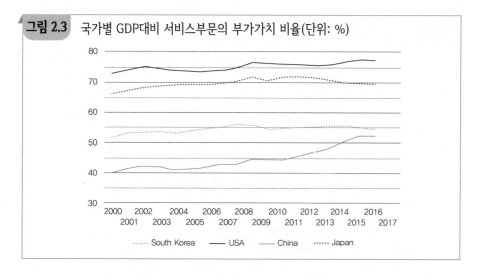

**그림 2.3** 국가별 GDP대비 서비스부문의 부가가치 비율(단위: %)

그러나 이러한 성장에도 불구하고 우리나라의 GDP 대비 서비스부문의 부가가치 비율은 중국보다는 높으나 미국과 일본보다는 낮은 수준으로서 경쟁력 향상을 위해 서비스부문의 부가가치 향상이 필요함을 직접적으로 보여주고 있다.

특히, 아래 〈그림 2.4〉와 같이 서비스의 부가가치 총액을 보면 이러한 현상은 더욱 분명히 나타난다.

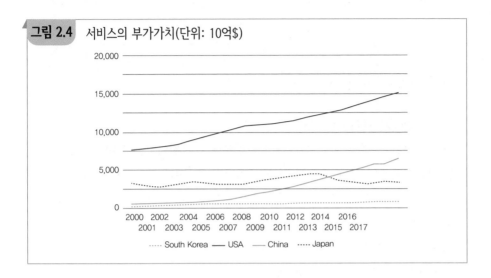

**그림 2.4** 서비스의 부가가치(단위: 10억$)

즉, 서비스부문의 부가가치는 네 나라 중에서 가장 낮은 수준으로서 서비스의 부가가치가 GDP 성장에 큰 문제가 될 수 있음을 암시한다.


## 1.2. 국내 전문서비스의 문제점

우리나라 전문서비스의 문제점으로는 다음의 사항들이 지적되고 있다.

- 낮은 생산성: 우리나라 전문서비스의 생산성은 노동생산성이 지속적으로 마이너스를 보이고 있고 선진국과의 격차는 계속 확대되고 있으며, 선진국 대비 전체 서비스부문의 노동생산성보다 낮은 수준으로 나타나고 있다.
- 영세성: 전문서비스의 소기업 비율이 80% 이상을 보이는데 특히 법률, 회계, 디자인, 광고 등의 소기업 비율이 타 업종과 선진국에 비해 높은 수준이고 1인당 매출액은 전체 서비스부문보다 낮은 수준이다.
- 전문가 부족: 특히, 우리나라 전문서비스부문의 학력수준은 전반적으로는 높으나 교육 및 금융보험업 등에 비해서는 상대적으로 낮은 수준이다. 특히, 컨설팅부문의 경우에는 체계적인 전문인력 양성기관이 부족해 글로벌 컨설팅 기업에서 실무경력을 쌓아 이동하는 경우가 많다.

• 내수시장의 부족: 작은 내수시장 규모로 인해 모든 전문서비스의 자생적 성장이 어려운 상황이다. 따라서, 전문서비스부문의 적극적인 해외 진출이 요구되지만 언어, 인지도, 프랙티스 부족 등의 문제로 인해 어려움에 처해 있다.

## 1.3. 전문서비스의 중요성

### (1) 경제에서 차지하는 규모

이전에 보던 자료와 달리 우리나라의 경우에 통계청의 전문서비스 분류가 일반적인 전문서비스의 정의. 유형과 다소 차이나기 때문에 정확한 통계자료를 제시하기 어렵지만 해외 주요 국가에서 전문서비스가 경제에서 차지하는 비중은 쉽게 찾을 수 있다.

최근의 전문서비스 산업에 대한 보고서는 세계 시장이 2021년 $6조400억에서 2026년까지 연평균성장률(CAGR) 9.6%로 $9조6510억까지 성장할 것으로 내다보고 있다(Business Research Compay, 2022). 또한, 미국에서 전문서비스 부문은 2019년 $1,000억 이상의 무역흑자를 창출하였고 930만명 이상이 이 산업에서 고용되고 있는 것으로 제시하고 있다(Bureau of Economic Analysis, 2020).

개별 기업의 관점에서, 규모가 큰 전문서비스 기업은 현재 글로벌 거대기업이 되었다. 예를 들어, 글로벌 빅4 회계기업 중 하나인 PwC(PricewaterhouseCoopers)는 거의 160개 국가에서 284,000명의 인력을 고용하고 있다. 이것은 McDonald의 글로벌 인력보다 많다. PwC는 또한 2019년 $424억의 총수익으로 3M과 Time Warner와 같은 포춘500대(Fortune 500) 기업보다 큰 총 수익을 창출하고 있다. 또한, 글로벌 경영컨설팅기업인 Accenture는 3M과 Time Warner과 유사한 시장가격을 보이고 있다. 이에 비해 법률, 엔지니어링, 건축부문의 개별기업은 비록 빅4 회계 혹은 글로벌 경영컨설팅기업보다 훨씬 작을지라도 규모, 복잡성, 글로벌 확장의 관점에서 빠르게 성장하는 중이다.

### (2) 전문서비스 역할의 중요성

한 국가에서 차지하는 전문서비스의 역할은 다양하다. 이 역할의 관점에서 전문서비스는 다음의 중요성을 갖는다.

- 비즈니스에서 관심의 증가: 역사적으로 전문서비스는 새롭고 급진적인 비즈니스 프랙티스의 확산 통로로서의 역할을 수행하고 있다. 그 예로서 컨설팅 기업 McKinsey에 의해 촉진된 M형 기업, 로펌 Wachtel에 의해 개발된 포이즌필(poison pill) 방어도구, KPMG와 관련된 비즈니스 리스크 감사가 있다. 또한 전문서비스 기업의 영향은 대중의 관심을 받은 여러 위법행위(예: 법무법인의 불법행위 관여, 회계법인의 부실감사 등)에 의해서도 관심을 받았다. 경영컨설팅과 법무법인과 같은 많은 전문서비스 기업들이 더욱 직접적으로 고객기업의 전략을 형성하고 실행하는 것에 참여하고 있기 때문에 이들은 최근 경제에 더욱 중요한 영향을 미치고 있다.

- 사회적 관심의 증가: 전문서비스 기업의 영향은 비즈니스 세계에만 영향을 미치는 것이 아니라 더 폭넓은 사회적 영역으로도 확장하고 있다. 예를 들어, 그들이 경제의 글로벌화와 금융화의 매개로서 자리잡고 있을 뿐만 아니라 정치력에도 영향을 미쳐 미국 대선과 의회선거의 최고 기부자 중 하나가 되고 있다. 더욱 구체적으로 그들은 공공서비스, 법률, 전문가 자격구조, 파산운영의 개혁에 앞장서고 있다. 그 결과, 그들은 우리 시대의 현저한 '제도적 대리인'(Scott 2008)으로서 평가받고 있다.

- 기타부문에서 관심의 증가: 전문서비스 기업은 인적자본을 개발하는 데 중요한 역할을 하며, 혁신적 비즈니스서비스 창출, 정부 기관의 재형성, 금융시장 규칙의 구축과 해석, 법률/회계/기타 전문적 표준의 설정을 담당한다. 게다가, 그들이 제공하는 높은 임금으로 인해 적절한 자격을 갖춘 많은 대학 졸업자들을 유인하고 있고 그 이유로 전문직은 채용과 승진 프랙티스를 통해 사회적 계층 패턴과 연견될 뿐만 아니라 사회적 이동성과도 연결된다.

- 혁신에 대한 영향: 전문서비스는 높은 가치의 제품과 서비스를 창출하는 데 공공 및 민간기업들을 지원함으로서 우리 사회에서 중요한 역할을 하는 중이다. 실제로 전문서비스는 특정 스킬 혹은 산업에 대한 전문적인 지식을 갖고서 기업이 아웃소싱을 통해 핵심 비즈니스 기능에 초점을 두도록 허용한다. 그들은 실제 유형의 제품뿐만 아니라 높은 수준의 고객관여와 고객화를 갖는 다양한 직업으로 구성된 스킬과 지식주도의 비즈니스 부문이기 때문에 제조부문이 성공하도록 지원하는 전문성과 아이디어를 판매한다.

- 지식경제에 대한 영향: 전문서비스는 경제에 대한 공헌과 빠른 성장의 관점에

서 오늘날의 지식경제에 중요한 주춧돌을 놓는다. 오늘날의 비즈니스와 기술 환경의 급격한 변화를 고려하면 전문서비스를 관리하는 것은 점점 더 어려워지고 있다. 그러나 이 변화는 새로운 것이 아니고 전문서비스는 이제 전문성으로 고려하는 서비스와 직업을 지속적으로 형성하는 동력의 결과이다. 주로 제조기업의 실제상황에서 도출된 전통적인 비즈니스 모델은 흔히 전문서비스 기업에서 운영하는 복잡한 개인 간 및 조직 간 동태성에 대한 통찰을 제공한다. 하지만, 전문서비스 기업의 특이성과 그들의 경영을 이해함으로서 학자들은 다시 더 많은 업무의 지식기반 형태를 수용하기 위해 더욱 전통적 조직 혹은 전통적 조직경영 모형에서 벗어나는 것을 시도하는 조직에게 더욱 심오한 통찰력을 제안할 수 있다.

● 대고객 서비스에 대한 영향: 전문서비스 조직은 더 빠르고, 더 저렴하고, 더 나은 서비스를 제공하도록 가치추구 고객으로부터 지속적인 압력을 받고 있다. 예를 들어, 정보통신기술은 복잡한 데이터에 대 정밀한 분석을 통해 전문서비스 업무의 본질을 변환시키고 있다. 이 시장과 기술적 동력의 결과로서 의사, 약사, 교수, 회계사, 변호사, 건축사의 업무에 중요한 변화가 관찰되고 있다.

● 타 서비스에 대한 영향: 기존의 서비스 분류는 대량 서비스와 반대의 의미로서 전문서비스를 정의하고 이것은 매우 고객화되고 효율성과 상충하는 것으로서 그 업무를 바라보도록 만들었다. 그러나 지식집약적인 형태의 고도로 고객화된 업무는 틀림없이 거의 모든 서비스 영역에서 존재한다. 점차 모든 서비스 유형이 대량서비스에서 고객화를 중시하는 전문서비스로 진화한다면 이 전문서비스의 여러 이론과 통찰이 다른 서비스 유형에도 중요하게 적용될 수 있을 것이다.

# 2  전문서비스를 둘러싼 환경

## 2.1. 과거의 전문서비스 환경

미국의 경우에 1960년대 이후부터 전문서비스 부문은 글로벌 경제의 중추로 성장하였다. 그러나 전문서비스의 성장은 2008년의 금융위기와 2019년 COVID-19 팬데믹의 영향으로 인한 경기하락에 의해 도전받고 있다. 1960년대 이후부터 현재 이전까지 전문서비스가 직면했던 주요 환경을 다음과 같이 요약할 수 있다.

- 더 나은 가치를 추구하는 고객으로부터의 가격 하락 압력
- 신규진입을 허용하는 탈규제화
- 표준화와 IT의 적용을 통한 서비스 상품화
- 저비용 경제(인도의 IT서비스 등)의 등장으로 경쟁의 증가
- 저비용 온라인 서비스를 제공하는 새로운 인터넷 기반 비즈니스 모델의 도입

## 2.2. 현재의 전문서비스 환경

전문서비스 기업을 둘러싼 현재의 환경 추세는 다음과 같이 정리될 수 있다.

### (1) 대고객 관계가 최우선순위가 됨에 따라 유능한 인재가 중요

전문서비스 기업이 경쟁자와 차별화된 고객 서비스를 제공해야 하는 중요한 압력에 대응하기 위해서는 고객의 요구를 충족시키도록 무한한 노력을 경주해야 한다. 비록, 업무와 일의 균형, 유연한 업무할당, 목적중심의 경력관리, 원격업무와 혼합업무 환경이 중요한 추세로 대두되고 있지만 아직 전 세계로 확산되지는 않았고 앞으로 계속 진행될 것이다. 따라서, 전문서비스 기업에게 이것은 중요한 도전환경이다. 이 서비스 제공자는 고객에게 고품질의 서비스를 제공하기 위해 고객 및 공급자들과 굳건한 커뮤니케이션을 위한 디지털 인프라를 구축할 필요가 있고 이를 뒷받침하는 탁월한 우수인재의 채용이 절대적으로 계속 중요한 이슈가 될 것이다. 최근에 회계법인은 외부감사법 개정으로 감사부문 인력이 증가하여 인재난이 더욱 가중되고 있다.

### (2) 업무문화

코로나 팬데믹 이후에 혼합과 원격업무가 일반적이 되고 있다. 전문서비스에도 이 영향은 크게 나타나고 있고 하나의 추세가 되고 있다. 또한, 전문서비스에서 전통적인 조직문화의 특징인 높은 자율성, 직원의 정신 및 감정적 건강의 우선시, 다양성(예: 새자본시장법에 의한 여성 법조인의 채용)과 다양한 세대를 강조한 업무공간 등이 더욱 중요해질 것이다. 또한, 직원의 재훈련을 통한 스킬의 향상이 강조될 것이며, 전문인력의 부족으로 인한 인력의 아웃소싱 이슈도 계속 중요하게 남아 있을 것이다.

### (3) 데이터 주도의 의사결정이 기업의 성장에 영향

전문서비스에서 디지털 트랜스포메이션(digital transformation)에 의한 디지털화, 자동화, 원격업무와 같은 새로운 업무방식이 가속화될 것이다. 더 많은 데이터애널리틱스(data analytics)가 위험을 낮춘 의사결정과 더 개선된 정보를 제공할 것이다. 나아가 이에 기초하여 운영에 대한 실시간 통찰을 얻을 수 있고 고객을 더 잘 이해하며, 비즈니스 모델에 변화를 초래하도록 만들 것이다. 현재 우리나라에서 '로톡'이라는 법률서비스 플랫폼에 대한 대한변호사협회와 변호사들 간의 가입 논란뿐만 아니라 세무회계 플랫폼인 '삼쩜삼'은 점차 전문서비스의 디지털 트랜스포메이션이 점진적으로 진행되고 있음을 보여주는 좋은 예이다.

### (4) 업무의 모듈화 및 자동화가 증가

전문서비스는 몇 가지 개별적인 구성요소들로 구분되고 전체로서 하나의 꾸러미(package)가 아닌 개별적으로 분리되어 판매되고 있다. 히지만, 많은 고객은 자택에서 스스로 실행할 수 있는 서비스 요소들을 선택하고 나머지 요소는 특정 서비스 제공자들에게 맡기는 것을 선호한다. 이러한 서비스 모듈화는 특히 전문서비스 기업의 특화를 더욱 강조하도록 유인한다. 예를 들어, 세무서비스에서 간단한 연말소득정산, 종합소득세신고와 같은 일상적인 업무는 자택에서 온라인으로 일반적인 세무서비스를 통해 이용할 수 있게 되었다.

전문서비스의 경쟁력을 향상시키기 위해서는 업무의 자동화를 통해 생산성과 효율성을 증대시켜야 하는 동시에 초개인화를 달성해야 한다. 여기에 효과적으로 대응하기 위해서는 블록체인(blockchain)과 인공지능(artificail intelligence), 챗봇(chatbot), 소셜 미디어(social media), 셀프서비스(self service) 옵션, 라이브 채팅(live chat), 메타버스(metaverse) 등에 기반한 24/7 대고객 서비스 제공 등이 필수적일 수 밖에 없다.

### (5) 차별화와 브랜딩

우리나라 법률산업은 2011년부터 글로벌화를 통한 법률서비스 산업의 경쟁력을 높이는 목적으로 시장을 개방하였다. 또한 2007년부터 국내 건축, 회계, 경영컨설팅, 소프트웨어 연구개발, 자동차 설계, 기술자문, 기계설치 및 보수시장도 단계적으로 개방되고 있다. 이러한 전문인력 시장의 개방은 이 부문의 경쟁의 심화를 초래하였고 다시 이러한 전문서비스 간의 경쟁심화는 자연스럽게 경쟁자들과의 차별화와 높은 수준의 전문서비스 브랜딩(branding)을 요구하게 될 것이다. 특히, 재능있는 우수 인재를 유치하기 위해서는 브랜딩을 늘 고려할 필요가 있고 이 브랜딩은 다시 전문서비스 기업이 제공하는 서비스에 대해 고객이 인식하는 품질을 높이게 된다.

 **3** **전문서비스의 도전 과제**

## 3.1. 전문서비스 관리자의 도전 과제

서비스 개념(service concept)은 서비스패키지로 알려진 암묵적/명시적 서비스, 촉진재의 꾸러미이다. 이 개념은 제공품의 핵심 내용뿐만 아니라 고객에게 전달되는 데 필요한 운영, 프로세스, 산출물에 대한 고객의 경험을 이해하는 것을 돕는다. 고객은 서비스를 구성요소의 집합이라기 보다는 하나의 경험으로서 간주한다.

서비스 개념은 서비스에 의해 제공된 경험을 설명하는 심상(mental picture)으로서 설명할 수 있다. 구체적으로 서비스 개념은 서비스, 서비스 전달, 서비스 소비의 본질에 대한 공유되고 명시적으로 표현된 이해로서 정의된다. 이 관점에서 서비스 실패는 전략적 의지와 고객 기대 사이의 불일치로서 설명될 수 있다. 결론적으로 서비스 개념은 경영, 직원, 고객관점 사이의 연결로서 간주된다. 이 관점에 따라서, 전문서비스의 세 가지 도전 이슈가 〈그림 2.5〉와 같이 도출될 수 있다(Beltagui et al., 2017).

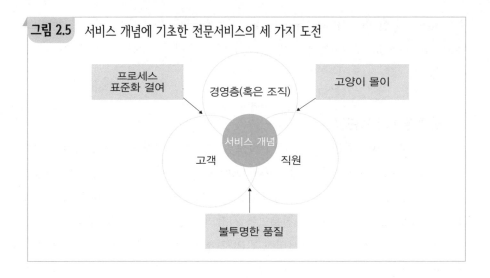

**그림 2.5** 서비스 개념에 기초한 전문서비스의 세 가지 도전

프로세스 표준화 결여

고양이 몰이

경영층(혹은 조직)

서비스 개념

고객

직원

불투명한 품질

전문서비스에서 높은 수준의 노동, 높은 수준의 고객화, 높은 수준의 고객접촉 이외에 추가적으로 고려될 수 있는 특징은 전문화된 노동력 즉, 전문가의 존재이다. 그러나 전문가의 지식, 윤리강령, 충성은 전문서비스 기업뿐만 아니라 그 기업 외부의 전문적 조직(예: 전문협회)과도 연결될 수도 있다는 것을 고려해야 한다. 이것은 전문서비스 기업의 지식기반과 핵심자원이 관리통제 범위의 외부에 놓일 수도 있다는 점을 의미한다. 또한, 전문서비스에서 정보 비대칭성은 고객과 관리자들이 전문가가 하는 것에 대한 이해가 매우 부족하다는 것을 의미하고 관리자들의 전문가에 대한 통제수준이 제약되기 때문에 그들이 목적을 규정할 수는 있지만 그 목적을 위한 수단을 규정하는 것은 전문가라는 점이 중요하다. 따라서 전문서비스 기업에서 전문가는 서비스 개념을 개발, 동의, 유지하는 데 핵심 역할을 한다.

이 특징은 전문서비스 기업의 관리자에게 세 가지 관련된 도전을 형성한다. 이세 가지는 고양이 몰이, 불투명한 품질, 프로세스 표준화의 결여로서 설명된다.

### (1) 고양이 몰이
전문서비스를 포함한 일반적인 서비스는 다른 사람들에 의해 각각 다르게 경험되는 프로세스(process) 혹은 여정(journey)으로 불린다. 물리적이고 객관적인 형태가 없는 서비스 상태에서 개인은 서비스에 대한 마음속 이미지 즉 심상을 형성한다. 이때, 전문서비스 기업의 도전과제는 관리자, 전문가, 고객의 심상이 서로 다를 때 발생할 수 있다.

고양이 몰이(cat herding) 도전은 관리자가 자신의 역할에 대한 심상이 자원(전문가를 포함)을 통제하는 데 있다고 보나 고객이 자신을 자율적인 주체로서 볼 때 발생하는 불일치로부터 발생한다. 고양이 몰이라는 용어는 실제로 개별 고양이를 하나의 무리로 모으는 것이 힘든 것처럼 본질적으로 통제할 수 없는 주체들을 통제하거나 조직화하려는 어려운 시도를 나타내는 은유이다.

전문서비스의 독특한 특징은 지식집약적 특성과 전문인재에 대한 의존성이다. 대부분의 조직에서 관리자들의 전략적 책임은 경쟁우위를 찾아 자원을 통제하는 것에 있다. 그러나 전문서비스 기업에서 핵심 자원은 관리자가 아니라 전문가에 의해 대부분 통제되는 지식이다. 그 지식은 암묵적이거나 조직 외부의 원천에서 조달된다. 따라서 전문가는 관리자의 당근과 채찍이라는 동기부여가 적절치 않다고 생각하며, 오히려 자신의 경력이 중요하고 이 경력을 매우 넓은 범위에서 고려한다. 전문가가 새로운 일자리를 찾을 때 자신의 재능에 크게 의존하기 때문에 관리자가 해고라는 단어까지 사용하며 자신의 말을 따르도록 전문가에게 위협을 가하는 것은 효과가 별로 없고 인센티브와 같은 보상은 전문가가 요구하는 비격식, 자율, 존경보다 낮은 차원으로 인식된다.

다른 기업과 달리 전문서비스 기업은 자원(예: 인재)이 매일 밤 엘리베이터에서 떠나도록 하고 그들이 아침에 돌아오기를 희망한다. 결과적으로, 이 기업은 계약에 토대한 전문가의 몰입(lock-in)은 약하지만 이 뛰어난 전문가에게 효과적으로 동기부여를 하기 위해 업무를 선택하는 자유(때때로 이익의 관점에서 보면 구속이 될 수도 있지만)를 지원한다. 전문서비스 기업의 전문가는 고객과 관계를 구축하고 유지하는 데 핵심이기 때문에 그들의 중요성은 실제 업무 환경에서 자율과 비격식을 더욱 중요하게 고려하도록 한다.

### (2) 불투명한 품질

불투명한 품질은 전문가와 고객 사이의 지식의 불일치에서 발생하는 심상으로 나타난다. 어떤 서비스의 품질은 고객이 경험하기 전에 평가하기 어려울 수 있다. 그러나 전문서비스 기업에서 서비스 개발과 전달 프로세스에 대한 고객이해의 결여로 인해 초래된 추가적인 대리인 문제(agent problem)가 발생한다. 패스트푸드 혹은 드라이클리닝과 같이 대량으로 생산된 서비스와 달리 의료와 법률과 같은 전문서비스 고객은 보통 원하는 산출물에 대한 이해가 부족하고 단순히 고객서비스에서 수월성만을 강조하는 것은 고객의 만족에 충분하지 않고 도움되지 않을 수도 있다. 고객이 전문서비스의 품질을 판단하기 위해 자신의 경험에서 실마리를 찾기 때문에 고객은 자신이 할 수 있는 것을 평가함으로써 볼 수 없거나 이해할 수 없는 것을 평가하려 든다. 예를 들어, 고객은 전문가의 옷차림과 말하고 행동하는 방식 혹은 전문서비스 기업이 입주한 건물의 디자인과 인테리어는 평가할 수 있기 때문에 이 평가로부터 전문서비스 품질의 실마리를 찾으려고 노력한다. 따라서 고객과 관리자들은 불투명한 품질의 도전에 직면한다.

### (3) 프로세스 표준화의 결여

전문서비스가 전달되는 프로세스 표준화의 결여로 인해서 관리자가 서비스의 본질을 완전한 고객화라기보다 표준화될 수 있는 것으로서 인식할 때 어려움이 존재한다. 전문가가 비슷한 생각과 지식을 갖는 동료들과 협력하고 새로운 도전에 직면하면서 그들이 문제를 해결하는 자극을 받게되고 그것에 가치를 부여한다. 이것은 관리자가 예외사항을 다루고 문제해결을 요구하는 반면에 전문가들이 업무의 표준운영절차(SOP: standard operating procedure)를 따라야 한다는 전통적인 조직계층 논리를 완전히 뒤바꾼다. 오히려 전문서비스 기업에서 표준운영절차는 효과적일 수 없고 도전적인 문제는 관리자가 아니라 전문가에 의해 해결되어야 한다. 이것은 결국 전문서비스 프로세스 표준화의 어려움이라는 도전으로 이어질 수밖에 없다.

## 3.2. 기타 도전 과제

이외에도 다양한 연구자들에 따라 여러 도전 과제들이 제안되었다.

### (1) Schmenner(1986)의 연구

전문적 운영은 비용압력, 품질유지, 전문가 경력관리, 서비스 프로세스에 고객의 개입에 대한 싸움이라고 하였는데 그 전문서비스의 특성으로 인해 다음의 추가적인 도전 이슈가 발생한다.

- 높은 상호작용과 고객화: 이에 해당하는 도전 이슈로는 비용절감, 품질유지, 서비스 프로세스에서 고객 개입에 대한 대응, 사람이 전달하는 서비스의 발전을 관리, 느슨한 평면조직 관리, 직원 충성 등이 있다.

- 높은 노동집약: 이에 관련된 도전 이슈로는 채용, 업무방식 개발과 통제, 직원 복지, 인력 스케줄링, 널리 흩어진 지리적 위치의 통제, 신규지점 개설, 성장관리 등이 있다.

### (2) Verma(2000)의 연구

품질유지, 고객경험 관리, 전문가 채용, 업무방식의 개발과 통제, 전문가 훈련 등이 주요 도전 이슈이다.

### (3) Hopp et al.(2009)의 연구

계획과 통제가 프로세스 측정치보다는 투입물(시간)과 산출물(청구된 시간)을 강조하는 경향이 있어 이 문제를 해결할 필요가 있다.

## 3.3. 도전과제를 해결하기 위한 간단한 전략적 대응

지금까지 언급한 전문서비스의 도전과제와 해결전략을 정리하면 다음과 같다.

### (1) 엄격한 윤리 및 법적 제약

- 의미: 전문서비스 제공자는 윤리 및 법적 분쟁을 피할 수 있다면 정직성을 유지해야 한다.
- 전략: 동료 리뷰와 자율규제 프로그램을 이행, 수용할 수 있는 윤리적 행동을 구성하는 것에 관해 고객을 교육, 고객을 선택적으로 수용

### (2) 구매자 불확실성

- 의미: 전문서비스는 보통 고객의 구매 의사결정이 이루어지기 전 혹은 심지어 이루어진 후에도 그가 확신과 능력을 갖고 평가할 수 있는 많은 특성이 결여된다.
- 전략: 전문서비스 제공자는 여러 내용(예: 전문가를 찾아야 하는 시기, 전문가를 평가할 때 고려하는 특성, 전문가에게 관심과 요구사항을 소통하는 방법, 전문가로부터 현실적으로 기대할 수 있는 것 등)을 고객에게 가르침으로서 개인적 접촉을 설계해야 한다.

### (3) 경험을 갖고 있는 것으로서 인식될 필요

- 의미: 불확실성으로 인해 구매자는 적절한 경험에 초점을 둔다.
- 전략: 구매자 불확실성을 극복하기 위해 서비스 제공자는 몇 가지(예: 적절한 직원의 채용, 적절한 경험을 갖는 기업과 합병)에 초점을 둠으로서 확신장애에 관해 고객을 도울 필요가 있다

### (4) 제한된 차별성

- 의미: 마케터는 본질적으로 동일하게 보이는 전문서비스를 차별화하는 것이 어렵다는 것을 알고 있다.
- 전략: 우월한 품질을 강조하기 위해 몇 가지 특징(예: 높은 수준의 전문가가 케이스 참여, 정시 업무완료, 최신 지원장비의 사용, 보고서/발표자료/송장 등의 용이한 이해, 만족을 보장하기 위한 빈번한 후속 접촉)을 보유하고 처리하는 것이 유용하다.

### (5) 측정할 수 없는 광고 편익

- 의미: 광고는 많은 전문서비스 기업에서 고려되지 않는다.
- 전략: 광고는 제공품을 차별화하고 판매하는 것을 도울 수 있다. 그러나 비용이 클 수 있기 때문에 조심스럽게 목표시장에 제한될 필요가 있다.

### (6) 실행자를 판매자로 전환

- 의미: 모든 전문가는 마케팅에서 적극적으로 포함될 필요가 있다.
- 전략: 전문가는 모든 서비스 프로세스에 포함될 필요가 있다. 이 전문가 조직을 얻기 위해 몇 가지(예: 채용시 잠재적 판매스킬, 판매훈련 프로그램에 모든 사람을 포함, 판매를 격려하고 금전적으로 보상)를 고려해야 한다.

### (7) 마케팅을 위한 시간할당

- 의미: 마케팅을 위한 시간이 비워져 있어야 하나 조심스럽게 통제되어야 한다.
- 전략: 전문가는 사회적 접촉을 통해 고객과 관계를 유지하도록 권장되어야 한다. 적절한 역량이 부족할 경우에는 마케팅 전문가의 사용을 고려할 필요가 있다.

# 4 COVID-19 팬데믹 이후의 전문서비스 기업의 도전

## 4.1. 팬데믹이 초래한 변화

COVID-19 글로벌 팬데믹은 전문가의 일상생활을 변화시켰다. 전문가는 보통 안정적이고 확실한 성공을 보장하며, 독립적인 업무 생활로서 고려되었으나 팬데믹은 그들의 일상을 더욱 불확실하게 만들었다. 이 현상은 변화를 고려하도록 만들었다.

- 업무부하와 경제적 불확실성의 증가: 많은 전문서비스 부문에서 경쟁의 증가로 전문가의 일은 늘었지만 보수는 낮아지고 있는 것이 현실이다.
- 업무와 비업무 생활의 갑작스러운 병행으로 초래된 스트레스와 힘든 일: 대면뿐만 아니라 다양한 비대면도구를 활용한 업무가 증가함에 따라 업무시간 이후에도 계속 업무를 수행해야 하는 스트레스가 증가하고 있다.
- 더 커진 리스크와 육체적 및 정신적 안전 우려: 업무의 복잡성이 더 커지고 고객과의 직접적인 대면관계가 이루어지지 않음에 따라 고객의 문제해결 솔루션의 리스크가 커지고 그 솔루션에 불만을 가진 고객에 의해 육체적 및 정신적 위해가 가해질 수도 있게 된다.
- 복잡한 업무를 수행하는 새로운 방식의 등장: 전문가는 이제 기존의 전통적인 지식과 스킬뿐만 아니라 다양한 정보기술 도구를 효과적으로 활용할 수 있어야 하며, 고객에 제공하는 솔루션도 융복합적인 형태의 풀서비스(full service) 혹은 원스톱 서비스(one-stop service)로 제공되어야 하는 경우가 늘고 있다.
- 활용할 수 있는 자원의 축소: 일시적으로 작아진 시장규모, 경쟁 증가, 관리통제의 강화로 인해서 전문서비스 기업의 관리자는 전문가들의 가용자원(예산, 시간 등)을 엄격히 관리하는 추세이다.
- 결정된 의사결정에 대한 추가적이고 사후적인 공개적인 조사가 증가: 어떤 솔루션에 대해 사후적으로 고객의 만족조사가 온라인으로 이루어지는 경우가 있고 협회, 소비자보호원, 법적 소송, 사후감사와 같이 다양한 창구를 통해 전문서비스 성과의 조사가 빈번하게 증가하고 있다.
- 고객과 전문 팀과 같은 다른 사람에 대한 증가된 의존성: 고객이 요구하는 솔루션이 복잡해짐에 따라 고객과 함께 전문서비스를 전달해야 하고 혼자서 문제해

결을 완성하기보다는 다른 지식과 스킬을 갖는 전문가들과 함께 문제를 해결하는 추세가 증가함에 따라 이에 상응하여 전문가의 자율성을 침해받게 된다.

## 4.2. 업무방식의 변화로 인한 편익과 비용의 도전

COVID-19 팬데믹의 영향을 받은 원격업무(remote working)와 혼합업무(hybrid working)의 적용은 이미 전문서비스 기업의 변화를 가속화시켰다. 전문서비스 기업에게 팬데믹 위기는 갑작스러운, 대규모의, 초기에 일시적인 원격업무로의 이동을 초래하였다. 하룻밤 사이에 도시 봉쇄시 이전에 생각할 수 없는 변화가 피할 수 없게 되었고 결국 다시 일상화되고 있다. 이 팬데믹이 지속됨에 따라 많은 전문서비스 기업은 그들의 원격업무 실험을 제도화하기 위한 계획을 발표하였다. 그 예로서, 전문서비스 기업은 사무실을 회의실로 전환하거나 직원이 사무실에 50%만 머무르며 나머지는 재택근무를 하도록 하였다. 이 '어디서든 업무보기' 모델은 고객이 전문서비스를 바라보는 방법에 대한 근본적 수정을 요구한다.

이 전문서비스 기업의 혼합업무의 단기 편익은 상대적으로 측정하기 쉽다. 비용부담이 직원에게 이전되기 때문에 전문서비스 기업이 값비싼 대도시 도심에 위치해야 하는 부동산 비용이 절감된다. 한편, 통근시간이 청구가능한 시간으로 전환되기 때문에 직원의 생산성은 증가한다. 이 단기적인 재무편익을 강조하기 위해 전문서비스 기업은 유연성의 증가 관점에서 혼합업무를 하는 직원에게 편익을 강조한다. 하지만 이것은 문제의 한 측면만 바라본 결과이다. 전문가에 대해 '어디서든 업무보기' 약속은 '모든 곳에서 업무보기' 문제로 빠르게 전환될 수 있다. 전문가는 그들이 일하는 장소에 대한 자율의 증가를 보장받으나 수반되는 과로와 소외의 문제와 함께 그들의 일하는 시간에 대한 간접적인 통제를 받게 된다. 따라서, 전문서비스 기업에서 원격업무의 비용절감이 중요하고 즉각 계산될 수 있으나 측정하기 쉽지 않지만 장기적인 비용이 또한 중요하게 고려되어야 한다.

## 4.3. 전문가의 변화하는 가치와 심리상태의 도전

COVID-19 팬데믹은 개별 전문가들 사이에 가치와 심리적 상태의 변화를 초래하였다. 이 주관적 현상은 정당성, 명성, 집단파워와 권위, 전문화와 같은 전통적인 거시 수준의 전문서비스 가치에서 초점이 벗어나도록 하였다. 대신에, 경쟁증가와 시장상황 악화로 인한 전문가의 이동의 어려움으로 인해 전문서비스 기업에 전문가의 내부화가 증가하였고 고객만족의 증가를 위해 상황별로 독특하게 그들의 업무를 경험하는 것에 지나치게 가치의 초점을 두도록 강요하였다.

그 결과, 팬데믹은 자기보호, 회복, 낙관주의, 용기, 열정, 자존심, 탈진, 시민정신, 자기유효성을 포함한 가치와 심리상태에 대한 적응을 강요하였다. 하지만 그러한 가치와 상태는 전문가들의 관심을 덜 받았다. 그 이유는 전문가가 본원적으로 고도로 동기부여되고 그들의 업무에 지속적으로 만족하며, 그들의 업무에 대한 외부적인 압력에 어떻게 저항할지를 사실상 스스로 통제한다는 견고한 믿음에 기인한다. 결국, 팬데믹은 전문가의 심리와 가치에 대한 관점에 대해 전문가와 전문서비스 기업 사이의 차이를 확대시켰다.

전문가 역할은 팬데믹 이후에 업무를 수행하는 데 더 어려움을 경험할 것이다. 자신의 역할 내에서 그들은 점점 더 탈진, 분노, 불만족과 같은 부정적 측면에 의해 제한받을 것이다. 따라서, 전문가를 고용하는 조직들이 전문가의 행복을 유지하고 촉진하기 위해 어떻게 행동해야 하는지를 고민해야 한다.


## 4.4. 전문적 업무의 장소, 시간, 방법의 도전

팬데믹이 전문서비스가 언제, 어디서, 어떻게 수행되어야 하는지에 영향을 미칠 것이다. 명백한 것은 전문가가 원격으로 일하는(흔히 자택, 커피숍, 스터디카페에서) 방식의 변화일 것이다. 이 업무상황의 변화는 그들이 원한다면 전통적인 근무시간 외에도 일하는 기회(혹은 피해)를 제공한다. 이것은 전문가들이 더욱 통합적인 방식으로 업무와 비업무 생활에 대해 생각하도록 만들 것이다. 그것은 전문가의 업무와 고객에 대한 전문적인 몰입을 약화시키거나 반대로 강화할 수도 있으며 직장-가족 균형의 개념을 재형성할 수 있다.

전문가 업무에 있어서 전통적인 대면 서비스전달 형태를 보완하는 가상의 서비스 전달은 이제 생활의 일부가 되었다. 팬데믹으로 인해 더 많은 전문가들이 고객과 인터페이스를 증가시키기 위해 재빨리 신기술을 적용하였다. 가령, 미국 의료부문에서 의사들이 수십 년 동안 저항했던 원격의료 혁신을 촉진하는 데 단지 수개월밖에 걸리지 않았다. 교육부문에서도 교수와 선생들은 단지 2주 만에 대면강의에서 비대면 학습으로 전환하였다. 직접과 원격업무의 결합은 앞으로도 계속될 것이다. 또한 더 많은 전문가들이 동료 및 고객과 직접적인 대면 상호작용 없이 고독하게 업무를 수행하는 시간을 가질 것이라는 것을 의미하기도 한다. 반면에 전문적 업무는 더 빨리 업무가 진행되고 조직의 감독 수준이 낮아지기 때문에 더 많은 오류가 발생할 수 있고 더 낮은 품질로 결과될 수도 있다.

## 4.5. 전문가-고객 관계의 도전

전문가-고객 관계가 팬데믹 이후에 어떻게 변화될 수 있는지에 새로운 관심과 질문이 발생한다. 예를 들어, 다음의 변화가 예상된다.
- 전문가와 고객 사이의 물리적 거리의 증가
- 비대면과 가상적 상호작용에 대한 의존의 증가
- 서로에게 기대하는 것에 대해 전문가와 고객 사이의 변화가 발생

# 5 전문서비스의 진화

## 5.1. 진화모형

전문서비스 기업은 매우 다양하나 발전과 성공을 위한 관리적 대응방안에서 유사한 형태를 따르고 있다. Lowendahl(2005)은 전략적 초점과 자원통제에 기반하여 전문서비스 기업의 전형적인 진화패턴으로서 〈표 2.1〉과 같은 세 가지 접근법을 제안하였다. 전문서비스 기업은 고객 관계를 구축하는 데 전략적 초점을 두고 자원

의 통제가 개별 전문가들에게 남겨지는 단계 A에서 준비된 솔루션을 조정하는 데 초점을 두고 중앙에서 자원을 통제하는 단계 B로 이동한다. 다시 그들은 전문가 팀에 의한 더 많은 창의적 문제해결과 더욱 자율적인 자원통제를 갖는 단계 C에 안착할 수 있다.

**표 2.1**  전문서비스 기업의 진화단계

| 전략적 초점 <br> 자원기반 | 고객관계 | 창의적 문제해결 | 준비된 솔루션의 조정 |
|---|---|---|---|
| 조직의 통제자원 | | | 단계 B <br> – 관리자들이 자원과 산출물의 효율성에 대해 더 많은 통제를 추구 |
| 팀기반 개인과 집단 | | 단계 C <br> – 효율성/창의성과 통제/자율 사이에 달성된 균형 | |
| 개인의 통제자원 | 단계 A <br> – 전문가에 의해 비공식적으로 통제된 전문서비스 기업 <br> – 관계 구축 강조 | | |

### (1) 단계 A

대부분의 전문서비스 기업은 개별 전문가 혹은 유사한 특징, 관심, 교육배경을 공유하는 소규모 그룹에 의해 작은 규모로 시작한다. 그러한 상황에서 기업차원의 통제를 위한 전략 혹은 시스템에 대한 니즈는 거의 존재하지 않는다. 지식은 금전적으로 동기부여된 개인에 존재(예: 법무법인과 같이 파트너십에서)하거나 사회적인 연결을 통해 획득된다. 이 작은 전문서비스 기업의 초점은 지속적 프로젝트를 보장하기 위해 고객관계를 구축하는 데 있다.

## (2) 단계 B

기업이 성장하면서 많은 변화가 발생한다. 첫째, 조정이 더욱 어렵게 되고 비용이 증가하며, 더 큰 프로세스 통제가 필요하게 된다. 둘째, 자원기반과 고객의 선택 사이의 관계가 명확해져 전략적 계획이 필요하게 된다. 자원은 어떤 고객의 프로젝트가 제공될 수 있는지를 결정하는 반면에 전달된 프로젝트는 자원의 개발을 결정한다. 각 프로젝트는 전문가의 개별 지식을 증가시키고 잠재적으로 기업의 집합적 지식에 부가된다. 따라서, 그 기업은 지식기반을 활용하여 성장하기 위해 더욱 복잡하거나 다양한 프로젝트를 추구하며, 이 지식을 효율성을 증가시키는 루틴(혹은 프랙티스)으로 명시화하는 것을 추구한다. 이것은 전문서비스 기업으로 하여금 조직 내 자원을 통제하는 것을 추구하고 전략적 초점을 준비된 솔루션의 조정으로 이전시킨다. 하지만, 자신의 강한 포지션을 지키는데 익숙한 전문가들은 비록 그 변화를 인정할지라도 자신의 자율성을 침해하기 때문에 적극 환영하지는 않을 것이다. 또한, 성장은 더 많은 전문 인력을 요구할 수 있고 이것은 다시 기업 내 사회적 관계를 변환시킨다.

## (3) 단계 C

단계 C에서 두 극단 사이의 절충은 전문서비스를 표준제품으로 바꾸기 보다는 이 개인의 창의성을 허용한다. Maister(1993)는 전문서비스 기업을 전문성기반(단계 A에 상응)과 프랙티스 기반(단계 B에 상응)으로 구분하였다. 나아가, 이전에 어떤 프로젝트를 경험한 적이 있고 그와 유사한 유형의 문제를 해결하는 프랙티스를 갖고 있기 때문에 특정 전문가를 고용하도록 고객을 초대하는 백발기반(grey-hair-based)의 전문서비스 기업이 존재한다. 이것은 단계 C에 상응하는 것으로서 개인의 창의성뿐만 아니라 팀 혹은 어떤 프로세스 수준을 통해 기업의 지식을 더 잘 관리하는 것을 추구하면서 전문성기반과 프랙티스기반이라는 두 극단점 사이의 균형을 허용한다.

## 5.2. 라이프사이클 모형

Lawrence et al.(2016)은 신서비스 개발과 마케팅 문헌에서 자주 이용된 라이프사이클(lifecycle) 모형을 적용하여 시간에 따른 전문적 업무의 변화를 〈그림 2.6〉과 같이 개념화하였다. 이미 기존의 서비스에서 라이프사이클 모형이 신서비스개발(new service development)의 상황에서 서비스혁신의 동태적 프로세스를 설명하기 위해 제안되었다.

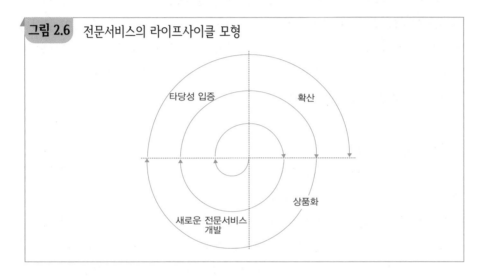

**그림 2.6** 전문서비스의 라이프사이클 모형

전문서비스 업무와 관련된 다음에 설명될 네 가지 주요 영역은 혁신을 통한 새로운 전문서비스 개발(innovation)과 상품화(commodification) 사이의 다양한 수준의 상충관계를 보여준다. 한편으로 이 상충관계는 전문서비스 업무를 관리하기 위한 도전과 기회를 제시한다. 결과적으로 전문가 업무는 심오한 고객화와 새로운 것에서 출발하여 더욱 표준화되고 잠재적으로 상품화되는 것까지의 범위를 갖는 연속선으로서 간주되어 다음의 네 가지 단계가 제시된다.

### (1) 새로운 전문서비스 개발

개인의 창의성은 전문서비스 업무를 위한 새로운 아이디어를 발생시키는 데 중요한 역할을 한다. 개인이 보유한 지적자원들은 신서비스개발에 요구되는 일차적 자원이다. 전문서비스 업무가 높은 변동성에 자주 직면하기 때문에 창의적인 전문가와 그들의 재능은 가치있는 조직자원이다. 예를 들어, 스스로 동기부여된 창의성, 강한 적응성, 시스템 이해능력을 갖는 금융자문 전문가는 더 우월한 성과를 보일 것이다. 이것은 높은 변동성이 창의적 전문가에 의해 더욱 효과적 솔루션 창출에 기여하는 실험(experimentation)을 초래하기 때문이다. 각 독특한 고객사례가 문제설명에 변동성을 도입하기 때문에 개인은 어떤 문제에 대한 더욱 심오한 이해를 개발한다.

비록 지식창출이 개인에게서 발생하고 존재할지라도 지식적용은 조직의 일차적 책임이다. 따라서, 새로운 프랙티스를 창출하는 새로운 아이디어를 적용하는 것은 조직의 적극적 지원, 교차기능적인 팀 지식의 통합, 프로세스 지향적인 신서비스개발이라는 프랙티스를 필요로 한다. 나아가, 조직의 내부뿐만 아니라 고객의 변화하는 니즈, 이해관계자 네트워크, 다른 관련 전문직과의 경쟁이 또한 새로운 전문서비스의 개발에 영향을 미친다.

### (2) 타당성 입증

전문직은 전문화된 지식을 소유하고 그러한 지식이 결여된 사회 내에서 문제를 해결하는 일종의 커뮤니티(community)이다. 수년 동안의 훈련과 프랙티스에 의해 얻어진 지식(정보, 이해, 스킬)에 기초하여 전문직은 문제정의를 독립적으로 개발하고 어떤 경우에는 고객의 일반적 지식에서 벗어날 수도 있다. 실제로, 전문가는 다들 자신이 다루는 문제의 본질에 대해 가장 신뢰할 수 있는 권위자가 되기를 원한다.

그러나 전문가는 완전히 고립되어 새로운 서비스를 창출하지 않는다. 지식 비대칭성은 전문서비스 혁신이 제3자에 의해 심사되어야 하는 것을 요구한다. 실제로 연구기관, 정부기관, 교육기관, 컨설팅기업, 전문협회가 그렇게 한다. 흔히 전문협회는 새로운 아이디어를 보증하고 업무표준을 설정하는 데 중요한 역할을 한다. 따라서, 고객이 서비스 산출물의 품질을 평가하는 신뢰할만한 수단이 존재하지 않을 때 전문협회에 의한 타당성 입증은 문제정의와 솔루션 실행에 대한 개별 전문가의 권위에 신뢰성을 더해준다. 보통 의료, 법률, 회계분야는 새로운 서비스를 제재하고 보증하는 영향력있는 전문협회를 갖는다.

이제는 정보통신기술이 정보에 대한 접근을 크게 증가시키고 지식 비대칭성을 감소시켰기 때문에 소비자들은 점점 더 서비스의 타당성을 입증하기 위해 이 협회와 같은 제3자라기보다는 시장에 의존하고 있는 중이다. 예를 들어, 제약기업은 의

사뿐만 아니라 소비자들에게 제품을 판촉하기 위해 약과 같은 분야에서 소비자에 대한 직접광고(direct-to-consumer advertising)를 점점 더 확장하는 중이다. 또한, 변호사와 의사의 광고와 미디어 출연은 시장에 대한 직접적인 영향력을 증가시키는 방편으로 활용되고 있다. 결국, 이 변화는 전문직의 지식기반에 대한 배타적 통제에 도전하고 있다.

### (3) 확산

전문기관은 또한 서비스의 기반이 되는 지식을 명시적으로 표현하고 확대하는데 중요한 역할을 한다. 예를 들어, 전문협회는 멤버들 사이에 기술적 발전을 확산시키는 정보를 촉진하고 전문적 행동규범을 형성하도록 지원한다. 하지만, 이 확산 프로세스는 협회 내 멤버들이 자신의 전문적 위치를 보호하려는 전문가 혹은 기업의 반대에 의해 지연될 수도 있다. 가령, 법률분야에서 계약을 간소화하도록 돕는 표준화된 법률양식은 고객에게 낮은 비용으로 큰 가치를 제공하지만 고객화에 대한 실패가 소송의 증가로 이어질 수 있다고 주장하는 변호사가 등장할 수 있다. 이러한 전문가의 반대에도 불구하고 서비스혁신이 가치를 제공할 때 그 혁신은 자연스럽게 확산하고 서비스 제공자에 의해 적용된다. 전문적 지식을 성문화하는 것은 LegalZoom과 같은 온라인 법률서비스가 매우 경쟁력을 갖도록 하였다. 이 성문화 대 개인화 전략은 전문서비스가 더 많은 고객으로 확산되는 것을 도울 수 있다.

경제적 요인 외에도 제품 혹은 제조 프로세스에 내재된 지식에 의해 전문가의 위치를 위협할 수 있는 기술이 또한 확산을 촉진한다. 예를 들어, 제약회사가 표준화된 프로세스를 따라 약을 대량생산하기 위해 기술을 사용하고 전문직의 지식기반을 적용함에 따라 의료분야에서 약사와 화학자의 역할은 점차는 줄어들 수 있다. 특히, 정보통신기술은 정보공유를 촉진하고 확산을 향상시켰다. 게다가, 정부기관은 전문서비스 기업이 더 낮은 비용의 전문서비스 솔루션과 긴급한 사회문제에 혁신적 솔루션을 제공하도록 확산 프로세스를 지원할 수 있다.

### (4) 상품화

표면적으로 상품화는 고객화의 반대 개념이다. 제조분야에서 규격의 적합성이 고품질과 저비용에 기여하는 것처럼 전문서비스 분야에서도 프로토콜, 문서 서식, 컴퓨터 프로그램으로 전환된 지식은 더 높은 성과와 비용 효율성을 달성한다. 예를 들어, 회계 및 세무전문가가 수십 년 동안 수행한 일부 세무관련 서비스는 우리나라의 홈택스와 미국의 TurboTax와 같은 소프트웨어에 의해 대체되고 있다.

시간이 지나면서 상품화는 전문서비스 업무의 생산성을 증가시킴으로서 더 많은 혁신으로 이어질 수 있다. 이것은 상품화가 더 낮은 수준의 스킬(혹은 심지어 소프트웨어 프로그램)을 갖는 사람이 스스로 어떤 일을 할 수 있도록 만들어 주며, 높은 수준의 전문성을 갖는 전문가가 고객화를 필요로 하는 업무에 전문적 지식을 갖지 않아도 되도록 만들기 때문이다. 본질적으로 이 전문가들은 새로운 지식을 탐색하고 새로운 전달 프로세스를 실험함으로써 고객의 문제를 해결하는 더 나은 방법을 고안하는 노력을 하게 된다. 이처럼 고객화와 결합된 상품화는 혁신과 생산성 모두를 끌어 올릴 수 있다. 가령 의료분야의 기술은 1-3차 의료기관의 역할분담을 통해서 1차진료 의사들이 전문서비스의 상품화에 가까운 일반적인 통원치료의 책임을 맡고 2-3차 의료기관의 전문가들이 전문서비스의 고객화에 가까운 중증질환과 난이도가 높은 환자를 다룰 수 있게 하고 있다.

# 참고문헌

Beltagui, A., Sigurdsson, K., Candi, M. & Riedel, J.C.K.H. (2017), "Articulating the service concept in professional service firms", Journal of Service Management, 28(3), 593-616.

Bureau of Economic Analysis (2020), Table 2.1 U.S. Trade in Services, by Type of Service Release Date: June 30, 2020.

Business Research Company (2022), Professional Services Industry Overview-Market Size, Opportunities, Trends And Strategies.

Fortne 500 List, https://fortune.com/ranking/fortune500/.

Hopp, W.J., Iravani, S.M.R. & Liu, F. (2009), "Managing white-collar work: An operations-oriented survey", Production and Operations Management, 18(1), 1-32.

Lawrence, B., Zhang, J.J. & Heineke, J. (2016), "A life-cycle perspective of professionalism in services", Journal of Operations Management, 42-43, 25-38.

Lowendahl, B.R. (2005), Strategic Management of Professional Service Firms, 2nd ed., Copenhagen Business School Press.

Maister, D.H. (1993). Managing the Professional Services Firm. Free Press.

Schmenner, R.W. (1986), "How can service businesses survive and prosper?", Sloan Management Review, 27(3), 21-32.

Scott, W.R. (2008). "Lords of the dance: Professionals as institutional agents," Organization Studies, 29(2), 219-238.

The World Bank, https://data.worldbank.org/indicator/NV.SRV.TOTL.ZS.

Verma, R. (2000), "An empirical analysis of management challenges in service factories, service shops, mass services and professional services", International Journal of Service Industry Management, 11(1), 8-25.

# 3

## 전문서비스에서 가치창출

### 3장

**전문서비스에서 가치창출**

## 1 고객가치와 성과

### 1.1. 고객가치

전문서비스 기업은 세계 경제에서 활발한 역할을 하고 있다. 대형로펌은 복잡한 상업적 활동을 중개하고 자본시장시스템의 게임의 규칙을 정립하도록 도와준다. 컨설팅기업은 경영에 대한 아이디어의 전파자이고 어떻게 기업이 관리되는지에 영향을 미친다. 회계기업은 재무시장의 건전성을 뒷받침한다. 전문서비스 기업이 없다면 우리가 아는 비즈니스는 필연적으로 중단될 것이다.

고객이 인식하는 가치를 창출하는 것은 전문서비스 기업의 핵심 성공요인이다. 그 이유로 '고객가치(customer value)'라는 개념은 오랫동안 경영의 주요 관심 대상이었다. 단적으로 고객을 위한 가치창출은 기업이 고객의 생각하는 제품 혹은 서비스의 품질, 제공, 비용 기대를 충족시키는 것을 의미한다. 하지만 각 고객은 자신만의 독특하고 변화하는 니즈를 갖기 때문에 어떤 고객의 기대는 다른 고객의 기대와는 다르다. 어떤 고객은 제품 혹은 서비스를 사용하는 시기가 다를 경우에 시기별로도 각기 다른 특성을 기대할 것이다.

우월한 고객가치를 창출하는 것은 단지 고객에 초점을 두는 것 그 이상을 필요로 한다. 우월한 가치는 제품 혹은 서비스 제공자가 주요 경쟁자들의 단기 강점 및 약점과 장기 역량과 전략을 규명하고 이해하는 것을 필요로 한다. 여기서 고객가치 이론은 원래 왜 소비자들이 특정 서비스를 선택하고 어떻게 그들이 이 가치에 관해 행동하는지를 설명한다. 이 이론은 다음의 기능적, 감정적, 사회적 편익으로 고객이 서비스를 통해 개념화된 편익을 갖는 것으로 설명한다.

### (1) 기능적 가치 차원

이 차원은 경제적 및 금전적 편익과 비용을 전제하고 이 둘 사이의 관계에 토대하여 고객의 가치에 대한 인식이 창출된다고 가정한다. 기능적 가치의 가장 현저한 구성요소로는 서비스의 품질과 가격이 있다. 이 기능적 가치는 고객에 의해 인식된 품질, 서비스를 통한 장단기 비용의 절감, 서비스제공품과 프로세스의 기대성과로부터 도출된 효용으로서 정의한다.

### (2) 감정적 가치 차원

고객이 인식하는 가치는 합리적 효용의 평가보다 더 복잡하다. 감정적 가치는 고객이 느끼는 감정적 반응에 기초하여 서비스제공품과 프로세스가 고객을 위해 창출한 느낌 혹은 감정적 상태로부터 도출된 효용으로서 정의한다.

### (3) 사회적 가치 차원

사회적 가치는 서비스제공품과 프로세스가 창출한 서비스로부터 도출된 고객의 수용, 긍정적 인상, 사회적 인정과 관련된 효용으로서 정의한다.


## 1.2. 고객가치의 선행요인

전문서비스 활동의 본질은 노동력 즉, 전문가의 지식에 의존한다는 점에서 매우 무형적이다. 접촉수준의 관점에서 본다면 전문서비스는 다른 유형의 서비스에 비해 상대적으로 높은 수준의 접촉을 갖고 개별 고객에 대해 높은 수준의 고객화와 관심을 필요로 한다. 또한, 전문서비스를 이용하는 고객은 전문서비스 지식의 복잡성으로 인해 서비스 제공자의 스킬 수준을 적절히 평가하기 어렵다. 결과적으로, 전문서비스의 이러한 무형성과 복잡성으로 인해 고객은 제공자의 특징을 평가할 때 흔히 기업 명성 혹은 커뮤니케이션과 같은 신호를 사용한다.

### (1) 일반적 마케팅활동

일반적으로, 내부와 외부 이해관계자들에 대한 마케팅활동의 프레임워크는 다음 다섯 가지 요소를 포함하고 이 활동들이 고객의 가치에 영향을 미친다.

- 명성
- 정체성
- 커뮤니케이션
- 이미지
- 브랜드

### (2) 전문서비스의 선행요인

마케팅활동 프레임워크를 전문서비스에 적용하는 경우에 기업명성, 신뢰성, 관계품질과 같은 고객이 인식하는 가치의 무형적 선행요인을 도출할 수 있다. 이들은 모두 외부 이해관계자들(고객, 경쟁자, 관련 협회 등)에 의해 평가될 수 있는 기업 마케팅 프레임워크의 가시적 측면을 나타낸다.

#### ① 기업명성

기업명성 혹은 평판은 기업의 과거 행태와 미래 전망을 어떤 표준과 비교하여 소비자가 판단한 것으로서 상대적으로 안정되고 특정 이슈별로 인식된다. 고객에게 서비스의 가치를 전달하는 하나의 신호인 기업명성은 구매 리스크와 예기치 못한 희생을 줄이며, 제공자와 고객 사이의 관계가 이미 구축되었을 때 제공자에 대한 신뢰와 존경을 증가시켜 결과적으로 인식된 편익을 향상시킨다. 따라서, 제공자의 기업명성은 자신의 편익과 직접적으로 관련되고 동시에 고객의 가치인식에 대한 리스크를 줄여준다.

기능적 가치인식 차원에서 기업명성은 제공자의 서비스품질 수준에 신호를 보낸다. 가격이 품질의 신호로 사용되면 그 명성이 품질을 보장해 주는 역할을 하기 때문에 명망 있는 서비스 제공자의 가격이 높더라도 고객은 그것을 큰 희생으로서 인식하지 않을 것이다. 감정적 가치 차원에서 기업명성을 증가시키는 제공자의 행동(예: 존경받고, 책임 있고, 베풀 뿐만 아니라 좋은 기업이라는 것을 보여주는)은 고객의 긍정적인 감정적 인식에 기여할 것이다. 또한 더욱 평판이 높은 기업을 더 높은 사회적 편익을 제공하는 기업으로서 고객이 인식하기 때문에 사회적 가치와 연결도 당연하다.

### ② 인식된 기업신뢰성

기업신뢰성은 기업이 고객의 요구사항을 이행하는 지식 혹은 능력을 갖고 있고 기업이 진실을 말하는지 아닌지에 대해 믿을 수 있다고 고객이 느끼는 수준으로서 정의한다. 인식된 기업신뢰성은 진실성(trustworthiness)과 전문성(expertise)의 두 차원을 통해 하나의 개념으로 정립된다. 이 두 차원은 인식된 가치와 서비스 관계에 중요하다. 하지만 과거의 신뢰성이 현재의 명성으로 이어지는지와 현재의 신뢰성이 미래의 명성을 형성하는 데 도움을 주는지는 불확실하다.

지식이 풍부하고 진실하여 더욱 신뢰할 수 있게 됨에 따라 제공자는 고객에게 긍정적인 신호를 보낼 수 있다. 이처럼 소통된 전문성의 신호는 고객에게 품질보장으로서 간주될 수 있고 그것은 기능적 가치를 증가시킬 수 있다. 만약 제공자의 신뢰성이 낮다면(예를 들어, 제공자가 유일한 기준으로서 최저가격 기반에서 선택되는 경우에 신뢰성이 흔히 의심스럽게 된다) 이것은 고객에게 분명히 더 많은 좌절과 스트레스를 초래할 수 있고 낮은 감정적 가치로 이어진다. 인식된 사회적 가치 관점에서 신뢰성이 고객에게 추천 목적으로 작용할 수 있기 때문에 제공자의 신뢰성(특히 진실성의 관점에서)은 중요한 신호를 보낸다.

### ③ 관계품질

관계품질 개념은 관계의 전체적 정도를 반영하면서 여러 서비스경험 혹은 여정 내에서 다양한 사건들의 평가로 구성된다. 관계품질은 정보공유, 커뮤니케이션 품질, 장기관계 지향이라는 세 가지 차원들로 구성되며, 이 모든 것들은 인식된 가치와 그 가치의 성과에 중요하다.

만약 서비스 제공자가 서비스 프로세스에 필요한 모든 중요한 정보를 고객에게 개방적으로 제공한다면 이것은 고객의 인식된 편익을 증가시키고 불확실성을 감소시킨다. 심지어 제공자에 대한 선택이 이루어진 후에도 시장은 많은 숨겨진 정보와 정보 비대칭성의 상황에서 운영된다. 이 정보공유는 정보 비대칭성과 성과 모호성의 감소로 결과된다.

커뮤니케이션 품질과 장기적 관계지향은 기능적 편익을 증가시켜 더 높은 품질 인식을 하도록 만드는 긍정적인 신호로서 고려된다. 게다가, 장기적으로 더 나은 커뮤니케이션 품질과 장기관계지향은 제공자에게 불안정과 잠재적인 좌절을 줄이고 고객의 감정적 및 사회적 희생의 감소를 유인한다. 고객과 서비스 제공자 사이의 접촉과 커뮤니케이션은 개인적 관계로부터 긍정적인 감정적/사회적 편익과 관련될 수 있고 가치인식에도 긍정적으로 영향을 미친다.

## 1.3. 인식된 가치성과

고객이 인식하는 가치는 고객만족 및 충성과 긍정적으로 연결된다. 서비스 제공자에 대한 '고객만족'은 관계의 모든 측면에서 인정으로 결과되는 감정적 사고로서 정의되고 '충성'은 미래에 선호된 제품/서비스를 지속적으로 재구매하거나 재이용하는 헌신으로 정의한다. 따라서, 충성은 다른 브랜드로의 전환행동을 초래하는 상황에도 불구하고 반복적인 동일 브랜드의 구매를 유인한다.

만약 프로세스의 최종 산출물로서 고객 인식가치를 초점에 둔다면 그것은 만족과 충성을 잘 설명해 준다. 기능적, 감정적, 사회적 인식된 가치는 성과의 관점에서 동일한 방향으로 움직이기 때문에 기능적, 감정적, 인식된 가치가 증가한다면 고객만족과 충성 또한 증가할 것이다.

## 2 전문서비스 제공자의 선택 기준

전문서비스에서 소비자의 의사결정기준은 일반적 서비스의 선택에 포함된 기준들과 다르다. 가령, 대부분 전문서비스의 소비자들은 빈번하지 않은 구매경험으로 인해서 선택 시 사용할 잘 개발된 기준을 갖고 있지 않다. 그 결과, 소비자에게 적절한 의사결정 평가기준을 알려주는 것은 전문서비스 제공자에게 의무일 수 있다.

### 2.1. 일반적 의사, 변호사, 회계사 선택 기준

전문서비스에 대한 개인의 구매 의사결정프로세스에 초점을 둔 조사 중에서 의료와 치과서비스를 예로 들면, 자주 사용된 기준은 의료의 역량과 품질, 진료와 치료 시 대화의 공손함과 의지, 이용가능성과 예방치료의 순으로 나타났다. 또한, 의사 선택을 회피하는 요인들로서는 높은 비용과 불편성, 환자와 작은대화시간, 낮은 전문적 역량에 대한 신뢰 순이었다. 한편, 변호사를 선택하는 데 개인에 의해 사용된 선택기준으로는 스킬, 일반적 명성, 고객의 문제에 대한 관심, 고객과 소통의 순으로 중요한 것으로 나타났다. 마지막으로, 회계사에 대해서는 기술적 역량, 경험, 3자 추천의 순서대로 나타났다.

## 2.2. 구체적 치과병원의 선택 기준

Hill et al.(1989)의 치과병원에 대한 조사 결과는 다음과 같았다. 여러분이 치과에 방문했다고 가정하고 경험한 치과병원들을 비교해 보기 바란다.

### (1) 지식 요인
- 그 분야에서 지식이 풍부한 것으로 보임
- 내 문제에 관심을 보임
- 나에게 내 문제에 대해 적절한 질문을 던짐
- 내 문제에 실질적 솔루션을 제공
- 나와 함께 하는 데 시간을 소비

### (2) 편함 요인
- 역량 있는 간호보조원을 채용
- 나를 개별 고객화 방식으로 대우
- 밀어붙이거나 불쾌하게 하지 않음
- 여담으로 나를 편하게 만듦
- 쾌적한 대기공간

### (3) 시간 요인
- 다른 문제를 처리하기 위해 나의 시간을 낭비하지 않음
- 약속 및 치료시간에 나를 기다리게 하지 않음

### (4) 사회적 명성
- 많은 고객을 보유하고 있음
- 지역 혹은 사회 공동체 일에 적극적임

### (5) 접근성

- 가격이 제공된 서비스에 비해 너무 높지 않음
- 기꺼이 내가 감당할 만한 이동시간
- 예약하는 것이 용이

## 2.3. 건축과 엔지니어링 선택 기준

Day & Barksdale(1992)는 건축과 엔지니어링 서비스의 구매자를 대상으로 기업과 조직이 전문서비스를 선택하는 기준을 네 가지 차원으로 제시하였다.

- 제공자의 인식된 경험, 전문성, 역량
- 제공자의 고객 니즈와 관심에 대한 이해
- 제공자의 관계와 커뮤니케이션 스킬
- 제공자의 계약적 및 관리적 요구사항의 적합성

# 3  고객 즐거움

고객 즐거움(customer delight)은 고객 서비스에서 중요한 주제이다. 보통 고객의 기대를 충족시킴으로써 고객을 만족시키는 것만으로는 그들을 계속 보유하는 데 충분하지 않다고 한다. 대신에, 기업은 고객의 기대를 초과함으로서 고객을 즐겁게 만들어야 한다. '즐거움'은 고객의 기대를 초과하는 긍정적 결과이고 충성스러운 고객보유로 이어진다. 제품과 서비스 모두는 조직이 고객을 즐겁게 하기 위한 기회를 제공한다. 그렇다면 고객 즐거움은 전문서비스 상황에서 어떻게 이해될 수 있는가?

## 3.1. 고객 즐거움의 역할

전문서비스 기업은 고객이 개인적으로 참여하고 많이 투자하는 '고관여(high

involvement)서비스'를 제공한다. 따라서, 어떤 전문서비스 기업이 유사하거나 동일한 서비스를 제공하는 다른 경쟁자들로부터 스스로를 차별화하기 위해 개인화된 서비스와 진정으로 고객을 즐겁게 하는 특별한 관심과 친절을 제공하는 많은 기회가 존재할 수 있다.

전문서비스 기업의 고객이 불만을 갖고 떠날 때 그들은 갑작스럽게 확산되는 부정적 구전만을 남겨 기업을 재무적 어려움으로 이끄는 큰 문제를 창출한다. 따라서, 기업은 고객보유에 영향을 미치는 요인에 적절히 대응해야 한다. 단순히 고객의 기대를 충족시키는 것은 그들이 다른 서비스 제공자들로 전환하는 것을 막는데 충분하지 않기 때문에 기업은 관계를 유지하기 위해 고객의 기대를 초과하는 것을 추구하는 전략을 운영할 필요가 있다.

단순히 신뢰할 수 있는 서비스로는 충분하지 않을 수 있고 서비스 제공자는 고객의 기대를 넘어서야 한다. 그러나 전문서비스 기업에서 서비스품질을 평가하는 것을 어렵게 만드는 특징인 신용품질(credence quality)이 존재하기 때문에 고객이 단순히 역량있는 신뢰(예: 의사의 모든 능력을 믿을 수 있음)와 진정 기술적으로 뛰어난 신뢰(예: 이 의사의 수술능력 하나만은 믿을 수 있음)를 구분하는 것은 어렵다. 이 경우에, 서비스 제공자와 고객 사이의 개인적 관계(예: 단골의 이름 부르기, 인사하기, 생일 축하 문자 등)가 기대를 충족시키는지를 결정하는 데 핵심 요인이다. 따라서, 단순한 신뢰를 넘어 고객이 기대하는 것을 이해하는 니즈인 역량 있는 서비스가 중요하다.


## 3.2. 기대를 넘어서는 요인

예를 들어, 회계기업의 고객 기대는 일반적으로 다음의 조건을 충족시키면 보통 초과된다고 할 수 있다.
- 기술적 전문성
- 고객이 속한 산업에 대한 지식
- 고객 시간을 존경
- 좋은 커뮤니케이션

특히, 고객의 기대를 충족시키고 초과하는 데 중요한 다음의 두 가지 매우 구체적 요인들이 존재한다.

- 일정 충족과 약속 준수
- 고객기업과 산업에 대한 풍부한 지식

그러나 보통 매우 극소수의 고객들만이 진정으로 즐거웠고 예기치 않게 열광하였으며, 놀라게 되었다고 할 것이다. 이것은 진정 고객을 즐겁게 만들기 위해서는 회계기업이 고객의 기대를 초과하는 수준을 훨씬 넘어설 필요가 있다는 것을 암시한다. 고객을 즐겁게 하는 것은 더욱 개인적이고 감정적인 요소를 포함한다. 이외에도, 고객의 관점에서 즐거움을 창출하는 다양한 활동과 행동이 존재할 수 있다.

전문서비스 제공자들은 고객들의 관심과 기대가 동일하지 않다는 것을 인식하면서 고객의 중요한 핵심 니즈와 원츠를 알고 이해할 필요가 있다. 또한, 고객의 요구사항은 동태적 환경에서 빠르게 변할 수 있다는 점도 이해해야 한다. 즐거움을 높이기 위해서는 고객이 기본 수준의 서비스보다 더 많은 것을 받는다는 것을 필요로 하기 때문에 기업은 고객들이 최소한 기본 수준의 서비스를 받는지 평가하고 확인해야 한다. 그 최소 서비스 수준이 규정된 후에 각 개별 고객에게 즐거움을 제공하는 서비스에 초점을 둘 수 있다.

그러나 고객의 즐거움을 향상시키는 노력에는 항상 비용이 소요된다. 즐거움을 높이기 위해서는 고객기대의 수준을 올릴 수밖에 없고 더 이상 올릴 수 없는 시점까지 올리게 되면 그 수준에서 불만족이 발생하게 된다. 또한, 이 전략을 창출하고 유지하는 데 필요한 비용(예: 각 고객에 대해 정보를 수집하고 확산시키는 데 필요한 시스템과 인적자원을 포함)이 발생할 수 있다. 따라서, 이 편익과 비용간의 상충관계를 고려해야 한다.

#  4 전문서비스와 서비스지배논리

## 4.1. 전문서비스 상황에서 서비스지배논리

### (1) 서비스지배논리의 개념
과거에는 재화지배논리(GDL: Good-Dominant Logic)에 의해 제품이 시장교환의 핵심이고 가치창출의 중심에 있었다. 이후, 서비스의 중요성이 증가함에 따라 기존의 견해와 대비되는 서비스지배논리(SDL: Service-Dominant Logic)가 Vargo & Lusch(2004)에 의해 제시되었다. SDL의 핵심 사고는 비즈니스의 초점은 서비스의 제공에 있어야 하며, 심지어 생산된 제품은 단순히 서비스의 제공을 위한 부수적 도구로서 고려되어야 한다는 데 있다.

서비스지배논리는 많은 분야에서 어떻게 기업, 고객, 다른 시장 주체들이 가치를 공동창출하는 지를 논의하기 위해 활용되었다. 가치창출이 서비스 상황별로 다르다는 점을 고려하면 전문서비스에 초점을 둔 서비스지배논리에 대한 논의가 필요하다.

서비스지배논리의 기본 계율은 다른 사람의 편익을 위한 자원의 적용인 '서비스가 교환의 근본 기반'이라는 것이다. 그것은 고객을 포함한 모든 사회적 및 경제적 주체들이 '가치의 공동창출자'이고 해석자들이라고 제안한다. 가치는 이 주체들의 지식, 역량, 능력과 같은 '무형적 자원들(operant resources)'이 통합될 때 공동창출된다. 이 목적을 위해, 연구자들은 서비스 제공자와 고객들이 전문서비스 상황에서 가치 공동창출을 가능하게 하는 데 필요한 어떤 무형자원들을 규정하였다. 그 예로는 고객의 니즈에 대한 정보, 비즈니스와 산업 상황, 서비스 제공자의 특화된 지식/기술적 스킬/진단 스킬을 포함한다.

그 주관적 특성을 고려하면 가치는 고객을 포함한 개별 주체들에 의해 상황적으로 결정된다. 고객에게 있어 가치는 그들이 기업의 제공품(예: 제품과 서비스)을 사용할 때 나타난다. 그러한 가치는 흔히 '사용가치(value-in-use: 서비스를 통해 달성된 고객의 성과, 목적, 목표)'로서 개념화된다. 고객은 다양한 이유(예: 비즈니스 도전에 대응, 의사결정의 정당성 확보, 노동력의 확장, 새로운 시장 통찰과 전문성 획득)로 전문서비스를 사용한다. 고객의 사용가치의 창출은 가치 공동창출의 일차적 초점이다. 그러나 서비스 교환의 호혜적 특성을 고려하면 서비스 제공에서 다른 주체들 또한 가치를 창출한다. 가령, 전문서비스 기업이 그들의 서비스제공품으로부터 가치를 도출(예: 증가된 수익과 향상된 경쟁우위)할 것이다.

사용가치의 정의와 비슷하게, 전문서비스 기업을 위해 창출된 가치를 '기업가치(value-for-firm: 서비스제공품으로부터 획득한 기업의 목적, 목표, 성과)'로서도 정의할 수 있다. 가치가 무엇이고 그 가치가 고객과 기업의 관점에서 어떻게 창출되는지를 이해하도록 만들기 때문에 고객의 사용가치와 기업의 가치 사이의 차이를 이해하는 것은 중요하다.

서비스지배논리에 의하면 가치 공동창출에서 상호작용의 핵심 역할이 강조되어야 한다. 이 상호작용 프로세스에서 고객은 기업에 의해 제공된 서비스를 공동생산하는 데 적극적으로 참여하고 이 서비스를 사용함으로써 그들의 가치를 창출한다. 고객의 사용가치를 창출하는 데 직접적인 고객 참여와 협력, 전문가-고객 상호작용의 중요성은 전문적인 투자서비스와 컨설팅과 같은 지식집약 서비스의 상황에서 쉽게 확인해 볼 수 있다. 이와 동시에 전문서비스 기업은 '가치명제'를 만들고 고객의 가치창출을 지원한다. 기업과 고객 사이의 이 밀접한 상호작용은 가치 공동창출 프로세스를 본원적으로 고객 지향과 관계 지향으로 만든다. 서비스생태계에서 상호작용은 고객과 기업 이외의 다른 주체들을 포함하기 위해 확장될 수도 있다.

### (2) 기본 원칙

① 서비스는 교환의 기본 단위이다.

즉, 기업과 고객이 공유할 수 있는 지식이나 스킬과 같은 무형적인 것들이 교환의 기본 단위가 된다. 경영컨설턴트의 비즈니스 전략, 감정평가사의 공시가격 산정, 변호사의 변론 등은 모두 지식에 해당한다.

② 서비스는 제품이나 기타 수단과의 결합을 통해 간접적으로 전달이 가능하다.

서비스는 제품이나 화폐뿐만 아니라 제도나 다양한 수단을 통해 복합적으로 제공되기 때문에 교환은 간접적으로 이루어질 수 있다. 병원에서 환자와 방문고객의 무의식적 경험을 통해 서비스를 전달하기 위해 음악회를 개최하거나 환자복과 복도 등에 다양한 병원 브랜드를 적용하고 있다.

③ 제품이 사용될 때 서비스의 가치가 창출된다.

'고객이 제품을 어떻게 사용하였는가?', '그리고 그 사용법은 어떻게 전달되었는가?'에 따라 가치가 창출된다. 즉, 사용가치가 중요하다. 한의사와 대학교수의 가치는 TV 출연을 통한 명성에 의해 결정되는 것이 아니라 환자와 수강생들이 치료와 수강 후에 인식하는 사용가치에 있다. 그렇다면 왜 그들은 열심히 방송에 출연할까?

④ 무형 자원(operant resources 혹은 주체적 자원이라고도 함)이 경쟁우위의 근원이다.

이 자원은 지식이나 기술과 같이 무형적, 동태적, 무한적이며, '유형자원(operand resources)'을 인간이 어떻게 활용할 지에 대해 학습할 때 비로소 자원으로서의 의미를 갖게 된다. 특히, 전문서비스에서 사람들은 전문적 역량(지식과 스킬) 혹은 서비스를 얻기 위해 교환활동에 참여한다. 병원서비스의 진정한 가치는 고급 인테리어, 도심 위치, 기타 의료용 장비에 있는 것이 아니라 의사와 간호사의 지식 혹은 기술 수준에 의해 결정된다는 것이다.

⑤ 모든 경제는 서비스 경제이다.

모든 조직은 이제 주체적인 자원 즉 무형자원이 있어야지만 치열한 경쟁에서 수익을 창출해낼 수 있다. 이 논리에 의하면 전문서비스 기업이 서비스 경제의 핵심 주체가 된다.

⑥ 고객은 항상 가치의 공동창출자이다.

공동창출이란 고객이 가치창출의 전 과정에 기업과 함께 참여하는 것을 의미하며, 제품 또는 산출물 자체에 부가되어 있는 가치보다 고객과 서비스 제공자가 공동으로 창출하는 가치가 더 중요하다. 대학원 수준에서 전문서비스 방식의 교육이 이루어지려면 지도교수뿐만 아니라 학생이 가치의 공동창출자로서 역할을 해야 한다.

⑦ 기업은 가치를 직접 전달할 수 없고 단지 제안만 한다.

가치는 단지 기업의 제공품 자체로만 창출되는 것이 아니라 제공받는 고객과 협업을 통해 함께 경험하고 공유함으로서 만들어진다. 변호사는 고객이 원하는 가치(예: 무죄, 승소)를 결정할 수 없고 상호작용(예: 상호 간의 진실에 기반한 정보 및 자료 제공)을 통해서 단지 고객이 추구해야 하는 가치명제(예: 성실한 고객의 옹호자로서 억울함 해소)를 제안(예: 경험과 판례 등을 통해)할 뿐이다.

⑧ 서비스중심 관점은 내재적으로는 고객 위주의 관계 지향적이다.

기업과 고객은 서로 분리되어 있는 것이 아니라 함께 결합되어 운영되어야만 진정한 가치를 창출한다. 병원에서 건강과 병원정보에 관한 뉴스레터 발송, 건강진단일 사전 통보 등을 통해 고객 충성을 높이는 지속적인 고객관계관리가 진행된다.

⑨ 모든 사회 및 경제 주체들은 자원통합자이다.

자원의 통합은 판매자와 구매자가 명확히 구분되지 않고 여러 방향으로 유기적 관계가 형성되는 가치창출 네트워크가 존재하고 이 네트워크에서 모든 사회경제 주체들로 이루어진 '자원통합자'가 존재한다는 것은 단순히 공급자와 소비자라는 두 주체만의 관계가 아니라 복잡한 경제시스템 안에서 수많은 조직 간에 관계를 맺는다는 것을 의미한다. 성형외과의 SNS 마케팅과 병원의 홍보를 위한 고객자문 등은 고객들 간의 네트워크를 구축하고 영향을 미치고자 하는 의도로 수행된다.

⑩ 가치는 언제나 수혜자의 각기 다른 경험을 통해서 생성된다.

가치는 고객 각각의 경험이 다른 고객 및 기업과의 상호작용을 통해 창출되며, 그 기반은 지식이나 기술 등과 같은 무형(operant)자원이다. 서비스중심적 사고방식과 고객화전략은 서비스의 가치를 높인다. 흔히 가치는 '교환가치(value-in-exchange: 금전을 위해 교환되는 제품과 같은 자원에 내재된 가치)'와 '사용가치(value-in-use: 사용을 통해 고객을 포함한 수혜자에 의해 만들어진 가치의 결정과 함께 공동 창출 프로세스와 연결)' 중에서 후자에 초점을 둔다. 이러한 가치는 특이하고, 실험적이고, 상황적(value-in-context)이다. 따라서 서비스 제공이 고객에 의해 사용되고 경험되기 이전에는 가치가 존재하지 않는다. 의료서비스에서 환자가 여러 질병을 보유하고 있다면 고객별 전담 의사와 전담 간호사를 활용하거나 환자 중심의 정보시스템 운영, 쉬운 진단서 용어, 진단 및 치료 전과 후의 충분한 정보 제공 등이 환자에 중점을 둔 시스템 개선이될 것이다.


## 4.2. 서비스지배논리에 의한 전문서비스에서 가치창출

전문서비스 케이스(법률에서는 판례, 컨설팅에서는 프로젝트, 의료에서는 케이스로 표현)는 고객의 편익을 위해 특정 프로세스(예: 문제 규명과 해결)에 전문가의 특화된 지식과 스킬을 적용하는 것을 포함한다. 전문서비스 케이스에서는 고객을 위한 가치창출의 중요성을 강조할 필요가 있고 다시 이 가치창출이 전문가와 그들 조직의 성과(새로운 비즈니스 기회로 이어지는)에 영향을 미칠 수 있다. 전문서비스 케이스에서 가치창출 메카니즘을 이해하는 데 필요한 세 가지 운영적 구성요소는 다음과 같다.
- 전문가
- 고객
- 그들 사이의 상호작용(즉, 전문가-고객 상호작용)

전문서비스 케이스에서 흔히 프로젝트 관리자의 역할을 담당하는 전문가들은 문제를 정의하고 그 문제를 다루는 서비스패키지를 생산하고 전달하기 위해 고객과 협력하여 일해야 한다. 이것은 케이스의 가치와 관련된 서비스패키지들이 사전에 구체적으로 정의될 수 없다는 것을 의미한다. 오히려, 그것들은 전문가들의 투입물(예: 고객의 니즈를 다루는 전문가들의 지식과 능력)과 고객의 투입물(예: 그들의 니즈를 밝히는 그들의 상황 정보와 능력)에 의해 형성된다.

그러나 전문서비스 케이스의 지식집약, 비대칭 특징, 서비스 무형성은 두 당사자들이 가치를 공동창출하는 것을 어렵게 만들고 있다. 전문가들이 기술적 지식과 그것과 관련된 가치명제(즉, 고객이 기대할 수 있는 가치)를 설명하는 것은 매우 어려운 문제이다. 반대로, 비전문가로서 고객은 서비스 받은 전문서비스를 이해하고 평가하는 것이 어렵다는 것(이것을 불투명한 품질이라는 용어로 표현)을 발견할 수 있다. 결과적으로, 고객은 그들이 상호작용하는 전문가의 행태(평판, 친절성, 심지어 외모 등)와 같이 그들이 관찰할 수 있는 것에 기초하여 서비스품질을 평가하는 경향이 있다.

전문서비스 케이스에서 가치창출은 상호 간 협력과 공식적 및 비공식적 커뮤니케이션을 포함하여 전문가와 고객 사이의 폭넓은 상호작용을 아우른다. 이 상호작용을 통해 전문가와 고객은 서비스패키지의 범위와 내용을 공동으로 개발하기 위해 그들의 투입물을 결합한다. 또한 이 상호작용은 서비스품질의 대리치인 고객에게 전문가의 행태를 관찰하고 평가하기 위한 기회를 제공한다. 이 상호작용 동안 고객이 전문가와 구축하는 관계 또한 전체적인 서비스품질에 대한 인식에 영향을 미칠 것이다. 전문서비스 케이스에 포함된 개별적 판단(전문가와 고객 모두의)을 고려하면 그러한 전문가-고객 상호작용 프랙티스는 고도로 고객화될 수 있다.

# 5 전문서비스 생산에 고객의 참여

## 5.1. 고객대화

### (1) 고객대화의 역할

전문서비스 기업에서 성공적인 서비스 생산과 전달은 조직 및 개인적 관계, 강한 상호작용, 가치의 공동창출, 전문가와 고객의 역할에 대한 인식에 전적으로 달려 있다.

고객과 전문서비스 기업의 관리자(규모가 큰 조직에서 전담 고객 관리자 혹은 규모가 작은 조직에서 개별 전문가)가 고객 문제와 전문서비스 기업의 문제해결 역량에 대한 아이디어, 의견, 지식의 연속적인 교환에 관여하는 고객대화의 관점에서 관계마케팅(relationship marketing)을 강조해야 한다. 고객대화는 신뢰할 수 있고 개방적인 협력을 허용하며, 고객 전문가와 함께 장기관계를 배양하는 목적을 지닌다. 전문가와 고객은 상대방의 통찰(insight)로부터 학습하고 그것에 토대하여 관계특유의 지식을 공동창출한다. 전문가는 그들 자신의 문제에 대해 더 심오한 이해를 하고 의사결정을 향상시키며, 자신의 역량을 개발함으로서 편익을 얻는다. 공동창출된 관계특유의 지식이 두 당사자들에게 가치 있으면 고객대화는 그 관계에 대한 전문가의 헌신을 증가시킬 것이다.

### (2) 고객대화의 배양

그러나 고객대화는 적절하게 배양되지 않으면 정체, 소멸, 중단상태에 빠지는 리스크가 발생한다. 예를 들어, 고객은 관심과 흥미의 결여로 인해서 대화에 대한 관심을 잃을 수 있다. 즉, 대화에서 논의된 문제들은 제한된 수명을 갖는다. 따라서, 관계마케팅 목적으로 종합적인 고객대화를 유지하기 위해서는 전문가가 고객대화의 범위를 확장할 필요가 있다. 고객대화의 범위를 확장하는 것은 새로운 대화이슈, 주제, 문제를 도입하고 그것에 대한 고객의 관심을 도출하는 것을 포함한다.

고객대화에 성공적으로 관여하면서 도출되는 편익과 달리 상충관계에 의해 발생하는 비용도 존재한다. 가령, 높은 청구가능시간(예: 변호사의 면접시간 증가로 인한 수수료 증가), 일반적인 시간제약(예: 근무시간 처리해야 하는 내 환자의 수), 감정적 불편(예: 의사의 불필요한 잡담에 의한 감정손실과 프라이버시 침해), 불편한 고객관계(예: 법률상담시 특이한 요구를 하거나 쉽게 이해하지 못하는 고객), 규범적 고려사항을 발생시키는 압력(예: 종합병원의 3분진료 정책)은 전문가들이 고객대화의 범위를 확장시키기보다 다른 업무에 그들의 시간과 자원을 투입하도록 만든다. 결과적으로, 어떤 조건 하에서 전문가들이 이 행동에 관여하는지가 명확하지 않다.

### (3) 고객대화의 선행요인

전문서비스에서 고객대화를 활성시키기 위해 태도와 인식된 행동통제의 세 가지 선행요인을 고려할 필요가 있다.

#### ① 외생적 보상

이것은 고객대화를 확장하는 것은 매출목표율 충족과 서비스판매 기회확대와 같이 보상과 연결된 성과로 이어질 것이라고 믿는 수준으로서 정의된다. 비록 전문가들이 매우 자발적으로 동기부여되고 자기주도적이라고 보통 이야기되지만 독립적인 파트너들의 느슨하게 통제된 컨소시엄(소위 파트너십 조직)에서 대기업과 같이 명령과 통제조직으로 바뀌고 있는 많은 전문서비스 기업에서 공식적 보상시스템의 실행이 필요해 진다. 특히, 외생적 보상은 기업목표와 전문가의 개별목표를 일치시킴으로서 '고양이 몰이' 문제를 극복하고자 하는 전문서비스 기업에서 적용된다. 외생적 보상에 대한 관심은 전문직의 '기능주의적 접근법'과 연결된다. 이것은 높은 소득과 명망과 같은 전문가에 대한 보상은 사회에 의해 기능적으로 중요하게 간주되는 복잡한 스킬과 더 높은 교육의 필요성과 같은 요구사항의 당연한 결과라는 것을 반영한다.

#### ② 호혜적 관계

이것은 대화의 확장을 시도함으로서 고객과 상호관계를 향상시킬 수 있다고 믿는 수준으로서 정의된다. 고객관계는 전문가들이 관여하고 참여해야 하는 중요하고 가치있는 자산이다. 고객대화를 확장하는 것은 그가 인식하지 못한 문제를 깨닫거나 조직에 중요한 새로운 아이디어 혹은 통찰을 얻도록 만들어 주기 때문에 고객 관리자 혹은 전문가에게 가치있는 것으로서 인식되어야 한다. 이 상황에서 고객은 정보 제공, 개인적 감사, 심지어 추가 서비스를 구매하는 의지와 같은 것을 다시 전달함으로서 전문가의 관여행동에 화답할 수 있다. 따라서, 호혜성은 서비스 상황에서 관계마케팅의 핵심 요소이다.

③ 고객관계품질

　이것은 고객과의 개인적 관계가 신뢰, 친밀감, 개방감, 친근감, 다정함, 따뜻함으로 표현되는 우호적인 특성을 갖는 것으로 인식되는 수준으로서 정의된다. 고객관계가 서비스 산업에서 중요하다는 것은 이미 널리 알려졌다. 경험기반의 신뢰와 명성이 서비스의 기대품질의 강한 신호이기 때문에 이 우호적인 관계는 복잡한 서비스의 전달에서 본질적인 불확실성을 메꾸는 것을 지원한다. 미래의 판매기회는 대부분 관계품질에 의존할 것이다.

　고품질의 고객관계에서 전문가는 고객의 니즈, 요구사항, 선호에 대한 지식을 축적하게 되고 더 많은 관계특유적 지식은 고객대화의 확장을 시도하는 전문가에게 불확실성과 비용을 줄여준다. 반면에, 관계품질의 결여는 고객대화의 확장을 시작하는 데 중요한 장애물일 수 있다. 또한, 높은 수준의 고객관계품질은 두 당사자들의 신뢰를 형성하여 전문가에 대한 고객의 신뢰는 그가 전문가와 더 상호작용하도록 만든다. 관계품질의 요소로서 상호 신뢰는 전문가가 고객대화의 확장을 시작하는 비용과 불확실성을 줄이기 때문에 고객관계품질은 고객대화의 확장을 시작하는 중요한 태도에 긍정적으로 영향을 미친다.

　친근하고 신뢰할 수 있는 관계는 기분좋은 상호작용의 밑바탕이다. 가령, 우호적인 관계품질을 보유한 충성스러운 고객은 전문가의 실수에 더욱 관대하고 용서하는 태도를 취할 수 있다. 우호적인 고객관계품질은 고객관계에 접근하는 데 감정적으로 덜 위협적으로 만들고 고객을 다루기가 더 쉬워진다. 또한, 고품질의 고객관계는 대화에 참여하는 것을 더 즐겁게 만들고 전문가에게서 편안함/즐거움의 감정을 제공하기 때문에 고객관계품질은 고객대화의 확장을 시작하는 감정적 태도에 긍정적으로 영향을 미친다.

　마지막으로, 높은 고객관계품질은 고객대화의 확장을 시도할 때 전문가에게 통제감을 제공한다. 높은 품질의 고객관계에서 전문가들은 고객의 관심과 니즈, 논란이 많은 쟁점들, 선호된 상호작용 유형에 대한 깊은 지식을 축적하고 이것은 전문가들이 고객대화의 확장을 시도하는 것을 도와준다. 좋은 관계품질을 지닌 전문가들은 이전의 상호작용 경험에 기초하여 더 큰 정확성으로 고객반응을 예측할 수 있다.

## 5.2. 가치 공동창출

가치의 공동창출은 상호가치에 기여하는 독특한 경험을 창출하기 위해 기업과 이해관계자들 사이의 협력 프로세스를 개발하는 것을 포함한다. 이 개념은 서비스 지배로직으로부터 발생한다. 실제로, 이 로직이 기반하는 기본 전제 중 하나는 기업이 가치를 전달하지 않고 단지 '가치제안(value proposal)'을 한다는 것이다. 그 결과, 가치는 제품 혹은 서비스의 사용 혹은 소비를 통해 고객에 의해 창출된다.

### (1) 공동생산

많은 서비스에서 고객은 '임시생산자(partial producer)'로서 기능하면서 서비스의 전달 프로세스에 참여한다. 고객은 서비스 전달의 부분을 구성하는 단순한 혹은 간소화된 업무와 심지어 완전히 간소화한 서비스(예: 셀프서비스)를 수행하는 데 관여한다. 이 업무들은 제공자와 업무 상호작용을 필요로 하지 않는 서비스의 예비적 혹은 모듈적 부분들(예: 병원에 입원하기 위해 서류 작성, 사무실의 커피기계를 조작, 소득정산을 위한 세무자료의 입력 등)이다. 만약 이 업무가 고객에 의해 부적절하게 수행되면 이 업무의 성과는 제공자에 의해 통제, 규제, 혹은 수정될 수 있다. 따라서, 서비스의 적절한 전달이 보장될 수 있다.

그러나 전통적 고객역할의 더욱 큰 변화는 '공동생산(co-production)'이 발생한 경우이다. 고객이 공동생산자로서 서비스에 공동으로 참여하기 위해 잘 훈련된 전문가와 상호작용하며 서비스전달 프로세스에 참여한다. 이 경우에, 서비스 기업이 일반 공동생산자의 협력(때때로 상호의존적인)없이 통제, 규제, 수정하는 것은 어렵다. 특히, 전문서비스에서 서비스가 공동생산되는 경우에 일반 고객과 전문적 제공자 사이의 상호작용은 오히려 다른 이슈들을 제기할 수 있다. 예를 들어, 고객이 직접 병원의 기기를 조작하는 경우라든지(아무리 단순한 설비라 할지라도) 환자와 협의하여 주사제와 양을 결정한다든지 혹은 회계감사의 내용을 수정하는 것은 분명히 큰 문제를 초래한다.

그럼에도 불구하고 공동생산은 서비스디자인 프로세스에서 서비스 제공자에 의해 고객과 함께 직접적 혹은 간접적 공동업무(coworking) 혹은 고객참여(customer involvement)로 이루어진다. 이 참여는 조직의 성과를 향상시키기 위해 수동적으로 나타날 수 있고 지식과 정보의 교환을 통해 능동적으로 나타날 수도 있다.

공동생산이 발생할 때 프로세스는 일반적으로 서비스 제공자에 의해 통제되고 이 통제수준이 공동생산의 본질과 수준을 결정할 것이다. 공동생산은 다음의 세 가지 차원들로 구성된다(Rajan & Read, 2016).

- 지식공유: 현재와 미래의 니즈를 규명하기 위한 기본적 요소로 고려된다.
- 형평: 고객에게 권한부여를 촉진하면서 그들과 우호적으로 통제를 공유하려고 하는 제공자의 의지를 수반한다.
- 상호작용: 당사자들 사이의 상호작용은 서로의 니즈에 대한 이해, 공유, 충족뿐만 아니라 만족스러운 솔루션을 발생시키는 가능성을 높이는 기회를 제공한다.

## (2) 공동창출을 통한 사용가치

가치 공동생산은 가치의 증가에 기여한다는 측면에서 가치 공동창출(value co-creation)과 동일한 의미이다. 이 가치는 상호작용하는 당사자들이 서로의 프랙티스에 포함되는 상호작용 상황에서 발생되고 가치 공동창출은 직접적으로 상호작용하는 당사자들의 가치에 기여하기 위한 공동의 협력활동으로 정의한다. 이 관점에서 사용가치는 고객이 서비스를 사용하는 과정에서 가치가 발생한다는 개념으로서 고객과 기업에 의해 공동으로 창출된 가치를 의미한다. 이 개념을 받아들이면 기업에게 고객은 행동하고 가치를 창출할 수 있는 자원으로서 간주된다. 다시 말해, 이 개념은 가치가 복수의 이해관계자들에 의해 집합적으로 공동창출되는 어떤 것으로서 인식되는 상황가치(value in context)로도 표현된다.

이런 식으로 가치는 대부분 기업의 중개 혹은 교환과 독립적일 수 있는 소비 프로세스를 통해 발생할 수 있다. 이 가치의 의미는 서비스의 공동생산/교환/소유를 넘어 확장되며, 고객이 서비스를 사용하는 법을 학습하고 그 서비스의 사용제안을 하는 것을 포함한다. 따라서, 그 가치는 서비스 이용의 상황에서 도출되고 그 이용의 특이성에 기반하여 명제의 가치를 평가하고 결정하는 사용자에 의해서 창출된다.

사용가치의 차원은 또한 다음의 세 가지 차원들로 구성된다((Rajan & Read, 2016).

- 경험: 고객과 기업의 서비스 통합으로부터 도출된 감정이입적/감정적/기억 가능한 프랙티스이며, 그 자체로 가치를 제공한다.
- 개인화: 고객 자신의 특징에 기반한 사용 프로세스의 독특성을 의미한다. 이것은 서비스전달 프로세스에서 독특한 생각을 강화하고 기업과 고객 사이의

가치교환에 대한 미래의 계획을 수립하도록 만든다.

- 관계: 이 차원은 당사자들 사이의 적극적 커뮤니케이션의 반복적인 과정으로 나타나며, 기업과 고객 사이의 어떤 협력과 헌신이 자신의 요구사항에 맞는 솔루션을 찾기 위한 고객의 권한부여를 통해서 이루어진다.

결국, 가치 공동창출에서 고객의 적극적 참여가 자신에게 더 높은 수준의 만족을 달성하도록 한다는 것을 강조할 필요가 있다.

### (3) 공동창출 동기

소비자는 자신의 니즈와 원츠를 충족시키기 위해 공동창출 활동에 관여하고 다시 그들이 추구하는 기대가치에 기초하여 그들 행동의 동기로 전환된다. 이 동기의 기대-가치이론(expectancy-value theory of motivation)은 소비자 동기를 바라보는 가장 일반적 관점 중 하나이다. 이 이론은 개인의 선택, 유지, 성과는 그들이 자신의 활동에 가치를 부여하는 수준에서 어떻게 행동할지에 대한 그들의 신념에 기초하여 설명될 수 있다고 한다.

가치 공동창출에 관여하는 소비자의 동기는 소비자와 서비스 제공자 사이의 여섯 개의 전략적 가치 창출 상호작용으로 규정된다(Karpen et al., 2012). 나아가, 이 분류는 서비스 상호작용에서 가치 공동창출의 여섯 차원으로 조정된다(Neghina et al., 2014). 이 차원은 다음과 같다.

- 개별화 동기: 소비자의 자원, 역할, 바람직한 성과에 대한 상호 이해를 구축
- 관계 동기: 서비스 제공자 혹은 다른 고객들과 사회적 및 감정적 연결을 향상
- 권한부여 동기: 서비스 프로세스 혹은 성과에 영향을 미치기 위해 파워를 협상하려는 욕구
- 윤리적 동기: 서비스 상호작용을 위해 공정, 정직, 윤리적 가이드라인을 요구
- 개발적 동기: 소비자의 유형과 무형자원의 개발
- 협력적 동기: 즐거운, 적합한, 적시의 상호작용에 관여하는 목표를 위해 노력을 동기화하는 것과 관련

### (4) 전문서비스 상황에서 공동창출 동기와 의지

전문서비스는 고객을 위해 그리고 그들과 함께 가치를 창출하기 위해 지식집약

과 노동력 전문화에 의존한다. 이 의미에서 지식은 기업의 가장 중요하고 계속 증가하는 동태적인 자원이다. 지식은 조직의 업무 프로세스와 루틴(예: 병원에서 안정적 운영규칙을 향상시키는 방법 혹은 응급상황에 대응)에 내재되나 또한 직원에게도 내재된다. 서비스 직원(예: 전문가와 관리자)과 고객에 의한 지식과 스킬 개발은 서비스 지배논리의 핵심이다. 더 많은 가치를 창출하기 위해 전문서비스 기업은 그들의 제공품을 더욱 기능적으로 만들 뿐만 아니라 소비자가 더 나은 자원 통합자가 됨으로서 스스로 더 많은 가치를 창출하도록 고객학습과 지식개발을 가능하게 만들어야 한다.

### ① 학습동기

학습은 본원적인 인간 본성이고 자아실현과 자기충족의 수단으로 작용하는 기본적 동인 중 하나이다. 사람들은 학습활동으로부터 즐거움을 도출하면서 본질적으로 호기심을 갖고 적극적으로 인지적 자극을 추구한다. 특히 전문서비스 상황에서 고객이 그들의 상황을 알고, 이해하고, 인식할 필요가 있기 때문에 이 인지적 니즈는 중요한 역할을 한다. 고객은 자신이 과거 현상을 설명(예: 질병의 증상), 지속적 사건들을 해석(예: 질병의 발생 이유), 미래 발생을 예측(예: 질병의 향후 증상), 이에 상응한 계획을 수립(예: 치료법과 약의 복용)할 수 있는 정보를 원한다.

학습은 고객이 전문가와 지식격차가 존재할 때 더 요구되고 개발될 것이다. 예를 들어, 병원에서 자신의 질병과 치료방법에 대해 의사와 상담을 한 환자는 이 질병과 치료법에 대해 더 자세히 알기 위해 다양한 자료를 찾고 학습하려고 노력할 것이다. 전문서비스 상황에서 고객과 전문가 사이의 지식의 비대칭성은 학습의 기폭제로서 작용할 것이다. 기대이론(expectancy theory)에 따라서 만약 소비자가 전문가와의 지식격차의 존재를 기대한다면 전문가들이 광대한 지식체계를 갖고 있다는 것을 알기 때문에 그들은 특정 서비스에 대해 전문가에게 질문하고 조언을 따르는 경향이 더 높아질 것이다.

### ② 개발적 동기

전문서비스 상황에서 소비자들은 지식과 스킬 개발의 기대에 의해 동기부여될 것이다. 이 특징은 공동창출 중에 자신의 무형 및 유형자원을 향상시키기 위한 소비자의 개발적 동기와 일치한다.

③ 권한부여 동기

전통적으로 전문성과 파워(power)는 밀접하게 연결된다. 전문서비스 상황에서 기업이 고객이 제공하는 가치있는 투입물과 더 높은 가치제공을 얻기 위해 고객들과 협력하는 니즈를 인식함에 따라 고객과 전문서비스 기업 사이의 파워 격차는 점차 감소한다. 전문가는 고객이 스스로 의사결정을 하도록 권한을 부여하려고 하고 이것은 서비스 전달의 통제가 고객의 손에 맡겨지는 것으로 옮겨가는 것을 의미한다. 고객에게 권한부여는 자율과 자존심을 위한 소비자의 니즈와 관련하고 사회적 조건에 의존한다. 고객은 전문서비스 전달시 스스로가 자신을 둘러싼 환경과 사건 및 성과에 영향을 미치고, 관리하고, 숙련될 수 있다고 느끼기 원한다. 고객을 전문서비스의 구매자가 아니라 협력자로 바라보는 것은 소비자에게 우호적이고 재빨리 파워를 이동시키는 것을 의미한다. 이처럼 공동창출하는 권한부여 동기의 관점에서 고객과 전문가 사이의 파워의 균등화는 고객이 전문서비스 프로세스와 성과에 대해 더 높은 수준의 통제를 갖도록 허용하는 것이다. 기대이론의 관점에서 고객은 자원을 상호작용에 바치고 바람직한 성과에 대한 개인적 의사결정을 하는 데 직접적으로 참여하기 때문에 전문서비스 내에서 권한이 부여되는 것으로 기대할 것이다.

### (5) 공동창출을 위한 분석 프레임워크

가치 공동창출은 상호작용과 자원통합 성과의 함수이다. 따라서, 공동창출을 위한 분석 프레임워크로서 Chih et al. (2019)은 〈표 3.1〉과 같은 투입물-프로세스-성과(IPOI: nput-Process-Output) 모형을 제안하였다.

**표 3.1**  IPO 기반의 고객 가치창출의 분석 프레임워크

|  | 투입물(Input) | 프로세스 (Process) | 성과(Outcome) |
|---|---|---|---|
| 질문 | 가치 공동창출을 위해 필요한 전문가와 고객관련 무형자원은 무엇인가? | 가치를 공동창출하는 데 전문가-고객 상호작용의 역할은 무엇인가? | 전문서비스 케이스에서 가치가 전문가와 고객에 의해 어떻게 인식되는가? |

|  | 투입물(Input) | 프로세스 (Process) | 성과(Outcome) |
|---|---|---|---|
| 핵심 SDL 원칙 | 무형자원(예: 지식, 역량, 능력)이 가치가 공동창출 되는 토대 | 상호작용이 가치 공동창출의 핵심 | 가치는 고객니즈 와 자원기반에 기초하여 상황별로 고객을 포함한 개별 주체들에 의해 결정 |
| 전문서비스 케이스에서 SDL 내용 | - 전문가의 특화된 지식과 기술적 및 진단적 스킬<br>- 고객의 니즈, 목적, 비즈니스, 산업에 대한 지식과 통찰 | - 고객의 직접적 참여와 협력적 전문가<br>- 고객의 상호작용 이 고객의 사용 가치를 창출하는 데 결정적임 | - 고객의 사용가 치는 그들의 노동력 확장, 새로운 시장 통찰 획득, 그들의 의사결정 정당화를 포함<br>- 전문서비스 기업 의 가치는 수익 증가와 경쟁우위 향상을 포함 |
| 케이스 가치창출 | | 케이스 가치창출 프로세스는 케이스 이해관계자들 사이의 지속적인 협력적 상호작용 을 포함하는 동태 적 프로세스 | 케이스 가치는 다 차원적이고 이해 관계자들에 의해 주관적으로 인식 |

전문서비스 케이스에서 가치 공동창출을 성공적으로 관리하고 촉진하기 위해 전문가들은 그들의 케이스관리 지식 및 스킬과 더불어 몇 가지 새로운 역량을 개발할 필요가 있다.

전문가들은 전문서비스 케이스에서 고객과 가치를 공동창출하기 위해 전문가-고객 상호작용을 효과적으로 이끄는 전문지식과 관련 역량을 지속적으로 개발해야 한다. 그러한 역량으로는 서비스패키지를 공동창출하기 위해 고객 니즈를 규명하고 사회적 및 감정적인 전문가-고객 연대를 향상시키며, 조정된 프로세스를 촉진하는 것을 포함할 수 있다.

또한, 전문서비스 케이스에서 고객의 전문지식과 동기의 중요성을 고려하여 전문가들은 고객의 전문적 지식을 이해하고 관리하는 데 더욱 능동적으로 다가가야 한다. 가령, 전문가들은 전문서비스 케이스의 시작 전에 고객의 전문적 지식과 바람직한 참여수준을 평가할 수 있고 필요하다면 상호작용 전략을 개발하고 교육지원을 제공할 수 있다. 예를 들어, 암환자의 치료를 위해 의사들이 본격적인 치료 이전에 환자의 암에 대한 지식과 식단 및 운동 등의 참여수준을 평가하고 의사와 환자가 어떻게 진행상황을 점검받고 치료방법에 대해 교육시킬지를 결정할 수 있다. 특히, 교육적 노력은 특정 지식의 교육수준이 고객의 낮은 사용가치(고객이 서비스 제공품을 공동생산하고 활용하기 위해 더 나은 지식을 소유하기 때문에)뿐만 아니라 전문가의 진실성을 향상시킬 수 있다.

일종의 대안으로서 전문가들은 다른 수준의 전문적 지식을 갖는 고객들에게 그들의 메시지, 아이디어, 커뮤니케이션을 맞추기 위해 '적응적 판매(adaptive selling: 판매원으로 하여금 고객의 사회적 유형(예: 성취형, 관계형, 이기주의형)에 맞춰 판매효과를 극대화하게 만드는 마케팅 기법)'전략을 사용할 수 있다. 그러나 그러한 적응적 판매전략은 서비스 복잡성에 대한 고객의 인식수준이 중간 수준일 때 가장 효과적일 것이다. 예를 들어, 병원에서 암에 대해 경험이 많은 환자와 처음 암을 경험하는 환자에게 교육적 지원을 제공하는 것은 불필요하거나 혼란을 초래하는 일일 수도 있다.

한편, 고객은 자신의 사용가치를 전문가가 촉진할 수 있으나 전문가를 위해 사용가치를 창출하지 않는다는 점을 이해해야 한다. 따라서, 고객은 적극적으로 자신의 니즈를 명확히 하고 필수 정보와 피드백을 전문가에게 제공하는 것처럼 어떤 상호작용 프로세스에 충분한 노력과 자원을 투자하는 것이 중요하다. 또한, 고객은 자신이 갖는 전문지식의 한계를 인식해야 한다. 이것은 그들이 전문가의 추천에 대해 기꺼이 열린 마음을 가져야 하고 전문기와 협력적인 토론을 통해 그들의 관심사를 다루는 여건을 만들어야 한다는 것을 의미한다.

## 5.3 전문서비스 제공자의 자원통합

### (1) 자원통합의 의의

고객에게 권한부여는 기업에게 흥미롭지만 힘든 일이다. 고객은 풍부한 선택에 의해 행복해질 뿐만 아니라 더욱 풍부한 지식을 갖고 있고 점차 자기주도적이 되고 있다. 비록 고객이 자신의 활동을 통해 가치를 창출할 수 있을지라도 그들이 서비스 제공자와 공동으로 가치를 창출하여 서비스 경험을 공동창출하는 것은 전문서비스뿐만 아니라 다른 서비스에서도 일반적이 되고 있다.

가치 공동창출은 서비스 제공자의 (생산) 프로세스와 고객의 소비와 가치창출 프로세스가 하나의 직접적 상호작용 프로세스로 병합되는 공동 프로세스이다. 따라서, 전문서비스 제공자들은 고객의 자원통합 활동을 지원하는 일련의 연결된 활동에 고객들과 함께 관여한다. 서비스 제공자들은 틀림없이 고객경험을 형성할 수 있으나 자원통합을 지원하는 데 있어서 서비스 제공자의 역할을 잘 이해할 필요가 있다.

### (2) 고객 자원통합의 촉진

고객이 제공자와 그들의 서비스 경험을 공동창출할 때 고객은 자원통합자로서 행동할 수 있다. 서비스 경험은 고객이 겪는 일련의 단계 혹은 경험을 평가하기 위한 폭넓은 성과 자체라기보다는 개인적이고 주관적인 현상으로 볼 수 있다. 다시, 이 상호작용적이고 공동창출된 서비스 경험은 실제 경험, 상상과 과거뿐만 아니라 미래 차원에서 다른 주체들과의 상황특유적이고 개인적인 상호작용에 의해 영향받는다. 자원통합 프로세스는 고객과 전문서비스 제공자가 상호작용에 관여하고 직접적으로 서로의 경험과 가치창출 프로세스에 반복적으로 영향을 미치는 복잡한 서비스 상황에서 특히 풍부하게 실행되어야 한다.

복잡한 서비스에서 상호작용은 고객의 눈으로 서비스를 완벽히 보여주는 사례이다. 전문서비스 제공자들은 고객에게 전문성과 특화된 스킬을 구현하는 무형자원(예: 의사의 지식과 스킬)이다. 그들은 또한 상호작용을 통해 제공된 유형자원(예: 처방약, 치아교정 장치)을 수반할 수 있다. 고객이 자신의 소비경험을 결정하고 향상시키기 위해 이 자원들을 통합함에 따라 기업은 어떤 유동적이고 변환가능한 자원(예: 자가 혈당측정)을 고객에게 이전시키기 위해 자신의 전문가를 활용할 수 있다.

이러한 자원의 이전은 서비스 제공자와 함께 하는 일련의 활동을 통해 발생한다. 다시 서비스 제공자에 의해 제공된 자원의 적절성은 개별 고객의 능력과 관심에 의존한다. 고객의 역량과 전문성(예: 고혈압의 원인과 대응에 대한 명확한 이해)은 자원을 통합하는 그의 능력(예: 식단 조절, 금연과 금주, 일상생활 운동 등), 자신의 자원에 대한 소유권 혹은 통제를 서비스 제공자에게 이전하려는 의지(예: 식단 및 운동량 점검, 금연클리닉 등록)에 영향을 미친다. 예를 들어, 초보자는 자신이 기대하는 것을 거의 알지 못한다. 그러나 그는 자신의 프로세스를 변화시키는데 더 개방적이거나 서비스 제공자의 전문성을 더 활용할 것이다.

서비스 제공자는 다시 고객에게 편익을 제공하는 경험을 발생시키는 적합한 자원을 제공하고 그 자원의 통합을 지원하는 그들의 보완적 역할을 이해해야 한다. 이점에서 고객을 직접 대면하는 서비스 제공자들은 고객과 일대일 상호작용을 통해 개별 고객니즈에 대한 일차적 지식을 발생(예: 변호사의 소송의뢰인과 대면접촉 후 고객니즈 파악)시킴으로서 고객-기업 인터페이스에서 핵심적 역할을 한다. 이에 비해 불필요한 상호작용을 통해 부적절하거나 불가항력적인 자원통합을 제공하는 것(예: 변호사의 불필요한 증거 요구 및 수시 면담)은 고객에게 부정적 경험으로 결과될 수 있다.

### (3) 전문서비스 제공자 자원통합 스타일의 유형

#### ① 활동 차원
전문서비스 자원통합 유형을 설명하는 데 필요한 활동의 차원은 다음과 같다.
- 참여율: 전문서비스 제공자와 고객 사이의 참여의 비율로서 어떤 주체가 정보 공유, 제안, 서비스 프로세스의 일부분이 되는데 시간과 노력을 투자한 수준의 관점에서 보아야 한다. 고객의 능력과 참여하려는 의지에 따라 적절한 고객참여의 수준을 제공해야 하지만 높은 수준의 고객참여가 항상 편익을 제공하지 않는다는 것을 인식해야 한다.
- 상호작용의 빈도: 호혜적 영향으로 이어지는 고객과 전문서비스 제공자 사이의 상호작용 수로서 온라인 혹은 오프라인 채널을 통하고 공식적 혹은 비공식적 상황에서 상호작용이 이루어질 수 있다.
- 심사숙고: 의사결정 이전에 조심스럽게 다양한 옵션을 고려하는 프로세스로서 옵션 제공, 추천, 고객과 아이디어 논의와 개발, 고객의 관심 이슈를 다루기 등이 포함된다.

- 의사결정: 어떤 전략을 실행할지를 결정하는 프로세스로서 의사결정에 책임지기, 의사결정에서 고객을 안내하기와 같은 지원역할의 이행을 포함한다.
- 개선: 계획된 검토 이외의 전문서비스 분야의 사안들에 대해 고객에게 알려주는 프로세스로서 고객에게 전문서비스의 현재 상태, 어떤 법률 및 규제 변화, 이벤트에 초대, 미팅 약속 등을 포함한다.
- 교육: 역량을 구축하기 위해 전문적 지식을 제공하는 프로세스로서 대화, 관련 자료, 세미나/이벤트 등을 통해 복잡한 전문서비스 분야의 용어를 단순화, 특정 관심사의 규명, 개인적 네트워크에서 추가 자원 제공, 고객의 역량/전문성 증가 등의 활동을 수행한다
- 연결: 다른 주체들의 도입을 통해 새로운 기회 혹은 추가된 자원을 제공하는 프로세스로서 고객과 다른 관련 주체들을 연결하고 배타적 네트워크에 접근을 제공하는 방법을 적용한다.
- 동기부여: 전문서비스 제공자가 자율과 역량이라는 고객의 니즈를 지원하는 방식으로서 강압적이 아니면서 활성화, 격려, 외생적 동기부여(예: 보상, 서비스 환경, 안전 등) 형태로 고객참여를 자극할 필요가 있다.

② 자원통합 유형

이러한 변수들을 고려하여 Ng et al.(2016)은 전문서비스 제공자(예: 재무설계사)의 자원통합 스타일 유형을 〈표 3.2〉와 같이 분류하였다.

**표 3.2**  전문서비스 제공자의 자원통합 유형

| 활동 | 위임 | 멘토 | 파트너 | 코치 | 입증자 |
|---|---|---|---|---|---|
| 참여율(%) (재무설계사-고객) | 90-10 | 70-30 | 50-50 | 50-50 | 30-70 |
| 상호작용 빈도 | 낮음 | 중간 | 높음 | 높음 | 낮음 (가끔발생) |
| 심사숙고 | 완전히 고객 대신에 옵션을 고려 | 고객이 고려하도록 옵션을 대부분 단순화 | 옵션을 함께 평가하도록 고객과 함께 업무 | 고객이 고려해야 할 옵션에 대해 더 폭넓게 생각하도록 도전 | 대부분의 시간을 고객의 질의에 특정한 관심사를 다룸 |

| 활동 | 위임 | 멘토 | 파트너 | 코치 | 입증자 |
|---|---|---|---|---|---|
| 의사결정 | 고객 대신에 최종 전략에 대해 의사결정하고 고객에게서 승인 추구 | 고객이 최종 결정을 하도록 고객의 사고를 안내 | 고객과 함께 최종 의사결정 | 더욱 감독적이나 고객이 최종 의사결정을 덜 하도록 함 | 고객의 의도를 점검하고 고객이 의사결정을 최종적으로 하도록 허용 |
| 개선 | 단지 니즈가 존재할 경우에만 | 정기적으로 개선 | 정기적으로 개선 | 정기적으로 개선 | 대부분 고객의 요구에 따라 |
| 교육 | 대부분 의사결정을 위해 단순하고 축약된 재무관련 정보를 제공 | 대부분 의사결정을 위해 단순하고 축약된 재무관련 정보를 제공 | 관심사에 대해 폭넓은 범위의 구체적 재무관련 정보를 제공 | 관심사에 대해 폭넓은 범위의 구체적 재무관련 정보를 제공 | 고객의 요구에 대한 적절한 재무관련 정보를 제공 |
| 연결 | 고객에게 네트워킹 기회를 거의 제공하지 않음 | 고객에게 네트워킹 기회를 가끔 제공 | 고객에게 네트워킹 기회를 빈번하게 제공 | 고객에게 네트워킹 기회를 빈번하게 제공 | 고객에게 네트워킹 기회를 거의 제공하지 않음 |
| 동기부여 | 계속 목표에 도달하도록 고객을 가끔 동기부여 | 계속 목표에 도달하도록 고객을 가끔 동기부여 | 계속 목표에 도달하도록 고객을 동기부여 | 계속 굳건히 목표에 도달하도록 고객을 강하게 동기부여 | 계속 목표에 도달하도록 고객을 가끔 동기부여 |
| 스타일 요약 | - 재무설계사는 전체 고객의 재무 관심사를 관리<br>- 설계사는 고객 참여 혹은 (적절하나 요금이 부과 | -재무설계사는 대부분의 고객의 재무 관심사를 고객의 일부 투입물과 함께 관리 | - 재무설계사는 재무 관심사를 관리하는 데 고객을 적극적으로 포함 | - 재무설계사는 추천 방식으로 지휘하고 고객이 목표에 강하게 도달하도록 유지 | - 재무설계사는 고객이 가질 수 있는 특정 관심사를 다룸 |

| 활동 | 위임 | 멘토 | 파트너 | 코치 | 입증자 |
|---|---|---|---|---|---|
| | – 되는 것은) 승인을 요청하고 전략을 실행 | – 설계사는 옵션을 제공하고 조언은 고객의 사고를 안내하나 재무전략에 대한 최종 의사결정은 고객에게 존재 | – 설계사와 고객은 빈번하게 소통하고 의사결정을 함께 함 | – 설계사는 고객이 재무전략에 대한 최종 의사결정을 하도록 허용 | – 고객 자신의 재무사안에 대해 우호적이기 때문에 고객은 설계사와 접촉을 시작 |

위에 제안된 다섯가지 스타일의 유형(위임, 멘토, 파트너, 코치, 입증자)은 앞서 설명한 여덟 가지 자원통합활동 차원들에 의해 설명된다. 전문서비스 제공자는 가치창출을 촉진하기 위해 제공된 자원들의 결합을 다양화함으로써 차별적 편익을 제공할 수 있다. 하지만, 하나의 최적 스타일은 존재하지 않는다.

- 위임(delegate): 고객이 전문서비스 관심사를 관리하는 모든 책임을 아웃소싱하기 때문에 전문서비스 기업이 고객을 대신하여 고객의 모든 전문서비스 관심사를 관리한다.
- 멘토(mentor): 전문서비스 제공자가 고객에게 지속된 보증, 신뢰, 지원을 제공한다.
- 파트너(partner): 전문서비스 제공자가 자신의 관심사를 관리하는 데 고객을 적극적으로 포함시키고 고객에게 자신의 관심사에 대한 일부 책임을 맡도록 권한을 부여한다.
- 코치(coach): 고객이 전문서비스 관심사에 관여하도록 지도방식을 추천하고 고객을 이전에 설정된 목표에 머물도록 하면서 지속적인 관심과 동기부여를 한다.
- 입증자(validator): 전문서비스 제공자가 고객이 가질 수 있는 구체적 관심사를 일차적으로 다루고 고객이 전문가와 함께 아이디어와 계획을 검토하는 기회를 제공한다.

## 6 공동창출 시 소비자의 결함

### 6.1. 역기능적 고객행동

가치 공동창출에서 고객참여는 전문서비스 조직에 기회뿐만 아니라 위협도 제시한다. 참여에 적극적인 고객들은 더 작은 투입물을 제공하는 고객들보다 서비스 조직에 더 많은 양의 가치를 공동창출하는 역량을 갖는다. 반면에, 전문서비스 전달은 고객참여를 위한 최소의 품질수준과 양을 필요로 하며, 그 결과로 전문서비스는 고객이 적절히 참여하지 않는 다른 서비스들보다 더 높은 리스크에 노출되고 가치 공동창출을 방해한다.

이러한 역기능적인 고객행동은 '이탈적', '이상한' '도리를 벗어난', '기회주의적인'으로도 언급되어 왔다. 본 교재에서는 '역기능적 고객행동'이라는 용어를 사용한다. 여기서 역기능적 고객행동은 서비스 제공자가 가치를 공동창출하는 것을 방해하는 어떤 고객행동으로서 정의한다. 역기능적인 고객행동은 적절한 역할행동의 무지에서 혹은 서비스 제공자 혹은 다른 고객의 역기능적 행동에 반응하여 의도치 않게 혹은 올바르지 않게 수행하는 고객의 행동을 포함한다. 재화지배적인 관점에서 가장 일반적으로 연구된 역기능적 행동으로는 고객이 재화를 획득하는 부적절하고 피해를 주는 방법으로서 주로 강박적이거나 충동적인 소비, 모조품 구매, 사기, 절도와 같은 행동이 규정되었다. 그러나 서비스의 관점에서 특히 서비스지배논리의 관점에서 이들은 다른 분류체계가 필요해진다.

### 6.2. 소비자의 역기능 유형

전문서비스(특히, 의료와 재무서비스)에 일반적인 역기능적 행동의 여섯 가지 항목은 Greer(2015)의 연구에서 제시되었다. 이 유형의 역기능적 행동은 작은 위반부터 심각하고 빈도가 높은 폭력행위까지 다양하다.

### (1) 재화관련 역기능적 행동

① 재산남용

주로 전문서비스 기업의 서비스스케이프(servicescape: 서비스 조직 내에서 교환이 수행된, 전달된, 소비된 장소, 배경, 무대 등의 물리적 환경을 의미)에 대해 의도적으로 공공기물 파손, 쓰레기 버리기, 절도, 파괴, 품목 제거를 하는 고객의 기회주의적 행동을 의미한다. 병원에서 청진기, 전자온도기, 랩톱 컴퓨터 등의 절도가 이루어질 수 있고 이 절도는 사기에 의해 더 증가한다. 이에 비해 계획적인 절도도 발생할 수 있는데 감지를 어렵게 하기 위해 약국에 재방문시 빈 약병을 가져와 다른 약병과 교환하는 경우가 해당된다. 기물파손은 보험사에서 사기 클레임이 거부당했을 때 그 고객이 지점에 낙서를 하는 경우가 해당된다.

고객이 근무시설의 외관을 훼손하거나 서비스스케이프로부터 절도가 이루어지기 때문에 서비스 조직에 상처를 주는 것은 분명하다. 이 재화와 관련한 잘못된 행동은 필수적인 설비의 손실로 인해 가치 공동창출을 방해한다. 또한, 그러한 재산남용은 불법이기 때문에 역기능 이상의 문제를 낳는다. 절도와 기물파손이 전형적으로 고립된 사건들인 반면에 재산남용은 금융서비스에서 신체적 공격 및 사기와 함께 공동으로 발생한다.

② 사기

사기는 고객이 직접적 혹은 간접적인 금전적 이익을 위해 실행하는 공공연하거나 은밀한 행동을 포함한다. 고객은 자신이 사기를 치거나 서비스 제공자가 사기를 치도록 선동할 수 있다. 금융부문에서 보고된 사기 행동의 형태는 신분사기, 의도적인 채무 과소평가, 대부를 받기 위한 소득 과대평가, 보험 사기 등이 있다. 의료부문에서는 의도적으로 시기가 지난 처방전 제시 혹은 약물중독으로 인한 처방전 변경이 있을 수 있다. 자동차보험에서도 친구에게 차량을 훔친 후 소각하라고 하여 보험금을 타는 경우가 발생할 수 있다.

비록 사기가 서비스 제공자와 접점 중에 자주 발생할지라도 이 유형의 역기능적 행위는 보통 서비스 제공자보다는 서비스 기업에게 더욱 피해를 준다. 사기는 사전에 계획되었거나 기회주의적으로 발생할 수 있다. 다른 유형의 역기능적 행위와 달리 사기의 두 가지 다른 형태(예: 사기를 선동하거나 사기를 치는 것)는 전형적으로 개별 사건에서 동시에 발생하지 않는다. 그러나 사기는 언어폭력, 저조한 참여, 재산남용을 포함하는 다른 유형의 잘못된 행위와 공동으로 발생한다.

## (2) 대인 간 부정행동

### ① 언어폭력

언어폭력은 서비스 접점을 방해하면서 명시적인 구두와 문자 커뮤니케이션으로 이루어진다. 언어폭력은 가장 일반적이고 자주 나타나는 고객의 잘못된 행위이다. 언어폭력은 과잉 참여, 저조한 참여, 신체적 공격과 사기를 포함한 대부분의 다른 유형의 잘못된 행동과 함께 공동으로 발생한다. 언어폭력의 네 가지 다른 형태가 존재한다.

- 실례: 무례하고 예의없는 고객들로 구성된다. 가령, 어떤 대출전담 은행원에게 한 고객이 모욕적이고 경멸하는 방식으로 대화를 나누거나 반대로 어떤 재무설계사가 고객을 무시하면서 무례하고 건방지게 대응할 수 있다.
- 위협: 서비스 제공자를 위협한 고객이 존재한다. 위협은 전형적으로 목적을 달성하기 위한 파워의 불법적 실행이다. 서비스 상황에서 위협은 서비스 제공자에게 직접적으로 해를 끼치는 것(예: 경력에 해를 끼치거나 신체적 위해의 위협을 가하기 위해 상사에게 서비스 제공자를 부당하게 보고하는 위협) 혹은 조직의 외부에서 해당 조직에 해를 끼치기 위해 서비스 제공자의 행위에 대한 못마땅함을 보고하는 것(예: 옴부즈만 혹은 정부기관에게 어떤 사건에 대해 부당하게 보고하겠다는 위협)으로 이루어진다.
- 성적 발언: 서비스 제공자에게 환영받지 못하고 요청하지 않은 성적으로 지향된 발언을 하는 고객들로 이루어진다. 성적 발언은 외설적인 말, 노골적인 성적 농담, 직접적인 성적 접근을 포함하고 서비스 제공자의 판단에 따라 이 발언은 성희롱으로 인식될 수 있다.
- 개인적 공격: 개인적 공격은 개인적 모욕, 비꼬는 말투, 무능에 대한 직접적 비난, 차별적인 발언이 그 예가 된다. 가령, 간호사와 변호사에 대해 고객이 개인적으로 바보, 멍청이, 병신, 아무 것도 모른다라고 개인적으로 모욕하는 것을 경험할 수 있다. 개인적 공격은 직접적인 무능에 대한 비난 혹은 서비스 제공자가 자격이 없거나 충분히 권한을 부여받지 못하는 상황에 의해 수반될 수 있다. 어떤 개인적 공격은 또한 차별적일 수 있다. 수많은 서비스 제공자들이 성과 인종에 기초하여 고객 혹은 동료들로부터 공격받을 수 있다. 개인적 공격은 기본적인 존경이라는 사회적 규범을 침해하고 서비스 제공자의 심리적 행복에 피해를 준다.

② 신체적 공격

신체적 공격은 서비스 제공자에게 신체적 피해 혹은 불편을 시사하거나 초래하는 공공연한 행동으로 이루어진다. 그러한 행동은 전문서비스 접점에서 발생할 수 있는 역기능적 행위 중 가장 발생 빈도가 낮다. 그러나 이 공격이 발생했을 경우에 전문가에 대한 피해정도는 그 목숨에까지 영향을 미칠 정도로 매우 클 수 있다. 최근에 소송에 패한 사람의 변호사 사무실에 방화와 의사를 해치는 정신이상 환자의 경우가 이에 해당한다.

신체적 공격은 다양하다. 첫 번째 형태의 신체적 공격은 무기와 공격적인 신체접촉을 사용하는 신체적 위협과 같은 행위를 포함한다. 이 행동은 사회적 거리에 대한 규범적 기대를 뒤엎기 때문에 상당한 심리적 고통을 초래할 수 있다. 두 번째 형태의 신체적 공격은 서비스 제공자에게 신체적 피해 혹은 불편을 초래하는 침해행위를 포함하나 실제로 신체적 접촉을 하지는 않는다. 이것은 서비스 제공자에게 침뱉기 혹은 물건 던지기를 포함한다. 세 번째 형태의 신체적 공격은 고객이 서비스 제공자에게 피해 혹은 불편을 초래하는 공격적인 신체적 접촉에 관여할 때 발생한다. 일부 의료서비스 제공자(특히, 응급실)들은 환자들에 의해 매를 맞는다. (특히, 술취한)고객은 그가 서비스를 거절당하거나 서비스가 마음에 들지 않을 경우에 폭력적이 되고 침을 뱉으면서 주먹을 휘두른다.

대부분의 신체적 공격은 전형적으로 서비스 제공자와 전문적 관계가 전혀 없거나 거의 없는 고객에 의해 나타나고 보통 언어폭력, 위협이 선행된다. 신체적 공격은 일반적이지는 않지만 의료부문의 서비스 제공에서는 매우 심각하다. 그 이유로는 다른 전문서비스에서는 보통 서비스스케이프의 디자인에 의해 제공자와 고객의 접근이 제한(예: 안전 스크린, 안전 문, 책상과 회의실 배치, 크거나 넓은 사무실 책상 등)될 수 있으나 의료서비스 제공자는 핵심 서비스를 수행하기 위해 환자와 직접적인 신체적 접촉을 가질 필요가 있기 때문이다. 신체적 공격은 단일 서비스 접점 동안에 심각성이 증가할 수 있고 언어폭력, 과도한 참여, 저조한 참여, 재산 남용을 포함한 다른 유형의 잘못된 행동과 공동으로 발생한다.

### (3) 관계적 부정행동

① 저조한 참여

저조한 참여는 가치 공동창출에 필요한 무형자원의 획득에 기여하는 데 실패한 고객의 공공연한 행위를 의미한다. 이 유형은 서비스에 공헌하는 데 실패한 고객의 행위를 설명하나 여전히 성공적인 서비스 성과를 기대할 수 있다. 고객이 서비스 접점에 완전히 참여할 수 없는 합리적인 이유(예: 서비스 과정과 절차에 친숙하지 않음)가 존재하는 반면에 여전히 성공적인 서비스 성과를 기대하면서도 이 서비스 접점에 참여하는 데 실패하는 것은 역기능적이라고 서비스 제공자가 생각하게 된다.

저조한 참여는 다음의 행위를 포함한다.

- 서비스 제공자가 적절히 관여하는 것을 거절: 고객은 더 높은 지위와 파워를 갖는 서비스 제공자가 관여하는 것에 우호적이면서도 매우 비협력적이거나 방해하는 속성을 보이기도 한다. 서비스 제공자와 적절하게 관여하는 것을 거절하는 고객들은 흔히 그들 자신의 서비스 성과를 약화시키고 서비스의 성공적인 공동창출을 방해하면서 사회적 교환의 기본적 신조를 훼손한다.

- 서비스 전달을 위해 필수적인 무형자원(예: 시간, 노력, 정확한 정보, 금전)을 제공하는 것을 거절: 이 자원들은 공동창출의 주요 투입물이고 고객을 위한 경제적, 사회적, 심리적 비용을 반영한다. 예약시간에 늦거나 서비스에 필요한 시간을 내지 않으며, 약을 처방받지 않거나 치료를 완료하지 않고 중단하는 불이행을 포함한다. 또한, 고객은 서비스 전달을 위해 정확한 정보를 제공하지 않기도 한다. 금융서비스에서, 고객은 신원확인, 정확한 재무사항, 소득과 부채를 제공하지 않을 수도 있고 의료서비스에서 이 행위는 더욱 고객에게 민감한 영향을 미칠 수 있다. 심지어 환자가 의사의 진찰이 시작되기도 전에 자신의 병을 확신하고 있거나 의사에게 자신의 객관적 정보가 아닌 잘못된 신념과 느낌을 제공하거나 일부 민감한 정보를 숨길 수도 있다.

- 서비스 제공과 관련된 수수료 혹은 요금의 일부 혹은 전부를 지불하는 것을 거절: 이 행위는 의료서비스보다는 금융서비스에서 더 일반적인데 과실로 인한 벌과금, 세금 등을 지불하는 것을 거절하는 경우가 있다. 또한 저조한 참여는 언어폭력, 신체적 공격, 과잉 참여, 사기와 함께 공동으로 발생할 수 있다.

② 과잉 참여

과잉참여는 서비스 제공자와 무보수로 혹은 부적절하게 상호작용하는 고객의 행위를 의미한다. 다음의 두 가지 형태의 과잉 참여가 존재한다.

- 불필요한 서비스 상호작용: 이 유형의 상호작용은 고객이 불필요하게 상호작용하거나 서비스 제공자와 초과하여 상호작용할 때 발생한다. 의료서비스에서

불필요한 상호작용은 예외적으로 일찍 예약을 요구하거나 다른 환자의 치료를 간섭하고 서비스 접촉을 연장하기 위해 징후를 바꾸거나 전문서비스 상황의 외부에서 개인적으로 서비스를 제공받는 것을 요구하는 것을 포함한다. 가령, 환자가 지역의 쇼핑센터에서 의사를 우연히 만났는데 자신의 건강문제를 그 의사에게 즉석에서 검진하도록 요청하는 경우이다. 그러한 행위는 전화 혹은 이메일을 통해 흔히 이루어지고 전문적 이슈에 대해 흔히 과도한 기간동안(예: 하루에 5번 전화 등) 서비스 제공자와 반복된 접촉으로 특징된다. 일반적으로, 불필요한 서비스 상호작용은 그것이 서비스 프로세스를 급격하게 느리게 만들기 때문에 역효과를 낳는다.

- 불필요한 개인적 상호작용: 반대로 불필요한 개인적 상호작용은 전형적으로 사회적 혹은 연애적 함의를 갖는다. 어떤 고객은 전문가에게 선물을 제공하고 개인적 서비스를 제공(예: 골프장 예약)하거나 사회적으로 동질적인 집단(예: 운동모임, 취미모임 등)에 포함될 것을 서비스 제공자에게 요구한다. 그 이유는 불필요한 개인적 정보를 공유하기 위해 호의를 갖는 서비스 제공자들에게 접근하는데 목적이 있다. 이 과도하게 친절한 행위는 서비스 관계의 전문성을 약화시킬 수 있고 고객을 관리하는 데 필요한 시간을 급격히 증가시킬 수 있다. 불필요한 개인적 상호작용의 연애적 형태는 고객이 전문서비스 관계의 도를 넘어 서비스 제공자와 더욱 친밀한 애정적 관계를 시작하려고 할 때 발생한다. 이것은 고객이 서비스 제공자에게 데이트하자고 요청하는 경우를 포함한다.

과잉참여는 언어폭력, 신체적 공격, 참여에 대한 거절과 같은 다른 유형의 대인간 고객행동과 동시에 발생한다. 또한 여러 유형의 과잉 참여가 함께 발생할 수 있다. 많은 서비스 제공자들은 적절한 고객행동을 규정하는 선이 존재한다고 이야기한다.

## 6.3. 관리 방안

고객의 역기능적 행동을 관리하는 방안으로는 크게 다음의 두 가지가 있다.

### (1) 고객과의 관계 강화

전문서비스 제공자와 고객의 관계는 결함있는 공동창출 행위에 중요한 영향을 미친다. 대인 간 및 관계적 불량행위는 대부분 서비스 제공자와 이전에 낮은 관계 혹은 관계가 없는 고객에 의해 취해진다. 결과적으로, 전문서비스 제공자들은 새로운 고객들과 더 높은 수준의 신뢰와 관계를 형성함으로써 관계마케팅 노력의 영향을 배로 늘려 결함있는 공동창출을 완화할 수 있다.

### (2) 고객의 역할 이해

둘째, 역기능적인 고객행위의 영향을 완화하는 흥미로운 기회를 찾을 수 있다. 저조한 참여와 과잉참여의 등장은 서비스 접점에서 고객참여의 최적 수준이 존재한다는 것을 보여준다. 그러나 고객은 그것이 서비스 제공자에 의해 정의되기 때문에 최적의 참여행위가 어떤 수준인지를 인식할 수 없다. 결과적으로, 교환의 핵심 참여자로서 고객은 그들의 역할 요구사항을 명확히 알도록 요구받아야 하고 훈련받아야 한다. 즉, 서비스 전달에서 고객의 역할을 이해하기 위해 명시적으로 고객을 사회화하는 것이 고객의 역할성과를 향상시킬 것이고 그 결과 고객의 서비스 지식의 무지 혹은 결여로 인한 결함있는 공동창출의 발생을 완화시킬 수 있다.

# 참고문헌

Chih, Y.Y. Zwikael, O. & Restubog, S.L.D. (2019), "Enhancing value co-creation in professional service projects: The roles of professionals, clients and their effective interaction", International Journal of Project Management, 37(5), 599-615.

Day, E. & Barksdale, H.C. (1992), "How firms select professional services", Industrial Marketing Management, 21(2), 85-91.

Greer, D.A. (2015), "Defective co-creation: Developing a typology of consumer dysfunction in professional service", European Journal of Marketing, 49(1/2), 238-261.

Hill, C.J., Garner, S.J. & Hanna, M.E. (1989), "Selection criteria for professional service providers", The Journal of Services Marketing, 3(4), 61-69.

Karpen, I.O., Bove, L.L. & Lukas, B.A. (2012), "Linking service-dominant logic and strategic business practice: A conceptual model of a service-dominant orientation", Journal of Service Research, 15(1), 21-38.

Neghina, C., Caniëls, M.C.J., Bloemer, J.M.M. & van Birgelen, M.J.H. (2014), "Value cocreation in service interactions: Dimensions and antecedents", Marketing Theory, 15(2), 221-242.

Ng, S.C., Plewa, C. & Sweeney, J.C. (2016), "Professional service providers' resource integration styles (PRO-RIS): Facilitating customer experiences", Journal of Service Research, 19(4), 380-395.

Vargo, S.L. & Lusch, R.F. (2004), "Evolving to a new dominant logic for marketing", Journal of Marketing, 68(1), 1-17.

Rajan, K.R. & Read, S. (2016), "Value co-creation: Concept and measurement", Journal of the Academy of Marketing Science, 44(3), 290-315.

# 4

## 전문서비스 전략

# 4장   전문서비스 전략

 전문서비스에서 전략

## 1.1. 특징

전문서비스 기업의 특징 중 하나는 일차적 자산이 무형의 서비스를 창출하고
전달하는 고도로 교육받은 전문적 노동력이라는 점이다. 그들은 또한 극단적인 지
식집약의 사례를 보인다. 최근 조직이 경쟁우위를 창출하기 위해 지식을 개발, 사
용, 보유하는 방법에 전력을 투구하기 때문에 전문서비스 기업이 기업 내 인적자본
과 지식을 전략적으로 관리하는 방법을 이해하는 것은 다른 산업에도 중요한 모범
사례가 될 수 있다.

전문가와 전문서비스 기업의 행위에 대한 엄격한 규제, 전문서비스 기업의 단
기 지향, 전략적 통제의 제한, 파트너십 형태의 조직구조로 인해 이 유형의 기업에
서 전략경영에 대한 관심은 다른 서비스 유형에 비해 상대적으로 낮았다. 그러나
1990년대부터 시작된 전문서비스 기업에 대한 관심의 증가로 인해서 전문서비스
특유의 전략에 대한 규명이 활발하게 이루어지고 있다.

## 1.2. 전략 내용과 핵심 이슈

전문서비스의 전략은 다양한 관점에서 논의될 수 있는데 대표적인 전략 내용과
그 핵심 이슈는 다음과 같다. 본 교재의 주요 내용과도 일치한다.

## (1) 관리와 조직

- 조직: 디자인, 통제, 문화, 정체성
- 협력: 갈등해결, 협력의 윤리
- 변화: 변화 유형과 변화에 대한 저항
- 관리: 대안적 관리 유형과 적용과 관련된 상황

## (2) 고객과 시장전략

- 고객-전문가 관계: 공동생산과 관계에서 가치의 원천
- 고객만족과 서비스 품질
- 시장특징: 경제 사이클과 지리, 고객세분화
- 고객 구매 프랙티스: 제조 혹은 구매 의사결정, 다수조달과 의사결정 기준

## (3) 지식

- 지식경영전략: 성문화 대 개인화
- 가치창출 모형과 지식개발: 가치창출 프로세스, 학습/역량 개발

## (4) 전략분석

- 핵심전략 이슈: 성과, 생존, 가치창출과 포착, 다각화, 비즈니스 모형
- 분류: 전문서비스의 분류

## (5) 합병과 협력

- 합병: 파트너 일지, 정제성과 문화
- 기업간 관계: 제휴, 전문서비스 기업 간 협력과 전문서비스 기업 네트워크

## (6) 인적자원전략

- 전체 기업전략에 대한 인적자원전략의 영향, 소유권과 리더십, 지적자본과 성과에 대한 영향
- 경력모형: 승진 혹은 이탈(up or out), 옵션기반 대 프로젝트 기반 인적자원관리, 성 이슈
- 새로운 경력 모형/고용시스템: 설명과 향상된 생산성

- 다른 모형과 성과에 대한 그들의 영향: 고관여 대 고성과 프랙티스
- 이동/이탈: 떠나는 사람의 영향과 떠나는 곳

### (7) 구조와 제도전략
- 구조: $P^2$(propessional partnership)와 MPB(managed professional business), 기업 특징의 변동, 전략적 영향, 구조변화, 도전과 조직 결합
- 제도적 전략: 내재성을 줄이는 행동

### (8) 국제화전략
- 국제화 프로세스: 설명과 전략, 기업 대 개인 노력
- 국제적 비즈니스 모형: 단일 기업 대 대안적 비즈니스 모형
- 지역적 대응 대 글로벌 기업: 문화 특징, 제도적 조건, 네트워크, 지역적 지식의 적합성

### (9) 혁신
- 혁신이 어떻게 발생, 혁신의 형태와 특징
- 지적자본의 보호: 강화 메카니즘과 기업 간 계약

## 2 전문서비스의 성장전략

### 2.1. 성장전략의 유형

전문서비스의 가장 일반적인 성장전략은 다음 다섯 가지로 요약될 수 있다.

### (1) 시장침투 증가전략
이 접근법은 동일한 고객에게 더 많은 서비스를 제공하는 것을 의미한다. 이 전략은 새로운 것을 도입하지 않기 때문에 매우 쉽게 달성될 수 있어 상대적으로 작은 리스크를 갖는다. 예를 들어, 어떤 회계기업이 감사서비스를 제공하나 기업고객

이 아닌 일반고객은 그 사실을 잘 모른다. 이처럼 전문서비스 기업은 현재 고객들이 다른 서비스를 인식하도록 만들어서 적합성을 증가시키고 이미 점유한 시장으로부터 더 많은 수익을 얻을 수 있다.

하지만, 이 보수적 성장전략의 리스크가 전혀 없는 것은 아니다. 오히려 작은 고객 풀(pool)에 과도하게 의존하면 더 많은 고객을 잃을 수 있다. 게다가, 대부분의 고객이 제공자의 전체 서비스 범위를 인식하지 못하기 때문에 고객에게 추가적인 서비스를 구매하도록 하는 것은 어려운 일일 수도 있다. 즉, 고객은 어떤 기업이 제공하는 추가 서비스와 기존의 그 기업을 자동으로 연관시키지 않기 때문에 일반적으로 추가 서비스에 대해 다른 제공자들을 찾는 경향이 있다.

### (2) 신시장 개발전략

상대적으로 낮은 리스크를 갖는 다른 전략으로는 기존 서비스의 새로운 시장을 발견하는 것이 있다. 이것은 많은 기업들이 가능한 많은 고객에게 자신의 새로운 서비스를 공표하는 것을 추구하기 때문에 전문서비스 산업에서 일반적인 성장전략이다.

그러나 더 많은 구매자를 보유한다는 것은 더 많은 판매를 의미할 수 있지만 그것은 또한 잠재적 비용을 초래한다. 새로운 고객을 교육시키고 양성하는 것은 시간소모적이고 비용이 들 수 있다. 따라서, 잘못하면 작은 기회를 갖는 시장에 과잉투자하고 잠재적으로 가치있는 시장에 과소투자하는 리스크를 감수해야 할 수도 있다. 만약 조심하지 않는다면 이 접근법은 기업의 브랜드와 개발할 수 있는 전문성을 희석시킬 수도 있다. 그러나 조심스럽게 새로운 시장에 접근한다면 이 성장전략은 매우 효과적일 수 있다. 가령, 어떤 특성 법률분야(예: 지식재산권)에 전문성을 갖는 로펌이 몇 개의 중소기업만 보유하고 있었으나 새로운 대기업들이 해당 분야에 많은 관심을 두고 있다면 이 대형 기업고객이 편익을 제공하는 성장기회일 수 있다.

### (3) 대안적 유통채널 개발전략

이 전략이 전문서비스에서 일반적이지는 않지만 효과적으로 전개될 수 있다. 보완적(그러나 경쟁하지 않는) 서비스 기업과 파트너 관계를 맺음으로서 전문서비스 기업은 대안적 유통채널을 활용하여 시장에 대한 접근을 확장시킬 수 있다. 가령, 어떤 기업(예: 로펌)은 어떤 멤버들에게 접근하기 위해 특정 협회(예: 중소기업협회)와 파트너 관계를 맺을 수 있다. 혹은 어떤 로펌은 상호 추천기회를 확대하고 심지어 시장을 공동으로 교환하기 위해 회계법인과도 파트너 관계를 맺을 수 있다.

이 전략이 전문서비스에서 자주 발생하지는 않지만 가장 큰 리스크는 적합한 파트너 조직을 발견하는 것이다. 또한, 대안적 채널을 개발하는 것은 비용(예: 관계의 개시, 유지, 협력 등)이 소요될 수 있다. 따라서, 그것이 투자할 가치가 있는지를 신중히 고려하는 것이 중요하다. 특히, 대안적 유통채널을 선택하는 것이 신뢰성 이슈를 발생(예: 기존 전문성의 잠식, 파트너 리스크 등)시킨다면 기업의 브랜드에 피해를 줄 수도 있다.

### (4) 신규서비스 개발전략

이 전략에서 전문서비스 기업은 덜 서비스되는 시장을 다루기 위해 완전히 새로운 서비스를 개발한다. 대부분의 전문서비스 기업은 이미 이것을 하고 있다. 기존과 신규시장의 두 고객들은 동일한 니즈를 갖지 않는다. 따라서, 이 전략을 수행하는 전문서비스 기업은 특정 고객의 특별사항에 맞춰 자신의 서비스를 고객화한다. 예를 들어, 회계법인은 인터넷 보안서비스 혹은 재무계획과 같은 새로운 서비스제공품을 제공하기 위해 전통적인 회계 제공품(예: 컨설팅과 감사)을 넘어 확장해야 한다.

중요한 성장을 이루는 그 잠재력에도 불구하고 이 전략은 많은 리스크가 함께 발생한다. 새로운 서비스를 개발하는 것은 상당한 시간투자를 필요로 하고 어떤 전문서비스 기업이 이미 제공하고 있는 기존 서비스에 대한 고객의 관심을 다른 데로 돌릴 수도 있다. 기업의 서비스 라인을 확장함으로서 전문서비스 기업은 또한 팔방미인이 되어야 하는 리스크(예: 특별히 아무 것도 상징하거나 대표하지 않는 일반적인 기업)에 빠지기도 한다.

나아가, 어떤 새로운 서비스가 당신의 브랜드와 적합한지, 이해충돌을 초래하지 않는지, 추천 고객을 고립시키지 않는지를 살펴보는 것이 중요하다. 신규 서비스가 현재 서비스의 포트폴리오에 자연스럽게 일치되어야 기존고객과 잠재고객이 신규 서비스를 전달하는 기업의 능력에 확신을 느낀다.

### (5) 신시장에 신규서비스 제공전략

새로운 시장에 신규 서비스를 제공하는 것은 가장 위험한 성장전략이다. 새로운 서비스를 개발하는 난제와 더불어 이 전략은 새로운 시장을 구축하는 어려움도 포함한다. 당연히 관련 리스크를 정당화하기 위해서는 잠재적 기회가 풍부해야 한다.

어떤 경우에 이 전략은 매우 성공적이 될 수 있다. 예를 들어, 어떤 소프트웨어 개발 기업이 다양한 고객기반에 서비스하기 위해 특정 소프트웨어 플랫폼을 개발하였다. 이후 그 소프트웨어 플랫폼이 의료연구분야에서 특정 문제를 다룰 수 있다는 것을 발견하였고 그들은 의료연구자에게 맞춘 새로운 기업을 설립하기로 결정한다. 이것은 그들이 자신의 브랜드 이미지를 엉망으로 만들지 않고 현재 고객기반을 혼란스럽게 하지 않고서도 새로운 기회를 활용할 수 있게 만들어 준다.


## 2.2. 성장전략의 리스크 축소

위에서 제시한 각 전략은 독특한 리스크 프로파일을 제시하기 때문에 기업의 성장전략을 결정하는 것은 어렵고 위험한 난제일 수 있다. 따라서, 리스크를 줄일 수 있는 방안을 항상 함께 고민해야 한다. 이때, 리스크 축소를 위한 핵심 관점은 리스크 대 기회 평가가 특정 전문서비스 기업이 지니고 있는 상황의 특이사항에 기반해야 한다는 점이다. 예를 들어, 다른 지역의 시장에 진출(신규 시장)하려는 기업은 다음의 질문을 고려해야 한다. 새로운 시장은 이미 당신의 기업에 대해 알고 있는가? 그 지역에서 덜 서비스된 시장이 존재하는가? 당신의 기존 고객이 필요로 하는 서비스인가? 그 서비스가 당신 기업의 기존 브랜드와 적합한가? 그것이 당신의 명성에 해를 끼칠 수 있는가?

일단 이러한 개략적인 질문을 제기하고 그에 답했다면 전문서비스 기업은 자신의 성장전략에 대해 의사결정을 더 쉽게 할 수 있다. 그러나 그 기업이 이 정보에 어떻게 다가갈 수 있는가? 그 답은 '고민과 연구'이다. 전략적 선택사항에 대한 체계적이고 전문적인 연구를 수행함으로서 전문서비스 기업은 이 질문에 답할 수 있고 생각지도 않은 통찰을 발견할 수 있다. 만약 능력이 부족하다면 전문적인 컨설팅기업을 이용하면 된다.

## 2.3. 성장전략의 실행 방법

일단 성장전략을 선택했다면 그것을 실행하는 두 가지 경로인 유기적 성장 대 인수 및 합병을 고민해야 한다.

### (1) 유기적 성장

유기적 성장은 전문서비스 기업이 이미 갖고 있는 자원(예: 스킬, 지식, 경험, 관계, 도구 등)을 사용하여 신규 혹은 기존의 고객에게 비즈니스를 추가하는 것을 의미한다. 인수 및 합병에 의한 성장보다 더욱 느리고 점진적으로 진행되지만 장기적으로 더 건강하고 신뢰할 수 있어 더 높은 가치를 제공할 수 있다. 유기적 성장은 본질적으로 기업과 관련된 전문성과 가치의 반영에 기초한다.

유기적 성장을 선택했다면 다음의 5가지 핵심 업무를 달성할 필요가 있다

- 전문서비스를 목표고객의 관심 및 니즈와 일치시키기 위해 목표고객을 연구
- 잘 규정된 시장틈새에 초점
- 경쟁을 뛰어넘는 강력하고 이해하기 쉬운 차별요인을 개발
- 모든 고객에 접근하도록 전통적 마케팅과 디지털 마케팅의 균형 유지
- 전문성이 시장에서 가시적이 되도록 유도(예: 고유의 브랜드, 명성 등 활용)

### (2) 인수 및 합병

성장을 달성하는 두 번째 방법은 인수 및 합병(M&A: merge & acquisition)을 활용하는 것이다. M&A는 몇 가지 핵심우위를 갖지만 한계도 분명히 존재한다. 본질적으로, 이 방법은 성장을 구매하는 것이다. 실제로, M&A는 기업들로 하여금 매우 짧은 시간에 새로운 전문성과 역량을 추가하도록 만들어 주기 때문에 전문서비스 부문에서 많이 발생하고 있다. M&A는 전문서비스 조직이 새로운 시장에서 신뢰성을 재빨리 얻고 기존의 시장에서 파워의 균형을 전환시키도록 할 수도 있다.

M&A를 통한 성장을 적용하는 데 우호적인 몇 가지 상황이 존재한다.

- 서비스제공품 혹은 고객 리스크의 중요한 차이를 메꾸는 것이 필요한 경우
- 최고의 인지도와 지적재산을 획득하고자 하는 경우
- 새로운 수익흐름과 효율성을 가져오려고 하는 경우
- 새로운 비즈니스 모델을 추가하려는 경우
- 성장의 시간과 장기적인 학습곡선을 단축하려는 경우

그러나 M&A에는 단점도 존재한다. 그들이 충분하고 완전하게 검토되지 않으면 역기능적인 문화 충돌, 조직 내 혼란비용 발생, 브랜드 희석화, 시장의 혼란을 야기할 수 있다.


## 2.4. 시장 진입전략

전문서비스 기업이 유기적 성장전략 혹은 M&A 중 어떤 것을 선택하든지 간에 어떻게 시장에 자신의 서비스를 가져갈 것인지를 결정할 필요가 있다. 이것은 시장 진입전략을 의미한다. 이것은 비즈니스 계획과는 다르다. 비즈니스 계획은 전략적 비즈니스 목표를 정의하는 더 광의의 표현이고 일반적인 비즈니스 고려사항들을 논의한다. 이에 비해 진입전략은 구체적으로 최종 고객에게 제품과 서비스를 전달하는 내용에 초점을 둔다.

일반적으로 성공적인 시장진입 전략을 창출하는 방법은 다음과 같은 단계로 이루어진다.

- 목표시장의 정의: 누구를 다룰 필요가 있는지를 정확히 알아야 한다.
- 목표고객의 프로파일: 목표시장 내 고객의 도전사항을 더 잘 이해하고 그 도전사항을 극복하기 위해 필요한 전문성이 무엇인지를 결정해야 한다.
- 시장 내 브랜드를 포지셔닝: 목표고객을 위한 최선의 옵션으로서 경쟁을 위한 특성과 전문성 기준(예: 혁신서비스, 저비용서비스, 신속한 대응서비스, 신뢰서비스)하에 브랜드를 적절하게 위치시켜야 한다.
- 서비스제공품을 정의: 목표시장에 초점을 두도록 선택한 틈새시장의 독특한 니즈를 다루는 서비스 개념과 제공품을 설계해야 한다.
- 적절한 마케팅전략을 개발: 구체적으로 직면하게 되는 핵심적인 도전사항을 다루면서 목표시장과 목표고객의 관점에서 효과적인 마케팅도구와 방법을 설계해야 한다.

## 2.5. 전문성의 우위

전문서비스에서 특정 전문성에 특화한(혹은 특화된 영역에 적용된 전문성을 갖는) 기업들이 실질적인 우위를 갖기 때문에 전문성이 전문서비스 기업 혹은 전문가의 성장전략을 위한 중요한 고려사항이 된다. 이때, 고려할 수 있는 몇 가지 유형의 특화가 존재한다.

### (1) 산업특화

이것은 전문서비스 기업 혹은 전문가에게 자신의 고객이 경쟁하는 경쟁환경에 대한 종합적인 이해와 관련한다. 결과적으로, 산업특화가 잘된 스페셜리스트(specialist)는 제너럴리스트(generalist)보다 더 짧은 시간에 올바른 솔루션을 전달하면서 전문서비스 기업이 무엇이 작동하고 무엇이 자신이 선택한 산업에서 작동하지 않는지를 더 잘 알게 될 것이다. 특정 산업에 특화된 컨설팅기업과 모든 산업에서 활동하는 컨설팅기업 중에서 전문성을 더 살릴 수 있는 기업은 물론 산업에 특화된 컨설팅 기업이다.

### (2) 서비스특화

이것은 전문서비스 기업 혹은 전문가가 다른 비전문가들보다 서비스의 복잡성에 대해 더 깊게 통찰력을 갖도록 만들어 준다. 여기에 특화된 스페셜리스트는 그 서비스를 더 빨리 실행할 수 있고 예상치 못한 문제들을 더 확실하고 잘 다룰 수 있게 된다. 일반의와 전문의의 차이뿐만 아니라 개인병원과 종합병원의 서비스의 전문성은 분명히 차별적이다.

### (3) 지리적 특화

이것은 전문서비스 기업 혹은 전문가에게 지역적 혹은 지리적 명성의 우위를 제공한다. 아직까지 많은 전문서비스 고객은 서비스 제공자들과 대면으로 만나는 것을 선호한다. 만약 어떤 전문서비스 분야에 영향을 미치는 지역적 한계가 존재한다면 고객은 그 기업에 무관심을 보일 것이다. 많은 병원은 인구가 밀집한 지리적 중심에 위치하려고 하며, 지방에도 자신의 병원 브랜드를 분산시켜 놓는다.

### (4) 역할특화

이것은 전문서비스 기업 내 전문가가 조직 내 역할 혹은 주어진 역할에 초점을 두는 것과 관련한다. 어떤 전문가가 고객이 직면하는 특정 문제들에 친숙하고 이전에 유사한 문제를 해결하였다면 고객은 그 전문가의 전문성과 문제해결 능력을 더 신뢰할 것이다. 큰 소송에 직면한 의뢰인일 경우에 로펌 내 파트너 수준의 변호를 원하지만 작은 소송에 직면한 의뢰인은 비용 문제로 인해서 개인 변호사 혹은 작은 규모의 로펌 변호사를 찾게 될 것이다.

### (5) 문제특화

이것은 전문서비스 기업 내 전문가에게 건강문제, 재정위기, 소송문제와 같이 고객이 직면하는 구체적 케이스, 위치, 이슈에 대해 특별한 통찰력을 제공한다. 이 대부분의 문제들이 긴급하기 때문에 고객은 더 비용이 들더라도 서둘러 그 문제를 해결할 수 있는 전문가를 찾는다. 일반 변호사와 자동차사고 전문변호사 혹은 이혼 전문변호사의 이미지 차이는 이러한 문제특화에 기초한 전문성 우위를 보여주는 적절한 사례이다.

## 3 전략실행을 위한 프랙티스 관리

전문서비스의 효과적 프랙티스 관리를 위한 Nanda & Narayandas(2021)의 연구의 주요 내용을 소개한다.

### 3.1. 프랙티스의 중요성

일반적으로 기업에서 상위 리더들은 사업부서를 위한 전략을 수립하고 그 전략을 실행하기 위해 자원을 모은다. 그러나 이 탑다운(top-down) 방법은 두 전략적 자산(전문가와 고객)의 유동적이고 계속 변화하는 특성으로 인해 전문서비스 기업에서는 효과적으로 작동하지 않을 수 있다.

고객에게 가치를 전달하는 루틴(routine) 혹은 프랙티스(일상적인 운영) 능력은 전문가의 스킬에 의존하고, 전문가의 스킬은 고객의 선택에 다시 영향을 미치고, 서비스 받은 고객은 다시 전문가의 스킬 개발에 영향을 미친다. 따라서, 어떤 프랙티스는 고객과 그들에게 서비스하는 전문가와 밀접하게 연결된다. 다시 말해, 어떤 프랙티스가 전문가가 서비스하는 고객에게 영향을 미치고 서비스받는 고객은 전문가의 스킬이 어떻게 진화하는지에 영향을 미치며, 그 스킬의 진화는 다시 미래 고객에 영향을 미치게 된다. 이 사이클은 계속 반복된다.

## 3.2. 프랙티스 영역

프랙티스 리더는 전문가의 개발 및 전개와 고객 포트폴리오 관리를 평가, 추적, 조정하고 지속적인 우월한 성과를 달성하기 위해 '프랙티스 영역(practice spectrum)' 과 '고객 포트폴리오 매트릭스(client portfolio matrix)'라는 두 가지 도구를 사용할 수 있다. 이 프레임워크는 프랙티스 리더가 비즈니스의 공급측면과 수요측면 사이의 상호작용에 대해 이해를 할 수 있도록 도와준다.

공급측면에서 리더는 프랙티스 영역에서 프랙티스의 위치와 그것이 개발하는 스킬과 역량에 대해 분석한다. 수요측면에서 리더는 고객 포트폴리오의 세부사항을 개발하고 어떤 단골고객을 선택할지와 다양한 고객을 차별적으로 서비스하는 방법을 이해한다.

이 프레임워크를 사용함으로서 어떤 프랙티스는 고객과 전문가 사이에서 명확한 프로파일을 개발할 수 있고 자신을 위한 일관성있는 전략을 수립할 수 있다. 결국, 좋은 전략은 전문서비스 기업 자신이 누구인지를 알고 올바른 고객을 선택하는 것이다.

전문서비스 기업의 프랙티스는 〈표 4.1〉과 같이 상품(commodity)에서 절차(procedure), 백발(gray hair), 로켓과학(rocket science)의 영역 중 하나에 속한다. 성공적 프랙티스는 이 영역에서 자신의 포지션이 명확하게 위치되어야 한다.

**표 4.1** 전문서비스 영역

| | 상품 | 절차 | 백발 | 로켓과학 |
|---|---|---|---|---|
| 고객니즈 | 일상적이고 단순한 문제 해결 | 상호연관된 부분들을 갖는 복잡한 프로젝트를 실행 | 고객이 경험이 거의 없는 중요하고 불분명한 이슈에 대한 결정 | 고객에게 중요한 결과를 갖는 독특하고 어려운 문제에 대응 |
| 판매명제 | 저비용 | 체계적이고 종합적인 접근법 | 유사한 문제를 다루는 기록 추적 | 복잡한 문제를 해결하는 능력 |
| 조직역량 | 효율적 전달 프로세스 | 방법론 | ←엄격한 실증분석→ | |
| | | | 경험에서 학습 | 최신 이론 |
| | ←지식경영→ | | | |
| 전문가스킬 | 특정 요구사항의 실행에 초점 | 엄격하고 종합적으로 절차를 이행 | 특정 지식을 다른 상황에서 적용할 수 있는 판단 | 혁신적 솔루션을 고안하기 위해 이론적 및 실증적 도구를 적용 |

① 상품 프랙티스

경제적이고 편리하면서도 실수없는 서비스를 제공함으로서 상대적으로 단순하고 일상적인 문제를 갖는 고객을 지원한다. 우리나라의 빅3 IT 컨설팅 거대기업인 삼성SDS, LGCNS 등은 이 영역에서 운영하면서 규모와 명성을 얻었다.

② 절차 프랙티스

최첨단이 아니나 다양한 사항에 관심을 필요로 하는 복잡한 대규모 문제에 체계적인 접근법을 제공한다. Accenture의 기술컨설팅 프랙티스는 이 전형적 예이다.

③ 백발 프랙티스

경험에 기초하여 경험많은 조언을 제공한다. 가령, McKinsey와 같은 컨설팅 기업은 그들이 전략실행을 통해 유사한 기업을 안내한 바 있다는 것을 강조하면서 고객에게 전략개발컨설팅을 판매한다.

④ 로켓과학 프랙티스

깊이있는 전문성과 창의적 문제해결을 필요로 하는 특이하고 기업의 운명이 걸린 문제를 다룬다. 한 예는 적대적 인수에 대항하는 기업들을 위한 최근의 업무로 명성이 높은 로펌 Wachtell Lipton의 인수 및 합병 프랙티스이다.

비록 어떤 프랙티스의 내용이 한 유형을 넘어 확장할 수 있을지라도 가장 잘 수행하는 프랙티스는 작은 범위에 초점을 둔다. 이 네 가지 영역에 어떤 프랙티스의 구체적 프로파일(예: 특징, 세부 내용 등)을 설정하는 것은 리더가 그 프랙티스를 관리하고 어떤 불일치를 진단하며, 필요하다면 그 포지셔닝을 이전시키는 방법을 이해하도록 만든다. 그러나 프랙티스 프로파일이 비즈니스의 수요와 환경변화에 따라 변한다는 것을 알아야 한다. 1970년대에 설립된 전략컨설팅 기업인 Boston Consulting Group(BCG)은 McKinsey와 같은 기존 기업과 직접 경쟁하는 것을 원치 않아 자신을 백발 프랙티스가 아닌 로켓과학으로서 포지셔닝하였다. 경험기반, 판단 중심의 자문을 제공한 McKinsey와 달리 BCG는 BCG 매트릭스(기업이 사업에 대한 전략을 결정할 때 '시장점유율'과 '사업의 성장률'을 고려한다고 가정)와 경험곡선(동일 제품이나 서비스를 생산하는 두 기업을 비교할 경우에 일정기간 내에 보다 많은 제품이나 서비스를 생산했던 기업의 비용이 낮아지는 것을 가리킴)과 같은 혁신적인 실증모형에 토대한 자문을 제공하였다. 이후 1980년대에는 BCG는 백발 프랙티스가 되었다. 이러한 변화는 지금까지 성공적이었던 로켓과학 프랙티스들이 단기간에만 생존하는 경향이 있다는 리더의 인식에 의해 주도되었다.

조직역량, 전문가 스킬, 수익성 촉진자의 영향은 이 프랙티스 유형별로 다양하다. 프랙티스 리더는 이 모든 요소들이 특정 영역에서 각 프랙티스의 포지션과 일치되도록 해야 한다.

## (1) 채용과 개발

- 상품 프랙티스: 절차 프랙티스가 추진력과 끈기를 높게 평가하는 반면에 상품 프랙티스는 신뢰성을 선호한다. 그들은 신뢰할만한 속도와 품질로 일상적인 산출물을 만드는 꾸준한 개인들을 채용한다. 그들은 최소 수준의 스킬을 갖고 숙련성을 달성하기 위해 기꺼이 훈련받으려는 사람을 채용한다. 그들은 무단으로 결근하지 않고 직업을 갖는 것 자체를 기뻐하고 일을 잘 하는 것에 대해 진심인 개인들이 주 대상이다.

- 절차 프랙티스: 어려운 업무와 기업을 통해 달성하려는 욕망이 강한 야망적인 개인들을 찾는다. 따라서 단지 학력, 이력서 내용이 아니라 배경, 활동을 입증하고 열심히 일하려는 의지를 보이며, 역경과 싸우고 언제든지 일할 수 있는 개인들을 선호한다.
- 백발 프랙티스: 경험에 기반한 지혜로부터 건전한 판단과 맞춤형 조언이 나오는 현명한 상담가를 추구한다. 어디에서 그런 전문가들이 채용되는가? 보통은 어떤 프랙티스의 문화에 해로운 접근법과 태도를 그들이 함께 가져올 수 있기 때문에 다른 기업들로부터 수평적 이동이 좋은 것은 아니다. 대신 재빨리 백발로 성장할 수 있는 소질을 지닌 개인들을 채용해야 한다. 가령, McKinsey는 전형적으로 최고의 명성을 갖는 학교의 대학원생을 채용한다. 학문적 성공은 정보를 흡수하고 분석하는 능력을 입증하고 다른 관점에서 그것을 고려하며, 자신의 관점을 설득력있게 표현할 수 있는 능력을 반영한다. 그것은 누군가가 시니어 파트너 및 고객에 대한 경험으로부터 신속하게 학습할 수 있고 그가 컨설팅에 적용할 수 있는 전문가적 판단을 개발할 수 있다는 것을 기대하도록 만든다.
- 로켓과학 프랙티스: 이 프랙티스의 전략적 자산은 혁신적 솔루션을 전달하는 명석하고 창의적인 전문가들이다. 이들의 리더는 다재다능하고 정밀한 '빛이 나는 조약돌'을 찾는 것이 아니라 자신에게 중요한 차원에서 비상한 능력을 갖는 개인을 의미하는 '뛰어난 못'을 채용하는 것을 추구한다.

## (2) 전문가들이 배양해야 하는 스킬
- 상품 프랙티스: 구축된 표준에서 전문성을 효율적으로 전달하는 것을 학습해야 한다.
- 절차 프랙티스: 방법론을 엄격하게 이해하고 적용하는 것을 학습해야 한다.
- 백발 프랙티스: 미래의 프로젝트에 실증적 학습을 적용하는 것을 배워야 한다.
- 로켓 과학 프랙티스: 전문성 분야의 맨 선두에 서는 방법을 학습해야 한다.

## (3) 주니어 직원에 대한 인센티브
- 상품 프랙티스: 젊은 전문가들은 직무 안정성, 현재의 업무, 초과시간에 지속적으로 자신을 활용하는 데 대한 보상에 가치를 둔다.

- 절차 프랙티스: 젊은 전문가들은 성과에 대한 보상, 달성에 대한 성과급, 전체 조직에서 사용될 수 있는 일반화된 스킬을 개발하는 훈련과 경험에 가치를 둔다.
- 백발 프랙티스: 젊은 전문가들은 멘토십(mentorship), 판단을 발전시키는 경험, 파트너가 되는 기회에 의해 동기부여된다.
- 로켓과학 프랙티스: 젊은 전문가들은 내재적 도전, 혁신문화, 최신 스킬을 개발하는 기회에 의해 동기부여된다.

### (4) 전략적 역량

효율적 전달은 어떤 프랙티스에도 좋지만 특히 상품 프랙티스에 중심적인 요구사항이다. 또한, 최신 전문성의 적용은 로켓과학 프랙티스에 중심적이다. 절차와 백발 프랙티스에 중심은 서로 그 본질이 다를지라도 바로 지식경영이다.

- 절차 프랙티스에서 지식경영시스템: 절차 프랙티스 시스템은 다른 팀이 이용할 수 있도록 프로젝트 팀들의 경험을 포착하고 문서화한다. 가령, 대형 고객의 외부감사를 수행하는 전문가들은 주로 기존 방법론을 따르고 약간 수정할 것이다. 이 상황에서 지식경영은 효과적 프로세스를 개발하고 향상시키는 것을 포함한다.
- 백발 프랙티스에서 지식경영시스템: 백발 프랙티스 시스템은 절차 프랙티스와 반대로 정보 저장고보다는 전화번호부와 더 유사하다. 그들은 경험많은 전문가들을 서로 연결시키고 테스트를 거친 도구, 접근법, 통찰을 개발하고 공유하는 문화를 권장한다. 가령, 자동차산업에서 고객과 함께 일하는 전략컨설팅 파트너는 고객기밀을 침해하지 않고 산업 동태성을 이해하기 위해 그 부문에서 일한 바 있는 기업 내 다른 파트너에 접근할 수 있다.

### (5) 수익성의 동인

전문가 서비스 파트너십에서 파트너 당 수익을 의미하는 수익성은 다음과 같이 네 가지 요인들에 의해 결정된다.

> 이익/파트너= 이익/수수료×요금/청구된 시간×청구된 시간/전문가의 수×(전문가의 수/파트너의 수

여기서 이익은 수익(revenue)-비용(cost)을 의미한다.

혹은 다음과 같이 다시 정의될 수 있다.

---

수익성(profitability)=마진(margin)×요율(rate)×활용(utilization)×레버리지(leverage)

---

- 마진: 이것은 임금, 기타 변동비, 고정비의 세 가지 요소로 이루어진다. 가장 큰 비용요소는 임금이나 이것은 대부분 노동시장에 의해 결정되기 때문에 관리하기 어렵다. 한편, 전문서비스 기업은 자체 건물을 보유하고 있을지라도 매우 작은 자본자산을 갖기 때문에 고정 간접비는 파트너의 연금이 차지할 것이다. 그들의 유일한 자산은 사람이다. 사무실 간접비와 같은 기타 고정비와 출장비와 같은 기타 변동비는 위생요인(hygiene factor: 낭비를 피해야 하는 요인들)이다. 그러나 인력과 기타 변동비를 적합하게 하는 것은 성과에 많은 차이를 만들지 않겠지만 만약 인력이 자원화되면 성과는 약화될 것이다. 가령, 빈약한 IT 시스템은 인력의 효과성을 줄일 수 있다. 명확히 산출단위 당 부과된 수수료는 마진에 중요하다.

- 생산성: 이것은 투입물(전문가)과 산출물(수익)의 비율로서 요율과 활용으로 구성된다. 수수료는 비용에 얼마를 더하는 계약에서 청구가능한 시간의 관점에서 측정되거나 요금기반 혹은 고정가격 계약의 관점에서 획득한 가치로 측정된다. 조심스러운 업무의 조직화는 전문가가 적절한 IT 도구를 사용하고 더욱 일상적 업무에 후방 오피스 지원을 제공하듯이 수익적 업무에 최대의 시간을 소비하도록 전문가를 최대한 활용할 수 있다. 그러나 이 분야에서 경쟁하는 기회는 상대적으로 거의 없고 정규 업무시간을 넘어 수수료를 증가시키는 시간대에 전문가에게 일을 시키는 것은 장기적으로 지속될 수 없다. 분명한 것은 수익성에 가장 효과적인 경로는 산출 단위 당 요금을 증가시키는 것이다.

- 레버리지: 이것은 임금을 받는 전문가 수와 파트너(어쏘를 포함) 수의 비율이다. 전문서비스 기업의 전형적 조직구조는 대학의 교수(정교수, 부교수, 조교수)와 같이 업무를 찾는 파트너와 업무를 감독하는 어쏘(associate), 실제로 업무를 수행하는 주니어 전문가의 구조를 갖는다. 레버리지는 이 세 수준의 각각에서 전문가의 비율을 측정한다. 분명한 것은 일정한 수수료 수준에서 파트너 대 주니어의 비율이 클수록 전문서비스 기업의 파트너에게 더 수익적일 것이라는 점이다. 전문서비스 기업의 문제는 주니어와 파트너 사이의 경험에서 벗어

나 교육적 특성과 바람직한 노동시장 특성에서 체계적인 차이가 존재하지 않는다는 것이다. 주니어는 전문서비스 기업에 단지 직업이 아니라 경력을 위해 입사한다. 주니어는 또한 전문서비스 기업의 혁신성을 향상시킬 수 있는 신선한 아이디어를 가져온다. 그들의 경험부족은 전문가보다 수 배 많은 임금수준에서 주니어의 임금을 고객에게 부과할 수 있는 어쏘와 파트너의 감독을 통해 보상된다.

- 고려사항: 일반적인 전문서비스 기업의 수익성은 이 네 가지에 추가적인 두 동인인 부채자본비율(debt-to-equity ration)과 자본집약(capital intensity)에 의해 주도된다. 여기서 부채자본비율은 재무 레버리지를 의미하고 자본집약은 시니어 전문가당 사용자본을 의미한다. 이 수익성 계산에서 청구된 요율(billed rate)을 사용하지 않고 주어진 할인을 고려하여 오직 실현된 요율을 사용하는 것이 중요하다. 또한, 어떤 프랙티스는 고정된 수수료 혹은 달성된 결과에 상응하는 수수료를 부과하는 방식으로 고객에게 가치 청구를 한다. 비록 그들이 시간별로 청구를 명시하지 않을지라도 고정된 수수료 계약, 상황 수수료 계약에 대해 서비스를 제공하는 데 필요한 시간 추정치와 바람직한 결과를 달성하는 확률을 사용하여 묵시적 요율을 계산할 수 있다.

- 전문서비스 기업의 균형: 경쟁시장 환경에서 마진, 생산성, 레버리지 사이의 상충관계를 관리하는 것은 '전문서비스 기업의 균형'으로 불린다. 여러 유형의 서비스를 제공하여 여러 시장 포지셔닝을 하는 것은 이들 사이의 상충관계에 영향을 미칠 수 있다. 가령, 더욱 어려운 업무는 주니어가 더 많은 감독을 필요로 하기 때문에 레버리지를 줄이는 경향이 있다. 그러나 이러한 업무는 더 높은 수준의 수수료를 보장하는 것을 필요로 하고 더 많은 승진기회를 제공하면서 상대적으로 더 많은 시니어 포지션을 제공해야 한다. 성장은 레버리지 비율을 유지하면서 승진기회를 제공하는 다른 방법이다. 그러나 전형적으로 필요한 성장률은 시장의 전체 성장률을 앞지르기 때문에 모든 것이 이 전략에서 성공할 수 없다. 특히, 경영컨설팅과 같은 전문서비스 기업은 새로운 주니어를 계속 채용하면서 성장을 통제하기 위해 승진 아니면 이탈(up-or-out)하는 정책을 갖는다. 수익성의 네 가지 동인인 마진, 효율, 활용, 레버리지는 프랙티스 영역에 따라 변동한다. 마진은 로켓과학 프랙티스에서 50% 이상, 백발 프랙티스에서 35-50%, 절차 프랙티스에서 20-35%, 상품 프랙티스에서 한

자리 수를 보이는 경향이 있다. 이 전문서비스 요율은 로켓과학 프랙티스에서 가장 높다. 서비스가 고객에게 너무 가치있기 때문에 큰 수수료를 요구한다. 다른 극단 프랙티스로는 경쟁자들보다 낮은 가격을 부름으로서 계약을 보장하는 상품 프랙티스가 있다. 반대로, 활용은 로켓과학 프랙티스에서 가장 낮고 다른 영역의 극단으로 이동할수록 증가한다. 로켓과학 프랙티스에서 전문가들은 컨퍼런스와 워크샵에 참가하고 연구를 수행함으로서 전문성의 최일선에 머물러야 한다. 결과적으로, 그들은 고객문제에 직접적으로 시간을 더 작게 소비한다. 상품 프랙티스에서 고정비는 높고 마진은 얇기 때문에 높은 활용이 경제적 성공에 필수적이다. 고객은 시니어 전문가들이 서비스 전달에 상당히 공헌하기를 기대하기 때문에 레버리지는 로켓과학과 백발 프랙티스에서 낮다. 반면에 절차와 상품 프랙티스의 고객들은 주니어 전문가들이 시니어 전문가의 감독하에 대부분의 업무를 수행하는 것을 기대한다. 영역의 왼쪽(상품)에서 오른쪽(프리미엄 서비스)으로 이동하듯이 동인들의 두 가지(마진과 요율)가 증가하고 다른 두 가지(활용과 레버리지)가 감소하는 것을 고려하면 어떻게 수익성이 영역을 따라 변동하는지가 예측되기는 어렵다. 하지만, 바람직한 것은 수익성 레버를 적절하게 활용하면 어떤 프랙티스가 영역의 어떤 곳에서 높게 수익적일 수 있다는 점이다.

### (6) 프랙티스의 오배열

대부분의 전문서비스 기업의 리더는 제안된 자신의 마진이 속하는 곳에 상관없이 자신의 프랙티스를 영역의 프리미엄 극단으로 위치시킨다. 대부분의 리더들은 자신의 고객에게 뛰어난 서비스를 제공하고 있다고 생각한다. 그러나 어떤 프랙티스 포지션은 프랙티스 리더의 추정이 아니라 고객의 평가에 의해 결정된다. 만약, 리더가 프랙티스와 그 내용을 잘못 배열하면 전문가들은 관리되는 업무와 관리방식의 부적합성에 의해 좌절을 경험하고 결과적으로 프랙티스 자체가 적절하지 않게 될 것이다.

이러한 오배열의 두 가지 이유가 존재한다. 하나는 오만에 가까운 자부심이다. 전문가들은 흔히 그들 제공품의 차별성을 과대평가한다. 다른 하나는 시간이 지나면서 어떤 프랙티스가 영역의 왼쪽으로 이동한다는 것이다. 일반적으로, 어떤 제공품이 전문화에서 출발할지라도 경쟁자들이 그 제공품을 모방함에 따라 점점 더 상품화된다. 고객은 그 서비스의 어떤 요소들을 내부화하고, 기술은 지식을 확산시키는 것을 돕고, 사람들이 그들의 전문성을 다른 기업들로 가져가면서 이동한다. 어제 로켓과학이었던 것이 오늘날 백발이 되고, 내일은 절차, 그 다음날은 상품이 된다.

프랙티스들은 다양한 방식으로 이 이동에 대응할 수 있다. 그들은 정보에 대한 경쟁자의 접근을 억제함으로서 지식유출을 막고, 전문가의 이직을 최소화하고, 기술장벽을 구축함으로서 서비스의 차별적 특징을 보호할 수 있다. 예를 들어, 금융 서비스에서 로켓과학 자문가들은 그들이 추천에 어떻게 도달하였는지에 대해 비밀을 유지하고 백발 컨설팅 프랙티스들이 컨설팅보고서를 그들의 브랜드 이미지에 추가하는 것처럼 그들의 지적 자산을 보호하는 비밀주의를 촉진한다.


## 3.3. 고객 포트폴리오 관리

### (1) 고객 포트폴리오 매트릭스

우월한 성과를 얻기 위해 프랙티스는 역량과 고객 포트폴리오를 체계적으로 관리해야 한다. 포트폴리오를 연구하는 유용한 방법은 〈그림 4.1〉과 같이 고객이 서비스 고객에 대한 비용(CTS: cost to service clients)을 고객의 지불의지(WTP: willingness to pay)와 비교함으로서 형성된 사분면에 속하는 곳을 결정하는 것이다. 여기서 CTS는 청구가능한 시간과 지출과 같은 직접적인 서비스 비용을 포함하지 않는다. 오히려, 그것은 고객인식과 고객관계관리 및 고객보유 노력을 포함하여 초래된 모든 간접비용으로 구성된다.

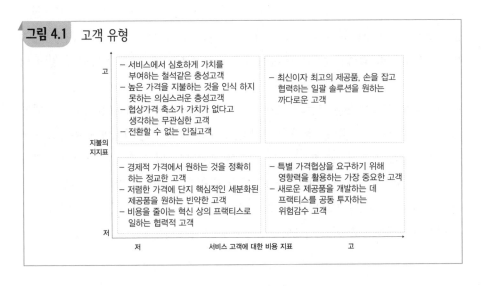

그림 4.1  고객 유형

전문서비스 기업에서 직접비용은 쉽게 측정되고 관리될 뿐만 아니라 그들이 이익에 영향을 미치는 프랙티스의 생명선이기 때문에 이에 대해 많은 관심을 갖는다. 기업은 일반적으로 간접비로 처리되는 간접비용을 열심히 모니터링하지 않는다. 하지만, 간접비용은 프랙티스 전체 비용구조의 상당 부분을 차지하고 고객에 따라 많이 차이날 수 있다. 이 간접비용은 측정이 어려운 반면에 고객관계의 진정한 수익성에 매우 큰 영향을 미칠 수 있다.

가장 바람직한 것은 모든 고객을 낮은 CTS와 높은 WTP 분면에 위치시키는 것이라고 할 수 있다. 소수의 프랙티스들이 성공적으로 이 전략을 활용하나 그들은 부티크기업(boutique business)인 경향이 있다. 부티크기업은 송무를 기본으로 기업법률 등 종합 법률서비스를 제공하는 대형로펌과 달리 특정 법률분야만 전문적으로 취급하는 작은 규모의 로펌을 의미한다. 흔히 승소를 위해 높은 비용에도 불구하고 많은 경험이 있거나 전관변호사 비중이 높은 것을 염두에 두고 대형로펌을 선임한다고 알려졌지만 오히려 전문성 등 여러 사정을 고려해 부티크로펌을 선임하는 경우가 점차 증가하는 추세이다. 가령, Wachtell Lipton은 일차적으로 높은 위험을 갖는 M&A 거래에 초점을 두나 다른 대형 프랙티스를 갖지 않기 때문에 그 기업은 100대 미국기반 로펌 중에서 가장 작은 규모를 갖는다.

또한 프랙티스는 높은 CTS/높은 WTP 혹은 낮은 CTS/낮은 WTP 분면에 있는 고객을 군집화하려고 시도할 수 있다. 이 두 분면의 고객은 동일한 수익성을 보일 수 있다. 높은 CTS/높은 WTP에서 관계를 구축하는 데 초점을 두는 프랙티스는 전형적으로 시장 리더인 반면에 낮은 CTS/낮은 WTP 분면에 초점을 둔 프랙티스는 최소비용 제공자가 되는 것을 목표로 한다. 둘 중 한 접근법은 극단적인 원칙을 요구한다. 기업이 동시에 두 분면에서 활동하도록 강제될 때(이것은 흔히 시장지분 리더의 경우임) 고객관계관리의 본질이 각 분면에서 매우 다르기 때문에 일이 더욱 어렵게 될 수 있다.

대부분의 프랙티스는 그들의 고객이 모든 사분면에 걸쳐 퍼져있다는 것을 알게 된다. 그것은 그들이 명확한 전략을 갖지 않고 모든 것을 모든 사람에게 주려고 노력 중이라는 것을 간접적으로 암시한다. 이것은 주로 그들이 고객에게 아니라고 말할 수 없기 때문에 발생한다. 어떤 상황을 언제든지 원래로 돌릴 수 있다는 것에 대한 무리한 확신은 기회를 포기하는 것을 어렵게 만든다. 게다가, 이익보다 수익에 집착하는 성향은 정신적으로 '어떤 비즈니스도 좋은 비즈니스'라는 사고를 갖게 한다.

## (2) 각 사분면에서 관계전략

### ① 높은 CTS/높은 WTP

이 분면의 고객은 전형적으로 프랙티스를 가치를 부가하는 파트너로서 바라보고 장기 헌신을 찾는다. 그 고객들은 의도적으로 사내에서 전문성을 개발하지 않고 그 프랙티스 서비스에 대한 니즈를 줄일 수 있는 투자를 하지 않는다. 가령, 전략컨설팅 기업이 존재하는 한 이유는 고객이 내부 전략역량을 구축하지 않는 것을 선택하였다는 의미이다. 전략적 계획을 개발하기 위해 외부 기업에게 주기적으로 지불하기보다 최고의 비즈니스개발 스킬을 채용하고 유지하는 것은 그들에게 훨씬 더 비용이 든다. 이 고객은 일반적으로 턴키솔루션(turnkey solution: 즉시 사용할 수 있는 일괄공급 솔루션)을 요구하고 전문서비스 기업과 많이 협력하기를 기대한다. 일반적으로 어떤 프랙티스 고객의 15-20%가 보통 이 분면에 존재한다.

### ② 낮은 CTS/높은 WTP

이 분면에는 폭넓게 두 고객 세그먼트가 존재한다. 첫째는 불멸의 충성고객이다. 그들은 제공된 서비스에 심오하게 가치를 부여하고 그들을 계속 얻는 데 높은 비용을 지불할 것이다. 이것은 거래수준에서는 합리적이지 않아 보일 수 있으나 장기관계의 시각을 통해 바라볼 때에는 의미가 있다. 그 고객은 과거의 지원과 서비스의 지속을 보장하기 위한 프랙티스에 대해 비용을 지불하는 것을 행복하게 생각한다. 그들에게 서비스하는 비용은 프랙티스가 그 고객을 지원하는 전문가를 더 잘 얻고 유지하는 데 능숙하기 때문에 낮아질 수 있다. 둘째는 가짜 충성고객이다. 이들은 다음과 같이 정보가 없는 고객, 관심이 없는 고객, 인질을 포함한다.

- 정보가 없는 고객: 그들이 높은 가격을 지불하는 중이라는 것을 모르고 쉽게 유인될 수 있다.
- 관심없는 고객: 가격 절감을 협상하는 비용이 편익을 훨씬 초과한다.
- 인질: 높은 전환비용으로 인해 어떤 프랙티스와 관계를 종료할 수 없다.

고객에 대해 더욱 전략적이기를 원하는 어떤 프랙티스는 이 분면의 고객들 특히 흔들리지 않는 충성고객을 목표로 함으로써 시작할 것이다. 어떤 프랙티스 고객의 10% 미만이 이 분면에 있을 것이다. 고객이 강렬한 가격경쟁 혹은 상품화의 힘으로 인해서 다른 곳으로 쫓겨나는 리스크를 가질 때 어떤 프랙티스는 적시의 혁신을 통하거나 그 관계를 낮은 CTS/낮은 WTP 분면으로 이동하도록 함으로써 높은 CTS/높은 WTP로 선행적으로 이동할 수 있다.

### ③ 낮은 CTS/낮은 WTP

이 분면은 또한 두 고객 유형으로 구성된다.

- 모든 부가가치를 갖는 서비스를 거절하고 절감된 가격으로 핵심적이고 개별적인 제공품을 원하는 고객: 거의 절반의 성숙한 프랙티스 고객들이 이 유형에 존재하는 경향이 있고 그들은 최소의 가격 차이에 의해 쉽게 유인될 수 있다. 그들은 단지 프랙티스들이 린(lean) 관계전략을 형성할 때에만(가령, 현장의 기술지원팀을 온라인 자조(self-help)로 대체하기) 수익적일 수 있다. 값비싼 지원서비스와 다른 부가기능을 추가하고여 그와 관련된 비용이 지불될 것으로 기대하는 기업들은 고객들이 사라지는 것을 경험할 것이다. 이 고객들은 기껏해야 그 프랙티스의 CTS를 증가시키면서 부가서비스를 무료로 사용하는 데 동의할 것이다. 과거에 더 많이 사용된 프랙티스의 한 전술은 단골고객 관리활동을 해외로 이전하거나 추가 지원서비스를 더 낮아진 고객의 CTS로 디지털화하는 것이다.
- 공동 투자와 학습을 통해 비용을 줄이기 위한 프랙트스와 함께 일하는 고객: 보통 기업 포트폴리오의 10-15%를 설명하는 이 고객은 자신의 시스템과 프로세스를 전문서비스 기업의 시스템 및 프로세스와 통합하거나 그 서비스를 더욱 효율적으로 제공하기 위한 방식을 프랙티스와 함께 고안하도록 노력할 수 있다. 그 고객은 서비스 전달에서 효과적으로 프랙티스가 혁신하도록 강요한다. 그들과 관계에 대한 투자는 특이한 경향이 있기 때문에 다른 곳에서는 작은 가치를 갖고 장기관계에 집중하면서 전환비용이 올라간다. 사실상, 이 유형의 고객과 관계는 포트폴리오에서 가장 수명이 길 수 있다. 이것은 그 프랙티스 팀이 보통 고객의 조직 내에 위치되고 그 프로세스가 너무 복잡하여 그 프랙티스에 의해 제공된 것으로부터 내부 팀에 의해 제공된 기능을 분리하는 것이 어려운 장기적인 아웃소싱 계약에서 흔히 발생한다. 우리는 이것이 글로벌 고객에게 서비스하는 회계기업의 감사팀에서 발생하는 것을 볼 수 있다.

④ 높은 CTS/낮은 WTP

이 분면의 고객은 기껏해야 한계적으로 수익을 얻는다. 그들은 다양한 이유로 인해서 여기서 종료한다. 하지만, 이 분면의 고객관계는 늘 나쁜 것은 아니다. 때때로 높은 고정비용을 갖는 로켓과학 혹은 백발 프랙티스는 특히 경기침체기에 용량을 활용하기 위해 한계적으로 수익적인 비즈니스를 맡도록 요구된다. 프랙티스의 명성을 향상시키는 가장 중요한 고객인 쇼케이스 단골고객(showcase accounts)이 이 분면에 있게 된다.

고객에게 여러 서비스를 제공하는 프랙티스는 흔히 그 단골고객을 얻기 위한 유인 혹은 미끼로서 하나를 제공한다. 어떤 서비스는 다른 서비스들의 마진을 보호하기 위해 거저받기도 한다. 학습관계 또한 이 분면에 관련될 수 있다. 새로운 제공품을 개발하는 리스크를 기꺼이 공유하는 어떤 고객은 흔히 직접 투자지분을 갖기 위해 할인을 기대할 것이다.

이 분면의 고객은 수익의 약 1/3을 설명하면서 프랙티스의 자원의 2/3를 소비한다. 프랙티스가 재무성과를 향상시키는 가장 쉬운 방법은 그들을 버리거나 더욱 수익적인 분면으로 이주시키는 것이다. 이 고객들을 높은 CTS/높은 WTP 분면으로 이동시키는 것은 지극히 어려우나 한 전략은 관계의 게임을 변화시키는 혁신을 도입하는 것이다. 더욱 간단한 접근법은 서비스하는 진정한 비용에 대해 고객을 교육시키는 것이다.

 # 4 기타 전략수립 시 고려사항

## 4.1. 전문서비스 환경 분석

### (1) 환경 추세

전문서비스 전략 수립을 위해 반드시 필요한 요소는 환경분석이다. 일반적으로 SWOT분석(내부강점과 약점, 외부기회와 위협의 네 가지 차원의 환경분석), 3C분석(Company, Competitor, Customer), 5 Forces분석(공급자, 고객, 잠재적 시장진입자, 대체재, 산업 내 경쟁자라는 다섯 가지 차원의 환경분석)을 적용할 수 있다. 이외에도 전문서비스 기업을 둘러싼 특이한 환경 추세에 대한 분석이 수반되어야 한다.

특히, 2020년에 전문서비스 기업은 중요한 비즈니스의 붕괴를 심각하게 경험하였다. COVID-19 팬데믹은 지역뿐만 아니라 경제의 봉쇄로 이어졌고 원격업무의 도입과 고객요구를 단축하였으며, 프로젝트의 전달을 방해하였다. 결국, 경제침체는 고객의 예산뿐만 아니라 전문서비스 기업의 재정을 약화시켰고 비용절감과 새료운 효율성에 대한 비상 요구로 이어졌다. 이러한 원격업무와 경제적 혼란은 다음의 추가적인 전문서비스의 변화를 요구하고 있다.

### (2) 전문서비스 기업의 진화

전통적인 전문서비스 기업은 많은 변화를 경험하고 있다. 더욱 동태적인 인력충원 접근법, 전문서비스 전달의 자동화, 더 많은 프로젝트애널리틱스(project analytics: 프로젝트 데이터로부터 패턴과 통찰을 파악하는 기법이나 프로세스)의 적용과 진단은 향상된 서비스, 더 높은 마진, 더 큰 고객성공으로 이어진다. 흔히 기술에 의해 초기에 이끌어진 것처럼 더욱 민첩하고(agile), 린하고(lean), 디지털이 결합된, 경험 중심적인 새로운 유형의 전문서비스 기업이 등장하고 있다.

### (3) 전문서비스 비즈니스의 추세

- 예측에 기반한 운영: 충분한 과거 프로젝트 기반 데이터를 활용하는 기회가 증가함에 따라 일상적인 리스크와 기회를 예측하고 통찰력을 높이는 데 적극적으로 활용되고 있다. 이 통찰을 사용하는 것은 상당한 비용절감, 더 높은 성공률, 품질개선으로 이어질 수 있다.
- M&A 지원: M&A 물결이 특히 소규모 전문서비스 기업에게 필수불가결하게 발생하고 있을 뿐만 아니라 주요 서비스의 대상이 되고 있다. 고객의 재무적, 운영적, 구조적 합병을 관리하기 위한 정교한 인프라와 프로세스를 갖는 전문서비스 기업이 장점을 가질 것이다.
- 대규모 포트폴리오 관리: 전문서비스 기업은 인재 활용의 극대화, 규모의 경제 달성, 전달의 향상을 위해 다양한 고객에게 대규모의 프로젝트 포트폴리오를 관리하는 능력을 활용하도록 유도하고 있다.
- 차세대 고객 관여: 산업이 초경쟁적이 됨에 따라 기술, 사용자 경험, 실시간 데이터 흐름의 결합을 통해 고객과 더욱 많은 관여, 지속 서비스, 정보집약, 투명한 연결의 시대가 되었다. 이 고품질의 전달 접근법은 전문서비스 기업들

간에 고객 내 프로젝트 공유의 증가로 결과될 것이다.

- 신성장 모형: 대부분의 전문서비스 기업은 매출을 증가시키기 위해 기존의 포트폴리오에 추가할 수 있는 새롭게 접근가능한 성장기회를 꾸준히 찾고 있다.
- 새로운 비즈니스 모형: 전문서비스 기업이 회복과 확장을 위한 새로운 분야를 제공할 수 있는 구독경제, 지적재산 라이센싱, 전략적 데이터서비스와 같은 새로운 비즈니스모델로 이동하고 있다.

### (4) 전문서비스 인재관리의 추세

- 스마트 채용: 인재 스크리닝과 사전/신입직원교육(onboarding) 프로세스가 더욱 지능적이고 자동화되도록 이루어질 수 있는 반면에 새로운 모델이 AI를 통한 채용과 프로젝트 매칭을 위해 등장하고 있다. 이것은 비즈니스 편익을 제공할 뿐만 아니라 인재의 획득과 보유를 향상시킬 수 있다.
- 전문가 경험의 향상: 전문가의 경험을 한 단계 높이는 것이 중요한 편익을 제공하며 원격업무 시나리오에서 이것을 선행적으로 이행하는 전문서비스 기업이 중요하다.
- 전문서비스의 미래를 학습: 전문서비스 기업의 세계에서 기존의 변화와 새로운 기회는 전문가들에게 더 잘 소통되어야 하고 학습한 전문가는 편익을 실현시키는 것을 도울 수 있다.
- 혼합형 인재 조달: Gig economy(임시직을 선호하는 경제)하에서 새로운 동태적인 충원 모델은 새로운 유형의 다양한 인재를 유인하면서 정규직 전문가와 결합될 것이다.

### (5) 건강과 행복 추세

- 전달팀의 관여: 새로운 원격업무 상황에서 전문서비스 전달팀이 능력있고 더욱 연결된 업무환경을 창출할 필요가 있다.
- 행복 추적: 프로젝트 인력, 후방 오피스, 고객으로부터 그리고 필요시 적절한 지원을 제공하는 전문서비스 기업 이해관계자들의 물리적, 정신적, 심리적 건강은 점점 더 중요해지고 있다.

## 4.2. 미션 설명서

### (1) 미션 설명서의 내용

미션 설명서에 대해 일반적으로 합의된 설명 혹은 정의가 존재하지 않는다. 이 용어는 간혹 목적 설명서, 비전 설명서, 목표와 가치, 목적과 원칙, 책임과 목표, 신조와 기업의 철학과 같은 다른 용어와 혼용되어 사용되기도 한다. 흔히 기업은 어떤 제목의 설명서를 제공하지 않거나 반드시 그것을 규정하고 있지 않기도 한다.

기업은 그들의 미션을 구성하는 것을 다양하게 하고 있다. 설명서는 때때로 '우리는 선도적인 법률기업 중에서 선두주자 중 하나가 되기로 계획한다'와 같이 서문 혹은 제목이 없는 경우도 있다. 반면에 어떤 기업들은 그들의 홍보 브로슈어에 미션 설명서를 출판하기도 한다. 예를 들어, '우리 기업은 감사, 세금, 전문적 자문서비스를 제공하는 종합 서비스 회계기업이다', '파트너와 직원은 혁신적이고, 고객 대응적이고, 팀 지향적이어야 한다' 등이 있을 수 있다.

일반적으로, 전문서비스 기업의 미션 설명서는 다음 중 하나 이상의 요소를 갖는다.

- 상위 목표 설명서, 존재 이유, 목적 설명서
- 서비스와 그 서비스가 제공되는 시장의 설명
- 실제 혹은 의도된 차별적 역량
- 기업, 고객, 더 폭넓은 커뮤니티 멤버들에 대한 가치, 책임, 의무
- 대중 이미지와 자아개념 이미지
- 기업의 소유자가 갈망하는 수익과 성장

### (2) 대안 명세서

일반적으로 미션 설명서 혹은 명시적인 문서가 미션을 포함하지 않는 경우에 기업이 미션 설명서 대신 사용하는 것은 다음의 세 가지가 있다.

- 비전(vision): 기업의 장기적인 의지와 가치 시스템에 대해 일반적이며, 흔히 철학적이고 매우 개인적으로 언급한 설명서이다. 예를 들어, '우리는 단순한 전문서비스의 제공을 넘어 고객과 관계를 구축한다.', '우리는 우리 고객과 파트너십을 형성하는 것을 지향한다.', '우리의 기본 철학은 고객의 사업적 목적과 밀접하게 일체감을 느끼는 것이다.'가 있을 수 있다.
- 비즈니스 정의: 여기서 기업은 제품/서비스 범위, 선호된 목표시장을 산업 유

형별 또는 고객 규모별로 설명한다. 이 설명서는 보통 지리적 범위의 설명을 포함하고 기업의 기술과 서비스 수준을 언급한다. 예를 들어, '우리는 국내에서 금융인, 재무담당자, 정부 당국에 서비스하는 상업적 법률기업이다.', '특허 담당 변호사는 고객의 지적재산권을 보호하기 위해 가장 높은 품질의 종합적인 서비스 범위를 제공한다.' 등이 있을 수 있다.

- 전략적 목적: 이 유형은 보통 바람직한 규모, 파트너 당 수익, 레버리지, 시장 지분을 명백하게 설명하는 정성적이고 정량적인 목적의 결합으로 나타난다. 차별적 역량이 기술되고 지속가능한 경쟁우위의 원천을 보여준다. 이 유형의 세부사항은 좀처럼 대중들이 이용가능한 문서와 기업의 전략적 계획의 형태로 나타나지 않고 조직 내 인력에게만 알려진다. 예를 들어, '호혜적으로 이익을 창출하는 솔루션에 기초하여 고객과 지속적 관계를 설정한다.', '담당하는 시장 내 모든 고객에게서 경쟁자보다 10% 이상의 수수료를 추구한다.' 등이 있을 수 있다.

### (3) 미션 설명서의 사용 방법

어떤 기업들은 자신의 미션 설명서를 수동적으로 사용한다. 이 기업들은 단순히 그들의 홍보 브로슈어에 그 설명서를 포함하고 매우 가끔 기존고객, 유망고객, 직원들과 소통하는 수단으로서 사무실을 디스플레이하기 위해 그것의 틀을 만든다. 따라서, 미션 설명서는 먼지만 뒤집어 쓰고 좀처럼 어떤 신뢰를 갖지 못한다. 실제로, 그들은 겉치레 혹은 어떤 과거의 쓸모없는 자문의 흔적으로서 간주된다. 이러한 수동적 사용은 미션 설명서를 불명예스럽게 만들었고 '이론적인 장식'이라는 조롱 섞인 표현을 얻었다.

- 신호로서 활용: 미션 설명서를 적극적으로 활용하는 방법으로서 가장 일반적인 용도는 '신호(beacon)'이다. 그 설명서는 기업에 대한 신념과 가치의 방향과 토대를 제공한다. 그 신호 형태는 갈망하는 의지의 설명서이다. 그 용도는 내부와 외부 모두에 있다. 외부 용도는 주로 홍보에 활용이고 내부 용도는 전문가들을 동기부여하는 것이다.
- 구축자로서 활용: 두 번째 용도는 신념과 가치의 '구축자(builder)'로서 존재한다. 파트너들이 그들의 파트너쉽 배경과 개인적 가치에 초점을 맞춰야 하고 그들이 단일의 문서화된 설명서에 헌신할 때 기업의 문화와 설정된 전제가

표면화된다. 따라서, 더 큰 공통의 목적의식이 창출된다. 이 용도로 작성된 미션 설명서는 새롭게 합병된 기업들과 함께 뭉치게 하거나 빠른 변화를 경험하는 기업을 안정화시키는 데 유용하다.

- 균형으로 활용: 세 번째 역할로서 미션 설명서에 대한 준비와 주기적인 참고는 경쟁하는 이해관계자 그룹들 사이의 균형을 촉진하는 유용한 방법이다. 이 적용은 미션 설명서의 '신호'와 '구축자' 사용의 결합을 암시한다. '여러 국가 혹은 다른 지역에서 차이나는 수익성 수준이 전체 기업의 긴장을 초래하는 여러 사무실을 갖고 있는 기업에서 이러한 방식이 대부분 적용하고 있다. 이것은 또한 다른 부문(예: 프로젝트 건축가 대 인테리어 디자이너) 혹은 다른 그룹의 멤버들(예: 고령 대 젊은 파트너들)이 비생산적으로 서로 충돌하는 사무실에서도 유용하게 활용될 수 있다.
- 혼합으로 활용: 최근에 등장한 추세는 서비스 품질의 한 부분으로서 고객이 바라는 기대에 일치시키기 위해 특별히 서비스 수준의 증가에 초점을 두는 미션 설명서의 활용이 있다. 이 특화된 사용은 '신호', '구축자', '균형'의 혼합이다. 그것은 매우 특정의 목적(고객의 기대와 일치)을 문화변화 프로그램(어떻게 기업이 행동해야 하는지를 보여주는 신호로서)과 내부와 외부 이해관계자의 관심을 균형시키기 위한 니즈와 결합한다. 이 미션 설명서 형태의 예로는 '우리는 고객의 소리를 경청하고 그들이 하는 것과 왜 우리를 필요로 하는지를 이해한다.', '우리는 고객이 우리가 자문하는 것과 어떻게 일하는지를 이해하도록 확실히 한다.', '우리는 내일이 아니라 오늘 행동한다.', '우리는 지킬 수 없는 것을 약속하지 않는다.', '우리는 일을 완수한다.' 등이 있다.

## 4.3. 공식 계획

전문서비스 기업의 다수를 이루는 형태는 소기업이다. 이러한 소기업에서 전략보다는 공식 계획이라는 용어가 자주 사용된다. 이 공식 계획의 니즈는 다음과 같다.

- 기업가는 우선 기회를 규명해야 한다. 그 다음에 그 아이디어를 활용하기 위해 마케팅과 재무 계획을 창출해야 한다. 다음에는 필수적 자원에 대한 통제가 이뤄져야 하고 적절한 구조를 구축한다.

- 계획을 개발하는 프로세스가 기업가로 하여금 더욱 일반적인 꿈의 세계가 아니라 비즈니스 세계의 거친 현실에 대해 생각하도록 강요하기 때문에 규모에 상관없이 모든 기업은 효과적이고 종합적인 비즈니스 계획을 필요로 한다.
- 소기업 부문에서 전략적 비즈니스 계획의 결여는 경영 임원에 의해 실행된 독재적 경영 스타일을 포함하는 구식의 경영 프랙티스로 이어진다.

또한, 공식 계획은 전략적 계획과 운영적 계획으로 분류할 수 있다. 전략적 계획은 장기적이고 운영적 계획은 단기적이다. 기업의 성과에는 전략적 계획이 더 큰 영향을 미칠 수 있고 보통 운영적 계획은 소기업에 더욱 일반적이고 유용하게 된다.

## 4.4. 전략적 적합성

전략 적합성은 실행을 촉진하기 위해 조직의 목표와 전략에 인적자원, 마케팅, 운영과 같은 기능별 정책 및 전략의 일치와 환경의 요구사항과 조직 정책 및 전략의 일치를 의미한다. 전략적 적합성은 두 가지로 구분할 수 있다.
- 외부 적합성: 이것은 어떤 기능별 전략과 외부 환경 사이의 연결에 관심을 둔다. 이 전략은 조직의 사업전략과 같은 변수들에 의해 조절될 수 있다.
- 내부 적합성: 이것은 기능별 전략과 프랙티스의 다양한 구성요소 사이의 일관성의 개념과 관련한다. 내부 적합성의 편익의 기저를 이루는 명제에 따라서 기능별 정책 및 전략을 다른 기능별 전략 및 정책과 결합하는 기업은 전략 및 정책을 상호 강화하여 우월한 성과를 달성하도록 만든다.

## 4.5. 서비스 다각화 전략

### (1) 다각화의 개념
다각화(diversification)는 전문서비스 기업에 의해 제공되는 서비스 범위의 확장을 의미한다. 이 다각화의 증가의 대부분은 단일 분야에서 여러 분야의 전문서비스 기업으로 변화와 관련된다. 이 변화가 원래 1980년대와 1990년대 회계법인에서 발생하였을지라도 이 프랙티스는 그 이후로 더욱 확산되고 다른 전문서비스 산업에서도 관심을 끌었다. 가령, 광고기업은 몇 가지 마케팅서비스 분야로 다각화하고 있고 컨설팅기업은 정보기술관리, 지속가능성, ESG서비스와 같은 새로운 분야로 다각화하고 있으며, 로펌은 증가하는 고객의 요구를 충족시키기 위해 창업자문부터 가상자산 세무업무까지 그들의 서비스제공품을 다양하게 확장시키고 있다.

이렇게 전문서비스 기업에 의해 제공된 서비스 범위의 확장은 두 가지 중요한 의미를 갖는다.

- 전문서비스 기업에서 증가된 서비스 다각화를 둘러싼 제도적 및 현장수준 요인: 다각화를 증가시키는 요인으로서 전문협회의 역할, 고객의 글로벌 확장, 지식의 글로벌 생산과 확산이 있으며, 이들이 전문서비스에 대한 원스톱 쇼핑 니즈를 확대시켰다.

- 증가된 다각화의 성과: 다각화가 조직에 어떠한 성과를 미치는지는 여전히 불명확하다. 비록 서비스 다각화가 전문서비스 기업에서 레버리지 비율과 부정적으로 관련될 수 있다는 논의가 있었지만 그 통계적 유의성을 고려할 때 긍정적뿐만 아니라 부정적 성과가 지속적으로 논의되고 연구될 필요가 있다.

## (2) 서비스 다각화와 기업 수익성장율

### ① 긍정적 성과

이와 관련된 주장은 확장된 서비스 범위의 외부 지향적 편익을 강조한다. 매우 다양한 서비스를 제공하는 전문서비스 기업은 새로운 비즈니스 관계에 대한 관심을 불러일으켜 더 많은 잠재적 고객을 유인할 것이다. 또한, 더 폭넓은 서비스 범위를 갖는 전문서비스 기업은 더욱 쉽게 고객에게 원스톱 쇼핑을 제공할 수 있다. 이것이 고객이 여러 제공자들과의 관계를 발견하고 구축하려는 니즈와 협상함으로서 그들의 거래비용을 낮추기 때문에 매우 매력적일 수 있다. 게다가, 어떤 고객에게 잠재적으로 여러 서비스를 제공하는 것은 모니터링비용을 줄일 수 있다. 따라서, 매우 다각화된 전문서비스 기업은 고객을 위해 전체 탐색, 협상, 모니터링 시간을 줄일 수 있기 때문에 새로운 고객을 유인하는 장점을 가질 수 있다. 또한, 새로운 고객을 추가하는 서비스 다각화를 증가시킴으로써 전문서비스 기업의 수익성장을 지원할 수 있다. 마지막으로, 다각화된 전문서비스 기업은 긍정적인 명성전달과 기존고객에게 교차판매(cross-sell) 서비스를 더 많이 제공하는 기회를 만들 수 있다. 이것은 기존고객에게서 도출된 수익을 증가시키고 더욱 안정적인 고객관계를 유지할 수 있다.

② 부정적 성과

증가된 서비스 다각화의 수익성장 영향에 관련한 다른 관점은 확장된 서비스 범위에 따라 발생할 수 있는 내부적 어려움을 강조한다. 지식에 기반한 세 가지 이슈가 다각화된 전문서비스 기업에서 발생할 수 있다.

- 신규고객을 학습하는 데 필요한 시간: 서비스 다각화의 증가가 새로운 고객에 관련된 지식을 학습하고 내재시키는 데 소비된 시간을 증가시킬 가능성을 갖는다는 것이다. 서비스 다각화는 전문서비스 기업이 신규시장으로 진입하고 이 시장에서 고객과 관계를 구축하는 것을 포함한다. 이것은 그 기업에서 파트너들이 관계를 개발하고 니즈와 다른 진기한 고객요인들을 학습(전문서비스 기업의 다른 직원들에게 전송되고 내재되어야 하는 것들)하는 데 많은 시간을 할당하는 것을 필요로 한다는 의미이다. 이 대부분의 활동은 청구될 수 없는 시간이고 이 노력들이 장기 고객관계로 구체화되지 않을 가능성이 있다. 따라서, 증가된 서비스 다각화와 상응할 수 있는 증가된 고객학습은 파트너의 시간에 상당한 기회비용을 도입하고 이것은 전문서비스 기업의 수익에 부정적 영향을 미칠 수 있다.

- 증가된 복잡성으로 인한 조정이슈: 이것은 다양한 분야에 고객 서비스를 제공하는 것과 관련한 조정이슈들에 초점을 둔다. 가령, 전문서비스 기업이 전문가들 사이에 고객특유의 지식을 빨리 확산시키고 유지하는 방법을 찾아야 하고 계속 다양한 전문가들과 함께 서비스 전달을 조정해야 하며, 효과적이고 효율적인 방식으로 고객과의 커뮤니케이션을 관리해야 하기 때문에 서비스 다각화는 서비스 제조 프로세스의 복잡성에 영향을 미친다. 결국, 그러한 복잡성의 증가가 서비스 생산의 효율성 감소 혹은 낮은 품질의 서비스 전달로 결과될 수 있다는 가능성을 갖기 때문에 기업의 운영에 부정적으로 영향을 미칠 수 있다. 감소된 효율성은 전문서비스 기업이 특정 시간에 관리할 수 있는 프로젝트의 수를 제한하고 평균 이하의 서비스 전달은 고객의 이탈로 결과될 수 있다. 이 두 가지 잠재적 결과는 기업 수익에 부정적 영향을 미친다. 특히, 전문서비스 기업이 특정 시점에 관리할 수 있는 프로젝트의 수를 제한함으로써 증가된 복잡성이 그들의 기존 직원과 자산들로부터 부가적 수익을 발생시

킬 수 있는 수준을 줄일 수 있고 그 이유로 기업수익의 성장을 제한한다. 또한, 고객이 경쟁기업으로 이동할 때 전문서비스 기업은 수익을 잃고 고객결점으로 인한 명성에 대한 부정적 효과로 인해서 전문서비스 기업이 신규 고객으로부터 비즈니스를 유인하는 데 문제를 초래할 수 있다.

- 암묵적 지식의 학습 문제: 이것은 전문서비스 기업의 일상의 운영 중에 발생하는 새로운 학습을 확산하고 활용하는 능력에 관련된다. 전문서비스 기업에서 학습은 전문가들이 고객과 상호작용하고 서비스를 전달하는 중에 흔히 임기응변식으로 발생한다. 전문서비스 기업 산출물에 포함된 지식의 복잡성과 고객 상호작용 중에 생산 프로세스에 도입된 불확실성을 다루기 위해 순발력있게 일을 처리하는 전문가들의 니즈로 인해서 그러한 학습은 흔히 많은 암묵적 구성요소를 포함한다. 암묵적 지식이 사람 간에 이전하기 어렵기 때문에 이것은 전문서비스 기업에 중요한 문제를 발생시키고 만약 기업이 그 학습을 완전히 활용하려 한다면 확산은 필수적이다. 이 어려움은 모든 전문서비스 기업에 의해 직면된다. 그러나 다각화는 다양하고 많은 지식스톡에 의존하기 때문에 이 개인이 지식을 전송하고 흡수하는 어려움은 다각화된 전문서비스 기업에서 더욱 두드러지게 나타난다. 그 이유로, 더 높은 수준의 다각화를 갖는 전문서비스 기업이 신지식을 확산시키고 활용하는 데 더 어려운 시간을 가질 가능성이 커진다. 이것은 다시 다각화된 전문서비스 기업이 새로운 수익흐름을 발생시키지 못하고 '새로운 문제에 어제의 솔루션'을 제공하는 리스크를 포함할 수 있다. 결국, 그러한 다각화가 고객을 유인하고 보유하며 기업수익이 확장되는 비율을 오히려 감소시켜 전문서비스 기업의 능력에 부정적으로 영향을 미칠 수 있다.

### (3) 서비스 다각화와 성장 경로

서비스 다각화의 실행 방법은 성장전략의 실행 방법과 거의 동일한 두 가지 경로를 따른다.

#### ① M&A에 의한 비유기적 성장

비유기적 성장은 인수, 합병 등의 외부적 요인을 통해 회사를 확장 및 성장시키는 유형의 전략이다. 이 형태의 전략은 기업에게 신규 고객에 즉각적인 접근을 제공한다. 그 이유로 인해서 이것은 전문서비스 기업이 수익성장에 필요한 부가적인 고객관계와 프로젝트를 달성하는 신속한 방법일 수 있다. 그러나 이 성장유형은 결합된 기업들 사이에 상당한 긴장과 갈등을 창출할 수 있고 이것은 기업의 명성뿐만 아니라 직원의 사기와 생산성에 반대의 영향을 미칠 수 있다. 또한, 그러한 성장유형은 흔히 피인수된 기업이 초래하는 잠재적 가치의 낭비가 발생하여 오히려 높은 가격표가 딸리는 경우가 존재한다. 이것이 모든 기업에게 리스크이지만 전문가들과 관련된 무형의 요소들을 가치화하는 것이 어렵기 때문에 이 리스크는 특히 전문서비스 기업의 상황에서 더 커진다. 피인수된 기업의 전문가들이 인수 후에 조직을 떠날 수 있기 때문에 구매자에게 빈껍데기만 남겨 놓을 수 있다. 이 중요한 도전과 M&A의 리스크를 고려하면 전문서비스 기업은 그러한 비유기적 성장 유형을 사용하는 데 주저할 수 있다.

M&A가 전문서비스 기업에게 상당한 도전과 리스크를 제공할 수 있을지라도 이 성장유형의 사용을 몰고가게 할 수 있는 한 요인은 기존고객의 손실과 신규시장에서 고객관계를 효율적으로 구축하는 것과 관련한 어려움이다. 만약 고객 혹은 고객 프로젝트의 성장이 유기적 수단을 통해 다가오지 않는다면 관리자는 그러한 성장이 달성될 수 있는 다른 방법을 찾는 압력을 받을 수 있다. 유기적 성장이 느릴 때 기업이 흔히 고려하고 추구하는 공통적인 대안은 M&A의 사용이다.

② 유기적 성장

그러나 내부적 수단을 통해 성장할 수 있는 기회가 존재한다면 기업은 자체의 유기적 수단을 활용하는 것을 더 선호할 것이다. 만약 서비스 다각화가 기존 및 신규 고객들로부터 확장하는 수익과 관련하여 외부적 편익을 제공한다면 다각화된 전문서비스 기업은 유기적 수단을 통해 높은 수준의 성장을 달성할 수 있을 것이고 따라서 성장을 위해 M&A 전략을 덜 사용할 것이다.

# 참고문헌

Nanda, A. & Narayandas, D. (2021), "What professional service firms must do to thrive", Harvard Business Review, 99(2), 98-107.

# 5

## 전문서비스
## 접점관리

# 1 전문서비스 전달

## 1.1. 특징

전문서비스는 고객의 문제를 해결하기 위해 전문가와 고객이 상호작용하는 지속적인 관계를 통해 고객에게 전달된다. 이 서비스 유형은 가장 무형적으로 고려되며, 높은 수준의 고객접촉뿐만 아니라 전문가가 필요로 하는 개별 판단의 수준이 높다. 비록 일부 재판관련 서류, 감사보고서, 감정평가 의견서, 처방전이 제공되지만 변호사, 회계사, 감정평가사, 의사 등의 서비스제공품은 대부분 무형이다. 궁극적으로, 상담가(counselor), 조언자(advisor), 전문가(expert)의 역할을 하는 전문가는 고품질의 서비스를 전달하기 위해 고객의 니즈에 대한 구체적 정보에 자신의 지식을 적용한다. 하지만, 전문가들이 자신의 전문성을 고객에게 전달하는 방식은 전문가별, 고객별, 케이스별, 유형별로 일정하지 않고 매우 다르게 발생한다.

## 1.2. 전문서비스 전달의 딜레마

전문가가 고객과 함께 창출하고 유지하는 관계는 수수료(가치가 부여된 성과)와 지식기반의 인적자본(자원)을 교환하기 위한 매개체 혹은 통로로서 작용한다. 실제로, 전문가와 고객 사이의 친숙한 관계의 구축이 전문서비스 접점(touchpoint: 실제로 고객과 직원이 만나는 포인트)에 포함된 독특한 지식이전(이를 자산특이성이라고도 함)

을 통해 자원교환을 가장 효율적인 방식으로 조직화하도록 유인한다. 이러한 이유로 전문서비스 기업의 중요한 딜레마는 고객이 전문서비스 기업이 아니라 전문가에게 더 충성적일 수 있다는 것이다. 따라서 만약 어떤 전문가가 해당 기업을 떠난다면 그 전문가는 자신에게 속한 가치있는 수익원천(즉, 고객)을 잠재적으로 가져갈 수 있다. 따라서 이 전문가-고객 관계는 전문성 기반의 서비스 전달을 위한 상황자체일뿐만 아니라 전문서비스 기업의 성공에 핵심 역할을 한다.

## 1.3. 전문가 서비스 전달 방식에서 상충

전문가가 고객에게 다가가 그들의 전문성을 전달하는 방식에 대해 다른 주장이 나올 수 있다. 어떤 주장은 고객과의 관계를 연결하고 구축하도록 전문가를 격려해야 한다는 것인 반면에 전문가를 고객으로부터 떼어놓아야 하고(특히, 감정적으로) 심지어 전문적 업무를 고객에게 전달할 때 오만한 표현을 해야 한다는 주장도 있다.

### (1) 관계 구축에 대한 옹호
간호전문직은 환자와 간호사의 인지적 및 감정적 연결이 중요하다. 유사하게, 관계마케팅에서는 고객을 공평과 존경으로 다루는 방식뿐만 아니라 고객에게 신뢰와 헌신을 전달하는 것은 높은 재구매 행동으로 결과되기 때문에 장기적으로 수익적인 관계를 구축하는 것이 중요하다고 본다. 이 유형의 관계적 교환에서 치과의사가 치통과 충치를 치료할 때와 같이 고객의 핵심니즈를 해결할 뿐만 아니라 그 원인에 대해 계속 사적인 대화를 나눔으로서 진숙성과 관계감정을 낳을 필요가 있다고 주장한다. 궁극적으로, 신뢰할 수 있는 장기적인 관계 및 정서교환은 고객의 리스크와 불확실성을 줄이고 그들의 의사결정을 편하게 해준다.

### (2) 관계구축에 대한 반대
앞서와 반대 의견으로서 서비스 전문가의 고객에 대한 부정적 행동 및 감정표현이 전문서비스 전달을 향상시키는 데 오히려 유용하다는 주장도 있다. 어떤 고객은 건방짐과 위협과 같은 특질을 전문성의 신호로 인식하기 때문에 법률전문직의 어떤 전문가는 고객을 지배하고 상호작용을 통제하기 위해 게임을 유리하게 이끄는 능력(gamesmanship)을 사용하도록 교육받는다. 실제로, 많은 고객은 호칭뿐만 아니라 행동에 있어 전문가에게 매우 공손하게 대응하고 전문가의 모든 말을 수용하는 방식으로 행동한다. 짧은 시간 의사를 만나기 위해 약속된 예약시간이 지나서도 불평없이 수시간 동안 기다리는 환자와 뻔뻔하게 과도한 질문공세와 불만을 펼치는 환자를 비교해 보기 바란다. 어떤 경우가 더 일반적인가? 전문가의 우월한 전문성에 대한 보상으로 고객은 큰 부심을 갖고 그 상담을 수용한다. 실제로, 의사들은 환자와 더 잘 연결하기 위해 커뮤니케이션 스킬을 교육받고 환자의 상태를 진단하기 위해 적절한 시간을 갖도록 보장받는다(대형 종합병원의 통원치료는 예외). 그러나 궁극적으로 복잡하고 어려운 전문적 지식의 보유자인 전문서비스 제공자는 고객에 대한 어느 정도의 통제력을 갖는다.

## 2 전문서비스에서 상호작용

### 2.1. 중요성

전문서비스를 전달하는 것은 전문가와 고객을 더욱 밀접하고 지속적으로 접촉하게 만든다는 의미이다. 전문가와 고객이 직접적인 접촉을 통해 서로를 알게 될 때 서비스 제공자와 고객의 개인적 특징이 서로 연결된다. 그 특징에 따라 상호작용이 친근한지, 마음에 드는지 혹은 그 관계를 파괴하는 성격차이가 존재하는지가 결정된다.

전문가들이 고객관계의 본질(좋거나 나쁘거나)에 대해 질문받을 때 그 본질을 서비스에 대한 고객의 반응으로 돌린다. 그러나 고객이 전문가와의 관계에 대해 질문받을 때 그들은 자신과 서비스 사이를 구분하지 않는다. 그들은 서비스가 아니라 사람(즉, 전문가)에 대해 이야기한다. 그들은 '나는 그 전문가를 매우 좋아한다거나 좋아하지 않는다'라고 말한다. 하지만, 고객은 '어떤 전문가가 제공하는 서비스를 좋아하지 않는다거나 대단하게 생각한다'라고 말하지 않는다. 즉, 그들은 서비스를 제공하는 전문가에게서 서비스를 분리하지 않는다.

전문서비스는 고객의 개별 특징을 충족시키도록 '고객화', '개인화', '맞춤화'되고 또 그렇게 되어야 한다. 대부분의 전문가는 고객의 개인적 특징과 선호를 수용하는 것은 자신의 책임이라는 것을 알고 있고 대다수는 그렇게 하는 진심어린 노력을 한다. 그러나 이 좋은 의도와 신중한 노력에도 불구하고 전문가-고객 관계는 자주 실패한다. 그 실패는 보통 전문가가 고객에 적응하는 것을 원하지 않기 때문이 아니라 고객을 이해하고 그들에게 적응하는 법을 모르기 때문이다. 고객의 스타일과 지향을 이해하는 것은 성공적 관계를 위해 반드시 중요하다.

## 2.2. 상호작용 스타일

많은 개인적 특징에 기초한 상호작용 스타일과 개성 유형은 Alreck(1995)에 의해 제안된 것처럼 〈표 5.1〉과 같다.

**표 5.1** 개인의 상호작용 스타일과 개성 유형

|  | 감정지향적 | 행동지향적 | 소유지향적 |
|---|---|---|---|
| 관련대상 | 감정 | 행동 | 소유 |
| 시간초점 | 과거 | 미래 | 현재 |
| 추구 | 연결 | 프로세스 | 차이 |
| 검토대상 | 기분 | 동태성 | 물질 |
| 가치 | 연속성 | 진보 | 다양성 |
| 지배적 두려움 | 모욕, 거절 | 무능, 실패 | 손실, 박탈 |
| 평가의 기반 | 즐거움 혹은 불편함 | 절차, 기법 | 경제적 가치 |
| 사람의 판단 근거 | 사회적 공헌 | 직업 혹은 전문성 | 부와 재산 |
| 서비스 가치 | 감정적 의미 | 기술적 품질 | 물질 가치 |

이 상호작용 스타일에 기초하여 세 가지 다른 개성유형을 규정할 수 있다. 어떤 사람은 주로 감정적으로 거래하고 어떤 사람은 행동으로 거래하며, 어떤 사람은 소유권을 거래한다. 감정적 고객은 일차적으로 사람의 감정에 초점을 두는 반면에 기술적 사람은 그들이 하는 것에 관심을 갖고 물질적 고객은 기본적으로 소유에 관심을 갖는다.

모든 사람은 이 모든 영역에서 거래하지만 모든 사람이 동일하지는 않다. 대신에, 각 사람은 특정 지배적인 스타일을 적용하고 그 안에서 생각하고 대부분의 시간을 그것을 사용하는 데 보내는 경향이 있다. 그러나 한 특정 스타일에 심각하게 의존하는 사람도 주로 다른 스타일과 관련된 특정 선호, 습관, 관심을 보유한다. 행동지향적 사람들은 주로 행동에 관심을 가지나 완전히 그렇지는 않다. 그들은 여전히 그들이 살아가는 감정적 및 물질적 환경에 대해 인식하고 관심을 갖는다. 소유지향적 사람들은 여전히 타인들의 사회적 공헌과 전문성 혹은 직업을 존경한다. 그러나 그들이 타인을 평가할 때 그들은 대부분 그 사람의 경제적 가치에 강조를 둔다. 사람이 보통 자신에게 가장 편안한 지배적 스타일을 갖는 것처럼 그들은 또한 예비적인 이차 스타일과 가장 낮은 수준에서 편안한 삼차적 스타일을 갖는다.

### (1) 감정지향적 고객

감정지향적인 사람들은 현재나 미래보다는 과거에 초점을 두는 경향이 있다. 과거는 일종의 준거프레임으로서 현재 상황 혹은 그들이 미래에 기대하는 상황을 과거의 상황과 비교한다. 그들은 타인의 기분을 관찰한다. '어떠십니까?'라고 질문할 때 이 고객은 상대방이 지금 어떤 기분인지, 육체적이 아니라 감정적으로 어떻게 느끼는지를 알고 싶어한다고 생각한다. 감정유형은 연속성에 가치를 부여하고 상황들 간에 어떤 연결을 발견하려고 노력한다. 이 고객은 차이가 아니라 유사성을 강조한다. 그들은 보통 거절당하는 것을 두려워한다. 이 고객은 타인에게 강한 애착을 형성하나 모욕당할 시에는 그 고통을 인내하기보다 결별을 선택할 것이다.

이 유형의 고객은 대안을 자신의 즐거움과 편함에 기초해 평가한다. 그들은 개인적이고 집합적으로 그들이 타인의 행복을 위해 하는 어떤 것으로 사람을 판단한다. 전문서비스는 그들의 감정적 의미로 판단된다. 전형적으로 그들은 전문서비스 제공자를 다른 유형의 서비스보다 더 어떤 것을 보장하는 감정적 지원으로 본다. 당신이 하는 것 혹은 내가 육체적이거나 물질적으로 이득을 얻거나 잃는 것을 신경쓰지 말아야 한다. 단지 전문가가 나에 대해 이해하는 것을 알려주면 모든 것이 잘 될 것이다. 마지막으로, 감정지향적 고객은 흔히 행동지향적 유형과 잘 연결된다. 그들은 소유지향적 사람들과 상호작용하는 것이 가장 어렵다는 것을 자주 발견한다.

### (2) 행동지향적 고객

행동지향적 고객은 현재보다는 미래에 초점을 두는 경향이 있다. 이 고객은 '무엇이다' 보다는 '무엇이 발생할지'에 더 관심을 두고 미래에 그들이 어떤 영향을 미칠 것인가에 따라 사물을 판단한다. 그들은 꽤 긴 계획 시간대를 가진다. 이 사람들은 프로세스를 다루고 그들은 진보를 변화와 동일시하면서 매우 높은 가치를 부여한다. 이 고객은 어떤 것을 만드는 것보다 어떤 것이 어떻게 작동되는지에 더 관심을 둔다. 그들은 전문가가 하는 것(즉, 그들의 직업, 직위, 전문직)에 의해 사람을 판단하는 경향이 있다.

행동지향적인 고객은 자신 혹은 어떤 누군가의 실패 생각을 두려워하게 될 것이다. 그들은 전문성을 신뢰하고 흔히 무능 혹은 기술부족에 대해 두려움을 갖는다. 그들은 전문서비스를 주로 전문가가 사용하는 기술 혹은 절차의 정교함에 기초하여 판단할 것이다. 그 서비스 자체는 감정적 내용 혹은 물질적 가치보다는 초기에 기술적 정교화의 관점으로 바라보게 된다. 행동지향적 사람이 다른 지향을 통해 다루어져야 할 때 그들은 소유지향만큼 감정지향적 특징을 선호할 것이다.

### (3) 소유지향적 고객

소유지향적 고객은 현재에 초점을 둘 것이며, 더 넓은 관점을 갖고 과거부터 미래의 넓은 시간대에 초점을 둘 것이다. 소유유형은 기술적 프로세스 혹은 그 프로세스를 달성하는 감정적 경험보다는 산출물 혹은 결과에 더 관심을 갖는다. 활동과 노력은 행동지향적 고객을 만족시킬 수 있으나 이 유형이 아니기 때문에 단순히 열심히 노력하는 것은 충분하지 않다. 이들은 실리지향적이고 성과를 원한다.

소유지향적 사람은 전형적으로 유사성보다는 차이와 구분을 더욱 명확히 본다. 그들이 하는 것 혹은 그들이 그것을 어떻게 얻는지보다는 그들이 소유하거나 얻는 것에 따라 타인을 판단하는 것이 일반적이다. 그들에게 금전과 재산의 손실은 가장 큰 두려움이다. 많은 사람은 물질적 이득을 달성하기 보다는 악화를 피하는 것에 더 관심을 둔다. 그들은 전문서비스를 인식된 물질적 가치에 기초하여 판단하기 때문에 그 전문서비스의 가격과 요금이 주요 관심사이다.

소유지향적 사람은 그들을 감정지향과 관련시키는 것이 가장 어렵다는 것을 안다. 그들은 보통 매우 감정적으로 표현하지 않는다. 감정은 보통 그들에게 생소한 용어이다. 그러나 그들은 행동지향을 자주 적용하거나 그 지향을 지닌 사람들에게 매우 효과적으로 적응할 수 있다.

## 2.3. 스타일 인식

만약 전문서비스 제공자가 자신의 개인적 스타일 혹은 고객의 스타일을 인식할 수 없다면 그가 고객의 상호작용 스타일을 이해하는 것은 아무 도움이 안된다. 전문서비스 제공자는 정교한 평가를 위해 심리학에서 자주하는 훈련을 따로 할 필요는 없고 타인을 다루는 동안에 대화, 표현, 반응을 통해 많은 실마리(혹은 신호)를 얻을 수 있다.

개인의 우호적 상호작용 스타일에 대한 많은 실마리는 앞의 〈표 5.1〉에 암시되어 있다. 다시 강조하지만 특정 스타일을 갖는 어떤 한 사람이 〈표 5.1〉에 요약된 모형을 엄밀히 따르지 않을 것이며, 단지 가장 공통적인 성향을 나타내는 일반적 패턴으로 받아들여야 한다. 어떤 한 지배적 스타일에 심하게 의존하는 사람들은 밀접하게 그 패턴을 따를 것이다.

### (1) 감정 스타일에 대한 실마리

감정지향적인 고객은 주로 기분과 감정에 관련된다. 그들의 평가는 즐거움, 편암함, 만족, 행복 혹은 고통, 불편함, 걱정, 슬픔에 대한 자신의 주관적인 해석에 기초한다. 비록 그들에 대한 영향이 개인적으로 차이를 보일지라도 그들은 환경 혹은 사회에 대한 그들의 긍정적 혹은 부정적 영향에 기초하여 그 영향을 수용하거나 거절한다.

이 상호작용 스타일을 갖는 사람들은 주로 사물의 감정적 의미 혹은 중요성에 주로 관심을 둔다. 그들은 또한 타인의 기분과 감정을 연구하는 것을 좋아한다. 그들이 누군가에게 어떻게 그가 느끼는지를 질문할 때 그들은 육체적 상황이 아니라 개인의 심리적 상황에 대해 질문한다. 그들에게 중요한 것은 경험이 아니라 감정적 영향이다.

감정지향적 고객은 보통 그들의 감정적 반응(좋아함과 싫어함, 즐거움과 실망)을 말하는 것에 매우 편안하다. 그들은 타인들의 말을 방해하지 않으나 그들이 타인과 같이 있다는 것을 나타내기 위해 고개를 끄덕이거나 표정을 짓는다. 말할 때 그들은 대사에 수반되는 제스처(gesture)와 표현(expression)을 포함할 수도 있다. 그리고 그들은 말하는 사람들로부터 그러한 이해의 표시를 환영한다.

### (2) 행동 스타일에 대한 실마리

행동지향적 상호작용 스타일을 갖는 고객은 행동과 활동에 관심을 둔다. 그들은 흔히 어떤 것이 단계적으로 발생하는 절차 혹은 프로세스를 이해하는 것을 좋아한다. 그들은 '다음은 무엇?'을 걱정한다. 그들은 일이 어떻게 작동되는지, 어떤 기술이 사용되는지, 즉, '어떻게?'에 대한 전문가의 설명을 고맙게 생각한다. 그러한 사물의 금전적 가치 혹은 경제적 가치는 그들에게 덜 관심의 대상이고 그것들의 감정적 혹은 심리적 의미에 예민하게 관심을 갖지 않는다.

행동지향적 고객은 다른 유형의 고객들보다 더욱 자주 그리고 빠르게 말한다. 그들은 다른 사람의 대화에 말참견을 하거나 말을 끝내기 전에 간섭한다. 그들이 참을성이 없다면 자신이 잘 아는 것에 대해서는 심지어 다른 사람의 말을 마무리한다. 그들은 보통 심사숙고하기 보다는 즉흥적이다. 그들의 신조는 '단지 거기에 앉아있지만 말고 무엇이든 해라'이다. 전문가와 고객의 내부 대화와 반응은 운영, 동태성, 기법, 프로세스에 초점을 둔다. 그 반응은 고객을 위해 '움직여라'는 용어를 사용하고 고객은 일이 재빨리 진행되는 것을 확인하고 도와주고 빨리 시작하라고 요청받는다.

### (3) 소유 스타일에 대한 실마리

소유지향적 상호작용을 갖는 고객은 서비스의 금전적 가치와 비용에 더 밀접하게 집착한다. 이것은 그들이 가치를 구매하는 것이 아니라 단순히 금전적 조건에서 비용과 편익을 평가한다는 것을 암시한다. 그들은 수수료와 비용에 대해 많은 질문과 생각을 할 것이다.

이 유형의 고객은 '서비스가 하는 것' 혹은 '서비스가 어떻게 작동하는지'에 관심을 두기 보다는 어떤 물리적 상황에 더욱 관심을 둔다. 소유지향적 고객은 그들이 생각하는 것과 특히 느끼는 것을 전문가에게 말하는 것을 자주 꺼려한다. 그들은 좀처럼 말하지 않고 좋아하는 타인을 방해하지 않으며, 대신에 편히 앉아 충분히 생각한다. 말할 때 그들은 타인에게 완전한 문장을 사용하여 더욱 천천히 표명한다. 내부 대화와 반응은 주로 금전적 가격, 가치, 소유권을 다루며, 물리적 혹은 물질적 상황이 또한 생각하는 그림에 들어간다.

## 2.4. 상호작용 스타일 사이의 양립성

전문서비스 제공자와 고객 모두가 동일한 스타일을 공유할 때, 그 상호작용은 부드럽게 진행될 것이다. 최소한, 그것은 상호작용 스타일의 비양립성에 의해 방해받아서는 안된다. 한 주체의 지배적 스타일이 다른 상대방의 이차적 스타일일 때 그 상호작용은 또한 둘 모두에게 매우 편안할 수 있다. 문제는 전문서비스 제공자의 일차적 스타일이 고객의 가장 약한 스타일일 때 발생할 것이다. 그렇다면 전문가가 말하고 행동하는 것의 대부분은 고객의 상호작용 단어의 외부에 있을 수 있다.

아래 〈표 5.2〉의 상위 부분은 고객의 세 가지 가능한 스타일의 각각과 최대, 최소로 양립적일 것 같은 스타일을 보여준다. 따라서, 전문가가 소유지향적 사람이고 고객이 감정지향적 사람이라면 고객은 전문가가 말하거나 행동하는 것의 대부분을 이해하지 못할 것이다. 그들은 다른 세계에 있기 때문이다.

상호작용 시 고객의 스타일에 자신의 스타일을 적용해야 하는 주체는 전문서비스 제공자이며 그 반대는 아니다. 〈표 5.2〉의 하위 부분은 최소와 가장 큰 어려움을 제시하는 전문가와 고객 스타일의 세 가지 가능한 스타일을 보여준다. 따라서, 감정지향적 전문가는 소유지향적 고객보다 행동지향적 고객에게 적응하는 데 어려움을 덜 가질 것이다. 이 표의 두 부분은 행동지향은 다른 두 지향보다 더 작은 양립성 문제를 제시한다는 것을 보여준다. 감정지향 혹은 소유지향은 전문서비스 제공자의 일부분에 대해 약간 더 많은 노력을 필요로 할 것이다.

**표 5.2** 상호작용 스타일 사이의 양립성

| 고객의 스타일 | 최대의 양립 | 최소의 양립 |
| --- | --- | --- |
| 감정 | 행동 | 소유 |
| 행동 | 둘중 하나 | 둘중 하나 |
| 소유 | 행동 | 감정 |
| 전문가 스타일 | 작은 어려움 | 큰 어려움 |
| 감정 | 행동 | 소유 |
| 행동 | 둘중 하나 | 둘중 하나 |
| 소유 | 행동 | 감정 |

## 2.5. 스타일에 의한 상호작용

지금까지 설명한 세 가지 차별적인 상호작용 스타일을 이해하고 그들을 상호작용 시 제공된 실마리에 기초하여 인식하는 것이 도움을 준다. 가장 중요하고 유용한 스킬은 상호작용 시에 각 유형의 고객과 소통하는 방법을 아는 것이다.

〈표 5.3〉은 각 지향을 다루는 가이드라인에 대한 요약을 제공한다. 표의 상위부분은 전문서비스 제공자의 제안을 포함한다. 표의 아래부분은 각 지향을 갖는 고객의 기대일 수 있는 것으로 나타낸다.

**표 5.3**   상호작용 스타일 요약

|  | 감정지향적 | 행동지향적 | 소유지향적 |
|---|---|---|---|
| 역할 | 돌봄제공자 | 조언자, 코치 | 하인, 하급자 |
| 고객지원 | 감정, 관계 | 결론, 행동 | 상황, 소유 |
| 고객에게 제공 | 보장, 보증 | 대안, 가능성 | 추천, 결과 |
| 고객 칭찬 방법 | 공감과 감정이입 | 능력과 지능 | 판단과 획득 |
| 고객에 대한 절약 | 고객의 체면 | 시간 | 돈 |
| 후속조치 대상 | 지원, 격려 | 질의와 조사 | 관심과 인정 |
| 고객이 반응 대상 | 인정 | 존경 | 인식 |
| 협력 방법 | 협동 | 협력 | 감독 |
| 고객의 전문가 평가 대상 | 이해 | 기법, 전문성 | 위치, 권한 |
| 고객의 결여 | 실용성 | 결단성 | 준수 |
| 고객설득 방법 | 호소 | 논쟁 | 요구 |
| 통제 획득 방법 | 조정하기 | 선임하기, 전복하기 | 방해하기 |
| 패배에 대한 반응 | 삐지기 | 보복 | 올바른 반항 |

# 서비스 삼각형

전문서비스에서 서비스 삼각형(혹은 피라미드)은 서비스 전달의 핵심을 이루는 세 가지 주체인 전문가, 전문서비스 조직, 고객으로 구성된다.

## 3.1. 조직 정체성과 업무기반 자아개념

서비스 삼각형을 설명하는 데 필요한 중요한 이론적 배경은 다음의 두 가지가 존재한다.

### (1) 조직 정체성 프로세스

사회정체성이론(social identity theory)은 개인이 어떻게 그리고 왜 자신의 자아개념(self-concept)의 특정 측면을 창출하고 유지하는지를 설명하도록 도와준다(이 경우에, 그 측면은 그들의 업무 및 경력과 관련). 자아개념은 개인이 타인의 역할과 비교하여 자신의 역할에 대해 보유하는 관념적 구성개념 혹은 스키마(schema)를 의미한다. 어떤 개인의 사회적 환경 특징은 자신의 자아개념의 다양한 측면에 영향을 미친다.

사회정체성이론에 따르면 개인은 자신을 타인들과 비교함으로서 정의하고 그렇게 함으로써 그들은 자신과 타인들을 다른 여러 개의 사회적 그룹들로 분류한다. 동시에 그들은 이 그룹화에 가치를 부여한다. 따라서, 사회정체성은 자신의 커뮤니티에 애착감과 차별화를 부여한다. 개인은 이 분류를 집단 외(out-group) 구성원들과 다르면서 동시에 집단 내(in-group) 혹은 바람직한 그룹 구성원들과 유사한 것으로 자신을 구분하기 위해 사용한다. 따라서, 사회정체성은 개인들이 사회적 환경 내에 자신을 위한 장소를 위치시킬 뿐만 아니라 그 사회적 환경을 이해하는 것을 돕는다.

### (2) 업무기반 자아개념

전문서비스 제공자들이 자신의 업무기반 자아개념을 정의하기 위해 구성원십으로 규정하고 사용할 수 있는 두 핵심 사회적 그룹은 자신의 전문성과 기업이다. 규명하는 프로세스를 탐구하는 조직정체성이론은 개인이 그렇게 하도록 선택할 수 있는 이유를 설명하도록 도와주지만 조직정체성 프로세스는 개인이 자신의 업무상황에서 '내가 누군가?'라는 질문에 답하면서 자신의 자아개념을 상세히 설명하는 것을 도와준다.

개인은 자아개념을 정의하기 위해 다른 조직과 비교하여 자기 조직의 차별적 특성과 위치를 활용할 것이다. 구체적으로 구성원들은 어떤 권위가 바람직한 방식으로 자신의 자아개념을 향상시킨다고 믿기 때문에 조직이 권위를 갖는 수준까지 자신이 인식하는 조직을 규정할 것이다. 즉, 조직의 정체성이 자신에 대해 긍정적 품질을 부여한다고 개인들이 믿으면(구체적으로 구성원의 차별감과 자존심을 확장하면) 그들은 조직의 인식된 정체성에 매력을 느낄 것이고 다시 자신의 자아개념을 더욱 긍정적으로 강화할 것이다.

이를 이용하여 전문서비스 전달에 대한 접근법의 세 가지 중요한 구성요소는 다음의 〈표 5.4〉와 같다.

**표 5.4** 전문서비스 전달에 대한 전문적 및 조직적 규정의 영향

| | 전문적 업무기반 자아개념 | 고객의 이미지 | 서비스 교환 |
|---|---|---|---|
| 전문직에서 멤버십 | | | |
| 전문화되고 복잡한 지식 | 지능기반 전문가 | 비전문가 | 관계 |
| 인식된 조직적 역량 | | | |
| 전문화되고 복잡한 지식 | 지능기반 전문가 | 비전문가 | 관계 |
| 고객초점 지향 | 협력적 전문가 | 농능한 공동생산자 | 관계 |
| 간소화된 서비스 프로세스 | 효율성기반 전문가 | 거래적 고객 | 유사관계 |

자료원: Walsh & Gordon(2010)

## 3.2. 전문가

전문서비스 기업의 구성원들은 자신의 업무에 기반한 조직의 정체성을 결정하려 할 것이다. 서비스 전문가의 본질적인 의미를 결정하는 하나의 특징은 그들이 전문직의 구성원이라는 것이다. 전문가에게 자신이 소속한 기업을 넘어서 어떤 동료들의 연합(예: 협회) 혹은 단체의 멤버십은 그들의 업무 정체성에 강하고 중요한 영향을 미친다. 소수만 이해하는 전문가기반 지식을 구성원들이 소유해야 하는 전문직과 같은 직업은 '전문가라는 느낌(혹은 문화)'을 배양한다. 결과적으로, 전문적 업무는 구성원들에게 우호적인 자아개념을 제공한다.

전문직과 전문적 업무의 핵심 측면은 구성원들에게 수여된 긍정적 특별함에 기여한다. 전문적 업무는 높은 수준의 지식기반 전문성 혹은 인적자본을 수반한다. 전문가는 훈련과 경험을 통해 전문지식을 개발한다. 이 훈련과 경험은 전문가에게 자산으로 고려되고 전문적 업무를 수행하는 데 필요한 추상적 지식의 신호이다. 이 추상적 지식을 획득하는 것은 학위와 수년 동안의 경험축적을 보유함으로서 입증되듯이 전문가들에게 업무를 완성하는 데 필수적인 신뢰성을 제공한다. 고객은 지식을 필요로 하고 전문가는 훈련과 경험을 통해 그 지식을 제공한다. 전문가는 지식을 공식적으로 표현하거나 지식을 필요한 사람들과 공유한다. 실제로, 전문가는 자신의 요청과 커뮤니티에 대한 서비스로서 집단 외 모든 개인들(고객을 포함)에게 그 지식을 제공한다.

결과적으로, 전문가들은 새로운 구성원들을 인정할 뿐만 아니라 현재 구성원들의 공헌(즉, 각 구성원의 전문성 수준)을 평가하는 데 서로를 준거집단으로 사용하는 경향이 있다. 전문가는 전문직이 높은 수준의 전문적 지식을 유지하는 데 도움이 되고 구성원들의 전문직 포지션(전문서비스 제공자로서)를 유지하는 데 도움이 되기 때문에 이 프로세스에 헌신한다.

전문적 그룹의 구성원이 되는 결과로서 전문가는 자신을 지능기반 전문가 (intelligence-based expert)로서 생각할 것이다. 전문가를 집단의 외부에 있는 다른 구성원들과 구분하는 주요 원천은 그들이 의문의 여지가 없는 전문가로서 고객에 대해 명백한 권위를 유지하고 있기 때문에 자신을 그렇게 생각한다는 것이다. 전문가는 고객이 필요로 하고 그들로부터 바라는 것을 고객보다 더 잘 안다는 것을 전제할 것이다. 실제로, 전문가는 고객과 상호작용을 통제하고 고객의 요구를 전문적이고 고차원적인 언어로 변환시키며, 고객에게 그 상황에서 가능한 것을 설명한다. 전문직의 파워는 행동에 기반하여 기술적 및 법적으로 타인들을 배제하는 능력에서 나온다. 예를 들어, 변호사, 의사, 회계사 자격증이 없는 사람은 소송대리, 치료와 수술, 감사를 하는 것은 불법이다. 전문가들은 지식본체에 대해 통제와 영향을 미칠 수 있을 뿐만 아니라 그 지식이 적절하게 구성되는 것을 정의할 수 있다. 결론적으로, 전문가가 자신의 직무에서 다른 구성원들과 자신을 동일시할수록 그들은 자신을 더욱 지능기반 전문가로서 정의할 것이다.


## 3.3. 전문서비스 기업

전문직의 구성원이 되는 것과 더불어 전문가들은 또한 그들 기업의 구성원이다. 이 멤버십은 또한 전문가들이 보유하는 업무 정체성을 형성한다. 기업 수준에서 어떤 조직의 정체성은 전형적으로 업무의 근간을 이루는 조직의 중심적, 차별적, 지속적 특징을 의미하기 때문에 어떤 조직의 정체성은 기업의 본질을 정의한다. 그 정체성은 조직의 핵심 및 지속적인 가치에 반영되고 프로그램, 정책, 절차를 통해 형성된다. 다시 말해 조직의 정체성은 기업의 차별되는 특징(즉, 다른 기업과 독특한 특별 조직을 만드는)을 나타낸다.

자기고양(self-enhancement)과 긍정적 자아개념을 위한 개인의 니즈가 자신의 조직과 동일시되도록 만들기 때문에 조직 구성원들은 다른 조직과 비교해 자신의 조직을 중심적, 차별적, 지속적으로 만드는 것에 초점을 둠으로서 조직의 정체성을 결정할 것이다. 기업 내 구성원은 이 특징을 결정하는 데 그들 기업의 전략적 초점에 의존할 것이다. 이 생각은 조직의 중심적, 차별적, 지속적 특징이 전략적 역량에 반영된다는 사고에 기원한다. 이 역량이 경쟁자 대비 우위의 원천을 나타내기 때문에 그 역량은 구성원들이 조직 정체성을 단언하도록 도와준다.

서비스 형태로 지식을 판매하는 전문서비스 기업에서 핵심적인 차별역량과 지속적 우위의 원천은 조직 구성원에 의해 보유된 인적자본 혹은 지식과 스킬이다. 전문서비스 기업은 구성원들이 조직의 목적에 중심인 지식을 개발하고 제공하기 위해 그들의 지적자원을 사용할 때 가치를 창출한다. 이 인적자본이 암묵적, 복잡한, 기업특유적이기 때문에 모방이 어렵고 따라서 더욱 지속가능한 우위의 원천으로서 작용한다.

인적자본이 전문서비스 기업의 차별적 경쟁우위에 기여하는 역량을 대표하기 때문에 기업 멤버십과 동일시를 추구하는 전문가들은 자신의 자아개념의 업무기반 구성요소를 형성하기 위해 더 많은 인적자본을 활용할 것이다. 이 역량은 전문가들이 업무상황에서 자신을 정의하도록 만들고 고객과 상호작용 시에 특별한 역할을 하도록 한다.

두 가지 유형의 전문서비스 기업이 존재한다. 그것은 '전문성지향 기업'과 '시장지향 기업'이다. 각 유형의 기업은 우위와 차별에 공헌하는 특정 인적자본 역량을 개발한다. 이 역량은 자아개념의 업무기반 구성요소를 창출하기 위해 전문서비스 제공자들에 의해 사용될 것이다. 특히, 그들의 전문성을 부여할 때 전문가들은 자신을 '지능기반 전문가', '협력적 전문가', '효율성기반 전문가'로서 생각할 것이다.

### (1) 전문성지향 기업

훈련을 통해 전문직에서 얻어지고 기업에서 실습을 통해 연마된 명시적이고 전문화된 지식을 촉진하고 공유하는 전문가들의 집단을 나타낸다. 지식기반 인적자본으로 특징되는 이 유형의 기업은 우월한 지식차별(지식기반 전문성)에 기반하여 인적자본 역량을 개발한다. 이 기업은 자신의 분야에서 높은 수준의 자산특이성 혹은 독특하고 전문화된 지식과 스킬을 배양한다. 예를 들어, 의료 프랙티스는 전문직에서 가장 유명한 고도로 숙련된 의사들을 수용한다. 이 기업은 프랙티스중심의 비즈니스(practice-centered businesses)와 유사하고 자신의 전문화되고 복잡한 지식기반 역량을 통해 명성을 개발하고 우위를 구축한다. 이 역량은 전문가들의 전문직 멤버십에 기반한다. 그 기업의 목표는 그 분야의 추상적 내용에 관련된 전문화된 지식을 판매하는 것이다.

### (2) 시장지향 기업

공표된 목표가 경쟁력을 유지하고 수익을 증가시키며, 소유자와 파트너를 위해 부와 가치를 향상시키는 것에 있는 기업을 의미한다. 고객기반 인적자본으로 특징된 이 유형의 기업은 고객지향적 서비스지향(협력적 전문성) 혹은 효율성기반 지향(효율성기반 전문성) 중 하나에 기초한 역량을 개발한다.

① 고객기반의 인적자본으로 특징된 시장지향적 기업
명성의 향상과 특징적인 서비스기반 역량을 개발하는 시장기반 기업은 두 종류

의 인적자본을 창출하고 판매한다. 첫 번째 인적자본 유형은 고객에게 능동적으로 서비스하고 고객의 복잡한 니즈를 충족시키는 능력으로 특징되는 고객지향적 서비스 전달을 강조한다. 두 번째 유형은 상대적으로 단순한 제품으로 특징되고 매우 일관성있는 방식으로 전달된 고도로 효율적인 서비스 전달을 강조한다.

강한 고객지향적 서비스 전달로 특징된 기업들은 고객의 문제를 해결하기 위해 일하기 때문에 암묵적 루틴과 고객과 관계를 창출하는 능력을 중심으로 인적자본을 개발한다. 따라서 이 기업 유형은 그들이 장기적 고객관계를 창출하고 유지하는 프로세스를 중심으로 하는 높은 수준의 독특한 우위를 개발한다. 구체적으로, 이 기업은 보통 고객의 독특한 니즈를 충족시키기 위해 고객과 협력함으로써 고객기반을 개발하고 유지하는 가장 효과적 방식으로서 고객과의 상호작용을 학습하고 그 상호작용에 내재한다. 이 유형의 성공적인 기업은 컨설턴트와 고객이 호혜적이고 균형된 방식으로 상호의존하는 고객중심적 파트너십(customer-centered partnership)으로 간주한다. 실제로 경쟁력있는 전문서비스 기업은 고객의 니즈에 대한 학습과 적용에 대한 헌신으로 정의된다.

② 효율성기반의 인적자본으로 특징된 시장지향적 기업

시장기반 기업들은 고객니즈를 서비스하는 데 초점을 두기 보다는 지식과 관계 자산특이성이 낮고 효율적 서비스 전달수준이 높은 제품을 제공함으로서 경쟁우위를 구축한다. 예를 들어, 독감주사를 놓아 이익을 추구하는 병원은 감염병 분야의 실력을 연마하거나 독특한 장기 고객의 니즈를 충족시키기 보다는 효율성에 핵심역량의 초점을 둘 수 있다. 이 효율성 초점의 기업들은 서비스의 대량생산을 통해 성공적이 된다. 그들은 비용절감과 더 큰 수익성으로 이어지는 간소화된 프로세스를 창출하기 위해 그들의 명성을 개발하고 그 능력을 중심으로 기업의 차별성 개발한다.


## 3.4. 고객

전문서비스 전달의 상황에서 자신을 전문직 구성원 및 기업과 동일시하는 고객은 서비스 전문가가 고객이 실행할 것으로 기대하는 역할에 기초하여 그들의 고객의 이미지를 형성할 것이다. 이 이미지로는 다음의 세 가지 구체적 이미지가 있다.

## (1) 비전문가로서 고객

전문가가 자신을 지능기반 전문가로 보게 되면 고객에 대해서는 반대로 그 전문성의 비전문가로서 생각할 가능성이 높다. 전문가와 고객의 상호작용이 증가하면서 고객이 자신을 어느 정도 전문가로서 생각하기 때문에 오히려 전문가는 고객에 대해 이 이미지를 강화할 것이다. 전문가가 자신의 집단외 구성원들(즉, 고객)과 차이의 주요 원천은 그들이 고객에 대해 명백한 권위를 보유한다는 것에 있다고 생각한다. 전문가는 고객이 필요로 하는 것을 고객보다 더 잘 알고 있고 그 고객이 전문가의 전문성을 받아들일 것으로 기대할 것이다. 전문가는 자신이 고객을 돕고 그 반대급부로 고객이 효율적 교환을 이행(여기서 고객은 고객의 문제를 최고로 해결하는 방법을 알기 위해 전문가에게 의존)한다고 믿기 때문에 고객에 대한 이 이미지를 개발하기 쉽다. 결론적으로 전문가가 전문직 내 멤버십과 자신을 동일시하는 성향이 강할수록 그는 고객을 전문가 전공분야의 비전문가로서 더욱 바라보게 될 것이다.

## (2) 동등한 공동생산자로서 고객

기업의 고객초점이라는 특징적인 역량을 자신과 동일시하는 전문가는 자신이 고객의 역할을 이행하는 것을 도울 수 있는 방식에 기초하여 고객에 대한 이미지를 개발할 것이다. 협력적 전문가로서 성공하기 위해 전문가는 자신이 고객의 독특한 니즈에 초점을 두고 그 니즈를 충족시키는 것을 가능하게 하도록 고객이 행동할 것을 요구한다. 그렇게 하기 위해 전문가는 고객에게 개방적으로 정보를 공유(전문가들이 이 목표를 달성하는 것을 가능하게 하는)하면서 고객이 상호의존적으로 일하는 것을 기대할 것이다. 예를 들어, 효과적인 컨설턴트는 고객을 존경하고 의사결정에서 고객이 동등하게 행동하는 권한을 부여한다. 그럼으로써 고객은 그들의 문제를 공동으로 진단하고 해결하기 위해 전문가와 함께 일하고 두 당사자들은 상대방으로부터 서로 학습한다. 이 형식의 접근법은 전문가가 고객을 지식이 풍부한 주체와 서비스를 공동생산하는 집단외 구성원으로서 바라본다.

## (3) 거래적 고객

기업의 간소화된 인적자본역량과 자신을 동일시하는 전문가는 고객을 위한 역할기대를 가질 것이다. 이 기대는 효율성기반의 자아개념을 유지하고 전문가는 고객이 더욱 거래적 고객(서비스를 신속하게 받고 상호작용을 이탈하는)으로서 행동하는 것을 요구한다는 논리에 기초한다. 이 전문가는 고객이 관계적 파트너로서 행동하는 것을 바라지 않고 실제로 그들을 다시 볼 수 있을지 없을지 모르지만 고객을 얼굴없는 이 서비스의 대량 수혜자로 바라볼 수 있다. 예를 들어, 병원에서 독감주사를 놓는 간호사는 환자들을 의료기록별로 다르게 대응하지 않고 단지 그들을 대규모의 유사한 고객집단으로 바라볼 것이다. 이 서비스 제공자는 고객의 최소 서비스 기대를 충족시킬 것이다.

 # 서비스 교환

## 4.1. 교환관계

교환관계는 다음의 세 가지 구성개념으로 이루어진다.

**(1) 사회적 주체의 특징**

일반 판매원과 전문가를 구분하는 특징 중 하나는 이론에 기초한 전문화된 지식의 소유 여부이다. 이 지식의 소유에 기초하여 전문가는 자율과 자기규제를 주장한다. 결과적으로, 전문가는 전문성에 기초하여 합법적인 권위를 갖고 고객과 관계를 맺고 고객은 전문가의 이 전문적 지식의 소유에 기초하여 신뢰를 판단하게 된다. 다시, 고객이 전문가에게 부여한 신뢰의 보상으로 전문가는 그 고객에게 다양한 의무를 지게 된다. 이 의무로는 전문가의 전문분야에서 발전에 정통할 의무(예: 의사의 끊임없는 학습), 그 안에서 교환된 관계와 정보의 기밀을 보존할 의무(예: 환자정보의 보호), 고객의 행복에 관심을 가져야 할 의무(예: 환자의 여러 상황을 고려하여 최선의 치료방법을 제안)가 있다. 여기서 마지막 의무는 어떻게 이 관계가 전통적인 상업적 거래와 다른지를 강조하기 위해 이용될 수 있다. 그것은 전문가가 고객이 필요로 하지 않을 것이라고 판단할 때 고객에게 그 서비스를 거절해야 한다는 부수적 의무이다. 암말기 환자에게 환자특유의 상황을 고려하지 않고 무조건적인 항암치료와 수술을 권장하는 것은 그 고객의 행복을 오히려 높이지 못할 것이다. 이것은 전문가가 고객에게 보여주는 긍정적 관심으로서 상업적 거래와 관련없는 것으로 보인다.

## (2) 서로에 대한 주체들의 사회적 영향

전문가가 고객의 문제에 대한 솔루션에서 이론적 지식을 활용하는 역량을 통해 전문가는 고객에 대한 통제를 한다. 이때, 정보를 제공하거나 그렇지 않음으로서 전문가는 고객의 운영을 향상시키거나 악화시킬 수 있다. 타인에 대한 한 개인의 파워는 타인에 의해 획득한 산출물의 품질에 영향을 미치는 능력에 따라 다양할 것이다. 고객은 전문가에 비해 불평등한 위치에 있다.

전문가에 의해 커지는 이 불평등은 몇 가지가 있다. 전문직의 핵심부분은 기술적 언어의 사용이다. 법률과 의료의 경우처럼 기술적이라는 의미는 다른 전문가들에게도 동일한 의미를 포함하고 정밀해야 한다는 의미이다. 이 언어는 또한 비전문가로부터 전문가를 구분한다는 점에서 전문가 증명서의 형태로서 작용하며, 이 전문용어는 전문가의 기운(aura)을 강화하는 작용을 한다. 이 기술적 언어와 더불어 전문가는 인증의 상징을 도입한다. 전문가 사무실의 벽에 장식된 멤버십 인증문서와 졸업장을 생각해 보자. 다른 상징은 박사(Ph.D.), 법학박사(J.D.), 의학박사(M.D.), 치의학박사(D.D.S)와 같은 타이틀과 명칭의 사용이다.

전문용어, 상징, 타이틀은 전문가의 권위 이미지에 더해진다. 어떤 현상이 통제의 밖에 있거나 사람들이 이해할 수 없는 현상에 어떻게 대응하는지를 이야기할 때 사용되는 용어인 경외심이 이 전문가에게 부가된다. 전문용어, 타이틀, 상징 등과 같은 요소들은 마술, 종교, 과학의 기운에 공헌하는 동일한 요소들이다. 선생님, 동료, 부모, 미디어의 영향을 통해 구전된 전문가에 대한 지식과 이미지가 전문직에게 더 많은 권위를 부여하고 있다. 이러한 조건은 전문가가 고객과의 관계에 대해 갖는 영향과 파워에 공헌한다.

## (3) 교환의 상황적 맥락

서비스에서 서비스의 창출과 소비에 대한 소비자의 관여는 이제 더 이상 특별한 것이 아니다. 특히, 전문서비스의 경우에 이것은 더욱 강조된다. 생산과 소비에서 이 사용자 참여는 서비스의 개별주의 즉, 고객화를 심화시킨다. 모든 진찰은 개별 환자에 의존하고 각 법정소송은 개별 상황에 맞춰져야 한다. 이때, 고객화된 자원이 개별 상황에서 교환된다. 예를 들어, 은밀하고 중요한 정보가 상호신뢰 하에 교환되는 변호사와 고객의 관계를 생각해 보기 바란다.

## 4.2. 전문서비스의 교환

전문가와 고객 사이의 전문서비스의 교환은 다른 서비스 유형과 차별화되는 몇 가지 특이사항이 있다.

### (1) Crocker(1986)의 연구

재화의 거래 시 발생하는 구매자와 판매자의 교환관계는 다음의 특징을 지닌다.

- 판매자는 자주 이익에 의해 동기부여된다.
- 판매자는 고려 중인 품목에 대해 어느 정도의 전문성을 갖는 것으로 인식되어 정당한 권위를 승인받는다.
- 대부분 두 당사자는 거래에 관한 질문을 던지고 받을 수 있는 것으로 기대한다.
- 거래되는 품목이 구매자의 기대를 충족시키지 못한다면 그 결과로 나오는 불평은 충분한 지식에 근거하는 것으로서 받아들여진다. 즉, 불평과 관련한 논의는 상대적 경험에 기반하는 것이 아니라 구매의 기간, 제품에 대한 관심, 보증 등과 같은 구체적 이슈에서 발생한다.

이에 비해 전문서비스는 일반적 서비스 교환과 차이나게 만드는 전문가-고객 상호작용 관계의 특이한 측면이 존재한다.

- 고객의 신뢰는 서비스를 제공하는 원천이다.
- 고객은 서비스의 창출과 소비 모두에 관여할 수 있다.
- 서비스에 대한 심상은 재화의 이미지보다 덜 구체적이고 추상적이다.
- 많은 경우에 고객은 실행된 행동을 종합하는 기술적 지식이 결여된다.
- 전문가를 선택하는 데 고객의 긴급성(예: 신장결석 증세가 발생한 후에 환자는 명성, 신뢰가 아니라 가장 가까운 응급실이나 가는 의사결정을 함)은 선택 프로세스에 영향을 미칠 수 있다.

### (2) Walsh(2000, 2010)의 연구

① 서비스 관계에 대한 현재의 논의

전문서비스는 고객과 장기적이고 지속적인 관계의 창출을 포함한다. 여기서 무형의 서비스는 지속적으로 동시에 생산되고 소비된다. 이 장기관계는 시간에 걸쳐 전문가들이 고객에 대한 지식과 고객에 대한 이해를 얻는 반복적인 상호작용으로 정의된다. 궁극적으로, 각 전문서비스 관계는 높은 수준의 자산특이성 혹은 독특한 지식교환으로 특징된다. 여기서 전문가와 고객은 서로에 대해 구체적이고 고도로 고객화된 정보를 보유하고 전문가는 고객의 독특한 니즈에 대한 예리한 이해를 개발한다. 그 관계가 길수록 그들은 서로에 대해 더 많은 지식을 축적한다. 이 지식축적은 보통 전문가가 상호작용하고 궁극적으로 더욱 효과적이고 고객화된 서비스를 전달하는 더욱 효율적인 프로세스를 창출한다.

전문서비스 경험은 서비스 제공자와 고객이 서로에게 의존하게 되는 애착과 신뢰의 연대를 창출한다. 실제로 상대방이 자신의 성공에 중요하기 때문에 이 상호의존성은 제공자와 고객이 서로를 보살피도록 한다. 고객은 자신의 독특한 니즈를 충족시키는 방식으로 의도된 서비스를 받기 위해 서비스 제공자에게 의존한다. 제공자는 처음과 나중에 고객의 니즈를 명확히 명시할 뿐만 아니라 고객이 다른 잠재고객에게 제공자에 대해 긍정적으로 구전되도록 유도한다. 실제로, 좋은 관계에서 두 당사자들은 서로 의존하고 연합을 유지하는 데 헌신하며, 기꺼이 그 관계를 보존하기 위해 시간과 자원을 소비한다. 시간이 지나 고객과 전문가는 서로에 대한 투자와 의존성을 증가시키고 여러 번 고객이 전문가의 전문성에 덜 만족하는 경우에도 증가된 투자와 의존성 수준은 고객이 그 제공자를 바꾸는 것을 어렵게 만든다.

② 서비스 전달의 매개로서 관계

전문서비스(혹은 관계적 서비스)를 제공하는 것은 제공자가 고객에게 법률과 의료자문과 같이 어떤 형태의 전문성을 전달하는 것을 의미한다. 전문가와 고객 사이의 관계는 이 전문성을 전달하기 위한 매개로서 작용한다. 즉, 고객과의 관계는 전문서비스를 전달하는 데 중요한 역할을 한다. 그러나 이 주장은 상반된 견해를 낳기도 한다.

③ 서비스 전달관계의 부정적 역할

간호업무에서 환자와 인지적 및 감정적 수준에서 연결하는 것의 중요성은 더 이상 말할 필요가 없다. 전문성을 제공하는 데 제공자가 고객과 중요한 연결을 창출할 필요가 있으나, 오히려 고객과 감정적으로 분리되고 심지어 무시하는 것이 전문적 업무에 중요하다는 주장도 있다. 즉, 이러한 연결 혹은 관계가 서비스를 전달하는 데 도움이 될 수 있지만 오히려 방해될 수도 있다. 그 관계로 인해서 서비스 제공자와 고객은 그 연결과 관련된 감정적 느낌과 싸울 수 있고(예를 들어, 타인이 행동하는 방식을 싫어할 수 있음) 즐거운 모습을 유지하기 위해 전문가가 고객과 분리되어 일할 수 있다. 실제로, 간호사처럼 환자에 의한 감정노동이 빈번하게 발생하기 때문에 고객과 서비스 제공자는 관계의 감정적 측면을 관리하고 그 감정이 긍정적이든 부정적이든 간에 그들의 감정을 보여주는 것을 억제하기를 원할 수도 있다. 결과적으로, 고객과 연결하는 것이 서비스를 전달하는 데 중요한 반면에 그 연결은 제공자의 능력을 방해할 수 있는 부정적 결과를 수반하기도 한다.

행동과 감정에 대한 부정적인 표현이 서비스 전달을 향상시키는 독특한 고객 관계 유형을 창출하는 데 사용되기도 한다. 무시와 협박은 어떤 고객에게 전문성의 신호로 인식되기도 하고 어떤 전문직에서 상황을 유리하게 이끄는 능력과 지배의 형태가 행동을 고무하기도 한다. 의사와 변호사의 말을 잘 듣지 않고 자기가 더 많이 알고 있고 전문가가 거짓말하고 있다고 생각하는 환자와 고객을 생각해 보기 바란다. 실제로 고객은 전문성의 신호로서 전문가의 건방짐을 찾기도 한다. 때때로 여성 변호사는 람보(Rambo)처럼 행동하기 원하는 압력을 받을 수도 있고 보험 판매원은 잠재고객을 압도하기 위해 공격적이고, 지배적이고, 조종적이 되도록 교육받기도 한다.

## 5 전문서비스 공급사슬 차원의 접점

### 5.1. 중요성

지금까지 전문서비스에서 교환은 시간과 공간이 양자라는 관점에서 협소하게 논의되었다. 그러나 확장된 전문서비스 사건에 관여(이것은 전문서비스 공급사슬과 연결)하는 다수의 참가자들이 존재하고 그 사건은 다수의 상호작용적 교환으로 이루어진다. 또한, 지금까지의 교환관계가 조직 혹은 개인적 분석 단위만을 고려하였지만 상호작용하는 전문가라는 사고는 더욱 정교한 전문서비스 프랙티스에 대한 설명을 가능하게 한다.

예를 들어, 등이 아픈 환자는 수개월 혹은 수년 동안 일반의, 정형외과의사, 물리치료사, 척추지압사, 침술사, 약사 등과 상호작용할 수 있다. 또한 차이는 있지만 이 전문가들은 서로 상호작용한다. 새로운 공장을 건축한 제약회사는 건축가, 다양한 유형의 엔지니어, 화학자, 약사를 필요로 할 것이고 기업 내 다양한 사람들 혹은 보험회사, 회계사, 세무사, 변호사와 상호작용이 필요할 것이다.

## 5.2. 서비스 공급사슬의 유형

일반적인 공급사슬에서는 원생산점에서 만들어진 산출물이 존재해야 하고 그 것이 소비점으로 전달되어야 한다. 이 산출물은 유형의 물리적 제품 혹은 서비스일 수 있다. 유사하게, 서비스 공급사슬관리 영역에서는 두 가지 유형의 공급사슬시스 템인 제품서비스 공급사슬과 순수서비스 공급사슬이 존재한다. 이중에서 순수서비스 공급사슬이 전문서비스 공급사슬에 가장 근접한다.

### (1) 제품서비스 공급사슬

많은 공급사슬은 중요한 서비스와 함께 물리적 유형재화를 관리한다. 이 공급 사슬시스템은 식당, 편의점과 같이 서비스와 물리적 제품 모두가 존재한다. 이 상황에서 서비스 공급사슬관리는 구매된 어떤 유형재화의 반환과 처리를 포함하여 정보, 프로세스, 역량, 서비스 성과, 자금, 유형재화의 초기 공급자로부터 최종 고객까지 순방향과 역방향 흐름의 관리로 정의할 수 있다. 이 공급사슬에서는 주로 제품 디자인, 소매 공급사슬, 대량고객화, 물류서비스에 초점을 둔다.

### (2) 순수서비스 공급사슬

산출물이 순수한 서비스로만 이루어진 공급사슬시스템으로서 물리적 제품은 어떤 역할도 하지 않는다. 예를 들어, 심리학자의 조언, 의사의 검강검진, 금융전문가의 재무상담과 같은 많은 서비스 산업에서 이 공급사슬은 순수서비스 공급사슬이다.

## 5.3. 전문서비스 공급사슬의 주체

### (1) 네트워크의 이해 당사자 관점
서비스공급사슬시스템은 서비스 생산, 지원과 핵심서비스로 이 자원의 변환, 고객에게 서비스 전달을 수행하는 데 필요한 자원거래의 기능을 수행하는 아래의 여러 당사자들의 네트워크로서 정의한다.

- 공급자(예: 의료장비 제조업체, 사무실 인테리어회사, 사무용품 공급회사, 건물 건축사 등)
- 서비스 제공자(예: 의사, 변호사, 회계사 등과 전문서비스 기업)
- 소비자(예: 고객 혹은 고객기업)
- 다른 지원역할을 하는 주체(예: 전문협회, 정부기관, 시민사회 등)

### (2) 전문서비스 조직 내 관점
전문서비스 조직은 일반 서비스와 달리 파트너가 고객과 직접적 고류를 하며 파트너가 프로젝트 팀을 선발한 후 파트너와 팀이 고객에게 서비스를 제공하고 거래 후에 고객과 파트너가 최종검토를 하는 형태로 서비스가 전달된다. 이러한 특성을 반영하여 전문서비스 공급사슬은 다음의 세 당사자로 구성된 시스템으로서도 설명된다.

- 고객
- 서비스 제공자(예: 파트너변호사)
- 서비스 생산자(예: 시니어 혹은 어쏘변호사로 구성된 프로젝트팀)

### (3) 서비스 통합자 관점
이 관점은 서비스 제공자-서비스 통합자-고객의 구성요소로서 공급사슬을 설명한다. 서비스 통합자는 더 강한 통제파워를 갖고 경쟁우위를 유지하기 위해 서비스 제공자에게 기능적 서비스를 아웃소싱할 수 있다. 그들은 다시 최종 고객을 위해 이 기능적 서비스를 통합된 서비스 솔루션으로 통합한다.

- 서비스 제공자(예: 소규모 소프트웨어 개발자, 자문교수)
- 서비스 통합자(예: 대기업의 시스템 통합회사, 컨설팅회사)
- 고객

## (4) 전문서비스의 적용 관점

또한, 전문서비스의 활용에 초점을 둔 서비스공급사슬은 다음의 세 가지 당사자들로 구성된 시스템으로서 정의될 수 있다.

- 인프라를 위한 서비스 생산자(예: 안내인력, 의료설비 사용법 교육을 위한 설비제조업체 인력, 앰뷸런스운전자, 경비인력 등)
- 소매서비스 제공자(예: 의사, 간호사 등)
- 고객(예: 환자)

## (5) 양방향 공급사슬

단일 수준과 두 가지 수준에서 양방향 공급사슬이 정의될 수 있다(Samson, 2000).

- 단일 수준 양방향 공급사슬: 고객이 서비스 제공자에게 투입물을 전달하면 서비스 제공자는 다시 산출물을 고객에게 전달하는 방식의 공급사슬이다. 예를 들어, 기업 혹은 고객(고객)이 금융거래 기록(투입물)을 세무사(서비스 제공자)에게 전달하면 세무사는 세금계산서(산출물)를 그 고객에게 제공한다. 또한, 기업(고객)이 비즈니스 문제(투입물)를 컨설팅기업(서비스 제공자)에게 제공하면 그 컨설팅기업은 분석과 보고서(산출물)를 그 고객에게 전달한다.
- 두 가지 수준 양방향 공급사슬: 단일 수준 양방향 공급사슬은 투입물과 산출물이 한쪽 방향으로만 흘러갔다. 그러나 두 가지 수준 양방향 공급사슬에서는 이 투입물과 산출물이 양쪽 방향으로 흘러갈 수 있다. 고객이 초기 서비스 제공자에게 투입물을 전달하고 초기 서비스 제공자는 다시 초기 서비스 제공자의 공급자에게 투입물을 전달한다. 이후에 초기 서비스 제공자의 공급자는 초기 서비스 제공자에게 산출물을 전달하고 초기 서비스 제공자는 그 산출물을 이용하여 최종적으로 고객에게 산출물을 전달한다. 예를 들어, 환자(고객)는 피(투입물)를 의사(초기 서비스 제공자)에게 전달하고 의사는 이 피와 검사요청(투입물)을 실험실(초기 서비스 제공자의 공급자)에 제공하여 그곳에서 피검사를 실시한다. 이후에 실험실의 피검사 결과(산출물)가 의사에게 전달되고 의사는 그 결과를 토대로 환자에게 진단(산출물)을 한다.

# 참고문헌

Alreck, P. (1995), "Professional services clients' interaction styles", Journal of Professional Services Marketing, 11(1), 143−160.

Crocker, K.E. (1986), "The professional service provider and the client: A different type of exchange relationship", In Malhotra, N.K. & Hawes, J.M. Proceedings of the Academy of Marketing Science Annual Conference(ed.), Springer, 333−336.

Samson, S.E. (2000), Customer−supplier duality and bidirectional supply chains in service organizations, International Journal of Service Industry Management, 11(4), 348−364.

Walsh, K. (2000), Delivering Expertise: Identity and Relationship Building in Professional Services, Doctoral Dissertation, The Carroll Graduate School of Management, Boston College.

Walsh, K. & Gordon, J.R. (2010), "Understanding professional service delivery", International Journal of Quality and Service Sciences, 2(2), 217−238.

# 6

## 전문서비스
## 조직관리

# 6장  전문서비스 조직관리

## 1  전문서비스 기업의 경쟁시장과 조직구조

### 1.1. 전문서비스 기업의 경쟁시장

전문서비스 기업은 '우리의 핵심 자산은 사람이다.'라는 문구의 궁극적 구현이다. 흔히, 전문서비스 기업은 기업의 서비스보다는 특정 개인(예: 전문가) 혹은 그 개인들의 팀(예: 경영컨설팅의 프로젝트 팀)의 서비스를 고객에게 판매하는 경향이 있다. 또한, 전문서비스는 보통 높은 수준의 고객화와 높은 수준의 고객과 상호작용을 포함한다. 이 두 가지 특징은 기업이 매우 숙련된 개인(즉, 전문가)들을 유인(혹은 보유)해야 한다는 점을 강조한다. 따라서, 전문서비스 기업은 동시에 다음의 두 시장에서 경쟁한다.

- 전문서비스라는 산출물 시장
- 생산적 자원(전문적 노동력)을 위한 투입물 시장

전문서비스 기업의 관리자는 이 두 시장의 충돌하는 요구와 제약사항을 균형시키는 니즈를 잘 관리할 필요가 있고 이 관리에 적절한 조직구조를 구축해야 한다.

171

## 1.2. 일반적 조직구조와 특징

### (1) 조직원형

전문적 기업의 조직변화는 원형(archetype) 개념하에서 명백하게 구분된다. 전문서비스의 조직원형은 다음의 두 가지로 나타난다.

#### ① $P^2$모델

전문적 파트너십(professional partnership) 기업의 전통적인 원형은 $P^2$모델로 불렸다. 이 형태에서 권한은 파트너들 사이에 폭넓게 분포되고 그 파트너십에 영향을 미치는 주요 의사결정에 대한 협의를 강조하였다. 상대적으로 느슨한 통제가 시니어 전문가들의 활동에 존재하고 전문가업무의 조정은 프로세스라기보다는 투입자원의 표준화에 의해 달성된다. 기업의 전략은 파트너들의 개별적 관심의 총합으로서 넓게 이해되고 고객 대면활동에 대한 핵심 전략계획 혹은 방향이 거의 존재하지 않는다. 그러나 개별 파트너들의 무임승차 혹은 방임의 리스크를 통제하기 위해 그들의 재무성과(수임료)에 대해 긴밀한 모니터링이 이루어진다. 이 파트너십 모델의 강점은 대응적이라는 것에 있고 다양한 고객요구에 유연하며, 이것은 대부분 분산된 구조적 구성에 기인한다.

#### ② MPB 모델

복잡한 파트너십을 지배하는 어려움으로 인해서 많은 기업들은 재무통제, 인적자원개발, 지식경영을 효과적으로 하기 위해 더욱 공식적 구조와 관리 시스템을 사용하며, 점점 더 기업 스타일의 운영에 의존하고 있다. 가령, 로펌에서 전통적인 $P^2$는 '관리된 전문적 기업(MPB: managed professional business)'으로서 알려진 너욱 '기업과 유사한 조직'으로 천천히 대체되는 중이다.

MPB 원형에서는 전문가 동료들 간 협력관계는 감소하고 파트너는 공식적 소유권을 보유하나 재직기간은 성과에 달리게 된다. 기업의 분산화되는 경향과 반대로 개혁된 전문서비스 기업은 더욱 중심화되고 의도적으로 조정된 조직의 형태로 전환되고 있다. 설정된 전략적 방향은 파트너들이 고수해야 하고 전략적 의사결정을 일반화하는 전체 정책을 정의하기 위해 합의가 이루어져야 한다. 이것은 더욱 세부적인 목표설정과 성과관리시스템을 가지며 재무적 통제(예: 이익 성과에 기초한)로 확장하는 공식적 계획을 사용하기 위한 준비를 해야 한다. 운영적 통제의 수준은 명시적으로 정의된 품질표준의 발전, 더욱 표준화된 법적문제의 처리, 조정된 마케팅 활동에 의해 높아진다. 이 관리시스템과 기법은 마케팅과 인적자원관리와 같은 경영원칙으로부터 변호사가 아닌 경영전문가의 활용에 의해 유지된다.

### (2) 조직구조

대부분의 전문서비스 기업의 인력구성은 파트너(혹은 임원)와 그 외의 직원이라는 두 종류가 존재한다. 로펌에서 파트너가 아닌 직원들은 흔히 주니어(junior) 소속변호사(이를 어쏘(associate)라고 함)와 시니어(senior) 소속변호사로 불리는 전문가가 있고 회계기업에서는 주니어, 시니어, 감독자, 관리자가 존재한다. 일반적으로, 낮은 수준의 소속전문가들이 기업의 일상업무를 세부적으로 수행하고 파트너는 이 일상적인 반복업무를 넘어 어떤 의미있는 방식(주로 고객과 새로운 비즈니스 계약 및 창출)으로 사업을 창출한다. '성장하는 버섯'처럼 소속전문가는 흔히 고립되고 어두운데 존재하는 데 비해 파트너 혹은 임원 위치로 승진된 소속전문가는 신속하게 '비즈니스 개발자'로서 꽃을 피울 것이다.

전문서비스 기업의 전형적인 구조는 예상된 경력경로(career path)의 역할을 하는 세 가지 전문가 수준을 포함한다. 컨설팅조직에서 이 수준들은 보통 주니어 컨설턴트(consultant), 관리자(manager), 부사장(vice-president)으로 불려질 수 있으며, 회계법인에서 그들은 보통 회계사(staff accountant), 관리자(manager), 파트너(partner)로 불려진다. 비록 대형로펌이 주니어와 시니어 파트너를 비공식적으로 구분하고 있을지라도 로펌은 간혹 소속변호사(associate lawyer)와 파트너 변호사(partner lawyer)라는 단지 두 가지 수준만을 운영하는 경향도 있다. 정확한 구조가 어떻든 간에 거의 모든 전문서비스 기업은 〈그림 6.1〉과 같은 피라미드 조직 형태(이를 '전문가 피라미드'라고 함)를 갖는다.

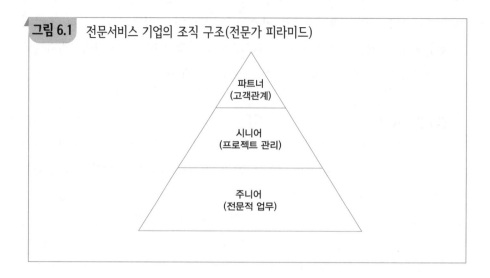

**그림 6.1** 전문서비스 기업의 조직 구조(전문가 피라미드)

파트너
(고객관계)

시니어
(프로젝트 관리)

주니어
(전문적 업무)

이 세 가지 수준(물론, 조직에 따라 더 많거나 더 작은 수가 설정될 수 있음)의 패턴은 다른 전문조직에서도 나타난다. 그 한 예는 조교수, 부교수, 정교수의 조직구조를 갖는 대학이다. 이 서열은 역할뿐만 아니라 지위의 신호일 수 있다(예를 들어, 다른 세 가지 수준의 지위구조인 일반시민, 귀족, 왕족을 생각할 수 있음). 다른 형태의 유사한 형태는 중세시대의 견습공(apprentice), 직공(journeyman), 장인(master craftsman) 조직이다. 실제로, 전문서비스 기업에서 개별 전문가의 조직에 합류 초기를 보통 견습기간으로서 부르기도 한다.

### (3) 조직특징
이러한 일반적 조직구조의 특징은 다음과 같다.

① 통제권한의 전문화
대규모 전문서비스 기업들은 최소 세 가지 측면에서 특화된다.
- 지역적 특화: 전문서비스 기업 내에서 지역사무소 시스템과 같은 지역적 특화
- 고객산업 특화: 금융, 자동차, 제약산업과 같은 고객산업별 특화
- 서비스유형 특화: 로펌에서 M&A와 지식재산, 경영컨설팅 기업에서 기업전략과 조직과 같은 서비스유형별 특화로서 이 서비스유형은 일반적으로 프랙티스분야, 서비스분야, 전문성 분야로도 구분(전문가는 보통 한 사무실에 속하지만 여러 프랙티스 분야에 동시에 속할 수도 있음)

## ② 통제권한의 집중화

집중화와 분권화 개념의 핵심은 효과적 통제권한의 분포와 관련된 파워의 위치이다.

- 분권화: 이 개념은 조직의 상위에서 하위수준으로 통제권한의 분산을 다룬다. 만약 많은 통제권한이 기업수준에서 보유(예: 의사결정이 한 자회사 조직단위가 아니라 전체 기업에 영향을 미치도록 이루어지고 자회사수준에서 거의 실행되지 않는 다면)된다면 우리는 분권화된 조직구조라 부른다. 대부분의 통제권한이 실행되는 조직단위의 수준이 더 낮을수록 조직이 더욱 분권화된다.

- 집중화: 조직 수준에서 집중화라는 지배구조 차원은 '네트워크기업' 모델과 '한 기업' 지배구조 모델로 분류된다. 네트워크기업 모델은 자회사가 모기업 으로부터 뛰어난 독립수준을 가질 수 있고 심지어 개별 전문서비스 기업으로 간주(이를 '기업의 네트워크' 모델이라 함)될 수 있다.

## ③ 의사결정에 참여의 수준

이 수준은 보통 '계층적' 혹은 '집단합의적' 중 하나로 분류된다.

- 계층적: 조직구조가 만약 조직의 소수 전문가들이 하위단위를 통제하는 효과적인 권한을 공유한다면 계층적으로 불린다.

- 집단합의적: 만약 조직 내 많은 전문가들이 하위단위를 통제하기 위해 효과적 권한을 공유한다면 그 조직 구조는 집단합의적으로 불린다. 따라서, 의사결정 차원은 단위들의 수 혹은 그들 사이의 통제권한의 분포가 아니라 개별 조직 내 통제권한의 분포와 관련된다.

## ④ 통제권한의 공식화

만약 많은 통제권한이 여러 상황을 위한 규칙과 규제를 정의함으로서 사전적으로 부여된다면 우리는 이 조직구조를 공식화된 것으로 본다. 만약 통제권한이 규칙과 규제로 인한 재량의 축소없이 임시방편적으로 실행된다면 그 조직구조를 공식화되지 않은 것으로 본다. 예를 들어, 젊은 전문가들이 어떤 기간에 승진해야 하는 것을 결정하는 위원회는 임시적 의사결정(비공식화)을 취할 수 있거나 승진에 관한 의사결정을 규정하는 사전에 정의된 규칙들을 따를 수 있다(공식화). 공식화의 수준은 공식화의 대상에 따라 차별화될 수 있다. 높은 공식화의 경우에 위치(혹은 직급) 의 권한과 의무가 규정된다. 공식화된 위치가 결여되었을 경우에는 통제권한의 분포는 분산되고 다른 조직 구성원들이 어떤 의사결정을 할 권한을 요청할 수 있다.

이 권한과 의무를 규정함으로서 위치의 공식화는 조직 내 통제권한 분포의 모호성을 줄인다.

## (4) 조직 구조에 영향을 미치는 요인

### ① 프로젝트 팀 구조

무엇이 조직의 모양 혹은 구조(예: 조직이 필요로 하는 주니어, 관리자, 시니어의 상대적 배합)를 결정하는가? 기본적으로 이것은 기업이 제공하는 전문서비스의 특성과 이 서비스들이 어떻게 전달되는지에 의존한다. 높은 수준의 고객화라는 특성으로 인해 대부분의 전문활동들은 프로젝트 기반에서 조직화된다. 따라서, 전문서비스 기업은 서비스부문의 '잡샵(job shop: 고객맞춤형 제품을 생산하는 프로세스로서 업무프로세스가 제품별로 모두 다름)'으로 비유된다. 이 업무의 프로젝트 특성은 전문서비스의 전달에 있어 기본적으로 세 가지 주요 활동인 '고객관계', '프로젝트 관리', '세부적인 전문업무'의 성과가 존재한다는 것을 의미한다.

대부분의 전문서비스 기업에서 이 세 가지 업무의 일차적인 책임은 조직의 세 가지 수준에 할당된다.

- 파트너(혹은 부사장): 주로 고객관계에 책임
- 관리자: 프로젝트의 일상적인 감독과 조정에 책임
- 주니어: 프로젝트를 완성하기 위해 필요한 많은 기술적 업무에 책임

다른 표현으로서 이 세 가지 수준은 〈그림 6.2〉와 같이 비즈니스의 '발견자(finders)', '관여자(minders)', '일벌레(grinders)'로 불리기도 한다. 로펌에서는 여기에 연결자(binders)를 추가하기도 한다.

- 발견자: 일종의 레인메이커(rainmaker: 새로운 비즈니스 개발을 통한 뛰어난 실적을 보이는 수익 창출자)로서 기업에 신규고객과 비즈니스를 창출
- 관여자: 관리업무에 뛰어난 관리자로서 기업과 팀을 효과적으로 관리하여 조직을 함께 지탱
- 일벌레: 초보자로서 관여자에 의해 지도되며 지루하고 단순한 대량업무를 수행
- 연결자: 네트워크 담당자로서 고객 및 다른 조직고 관계를 연결, 구축, 향상

하지만 그러한 업무할당은 엄격할 필요는 없고 또 그래서도 안된다. 잘 운영되

는 전문서비스 기업에서 주니어는 점점 더 관리자 업무를 수행하도록 요구받고 관리자는 시니어수준으로 승진하기 위해 점차 고객관계 스킬을 개발할 수 있는 업무를 맡게 된다. 그럼에도 불구하고, 시니어업무, 관리자업무, 주니어업무로 구분하는 것은 의미가 있다.

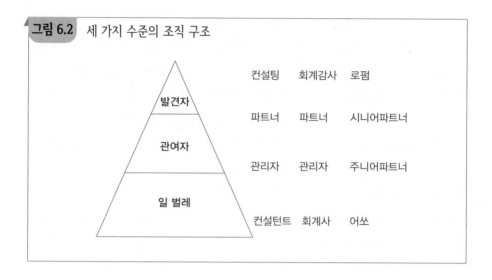

**그림 6.2** 세 가지 수준의 조직 구조

| | 컨설팅 | 회계감사 | 로펌 |
|---|---|---|---|
| 발견자 | 파트너 | 파트너 | 시니어파트너 |
| 관여자 | 관리자 | 관리자 | 주니어파트너 |
| 일 벌레 | 컨설턴트 | 회계사 | 어쏘 |

② 용량계획

전문서비스 기업의 형태는 이미 언급한 바와 같이 일차적으로 기업의 프로젝트에 포함된 '고객관계', '프로젝트 관리', '세부적인 전문업무'에 의해 영향받는다. 만약 전문서비스 기업이 잡샵이라면 그 전문직원은 그 잡샵의 기계(생산적 자원)이다. 제조업에서 잡샵처럼 어떤 기계가 수행하는 업무유형과 다른 기계(즉, 다른 전문가) 사이에 균형이 유지되어야 한다. 따라서, 전문서비스 기업은 공장(factory)이기 때문에 그 기업은 그 용량(capacity)을 계획해야 한다. 즉, 수용(고객의 서비스 규모)과 공급(전문서비스 인력)을 균형시키는 것이 중요한 업무가 된다.

# 2 전문서비스 기업의 득특한 지배구조

## 2.1. 파트너십

전문서비스 기업의 파트너십(partnership)에서 소유권(ownership)과 관리(management)는 합의 의사결정과 대의 민주주의의 형태를 통해서 그들의 비즈니스를 통제하는 파트너들에게 부여된다. 그렇다면 전문가 파트너십 형태는 무엇인가? 그 종류로는 '기업관리 전문가비즈니스' 혹은 '글로벌 전문가네트워크'와 같은 다른 대안적 원형이 존재한다. 그럼에도 불구하고 전문서비스 기업의 지배구조에 대한 양분된 관점이 존재한다. 예를 들어, '전문가파트너십 대 기업', '집단합의통제 대 기업계층', '전문가관료주의 대 애드호크러시(adhocracy: 임기응변적 조직)' 등이 그것이다. 그러나 바람직한 지배구조시스템과 프랙티스는 이 양분화된 모델에 의해 포착될 수 없다. 예를 들어, 경영컨설팅 기업 Bain & Company는 초기에는 공식적으로 파트너십 체제였으나 창립자 Bill Bain의 요청으로 집중화된 통제가 이루어졌다. 그 반대 사례는 빠르게 성장하는 로펌인 Greenberg Traurig 유한책임조합(limited liability partnership)으로서 초기에는 고도로 기업가적인 지배구조시스템에 기반하여 설립되었으나 이후에 집단합의 혹은 계층적 통제가 강한 파트너 자율과 개별 성과 통제를 양성하는 내부 시장시스템으로 대체되었다.

## 2.2. 지배구조의 개념

지배구조의 측면으로서 소유권과 통제를 고려할 필요가 있다. 소유자들이 기업을 통제하는 공식적 권한을 갖고 기업의 이익을 전유하는 반면에 효과적 통제가 실제로 조직구조와 시스템을 통해 실행된다. 결과적으로, 전문서비스 기업의 지배구조는 〈그림 6.3〉처럼 여러 지배구조 차원의 결합을 다루어야 한다. 본 교재에서는 Greenwood et al.(2007)의 주요 내용을 아래와 같이 요약한다.

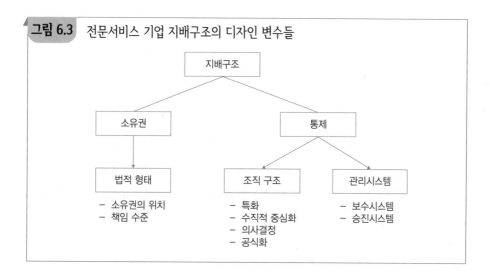

**그림 6.3** 전문서비스 기업 지배구조의 디자인 변수들

```
                        지배구조
                    ┌──────┴──────┐
                  소유권          통제
                    │         ┌────┴────┐
                 법적 형태    조직 구조   관리시스템
               - 소유권의 위치  - 특화      - 보수시스템
               - 책임 수준     - 수직적 중심화  - 승진시스템
                             - 의사결정
                             - 공식화
```

## (1) 소유권과 통제

### ① 법적 형태

전문서비스 기업의 다른 소유권 형태 혹은 법적 형태를 규정해야 한다.

### ② 조직구조

조직에 걸쳐 통제하는 효과적 권리의 분산에 관해 우리는 누가 통제에 있고 누가 특정 행동에 책임을 갖는지를 결정하는 조직구조에 관한 차원을 도입해야 한다. 기존의 지배구조 논의에 기초하여 전문화(specialization), 집중화(centralization), 의사결정에 참여 수준(degree of participation), 공식화(formalization)를 전문서비스 기업 지배구조의 조직화의 핵심 구조적 특징들로서 구분할 수 있다.

### ③ 관리시스템

전문서비스 기업의 보수와 승진에 대한 의사결정은 조직의 미래에 필수적으로 영향을 미치는 중요한 지배구조 이슈로서 고려된다.

## (2) 상황요인

또한, 지배구조에 영향을 미치는 여섯 가지의 다른 상황요인들을 검토해야 한다. 그것은 다음과 같다.

### ① 서비스 상품화(service commoditization)

② 다각화(diversification)

③ 규모(기업의 전략과 관련)

④ 자본집약 정도

⑤ 문화(조직과 관련)

⑥ 소송 리스크(환경과 관련)

### (3) 지배구조 유형

결국 지배구조 차원과 상황요인의 상호작용을 통해서 전문서비스 기업의 네 가지 지속적인 패턴이 도출된다.

① 창업자지배적(founder-dominated) 지배구조

② 집단합의적(collegial) 지배구조

③ 관리적(managerial) 지배구조

④ 기업가적(entrepreneurial) 지배구조

## 2.3. 전문서비스 기업 지배구조 설계

### (1) 지배구조의 법적 형태

이 소유권 형식은 소유권의 위치(내부 혹은 외부)와 소유권 채무의 범위(폭넓거나 좁거나)에 의해 차별화된다. 즉, 소유권의 위치가 내부이면 '상장기업', 외부이면 '비상상기업'으로 분류되고 소유권 채무의 범위가 넓으면 '무한', 좁으면 '유한'으로 분류된다. 또한, 상장기업에서 파트너십과 개인소유회사를 구분하는 주요 특징은 후자의 경우에 소유권이 조직에서 일하는 전문가들에 놓여 있는가와 전자의 경우에 외부 주주들에게 놓여 있는가라는 소유권의 위치에 기반한다. 결과적으로, 전문서비스 기업은 다음의 네 가지 지배구조로 법적 형태가 구분된다.

① 상장기업(public corporation)

외부 소유자에 의해 주식지분이 공개적으로 거래되는 회사이다.

② 비상장 개인소유기업(privately held corporation)

상장하여 외부 소유자에 의해 주식지분이 보유되지 않고 기업의 경영에 적극 참여하는 소유자에 의해 지분이 보유되는 회사이다.

③ 유한책임회사

- 유한책임상장회사(limited liability joint stock corporation): 주식지분이 외부 소유자에 의해 폭넓게 보유
- 유한책임개인소유회사(limited-liability private corporation): 주식지분이 거래되지 않고 기업의 경영에 적극 참여하는 소유자에 의해 보유

④ 파트너십

파트너십은 둘 이상의 사람이 리스크와 이익을 공유하고 일반적으로 파트너가 부채와 다른 사람들의 비즈니스 행위에 자신이 보유한 자원의 전체 수준까지 책임을 지는 회사이다. 특히, 기업 규모가 작을수록 파트너십이 전문서비스 기업에 가장 많이 적용된다. 다음의 두 가지 유형이 있다.

- 유한책임파트너십(LLP: limited liability partnership): 부채에 대한 책임의 한계가 유한한 파트너십
- 합명회사(general partnership 혹은 unlimited liability partnership): 부채에 대한 책임의 한계가 무한인 파트너십

이러한 법적 세부사항들은 민간기업에서 보통 제한된 책임을 갖는 방향으로 운영되어 왔다. 그러나 합명회사에서 모든 파트너들은 파트너십을 대신하여 취한 다른 파트너들의 행동에 대해 무제한적인 개인책임을 공유한다. 그럼에도 불구하고, 과거 20년 이상 동안 유한책임파트너십은 파트너들이 보통 다른 파트너들의 행동에 대해 개인적 책임을 갖지 않은 채 파트너십과 기업 모두의 요소를 갖는 법적 형태로서 도입되었다.

## (2) 상장기업의 대안

유한책임과 상장기업은 가장 오래된 기업 형태 혹은 가장 폭넓게 사용된 기업은 아니나 시장경제에서 대기업의 지배적인 조직형태이다. 그러나 대기업도 다양한 소유권 형식을 활용한다. 예를 들어, 개인소유 기업은 전문서비스 기업의 대부

분을 차지하고 파트너십(직원소유 기업)은 전문서비스의 전달을 위해 폭넓게 사용되고 있다. 협동조합(cooperative)은 비록 덜 일반적이지만 잘 알려져 있고 상장과 개인소유의 혼합은 신흥경제에서 일반적으로 찾아볼 수 있다.

## (3) 소유권과 기업성과

### ① 소유권 위치의 영향

소유권의 위치가 중요하다는 명제는 소유권과 통제의 분리로 특징된 기업이 소유자가 자원의 사용에서 비효율성을 피하고 그들의 생산적 사용을 최적화하기 위해 관리자보다 더 동기부여되기 때문에 그러한 분리가 없는 기업들보다 더 낮은 성과를 낼 것이라고 주장한 아담 스미스(Adam Smith)로 거슬러 올라간다. '대리인이론(agency theory)'은 이 문제를 회피하는 원리이다. 대리인이론은 경영자(대리인)가 소유자(principal)의 이익이 아니라 자신의 이익을 의도적으로 꾀하는 기회주의적 행동의 가능성을 피하는 것을 추구한다. 대리인들이 기회주의적으로 행동하는 것을 막는 이해관계자들의 시도는 외부 대리인비용을 초래한다. 이 비용은 소유자가 관리하는 개인 기업 혹은 파트너십이 아니라 상장기업에 적용된다. 따라서, 모든 조건이 동일하다면 상장기업은 다른 소유권 유형들보다 성과가 낮을 것이다.

내부적으로 소유된 전문서비스 기업이 상장기업보다 뛰어난 성과를 보일 것으로 기대되는 다른 이유가 존재한다. 소유권은 전문인력의 동기부여에 영향을 미칠 수 있다. 구체적으로 파트너십으로 조직된 전문서비스 기업은 주니어 전문가들이 파트너로 가기 위해 경쟁하는 '승진 아니면 해고(up-or-out)' 경력 구조를 자주 사용한다. 실제로, 개인소유 기업으로서 조직화된 컨설팅은 비록 법적으로 그렇게 하는 것이 적절하지 않을지라도 빈번하게 파트너와 파트너십이라는 용어를 사용한다. 파트너십은 매우 높은 보상, 의사결정에 참여하는 권한, 높은 지위라는 세 가지 편익을 제공하기 때문에 전문가들에 의해 매우 가치를 높게 평가받고 있다.

그러나 그 나머지는 기업을 떠나고 단지 소수의 주니어 전문가들이 파트너의 서열에 들어간다. 결과적으로, up-or-out 경력 시스템은 전문서비스 기업에서 동기부여의 토너먼트(tournament) 시스템의 특징을 갖고 우월한 노력과 생산성과 관련된다. 파트너십과 개인소유 기업만이 소유권에 대한 up-or-out을 실행할 수 있고 그것이 발생시키는 우월한 생산성을 보장받을 수 있다. 따라서, 이 소유권 형식은 전문서비스 부문에서 상장기업에 대한 동기부여 장점을 갖는다.

내부적으로 소유되고 통제된 기업의 장점은 시장 책임성의 원칙에 의해 부분적으로 상쇄될 수 있다. 외부적으로 소유된 기업은 공개조사에 민감하고 전략적 방향과 목표달성의 명확화에 공헌하는 공식적 목표와 책임성 시스템을 더 발전시킬 것이다. 게다가, 내부적으로 소유된 기업은 몇 가지 단점을 갖는다. 개인이 소유한 기업들은 내부갈등에 의해 피해를 보기 때문에 관리가 어렵다. 또한 개인회사는 더 많은 연고주의를 보일 수 있기 때문에 낮은 관리역량을 갖으며, 많은 소유자를 갖는 개인회사는 집합적 의사결정의 비용을 초래한다. 나아가, 규모가 큰 파트너십과 개인회사는 소수의 소유자/파트너집단에 경영책임을 위임하는 데 파트너들과 전체 기업의 이익이 일치하지 않을 수도 있다. 따라서, 파트너십과 개인회사는 전체로서 소유권 그룹에 기업을 관리하는 그들의 행동을 일치시키는 내부 대리인비용을 발생시킨다. 다음의 〈표 6.1〉은 지금까지 설명한 소유권의 위치의 효과를 요약한다.

**표 6.1** 전문서비스 기업에서 소유권 위치의 영향

|  | 상장기업 | 개인회사/파트너십 |
|---|---|---|
| 비용 | 외부 대리인비용 | – 내부 대리인비용<br>– 집합적 의사결정비용<br>– 내부 갈등 |
| 편익 | 시장원리 | – 동기부여된 인력<br>– 영향력을 발휘할 기회를 갖는 지식이 풍부한 소유자 |

자료원: Greenwood et al. (2007)

② 부채 범위의 영향

소유권의 위치(예: 소유권과 통제의 분리)는 개인회사 및 파트너십과 상장기업을 구분하고 소유자의 부채 범위는 파트너십과 개인회사를 구분한다. 상장기업의 역사는 이해관계자 부채를 줄이는 것에 기초하여 발전하였다. 과거에 투자자들은 기업에 의해 초래된 손실에 광범위하게 책임을 지니고 있었다. 현재는 채무자의 요청으로부터 다른 모든 자산을 보호하면서 소유자의 부채를 기업에 대한 그의 투자의

크기로만 제한하였다. 이 소유자의 부채의 범위에 대한 제한은 여전히 상장기업과 개인회사에 동일하게 적용된다. 반대로, 소유권의 파트너십 형태는 더 큰 범위의 부채를 갖는다. 구체적으로 파트너(소유자로서)들의 개인적 자산은 부채로부터 배제되지 않는다. 즉, 그들의 개인적 자산은 기업 내 그들의 투자와 더불어 위험한 상태에 있게 된다. 게다가, 법적 보상으로 이어지는 무능의 부적절성과 행위는 단순히 부적절하거나 무능력하게 행동하는 일부 파트너들이 아니라 모든 파트너들에게 영향을 미친다. 개인과 기업 자산 사이의 자산 분할이 존재하지 않기 때문이다. 따라서, 유한책임파트너십은 어떤 파트너의 개인 자산이 그가 기업을 상대로 한 소송에 직접적으로 포함될 경우에만 노출된다는 점에서 어느 정도 부채의 범위를 좁힌다. 그러나 심지어 여기서도 부채의 범위는 개인자산이 완전히 보호되는 개인 혹은 상장회사에 적용된 것보다 더 넓게 된다.

따라서, 개인회사와 파트너십은 소유자들이 기업에 대한 배상에 책임지는 범위가 다르다. 이 차이는 두 가지 이유로 성과에 영향을 미칠 것이다 첫째, 더 폭넓은 채무의 범위는 파트너들을 특히 자원의 사용에서 방심하지 않도록 만들 것이다. 즉, 더 폭넓은 채무 범위는 파트너가 자원을 효율적으로 절약하는 동기를 확대하고 더 높은 성과로 이어진다. 파트너십이 개인회사보다 우월한 성과를 보일 수 있는 두 번째 이유는 전문서비스 기업의 특징 중 하나가 고객과 전문가 사이의 지식 비대칭성이 존재한다는 것이다. 고객은 전문서비스 기업의 비교우위를 평가하는 것이 어렵다는 것을 발견하고 역량과 진실성을 평가하는 수단으로서 평판 혹은 위상과 같은 사회적 신호를 사용하는 것에 의지한다. 고객은 전문서비스 기업이 상업적 동기에 덜하고 고객의 관심에 서비스하는 데 더 헌신한다고 믿기 때문에 파트너십 형식 그 자체가 품질의 신호라고 주장한다. 따라서, 일반적으로 파트너십은 다음의 세 가지 편익을 제공하는 높은 편익을 누린다.

- 고객이 높은 평판을 가진 기업에게 이끌려가기 때문에 마케팅 비용이 더 낮음
- 채용이 기업에 매력적이 되기 때문에 채용비용이 더 낮음
- 고객이 자신의 정당성과 위상의 신호를 보내기 위해 평판있는 기업들로부터만 선택하기 때문에 경쟁적 장벽이 더 높음(따라서 기업들이 프리미엄 가격을 부과하는 것을 허용)

③ 지리적 복잡성의 영향
이전에 설명한 소유권의 위치와 통제의 근간을 이루는 것은 소유자들이 그들의

이익을 촉진하기 위해 통제를 발휘하도록 동기부여된다는 것이다. 그러나 통제를 발휘하는 능력은 또한 다음의 이유로 중요하다. 기업이 더 관료화될수록 대리인이 복잡성을 활용하고 상호원조에 관여하는 기회가 더 높을 것이다. 직접적인 본인-대리인 관계가 존재하는 경우에 기업의 생산적 효율성을 달성하기 위해 대리인의 행동을 유도하는 데 인과적 모호성이 줄어든다. 즉, 조직의 복잡성은 개인적 감독을 더욱 어렵게 만들고 직원에 의한 기회주의적 행동의 리스크를 증가시킨다. 복잡성은 기업의 계층에서 중간 수준의 존재로서 정의될 수 있다. 계층에서 수준들은 낮은 수준의 대리인으로부터 소유자를 분리한다. 소유자와 대리인 사이의 개인적 가까움은 효과적인 감독을 가능하게 하고 태만과 기회주의적 행동의 가능성을 더 낮춘다.

동일한 논리가 지리적 분산 혹은 차별화와 같은 다른 조직 구조의 특징에도 적용된다. 다양한 지역 사무소를 통해 운영하는 전문서비스 기업처럼 어떤 조직이 지리적으로 분산되는 상황에서, 소유자들이 대리인의 행동을 직접적으로 감독하는 것은 더 어렵다. 대리인들은 덜 집중적으로 일할 수 있고, 멀리 있는 소유자들의 감독 및 감시로부터 상대적으로 자유로울 수 있다. 지역적으로 입지한 대리인들은 또한 소유자들이 그렇지 않다면 동의할 수 없는 의사결정을 정당화하기 위해 지역적 상황에 호소할 수 있다. 즉, 지리적 분산은 계층적 수준의 수의 증가와 마찬가지로 조직적 복잡성에 기여한다.

### ④ 소유권의 위치와 조직 디자인의 상호작용

조직의 복잡성은 소유권과 상호작용한다. 구체적으로, 소유권의 장소(예: 소유자 통제 대 상장)와 조직 복잡성(편평 대 다층)은 네 가지 가능성을 낳는다

- 소유자가 통제하는 편평한 조직
- 소유자가 통제하는 다층 조직
- 대리인이 이끄는 편평한 조직
- 대리인이 이끄는 다층 조직

소유자가 통제하는 편평한(예: 복잡하지 않은) 조직은 소유자가 그들의 관심을 서비스하기 위해 대리인의 행동을 지휘하는 동기와 역량을 가질 것이기 때문에 더 높은 성과를 보일 것이다. 대리인이 이끄는 다층(예: 복잡한) 조직은 가장 낮은 성과를 보일 것이다. 그러나 소유자가 통제하는 다층(복잡한) 기업과 대리인이 이끄는 편평한(복잡하지 않은) 기업 사이의 차이는 구분하기 어렵다.

## (4) 전문가들의 관리시스템

### ① 보수시스템

전문서비스 기업의 보수 시스템은 전문가들이 어떻게 지불받는지를 결정한다. 보수 시스템의 가장 단순한 유형은 모든 전문가에게 그의 포지션에 따라 고정된 소득을 지불하는 것이다. 하지만, 비록 전문가가 기업의 소유자가 아닐지라도 인센티브 이유로 전문가 소득의 최소 부분은 흔히 성과에 의존할 것이다. 우리는 세 가지 다른 성과소득 유형을 구분한다.

- 연공(lockstep) 보수: 선배의 몫을 존중하라는 배경을 갖는 연공서열보수는 기업 성과에 의존하는 소득을 경력에 따라 배분한다. 연공보수 시스템은 내부 소유권 특히 파트너십을 갖는 전문서비스 기업의 전통적인 이익공유시스템으로 고려된다. 역사적으로, 미국에서 파트너십은 동일한 공유에 가까운 이익공유 규칙을 갖었다. 이 시스템하에서 특정 경력수준의 모든 파트너들(동일한 기간 동안 파트너인)은 어떤 다른 성과측정치 혹은 그들의 청구에 상관없이 동일한 이익공유를 받는다. 그러나 경력에 따라 성과소득을 구분하는 개념은 또한 비파트너 전문가들에게도 적용할 수 있다. 개인 보수를 향상시키는 유일한 방법은 전체 수익성을 향상시키는 것이기 때문에 연공서열시스템은 내부 추천, 지식공유, 팀워크와 같이 전문가들 사이에 합의를 촉진하는 것으로 고려된다. 연공서열시스템의 단점은 만약 이익을 공유하는 전문가들 사이에 집단합의적 통제가 실패한다면 무임승차(freeriding)과 태만(shirking)이 권장된다는 것이다.
- 실적기반(eat-what-you-kill) 보수: 누군가가 달성한 목표에 뒤따른 수익은 모두 그 사람이 가져야 한다는 보수체제로소 고객 요금 혹은 청구된 시간과 같이 기업 이익에 직접적 공헌을 하는 개인의 산출물의 어떤 측정치에 따라 성과소득을 보상한다. 비록 전통이 오래되고 엘리트주의를 표방하는 로펌에서 기반은 연공서열에 근거하지만 최근에 파트너 수준과 비파트너 수준 모두에서 그들의 보수시스템에 성과기반의 요소들을 많이 도입하고 있다. 다른 전문가들을 지원하는 데 소비된 시간이 기업 이익에 대한 자신의 공헌으로서 산정될 수 없고 재무적으로 인센티브될 수 없기 때문에 이 시스템은 집단협의를 희생시켜 무임승차와 태만을 막고 총 기업 이익에 불균형적으로 강하게 공헌하는 '스타' 전문가들을 보유하는 것을 더 쉽게 만든다.

- 스코어카드(scorecard) 보수: 성과 소득을 다른 전문가들 혹은 고객들에 의해 제공된 고객 상호작용에 대한 피드백, 리더십 스킬 등과 같은 개별 행동의 어떤 측정결과에 따라 결정하는 방법이다. 물론, 이 세 시스템은 어떤 한 개인 전문가의 보상에서 다양한 방식으로 결합될 수 있다.

② 승진시스템

파트너십 혹은 유사하게 조직화된 전문서비스 기업에서 승진 아니면 해고(up-or-out)시스템은 전통적으로 특히 엘리트 기업에서 일반적이었다. 그러한 시스템 하에서 전문가들은 파트너로 뽑히지 않는다면 영구적인 종신재직(permanent tenure)이 거절되고 규정된 시간 내에 파트너로 뽑히지 않는 전문가들은 해고되거나 기업을 떠나는 것으로 예상된다. 이 시스템은 1900년 경 Paul Cravath에 의해 만들어져 'Cravath system'으로도 알려져 있다. 어떤 전문서비스 기업에서 특히 로펌에서 up-or-out 프로세스는 파트너 선발 시점에서 적용되는 반면에 경영컨설팅기업과 같은 다른 전문서비스 기업에서 이 시스템은 보통 몇 가지 승진 수준을 포함하고 다음 수준으로 승진되지 않는 전문가들은 떠나는 것으로 기대된다. 최근에 이 승진 시스템의 예외가 영구적 포지션을 만들면서 점점 더 일반적이 되고 있다. 이 모델 하에서 전문가들은 풀 파트너(full partner) 위치로 승진되거나 잔여기간을 보장받지 않고 형식상의 종신재직을 부여받지만 대신 그들은 어떤 파트너 특혜와 책임을 누릴 수 있고 전문가(specialist), 주니어 파트너(junior partner), '월급쟁이 파트너(salaried partner)'와 같은 직위를 지닐 수 있다. 보통, up-or-out시스템을 이전에 활용한 기업들은 그것을 완전히 포기하지 않을 것이지만 기업에 가치있지만 무슨 이유에서 파트너로 뽑히지 않은 전문가를 보유하기 위한 하나의 옵션으로서 영구적 직책을 사용한다.


## 2.4. 전문서비스 기업 지배구조의 상황요인

### (1) 서비스 상품화

전문서비스는 일반적으로 특정 사건에 고객화된다. 반면에 상품서비스는 어떤 특정 고객의 개별 상황에 맞게 조정되지 않은 채 많은 다른 고객에게 전달되며, 여러 다른 서비스 공급자들에게서도 이용할 수 있는 것을 말한다. 상품서비스(자동차 보험 혹은 은행 계좌이체와 같은)는 보통 전문서비스로 간주되지 않는다.

그러나 전문서비스들 중에 고객화 혹은 상품화의 수준에 관한 상당한 차이들이 존재한다. 전문적 판단의 사례별 응용을 필요로 하는 데 사용된 어떤 전문서비스들은 전문가 표준과 기술적 발전을 통해 대부분 상품화된다. 가령, 회계 기업에 의해 제공된 전통적인 핵심 서비스인 감사는 회계 표준과 컴퓨터 기술을 통해 상품화되었고 이것은 제공자들 사이의 품질 차이를 줄였다. 상품화된 서비스를 제공하는 전문서비스 기업은 외부 소유권을 갖는 것이 더 좋은 성과를 내는 반면에 고객화된 서비스를 제공하는 전문서비스 기업은 내부 소유권으로 더욱 효율적으로 운영된다.

유사하게, 서비스 상품화와 통제권한의 공식화는 밀접하게 관련된다. 서비스 전달이 점점 더 반복적이 되기 때문에 서비스 전달의 프로세스와 산출물뿐만 아니라 그 안에 포함된 조직적 역할과 포지션을 공식화하는 것이 효율적이 될 수 있다. 서비스의 상품화 혹은 고객화에 따라 회계와 컨설팅기업의 지식경영 프로세스는 다양해질 수 있다. 서비스 상품화는 또한 전문가들을 관리하는 데 사용된 시스템에 영향을 미친다. 매우 상품화된 전문적 서비스를 전달하는 기업에서 서비스 제공에 필요한 대부분의 단계들은 사전에 잘 규정될 수 있고 그들의 표준화된 일상적인 특성으로 인해 쉽게 모니터될 수 있다.

개별 행동의 세부적인 측정치들에 의존하는 스코어카드 보수시스템은 고객화된 서비스를 전달하는 기업보다 상품화에 초점을 두는 전문서비스 기업에서 더 잘 실행될 것이다. 만약 서비스 제공이 강한 팀에 의한 창출을 필요로 한다면 연공보수시스템이 유일한 실행가능한 보수시스템일 수 있다. 게다가, 고객화된 서비스를 제공하는 기업들은 상품화서비스를 제공하는 기업들보다 up-or-out시스템을 더 사용하게 될 것이다. up-or-out은 고객이 사전에 서비스 품질을 평가하기 어렵다는 것을 발견할 때(특히 서비스가 고객화되고 새로울 때) 사용된 품질 신호로서 작용한다.

### (2) 서비스 다각화

통합된 서비스 제공자를 위한 글로벌 고객의 요구, 핵심 감사 서비스의 줄어든 수익성, 감사에서 기존 고객관계의 경쟁우위는 서비스 다각화의 주요 이유가 된다. 예를 들어, 대규모 광고기업은 홍보, 전략적 마케팅컨설팅, 시장연구를 포함하기 위해서 그들의 서비스 범위를 증가시키고 있다. 유사한 방식으로, 대규모 컨설팅기업은 통합된 경영과 IT 컨설팅서비스를 제공하는 전략을 추구하였고 IT 시스템 통합과 아웃소싱 서비스로 그 서비스 범위를 확장하였다.

그러나 이러한 대부분의 전문서비스 기업은 전문적 경계를 넘어서는 다각화에 초점을 두었고 이것은 명백히 가장 높은 수준의 서비스 다각화이나 한 전문직 혹은 산업 내에서 다양한 형태의 다각화가 나올 수도 있다. 서비스 다각화는 전문화와 분권화를 증가시킨다. 게다가, 다각화된 서비스를 제공하는 전문화된 기업은 기업 수준에서 광범위한 집단합의 통제가 어렵다는 것을 발견할 것이다. 그 이유는 극소수의 전문가들이 다양한 전문성 분야를 포함하는 의사결정에 효율적으로 참여하기 위해 필요한 지식 혹은 관심을 가질 것이기 때문이다. 따라서 더욱 다각화된 전문서비스 기업은 계층적, 집중화된 지배구조를 적용할 것이다.

게다가, 기업의 서비스가 더욱 다각화될수록 어떤 서비스들이 다른 서비스들보다 본질적으로 더욱 수익적이 될 것이다. 예를 들어, 회계기업이 컨설팅서비스로 확장하는 핵심 이유 중 하나인 경쟁심화로 인해 줄어드는 본질적인 회계서비스의 수익성을 고려하자. 또한, 로펌이 더 낮은 청구금액을 요구하는 지역들로 다각화할 때에도 연공서열 시스템의 효과는 제한된다. 이러한 상황에서 순수한 연공서열시스템을 다른 모든 서비스들에 걸쳐 유지하는 것이 더 어렵게 될 것이다.

### (3) 기업 규모

전문가의 수로 측정된 전문서비스 기업의 규모는 어느 정도 규모 혹은 범위의 경제의 존재에 의존한다. 전문서비스 기업은 강한 규모의 경제를 보이지 않고 심지어 규모의 비경제(diseconomies of scale)를 경험할 수 있다는 것이 일반적으로 가정된다. 규모의 경제가 제조기업보다 덜 분명하지만 기술적 혁신으로 인해 전문서비스 기업에 대한 의미있는 최소의 효율적 규모가 주어질 수 있다. 예를 들어, 전문화된 데이터베이스에 대한 접근과 같은 비싼 자산의 사용은 기업에 대해 규모의 경제를 보여주는 경향이 있다.

더욱 중요하지만 전문서비스 기업은 서비스의 더 큰 범위를 제공할 경우에 전제된 편익으로 인해 규모에 따라 편익이 증가할 수 있다. 많은 관련 효과들이 존재한다. 첫째, 기업 규모의 증가에 따라 서비스 전달에서 태만을 줄이기 위한, 상호자문/유대/모니터링에 관여하기 위한, 주니어 전문가들에게 멘토링을 제공하기 위한 내부 소유권의 인센티브는 감소한다. 둘째, 이 주장은 원칙적으로 책임의 수준으로 확장될 수 있다. 기업이 내부 소유자들 간 효과적 모니터링을 충분히 허용할 정도로 작으면 무한책임은 그러한 활동에 관여하는 매우 강한 인센티브를 제공한다. 그러나 기업 규모가 커질수록 무한책임의 인센티브 편익은 그것과 관련된 비용과 리스크에 의해 더 빠르게 커질 것이다. 셋째, 더 큰 전문서비스 기업이 더욱 전문화되고, 분권화되고, 계층적 의사결정을 적용하고, 운영규칙과 직원규정과 같은 절차를 더욱 공식화시킬 것이다.

### (4) 자본집약

전문서비스 기업은 그들이 주로 '매일 밤 엘리베이터를 타고 내려가는 자산(즉, 전문가)'에 의존하기 때문에 보통 자본집약적이지 않다고 생각된다. 그러나 투자은행 산업의 사례가 보여주었듯이 특정 전문가 산업은 최근에 매우 자본집약적이 되고 있다. 또한 광고산업과 같이 자본에 대한 접근가능성은 서비스 제공 자체가 매우 자본집약적이지 않은 산업에서 경쟁우위를 제공할 수 있다. 마지막으로, 회계와 컨설팅산업의 기업들은 정보기술에 대해 지불하기 위한 상당한 재무자원을 필요로 할 수 있다. 결과적으로, 더욱 자본집약적인 전문서비스 기업은 더욱 외부적으로 소유될 것이다.

### (5) 기업문화

문화는 공유된 핵심 가치와 신념 혹은 공유된 해석틀(interpretative schemes)로서 인식된다. 전문서비스 기업문화의 두 가지 구체적 측면들은 '동질성의 수준'과 '기업문화의 특성'이다.

#### ① 동질성 수준

동질적인 가치와 신념은 단일의 강한 기업문화와 상응하는 반면에 이질적인 가치들은 약한 전체 문화 혹은 경쟁적 하위문화들을 반영한다. 조직의 동질성은 전문가들 사이에 동의를 구축하는 것을 촉진한다(예: 집단협의, 분권화된 지배구조를 촉진). 그러나 다른 가치 집합, 동의기반 접근법, 지식공유가 존재하는 곳은 유지하기 더 어렵고 파트너십 형태의 지배구조는 이질성이 증가하기 때문에 상장기업과 비교하여 덜 효율적이 된다. 또한, 동질 집단과 같은 강한 문화가 명백한 관료주의 규칙을 줄여주기 때문에 통제의 공식적 및 관료주의적 유형의 대체로서 동질적인 가치와 신념 집합을 사용한다. 또한, 로펌 보수시스템에서 증가하는 가치와 신념의 이질성은 기업들이 연공서열 보수 대신에 실적기반 혹은 스코어카드를 더 사용하게 만든다.

### ② 기업문화의 특성

기업문화의 특성은 조직의 지배구조에 영향을 미친다. 그 기업 문화의 특성은 '전통적'과 '상업적' 전문가 가치로 구분된다. 전통적인 전문가 가치는 사회적 수탁자(social trustee)로서의 전문가의 역할을 강조한다. 전문가 규범과 자율규제 전문가 기관들은 전문가들이 고객에 대해서 누리는 지식 우위를 활용하는 것을 막는 하나의 수단으로서 간주된다.

하지만, 전문서비스 기업의 조직적 변화는 전통적인 '전문가' 가치에서 더욱 비즈니스 지향적인 '상업적' 가치로 변화로 이어져 더욱 '기업적' 지배구조 형태로 관찰되어 왔다. 상업적인 전문가 가치는 공공서비스라기 보다는 전문성의 개념에 기반한다. 전문서비스 기업은 고객에게 우월한 전문성을 판매하는 이익 지향적인 비즈니스로서 보통 간주되어 왔다.

상업화가 지배구조, 조직, 관리에서 더욱 기업적인 방식으로 반드시 이어질 필요가 없기 때문에 우리는 상업적 전문가 가치의 개념을 다시 구분해야 한다. 상업화는 더욱 '기업적(corporate)' 혹은 '기업가적(entrepreunerial)' 지배구조 방식 중 하나로 세분될 수 있다. 수익성과 성장에 의해 동기부여되는 동안에 기업가적 가치를 갖는 전문가들은 개인적 자율에 더 우호적이기 때문에 보통 더욱 '기업적'이 되는 것과 관련한 공식화와 표준화에 반대한다.

이러한 가치의 특성은 보수시스템의 선택뿐만 아니라 조직구조에도 영향을 미친다. 전통적인 전문가 가치는 집단적 구조와 연공서열 보수시스템을 양성한다. 전문서비스 기업에서 더욱 널리 퍼진 기업 가치는 스코어카드 시스템을 닮은 보수시스템뿐만 아니라 집중화되고 공식화된 구조의 적용을 증가시킨다. 마지막으로, 기업가적 가치는 분권화된 구조와 실적기반 시스템을 촉진한다.

### (6) 소송 리스크

소송의 리스크는 보통 고객에게 제공된 서비스의 품질에 대해 소송이 걸리는 전문서비스 기업의 리스크를 의미한다. 회계기업에서 개인적으로 책임있는 파트너들의 역할만 아니라 그 기업의 증가하는 규모는 엄청난 소송비용의 증가와 함께 그들을 매력적인 소송 대상으로 만들었다. 경영컨설팅 기업과 광고대행사와 같은 다른 전문서비스 기업들이 도입하면서부터 회계법인과 로펌이 보통 파트너십을 유지하지만 인정되는 관할권한에서 유한책임파트너십(LLP)로 전환하는 것을 선택하고 있다.

전문서비스 기업이 직면한 소송 리스크는 전문가 산업에 따라 다양하다. 예를 들어, 고객들은 감사서비스의 품질보다 경영컨설팅서비스의 품질을 사후에 인식하는 것이 보통 더욱 어렵다. 그러나 핵심 차이는 부적절한 품질에 대한 전문서비스 기업의 책임을 입증하는 능력에 있다. 감사는 기본적으로 정확함을 면밀히 뜯어볼 수 있는 매우 표준화된 서비스이다. 반면에 경영컨설팅서비스는 흔히 전문가에게 더 큰 재량이 있고 서비스 전달에 고객의 더 큰 참여를 필요로 하기 때문에 부주의 혹은 과실을 입증하는 것이 더 어렵다. 하지만, 서비스 상품화는 일반적으로 서비스 품질과 전문서비스 기업의 책임을 관찰하는 고객의 능력을 증가시키기 때문에 소송 리스크를 증가시킨다. 만약 전문서비스 기업이 발생가능한 이해상충을 적절하게 다루지 않는다면 소송 리스크 또한 증가한다.

여기서 많은 시사점들이 도출될 수 있다. 첫째, 전문서비스 기업이 직면하는 소송 리스크가 높을수록 전문서비스 기업은 자신의 책임을 제한하는 법적 형태를 더 선택할 것이기 때문에 증가하는 소송 리스크가 결국 소유권 위치의 변화로 결과될 것이다. 둘째, 소송의 근본원인을 다루기 위해(예: 이해상충 혹은 부적합한 서비스 품질) 기업들은 궁극적으로 불충분한 자격을 갖춘 전문가들을 줄이기 위해 더 표준화된 채용과 훈련 프로세스를 적용할 것이다. 이것은 전문가 스킬의 표준화로 이어질 것이고 그것은 서비스 품질을 향상시키는 데 기여한다. 게다가, 소송 리스크를 증가시킬 수 있는 행동을 제약하는 규정의 수립은 그러한 행동이 발생할 수준보다 더 높은 계층에서 이루어져야 하기 때문에 이것은 집중화로 결과될 것이다.

## 2.5. 전문서비스 기업 지배구조의 구성

지금까지 언급한 다양한 요인에 기초하여 종합적인 전문서비스 지배구조의 설명을 정리하면 다음의 〈표 6.3〉과 같다.

| | 창업자<br>지배 지배구조 | 집단<br>지배구조 | 관리적<br>지배구조 | 기업가적<br>지배구조 |
|---|---|---|---|---|
| **표 6.2** 전문서비스 기업 지배구조의 구성 | | | | |
| 지배구조 차원 | | | | |
| 소유권의 위치 | 내부적, 집중적 | 내부적 | 외부적 | 규정안됨 |
| 책임 수준 | 규정안됨 | 무제한 | 제한적 | 제한적 |
| 통제권한의<br>전문화 | 비전문화 | 비전문화 | 전문화된 | 전문화된 |
| 중심화 | 중심적 | 중심적 | 중간수준의<br>분권화된 | 분권화된 |
| 의사결정 | 계층적 | 집단적 | 계층적 | 계층적 |
| 공식화 | 공식화 안된/<br>비공식적 | 공식화 안된 | 공식화된 | 공식화 안된 |
| 보수시스템 | 폐쇄적 | 연공서열 | 스코어카드 | 실적기반 |
| 승진시스템 | 영구 포지션 | 승진아니면<br>해고 | 영구 포지션 | 규정안됨 |
| 상황요인 | | | | |
| 서비스 상품화 | 고객화된 | 고객화된 | 상품화된 | 다양한 수준 |
| 서비스 다각화 | 다각화 안된 | 다각화 안된 | 다각화된 | 다각화된 |
| 기업 규모 | 작은 | 작은 | 큰 | 중간-큰 |
| 자본집약 | 낮은 | 낮은 | 높은 | 낮은 |
| 가치와 신념 | 창립자들 사<br>이에 동질적 | 동질적 | 이질적인 | 이질적인 |
| 전문가의 가치<br>의 특성 | 기업가적<br>혹은 전통적 | 전통적 혹은<br>기업가적 | 기업적 | 기업가적 |
| 소송 리스크 | 규정안됨 | 낮은 | 높은 | 낮은-중간 |

자료원: Harlacher & Reihlen(2014)

## 3 전문서비스 기업의 경제성, 노동, 시장에 영향을 미치는 요인

### 3.1. 경제성에 영향을 미치는 요인

대부분의 전문서비스 기업은 파트너십 형태이고 일부 전문서비스 기업은 주식회사 형태이다. 그러나 그 형태와 상관없이 경제적 구조에서 일정한 규칙을 찾아볼 수 있다. 가령, 대부분의 전문서비스 기업이 매우 작은 고정자산을 갖고 있기 때문에 그들은 단지 미수채권조달자본과 기타 다른 운전자본을 필요로 한다. 결과적으로 대부분의 수익은 임금, 보너스, 순 파트너십 이익의 형태로 지출된다. 일반적인 수익분배는 예를 들어, 전문직 임금에 33%, 지원인력과 간접비로 33%, 시니어(혹은 주주) 임금과 배당으로 33%가 될 수 있다. 그러나 어떤 전문서비스 기업에서 파트너십 임금과 이익배당은 보통 지원인력의 임금과 간접비를 낮춰 50% 혹은 그 이상으로 올라갈 수도 있다.

#### (1) 수익 발생

전문서비스 기업에서 수익은 어떻게 발생되는가? 가장 직접적인 변수는 청구율(billable rate)이다. 이 청구율은 여러 조직 계층수준에서 제공되는 서비스에 대해 고객에게 부과된 시간당 비용이다. 예를 들어, 어떤 기업의 가장 낮고 가장 높은 비용 사이가 약 2:1 혹은 3:1의 비율이 될 수 있다. 이를 적용하면 전문서비스 기업의 기본적 수익구조의 결정 사례는 주니어의 청구가 기업 수익의 40%를 설명하고 시니어의 청구는 전체 수익의 25%를 설명하는 식이다.

여기에, 여러 그룹별로 상대적 보상 수준이 결정될 필요가 있다. 예를 들어, 기업의 총 청구액의 40%를 차지하는 주니어가 총 전문가 보상의 25%를 보상받는 식이다. 그러나 여기에는 항상 불균형이 존재한다. 이 불균형은 전문서비스 기업의 경제성에 핵심이다. 파트너십의 보상은 부분적으로 최고 상위 전문가들이 그들의 고객에게 부과할 수 있는 높은 비율로부터 나온다. 파트너들에 대한 보상은 또한 시니어의 전문적 스킬을 활용하기 위해 수행된 주니어의 노력이 포함되어 있기 때문에 이러한 팀 구조를 통한 기업의 능력을 반영해야 한다.

컨설팅기업에서 대학원을 바로 졸업한 젊은 MBA가 어떻게 상위 책임자에게 조언할 수 있을까? 그 답은 전문서비스 기업의 프로젝트 팀의 시너지에 있다. 주니어가 독립적으로 행동하면서 그들 노력의 결과를 전문서비스 기업에 의해 청구되는 비율로 보상청구를 요청할 수는 없다. 전문서비스 기업은 주니어들의 노력이 시니어들의 경험과 지도와 결합되기 때문에 시니어는 주니어의 노력보다 더 높은 비율의 보상을 얻을 수 있다.

최고 수준의 전문가들의 성공적인 활용은 전문서비스 기업의 성공의 핵심이다. 전문서비스 기업의 서비스가 다른 유형의 기업만큼 가격에 민감하지 않지만 전문가 임금의 증가가 전문서비스의 전체 비용을 급속히 증가시킴에 따라 대부분의 전문서비스 기업은 점점 더 가격 경쟁에 직면하고 있다.

고객에게 보통 중요한 것은 프로젝트의 총 예산이다. 그 프로젝트 팀 구조를 통제하고 낮은 비용의 주니어와 함께 높은 비용의 시니어를 적절히 활용하거나 혹은 가격에 민감하지 않은 시장에서 파트너십 이익을 증가시킴으로써 전문서비스 기업은 그 효과적 시간비율을 낮출 수 있고 경쟁적일 수 있다. 이것을 레버리지(leverage)라고 한다.

## (2) 보상

전문서비스 기업에서 주니어는 스킬을 학습하는 중이기 때문에 이 기간을 견습기간으로 본다. 전문서비스 기업이 그들의 서비스에 대해서 초과가치를 얻을 수 있는 반면에 주니어들은 스스로 독립하여 이 부분을 얻을 수 없다. 그러나 전문가는 전문서비스 기업 외부의 수많은 경력기회를 이용할 수 있다. 많은 전문가들은 기업이 그들이 계속 남아있기 원할지라도 자발적으로 떠나는 경우가 빈번하게 발생한다. 따라서, 기업 내 중간수준 전문가에 대한 보상에서 이 부분을 반영할 필요가 있다.

어떤 기업은 중간수준 전문가에게 보상을 덜 하는 중요한 실수를 저지르기도 한다. 이것을 막기 위해서 전문서비스 기업은 모든 자발적 이직을 규칙적으로 모니터하고 보상시스템 수정을 위한 가이드로서 사용하기 위해 임금과 직급을 조정할 필요가 있다. 경험이 많은 주니어와 중간수준의 전문가들을 전문서비스 기업의 내부보다 외부에서 더 많이 얻을 수 있는 '외부 가치' 문제는 컨설팅산업에서 더욱 일반적으로 발생하는 현상이다. 가령, 제조기업의 시니어 임원수준으로 합류할 수 있는 경력기회가 컨설팅기업의 중간수준 전문가에게 자주 존재한다. 비록 어떤 개인들(특히 주니어 전문가들)이 다른 컨설팅기업에 합류하기 위해 떠날지라도 다른 산업으로의 이동은 컨설팅에서 대부분의 자발적인 이직을 반영한다. 반대로, 상대적으로 작은 포지션이 이용가능하기 때문에 변호사들에게 외부로의 이직 기회는 상당히 제한적이다(비록 일반기업의 사내 법률자문 혹은 법률팀이 이것을 조금씩 바꾸고 있을지라도). 명성있는 로펌에서 '파트너를 만들지 마라'는 격언은 변호사들이 더 작은 로펌에 합류하거나 개인 사무소를 설립하여 경쟁자를 증가시키는 결과를 만든다.

많은 전문서비스 기업은 중간수준의 '외부 가치' 문제를 관리하기 위해 점점 더 보상을 미래로 지연하는 방법을 활용하는 중이다. 그러한 프랙티스는 황금수갑 (golden handcuffs)으로 알려졌다. 황금수갑은 기업이 사람들을 충성하게 만들거나 회사에 머무르도록 격려하기 위해 사용하는 도구이다. 많은 기업들이 유급 휴가, 스톡옵션(stock option), 퇴직연금(retirement plan)와 같은 인센티브를 제공한 후 직원이 특정 날짜 이전에 떠나면 인센티브를 상환하도록 요청하는 경우가 있다. 대학에서 교수가 연구년을 간 후, 특정 기간에 동일 학교에 근무하지 않을 경우에 연구년에 소요된 비용을 상환하도록 요청하는 경우가 있다. 그러나 이러한 방법은 법적인 문제를 초래하기 때문에 조심스럽게 접근할 필요가 있다.


## 3.2. 노동에 영향을 미치는 요인

### (1) 승진정책

기업에 젊은 전문가를 유인하는 많은 요인이 존재하지만 그 기업 내 승진을 위한 경력기회는 매우 중요한 역할을 차지한다. 이 승진에는 두 가지 차원이 중요하다. 그것은 '승진하기로 고려되기 전에 각 계층에서 보낸 일반적인 시간'과 '승진할 가능성(승진비율)'이다. 이 승진정책 변수는 조직 내 인력에 대해 중요한 스크리닝 기능을 수행한다. 모든 젊은 전문가들이 더 높은 수준에서 요구되는 관리적 및 고객관계 스킬을 적절히 개발할 수는 없다. 좋은 채용절차가 승진과정을 통해 요구되는 스크리닝 수준을 줄일 수는 있지만 그 채용이 스크리닝을 위한 승진 프로세스 니즈를 완전히 제거할 수는 없다. 또한, 승진하지 못할 리스크가 주니어 인력이 열심히 일하고 성공하도록 간접적으로 압력을 부가하는 역할을 하게 된다. 이 압력은 많은 전문서비스 기업의 전문가들이 그들의 업무 스케줄에 대해 갖는 재량을 줄여 많은 일을 하게 만드는(심지어 혹사라고도 평가되는) 중요한 동기부여 도구일 수 있다.

### (2) 목표 성장률

전문서비스 기업의 목표 성장률에 기초하여 인력의 채용이 이루어진다. 대부분의 전문서비스 기업은 승진 인센티브(경력기회)를 갖고 있는데 이 승진 인센티브와 조직구조의 상호작용에 의해 어떤 기업의 목표(혹은 요구된) 성장률이 결정될 수 있다.

만약 어떤 전문서비스 기업이 그 승진 인센티브를 유지하기 위해 4년마다 규모를 두배로 해야 한다고 설정했는데 그 기업의 성장이 기대보다 더 느리다면 그 기업은 많은 인센티브를 제거하든지 혹은 '불균형적 공장'(너무 많은 시니어와 불충분한 주니어)으로 성장할 것이고 이것은 그 기업의 구조에 해로운 영향을 미칠 것이다. 그러나 전문서비스 기업이 목표 성장률보다 더 빠른 성장을 노린다면 더 많은 주니어들을 더 빨리 승진시켜야 할 것이다.

전문서비스 기업에서 이러한 조정을 하지 않는다면 적절한 인력의 부족으로 인해 기업이 제공하는 서비스의 품질에 부정적 영향을 미칠 수도 있다. 그렇다면 신속한 성장시에 구체적으로 어떤 조정이 이루어질 수 있는가? 다음의 네 가지 전략이 존재할 수 있다.

#### ① 채용시스템에 집중

전문서비스 기업은 더 많은 주니어가 규칙적으로 관리자로 승진될 수 있도록 채용프로세스에 더 많은 관심과 자원을 바칠 수 있다. 그러나 승진시스템에서 채용시스템으로 인력 스크린의 품질을 이동시킬 수 있으나 이것은 일반적으로 더욱 어렵고 도박이 될 수도 있다.

#### ② 공식적 개발프로그램의 도입

전문서비스 기업은 작은 기업에서 흔히 찾아볼 수 있는 실무수습에 의한 학습(예: on-the-job-training: OJT)과 멘토링 관계가 아니라 더욱 공식적 훈련과 전문가 개발프로그램을 통해 수습기간을 단축시키려고 시도할 수 있다. 실제로, 공식적 인력개발 프로그램을 필요로 하는 것은 기업의 규모가 아니라 성장의 비율이다. 심지어 대기업도 목표 성장률과 가깝다면 보통 멘토링과 경험적 학습을 계속할 여유를 가질 수 있다. 그러나 이 절차들이 분산되고 흔히 기업의 관리자들로부터 거의 사용되지 않았기 때문에 그들은 초과 성장기간 동안에 쉽게 무시될 수 있다. 물론, 이것은 문제를 더 복잡하게 만든다. 기업이 신속하게 성장하기 위해 주니어와 중간수준의 인력을 필요로 하는 바로 그 시간에 시니어들은 과도한 일을 맡게 되고 쉽게 그들의 채용, 훈련, 멘토링 업무에 집중하지 못하게 된다.

### ③ 수평채용

기업이 목표 성장률을 가속화하기 위해 적용할 수 있는 세 번째 메카니즘은 다른 곳에서 경험많은 전문가들을 데려오면서 직원의 수평채용(lateral hiring: 기존 직원의 부서이동을 의미)을 활용하는 것이다. 대부분의 전문서비스 기업에서 이 전략은 주니어 인력의 사기에 대한 역효과(주니어 인력은 자신의 승진기회를 줄이는 것으로서 보는 경향이 있음)로 인해서 잘 활용되지는 않는다. 비록 주니어들이 신속한 성장률에 의해 승진이 빨라질지라도 여전히 그들이 공정하게 대우받지 못하는 것으로 느끼는 경향이 있을 것이다. 또한, 프로젝트 팀 구조를 조정하는 것은 조직구조, 승진 인센티브, 경제적 구조 사이의 균형과 관계를 유지하면서 신속한 성장을 수용하는 마지막 전략이다. 실제로, 기업은 어떤 프로젝트에 필요한 시니어, 관리자, 주니어 시간의 배합을 조정할 것이다.

## (3) 이직율

전문서비스 기업은 높은 이직 목표율 혹은 반대로 최적 이직 목표율 이하에서 성장하는 것을 선택할 수 있다. 높은 이직율 목표를 갖는 조직의 개인들은 승진할 가능성이 매우 낮다는 것을 알면서도 일상적으로 이 조직에 합류한다. 이러한 이탈 전략(churning strategy)은 전문서비스 기업에게 어떤 단점과 장점을 갖도록 한다.

장점 중 하나는 기업의 파트너들(혹은 주주들)이 승진의 형태로 주니어들에게 보상하지 않고 그들에게 잉여 가치를 제공할 수 있다. 높은 이직율은 또한 단지 최고의 전문가만 조직에 머무르도록 하는 의미있는 스크리닝을 허용하기도 한다. 이 전략을 따르는 기업들은 그들의 산업에서 가장 명성이 높은 전문서비스 기업인 경향이 있다. 그러한 기업들은 많은 채용에서 경험, 훈련, 일류 기업과 연합은 빈약한 승진 기회를 보상한다. 젊은 전문가들은 그러한 기업에서 짧은 기간을 일종의 박사 인턴십의 형태로서 간주하고 보통 신속하게 달성할 수 없는 최고의 포지션을 위해 다른 경로로 쉽게 떠난다. 실제로, 이 전략을 따르는 대부분의 명망있는 전문서비스 기업은 이것을 고무할 뿐만 아니라 적극적인 전직 지원을 제공하고 있다. 예를 들어, 이공계열의 대기업 연구소의 연구원들은 짧은 경력을 쌓은 후 대학 교수직으로 자주 옮겨가고 있다.

## 3.3. 기업의 서비스를 위한 시장

### (1) 프로젝트 유형

한 유형의 전문서비스 활동을 다른 유형과 구분할 수 있는 많은 차원들이 존재하는 데 그 중 특히 하나가 중요하다. 그것은 서비스의 전달에 필요한 고객화의 수준이다. 이것을 탐구하기 위해, 전문서비스 프로젝트를 세 가지 유형으로 특징짓는다. 그것은 두뇌(brains), 백발(grey hair), 절차(procedure)이다.

#### ① 두뇌

이 유형에서 고객의 문제는 매우 복잡할 것이다. 이 시장을 목표로 하는 전문서비스 기업은 직원의 높은 전문적 스킬의 기반에서 그 서비스를 판매하려고 시도할 것이다. 본질적으로, 이 기업의 시장에 대한 호소는 '우리가 똑똑하기 때문에 우리를 채용하라'이다. 이 유형의 전문서비스의 핵심 요소는 창의성, 혁신, 새로운 방법론의 개척자, 개념, 기법이고 사실상 새로운 문제에 새로운 솔루션을 제공한다.

#### ② 백발

이 유형의 프로젝트는 매우 고객화된 산출물을 필요로 하나 그들은 보통 두뇌 프로젝트보다 더 낮은 수준의 혁신과 창의성을 포함한다. 문제의 일반적 특성은 친숙성이고 그 프로젝트를 완성하는 데 필요한 활동들은 다른 프로젝트에서 수행된 것들과 유사할 수 있다. 백발유형의 문제를 갖는 고객들은 그들의 특정 유형의 문제에 경험이 있는 전문서비스 기업을 추구하고 전문서비스 기업은 그 지식, 그 경험, 그 판단을 판매한다. 사실상, '우리가 전에 이것을 완수했기 때문에 우리를 채용하라'라고 말한다.

#### ③ 절차

이 프로젝트 유형은 최소한 전문가 커뮤니티 내에서 보통 잘 인식되고 친숙한 유형의 문제를 포함한다. 상대적으로 낮은 수준의 고객화가 여전히 요구되지만 이것을 달성하는 데 필요한 단계들은 어느 정도 계획적이다. 비록 고객들이 업무 자체를 수행하기 위해 능력과 자원을 가질 수 있을지라도 그들은 전문서비스 기업이 서비스를 더욱 효율적으로 수행할 수 있고, 그 기업이 외부인이고, 고객의 직원역량이 다른 곳에서 더 잘 활용될 수 있기 때문에 그 기업에 의존할 수 있다. 본질적으로, 그 전문서비스 기업은 절차, 효율성, 그 이용가능성을 판매 중이다. '우리가 이것을 하는 방법을 알고 그것을 효과적으로 전달할 수 있기 때문에 우리를 채용하라'고 자주 주장한다.

### (2) 프로젝트 팀 구조

#### ① 두뇌

세 가지 프로젝트 유형 사이의 가장 중요한 차이 중 하나는 기업의 서비스를 전달하는 데 필요한 프로젝트 팀 구조이다. 두뇌 프로젝트는 숙련성이 높고 비용이 많이 드는 전문가들을 포함하는 극단적인 잡샵 운영으로 불려진다. 절차들은 매우 작은 수준으로 관례화되고 각 프로젝트는 일회성으로 진행된다. 따라서, 주니어와 함께 하는 최상위의 전문가들을 활용하는 기회가 상대적으로 제한된다. 비록 그러한 프로젝트들이 상당한 데이터 수집과 분석(보통 주니어에 의해 수행)을 포함할 수 있을지라도 이 활동들은 미리 명확히 규정될 수 없고 최소한 연속적 기반에서 중간 수준(프로젝트 관리) 전문가의 참여를 필요로 한다. 결과적으로, 두뇌 프로젝트에서 중간수준과 시니어 시간 대비 주니어 시간의 비율은 낮아지는 경향이 있다. 높은 두뇌 프로젝트의 비율을 갖는 어떤 기업의 프로젝트 팀 구조는 조직의 형성에 상응하는 영향과 함께 주니어에 대한 상대적으로 낮은 강조를 갖는 경향이 있다.

#### ② 백발

이 프로젝트에서 다루어지는 문제들이 어느 정도 친숙하기 때문에 수행될 어떤 임무들(특히 초기의 것들)은 미리 알려지고 규정되고 위임될 수 있다. 더 많은 주니어들이 이 업무들을 달성하기 위해 활용될 수 있으며, 이것은 다시 어떤 프로세스의 중간 단계에서 모아지고 공동으로 평가된다. 두뇌 프로젝트의 순수한 잡샵 특성과 달리 백발 프로젝트를 창출하고 전달하는 데 적합한 프로세스는 제조부문의 연결되지 않은 조립라인과 매우 유사하다.

#### ③ 절차

이 유형의 프로젝트는 시니어 시간과 비교하여 가장 많은 주니어 시간의 비율을 포함하기 때문에 그러한 프로젝트에 특화된 기업의 조직 형태가 나타날 수 있다. 그러한 프로젝트에서 다루어지는 문제와 분석, 진단, 결론을 완성하기 위해 필요한 단계들은 쉽게 주니어 인력에게 위임(관리감독과 함께)될 수 있도록 보통 충분히 잘 구축된다. 이 프로젝트에서 어떤 단계들의 가능한 성과의 범위는 적절한 대응이 계획될 수 있도록 잘 알려질 것이고 운영절차가 제조부문의 조립라인의 특성을 더 많이 취한다.

#  4 모호성 관리

## 4.1. 전문가 업무의 본원적 모호성

### (1) 모호성의 원인
비록 전문서비스 기업의 지식과 전문성이 당연한 것으로 여겨질지라도 학자들은 전문가 업무에서 본원적인 모호성(ambiguity)을 강조하였다. '전문가가 제공하는 지식이 모호', '지식 노동자가 하는 업무가 모호', '지식업무의 결과를 평가하는 방법의 모호'는 전문서비스 기업의 경영에서 중요한 역할을 한다. 전문서비스 기업의 다소 과장적이고 이미지를 만드는 활동에 특별한 관심을 둔 이 관점은 전문가 정체성과 고객 상호작용의 조율에서 고객관계의 역할에 초점을 둔다.

### (2) 전문가 업무에서 모호성의 개념
비록 전문서비스 기업의 몇 가지 유형이 존재할지라도 공통분모는 고객화된 추상적인 전문지식의 전달이다. 전문서비스 기업의 정당성은 그 전문적 지식기반에서 나오고 이것은 다시 전문서비스 기업의 경영에 영향을 미친다.

전문가 업무는 전통적으로 전문가가 업무를 계획, 통제, 수행하는 높은 수준의 자율을 포함하는 것으로 특징된다. 전문직은 전문성을 신비롭게 만들어 지식 독점을 유지한다. 전문화는 흔히 훈련을 통해 대량의 공식적 지식의 구성요소를 포함하고 전문가의 재량에 명백하게 기초한 이상적 유형이다. 이 전문화의 특징은 파워가 관리적 구조에 존재하는 통제의 관료주의적 형태 그리고 파워가 고객의 선택에 놓이는 시장지향과는 다르다. 따라서, 전문가 업무는 전문서비스 기업을 통제하고 관리하기 어렵게 만들면서 상대적으로 외부인들이 접근할 수 없도록 만드는 특별한 지위를 갖는 것으로 전제된다.

일반적으로, 전문가 업무는 전문가들이 긍정적이고 선험적인 기대를 설정하고 성공의 사후 이미지를 창출함으로서 그들의 업무의 고품질에 대한 동의를 형성하려고 노력하는 미사여구적(다소 과장적) 활동이다. 가령, 경영컨설팅에서 전문가들은 고객이 가치있고 높은 품질의 서비스를 구매했다는 것을 설득하는 현실 문제에 직면할 수 있다. 따라서, 전문가 업무는 기업의 평판, 전문가의 외관, 기타 전문성의 본원적 상징을 동시에 관리하면서 품질과 심각성의 신호를 보내며, 기업 이미지의 생산을 포함하는 인상관리, 이미지, 미사여구적 표현을 포함한다.

위에 언급한 특징은 전문서비스 기업의 연구에 반영되어 전문가와 지식집약적 업무가 일반적으로 '모호한', '불투명한', '숨겨진'이라는 용어로서 기술된다. 모호성은 전문가 업무를 단지 전문가에게만 이해할 수 있도록 부여하며, 다수의 의미와 쉽게 조율되기 어려운 불확실성을 포함한다. 이 모호성은 몇 가지 지식의 특징에 의해 확대될 수 있다. 지식은 정의하고 설명하기 어렵고 실제 업무 프로세스에서 그 역할은 불명확하다. 이 상황은 전문서비스 기업이 인적자본 집약적인 조직이고 지식 노동자의 구현되고 뇌에 축적된 지식이 다른 사람들이 접근할 수 있게 만드는 것을 어렵게 한다는 사실에 의해 더욱 복잡해진다. 특히, 전문서비스에서 두드러진 문제인 서비스 품질이 서비스 전달이 발생하기 전과 후에 결정하기 어렵기 때문에 지식 업무의 산출물은 또한 모호해진다.

이 전문적 지식의 본원적인 모호성이라는 생각은 이미지의 중요성, 정체성의 역할, 왜 특정 형태의 지배구조가 지배하는지와 같은 전문서비스 기업의 차별적 특징의 배경이론을 제공한다.

## (3) 전문가 업무 프로세스

고객업무와 전문가 업무 사이의 관계는 대형 전문서비스 기업의 재부적 논리에서 중요한 역할을 한다. 전문서비스 기업은 시니어와 주니어 전문가들 사이의 노동분업에 기초한 레버리지에 의존하는 규모의 경제를 활용한다. 시니어 전문가들은 품질의 보증자로서 역할을 하는 반면에 주니어 전문가들은 전문서비스 기업에더 낮은 비용으로 일상적 업무를 담당한다. 이 차별화는 노동의 분업이 임무 특화를 암시하는 것처럼 여러 전문가들이 전문서비스 기업의 지식기반과 관련하여 하는 다른 역할을 맡는다는 것을 암시한다.

많은 경영컨설턴트들의 전문적 업무는 일차적으로 고객과 관련한 인상 관리에 집중된다. 마술사(즉, 경영컨설턴트)가 모자에서 무언가를 꺼낼 때 그것이 스카프,

새, 비둘기, 기타 무엇인지는 중요하지 않다. 이 모자의 역할은 마술사의 행동을 지원하고 유지하는 것이다. 유사하게, 컨설팅 보고서의 결과는 그것이 컨설턴트가 성과를 유지하고 실현하는 것을 지원하는 역할을 한다.

고객 상호작용은 전문가 업무에서 필수적으로 중요하나 전문화의 정수는 고객 상호작용에 있다. 전문가 업무의 주요 구성 프로세스는 다음과 같다.

- 진단(diagnosis)
- 처치(treatment)
- 추론(inference)

여기서 진단과 처치는 고객과의 상호작용에서 발생한다. 진단에서 전문가는 전문직의 지식 시스템에 따라 고객의 문제를 해석하고 분류하고 전문가 문제해결을 위해 필요한 특징을 갖는 케이스(case)가 모아진다. 그 케이스의 복잡성은 여전히 크고 많은 모호성이 널리 존재하나 그 모호성은 전문직 관련 모호성(전문적 지식 시스템 내 모호성)일 것이다. 진단을 통해 전문가는 문제에 대한 처치를 제안할 수 있다. 예를 들어, 환자나 기업상황에 대한 의사와 경영컨설턴트의 다양한 진단 결과로 전문가들의 처치 방안이 도출될 수 있다. 그 처치시스템은 진단시스템과 상응해야 하나 모든 전문가들에게 동일하지는 않다. 처치가 특별한 상황에서 사용되어야 한다는 것은 늘 분명하지 않다. 의사나 경영컨설턴트의 처방이나 컨설팅 보고서는 모두 다르게 나올 수 있다.

따라서, 진단과 적합한 처치 사이의 모호성이 존재하고 여기서 자신의 판단을 적용하는 전문가 활동이 존재하는 데 이것은 추론(순수한 전문가 행위)이다. 때때로, 그 연결관계는 분명하고 추론은 일상적이 된다. 그러나 케이스가 덜 명확할 때에는 전문가 지식의 전체 자원이 동원된다. 추론이 전문가 지식, 고객 특징, 기회와 불명확하게 관련할수록 모호성의 중요한 요소들이 존재한다. 이 불명확성은 전문가가 실제로 하는 전문가 업무에 대한 회의주의를 초래할 수 있다. 예를 들어, 의사와 경영컨설턴트의 추론이 모두 다르게 나온다면 고객은 그들의 전문성과 산출물에 대해 회의적이고 의심을 품을 수밖에 없게 된다.

일상적 전문가 업무가 위임될 수 있듯이 업무의 일상적 부분은 노동분업으로 해결될 수 있다. 전문서비스 기업의 관점에서 이 노동분업은 앞서 설명한 레버리지를 얻는 데 결정적 역할을 한다. 루틴한 업무를 주니어 전문가에게 위임함으로써 전문서비스 기업은 더 낮은 비용으로 업무를 수행하고 규모의 경제를 누릴 수 있다. 이것은 전문서비스 기업의 구조에 대한 논의에서 이미 강조된 부분이다.

## 4.2. 모호성의 차이

주니어와 시니어 위치에 따른 모호성의 차이는 〈표 6.3〉과 같이 정리될 수 있다.

**표 6.3**  주니어와 시니어 위치의 모호성에 대한 차이

| | 주요 모호성 | 핵심 업무 프로세스 | 업무에서 모호성의 예 |
|---|---|---|---|
| 주니어 | 케이스관련 모호성 | 추론 | – 규제와 선행 케이스<br>– 기회주의에 대한 관계를 변화<br>– 프로젝트 관리자 구축<br>– 피드백 관리 |
| 시니어 | 고객관련 모호성 | 진단, 처치 | – 고객 유인<br>– 고객과 관계에서 새로운 문제 구축<br>– 고객관계에서 정보 생산<br>– 고객관계 유지 |

예를 들어, 세무분야에서 주니어와 시니어 컨설턴트는 그들의 업무를 관리하는 다른 모호성을 갖는다. 주니어 컨설턴트는 이미 진단이 이루어졌기 때문에 매우 작은 가이드와 작은 정보가 제공되는 것처럼 케이스와 세무 컨설팅 지식시스템을 관련시키기 위해 노력하면서 추론을 관리해야 한다. 따라서, 주니어 전문가는 케이스 모호성에 관여하나 고객 모호성으로부터는 벗어난다.

한편, 시니어 컨설턴트의 지배적인 모호성을 구성하는 것은 추론이 아니라 진단과 처치이다. 가장 까다롭고 복잡한 업무는 고객 업무이고 고객지향적 스킬을 갖는 그들만이 그것을 다룰 것이다. 고객은 새로운 문제를 구성하는 기회를 제공하고 미래의 소득을 만들기 때문에 고객관계의 개발이 필수적이다. 시니어 컨설턴트가 접하게 되는 모호성은 고객 업무의 모호성이다.

이 결과는 비록 전문적 업무를 이해하는 것이 중요할지라도 모호성의 개념은

조심스럽고 미묘한 방식으로 다루어질 필요가 있다. 다양한 업무 프로세스의 부분에 포함된 다른 모호성이 존재하고 이들은 생생한 전문가의 업무경험을 이해하는 데 핵심이다.

# 참고문헌

Brock, D.M., Powell, M.J. & Hinings, C.R. (1999), Restructuring the Professional Organization: Accounting, Health Care and Law, Routledge.

Greenwood, R., Deephouse, D.L. & Li, S.X. (2007), "Ownership and performance of professional service firms", Organization Studies, 28(2), 219-238.

Harlacher, D. & Reihlen, M. (2014), "Governance of professional service firms: A configurational approach", Business Research, 7, 125-160.

# 7

## 전문서비스 지식과 학습관리

전문서비스 기업에서 지적자본과 지식

### 1.1. 지적자본

#### (1) 중요성

고객에게 전문적 조언 서비스를 제공하는 전문서비스 기업과 같은 지식집약적 조직에서 지적자본(intellectual capital)은 생산의 주요 요소이고 일반기업에서 주요 자본인 토지, 노동, 물리적 및 재무적 자본을 대체한다. 따라서, 지적자본은 전문서비스 기업의 관리에서 중요한 문제가 될 수밖에 없다. 이 지적자본은 한편으로 전문가의 창의성에 영향을 미쳐 지속적 혁신의 달성과 관련되고 다른 한편으로는 전문가로부터 효율적이고 생산적인 성과를 통한 전문서비스 기업의 안정성 및 수익성에 영향을 미치기 때문이다.

전문서비스 기업은 고도의 교육을 받은 사람들을 높은 비율로 고용하여 고객을 위해 가치를 창출하기 위해 그 직원들의 지식을 유인, 동원, 개발, 전환하는 능력에 크게 의존한다. 예를 들어, 컨설팅기업은 고객에게 자문을 통해 자신의 경영사고와 관리행동을 형성한다. 심지어 어떤 사람들은 전문서비스 기업이 지식경영시스템을 처음 개발한 기업에 속하기 때문에 이들을 지적자본관리의 역할모델로서 간주하기도 한다.

#### (2) 구성요소

전문서비스 기업은 고객을 위해 가치를 창출하는 데 있어 지식과 정보를 중요한 자원으로서 고려하는 지적자본에 의존한다. 일반적으로 관리되어야 할 지적자본의 세 가지 주요 요소들이 존재한다.

① 인적자본

전문서비스 기업 내 대부분의 인적자본은 기업 혹은 다른 곳에 참여를 통해 자신의 지식과 전문성을 유지하는 전문가들로 구성되며, 전문서비스 기업이 관여하는 지식노동자의 품질로 대표된다.

② 관계자본

관계자본은 전문서비스 기업이 고객, 공급자, 일반 대중을 포함하는 외부 환경과 갖는 관계에 기초한 능력을 의미한다.

③ 구조자본

구조자본은 조직 내에서 인적자본의 사용을 지원하는 공식적 및 비공식적 구조의 결합을 의미한다. 여기서 공식적 구조는 조직의 정책, 절차, 시스템을 포함하고 비공식적 구조는 노동인력의 상호작용을 둘러싼 조직문화와 관계네트워크를 포함한다. 이 구조자본은 인적 및 관계자본의 사용과 향상을 지원하기 위해 개발된 구조와 문화를 나타낸다.


## 1.2. 지식

### (1) 특징

전문서비스 기업은 지식집약, 낮은 자본집약, 전문화된 노동력으로 특징되고 높은 수준의 서비스 고객화, 제공된 전문성의 복잡한 본질, 전문성, 고객과 함께 요구된 높은 수준의 상호작용이 전문서비스 기업에 내재하는 특징을 지니고 있다. 따라서, 전문서비스 기업에서 지식경영은 중요한 역할을 한다.

전문서비스 기업에서 지식경영과 관련한 중요한 요인은 기업 내와 기업 간 지식의 축적 및 이전과 암묵적 지식을 소통하는 능력을 포함한다. 비록 정형화된 모듈화(예: 이혼서류 작성, 연말정산 신고 등 고객화가 최소화되는 전문서비스 업무의 일부분을 명시적으로 정형화)가 지식의 명시적 측면을 강조할지라도 암묵적 지식은 전문적 업무, 지식, 고객관계의 복잡하고 독특한 특성으로 인해 전문서비스 기업에서 발생하는 서비스 접점의 보편적인 특징이다. 그러나 정형화된 모듈성은 전문성이 내재된 지식을 명시적으로 만들고 전문가 동료와 고객이 더욱 이해할 수 있게 만드는 프로세스를 향상시킴으로서 지식공유를 촉진하는 한 방법을 제공할 수 있다.

## (2) 지식 유형

전문서비스 기업의 일차적 활동은 고객을 위한 고객화된 솔루션 창출에 전문가적인 기술적 지식을 적용하는 것이다. 이 활동에서, 전문서비스 기업은 기술지식과 고객지식이라는 두 가지 주요 지식형태에 의존한다.

① 기술지식

전문서비스 기업의 기술적 지식은 수준에 따라 다음을 포함한다.

- 부문적 지식: 특정 전문서비스 부문의 지식은 포괄적이고 특정 부문 내 모든 기업들에 의해 폭넓게 공유되며, 의사시험, 변호사시험, 공인회계사시험과 같은 공식 자격시험을 통해 성문화되고 수준을 평가할 수 있다.
- 조직적 지식: 특정 기업에 특유하고 공식화된 시스템 혹은 기업 내에서 개발되고 확산된 차별적 산출물과 프로세스로 구성된다.
- 개인적 지식: 개인적인 기술적 지식은 각 전문가에게 소속하고 그 전문가의 이전 업무경험, 교육, 고객과제의 독특한 조합으로부터 도출된다. 전문가들이 지식확산의 공식적 및 비공식적 방법을 활용함에 따라 이 개인적인 기술적 지식의 요소들은 집합적이 될 수 있다. 그러나 의사와 변호사와 같이 개인들은 지속적인 고객관여(프로젝트 및 케이스 해결)를 통해서 그들의 개인적 지식 스톡을 지속적으로 개발하고 보완한다.

② 고객지식

고객지식은 수준에 따라 다음의 세 가지 폭넓은 항목으로 분류할 수 있다.

- 고객 (혹은 기업) 이 소속한 특정 산업에 대한 일반적 이해
- 특정 고객기업에 대한 세부적 지식
- 고객기업의 개인들에 대한 개인적 지식

여기서 세 번째 항목인 개인적 지식은 전문서비스가 구매 의사결정이 이루어진 후에 고객과 상호작용을 통해 창출되기 때문에 이 유형의 관계기반 지식이 특히

전문서비스 기업에게 높은 가치를 제공한다. 개별 전문가와 고객 사이의 세부적 이해와 신뢰는 서비스의 성공적 판매와 전달 프로세스에 필수적인 조건이다.

### (3) 도전

일반적으로 전문서비스 조직이 그들의 지식자원을 관리하는 데 자주 실패하기 때문에 이 지식의 조정과 관리는 매우 중요하다. 전문서비스 기업의 느슨한 특성과 전문가들의 자율에 대한 높은 선호, 심지어 감독과 공식적 관리시스템의 회피는 고객과 가치창출 프로세스에 필요한 모든 지식자원의 통합과 활용역량의 결여, 지식 조정 프랙티스의 내부적 비일관성으로 이어질 수 있다. 최악의 경우에 대부분의 지식은 전문가의 정신세계에만 남아 있고 그들의 고객에 대한 전문지식 이전, 고객에 대한 지식을 활용할 수 없게 만들 수 있다. 대학교수가 자신의 학습과 교육경험을 자신의 머리에만 쌓아 놓고 책, 논문, 사업(경영학 및 공학교수의 경우), 전문서비스 제공(예: 치료, 변호, 감사 등)으로 활용 및 이전하지 못한다면 그것은 죽은 자의 지식이 될 것이다. 따라서, 이러한 지식을 이전하고 관리하는 프로세스와 관리 시스템이 조직에 올바르게 갖춰질 필요가 있다.

## 2 지식경영

### 2.1. 지식기반의 다양성

전문서비스 기업에서 지식을 이전하고 공유하는 문제는 대상이 되는 지식과 조직의 본질에 의존한다. 특히, 지식기반(knowledge base)의 특성은 전문서비스 기업을 구분하는 핵심 이슈 중 하나이다. 예를 들어, 고도로 지식집약적이고 고객맞춤형의 특성을 갖는 컨설팅프로세스를 수행하는 기업은 높은 수준의 전문성이 내재된 암묵적 지식에 의존한다. 한편, 엔지니어링기업에서 지식은 더욱 명시적이고 체계적이다. 이처럼 두 가지 유형의 지식은 비록 강조를 두는 수준의 차이를 보일 뿐 어떤 조직에서도 모두 어느 정도 포함하고 있다.

전문서비스 기업에서 지식기반의 다양성은 〈그림 7.1〉과 같다.

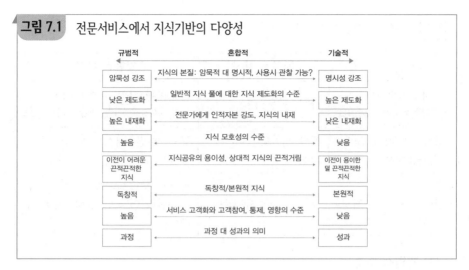

**그림 7.1** 전문서비스에서 지식기반의 다양성

| 규범적 | 혼합적 | 기술적 |
|---|---|---|
| 암묵성 강조 | 지식의 본질: 암묵적 대 명시적, 사용시 관찰 가능? | 명시성 강조 |
| 낮은 제도화 | 일반적 지식 풀에 대한 지식 제도화의 수준 | 높은 제도화 |
| 높은 내재화 | 전문가에게 인적자본 강도, 지식의 내재 | 낮은 내재화 |
| 높음 | 지식 모호성의 수준 | 낮음 |
| 이전이 어려운 끈적끈적한 지식 | 지식공유의 용이성, 상대적 지식의 끈적거림 | 이전이 용이한 덜 끈적끈적한 지식 |
| 독창적 | 독창적/본원적 지식 | 본원적 |
| 높음 | 서비스 고객화와 고객참여, 통제, 영향의 수준 | 낮음 |
| 과정 | 과정 대 성과의 의미 | 성과 |

자료원: Malhotra & Morris(2009)

## 2.2. 지식의 차원

암묵적(implicit) 대 명시적(explicit) 지식, 구현된(embodied) 대 내재된(embedded) 지식, 본질적으로(intrinsically) 대 수단으로서(instrumentally) 가치있는 지식 등 지식의 많은 차원들이 지식경영분야에서 제안되었다. 한편, Machlup(1980)은 13가지 앎(knowing)의 요소를 종합적으로 나열하였다. 그것은 알기, 친숙해지기, 깨닫기, 기억하기, 재수집하기, 인식하기, 구분하기, 이해하기, 해석하기, 설명하기, 보여줄 수 있기, 말할 수 있기, 수행할 수 있기이다. 만약 지식을 전문성 관점에서 매우 폭넓게 암묵적과 명시적 지식으로 분류하고 다시 두 지식을 개인과 집합 수준에서 바라본다면 지식의 특징과 분석수준 〈표 7.2〉와 같이 구분할 수 있다.

| | 개인적 지식 | 집합적 지식 |
|---|---|---|
| 사실기반 지식, 노우왓(know-what) | 사실, 전문성 | 성문화된 지식, 데이터베이스, 누가 무엇을 아는가에 대한 정보 |
| 경험기반 지식, 노우하우(know-how) | 백발(개인화된 지식, 스킬) | 규범, 루틴, 베스트 프랙티스, 공유된 일하는 방법, 조직 스킬 |
| 성향적 지식, 정체성 | 재능, 소질, 지능 등 | 공유된 문화, 사회화 메카니즘, 독특한 언어 혹은 강령, 기업 정체성 |

**표 7.1** 유형과 수준에서 지식의 분류

### (1) 개인적 수준

이 수준에서 개인에게 세 가지 유형의 지식이 가치창출을 위해 중요하다.

① 노우왓: 정보기반, 객관적, 업무관련 지식

② 노우하우: 경험기반, 암묵적, 주관적 지식으로서 깊은 이해와 스킬을 포함

③ 개인적 지식: 재능, 소질, 예능, 창의성, 직관 등을 포함하며 이 유형의 지식은 타고난 성향적 지식으로도 불림

### (2) 집합적 수준

이 수준에서는 최소한 함께 일하는 두 직원에 의해 개발되고 공유되는 스킬, 루틴, 규범, 가치, 각 직원의 개별 지식, 그들에게 이용가능한 정보의 결합으로써 지식을 바라본다. 기업의 집합적 지식기반은 사람들이 그들의 앎을 얻는 문화적 시스템, 사회화 프로세스, 다른 지역사회 상황에 놓인 활동들에 의해 강하게 영향받는다. 기업수준의 지식은 또한 기업의 공식적인 보고 구조와 공식적 및 비공식적 계획/통제/조정 시스템을 포함한다. 그것은 또한 개인의 행동을 이끄는 공유된 규범과 가치뿐만 아니라 독특한 언어 혹은 강령의 개발을 포함한다. 여기서 기업의 집합적 지식은 개인 사이, 집단 내 및 집단 사이, 조직 사이의 관계가 구조화된 조직화 원칙에 많이 의존한다.

개인적 지식에서 집합적 지식으로 이전은 쉽지 않다. 보통 집합적 수준의 지식은 개인들에 의해 공유된 지식으로 생각될 수 있으나 오히려 기업은 직원들과는 상관없이 어떤 것을 조직 내에 담아 둘 수도 있다.

## 2.3. 지식경영 프로세스

일반적으로 지식경영 프로세스로는 지식획득(acquisition), 지식창출(creation), 지식저장(storage), 지식배포(distribution), 지식활용(use), 지식유지(maintenance)가 존재한다.

### (1) 지식획득

① 외부 원천
- 내 직장의 특정 직원이 외부 원천으로부터 지식을 얻는 책임 보유
- 내 업무결과는 외부의 지식투입에 의존
- 경험많은 직원을 외부에서 채용

② 내부 원천
- 직무순환(job rotation)을 통한 획득
- 경험많은 직원과 곧 퇴직하는 직원이 지식과 경험을 기록
- 프로젝트 종료 후 학습한 지식과 경험

### (2) 지식창출
- 조직에서 기존의 업무에 대안적 솔루션을 발견하도록 유도
- 업무관련 제안을 조직에서 권장
- 조직에서 새로운 지식을 개발하는 데 기존 지식을 사용
- 미래의 사용을 위해 최고의 프랙티스를 규명하도록 유도
- 지식을 풍부하게 만들기 위해 성공요인을 분석하도록 권장
- 지식을 풍부하게 만들기 위해 실수를 분석하도록 권장

### (3) 지식저장
- 데이터와 정보가 저장되기 전에 선택되고 조직화
- 지식이 전자적 수단에 의해 저장(soft copy)
- 지식이 종이문서로 저장(hard copy)
- 지식이 직원의 기억(정신)에 내재
- 지식이 직원 개인의 참고파일에 저장

- 지식이 조직의 루틴/절차에 내재
- 지식이 매뉴얼, 프랙티스, 사내 표준, 학습교훈과 같은 문서의 형태로 저장
- 기밀/민감 정보에 대한 접근 제한
- 어떤 지식에 접근을 저장
- 필요로 할 때 지식을 발견하는 곳을 알고 있음
- 필요로 할 때 지식을 질문할 사람을 알고 있음

## (4) 지식배포
- 경험많은 직원이 새롭거나 경험이 적은 직원을 멘토하도록 권장
- 다른 프로젝트에서 얻은 지식이 조직 내 모두에게 접근 가능
- 지식이 전자적 수단을 통해 이전
- 지식이 문서를 통해 유통
- 지식이 동료와 일상의 상호작용(점심, 복도, 휴게실 등)을 통해 공유
- 지식이 대면수단에 의해 이전
- 지식을 공유한 직원은 보상/인정을 받음
- 사무실은 직원이 지식을 공유하도록 배치
- 지식공유를 직원성과의 측정치로 사용
- 조직의 데이터케이스에 원격 접근을 허용
- 특정 전문성을 갖는 직원을 특정 프로젝트에 할당

## (5) 지식활용
- 직무에서 접하는 대부분의 문제를 해결하기 위해 지식 활용
- 후속 프로젝트에 이전 프로젝트로부터 학습된 지식/경험을 적용하도록 권장
- 새로운 제품/서비스를 개발하는 데 지식을 적용

## (6) 지식유지
- 특정 직원이 데이터베이스/저장고 내 지식의 일상적 업데이트에 책임
- 특정 직원이 데이터베이스/저장고 내 지식의 적용가능성을 유지하는 데 책임
- 필요할 때 필요한 지식을 획득할 수 있도록 준비
- 관리자/시니어 직원들이 지식 니즈를 다루기 위해 할당
- 지식을 다루는 법에 대한 명확한 정책/전략이 존재

## 2.4. 지식통합

### (1) 지식집약적 업무에서 두 가지 논리

지식집약은 전문서비스 기업의 정의적인 특징이다. 전문서비스 기업이 고객을 위해 가치를 창출하는 것은 전문가의 지식, 전문성, 경험을 통해서이다. 이 가치는 점점 더 보완적인 지식 원천을 갖는 전문가들 사이의 협력으로 창출된다. 전문적 업무의 전통적인 관점은 문제해결자로서 전문가의 자율성에 많은 초점을 둔다. 그러나 많은 전문적 분야에서 지식은 더욱 특화되고 고객문제는 더 복잡해지고 있기 때문에 고객문제를 해결하는 데 전문가들의 지식을 함께 모으고 통합하는 능력이 점점 더 중요해지게 된다. 이러한 상황에서 전문가의 전문성과 자율성은 점점 더 필수적인 관리 프랙티스이나 이것은 '전문화논리'와 '관리통제논리'의 긴장으로 이어진다.

### (2) 지식통합을 위한 전문화 논리와 관리통제 논리

전문화는 자율성, 의사결정 자율성, 전문가 재량을 강조하는 반면에 관리 프랙티스는 투명성, 성과지표, 협력노력을 제도화하는 것을 추구한다. 그러나 전문화와 관리통제 사이의 관계는 많은 전문가들이 관리자이기 때문에 복잡한 관계이고 전문가 그룹들은 역사적으로 관리통제적인 프랙티스를 개발하고 실행하는 역할을 수행하고 있다.

이제 더 이상 전문가와 관리자 사이의 관계가 상반되는 것으로 가정되지 않는다. 첫째, 전문가들은 점점 더 자신의 업무 영역 혹은 그들이 일하는 조직 중 하나의 경영에 포함되고 있다. 둘째, 회계, 엔지니어링, 경영컨설팅과 같은 민간부문에서 '상용화된 전문화'라고 불리는 것이 증가하고 있다. 이 개념은 전문성이 상용화의 목적을 갖는 데 중점을 둔다는 의미로서 전문가의 권한이 보편성, 이용가능성, 적합성, 차별성에 기초하여 상용화에 더 잘 활용되도록 메커니즘을 만든다는 의미이다. 셋째, 전문화는 인식된 '관리적 무기고'(직원들 사이의 징계 논리로서 전문화의 미덕을 찬미함으로서 순응을 고무하는 수단)의 일부분이 되었다.

집합적 창의성의 개념에 기초하여 전문서비스 기업에서 개인 지식의 통합은 세 가지 종류의 행동으로 구성된 프로세스(결합된 지식이 현재 문제에 적용되는 프로세스)로서 바라본다(Hargadon & Bechky, 2006).

- 지식추구(knowledge seeking)
- 지식공유(knowledge sharing)
- 성찰적 재형성(reflective reframing)

또한, 전문서비스 기업에서 지식집약적 업무는 전문적과 관리통제적 논리를 따라 구조화되는 것으로서 볼 수 있다. 여기서 전문적 논리는 업무의 실행과 목적달성을 위한 합리적인 자율과 전문성과 노우하우의 자유로운 획득과 공유를 보장한다. 반면에, 관리통제적 논리는 일상의 업무에서 어떻게 지식집약적 업무절차가 구조화되고 모니터되어야 하는지를 규정해야 한다. 즉, 지식집약적 업무는 전문가 자율과 관리적 감독 사이의 균형을 맞출 필요가 있기 때문에 두 논리가 서로 충돌할지라도 보완적인 것으로 이해된다.

오늘날, 전문화는 점점 더 제도적 논리인 관리통제(managerialsim)에 의해 도전받고 있다. 이 관리통제주의는 다양한 상황에서 획득한 전문가 노우하우에 대해 빅데이터 분석과 축적된 프랙티스를 강조하는 표준화된 관리적 프랙티스 기법과 같은 지배구조 원칙과 프랙티스들의 집합이다. 이 관리통제주의는 〈표 7.2〉와 같이 통제, 효율성을 향상, 규정화, 갈등을 억제, 부서관리 이익의 보편화를 촉진하는 욕구에 기초하는 사고와 행동의 유형이다.

**표 7.2** 지식 통합을 위한 수평적 관리통제적 및 전문적 논리의 비교

| | 전문가 논리 | 관리통제 논리 |
|---|---|---|
| 합리성 기준 | − 전문가 품질과 개발, 고객만족 | − 수익성 |
| 기술/시스템 | − 전문가의 유용성과 명예에 의해 가능해진 개인적 네트워크와 전문가 커뮤니티<br>− 지식저장고(학술적) | − 활용과 수익성지향적 성과관리<br>− 매출지향적 공식 교차기능네트워크(제안팀, 주제팀) |
| 프랙티스 | − 호기심과 고객 주도의 지식 탐색<br>− 지식공유에 관여 의지<br>− 역량개발에 대한 헌신(임금이 지불되지 않더라도)<br>− 직원선발에 기반한 역량(최고의 전문성을 사용하여) | − 활용주도적 지식공유(내부와 외부고객으로부터 스스로 수요를 창출)<br>− 직원선발에 기반한 이용가능성과 수익성(충분한 전문성을 사용하여) |

자료원: Ollila et al.(2015)

### (3) 두 논리의 결합

전문가논리는 전문서비스 기업에서 지식통합의 핵심 가능인자이다. 지식통합은 크게 전문직, 개별 경력, 고객에 대한 충성에 의해 주도된다. 어떤 전문가들에게 조직은 단순히 더 광범위한 커뮤니티에서 자신을 전문가로서 구축하는 야망을 위한 플랫폼이다. 전문가들은 그들이 일하는 조직보다는 그들의 전문성분야를 훨씬 강하게 지향한다. 기업 내부와 그 기업을 넘어서 전문가 개발과 인정은 전문성을 가시적으로 만들고, 추구하고, 공유하도록 만드는 강한 동인이 된다. 이것은 지식공유가 전문직과 그 팀에 대한 헌신에 의해서 대부분 주도된다는 점과 일맥상통한다. 그러나 고객에 대한 헌신은 지식공유에 부정적 효과를 미칠 수도 있다. 특히, 고객관련 지식에 관해서 이것이 사실일 수 있다. 하지만 좋은 솔루션을 고객에게 제공하기를 원하는 의미에서 고객에 대한 헌신은 지식을 추구하고 공유하는 데 있어서 하나의 동인일 수 있다.

지식통합의 동인으로서 전문적 논리의 지배는 공식적인 인적자원 프랙티스가 중요하다는 관리통제적 논리를 배제하는 것은 아니다. 지식통합을 직접적으로 지원하는 것을 지향하는 인적자원계획(개인 성과관리에서 지식통합을 위한 공식적 영역과 지식통합을 명시적으로 보상하기와 같은)이 제한된 직접효과를 갖지만 그럼에도 불구하고 이 프랙티스는 지식추구를 위한 공유 네트워크를 구축하고 인센티브를 창출하는 것과 같은 간접효과를 통해 지식통합의 중요한 가능요인이 된다.

전문가의 전문성과 자율이 전문서비스 기업에서 핵심 생산요인으로서 인식될 필요가 있다. 동시에, 전문가의 노우하우와 전문성은 학제적이고 교차기능팀 및 다른 형태의 협력을 더욱 필요로 하기 때문에 전문가의 전문성은 구체적으로 조직화된 활동 내에서 논의될 필요가 있다. 즉, 전문가와 관리적 논리를 지식집약적 업무를 조직화하는 데 상호배타적 방식이 아니라 보완적으로 고려하여 전문가 노우하우를 점점 더 관리통제적 프랙티스와 목적에 조율시켜야 한다.

## 3 조직학습

### 3.1. 고성과업무시스템을 위해 필요한 지식자산

#### (1) 고성과업무시스템

전략적 인적자원관리에서 고성과업무시스템(HWPS: high-performance work system)이라는 개념이 활발히 논의되고 있다. 이것은 기업의 재무성과, 보유, 생산성, 효율성, 유연성, 직원헌신에 긍정적으로 영향을 미치는 프랙티스의 꾸러미로 구성된다. 이러한 프랙티스들은 직원과 조직성과에 대한 차별적 영향을 더 잘 이해하기 위해 몇 가지 차원들로 항목화되었다(Lepak et al., 2006).

- 스킬향상 프랙티스: 선택적 채용 대 고용시험, 공식적 직무 분석, 숙련된 노동력의 유인/개발/보유를 위한 지원과 함께 광범위한 훈련을 포함한다.
- 동기부여향상 프랙티스: 조직의 목표를 달성하기 위해 직원의 의지를 촉진하기 위한 경쟁적 보상, 성과관리, 승진기회, 이익공유를 포함한다.
- 기회향상 프랙티스: 직원이 아이디어에 기여하는 목소리를 내는 것을 허용하면서 서베이를 통한 정보공유와 직원참여를 포함한다.

스킬향상 프랙티스는 다른 두 차원들보다 인적자본에 더 큰 영향을 미치는 반면에 동기부여와 기회를 향상시키는 프랙티스는 스킬향상 프랙티스보다 직원의 동기부여에 더 큰 영향을 미친다.

전문서비스 기업은 일차적 자산이 전문인력에 내새된 지식과 역량이기 때문에 고성과업무시스템 관련 효과를 다루는 데 중요한 상황을 제공한다. 전문서비스 기업은 전형적으로 고객화된 고객솔루션의 형태를 취하는 성과에 결정적인 투입물로서 전문적 노동력의 전문성에 의존한다. 기업의 고객을 위해 효과적이고 고객화된 솔루션을 생산하는 것은 기존 역량을 활용하고 어디서 새로운 기회를 추구할지를 선택하는 데 인적, 사회적, 조직적 자본의 개발을 필요로 한다.

#### (2) 지식자산

지식자산은 재무적 혹은 물리적이 아니라 지식기반인 자본의 형태로써 정의된다. 이 자산은 시장에서 가치를 갖는 성과의 창출에 핵심이다. 본질적으로 이 자산은 노우하우를 나타내고 개인과 집합적 수준 모두에서 존재한다. 구체적으로 세 가지 유형의 지식자산이 존재한다.

① 인적자본

지식 재생 프로세스 내 개인적 수준에서 존재하는 직원의 지식, 스킬, 경험의 스톡(stock)이다. 인적자본이 고객에게 고품질의 전문서비스를 생산하는 데 사용될 수 있는 전문서비스 기업에서 이것은 특히 중요한 자산이다. 고객은 더 재능있는 사람들이 더 나은 결과를 만들 것이라고 기대하면서 더 높은 품질의 인적자본을 통해 축적된 명성에 기초하여 전문서비스 기업을 탐색한다. 다시 고도로 숙련된 노동력은 고객이 더 높은 재무성과를 달성하는 것을 돕는다. 전문서비스 기업은 효과적으로 경쟁하기 위해 재능을 유인, 개발, 보유해야 한다. 이 사이클을 지원하기 위해 선택적 채용과 광범위한 훈련이 필요하다. 전문서비스 기업은 졸업생이 잠재적으로 더 나은 학습 효과성을 보이는 최고의 대학이나 연구소 출신의 인력을 채용하려고 시도하고 그들은 그들의 인적자본을 더 구축하기 위해 훈련과 개발에 투자한다.

② 관계자본

이 자본은 사회적 네트워크와 상호관계 내에 내재된 지식을 활용함으로서 창출된 가치를 의미한다. 관계는 그들의 경계와 관계적 교환의 본질에 따라 두 가지로 구분된다. '사회적 자본'은 조직 내에서 개인과 그룹 사이의 상호작용으로서 인식하고 '고객자본'은 기업에 외부적인 고객과 더 폭넓은 네트워크 관계(공급자와 규제자와 같은)를 구축하는 능력으로서 인식한다. 사회적 자본은 지식자산으로써 간주하고 이 형태의 자본의 가치는 관계의 품질에 따라 변동한다. 두 유형의 관계적 자본은 집합적 수준에서 존재한다. 전문서비스 기업에서 새로운 전문가 직원이 기업에 합류할 때, 그들은 흔히 보통 팀리더 혹은 과제관리자인 멘토(mentor)를 할당받는다. 멘토는 그 직원이 재빨리 학습하고 발전하도록 가이드와 지속적인 지원을 제공한다. 그들은 새로운 인력을 동기부여하고 그들의 사회화를 지원할 수 있고 내부적 사회적 자본을 구축할 수 있다. 또한 관리자와 파트너에 의한 멘토링은 외부적인 사회적 자본을 촉진하면서 직원들이 고객과의 관계를 관리하는 것을 도울 수 있다.

③ 조직자본

이것은 제도화된, 성문화된, 그리고 조직구조/시스템/프로세스/데이터베이스/매뉴얼/특허를 통해 활용된 지식을 의미한다. 이 지식자산은 집합적 수준에서 존재한다. 전문서비스 기업에서 조직적 프로세스는 고객에게 더 잘 서비스하기 위해 기업의 지식기반을 개발하고 보유하는 데 초점을 둔다. 이 프로세스는 서비스품질과 효율성을 향상시키는 방식으로 고객관여를 위한 협력을 지원하는 업무 프랙티스와 소프트웨어를 포함한다. 조직자본은 새로운 결합과 사용을 배양하고 접근을 용이하게 함으로써 전문서비스 기업에서 지식창출, 공유, 결합, 교환을 촉진한다.


## 3.2. 학습지향 매트릭스

지식자산의 재생 프로세스는 조직이 새로운 지식을 탐구하고 창출하는 반면에 이미 존재하는 것을 활용하는 학습하는 조직의 능력이다. 이 개념은 기업이 탐색, 변동, 위험감수, 실험, 놀이, 유연성, 발견, 혁신의 프로세스를 통해 현재 지식 영역의 외부에 있는 새로운 학습기회를 탐구하고 개선, 선택, 생산, 효율성, 선별, 실행, 이행의 프로세스를 통해 기존의 지식 스톡을 활용하고 심화하는 것을 제안한다(March, 1991).

여기서 이 학습이 발생하는 시간대를 민감하게 고려하는 것이 중요하다. 전문서비스 기업은 고객요구에 대해 단기적 변화를 관리하고 장기적으로 자산을 개발할 필요가 있다. 즉, 다른 시간대를 포함하는 것이 중요하다. 동태적 재생 프로세스는 흔히 시간의존적이고 각 시간대에서 학습의 본질이 양적으로 다를 것이다. 전문서비스 기업은 매우 짧은 시간(가속화된 시간대)에 고객 요구사항에 대응하고 적응해야 하는 동시에 더 길고 계획된 시간대(계획된 시간대)에 솔루션을 전달해야 한다. 따라서, 각 시간대는 우리가 다양한 학습지향을 규정하는 것을 가능하게 하는 탐구적 및 활용적 학습 모두를 포함할 수 있다.

두 유형의 학습(탐구 대 활용)의 결합과 두 시간대(가속화된 대 계획된)는 〈그림 7.2〉와 같이 학습지향 매트릭스라고 불리는 이론적 프레임워크를 제공한다. 이 프레임워크는 네 가지 학습지향을 규정하고 특정 시간대에서 특정 유형의 재생으로 확장한다. 그것은 기존 솔루션(existing solution), 창의적 결합(creative combination), 전문 솔루션(expert solution), 재생성(regeneration)이다.

**그림 7.2** 학습지향 매트릭스

|  | 가속화된 ← 시간 프레임 → 계획된 |
|---|---|

탐구

| 창의적 결합 | 재생성 |
|---|---|

학습의 유형

| 기존 솔루션 | 전문가 솔루션 |
|---|---|

활용

가속화된　　시간 프레임　　계획된

자료원: Swart & Kinnie(2010)

## 3.3. 인적자원 프랙티스, 지식자산, 학습지향의 관계

### (1) 기존 솔루션(활용과 가속화된)

고객요구를 충족시키기 위해 신속하게 기존의 산출물/솔루션을 개선하고 적응시키는 것을 포함하는 이 지향은 많은 사례에서 발견된다. 예를 들어, 마케팅대행기관은 어떤 제품에 대해 성공적인 마케팅 캠페인을 한 국가에서 다른 국가로 이전하는 것을 고객에 의해 요청받는다. 이것은 다양한 촉진자료를 지역의 시장상황에 맞추는 것으로 전환하고 바꾸는 것을 포함한다. 이것은 기업이 기존 솔루션을 개선하는 것을 필요로 하고 짧은 기간에 고객에 대응하는 것을 반영한다. 세 가지 유형의 지식자산의 결합이 이 지향에 핵심이다.

- 솔루션기반의 조직자본(solution-based organizational capital): 확실히 믿을 수 있는 솔루션을 재빨리 전달하기 위해 기존의 템플릿 혹은 프로세스를 사용하는 것을 포함한다.
- 직관적 고객자본(intuitive client capital): 고객이 원하는 것과 더불어 이 지식에 따라 재빨리 행동할 수 있는 것을 정확히 알고 기업에 대한 헌신을 강조하는 사회적 자본을 의미한다. 이 유형의 사회적 자본은 지식 노동자가 극단적으로 짧은 기한 내에 고객요구에 대응할 필요가 있을 때 특히 중요하다. 인적자원

의 핵심 초점은 조직자본에 기반한 뛰어난 솔루션의 개발에 있다. 어떤 경우에는 기존의 절차를 적용하는 데 적합한 주니어 인력의 안정적인 공급을 위해 공식적 인턴십(internship)과 대학원생 채용제도를 활용한다. 또한, 직관적 고객자본은 인력 코칭과 멘토링 프로그램을 통해 개발된다. 가령, 로펌에서 피훈련자가 시니어 인력과 함께 일하는 동안에 구축된 수습모델이 이 유형의 고객자본을 개발하는 데 매우 적합하다. 고객지식은 또한 인력을 상대적으로 오랫동안 보유할 때 향상된다.

- 헌신기반 사회적 자본(commitment-based social capital): 새로운 인력의 선발을 위해 가치주도의 접근법을 사용하여 개발한다. 예를 들어, '사람을 채용할 때 우리가 찾는 것의 20%는 기본적 스킬이고 나머지는 태도이다'. '우리는 사람이 한층 더 노력하는 것에 헌신하고 일하는 것을 원한다'. '우리는 스킬을 교육, 훈련, 개발시킬 수 있으나 태도는 더욱 어렵다.' 등이 이에 해당하는 사례이다.

### (2) 창의적 결합(탐구하고 가속화된)

이 지향은 매우 짧은 시간대에 창의적 아이디어와 신선한 사고를 필요로 한다. 가령, 신문사 웹사이트의 기자는 그들의 컨텐츠가 완전히 최신이라는 것을 보장하기 위해 신속하게 최신의 사건을 고려해야 한다.

창의적 인적자본을 통해 만들어진 혁신적 솔루션은 이 학습지향의 중심 주제이다. 사회적 자본이 학습과 신지식의 개발을 고무하는 환경에서 차별화된 고객자본(다양한 고객 문제들 사이를 전환하는 능력과 지식)을 갖는 재능있는 개인들이 일하는 것이 필수이다. 이것은 특정 유형의 학습을 만들기 위해 다양한 유형의 지식자산을 결합하는 것을 반영한다. 즉, 인적 혹은 사회적 자본 스스로는 혁신적 솔루션을 만들지 않기 때문에 인적자원 프랙티스는 지식자산들 사이에 상호작용의 관점에서 이해될 필요가 있다.

이 학습지향을 지원하는 인적자원 프랙티스는 외부와 내부 인력충원과 관련된다.

- 외부 인력충원: 창의적 인적자본을 확보하기 위해 매우 짧은 기간에 강렬하게 일하는 혁신적 능력과 역량을 강조할 필요가 있다. 창의성을 위한 고객 요구는 또한 많은 사례에서 외부적 충원의 활용에 의해 가능해진다. 웹사이트는 특정 기사를 충족시키고 예고없이 고품질의 기사를 만들기 위해 프리랜스 기자를 정기적으로 활용한다.

- 내부 인력충원: 다양한 고객 요구에 대응하기 위한 차별화된 고객자본을 조직 내에서 개발할 수 있다. 예를 들어, 마케팅 기관의 인력은 바람직한 보편성을 갖도록 의도적으로 여러 고객부문 사이에서 순환적으로 일한다. 또한, 탐구적 학습을 가능하게 하는 실험적인 사회적 자본을 구축하기 위해 위험감수에 가치를 부여하는 문화와 인적 자원을 일치시킬 필요가 있다. 예를 들어, 로펌은 문화적 가치를 내재하기 위해 인적자원 채용, 선발, 유인, 성과관리, 보상을 일치시키는 것을 추구한다. '당신은 실패가 허용된다. 그러나 노력하지 않는 것은 허용되지 않는다.'라는 것이 하나의 사례가 된다.

## (3) 전문가 솔루션(활용과 계획된)

이 지향은 계획된 솔루션에 기존의 지식과 절차를 적용하는 것을 포함한다. 예를 들어, 로펌에서 고용이나 개인적 부상과 같은 사건은 따라야 하는 잘 구축된 절차와 일정표에 의존한다. 또한, 컨설팅 기업은 해외 직원의 세금정산 준비와 같은 기존 절차의 적용에 많이 의존하는 정기적인 고객 업무를 맡는다. 이 지식자산을 지원하는 가장 중요한 인적자원 프랙티스는 채용과 선택, 촉진과 코칭 분야에 있다.

고객의 지식이 조직자본에 내재되는 유형은 다음과 같이 세 가지가 있다.

- 장기 고객자본(long-term clent capital): 기존 고객의 채용에 의해 형성된다. 예를 들어, 마케팅대행기관은 고객의 니즈와 제품에 대한 통찰을 얻기 위해 의도적으로 고객들 중 일부를 채용한다. 그 대행사는 고객의 브랜드에 대한 '보고 느끼는 것'을 내부화하고 그들의 예산통제를 이해하며, 고객관계를 신뢰하도록 발전시키기 원한다.
- 절차기반 조직자본(procedure-based organizational capital): 이 자본의 개발은 로펌에서 잘 입증된다. 기존의 솔루션이 얼마나 잘 작동하는지에 대한 정교하고 세부적인 암묵적 지식은 더욱 경험많은 인력에 의한 주니어 인력의 OJT(on the job training)와 긴밀한 코칭에 의해 가능해진다. 이것은 다시 효과적 멘토가 되고 피드백을 전달하는 데 필요한 스킬을 갖도록 더 많은 시니어인력이 개발되는 것을 필요로 한다.
- 프로젝트 기반 인적자본(project-based human capital): 이 자본은 중간수준의 인력이 이 분야에서 경험을 구축하도록 디자인된 경력개발 활동에 의해 뒷받침된다. 로펌에서 이 전문성을 갖는 가치있는 인력을 보유하기 위해 승

진 프랙티스를 적용하나 파트너 트랙에 있기를 원하지 않고 승진하지 못하면 회사를 떠나도록 한다. 또한, 파트타임으로 일하거나 전문가지원 변호사(professional supporting lawyer), 시니어 어쏘(senior associate), 월급받는 파트너(salaried partner)를 도입하여 대안적 경력경로를 개발할 수도 있다.

### (4) 재생성(탐구하고 계획된)

마지막 지향은 고객문제에 대한 장기적 이해, 고객문제의 새로운 솔루션을 개발, 이들을 기업의 일하는 방식으로 통합에 초점을 둔다. 예를 들어, 컨설팅기업이 기존의 모델을 사용하여 실행할 수 없는 리더십 역량 매트릭스를 개발해 달라는 고객요청을 받았을 경우에 고객에게 그들의 제공품 중 하나가 되는 그 매트릭스를 만들기 위해 고객과 긴밀하게 일해야 한다. 다른 사례로서 만약 고객이 경쟁의 증가에 직면하여 더욱 효과적으로 장기간 지속되는 고객충성 프로그램을 만들기 원한다면 마케팅대행사는 이에 적절한 제안을 공동으로 개발하고 실행하기 전에 그 프로그램의 성과를 분석하기 위해 고객과 집중적으로 일할 필요가 있다.

이 학습지향은 다음 유형의 지식자산의 결합을 강조한다.

- 분석적 인적자본(analytical human capital): 고객문제에 개념적 모델을 적용하는 능력을 포함하는 스킬에 초점을 둔다. 이것은 빈약하게 정의된 고객문제를 이해하는 능력을 필요로 하는 진단적 고객자본(diagnostic client capital)과 함께 존재해야 한다. 이를 위해 고객에게 올바른 질문을 하고 고객 비즈니스에 대한 솔루션을 만들기 위해서 큰 비즈니스 시나리오에 관심을 가질 필요가 있다. 고객자본과 공동 지식은 고객과 전문서비스 기업의 전문인력 사이의 긴밀한 상호작용을 통해 형성된다.

- 팀초점 사회적 자본(team-focused social capital): 조직의 경계를 넘어 확장된 기업-고객 팀을 통해 개발된다. 그룹 내 지식을 공유하고 조직 내 새로운 솔루션을 내재하는 이 자본은 고객의 목적, 팀 개발, 지식재생에 대한 기여와 연결되는 보상과 성과시스템에 의해 촉진된다. 가령, 경영컨설팅사에서 고객의 제품 브랜드를 다시 결정하는 계약을 따냈을 때 고객과 같이 일하고, 고객에게 도전하고, 고객이 우리로부터 학습하고, 고객이 우리를 가르칠 수 있다.

- 통합 조직자본(integration organizational capital): 프로젝트의 규모와 길이가 클수록 새롭게 개발된 솔루션이 작동하도록 할 필요가 있어 이 자본이 필요하

다. 일단 혁신적 아이디어가 창출되면 다양한 응용이 필요하고 그 응용이 고객에게 사용되도록 기존의 절차로 통합될 필요가 있다. 가령, 광고 캠페인을 위한 창의적 아이디어가 TV, 웹, 포스터 상에서 사용될 것이다. 이 지식자산을 지원하는 핵심 인적자원 프랙티스는 재능관리(talent management)와 보상시스템이다. 첫째, 채용과 개발 절차는 분석적 인적자본을 얻기 위해 사용된다. 컨설팅기업은 엘리트 채용 원천(보통 명문대 MBA 출신)을 활용하고 엄격한 up-or-out 승진시스템을 적용한다. 분석적 능력은 또한 전문가가 독창적인 연구를 수행하고, 네트워킹 이벤트에 참여하고, 컨퍼런스에서 발표하는 것을 권장함으로서 자극된다. 둘째, 진단적 고객자본은 고객문제를 이해하는 데 필요한 스킬을 갖는 시니어와 경험많은 인력을 개발함으로서 배양된다. 이것은 기존과 신규 고객의 암묵적 및 명시적 지식을 구축하기 위해 팀들 사이에 인력의 순환과 폭넓은 직무명세로 달성된다. 셋째, 새로운 솔루션의 실행을 가능하게 하는 통합 조직자본은 고객 팀들에게 스페셜리스트를 할당함으로써 달성된다.


## 3.4. 양면적 조직구조의 활용

지금까지 네 가지 다른 학습지향을 규정하였을지라도 기업이 단지 한 유형에만 관여하지는 않을 것이다. 즉, 여러 학습지향을 결합하여 효과적으로 지식자산을 재생하고 리스크를 관리하도록 보장하기 위해 양면적 학습(ambidexterous learning)에 관여할 수 있다.

세 가지 유형의 양면적 학습이 존재한다. 그것은 구조적(structural), 일시적(temporal), 쌍방(bilateral) 학습이다. 또한, 인적자원을 관리하는 세 가지 접근법으로는 구성적(configurational), 개발적(developmental), 전략적(strategic)이 존재한다. 이들은 다른 인적자원 프랙티스 패턴들이 양면성에 의해 발생된 잠재적 갈등을 극복하는 데 사용된다는 것을 의미한다.


### (1) 구조적 양면성

다른 유형의 학습을 다루기 위해 분리된 단위들을 만들 필요가 있다. 가령, 로펌에서 고용, 재산, 지적재산법과 같은 스페셜리트스 지식에 기초한 실무그룹들을 조직화한다. 웹 포탈에서도 각 고객집단들의 니즈에 맞춘 제품과 서비스를 창출하는 독립적인 부서들이 존재한다. 예를 들어, 한 부서는 장기 파트너들을 다루고 다른 부서는 단기 광고주를 다루며, 세 번째 부서는 기자들을 포함할 수 있다.

이 기업들에서 적용된 인적자원 접근법은 인적자원 아키텍처 모델의 '구성적 원칙'을 반영한다. 이것은 각 학습지향에서 다른 유형의 자본을 일치시키도록 설계된 일련의 고용시스템을 개발하는 것을 포함한다. 가령, '재생' 지향은 대규모 프로젝트를 관리하기 위해 창의성과 능력을 결합할 수 있는 경험많은 직원을 필요로 한다. 이 핵심 직원들은 직원의 개발에 투자하고 의사결정에서 재량과 참여의 실행을 고무하는 일련의 고관여(high commitment) 인적자원 프랙티스에 의해 관리된다. 그러나 '기존 솔루션' 지향에서 요구되는 주니어 인력은 고객 요구에 재빨리 대응하기 위해 필요한 특정 소프트웨어 패키지와 시스템 내 훈련과 같은 다른 인적자원 프랙티스 집합으로 관리될 것이다.

웹 포탈은 이 그룹들을 관리하기 위해 '구조적으로 차별화된 접근법'을 사용한다. 기자들은 풀타임, 파트타임, 프리랜스 기반에서 참여하는 반면에 중요한 고객과 함께 일하는 다른 시니어 인력은 고관여된 프랙티스를 즐긴다. 이것은 파트너, 전문가(fee earner), 관리인력(adminstrative staff)이 여러 인적자원 프랙티스를 사용해 관리되는 로펌에서도 일반적으로 발견된다. 이것은 역량있는 주니어가 조직을 떠나도록 유인하는 포괄적인 평등주의 문화를 강조하는 메시지와 차별화된 접근법이 충돌하기 때문에 본원적인 긴장을 포함한다. 이를 위한 하나의 솔루션은 공통기반 수준의 프랙티스와 특정 인력집단에 적용된 차별화된 프랙티스를 갖는 이중(two-tier) 접근법을 제공하는 것이다.

### (2) 일시적 양면성

이것은 어떤 한 프로젝트의 여러 단계에 걸쳐 학습지향을 분리하는 방식으로서 프로젝트 양면성이라고도 불린다. 예를 들어, 기업은 고객을 위한 새로운 솔루션을 탐구하기 위해 기존의 고객관여 프로세스를 활용할 수 있을 것이다. 이 유형의 양면성은 지식이 구조가 아니라 프로세스에서 조직화되는 맞춤형(bespoke) 고객솔루션을 제공하는 컨설팅사례에서 발견될 수 있다. 예를 들어, 컨설턴트들은 과제 입찰 시에 기존의 템플릿을 사용하고 특정 부문(예: 제약), 지리적 지역, 프랙티스 집단(예: 마케팅)에 대한 그들의 지식을 활용한다. 그러나 일단 그들이 과제에 참여하면 매우 고객화된 솔루션을 만들기 위해 '재생성' 지향에서 수개월 동안 고객과 긴밀하게 함께 일한다.

이 유형의 양면성을 관리하기 위해 기업은 인력이 어떻게 여러 학습지향 사이를 이동할지를 계획해야 하고 이를 위해 기업과 개인수준에서 인적자원에 대한 '개발적 접근법'을 적용한다. 주니어 인력은 '기존 솔루션' 관여에서 일하기 시작하고 이후에 '전문가 솔루션'과 '재생성'으로 이동이 기대된다. 그 업무가 매우 까다롭기 때문에 단지 대부분의 시니어인력만이 '창의적 결합' 업무에서 일할 것이다.

인적자원 프랙티스는 높은 잠재력을 갖는 인력이 채용되도록 디자인된다. 그 인력은 관련 업무에서 입증가능한 성과에 기초하여 승진하고 여러 학습지향에서 일하는 데 필요한 스킬과 지식을 계속해서 개발하는 사람이다.

### (3) 쌍방 학습

기업이 새로운 기회를 창출하고 단일 학습단위 내에서 기존의 것을 재구성하기 위해 활용적과 탐구적 학습을 동시에 결합하는 의미를 갖는다. 이 유형의 학습은 학습지향의 분리를 넘어서 기업의 유연성을 입증한다.

마케팅대행사에서 전문가가 개별 고객을 위해 일하고 여러 고객들 사이에서 이동할 때 그 인력은 탐구적 및 활용적 학습 사이에서 전환한다. 가령, 한 대행사가 판매를 촉발하기 위한 혁신적 인력 인센티브계획을 고안하기 위해 몇 개월 동안 스마트폰제조 기업과 밀접하게 일한다고 가정하자. 그러나 그 고객이 경쟁자의 공격적인 변화에 대응하기 위해 새로운 스마트폰의 계획된 출시를 앞당기는 것을 예고없이 결정했다. 따라서, 이 대행사는 기존의 자료를 재사용하여 신속하게 촉진자료를 만들기 위해 그들의 활동을 전환해야만 한다.

쌍방의 학습에 적합한 지식스킬과 경험의 개발은 고객관여와 관계의 유형에 영향을 미치는 것을 추구하는 인적자원관리의 '전략적 접근법'을 필요로 한다. 그 목적은 하나의 단위 내에서 탐구적 혹은 활용적 학습지향에 관여할 수 있는 유연한 인적자본을 개발하는 것이다. 이것을 달성하기 위해 인적자원 의사결정이 전략적 의사결정 프로세스의 핵심이 될 필요가 있다. 이를 위해, 기업은 기업전략과 통합된 인력전략을 수립해야 하고 스킬개발을 위한 기회와 가치있는 인적자본의 보유를 고무하는 훈련 및 개발, 성과관리, 소통과 참여와 같은 핵심 분야의 인적자원 프랙티스를 개발하는 데 높은 관심이 주어져야 한다.

## 4 내·외부 네트워크를 통한 인적자원개발과 학습

특히, 소규모 전문서비스 기업에서 경쟁우위를 제공하는 모방할 수 없고 가치 있는 인적자원의 개발과 학습이 필수적이다. 하지만, 소규모 전문서비스 기업의 소유자-관리자는 인적자원개발과 학습에 관해 자원제약에 직면한다. 그들은 대기업에 비해 학습과 개발부서의 우위를 가지기 어렵고 소유자-관리자 자신이 직원의 개발에 직접적인 책임을 갖는다.

전문서비스 기업의 상황에서 인적자원개발과 학습활동은 '온더잡(on-the-job)', '고도로 비공식적이고 경험적인', '대응적인', '잠재적으로 정교하지 않은', '어떤 경우에는 존재하지 않는 것'이라는 차별적인 특징을 갖는다. 경영컨설턴트의 보편적인 학습스타일은 그들이 포함된 프로젝트 기반의 협력을 통한 동료학습을 통해 주로 활동적이고 경험적인 특성을 갖는다. 작은 경영컨설팅기업은 공식적뿐만 아니라 비공식적 인적자원개발과 학습의 결합을 사용할 수 있다. 특히, 비공식적 인적자원개발과 학습 프로세스들은 전문서비스 기업의 직원을 관리할 때 공식적 프랙티스와 동일한 중요성을 가질 수 있다.

흔히 중소기업에서 자주 인용되는 '작음의 부채(liability of smallness)'는 전문서비스 기업에도 적용되어 작은 전문서비스 기업이 인적자원개발과 학습을 위한 충분한 자원을 갖지 못하기 때문에 이 부채는 고객, 공급자, 규제기관과 같은 핵심 외부 이해관계자와 직원과 같은 내부 이해관계자가 제공하는 노력, 전문성, 조직 연결에 의존하도록 만든다. 즉, 소기업의 효과성은 이 네트워크 관계가 얼마나 잘 개발되고 유지되는가에 달려 있다. 이 네트워크는 중소기업 소유자-관리자들이 인적자원개발과 학습 프로세스를 관리하는 데 필요한 스킬을 개발하는 핵심 통로이다. 그러한 네트워크는 고객, 공급자, 경쟁자, 무역협회, 비즈니스 연합체, 직원, 소유자-관리자의 개인적 접촉 네트워크를 포함한다. 이 네트워크들은 공식적이면서도 비공식적일 수 있다.

자원의존이론(RDT: resource-dependence theory)은 자원을 얻기 위해 이 네트워크 내 상호작용의 성공과 특성을 설명하는 이론적 관점을 제공한다. 이 이론은 여러 유형의 네트워크들이 소규모 전문서비스 기업이 독특한 기회를 이용하고 발전하려는 인적자원개발과 학습의 요구사항의 상황에서 불확실성과 다양한 자원 니즈를 관리하는 것을 도울 것이다. 특히, 다른 네트워크들이 다른 자원의 유형과 크기를 제공할 것이지만 이 네트워크들은 특정 인적자원개발과 학습이슈를 관리하는 데 있어서 기업의 자율과 재량을 줄일 것이다. 그럼에도 불구하고, 네트워크이론 (network theory)은 외부의 다른 네트워크가 특정 이슈를 해결하기 위한 진기한 자원에 접근을 할 수 있는 기업의 잠재력을 향상시키고 다르고 독특한 인적자원 니즈에 대응할 수 있도록 만들기 때문에 작은 기업들이 다양한 외부 네트워크에 참여해야 한다고 강조한다.

# 참고문헌

Hargadon, A.B. & Bechky, B.A. (2006), "When collections of creatives become creative collectives: A field study of problem solving at work", Organization Science, 17(4), 484-500.

Lepak, D.P., Liao, H., Chung, Y. & Harden, E.E. (2006), "A conceptual review of human resource management systems in strategic human resource management research", Research in Personnel and Human Resources Management, 25(1), 217-271.

Machlup, F. (1980), Knowledge: Its Creation, Distribution and Economic Significance: Volume I, Knowledge and Knowledge Production. Princeton, Princeton University Press.

Malhotra, N. & Morris, T. (2009), "Heterogeneity in professional service firms", Journal of Management Studies. 46(6), 895-922.

March, J.G. (1991), "Exploration and exploitation in organizational learning", Organization Science, 2(1), 71-87.

Ollila, S., Styhre, A. & Werr, A.(2015), "Managing knowledge integration: Balancing professional and managerial logics in an engineering consulting firm", German Journal of Research in Human Resource Management, 29(2), 131-148.

Swart, J. & Kinnie, N. (2010), "Organisational learning, knowledge assets and HR practices in professional service firms", Human Resource Management Journal, 20(1), 64-79.

# 8

## 전문서비스 인적자원관리

**8장** 전문서비스 인적자원관리

## 1 중요성

### (1) 전문서비스 기업의 영향력

전문서비스 기업이 현대 지식경제에서 갖는 경제적 및 사회적 영향을 다시 고려해 보자.

① 전문서비스 기업은 대부분의 다른 산업부문들보다 더 빨리 성장할 뿐만 아니라 조직관리와 전문분야에서 새로운 솔루션을 창출하고 확산
② 혁신적 비즈니스 프랙티스와 서비스를 위한 유행선도자(trendsetter)로서 역할을 담당
③ 전문서비스 기업은 글로벌 인적자본을 개발하는 중요한 역할 수행
④ 고성과를 보이는 인적자원과 재능을 축적

### (2) 전문서비스 기업의 초점

일반적으로 전문서비스 기업은 높은 지식집약, 전문화된 노동력, 자율적 지배구조로 특징된다. 가장 중요한 것은 전문서비스 기업의 일차적 활동은 그들의 우월한 인적자본을 다른 비즈니스와 사회의 개발을 위한 새로운 솔루션으로 변환시키는 것이다. 따라서 많은 전문서비스 기업이 투입물(노동) 시장에서 경쟁하는 것은 그들의 생존과 성장을 위해 산출물(전문서비스) 시장에서 경쟁하는 것보다 더 중요하다.

독특한 집단 전문성과 개별 전문가라는 브랜드를 소유한 전문서비스 기업의 직원은 흔히 스스로 고객관계의 원천으로서 작용한다. 그들이 사실상 기업이 생산한

자산을 소유하기 때문에 전문가들은 매우 높은 이동성과 강한 협상력을 가질 수 있다. 따라서, 전문서비스 기업의 일차적 관심사는 높은 임금과 우월한 노동조건을 제공하고 그들의 개인적 이익과 목표를 기업의 이익과 목표와 일치시킴으로서 최고의 인재를 유인하고 보유하는 것이다. 결국, 성공적인 전문서비스 기업은 전문가 시장에서 경쟁우위를 제공하는 강하고 내부적으로 응집력있는 인적자원관리 시스템을 구축하는 데 최선의 능력을 다한다. 전문서비스 기업의 인적자원관리 시스템은 재능있는 전문가들에게 전문적 발전을 위한 방안과 그들의 독특한 암묵적 지식과 중요한 고객관계가 기업 내에 잠재되도록 하는 강한 동기를 제공해야 하며, 이 재능있는 전문가들을 유인하는 지향점을 가져야 한다. 즉, 어떤 전문서비스 기업이 내부의 전문가와 경쟁사의 전문가들 모두로부터 이러한 지향점을 갖도록 강한 압력을 받기 때문에 그들이 경쟁력을 갖추기 위해서는 자신의 인적자원관리 프랙티스를 혁신하도록 지속적으로 강요받는다.

## 2 도전사항

전문서비스 기업의 인적자원과 관련한 도전사항들은 아래의 〈표 8.1〉과 같이 요약될 수 있다.

**표 8.1** 전문서비스 기업의 인적자원과 관련한 도전사항

| 특징 | 인적자본 도전 |
|---|---|
| 지식집약 | − 명성구축과 유지<br>− 고양이 몰이 이슈<br>− 지식획득 |
| 자본집약 | − 국제화를 통한 매출과 수익<br>− 지식공유 관리<br>− 직원이동 관리 |
| 전문화된 노동력 | − 인재획득과 보유<br>− 인재관여<br>− 성과관리<br>− 리더십역량 개발 |

## 2.1. 지식집약

### (1) 명성구축과 유지

고객이 제한된 정보에 기초하여 전문서비스 제공을 평가할 수밖에 없다는 사실로 인해 전문가들의 명성구축과 유지가 중요한 주제이자 도전사항이다. 고객은 그들이 잘 알지 못하는 브랜드를 갖는 서비스 제공자들을 경계한다. 기업에 대한 고객의 인식이 특정 서비스 제공자에 상당히 중요한 영향을 미친다는 것은 이미 서비스와 마케팅 분야에서 널리 입증된 내용이다. 전문서비스 기업의 명성이 중요할지라도 그 명성은 필수적으로 조직에서 일하는 개별 전문가들에 의해 구축되고 유지된다.

이 기업의 명성은 해외 시장에서 심지어 더 큰 의미를 지닌다. 서비스 제공의 불투명한 품질은 전문서비스 기업의 국제적 운영 시 고객에게 지속적인 서비스 전달을 위한 결정적 중요성을 암시한다. 고객은 해외의 유명한 회계법인 혹은 엔지니어링법인이 설립하거나 운영하는 경영컨설팅, 감사, 설계업무에 대해 더욱 신뢰할 수 있을 것이다. 실제로, 명성구축과 유지는 로펌의 많은 파트너들이 몰입하는 문제이다. 결과적으로, 전문서비스 기업이 높은 명성과 강한 고객관계를 구축하기 위해 품질, 가격, 서비스 전달에서 일관성을 보장하는 것은 점점 더 중요한 문제가 되고 있다.

### (2) 고양이 몰이 이슈

지식집약은 또한 '고양이 몰이'라는 상투적인 문구로서 표현되는 전문가를 관리하는 어려움이라는 이슈를 제기한다. 이 개념은 전문가들의 스킬이 희소하고 기업들 간에 이직으로 이동이 쉽기 때문에 강한 협상력을 갖는 전문적 노동력을 보유하고 통제하는 데 있어 발생하는 어려움을 묘사한다.

시장은 전문서비스의 국제화로 인해서 매우 경쟁적이 되고 있고 재능있는 인재들이 다른 기업으로 이직하는 것을 상대적으로 더 쉽게 만들고 있다. 그러나 많은 기업들이 무슨 업무를 할지 지속적으로 말하지 않고서도 업무를 수행하고 이해하는 경험 많은 변호사들을 채용하는 데 열성적이기 때문에 고양이 몰이 이슈는 실제로는 최소화된다. 그럼에도 불구하고 전문적 노동력을 보유하고 지휘하는 것은 자율과 비공식성뿐만 아니라 업무의 향상과 경력발전에 대한 개인의 열망을 반영하여 업무를 설계하려는 기업의 관심과 노력을 요구한다.

### (3) 지식획득

경쟁우위를 얻고 유지하기 위해 전문가는 보유지식과 고객과 관계를 통해 자신의 제품과 서비스제공품을 차별화하려고 한다. 토지, 노동, 자본이 아니라 지식이 현재 전문서비스 기업의 생명줄이 된다. 지식을 구축하는 방법에 관해 대규모 전문서비스 기업은 많은 프랙티스 분야와 지역시장에서 지식과 전문성을 구축할 필요가 있다. 반면에 중간수준과 부티크(boutique) 기업은 소수의 고객과 관계를 구축하고 특정 전문성분야에서 자신의 지식을 구축해야 한다.

전체 서비스분야 혹은 특정 프랙티스 분야에 초점을 둘지에 대해 전문서비스 기업이 전략적 차별화를 선택하는 것은 일반적 제너럴리스트(generalist)로서 아니면 스페셜리스트(specialist)로서 자신의 지식을 구축하는 것 중 하나를 결정해야 한다는 의미이다. 이러한 전략적 결정은 다양한 전문성분야의 장점을 구축하고 가치를 높이기 위해 특정 스킬을 갖는 전문가를 채용, 보유, 개발하는 인적자원의 니즈에 영향을 미친다.


## 2.2. 자본집약

### (1) 국제화를 통한 매출과 수익

전문서비스 기업의 낮은 수준의 자본집약은 이들이 자국 내 경계를 넘어 국제화하는 것을 더 촉진하게 한다. 물론 국제회계기준과 세계적인 공통 의료기술이 존재하는 회계와 의료분야와 달리 로펌의 국제화 수준이 국가별 다른 법률체계로 인해 상대적으로 더 느린 국제적 성장과 확장을 보일지라도 해외의 더 많은 고객을 고려할 때 이들이 자국시장의 경계를 넘어 이동하는 사례는 점점 더 많아질 것이다.

자국시장의 수익과 이익의 원천은 인구와 잠재적 목표시장의 관점에 의해 제한이 존재할 수밖에 없고 많은 로펌의 수익과 이익은 특정 기업(소위 top 5)에 집중되어 있기 때문에 최고의 우선순위 중 하나로서 이 기업들의 도전은 국제화를 통한 수익과 이익의 달성을 보장하는 것일 것이다. 이제 모든 전문서비스 기업이 낮은 자본집약, 자국내 시장의 성숙화, 이해상충 문제 등으로 인해 점점 더 국제화를 추진 중이나 불평등한 국제화에 대한 고객의 접근, 다양한 국제시장별 활동보상의 균형, 국가 간 인적자원 스킬의 차이, 국가 간 이질적 프랙티스 등의 문제가 지적될 수 있다.

## (2) 지식공유 관리

서비스 제공의 다양화는 국경 간 지식공유 관리의 관점에서 전문서비스 기업에게 각기 다른 인적자원 어려움을 촉진한다. 기업의 지식집약관점과 분산된 지식은 지식공유와 지식획득에 본질적으로 어떤 어려움을 초래할 수 있다. 사람/위치/시간에 걸쳐 분산된 지식은 지식 비대칭성과 불확실성을 창출한다.

또한 국제화는 여러 시장의 고객의 변동하는 비즈니스 요구사항을 이해하는 어려움을 창출한다. 따라서, 로펌 사무실과 고객의 지리적 분산은 올바른 상황에서 올바른 시간, 올바른 지역, 올바른 수혜자에게 올바른 지식을 전달하기 위해 기업이 지식, 프로세스, 행동을 포착하고 고객과 공유하는 것을 어렵게 만든다. 이 지식공유는 다양한 방법으로 이루어질 수 있다. 글로벌하게 연결된 자신의 내부 정보시스템을 통한 일상적인 지식 공유, 전 세계 여러 지역의 다기능 팀, 다른 사무실로 정기적인 임시파견 등이 있다.

## (3) 직원이동 관리

자본집약 및 국제화 수준과 관련한 전문서비스 기업의 인적자원 문제는 직원이동과 자국 및 국제 업무의 균형에 관한 이슈이다. 전문서비스 부문에서 직원의 이동성은 조직학습의 원천으로서 강조된다. 그러나 최고 수준에 있는 로펌과 회계법인은 그들의 국제화 노력 또한 특정 시장의 영업권뿐만 아니라 직원의 이동이 완전히 가능하지 않다는 사실로 인해 제약받을 수 있다. 예를 들어, 조직문화와 적합하지 않는 자국의 변호사를 해외 사무실로 재배치하는 것이 어려울 수 있다. 이것은 분명히 문화적 적합성 이슈와 관련된다.

동시에 해외 사무실로 변호사 및 회계사를 보내고 재배치하는 문제는 그들이 해외로 갈 때 업무에 대한 동기부여를 유지하는 이슈와 관련된다. 전문가가 해외에 거주하는 문제는 그들이 자국에서 업무를 지속하여 얻을 수 있는 경력개발과 승진의 기회를 뺏길 수 있다고 생각할 때 문제가 될 수 있다. 따라서, 전문서비스 기업은 지속적으로 조직적 및 개인적 목적을 달성하도록 보장하기 위해 자국 및 국제업무에 대한 다양한 분야의 균형을 맞추는 것이 필요하다.

## 2.3. 전문화된 노동력

### (1) 전문가 역량

이 역량은 어떻게 전문가들이 업무를 개념화하고 참여하는지에 관련된 능력으로서 설명할 수 있다. 예를 들어, 과학자와 변호사는 다른 학술적 추론 방식과 설명의 형태에 기초하여 그들의 전문적 업무를 수행, 정당화, 최적화한다.

전문서비스 기업에서 필요한 네 가지 주요 전문가 역량은 〈표 8.2〉와 같다.

**표 8.2** 전문서비스 기업에서 전문가의 역량영역

| 역량영역 | 초점 | 법률 서비스의 예시 |
|---|---|---|
| 기술 | 기술적 문제와 프로세스 스킬 | – 많은 수수료 수입보다는 장기에 초점<br>– 자신이 사업에 필수불가결하다는 것을 입증해야 함<br>– 다른 사람이 할 수 없는 특별한 전문성(예: 교통사고, 의료소송 등)을 제공 |
| 프로젝트 관리 | 고객 요구사항과 프로젝트 이슈 | – 전문성의 결합을 위한 기업들 간의 연결 능력<br>– 전문화 수준과는 다른 프로젝트 업무에 특화된 인력 |
| 경쟁분석 | 고객 비즈니스와 산업 | – 시장지분의 확장이 아니라 시장의 확장을 통해 기업의 규모를 증가<br>– 전통적 전문서비스 외부에서 고객에게 부가가치가 높은 서비스를 제공 |
| 글로벌 전략 | 엘리트(elite) 자문/자원의 레버리지 | – Big 3 혹은 5는 항상 생존할 것이라는 확신<br>– 대형 고객에게 스페셜리스트 서비스를 제공<br>– 대형 고객의 특정 기능분야 보다는 전체 기업의 핵심 비즈니스에 대한 서비스를 제공 |

① 인재획득과 보유

많은 전문서비스 기업은 인재가 중요한 압력이라는 것을 발견한다. 인재에 대한 경쟁의 증가와 자격을 갖춘 인재의 부족은 특히 성장기회가 가시화되는 시장에서 중요한 관심사이다. 인재의 미래 수요가 증가하고 공급은 감소하며, 그 결과 가장 뛰어난 인재를 찾는 것은 지속적으로 비용이 많이 드는 전쟁으로까지 표현된다.

실제로, 인재획득 이슈는 특히 해외시장으로 국제화를 시도하는 전문서비스 기업에게 중요한 화두가 되고 있고 인재보유 이슈는 특히 짧은 기간의 훈련과 경험을 지닌 젊은 전문가들 집단에서 특히 중요한 문제가 된다.

### ② 인재관여

전문화된 노동력의 두 번째 도전은 관여의 문화를 창출하는 이슈이다. 많은 전문서비스 기업에 높은 수준의 업무자율성이 존재하나 이것이 건강한 조직문화를 창출하기 위한 유일한 요소는 아니다. 많은 파트너들은 조직이 재빨리 변화에 적응하고 수용하는 문화로 바꾸는 중요성을 강조한다. 환경은 매우 유동적이기 때문에 로펌이나 회계법인이 새로운 상업적 기회를 규명하고 대응하는 것을 가능하게 하는 문화를 창출하는 것이 필수이다.

직원을 잘 관여시키는 좋은 관리자들은 직원과 명확하고 풍부하게 소통하고 명백한 목표에 기반하여 직원의 성과를 측정하며, 직원의 약점이 아니라 강점에 초점을 두어야 한다. 특히, 대규모 로펌에서 신참변호사들의 상당수는 인재관여를 매우 중요한 것으로 생각하며, 자신의 생각과 맞지 않으면 다른 로펌으로 이직할 것이다.

### ③ 성과관리

세 번째 전문적 노동력에 발생하는 도전은 비효율적이고 비효과적인 업무성과를 관리하는 것뿐만 아니라 전문가들을 적절하게 보상하는 것이다. 특히, 로펌과 같은 많은 전문서비스 기업에서 성과관리시스템이 점점 공식화되고 있는 중이지만 청구가능한 업무수행 혹은 새로운 고객접촉을 하는 데 높은 평가를 하는 관행이 여전히 존재한다.

더욱 공식화된 성과관리 프로세스는 실제로 로펌이 멘토링 및 코칭과 같은 더욱 정성적인 성과를 관리하는 측면을 포함하여 총 보상시스템을 통해서 차별화된 직원의 가치명제를 창출하는 기회를 제공한다. 전문적 변호사들의 향상된 성과관리는 직원으로서 직무만족과 복지에 중요한 공헌을 하는 잠재력을 갖는다.

### ④ 리더십역량 개발

전문적 노동력의 네 번째 도전은 리더십역량 이슈이다. 비즈니스환경의 변화는 전문서비스 기업에 많은 압력을 부가하였고 그 중 몇 가지는 강한 리더십과 결부된다. 전문가들이 리더가 되기 위해 필요한 역량의 범위를 규정할 필요가 있고 교육적, 전문적, 제도적, 문화적 규범들을 잘 고려해야 한다. 그러나 내부에서 역량이 잘 개발되지 않을 경우에는 기업을 이끌어가기 위해 고용되는 외부 관리자의 중요성도 고려할 필요가 있다.

## 3  인적자원전략

### 3.1. 프레임워크

전문서비스 기업의 특징을 고려하여 인적자원전략을 도출할 수 있다. 그 결과는 아래의 〈표 8.3〉과 같이 요약된다.

**표 8.3**  인적자원 도전과 인적자원전략

| 특징 | 인적자원전략 |
|---|---|
| 지식집약 | – 고객보유와 만족을 위한 사회적 자본<br>– P–O 적합<br>– 지속적 학습과 개발<br>– 교차판매 기회를 통한 성장 |
| 자본집약 | – 조직학습과 지식경영시스템<br>– 파트너십, 제휴, 파견근무를 통한 외부관여 |
| 전문화된 노동력 | – 혁신적 채용과 보유전략<br>– 관여하는 인재: 긍정적 조직문화 창출<br>– 보상과 성과<br>– 리더십 개발을 통한 승계계획 |

자료원: Suseno & Pinnington(2017)

### 3.2. 지식집약을 위한 인적자원 전략

**(1) 고객보유와 만족을 위한 사회적 자본**

사회적 자본(social capital)의 핵심 요소인 전문가들의 네트워크는 명성, 핵심자원에 대한 외부연결, 관계, 접근을 구축하는 중요한 도구이다. 그러한 명성을 구축하고 유지하기 위해 연대와 연결에 기반하여 사회적 자본을 배양하는 것이 요구된다. 사회적 자본을 구축하는 전문가는 고객접촉에 의한 새로운 연결의 확장(예: 중심성과 밀도) 혹은 중복성의 결여(예: 구조적 공백)를 활용할 수 있다. 연대하는 사회적 자본은 전문가가 특정 고객과 강한 연대를 유지하고 자신의 명성을 구축하는 데 이 관계를 활용하는 것을 가능하게 한다. 예를 들어, 변호사의 사회적 자본은 고객확장의 편익(예: 고객추천)뿐만 아니라 다른 전문가의 지식에 대한 접근기회(예: 다른 변호사와 관계를 통해)를 증가시킬 수 있다.

### (2) P-O 적합

'고양이 몰이' 문제를 다루기 위해 직원과 조직 사이의 적합(P-O: person-organization 적합)에 초점을 두는 인적자원 전략이 제안된다. 이것은 그들의 특징이 잘 일치될 때 발생하는 개인과 업무환경 사이의 양립성을 의미한다. 이 P-O 적합은 직무만족, 조직헌신, 이직의도와 관련된다. 조직의 문화와 적합한 새로운 직원을 선택하는 것은 더 높은 만족과 조직헌신으로 결과된다. 따라서, 전문가들이 조직에 관여하도록 보장하기 위해 직원의 전체 경력에 걸쳐서 P-O를 측정하는 프로세스를 실행하는 것이 중요하다.

### (3) 지속적 학습과 개발

지식획득 이슈를 다루기 위해 훈련과 개발이 시장기반 학습, 내부 학습, 프랙티스기반 학습의 관점에서 연속적으로 이루어져야 한다. 다른 기업이 모방할 수 없는 독특한 스킬을 구축하는 것이 중요하기 때문에 전문가가 경험을 얻는 것을 체계적으로 지원해야 한다. 예를 들어, 경력지도(career map)를 활용하고 고객요구와 시장요구사항에서 자신의 지식을 구축하기 위해 특정 프로젝트 혹은 특정 고객에 특정 전문가를 맡김으로서 개별적인 경험을 개발할 수 있다. 또한, 기업은 지식과 경험을 이전하거나 피드백을 제공하기 위해 성공적 멘토링과 코칭을 위한 역할모델(role model)을 규정함으로서 개인의 경험을 증강시킬 수 있다.

### (4) 교차판매 기회를 통한 성장

특히, 로펌의 경우에 고객과 함께 교차판매(cross-selling: 다른 유형의 서비스까지 함께 판매하는 방법)를 통해 성장의 효과적 전략을 설계할 필요가 있다. 잘 실행된 교차판매 기법은 기존 고객에게 더 많은 서비스를 제공함으로써 더 높은 수익으로 이어질 뿐만 아니라 편익이 고객의 경험을 확장시키고 이것은 결과적으로 고객관계를 심화시킨다. 그러나 전문가들의 높은 자존심과 잘 모르는 분야에 대한 무관심으로 인해 기존고객에게 다양한 사업 기회와 대안들을 설득하면서 기꺼이 협력하고 개발하려고 하지 않을 거라는 전문가 세계의 속성이 있다. 이것은 교차판매에 대한 가장 큰 장애물 중 하나이다. 또한, 전문서비스가 특정분야에서 심화된 지식을 구축하는 경향이 있기 때문에 이 프랙티스는 본원적으로 교차판매 기회를 방해한다. 일반적으로, 전문가들은 ① 고객의 니즈와 원츠에 대한 통찰을 개발하고, ② 추가 서비스의 제공으로 고객의 니즈와 원츠를 다룰 수 있고, ③ 그 서비스의 가치를 고객과 소통함으로서 더욱 고객 중심적이 된다.

## 3.3. 자본집약을 위한 인적자원전략

### (1) 조직학습과 지식경영시스템

지식이 기업 외부뿐만 아니라 내부에서 공유되고 획득되는 것을 더 용이하게 만들기 위해 조직학습과 지식경영을 효과적으로 관리해야 한다. 전문서비스 기업의 경우에 내부 네트워크 내의 다른 전문가들이 갖는 지식을 홍보하는 것이 중요하나 실제로 이 내부 커뮤니케이션을 통한 관계구축은 다른 프랙티스와 함께 연결될수록 더 효과적이 된다. 또한, 고객의 복잡한 맞춤형문제에 대한 업무는 기업이 '바퀴의 재발명(즉, 시간낭비)'을 최소화하는 조직의 학습정책과 절차를 실행하는 것을 요구한다. 따라서, 이 맞춤형 고객화업무의 실행이 지식획득의 중요한 원천이다. 전문서비스 기업은 조직문화가 커뮤니케이션과 지식공유를 권장하도록 보장해야 한다. 이를 위해 공식적(메모와 제안과 같은)과 비공식적(brown-bag 잡담 등) 소통채널이 조직 내에서 구축되어야 한다.

### (2) 파트너십, 제휴, 임시파견 기회를 통한 외부 관여

직원 이동성을 관리하기 위해 전문서비스 기업은 파트너십, 제휴, 임시파견 기회를 통해 외부 관여 아이디어에 개방적 자세를 취할 필요가 있다. 이동성과 유연성은 다른 기업 및 고객 파트너들과 외부 관계뿐만 아니라 내부 관계를 향상시키는 프랙티스, 비즈니스, 고객, 현재 비즈니스라는 문제에 대한 대화를 권장한다. 파트너십과 제휴를 통해 이 관여를 하는 것이 중요하다.

## 3.4. 전문적 노동력에 대한 인적자원전략

### (1) 혁신적 채용과 보유전략

전문서비스의 일반적 관심과 추세는 조직이동(수평 채용)에 있을지라도 새로운 관점과 아이디어를 가져올 젊은 전문가를 선발하기 위해 더욱 혁신적이고 대응적인 노력을 해야 한다. 예를 들어, 전문서비스 기업은 젊은 전문가들을 고용하는 데 있어서 경쟁이 더욱 치열해지고 있기 때문에 이 인재를 유인하고 채용하는 방법인 페이스북(Facebook), 인스타그램(Instagram), 린크드인(LinkedIn)과 같은 소셜 네트워킹 활용, 해외 채용, 전문분야와 관련된 교육이벤트에 후원, 인맥 네트워크에 의한 더욱 개인화된 채용방법을 이용하여 인재를 채용하는 역량을 증가시킬 수 있다.

### (2) 인재의 관여

인재관여 이슈를 다루기 위해 전문서비스 기업은 긍정적인 조직문화를 창출하는 더 많은 전략을 실행할 수 있다. 코칭과 훈련은 인재를 관여시키는 전략으로 가야 한다. 예를 들어, 전문가를 위해 업무-생활 균형(work-life balance)을 포함한 경쟁적 압력을 균형시키려는 가이드 혹은 정책이 존재해야 한다. 실제로 전문서비스 기업에 고용된 전문가들은 ① 고객니즈 충족 대 일상적 프랙티스와 관련한 업무 수행, ② 고객의 전술적 이슈에 시간소비 대 전략적 계획 실행, ③ 변호사 전문성 업무에 시간소비 대 직원개발 및 투자처럼 충돌하는 상황에서 균형을 찾기 위해 많은 노력을 전개해야 한다. 유연한 일정계획과 압축된 근무시간제(compressed work weeks)와 같은 프로그램들은 전문가들이 전문가 대 개인생활을 균형시키도록 하기 위해 도입될 수 있다. 인재관여를 보장하는 다른 방법으로는 지속적인 전문가 개발, 코칭과 멘토링, 경력향상 기회 제공, 교차 프랙티스를 위한 교차훈련 등이 있다.

### (3) 보상과 성과

전문서비스 기업은 성과를 더욱 효과적으로 관리하기 위해 혁신적 보상을 위한 전략을 수립하고 실행할 필요가 있다. 물론, 전문서비스 기업에서 가장 기본적인 보상과 성과평가 기준으로 사용되는 청구가능시간이 있다. '청구가능시간(billable hours)'은 어떤 전문가의 근무시간 중에서 고객의 문제를 해결하는 데 실제로 사용된 시간으로서 실제 임금산정의 기반이 되는 시간 개념이다. 비슷한 서비스를 제공한다고 해도 기업의 케이스는 모두 다르기 때문에 이 시간은 전문가 혹은 케이스마다 모두 다를 수 있다. 전문가들은 전반적으로 비슷한 서비스를 제공하는 듯 보이지만 각 고객 및 기업마다 가지고 있는 케이스가 다르기 때문에 각기 맞춤형 서비스를 제공해야 하고 그 솔루션이 고객에게 유무형적인 이익을 창출할 수 있어야 한다.

이러한 특성은 청구가능한 시간 시스템이라는 보상체계를 이끈다. 즉, 고객에게 청구하는 비용은 고객과 계약 후부터 고객의 업무를 해결하기 위해 사용된 모든 시간을 포함하게 된다. 예를 들어, 어떤 전문가가 주 50시간을 회사에 있었지만 점심시간, 쉬는 시간, 회사의 교육시간 등을 제외하면 고객에게 청구하는 시간은 35시간이 될 수 있다. 물론, 여기에 개인 통화시간, 잡담시간, 커피 마시는 시간 등이 빠져 있고 회사마다 청구가능한 시간에 대한 정책이 다르기 때문에 회사마다 다를 수 있지만 청구가능한 시간으로 고객에게 청구하는 경우에 청구하는 시간들이 모두 그 고객의 케이스를 위해 생산적으로 쓰여야 한다는 것을 전제로 한다. '맨먼스(man month)', '맨위크(man week)' 등이 모두 이 사례에 속한다.

### (4) 리더십 개발을 통한 승계계획

리더십 역량 이슈를 다루기 위해 전문가의 러더십 스킬과 역량을 개발하는 관점에서 승계계획을 지속적으로 고려하는 것이 중요하다. 많은 기업에서 리더십은 조직을 이끌기 위한 경험 혹은 훈련을 실제로 가질 수 없는 관리자 혹은 파트너의 일차적인 책임이다. 그들은 때때로 자신의 경력 혹은 '레인메이커(rainmaker)'로서 성공의 기반을 구축하는 리더로서 불려진다. 전문서비스 기업에서 임원과 시니어 파트너로 승진을 위한 중요한 기준은 새로운 비즈니스를 발굴하는 능력에 있다. 이 자주 발생하지 않는 새로운 비즈니스의 개발자에게 주어진 이름이 바로 레인메이커이다. 이들은 잠재 고객을 지속적으로 개발, 기존 고객에게 서비스 확장, 신규 고객으로부터 새로운 비즈니스 개발, 안정적인 선도 위치와 고객의 강한 추천을 결정하는 전문서비스 구성원이다.

전문서비스 기업에서 마케팅 담당자가 지원역할을 하는 반면에 전문가들은 전문서비스를 마케팅하는 역할을 한다. 따라서, 전문가들(예: CPA, 변호사, 투자은행가, 건축가, 의사, 경영컨설턴트, 물리치료사, 컨설팅 엔지니어)이 숙련된 전문가이자 새로운 비즈니스 개발자가 되면 일거양득이 된다. 레인메이커는 조사, 제안요청, 주문, 관여, 직원 활용, 청구, 소득, 성장이라는 일이 발생하도록 만들고 전문서비스 기업의 생존과 성공에 필수적 역할을 한다. 전문서비스 기업에서 기업 동료, 임원, 파트너들은 그들이 어떻게 그런 업무를 하는지 서로 궁금해 하기 때문에 그들은 흔히 마술사로서 간주된다.

리더십에 대한 공식적 훈련은 전문가가 리더십 역할을 위한 역량개발에 참여하도록 제공될 필요가 있다. 로펌에서 리더십 개발을 촉진하기 위한 혁신적 접근법은 ① 행동변화를 위한 코칭과 멘토링, ② 리더가 되는 것을 막는 행동과 리더가 되기 위해 성장할 수 있는 경로 제시, ③ 액션러닝(action learning: 중상급 관리자들에게 적합한 훈련방법으로서 피훈련자들에게 자신들이 해결할 수 없는 조직의 복잡한 실제문제를 할당하고 해결책을 제시하기를 요구), ④ 직원과 고객을 관여시키는 역량모델의 사용 등이 있다.

# 4 인적자원관리 프랙티스

인적자원관리의 주요 목적을 능력향상, 동기향상, 기회향상으로 구분하였을 경우에 전문서비스에서 일반적인 프랙티스는 다음과 같다.

## 4.1. 능력향상 인적자원관리

이 차원은 직원의 역량에 영향을 미치는 일련의 인적자원관리 프랙티스로 구성된다. 그것은 보통 〈표 8.4〉와 같은 다양한 채용과 훈련 및 개발 프랙티스를 포함한다.

**표 8.4** 능력향상 인적자원관리 프랙티스

| 인적자원관리<br>프랙티스 분야 | 인적자원관리 프랙티스와 그들의 특징 |
|---|---|
| 채용 | • 고도로 경쟁적인 채용 프로세스와 채용에 전문가의 참여<br>• 채용 원천<br>  – 내부 조달<br>  – 경험이 없는 전문가들의 채용<br>  – 경험이 많은 전문가들의 채용<br>  – 고객으로부터 채용과 직원의 사회적 네트워크를 통한 채용<br>• 평가기준<br>  – 문화적(개인–조직) 적합<br>  – 소프트 스킬<br>  – 기술적 스킬 |
| 훈련 및 개발 | • 공식적인 체계적 훈련 프로그램과 일회성 훈련 프로그램<br>• 훈련 형태<br>  – OJT(실행에 의한 학습) 훈련<br>  – 멘토링 프로그램<br>  – 대학과정을 위한 수업료의 변제<br>  – 개인적 개발 계획 |

## (1) 채용

일반적으로 전문서비스 기업의 채용 프로세스는 높은 거절률과 심한 경쟁으로 특징된다. 이것은 직원의 인적자본에 대한 신호이고 전문가의 엘리트 정체성에 대한 신호로서 작용한다. 채용 프로세스는 보통 이미 고용된 전문가의 참여하에 이루어진다. 그 전문가들은 새로운 채용에 적극 참여하도록 금전적 혹은 비금전적으로 보상받고 채용 의사결정에 영향을 미칠 수 있다.

전문서비스 기업은 다양한 채용원천을 활용한다. 이 원천은 경험없는 후보자들(대학 졸업생)과 경험많은 전문가들의 외부 채용, 내부에서 승진을 통한 소싱(sourcing), 새로운 채용을 위한 탐색에 전문가의 포함을 포함한다. 어떤 채용원천들이 한 조직 내에서 결합되어 나타날 수 있을지라도 각각의 원천들은 오히려 새로운 직원을 채용하는 상호배타적인 전략을 나타낸다.

직원 선택 프로세스에서 기준은 폭넓고 포괄적인 문화적(개인-조직적) 적합, 전문성, 학력, 혁신능력과 같은 소프트 스킬, 목표지향, 기술적 스킬 등을 포함한다.

## (2) 훈련 및 개발

전문서비스 기업에서 공식적 및 체계적에서 더욱 비공식적 및 임시까지 다양한 훈련 및 개발 프랙티스들이 존재한다. 이 프랙티스들은 전문가의 소프트 스킬과 기술적 스킬을 목표로 한다.

직원 지식, 스킬, 능력 개발을 위한 대표 수단으로서 OJT(on-the-job 혹은 실무를 통한 학습)를 강조하고 있다. 다른 일반적 훈련 프랙티스로는 멘토링 프로그램, 대학원 및 특별 과정을 위한 수업료 제공, 개인적 개발계획을 포함한다. 일반적 훈련 내용은 다음과 같다.

- 고객의 비즈니스, 작문 스킬, 기술적 스킬, 인적자원/관리 스킬, 그룹스킬, 인터뷰 스킬
- 판매/마케팅 스킬, 프로젝트 일정관리, 컴퓨터 스킬, 대화 스킬 등

## 4.2. 동기향상 인적자원관리

이 차원은 그들의 업무성과 중에 능력이 아니라 직원들의 동기부여와 노력에 영향을 미치기 위해 실행된 〈표 8.5〉와 같은 인적자원관리 프랙티스들로 이루어진다. 이 차원 내에 세 가지 특정 인적자원관리 프랙티스가 존재한다. 그것은 경력개발, 금전적 보상, 비금전적 보상이다.

**표 8.5** 동기향상 인적자원관리 프랙티스

| 인적자원관리 프랙티스 분야 | 인적자원관리 프랙티스와 그들의 특징 |
|---|---|
| 경력개발 | • up-or-out 시스템, 흔히 공식적 및 명시적 경력발전 절차, 가끔 up-or-out 압력이 없는 고용기회가 존재<br>• 승진을 위한 기준<br> - 공식적 성과 지표들(예: 신사업 획득, 기술적 스킬, 수수료 획득 능력, 경영 능력, 고객과 잘 지내기, 동료들과 잘 지내기 등)<br> - 복잡한 평가 절차들<br> - 감독자 평가 |

| 인적자원관리<br>프랙티스<br>분야 | 인적자원관리 프랙티스와 그들의 특징 |
|---|---|
| 금전적 보상 | • 보상 기준<br>　– 청구가능시간<br>　– 산출물(성과)<br>　– 재직기준<br>• 보상 구성요소<br>　– 고정임금<br>　– 수당<br>　– 소유권(렌트 혹은 이익) 공유 |
| 비금전적 보상 | • 중요하게 고려되지만 흔히 미개발됨 |

### (1) 경력개발

　전문서비스 기업에서 경력개발은 장기적인 동기부여와 직원보유에 영향을 미치는 핵심 인적자원관리 프랙티스로 고려된다. 전문서비스 기업의 대표적인 경력발전시스템은 'up-or-out'으로서 대표된다. 직원이 승진에 불충분한 결과를 보여주면 제한된 시간대 내에서 기업을 떠날 것으로 예상된다. 그 시스템은 좁은 경력경로를 암시하며, 공식적이고 명시적인 경력개발 절차에 기반한다.

　승진은 공식적 성과지표들과 관리자평가와 같은 다른 명시적 기준에 기초한다. 어떤 전문서비스 기업은 특정 비즈니스 분야에서 독특한 스킬과 전문성을 유지하거나 더욱 안정적 인적자원 흐름을 보장하기 위해 '상담 변호사(counsel)', '영구적인 어쏘(associate)' 혹은 '지원 전문가(supporting professional)'와 같이 up-or-out 압력 없이 고용기회를 제공하기도 한다. 드문 경우지만 수직적인 경력개발시스템을 명시적으로 강조하지 않고 더욱 유연하고 장기적인 고용 관계에 의존하는 전문서비스 기업도 존재할 수 있다.

### (2) 금전적 보상

　금전적 보상은 전문서비스 기업에서 어떤 직무의 매력을 구성하는 중요한 인적자원관리 프랙티스를 나타낸다. 전문서비스 기업에서 임금은 '청구가능시간', '산출물(성과)', '재직기간'이라는 세 가지 기준에 기초한다. 여기서 산출물(즉, 성과)과 재직기간은 서로 배타적이다. 따라서 기업들은 보통 '산출물 기반(eat-what-you-kill)'과 '재직기반(lock-step)시스템' 사이의 균형을 달성하는 것을 추구한다. 전문가들의 임금은 '고정기반', '임시 성과상여금(contingent performance bonus)', '이익공유'라는 세 가지 구성요소들의 결합으로 나타날 수 있다. 보상시스템의 기본 아이디어는 현재 프로젝트에 최대의 노력을 보장하는 동시에 성장 동기를 제공하는 것이다.

### (3) 비금전적 보상

비록 비금전적이고 상징적인 보상이 전문가의 업무에서 극히 중요한 요인으로 고려될지라도 그들은 공식적인 인적자원관리 프랙티스에 보통 포함되지 않고 자주 사용되거나 개발되지 않는다.


## 4.3. 기회향상 인적자원관리

이 차원은 직원들이 조직성과에 기여하는 기회를 통해 그들의 능력과 노력을 발휘하도록 하는 방식으로 업무를 설계하는 조직노력들을 포용한다. 이 차원 내에서 〈표 8.6〉과 같이 직무설계, 일-생활 균형, 고용보장이라는 세 가지 인적자원관리 프랙티스 분야가 제시될 수 있다.

**표 8.6** 기회향상 인적자원관리 프랙티스

| 인적자원관리 프랙티스 분야 | 인적자원관리 프랙티스와 그들의 특징 |
|---|---|
| 직무설계 | – 팀과 개인 중심<br>– 자율성과 유연성에 대한 강조<br>– 전략적 의사결정에 작은 정보공유와 직원 참여 |
| 일-생활 균형 | – 스트레스, 초과근무, 과부하<br>– 대안적 업무 배치와 일-생활 균형 중심 프랙티스, 시간제/유연 스케줄, 원격 업무, 가족과 레크리에이션 이벤트, 부대시설 (미용실, 세탁실 등) |
| 고용보장과 보유 | – 낮은 실제 고용보장<br>– 보유와 헌신에 대한 강조 |

### (1) 직무설계

전문서비스에서 직무설계는 강한 팀 책임과 협력문화를 갖는 집단중심으로 나타난다. 반면에, 팀워크에 대해서는 문제를 지적할 수 있다. 팀워크의 가치에도 불구하고 실제 인적자원관리 프랙티스는 협력보다는 경쟁에 더 초점을 두고 본질적으로 개인주의적이다. 전문서비스 기업에서 직무설계는 '자율성'과 '유연성'에 대한 강조로 특징된다. 자율성과 유연성 향상정책들은 직원보유 이슈를 다루고 고객의 니즈에 직원의 업무시간을 조정하는 주요 방법으로 간주된다. 또한, 전문서비스 기업에서 직무설계는 낮은 수준의 정보공유와 의사결정에 주니어직원의 참여를 허용한다.

### (2) 일-생활 균형

전문서비스 기업에서 일과 생활의 균형 문제뿐만 아니라 그들을 다루는 인적자원관리 프랙티스에 상당한 관심이 주어졌다. 전문서비스 기업에서 직무는 많은 스트레스, 수많은 초과근무 시간, 계절적인 과부하를 암시한다. 이 이슈를 다루기 위해 전문서비스 기업은 전문가들에게 대안적 업무배치(시간제 근무, 유연한 스케줄, 원격 업무와 같은)와 일과 생활의 긴장을 경감시킬 수 있는 부대 편의시설(예: 헬스시설, 커피 휴게실, 수면실)을 제공한다.

### (3) 고용보장과 보유

다른 중요한 기회향상 프랙티스 분야는 고용보장이다. 전문가들을 오래 보유하도록 보장하는 것은 전문서비스 기업에서 인적자원관리 프랙티스의 핵심 목표이다. 그러나 매우 경쟁적인 환경과 up-or-out 압력으로 인해 전문서비스 기업에서 고용보장은 빈번하게 문제를 초래한다. 결과적으로, 떠돌아다니면서 경계구분없는 경력(예: 형사전문, 부동산, 자동차사고, 이혼, 보험, 의료 등 모든 것을 다 하는 변호사)이 전문서비스 산업에서 확산되고 있다. 따라서, 어떤 인적자원관리 프랙티스가 고용보장에 더 나은 기회를 제공할지라도 다른 프랙티스 간 그들과 갈등을 빚는 경우가 자주 발생한다.

**전문가 및 사무직원의 채용과 보유 및 이탈관리**

## 5.1. 스타와 그들의 동료 채용

전문서비스 기업은 비즈니스에 조언을 제공함으로서 경제적 및 상업적 교환을 촉진하는 전문가들로 구성된 조직이기 때문에 이 기업들은 전문가들을 지식의 일차적인 '운반자', '해석자', '적용자'로서 활용한다.

경쟁자가 신기술이나 제품을 모방하는 것보다 새로운 서비스를 모방하는 것이 훨씬 더 쉽기 때문에 혁신은 제조기업보다 서비스기업에서 더 위험하다(또한, 특허도 거의 존재하지 않음). 가령, 지적재산권법의 증가하는 중요성을 인식한 로펌은 새로운 시장을 활용하기 위해 지적재산전문 변호사팀을 채용할 수 있다. 그러나 경쟁자들이 지적재산전문 변호사의 팀을 쉽게 빼갈 수 있다면 기존 전문서비스 기업의 전략적 우위를 쉽게 약화시킬 수 있다. 최악의 경우에 다른 기업으로부터 이동한 팀이 다시 새로운 기업으로 이동할 가능성이 높기 때문에(금전적 보상, 경력, 명성을 위해) 경쟁자는 대상기업 내에 새롭게 구성된 팀을 훔칠 수 있다.

전문서비스 기업이 그들의 프랙티스 혹은 서비스를 혁신할 수 있는 몇 가지 잠재적인 방법이 있다. 가령, 그들은 내부의 팀과 기업가적인 개인들을 통해서 조직 내에서 혁신을 스스로 만들 수 있다. 혹은 인수 및 합병, 제휴, 파트너십 또는 경쟁자들로부터 스타(star) 전문가의 채용을 통해 외부에서 혁신을 조달할 수도 있다. 만약 지식이 전문서비스 기업의 제품이라면 전문가는 제품 제공자이다. 따라서, 어떤 기업이 현재 결여되어 있는 전문성분야에서 스타를 채용할 때 그것은 새로운 시장 혹은 새로운 제품을 탐구하는 역할을 한다. 반대로, 기존 역량의 성과를 향상시키기 위해 누군가를 채용하는 것은 기업의 기존 역량을 활용하는 것을 돕는다.

탐구 혹은 활용의 수단으로서 스타를 채용하는 것은 기업인수에서 경험하는 것과 유사한 문제를 낳을 수 있다. 모든 경우에 기업들은 새로운 전략적인 지식기반 자원을 채용하는 것을 좋아할 것이다. 그러나 일단 획득되면 새로운 역량의 수용을 막는 조직 내부의 경계와 방어로 인해 이 자원을 활용하는 것이 어려울 수도 있다.

## 5.2. 개인적 성과의 이동가능성

　전문서비스 기업에서 경쟁자들로부터 재능있는 개인들을 채용하는 수준은 스타의 인적자본이 특유한지 혹은 일반적인지에 따라 달라진다. 기업특유의 인적자본은 독특한 루틴과 절차에 대한 지식, 암묵적인 대인간 관계의 지식, 내부 네트워크와 연결하여 개발된 특별한 스킬(팀 생산), 사내 훈련 프로그램, OJT 경험을 포함하고 이 모든 것은 그 기업의 외부에서 가치를 갖지 않는다.

　기업특유의 인적자본의 역할을 평가절하하는 시각은 노동자가 모든 가능한 노동자-기업 결합에서 생산성이 동등하다고 전제한다. 따라서, 만약 노동자들의 인적자본이 일반적이라면 기업을 이동하는 것은 단기 혹은 장기적으로 그들의 성과에 영향을 미치지 않아야 한다. 만약 노동자들의 성과가 압도적으로 그들의 개인적 재능과 교육과 OJT 일반적 스킬 훈련을 통해 획득된 기업특유의 스킬의 함수가 아니라면 인적자본은 이동가능하다.

　전문서비스 기업 내 개인들이 그들의 업무를 수행하기 위해 사전에 정의된 방법론과 표준 집합을 따르기 때문에 그들의 스킬은 어떤 산업 내 기업들에 걸쳐 쉽게 이동가능하게 된다. 제조분야의 육체노동자와 달리 지식노동자들은 생산 수단을 소유한다. 즉, 그들은 그들의 머리에 지식을 지니고 있다. 게다가, 전문서비스 기업에서 대부분의 개인 지식과 역량은 고객과 전문가 동료에 대한 그들의 외부 네트워크에 존재한다. 전문가의 네트워크가 외부에 존재하는 정도에 따라 그것은 경쟁기업에게 이전가능하다.

　특히, 고객과의 개인적 관계가 이동할 가능성이 높다. 그 이유는 고객의 충성은 개인들이 어떤 기업이 아니라 서비스를 수행하는 특정 사람들(즉, 개별 전문가)에게 더 잘 연결될 수 있기 때문이다. 예를 들어, 법률분야에서 기업이 아니라 고객에게 직접 서비스를 제공하는 것은 개별 변호사이며, 그들의 다양한 상황에서 활용될 수 있는 일반적인 지식은 이전이 가능한 스킬을 구성한다. 전문가들이 공식적 훈련 혹은 다른 전문적 상호작용(예: 소송변호사의 검사와 판사와의 관계)을 통해 기업 외부의 다른 전문가들과 집합적 연결을 개발하기 때문에 그들은 그들이 일하는 기업과 독립적인 외부 네트워크 집합을 보유한다.

　이 전문가들의 이동성은 경계없는 경력(boundaryless career)의 예가 된다. 경계없는 경력은 학습의 위치, 사회 네트워크, 기업, 명성 구축으로써 개인들을 강조한다.

비록 학습과 같은 활동이 기업의 역량을 향상시킬지라도 경력경로와 상관없는 개인적 수준에서 학습은 개인의 인적자본과 노동시장 가치에 대한 투자와 향상의 직접적인 원인이 된다.


## 5.3. 전문가 보유 프랙티스

컨설팅부문은 시장에서 가장 높은 인력 이직비율 중 하나를 차지하는 것으로 알려졌다. 이 부문에서 관리자들은 보통 up-or-out 정책을 사용한다. 이 정책 하에서 관리자들은 시장에서 성장할 기회가 없기 때문에 시니어 수준으로 주니어들을 승진시킬 수 없다면 중간수준의 인력이 이탈하는 것을 허용한다.

핵심 스킬을 갖는 전문가들의 이탈은 상당한 지적자본의 손실일 수 있고 그 이유로 그 기업에 의한 경쟁우위의 획득을 방해한다. 그 경쟁비우의의 다양한 이유들이 존재한다.

- 주니어 컨설턴트 후보자의 자연스러운 이탈은 조직이 그러한 전문가를 개발하는 데 투자한 모든 자원을 다시 복구하지 못하게 막아 가장 수익적인 전문가를 잃게 될 수도 있다.
- 떠나려고 계획하는 경험많은 컨설턴트들의 수와 그 이탈이 발생할 수 있는 시점을 예측하는 데 따르는 어려움은 주니어 컨설턴트들의 전문가 발전 프로세스를 계획하려 할 때 큰 문제를 제기한다.
- 개인의 이탈에 의해 초래된 빈 자리는 기업으로 하여금 곤란한 딜레마에 빠지도록 한다. 적절한 대체가 발견될 때까지 프로젝트를 지연시키고 자격이 미비한 전문가를 수용하도록 하며, 흔히 유사한 스킬을 갖는 전문가에 의해 단순히 대체될 수 없는 경우가 일반적이다.
- 결과적으로, 그 기업은 지식 조직으로서의 평판에 부정적 영향을 경험하게 될 것이다.

이 상황에서 경험많은 컨설턴트의 이탈은 경쟁자의 상대적 매력을 증가시킬 수 있다. 비록 이 전문가가 보유한 지적자본이 쉽게 다른 기업으로 이전되기 어려울지라도 경쟁자들이 그들의 인적자본을 포함하는 것은 조직의 미래 경쟁우위의 기반이고 새로운 지적자본의 창출을 위한 필수적인 요인을 구성하게 된다.

전문가를 보유하기 위해 자주 사용되는 전문가 관리 프랙티스로는 다음이 있다.

- 조직에서 긍정적인 경험
- 부문 내 기업의 상대적인 임금수준
- 경력개발 전망
- 직장과 생활의 균형

예를 들어, 컨설팅 기업에 의해 가장 빈번하게 활용된 보유 프랙티스는 다른 부문의 기업들보다 더욱 가속화된 경력계획을 통해 전문성 개발을 추구하면서, 전문가 스킬을 훈련하고 개발하는 데 높은 수준의 투자를 하는 것이다. 이 프랙티스는 전문가들이 다른 산업부문보다 더 젊은 나이에 더 큰 책임을 맡고 더 높은 임금을 받는 것을 허용한다.

훈련과 개발에서도 전문가 조직은 전문가를 위한 경력경로(career path)를 통해 보유 프랙티스를 실행한다. 이 경력경로는 다른 부문보다 더 신속하고 시장 평균보다 뛰어난 연속적인 승진 프로세스와 임금 증가로 이어져야 한다. 이 상황에서 전문서비스 기업들은 2-5년에 이르는 기간에 결합된 지식과 경험을 얻기 위해 주니어 컨설턴트에서 시니어 컨설턴트로 승진을 위한 기간을 설정할 것이다. 그럼에도 불구하고 승진의 공식적 흐름은 시니어 수준의 빈 자리에 의존할 것이다. 이것은 다시 프로젝트의 외부 수요 혹은 예측된 이직율에 의해 영향 받을 것이다.

## 5.4. 전문가 이탈 프랙티스

스타 전문가의 보유와 반대로 전문가를 이탈하도록 유인하는 프랙티스도 존재할 수 있다. 이 상황은 내부적과 외부적으로 구분할 수 있다. 전문가들이 떠나도록 조장하는 내부적 상황은 일반적으로 최소의 고과를 받거나 기업에 덜 유용한 지식과 스킬을 소유한 전문가의 임금이 증가하거나 그 스킬이 정체할 경우이다. 외부적인 상황은 전문서비스의 수요 부진, 경쟁심화로 인한 부정적 경영상황 등이 존재할 수 있다.

그러나 강제로 그들을 떠나게 할 방법은 없고 자발적 이탈을 장려하는 방법이 있다. 예를 들어, 내부의 빈자리를 다른 내부 전문가에게 위임, 더 실력있는 동일 분야 전문가를 신규 채용, 퇴직 인센티브를 제공, 낮은 고과결과를 주기적으로 임금에 반영, 외부의 고용 기회를 추천하는 방법이 있을 수 있다.

## 5.5. 사무직원의 인적자원관리

전문서비스 기업은 전문가뿐만 아니라 사무직원에 대한 인적자원개발도 필요하다. 고관여(high involvement) 인적자원 프랙티스는 관여수준이 높은 직원-고용주 관계를 배양하고 직원이 그들의 기본적 직무 요구사항을 넘어서 기업에 공헌하도록 동기부여한다. 다시, 이 프랙티스는 고용주가 직원에게 헌신하는 상호 의무를 창출하고 다시 뛰어난 직원의 헌신으로 결과되는 선순환을 유지하게 된다.

이러한 논리에 기초하여 사무직원을 위한 일반적 고관여 인적자원관리 프랙티스가 다음과 같이 제시될 수 있다.

- 기업 내 장기적인 성장과 개발을 촉진하기 위해 훈련을 활용
- 신규 직원 채용 시 후보자가 얼마나 잘 조직에 적합한지에 기초하여 평가
- 직원들이 전체 조직의 의사결정에 정기적으로 참여
- 직원의 성과평가 시 우선적으로 얼마나 많이 성장하고 발전하였는지를 탐색
- 우선적으로 기업 내 성장과 개발의 기회로서 직원을 동기부여
- 직업 안정성과 장기 고용을 제공
- 조직이 외부 훈련 혹은 교육과정을 경험하도록 기회를 제공하고 권장

## 6 파트너 관리

## 6.1. 파트너의 역할 미스터리

왜 전문서비스 기업에서 지적능력이 뛰어나고, 매우 동기부여되고, 업무성과 지향적이고, 패스트트랙에 있는 인재가 오히려 파트너와 리더가 되는 역할과 보상

을 원하지 않는가? 전문서비스 기업의 경력경로는 파트너가 되는데 보통 6-9년 혹은 조직 상황과 부문에 따라 10년 이상이 소요된다. 이 파트너와 리더 수준에 대한 열망이 없는 것에 대한 가장 일반적 답은 낮은 도달 비율(예: 나는 안될거야), 힘든 라이프스타일(예: 매일 야근), 까다로운 업무(예: 업무 자체의 스트레스), 직위와 관련된 여행(예: 빈번한 국내외 출장) 등이 있다. 돈이 살 수 있는 것을 고려했을 때 일보다 인생이 더 중요하다는 것이다.

전문서비스 기업에서 파트너-리더의 역할은 모호하기도 하다. 오히려, 전문서비스 기업은 이 역할을 미스터리하게 유지하는 데 자부심을 갖고 있기도 한다. 결과적으로, 사람들은 직원으로서 파트너가 하는 일(그리고 그들의 라이프스타일)을 부정확하게 가정하고 기술한다.

## 6.2. 역할

### (1) 핵심 자본 획득

파트너-리더들이 성공적이 되기 위해 기업의 다양한 수준에서 모아야 하는 네 가지 자본 형태가 존재한다. 전문서비스 기업들은 여러 자본 형태를 목표로 한다. 이 자본 형태는 재무자본, 인적자본, 지적자본, 사회적 자본이 있다.

웹스터(Webster) 사전에 의하면 자본은 목적을 달성하거나 추구를 발전시키는 데 지원하기 위해 사용된 강점의 자산, 자원, 원천으로서 정의한다. 과거에는 오직 한 유형의 자본이 존재하였다. 그 자본은 물리적 및 재무적 자산인 토지, 재고, 공장, 설비, 현금, 외상매출금과 같이 조직에 의해 전유적으로 요청되는 것이었다. 하지만 이제 전문서비스 기업에게 네 가지 유형의 자본을 고려하는 것이 유용하다.

#### ① 재무자본

재무자본은 기업의 순 가치 혹은 실현가능한 시장가치 중 더 높은 것이다. 그러한 재무적 가치는 모든 기업활동(과거, 현재, 시장가치의 경우에 추정된 미래)의 결과이다. 기업이 갖거나, 하거나, 할 수 있는 모든 것이 예측가능한 미래에 추정될 때 재무적 표현에서 시장가치가 기업의 주식가치로 표현된다. 주식가치와 발행주식 수의 곱은 재무자본 혹은 가치의 한 추정치이다. 주식이 거래되지 않는 기업들(예: 많은 전문서비스 기업, 파트너십, 개인 소유회사)에서 재무자본은 그들의 순가치 혹은 연간 거래총액에 의해 가장 잘 추정된다.

② 인적자본

과거에 노동은 재화와 서비스를 만드는 상호교환이 가능한 존재였기 때문에 그들은 업무활동을 넘어 가치를 거의 갖지 않았고 최소화되어야 하는 비용이었다. 이에 비해, 인적자본의 개념은 노동이 그 자체로 가치있고 그 가치를 보유하고 향상시키기 위해 개발될 수 있으며, 다른 것들에게 어떤 가치를 제공할 수 있다는 의미로 확대되었다.

오늘날 인적자본은 기업 노동력의 역량으로서 간주된다. 직원들은 흔히 고품질의 재능을 추구하고 교육, 프랙티스, 업무 경험을 통해 자신의 인적자본 가치를 향상시키려고 노력한다. 직원에게 체화된 높은 수준의 인적자본은 기업이 시장에서 기회를 인식하고 활용하며, 고객문제를 해결하기 위해 혁신적 솔루션에 도달하는 것을 도울 수 있다. 인적자본은 혁신성과 같은 새로운 차별적인 조직 역량을 개발하고 시장에서 더욱 효과적으로 경쟁하도록 할 수 있다. 특히, 중소 전문서비스 기업에서 인적자본의 역할은 중요하다. 높은 수준의 인적자본을 소유한 기업의 긍정적인 성과는 우월한 조직 효과성, 혁신성의 촉진, 직원 행동과 태도의 긍정적 형성을 포함한다. 그러나 시간이 지나면서 이러한 인적자본의 축적은 변화하는 환경 상황에 재빨리 적응할 수 없고 인지적 경직성으로 이어질 수 있는 기업의 사고 프로세스의 루틴화로 이어질 수도 있다. 이 경직성(rigidity)은 기업이 새로운 아이디어와 솔루션을 작동시키거나 받아들이는 것을 방해할 수 있다.

③ 지적자본

경제가 지식 노동자, 학습, 아이디어의 공유에 의존할수록 지적자본의 용어가 중요하게 등장하였다. 지적자본은 이전에도 존재하였으나(일반적인 비즈니스 용어가 되기 전에는 인적자본에 포함되었음) 어떤 비즈니스의 자본이 투자가와 다른 이해관계자들에게 측정되고 보고되어야 하는 것으로서 빈번하게 논의되지는 않았다.

전유적 기술, 저작권(copyright), 특허, 거래기밀뿐만 아니라 책, 도서관, 다른 지식저장고와 같은 것들이 지적자본이다. 비즈니스가 심오하게 되고 복잡한 비즈니스 문제를 해결하는 데 필요한 지적 재능과 기술이 증가할수록 지적자본의 중요성이 높아지고 있다. 만약, 지적자본을 판매할 수 있는 수준에 있다면 그것은 기업의 핵심 자산이 된다.

④ 사회적 자본

사회적 자본은 누군가(개인, 조직, 기업 등)가 의미있는 관계를 갖는 관계의 폭(밀도), 상호연결성(중심성), 다양성(구조적 공백)으로 구성된다. 비즈니스에서 성공하는 것은 당신이 아는 것이 아니라 지식과 서비스 경제에서 중요한 누구를 아는지에 달려있다. 따라서 사회적 자본은 비즈니스 수행에서 관계의 개발과 활용을 강조한다.

이러한 각 자본은 기업의 목표를 추구하기 위해 모아지고 사용될 수 있다. 이 자본들은 〈그림 8.1〉과 같이 보완적일 수 있다. 가령, 더 많은 지적자본은 더 많은 비즈니스 수익(고객)을 창출하는 것을 도울 수 있거나 더 나은 직원(인적자본)을 유인할 수 있다(중복되는 부분). 그것은 또한 책과 소프트웨어와 같은 유형적 제품을 위한 로열티 수익을 창출할 수 있다. 이 그림은 또한 각 유형의 자본이 다른 유형의 자본으로부터 차별적 가치를 갖는다는 것을 암시한다(중복되지 않는 부분).

**그림 8.1**   네 가지 자본 유형 사이의 관계

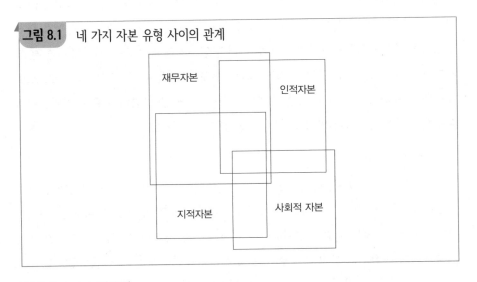

자료원: Stumpf et al.(2002)

재무자본이 대체가능하고 이전가능(조직은 인적자본, 지적자본, 심지어 어떤 경우에 사회적 자본을 구매할 수 있다)한 반면에 바람직한 특정 인적자본, 지적자본, 사회적 자본을 획득하는 데 충분하지 않을 수 있다.

각 자본은 스스로 독특한 특성을 갖고 있다. 따라서, 전문서비스 기업은 각 유형의 자본을 모으고 활용하는 의도와 능력이 다양할 수밖에 없다. 대부분의 전문서비스 기업의 지배적인 미션이 고객에게 가치를 제공하는 것인데 이것은 다른 자원

의 결합(예: 다른 형태의 자본 사용)을 통해 수행될 수 있다. 대부분의 전문서비스 기업의 파트너는 그들의 자본을 보충하는 것을 추구하나 그 수준은 다양하다. 파트너의 관여는 비용이 들어가고 이익(재무자본)을 창출하며, 사람(인적자본)을 사용하고 그들을 개발한다. 또는 그것은 아이디어와 지식을 적용하고 이 아이디어들(지적자본)을 확장하며, 관계(사회적 자본)를 활용하고 구축한다.

예를 들어, 경영컨설팅과 같은 전문서비스 기업은 프로젝트와 케이스를 통해 다음의 접근법에 초점을 두어 파트너의 독특한 역할을 규정할 수 있다.

- 비용을 유지하고 직원(인적자본)을 줄이면서 더 많은 수익을 창출하는 일차적 목표: A.T. Kearney, Booz Allen & Hamilton
- 재무와 지적자본을 균등하게 유지: BCG, A.D. Little, Deloitte Consulting
- 재무와 사회적 자본을 균등하게 유지: McKinsey & Company
- 재무적 및 인적자본에 초점: Accenture, KPMG, Ernst & Young

## (2) 전략적 비즈니스 수단 관리

전문서비스 기업이 그 수익성과 성장 목표를 충족하기 위해 관리되어야 하는 핵심 전략적인 비즈니스 수단으로 청구율(billing rate), 청구가능성(billability), 직원 레버리지(staffing leverage)가 있다.

### ① 청구율

다른 모든 조건이 동일할 경우에 만약 더 높은 청구율로 서비스를 청구한다면 전문서비스 기업은 그 서비스에서 더 많이 벌 것이다. 각 유형의 전문서비스 기업의 서비스를 위한 시장 수요가 청구율에 영향을 미칠 뿐만 아니라 인식된 명성과 과거 서비스의 평판에 기초하여 전문서비스 기업에 의해 결정될 수 있다. 강한 컨설턴트-고객 관계가 존재하거나 요청된 업무가 전문서비스 기업의 전문성에 해당한 경우에 고객은 매우 넓게 요청된 청구율에 민감하지 않을 수 있다.

전문서비스 기업의 비즈니스모델과 전략은 또한 청구율에 영향을 미친다. 관계에 초점을 둔 기업들은 만약 관계가 CEO와 위원회 수준에 있다면 가격에 프리미엄을 붙일 수 있다. 인적자본에 더 초점을 둔 기업들은 더 많은 멤버들을 유지할 필요가 있고 직원에게 개발 기회를 제공할 필요가 있기 때문에 청구율은 더 낮아질 것이다. 특히 복잡하고 구조화가 안된 전략적 이슈를 다루는 업무에 초점을 둔 기업들은 이 전문화에 프리미엄을 부과할 수 있다. 하지만, 더욱 기본적인 서비스를 제공하는 기업들은 청구율을 낮출 것이다.

② 청구가능성

청구가능성은 고객의 수요를 실제 전문서비스 기업의 공급으로 전환시키는 잠재력을 의미한다. 법적 보고요구에 맞춰 지속적인 감사와 세무업무를 담당하는 회계기업은 예외이지만 전문서비스 기업은 각 새로운 프로젝트 업무에 자신을 계속 재판매해야 한다.

사회적 혹은 지적자본이 고려된다면 고객담당 파트너(client staff)는 상호교환이 불가능하다. 많은 전문서비스 기업은 단기적인(보통 6개월 이하) 고객 주문을 받고 6개월을 넘어선 업무 일정은 거의 대부분(약 75% 정도) 미리 결정되지 않는다. 전문서비스에서 예약주문과 같은 비즈니스의 수주잔고(backlog)의 개념은 거의 존재하지 않는다. 전문서비스 기업의 사용이 일반적으로 다루어질 특정 시간과 이슈(M&A 컨설팅, 법적 소송, 감정평가)와 밀접하게 연결되기 때문에 고객은 어떤 전문서비스 기업을 사용할지 사전에 잘 계획하지 않는다.

일단 고객담당 파트너가 채용되면 그들의 비용은 고정되기 때문에 청구가능성의 점진적인 향상은 전반적인 재무성과를 증가시킨다. 증가된 청구가능성의 비용은 흔히 고객담당 파트너에 의해 초래된다(더 긴 업무시간, 일주일에 6일 업무, 새로운 지적자본을 창출할 시간이 거의 없음, 더 많은 주니어 인력을 개발할 시간이 거의 없음, 새로운 인력을 채용할 시간이 거의 없음, 주말 혹은 늦은 밤에 더 많은 출장 이동). 이 고객담당 파트너는 낮은 삶의 질과 자신과 어떤 기업의 전문성 수준이 떨어지는 것을 경험한다. 장기적으로 이 결과로 인해서 이들은 높은 이직율(대부분의 전문서비스 기업에서 연간 15% 이상)과 인적, 지적, 사회적 자본 재고의 감소로 이어진다.

③ 인력 레버리지

세 번째 비즈니스 수단은 인력 레버리지(관여, 케이스, 혹은 프로젝트에 기여하는 데 사용가능한 각 수준에서 직원의 수) 결정이다. 레버리지는 흔히 모든 고객담당 전문가(비고객직원은(non-client staff)는 비용 요소로서 분리하여 고려)에 대한 파트너(임원)들의 수의 관점에서 기술된다. 더욱 전문화되고 재무적 및 지적자본을 더 모으는데 초점을 두는 전문서비스 기업에서 1:7 혹은 1:8의 비율이 일반적이다. 더욱 본원적 서비스를 제공하는 인적자본을 개발하는 데 초점을 두는 기업에서는 그 비율이 1:20에서 1:50까지 확장될 수 있다.

위에서 암시되었듯이 여러 인력충원 레버리지들이 각 전문서비스 기업 비즈니스 모델에 적절하다. 예를 들어, 중간 규모의 전문서비스 기업(예: 1,000명의 고객 서비스 전문가)에서 1:7에서 1:8로 충원 레버리지를 변화시키는 것은 내부 프로세스와 수익성 모두에 큰 영향을 미친다(만약, 청구가능성이 새로운 레버리지 비율에 대해 일정하게 유지된다면). 이러한 예에서, 125명의 파트너들이 825명의 고객담당 전문가를 지원하고 있을 것이다(1:7 비율). 만약 1:8의 비율로 이동하고 다른 모든 조건이 동일하다면 125명의 고객담당 전문가가 추가된다는 것을 암시한다. 또한 그 기업이 10% 성장과 1년에 20%의 이직율을 가정한다면 들어오는 고객담당 전문가는 165명에서 436명으로 증가할 필요가 있다. 하지만, 인력 레버리지가 전문서비스 기업의 재무성과와 인력 구조에 미치는 영향은 매우 크다.

### (3) 이사로서의 역할

파트너는 더 이상 직원이 아니라 소유자이고 이사회의 구성원이 된다. 이사는 전형적으로 기관의 장기적인 미래를 고려하고 그들의 개인적 니즈보다 기업의 가치와 니즈를 우선시하는 의사결정을 취해야 한다. 바람직한 이사회 멤버는 그들이 기업의 한 개별 주체로서가 아니라 자신의 시간, 재능, 자금을 바치는 역할을 해야 한다. 전문서비스 기업의 세계에서 이러한 역할은 유망고객과 관계와 신뢰를 개발하는 것으로 이어진다.

 승진시스템

전문서비스 기업에서 승진은 지위, 재무적 보상, 파워와 관련된다. 이 기업에서 파트너는 모든 중요한 의사결정을 하고, 많은 돈을 벌고, 가장 높은 명망을 얻는다. 공공부문을 제외한 대부분의 전문기업은 계층적 구조와 문화를 강조하기 때문에 어떤 기준에서 직원이 승진되는지는 중요한 문제이다.

## 7.1. 승진시스템 모델

두 가지 승진시스템이 존재한다. 하나는 'up or out(승진하지 못하면 사퇴)' 이고 다른 하나는 'dead men's shoes(후계자가 탐내는 지위)'이다(Maister, 1982). 이 둘은 극단적인 전략이고 많은 기업은 이 조합을 적용하고 있다.

### (1) Dead men's shoes

dead-men's-policy는 한 개인이 직급에서 머물 수 있는 최대 시간이 존재하지 않고 그 시간이 지난 후에 승진기회는 상위 직급에서 결원히 발생할 경우에만 생긴다. 이 정책 하에 어떤 직급의 어떤 개인이 승진할 가능성은 두 가지 요인에 의존한다.

- 전체적인 기업의 성장률
- 승진 대상이 되는 사람들의 수와 더 높은 직급 내 사람들의 총 수의 비율

그러나, 이 정책하에서 기업의 성장이 없을 경우에 승진 가능성이 없다는 것은 직관적으로 명확하다. 기업의 성장률이 증가하면 최대로 다가갈 때까지 승진 가능성이 증가한다. 이 최대는 각 개인이 승진되기 전에 어떤 직급에서 최소의 시간을 보내야 하는 기업의 제약이다.

매우 단순한 예를 고려해 보자. 상위 계층에 20명의 시니어 직원이 있고 하위 계층에 10명의 주니어가 존재하는 두 직급이 있다고 하자. 10%의 성장률과 주니어에게 시니어의 지속적인 비율 요구조건이 주어진다면 상위 계층에 새로운 두 명의 요구가 존재하면 승진의 확률은 20%이다. 15%의 성장률에서는 세 명이 매년 승진되어야 한다. 만약 그 기업이 모든 주니어가 승진하기 전에 3년 동안 머무르기를 원한다면 15%가 최대 성장률이고 모든 주니어는 근무이후 3년 내에 승진할 것이다.

### (2) Up or out

이 정책하에서 한 개인이 어떤 직급에서 소비할 수 있는 최소 시간이 지난 후에 직원은 승진하거나 떠나야 한다. 이것은 소위 직급정년제와 유사하고 토너먼트(tournament) 승진의 한 유형이다. 토너먼트의 후보자는 특정 시간대 내에 다음 등급의 제한된 포지션으로 승진을 위해 서로 경쟁하고 어떤 개인의 절대적 가치보다는

동일 집단 내 상대적 서열에 기초하여 승진이 결정된다. 승진에 실패한 사람들은 뒤이은 승진 라운드(혹은 토너먼트)가 금지되고 토너먼트의 up-or-out 버전에서 기업을 떠나는 것으로 예상된다.

이 정책하에서는 다른 요인들이 승진 확률에 영향을 미친다. 승진 사다리 위로 가는 시기가 고정되기 때문에 각 직급에서 승진 확률은 다음의 두 가지 요인에 의존한다.

- 기업의 성장률과 승진 대상이 되는 사람의 수
- 그 사람의 바로 위의 직급에 있는 사람의 수

dead men's shoes에서는 바로 위의 직급에 있는 수가 아니라 기업 내 상위에 있는 전체 총 수였다는 것을 기억하자. 이 인정사정없는 시스템은 승진기회를 창출하기 위해 인력을 밖으로 내보내고 파트너들이 원치 않는 사람들은 은퇴하도록 강요받는다.


## 7.2. 승진정책의 비교

### (1) Dead men's shoes는 늘 더 낮은 승진 기회를 제공한다.

Dead men's shoes는 강제로 축출하지 않기 때문에 조직의 상위에 있는 사람들에게 더 우호적이고 하위 직급의 사람들에게는 덜 우호적이다. 만약 dead men's shoes 하의 직급에서 소비하는 데 이용가능한 최소의 시간이 또한 up or out하에서 고정된 시간이라면, dead men's shoes는 항상 낮은 직급에 있는 사람들에게 더 낮은 승진 기회를 제공한다. 이 결과는 기업의 성장률에 상관없이 사실이다.

### (2) up or out하에서 기업은 dead men's shoes만큼 빨리 성장할 수 없다.

순수한 up or out은 직원이 상위 계층을 포함하여 모든 계층에서 고정된 기간에 머무른다는 것을 전제한다. dead men's shoes는 최고 상위 수준에서 사람들을 축출하지 않는다. 결과적으로 순수한 up or out 기업은 더욱 느리게 성장하는 제한을 갖는다. 기업들이 빠르게 성장할 때 많은 up or out은 정상에서 사람들을 밀어내는 것에 대한 규칙을 완화하고 dead men's shoes의 성장률과 가깝게 그들의 잠재적 성장률을 증가시킬 수 있다.

### (3) 가파른 피라미드 조직구조는 편평한 것보다 더 나은 승진기회를 제공한다.

편평한 피라미드는 현재 직급보다 위의 직급에 있는 사람이 훨씬 작은 반면에 가파른 피라미드는 상위의 직급 수가 아래 직급의 수와 유사할 것이다. 가파른 피라미드는 좋은 승진 전망을 제공한다(그러나 일반적으로 승진시 재무적 보상은 더 작다).

### (4) 성장률을 변화시키는 것은 다른 효과를 갖는다.

위의 두 결과는 사소하지 않은 결과를 만든다. 성장률을 변화시키는 것은 기업의 각 수준에서 동일하지 않은 효과를 갖는다. up or out에서 편평한 모양(즉, 현재의 직급과 위의 직급 사이에 상대적으로 엄격한 제한이 존재한다)을 갖는 기업의 계층에서 성장률을 변화시키는 것이 피라미드가 가파른 계층보다 승진 전망에 더 큰 영향을 미칠 것이다. dead men's shoes 하에 성장률을 변화시키는 것은 피라미드의 바닥에서 가장 큰 영향을 미친다.

### (5) 단지 up or out만이 부정적 성장에 대응할 수 있다.

up or out이 dead men's shoes만큼 기업이 빨리 성장하도록 할 수 없는 반면에 그것은 여전히 상향 이동을 유지하도록 허용한다. 하지만, dead-men's-shoes 정책은 부정적 성장에 대응하기 어렵다.

## 7.3. 최적 승진 정책

매우 높은 성장률에서는 두 정책 사이에 차이가 거의 존재하지 않는다. 낮은 계층의 모든 사람은 좋은 승진기회를 인식한다. 그러나 기업의 성장이 느려질수록 승진확률은 낮은 계층에서 더욱 빠르게 떨어진다. dead men's shoes와 달리 up or out은 기업이 성과가 낮은 인력을 제거하는 것을 가능하게 한다. 이것은 보통 기업 사이의 경쟁이 더 힘들어지는 경제적 침체기에 중요하다. 만약 기업이 더 높은 계층보다 더 낮은 계층에서 바람직한 사람을 보유하는 것이 더 중요하다고 생각하면 up or out이 더 나을 것이다. 이때 고용비용은 더 높은 계층의 직원들에 의해 부담된다. 게다가, 기업이 더 낮은 계층의 직원들이 더 유동적이라고 믿는다면 up or out이 또한 선호될 것이다(Baden-Fuller & Bateson, 1990).

## 7.4. 암묵적 혹은 명시적 정책의 가치

대부분의 전문서비스 기업들은 모호성을 이용하고 주니어에게 승진정책을 명시적으로 말하지 않는다. 높은 성장률에서는 정책이 명확히 구분되지 않기 때문에 문제가 되지 않으나 기업이 성장률에서 급격한 변화를 경험할 때에는 이 정직의 결여가 문제를 초래할 수 있다. 그 문제는 기업이 up or out을 따르는 경우에 가장 명백하다. 상위 계층의 전문가들은 그들이 평생직장을 가졌다고 생각할 때 떠나도록 강요받을 수 있다. 또한 더 낮은 계층의 직원은 up or out 정책이 분명하게 될 때까지 승진 전망이 존재하지 않는다고 믿을 수 있다. 결과적으로, 전체 직원은 불만족되고 일을 열심히 하지 않을 수 있다.

## 7.5. 혼합 전략

어떤 기업들은 두 극단점을 피하려고 노력한다. 가령, 순수한 dead men's shoes는 정상의 사람들은 결코 은퇴하지 않고 아무도 자발적으로 사직하지 않는다고 전제한다. 그러나 이것은 비현실적인 전제이다. 또한, up or out은 불필요한 전제인 아무도 계속 머무르지 않는다고 가정한다. 실제로, 대부분의 기업들은 혼합된 규칙을 적용한다. 가령, 어떤 직급에서 최소와 최대 재직기간이 규정될 수 있다. 따라서 성장이 빠를 때 전문가들은 신속한 승진 정책을 운영하고 성장이 느릴 때에는 dead men's shoes로 물러난다.

어떤 기업들은 패스트 트랙(fast track)과 슬로우 트랙(slow track)을 가짐으로서 문제를 피하려고도 한다. 패스트 트랙은 주역을 맡고 빠르게 승진할 것으로 기대되는 사람들의 집단이다. 기업에서 슬로우 트랙은 dead men's shoes이다.

현재 가장 많이 적용되는 승진시스템은 up or out이다. 그러나 이 시스템의 장단점이 존재하기 때문에 이러한 문제를 개선하기 위한 다양한 변형된 제도를 법률 분야에 한정하여 아래에 설명한다.

① 상담 변호사(of council)
상담 변호사라는 명칭은 파트너가 안되거나 그렇게 하도록 적용되지 않는 그러나 최소 되는데 충분한 비즈니스 케이스가 부족하다. 10년의 경험을 갖춘 시니어 어쏘에게 부여된다. 따라서, 그들은 파트너십으로 승진에 필요한 경험 수준에 있거

나 그것을 넘어서야 한다. 그러나 그들은 선발되는 데 충분한 비즈니스 케이스가 부족하다. 이들의 보수는 어쏘의 보수와 다르다. 가장 중요한 요인은 그것을 동기부여를 위해 부분적으로 그들의 임금이 파트너의 이익기반 보상과 유사한 원칙에 기초되어 설정되어야 한다.

### ② 영구적 어쏘

영구적 어쏘는 10년 이상의 자격을 갖춘 어쏘들이고 파트너십을 달성하는 데 실패하거나 승진을 제시받지 못할 어쏘들이다.

### ③ 전문가 지원 변호사

이들은 수임변호사(fee earning lawyer)의 임무를 지원하는 변호사로서 법적 문제의 초안을 작성하는 스킬을 갖는 소위 기술적 스페셜리스트이다. 이들은 영구적 포지션을 유지하나 전통적으로 파트너십 트랙에 있지 않기 때문에 경력 변호사의 대안적 경로를 따른다. 최근에 매우 드물고 이들의 어쏘에 대한 비율은 상대적으로 작다. 이들은 직접적으로 수임하지 않기 때문에 더욱 유연하게 업무 시간을 관리할 수 있어 그것이 일-생활 균형 이슈를 해결하는 인기있는 수단이 될 수 있다는 점이 장점이다. 이들은 전형적으로 어쏘 비율과 관련되어 월급이 지불되나 성과급은 제한을 받는다.

### ④ 월급쟁이 파트너

두 가지 계층의 파트너십을 갖는 전문서비스 기업이 존재한다. 즉, 영구적인 파트너와 그렇지 않고 파트너 지위로 승진하는 계층이 존재한다. 그 근본 이유는 조심스러운 선발에도 불구하고 모든 파트너 후보자들이 기대를 이행하지 않고 그들의 이익공유를 정당화하는 충분한 비즈니스를 달성하지 못할 수 있다는 점에 있다. 또한 전문서비스 기업들이 지분을 보유한 파트너당 이익을 유지하는 지분 풀의 규모를 규제하는 목적도 그 이유 중 하나이다. 월급쟁이 파트너들은 2-4년의 기간 동안 지분 파트너와 차별적 업무를 수행한 후 지분 파트너십에 진입을 위해 정기적으로 검토된다. 따라서, 월급쟁이 파트너 역할은 소유자 또는 직원으로서 파트너 사이를 구분함을 통해 up-or-out 모델을 조절하고 두 단계를 통해 그 프로세스를 연장하는 중요한 수단이 된다.

⑤ 법무담당이사

시니어 어쏘와 비교하여 법률이사는 더욱 많은 정보를 가질 뿐만 아니라 특별한 지위와 존경을 받는다. 법률이사는 파트너들과 동일한 일을 하나 외부로 나갈 필요가 없고 파트너에게 기대된 비즈니스 개발을 할 필요가 없다. 이 역할은 주로 내부의 선호에 따라 결정되고 시니어 인력을 보유하기 위한 하나의 실험으로서 사용된다.

⑥ 시니어 변호사와 소속 변호사(staff attorney)

시니어 변호사는 파트너 수준에 가지 못하나 여전히 기업에게 가치있는 어쏘들을 위해 만들어진다. 이에 비해 소속 변호사는 파트너가 되는 옵션없이 영구적인 직원으로서 변호사로 채용하는 경우에 해당한다. 소속 변호사는 중간 수준의 일상적 케이스에서 낮은 청구율을 보이는 케이스까지를 다루는 업무를 담당한다.

# 8 기타 인적자원관리 이슈

## 8.1. 전문가 정체성 관리

### (1) 전문가 정체성의 개념

전문직은 자신의 업무를 통제하는 권한의 수준이 매우 높고 업무를 누가 수행할 수 있는지와 그것이 어떻게 수행되어야 하는지를 결정하는 데 높은 자율성을 부여받는다. 이 전문가들은 그들의 특화되고 사회적으로 가치가 있고 광범위한 교육/사회화/경력개발(특정 전문직의 멤버만이 소유하고 실행에 승인을 받는)을 통해 축적된 지식에 의해 다른 직업과 구분된다. 이러한 전문가의 정체성은 다음의 두 가지 방식으로 유지된다.

- 전문직의 회원으로서 차별적인 전문가 정체성: 전문협회의 회원(학회회원, 협회회원 등)
- 전문적 프랙티스를 수행함에 따른 전문가 정체성: 전문협회의 회원이든 아니든 간에 전문의, 변호사, 회계사의 역할 수행

## (2) 전문가 정체성의 특징

이러한 전문가 정체성은 다음의 네 가지 특징을 갖는다.

① 적절한 전문성을 갖는 사람들만이 전문적 업무와 전문가 프랙티스를 적절히 수행하도록 하기 위해 전문기관과 정부에 의해 규제된다. 이것은 전문가가 서로 간에 상호의존적이고 그들에게 그들의 업무의 영역에 대한 권한을 제공할 수 있는 경계와 진입 장벽을 창출한다.

② 전문가들은 그들의 자율 혹은 특권을 위협하는 다른 전문적 직업의 침입 혹은 변화에 대해 그들의 권한과 자율을 방어한다. 최근 변호사와 세무사/회계사/변리사 등의 자격증 자동 부여 논쟁이 그 사례이다.

③ 전문가들은 그들의 지위를 향상시키기 위해 다른 전문직과 직업으로부터 자신을 층화(stratification)하는 것을 추구한다. 층화는 전문화를 증가시키고 일상적 업무를 다른 직업 그룹들에게 위임하는 것을 추구하는 형태를 갖는다. 스페셜리스트로서 의료분야의 교수/인턴/ 레지던트, 법률분야의 법무사와 변호사 등이 그 사례일 수 있다.

④ 그들의 우월한 도덕심에 대한 대중의 인식을 강화하기 위해 전문가들은 사익의 추구가 아닌 고객의 이익에 초점을 둔다고 주장한다. 비록 일부 위법행위가 발생하기도 하지만 고객에 대한 이타주의에 기초한 전문화는 전문가 업무의 본질로 남아 있다.

## (3) 전문가 정체성 향상을 위한 관리

모든 전문가들은 그들의 직업과 강하게 동일시된다. 그들은 기존의 소관하에 있지 않는 갑작스런 새로운 업무를 수행하거나 전문가 정체성을 위협하는 업무를 맡게 될 경우에 자신감을 잃고, 업무 수행시 확신을 잃고, 자신의 역량이 부족한 것으로 느낀다. 이 무능력감은 전문가의 전문감(feeling of professional)을 약화시킨다. 또한, 업무 자율성이 도전받는 전문가들은 '내가 지금 어디에 있고 무엇을 하고 있는가'에 대해 스스로 질문하고 고민하게 된다. 그 결과, 그들은 새로운 역할을 회피하고 이전에 그들의 역할소관에 있지 않은 업무를 동료 혹은 하위 전문가들에게 전가하면서 저항한다. 이러한, 정체성 위협에 대비하고 저항을 막기 위해서는 직무재설계(job redesign)가 필요하다.

## 8.2. 기업과 직원의 평판

### (1) 개념

자원기반이론은 어떤 기업이 경쟁자 대비 지속가능한 경쟁우위를 얻기 위해 필요한 자원의 역할을 강조한다. 이 관점에서 기업평판과 직원평판은 조직의 중요한 자원으로 고려될 수 있다.

#### ① 기업평판

기업평판은 기업의 지속가능한 우위를 창출하는 잠재력을 갖는 무형자산이다. 기업평판은 시장에 의한 기업의 전체적 평가일 뿐만 아니라 기업이 소유한 가치있는 자원과 역량의 지표이다. 예를 들어, 증권회사 애널리스트가 보유한 인적자본은 기업평판의 핵심 결정요인일 것이다. 다른 자원들로는 기업의 정보/지식 데이터베이스, 고객관련 활동을 다루는 관리직원, 서비스 수혜자에게 보고서를 확산시키는 기업의 유통 네트워크가 포함될 수 있다. 이처럼 기업평판은 기업 내 보완적 자원의 시너지적인 통합에 기인한다.

#### ② 직원평판

직원평판은 개별 직원에 대한 시장의 평가로 도출되기 때문에 시장기반의 자원이다. 기업평판이 기업 내 보완적 자원의 시너지적인 통합으로부터 도출되는 반면에 직원평판은 대부분 개별 직원의 인적자본에 의해 결정된다. 인적자본은 공식적 및 비공식적 교육과 경험을 통해 개발된 개인의 누적적인 능력, 지식, 스킬로써 정의된다. 예를 들어, 어떤 한 애널리스트의 인적자본은 그러한 지식이 주식보고서에서 기업의 수익추정치와 가치평가의 정확성을 증가시키기 때문에 그가 평가 중인 기업과 산업에 대해 누적한 지식의 스톡으로 구성된다.

### (2) 신호이론의 적용

신호이론(signaling theory)은 경제적 주체들의 행동에 대한 불완전한 정보의 영향을 인식하고 경제 주체들이 경제적 거래에서 정보 비대칭성을 줄이는 것을 추구한다고 주장한다. 그것은 어떻게 기업평판과 직원평판과 같은 차별적인 시장기반 자원들이 서비스 혹은 지식기반 제공품을 갖는 기업의 교환성과에 중요한지를 설명하는 유용한 시각이다.

서비스 기업의 근원적인 특징은 제공품의 무형성이다. 서비스는 개체가 아니라 성과이고 그들은 재화가 감지될 수 있는 방식과 동일하게 보고, 느끼고, 맛보고, 만져질 수 없다. 그러한 상황에서 구매자와 판매자 사이의 정보 비대칭성은 서비스 품질의 사전 평가를 모호하게 만든다. 교환 거래가 높은 수준의 정보 비대칭성으로 특징될 때 구매자들은 덜 바람직한 제품을 구매할 가능성인 역선택(adverse selection) 문제에 대항하기 위해 품질지표의 신뢰할만한 대리치를 제공하는 신호에 의존한다. 특히, 이 평판자산이 기업에 대한 품질의 신뢰할만한 신호를 제공한다.

### (3) 역할

전문서비스 기업과 그 직원들에 대한 평판은 그 기업의 서비스를 평가할 때 서비스 수혜자에 의해 고려되는 가치있는 자원이다. 예를 들어, 기업평판은 서비스 수혜자에 의해 인식된 서비스 신뢰성에 기여하는 핵심 요인이다. 어떤 회계감사기업의 업무가 비판받는다면 그 기업은 피해 본 평판으로부터 경제적 손해를 초래할 것이다. 또한, 직원의 평판이 여러 상황에서 기업의 성과에 긍정적으로 영향을 미친다. 하지만, 기업평판과 직원평판이 반드시 마케팅과 시장성과에 동일한 영향을 미치지는 않을 것이다. 예를 들어, 애널리스트의 평판과 증권사의 평판은 고객에게 제공된 서비스에 각기 다른 영향을 미친다.


## 8.3. 창의성과 생산성의 역설

### (1) 개념

창의성과 생산성은 전문가에게 다른 유형의 인지적 요구를 요청한다. 즉, 그들은 일을 다르게 하는 것을 요구받고 다른 한편으로는 동일한 일을 더 잘 하도록 요구받는다. 명백히, 개인의 인지적 역량이 제한될 수밖에 없다는 점을 고려하면 이 두 요구는 서로 경쟁할 수밖에 없다.

● 창의성

창의성은 진기하고 유용한 아이디어의 생산으로서 정의되고 지속적 혁신을 보장하는 데 필수적으로 간주된다. 일반적으로, 창의성은 가치를 발생시키고 가치있는 것으로 간주되고 새롭고, 진기하고, 유용한 아이디어의 생산으로서 고려된다. 그러나 창의적 아이디어의 생산과 개발은 많은 시간자원을 필요로 하고 많은 시행착오와 리스크를 포함하기 때문에 이 모든 것은 업무 생산성을 희생시킨다.

● 생산성

생산성의 정의는 전문서비스 기업도 마찬가지로 투입자원과 산출물의 비율로 이루어진다. 전문서비스 기업에 의해 초래된 주요 비용 중 하나가 전문가가 업무 혹은 프로젝트를 완료하는 데 소비한 시간이기 때문에 생산성은 전문가 시간의 효율적 사용을 통해 향상된다. 따라서, 비고객서비스에 사용된 시간은 생산성에 부정적 영향을 미치고 고객초점은 수수료의 동인으로서 높은 가치를 갖게 된다.

### (2) 균형에 의한 관리

일반 사람뿐만 아니라 전문가의 인지역량의 한계는 창의적이고 생산적인 성과를 동시에 추구하는 개인의 능력을 제한한다. 창의적 목표를 추구하기 위해 개인들은 이슈에 대해 많은 잠재적인 솔루션을 고려하고 다양한 범위의 환경 정보에 관심을 두며, 다르게 생각할 필요가 있다. 반면에 생산성 목표를 추구하기 위해서는 논리적 사고 혹은 루틴, 초점, 수렴적 사고의 활용을 필요로 한다.

전문서비스 기업이 고객의 새로운 요구에 효과적으로 대응하기 위해서는 전문가의 자율성에 기반을 둔 창의성이 필수이다. 그러나 다른 한편으로 서비스 기업의 입장에서는 수익성을 높이기 위해 일상적 전문서비스에 대한 생산성을 강조하지 않을 수 없다. 이처럼 전문서비스 기업은 창의성과 생산성이라는 어찌 보면 충돌하는 두 가지 특성을 보이는 지식과 학습 문화를 잘 균형시켜야 하는 문제에 직면하게 된다. 따라서, 제한된 인지적 자원으로써 관심이 생산성과 창의성을 위한 두 요구 사이에서 충돌할 수밖에 없게 된다. 따라서 전문서비스 기업이 직면한 도전은 개인의 창의성과 생산성을 균형시키는 이 역설을 관리하는 방법이다.

## 8.4. 다중 전문가 팀워크와 정체성

### (1) 개념

다중 전문가팀은 고객이 여러 니즈를 가질 때 적절하다. 이 팀은 보통 특정 환자 혹은 고객 집단에게 서비스를 제공하기 위해 공식적 조직경계를 넘어 함께 일하는 여러 전문직 출신의 작은 집단으로서 정의될 수 있다.

다중 전문가팀들이 기대된 편익에 접근하기 위해 팀 멤버들은 다른 루틴과 업무 규범을 갖는 여러 분야의 전문가들과 소통해야 한다. 그러나 전문영역의 외부에서 접점을 갖는 것은 전문가 정체성에 위협이 되고 커뮤니케이션과 지식공유를 방해할 수 있다.

### (2) 정체성 형성

다중 전문가팀의 전문적 다양성을 활용하기 위해 팀 멤버들은 새로운 역할을 가정하고 상호 이해를 개발하기 위해 그들의 전문가 사일로(silo)를 떠나도록 준비해야 한다. 분명 이것은 쉬운 일이 아니고 즉각 달성될 수 없을 것이다. 의사와 간호사를 갖는 가족 전문가 팀에 등록된 약사는 초기에는 외부인으로서 자신을 느낄 것이다. 그러나 지속적인 상호작용을 통해 그 약사는 점점 더 다른 팀 멤버들에 의해 인정받고 신뢰감을 느낄 것이다. 이것은 다중 전문가 팀워크에서 시간의 중요성을 암시한다. 또한, 전문가들이 팀과 자신의 역할에 대한 매우 다른 인식을 갖고 다중 전문가 팀워크에 진입하기 때문에 전문가 개인의 스트레스 관리가 중요하다.

## 8.5. 기업가 정신

### (1) 개념

조직의 기업가 정신은 네 가지 다른 형태를 취하며, 각각은 기업의 구체적 전략을 특징짓는다.

- 지속된 재생(sustained regeneration):신제품 혹은 서비스를 창출하고 지원적 구조와 문화를 배양
- 조직적 재생(organizational rejuvenation): 프로세스, 자원, 구조에 의한 경쟁 포지션을 향상

- 전략적 재생(strategic renewal): 경쟁유형을 통해 시장관계를 재정의
- 영역 재정의(domain redefinition): 새롭거나 덜 인식된 제품-시장 결합을 활용
  전문서비스 기업에서 기업가 정신의 분류

전문서비스 기업에서 기업 기업가정신을 구성하는 요소들은 다음의 다섯 가지로 구분될 수 있다(Kühn et al., 2016).

- 자율성: 자율적 행동과 의사결정에 대한 전문가들의 선호로서 흔히 기업가적 활동을 위한 토대로 고려된다.
- 혁신성과 진취성: 시장기회의 인식, 아이디어와 새로운 서비스의 개발
- 협력: 전문가들은 동일한 방향으로 행진
- 지속가능성: 동료와 고객과 장기 관계, 파트너들을 위한 거주지로서 전문서비스 기업
- 성공: 기업가 정신(전문가와 전문서비스 기업)의 재무적 목표, 새로운 제공품을 통한 도전적이고 수익적인 고객을 얻기, 수익에 관한 개인적 책임성

한편, 전문서비스 기업(로펌의 경우)에서 기업가적 행동에 대한 인식된 저항의 세 가지 종류는 다음의 〈표 8.7〉과 같다.

**표 8.7**  기업가적 행동에 대한 인식된 저항

| 주제 | 설명과 사례 |
|------|------------|
| 기업가적 확장의 결여 | 전문가들은 신규 고객의 획득, 신시장의 탐구, 신서비스의 창출에 적극적으로 관여하지 않고 오히려 현재 고객만을 처리 |
| 기업가적 활동의 생략 | 비록 전문가들이 이것이 지속가능한 장기 솔루션이 아니라는 것을 알지라도 새로운 비즈니스로 진입하는 노력과 리스크가 높다고 생각하기 때문에 그들은 그들의 현재의 핵심 비즈니스에 집착한다. |
| 일탈적(비상업적) 활동 초점 | 전문서비스 기업과 전문가들은 혁신 혹은 경제적 성공과 같은 기업가적인 차원을 넘어 그들의 목표를 설정한다. |

자료원: Kühn et al.(2016)

## (2) 기업가 정신 관리

### ① 기업가적 전문가 규명과 선택

젊은 전문가의 채용, 주니어와 다른 파트너들의 성과고과, 전문가의 승진 혹은 해고와 같은 중요한 대부분의 기능들은 파트너들의 책임이다. 이때, 미래의 전문가는 기업가적 스킬을 가질 필요가 있고 기업가 정신은 주니어 전문가 수준에서 시작할 수 있다. 전문서비스 기업이 기업가적 전문가를 어떻게 인식하는가? 이 경우에 파트너들은 자신의 직관과 경험을 신뢰하기 때문에 일반적으로 특정 기준은 존재하지 않는다. 그러나 신규 채용자들(특히, 비즈니스 배경이 없는 젊은 변호사들)이 기업가적 스킬을 소유할 것으로 거의 기대되지 않는다. 따라서 대부분의 파트너들은 일상의 운영 혹은 그들의 비즈니스 케이스에 기초하여 기업가적 전문가를 규명한다. 기업가적 전문가의 규명과 선택을 위한 주요 기준을 정리하면 다음과 같다.

- 고객의 요구사항의 배경을 이루는 이유를 이해하고 그들의 니즈를 평가하는 능력
- 비즈니스 기회 규명
- 현재의 일을 단순히 처리하는 대신에 새로운 서비스 혹은 프로세스 개선을 위한 아이디어
- 고객에 접근, 고객 니즈의 이해에 기반한 적절한 (새로운) 서비스 제공

어떤 전문서비스 기업은 기업가들의 규명을 위해 다음과 같은 구조화된 방법론을 시작하였다.

- (미래의) 관리자와 직원들의 잠재력을 결정하기 위해 설문지 활용: 설문지에는 전문가가 새로운 시도를 고안하는 건수, 그 시도의 방향, 전문가가 기회와 이슈 혹은 주제의 발견에 대한 후속 반응을 인식하는 방식과 같은 주제를 포함

### ② 기업가적 전문가 구축

- 기업가 훈련과 문화 양성
- 개인과 포지션 중심 훈련: 전문서비스 기업은 인성개발, 고객과 기본적 커뮤니케이션, 특정 기업가적 기대(관리자, 파트너)과 관련한 전문가들을 위한 입문훈련에 관련된 코스를 제공
- 고객중심 훈련: 가장 광범위한 훈련으로서 비즈니스 개발(창의적 사고 포함)과

고객관계, 리스크 인식과 관리, 비즈니스 제안을 위한 훈련, 내부 고객 수용과 고객관계 관리시스템을 사용한 아이디어 발표, 비즈니스 개발과 마케팅 지원 기능과 협력에 초점
- 협력중심 훈련: 개별 전문가의 분야를 넘어 전문가들 사이의 협력과 교차판매를 강화하는 의도를 갖는 리더십 훈련에 집중
● 기업가적 전문가에게 보상
- 연공서열(lock-step) 시스템: 가장 기본적 형태로써 요구사항을 충족하는 전문가들이 특정 수준(step)에 접근하고 이 수준에서 동일한 보상을 획득
- 실적기반(merit-based) 시스템: 개별 전문가의 성과에 강한 강조

③ 기업가적 전문가의 보유와 이탈
● 보유: 전문가가 금전적 및 경력 인센티브와 함께 상황이 충족되는 경우에 기업 내에서 자신의 기업가적 프로젝트를 추구하는 기회 제공
● 이탈: 새로운 프랙티스 창출, 새로운 서비스 개발, 지식 공유와 같은 기업가적 전문가의 특징은 전문가의 평판에 피해를 주고 경력 전망을 위험에 빠트릴 수 있는 리스크를 높이는 결과(예: 고객 시장에서 새로운 서비스를 창출하는 데 실패, 부적절한 조언 혹은 빈약한 서비스를 전달하여 고객에 의한 소송, 전문서비스 기업에 낮은 재무적 성과 제공 등)


## 8.6. 전문가의 스포츠 활용

### (1) 자율성과 야망

전문가 업무의 핵심 긴장요인 중 하나는 자율성과 야망이다. 자율성은 전문서비스 업무가 독립적 판단과 재량의 실행을 필요로 하는 방법을 포착한다. 즉, 전문가가 되는 것은 전문성의 표현이고 이것은 높은 수준의 개인적 자율성을 암시하고 또 필요로 한다. 그러나 전문적 서비스 업무가 품질과 영향을 평가하는 데 명확하고 직접적으로 관찰가능한 기준이 존재하기 않는 것처럼 본원적으로는 야망적이다.

흔히 전문가가 된다는 것은 개인이 존재하고 행동하는 어떤 방법(예: 사회적 성공에 대한 인식, 고급 자가용으로 이동)뿐만 아니라 옷입고(예: 정장), 말하고(예: 전문가 용어), 보는 것(예: 클래식 음악회)에 적응하는 것을 요구한다고 한다. 동시에, 전문가로서 그들은 어떤 기대를 한다. 이것은 야망과 관련된다.

### (2) 전문가 신체의 역할

사람의 신체는 문화가 각인된 표현이고 대면 상호작용의 상황에서 행동을 안내하는 재생산의 매개체이다. 따라서, 올바른 유형의 전문적 규범과 가치는 인지의 문제일뿐만 아니라 시각적 외관, 목소리, 향기, 자세에 관한 전문가의 신체를 통해 쓰여지고 표현된다.

어떤 육체적인 성과가 전문가 역량과 전문성을 보여주는 역할에 관심을 둘 필요가 있다. 전문서비스 기업에서 자율성과 야망에 대한 관점에서 전문가 신체가 어떻게 중요한 지가 고려되어야 한다. 예를 들어, 은행원과 컨설턴트들은 야망을 가진 존재로서 자신을 연관시키기 위해 피로와 질병에도 불구하고 열심히 일하고, 성공적인 것으로서 보여주기 위해 체중을 줄이고, 전문가 외관을 유지하기 위해 밤에 스포츠 활동에 관여한다. 하지만, 반대의 결과로서 그러한 노력들은 야망에 한계를 부여하면서(예: 수면 부족으로 인한 건강 문제) 늘 신체적으로 고장이 발생할 수 있는 것처럼 실패의 리스크로 존재한다. 그러한 전문가 신체의 고장은 야망에서 자율성으로 이동을 촉진한다(여기서 신체는 주체로서 이해되고 경험, 스킬, 지혜의 저장고로서 이해된다).

일반적으로, 전문가들이 전문성에 상응하는 구체적인 신체 이미지를 관리하고 표현하기 위해 적극적으로 헬스클럽에서 피트니스 활동에 관여하고 있다. 전문가들은 신체관리를 통해 야망의 이슈를 설명하고 표현하며, 자율적 전문가의 의미를 실행하기 위해 스포츠에 관여한다. 상응하는 신체 이미지의 창출과 유지는 헌신, 전념, 기업의 기대에 대한 적합을 상징한다. 즉, 스포츠 프랙티스는 전문성에 대한 실현된 대응으로서 간주될 수 있고 이것은 성공하기 위한 경쟁적 행동과 욕망에서 표현된 것처럼 야망의 논쟁을 촉진한다. 흥미롭게도 스포츠를 통해 훈련하는 전문가 신체는 어떤 전문가 신체의 몸단장(grooming)이 여성과 남성 모두에 요구된다는 점에서 성에 구애받지 않는(gender-blinded) 프로세스로 나타난다.

## 8.7. 전문가의 윤리적 딜레마

### (1) 배경

윤리적 행동과 개인, 기업, 전문가 가치 사이의 갈등은 모든 조직의 관리자에게 중요한 관심사안이다. 이익을 창출해야 하는 전문서비스 조직의 경영자들은 기업의 평판에 대해 자주 걱정한다. 한 명의(혹은 그 이상의) 직원의 비윤리적 행위는 현재 혹은 잠재 고객들 사이의 신뢰의 결여, 다른 서비스 제공자의 탈퇴, 궁극적으로 기업의 경제적 붕괴로 이어질 수 있다. 비윤리적 행위는 기업의 평판과 지속적 생존능력뿐만 아니라 자신의 경제적 불행과 법적 행동(민사 혹은 형사)으로 이어진다.

윤리는 특징 혹은 관습을 의미하며, 플라톤과 아리스토텔레스가 그리스의 가치와 이상에 대한 연구를 설명하는 데 사용한 그리스어 ethos로부터 파생된다. 기업윤리는 기업의 정직성 및 진실성과 관련한다. 윤리적이 된다는 것은 기업, 소유자, 직원, 고객의 비즈니스뿐만 아니라 문화적 비전과 목표를 따르는 것이다. 기업의 이 비전과 목표에 종사할 수 없는 사람들은 진실한 비즈니스맨이 아니고 비즈니스 관점에서 윤리적이 아니다.

### (2) 윤리강령 예시

- 진실성: 전문서비스를 진실하게 제공해야 한다. 진실은 개인적 이익에 종속적이지 않아야 하는 정직과 솔직을 요구한다.
- 객관성: 전문서비스를 객관적으로 제공해야 한다. 객관성은 지적인 정직성과 불편부당을 요구한다.
- 역량: 전문서비스를 역량있게 제공하는 데 필요한 지식과 스킬을 유지해야 한다. 역량은 또한 지식의 한계를 인식하고 필요한 다른 전문가에게 상담을 추천하는 지혜를 포함한다. 전문가는 학습과 전문성 향상에 지속적으로 헌신해야 한다.
- 공정성: 모든 전문가 관계에서 공정하고 합리적이어야 하고 잠재적인 이해상충을 공개해야 한다. 공정성은 불편부당성, 지적인 정직, 이해상충의 공개를 필요로 한다. 공정성은 당신이 다루어지기 원하는 방식과 동일하게 다른 사람을 다루는 것이다.
- 비밀유지: 모든 고객정보의 비밀을 보호해야 한다. 비밀유지는 정보가 단지 접근권한을 가진 사람들에게만 접근할 수 있도록 보장하는 것을 의미한다. 고객과 신뢰와 확신의 관계는 고객정보가 비밀이 유지된다는 이해에 토대해야만 구축될 수 있다.
- 전문성: 전문가는 모범적인 전문가 행동을 보여주는 방식으로 행동해야 한다. 전문성은 고객, 동료 전문가, 비즈니스 관련 활동에서 다른 사람들에게 위엄과

정중함으로 행동하는 것을 필요로 한다. 전문가들은 전문직의 대중적 이미지를 유지하고 서비스 품질을 향상시키기 위해 동료 전문가들과 협력해야 한다.

- 성실: 전문서비스를 성실하게 제공해야 한다. 성실은 전문서비스를 위한 적절한 계획, 감독, 제시를 포함하면서 합리적, 즉각적, 철저한 방식으로 서비스를 제공할 때 나타난다.


## 8.8. 전문가의 커뮤니케이션 스타일

### (1) 커뮤니케이션 스타일

커뮤니케이션 스타일은 의미가 받아들여지고, 해석되고, 선별되고, 이해되는 신호를 보내는 구어적 혹은 준구어적으로 상호작용하는 방식으로서 정의된다. 전문서비스 상황에서 전문가의 커뮤니케이션 스타일 혹은 방식(예: 목소리의 어조, 안면 표현, 공간적 거리, 눈 응시, 청취 수준, 서두름)은 고객에 의해 평가된 행태적 신호를 나타내고 감정적 상태를 초래한다. 의료분야에서 환자의 인식된 서비스 품질과 만족뿐만 아니라 처치된 치료와 재방문에 대해 의료서비스 제공자(의사 혹은 치과의사)의 커뮤니케이션 스타일이 긍정적 영향을 미치는 것으로 논의되고 있다. 커뮤니케이션 스타일은 지배적(dominated), 감격적인(dramatic), 통제하는(controlling), 활발한(animated), 개방적인(open), 논쟁적인(contentious), 여유있는(ralaxed), 친근한(friendly), 배려하는(attentive), 인상을 남기는(inpression leaving)으로서 항목화된다. 그러나 이 스타일들은 두 개의 배타적이고 독립적인 커뮤니케이션 스타일 중 하나를 반영한다.

- 신화적인(affiliative): 대인관계에서 친화/수평적 차원에서 도출되어 긍정적인 대화자-청취자 관계(예: 친근하게, 따뜻하게, 걱정하는, 격려하는, 개방적인, 관심의 표현, 사회적으로 지향된)를 구축하고 유지
- 지배적인(dominant): 대인관계에서 지배/수직적 차원에서 도출되어 상호작용 시에 말하는 사람에 대한 통제를 하는 행동(예: 방향제시, 안내 제공, 간결한, 무시, 건방짐, 과장, 제스처, 서두르는, 청취 부족, 논쟁적)을 포함

## (2) 커뮤니케이션 스타일과 심리적 편안함

### ① 친화적 스타일

친화적 커뮤니케이션 스타일을 적용한 전문가들은 전형적으로 긍정적 인상을 제공하고 고객 분노의 완화를 발생시킨다. 친화적 표현(예: 관심 제공, 고객의 걱정에 대한 지지, 감정이입의 표시)은 그들이 개인적 관심을 제공하기 때문에 긍정적인 고객반응을 도출한다. 이 결과들은 친화적 행동(예: 긍정적인 구두 내용, 상냥한 음성)이 특히 초기 서비스 접점에서 불확실한 느낌을 줄인다는 것을 설명하는 불확실성감소이론(uncertainty reduction theory)과 일치한다. 특히, 아시아에서와 같은 집단주의적이고 계층적 문화의 사람들이 조화적인 관계를 유지하고 갈등을 회피하는 것을 높게 평가하며, 높은 권위에 상당한 존경을 보인다는 점을 고려하면 친화적 스타일은 심리적 편함과 강하고 긍정적인 관련성을 보일 것이다.

### ② 지배적 스타일

지배적인 커뮤니케이션 스타일은 친화적 스타일과 반대로 서비스 접점에서 소통자의 통제를 구축하고 유지한다. 그것은 간결함, 서두름, 방향 제공, 안내 제시와 같은 행동을 포함한다. 전문가의 통제와 지배방식은 고객과 차별적인 지위 및 파워와 제한된 고객의 서비스에 대한 이해로부터 나온다. 일반적으로, 환자들과 금융서비스 고객들은 매우 지배적이고 통제하는 형태의 커뮤니케이션에 대해 덜 긍정적인 인식을 갖는다. 그러나 전문가들이 과도하게 지배적이라고 인식할 때 고객은 관심사, 의견, 질문을 표현하는 데 제한된 기회를 갖는다고 생각한다. 그러한 상황에서 고객은 긍정적인 감정적 반응(예: 걱정 감소 혹은 심리적 편함)을 덜 가질 수밖에 없을 것이다.

## (3) 상황요인

그러나 심리적 편함에 대한 이 두 커뮤니케이션 스타일의 영향은 모든 고객에게 동일하지 않을 수 있다. 예를 들어, 의료서비스에서 서비스 제공자의 기술적 역량에 대한 인식에 영향을 미치기 때문에 환자는 더욱 지배적인 커뮤니케이션 스타일을 사용하는 의사에게 우호적일 수도 있다. 따라서, 고객의 심리적 편함에 대한 제공자의 커뮤니케이션 스타일의 영향은 고객의 인식된 사회적 자본(관계적-상호작용의 역사 동안에 개발된 관계의 강도, 인지적-네트워크 멤버들 사이의 공유된 가치, 의미의 해석과 시스템, 구조적-네트워크 멤버들 사이의 연결의 총 패턴)에 따라 다를 수 있다. 게다가, 국가문화적 차이에 따라 사람의 인식과 커뮤니케이션에 대한 해석이 달라질 수 있다.

# 참고문헌

Baden-Fuller, C. & Bateson, J. (1990), "Promotion strategies for hierarchically organised professional service firms: Is "up or out" always the best?", International Journal of Service Industry Management, 1(3), 62-78.

Kühn, C., Eymann, T., Urbach, N. & Schweizer, A. (2016), "From professionals to entrepreneurs: Human resources practices as an enabler for fostering corporate entrepreneurship in professional service firm", German Journal of Human Resource Management, 30(2), 125-154.

Maister, D. (1982), "Balancing the professional service firm", The Sloan Management Review, 24(1), 15-27.

Suseno, Y. & Pinnington, A.H. (2017), "The war for talent: Human capital challenges for professional service firms", Asia Pacific Business Review, 23(2), 205-229.

Stumpf, S.A., Doh, J.P. & Clark, K.D. (2002), "Professional services firms in transition: Challenges and opportunities for improving performance", Organizational Dynamics, 31(3), 259-279.

# 9

## 전문서비스 운영관리

# 9장 전문서비스 운영관리

 전문서비스 운영의 특징과 개념

## 1.1. 전문서비스 운영의 특징

전문서비스를 운영의 관점에서 보았을 때 중요한 특징은 다음과 같이 정리된다.

### (1) 네트워크 제휴

전문서비스 기업은 본질적으로 추상적 지식을 이용하여 그것을 특별한 케이스 (상대적으로 복잡하고 고객화된 업무)에 전문적으로 적용하는 형태로서 그들의 생산 용량(production capacity)을 판매한다. 전문서비스 기업은 복잡한 업무에 대해 기업가적 개인으로서 그리고 기업의 협력자로서 역할을 하는 전문가에게 상충하는 압력을 가한다. 이를 해결하기 위해 전문서비스 기업은 두 역할을 촉진하는 네트워크에 기반한 제휴를 자주 사용한다. 즉, 네트워크 제휴가 개인과 기업을 위해 발전하는 차별적 전문성을 촉진하고 그들이 반복적 비즈니스를 제공하며, 잠재적으로 새로운 고객에게 서비스하고 고객과 상호작용하는 것을 가능하는 통로로써 전문서비스 제공자의 비즈니스 기회를 향상시킨다.

### (2) 생산성과 효율성의 상충

생산 및 운영부문에서 공통적인 두 가지 가치는 생산성(산출물의 목표 대비 달성율) 과 효율성(투입물 대비 산출물의 크기)이고 이것은 전문서비스의 전달에서도 보편적이다. 전문서비스 기업은 효율적으로 운영해야 하고 기업 내 전문가들은 생산지향적인 가치를 위해 노력해야 한다. 그 이유는 전문가들이 개인적으로 지향하는 바와 조직에서 규정하는 압력 사이의 본원적인 갈등이 존재하기 때문이다. 나아가, 서비스 '생산자-관리자 딜레마'와 '고양이 몰이' 현상과 같은 상충이 발생하기 쉽다.

이제 많은 전문서비스 기업은 복잡한 파트너십 체제에서 재무통제, 인적자원개발, 지식경영을 수행하기 위한 더욱 공식적 구조와 관리시스템을 도입하는 기업스타일의 운영에 점점 더 의존하고 있다. 로펌과 같은 전문서비스 기업에서 전통적으로 사용된 전문가 파트너십이 관리된 전문가기업 형태로 천천히 대체되고 있는 것이 사실이다. 예를 들어, 기존의 파트너십 형태의 로펌이 대량서비스를 전달하는 새로운 슈퍼마켓형 법률사무소(supermarket law shop)에 비해 가격경쟁력이 줄어드는 리스크가 커짐에 따라 이 현상은 최근에 더욱 두드러지고 있다. 이 새로운 슈퍼마켓형 법률사무소는 서비스 공장(service factory)과 유사하게 많은 양과 낮은 다양성을 갖는 운영을 조직하고 표준화에 기초한 업무를 재구성하기 때문에 일종의 서비스 자동화 모델로 논의되고 있다.

### (3) 통제 메카니즘

전문서비스 기업의 고객 서비스에 포함된 복잡한 상호작용을 관리하는 것은 쉽지 않은 일이다. 예를 들어, 회계감사인은 기존 고객을 만족시키는 감사업무에 시간을 투자해야 하고 다른 한편으로는 새로운 비즈니스를 개발하는 시간을 보내야 하기 때문에 대리인이론(agency theory)이 감사와 회계기업 사이의 관계를 설명하는데 어려움을 겪게 된다. 전문서비스 거래에서 고객 상호작용의 복잡한 특성은 또한 고객에 의해 주도적으로 관리된다. 즉, 서비스 전달에 고객의 참여는 필수적이고이 참여는 지배구조를 수립하는 데도 역할을 한다. 서비스 교환을 위한 지배구조 메카니즘에서 그 교환은 고객이 전문서비스 제공자와 지속적 관계를 개발하도록 하고 그 결과 고객은 매우 무형적인 경험을 관찰하고 평가할 수 있게 된다. 이 모니터링 형태는 성과에 대한 모호성을 줄이고 고객이 거래의 가치를 더 잘 측정하도록 만든다.

전문서비스 기업이 고객서비스와 품질 이슈를 다루기 위해 공식적, 운영적, 통제적 메카니즘을 사용한 사례가 존재한다. 예를 들어, 고객만족을 향상시키기 위해 품질의 집(house of quality: Hauser & Clausing, 1988)을 사용한 금융서비스 운영이 있을 수 있고 회계서비스에서 Parasuraman et al.(1988)에 의해 개발된 서비스품질 설문지인 SERVQUAL을 사용할 수도 있다. 그러나 이러한 공식적 통제메카니즘은 전문서비스 기업에서 고객 서비스를 위한 전체 통제구조의 단지 일부분일 뿐이다.

대리인이론(agency theory)은 전문서비스에서 통제전략(예: 행동기반 대 성과기반)을 이해하기 위한 중요한 통합적인 프레임워크로서 등장하였다. 이 통제전략의 개념은 본인(예: 전문서비스 기업)에 의해 대리인(예: 전문서비스 제공자)에게 제공된 보상계획을 통해 실행된 계약(성과 혹은 행동기반 즉 수수료 혹은 임금)과 일치한다.


## 1.2. 전문서비스 운영과 관리 이슈

전문서비스 운영은 다음의 두 특징 사이의 상호작용으로서 다양한 본원적 서비스운영관리 분류에서 잘 표현된다.

① 높은 수준의 고객 접촉/서비스 고객화
② 낮은 자본과 높은 노동강도를 갖는 유연하고 유동적인 프로세스

하지만, 모든 서비스에 걸쳐 공통적으로 적용되는 이 방법은 특정 전문서비스 유형에 관해서는 한계를 지닐 수밖에 없다. 따라서, 다음의 추가적인 고려가 필요하고 이 특성을 만족시키는 다양한 관리적 이슈가 제안된다.

### (1) 고객과 고객화

① 정의

일반적으로 고객이라는 투입물의 존재는 서비스 프로세스를 정의하는 데 필요충분조건이다. 또한, 고객의 영향은 운영관리전략과 의사결정에 영향을 미치는 가장 중요한 특징 중 하나이다. 여기서 고객투입의 정확한 수준과 특징은 여러 논쟁과 분류의 대상이 되고 있다. 예를 들어, 상호작용과 관련한 매개(예: 물리적 존재, 간접적으로 기술이 매개하는 커뮤니케이션, 상호작용)와 그 대상(예: 정보, 재화, 육체적 자아)을 분류하거나 상호작용의 상대적 활동이 강조될 수 있다(자세한 내용은 기존의 서비스운영관리 교재를 참고하기 바람).

고객 투입의 변동성이 높은 수준으로 존재할 경우에 통제가 더욱 어렵고 표준

화와 자동화를 전개할 기회를 줄인다는 논리는 왜 높은 고객접촉(전방 오피스)과 낮은 고객접촉(후방 오피스) 서비스가 자연스럽게 분리되는지를 설명한다.

전문서비스 운영에서는 다른 어떤 유형의 서비스보다 가장 큰 고객 상호작용과 고객화의 특성을 보인다. 이처럼 전문서비스는 보통 서비스 제공자와 고객이 서비스패키지를 정의, 생산, 전달하기 위해 함께 일한다.

### ② 관리이슈

지금까지 설명한 특징으로 인해 고객과 관리자가 전문적 서비스품질을 평가하는 것이 매우 어렵다는 것을 알 수 있다. 예를 들어, 어떤 사건에서 '변호사의 조언이 협상의 실패에 책임이 있는가?'라는 질문에 답하기는 매우 어렵다. 이 불투명한 품질의 한 결과는 전문서비스 운영이 모든 서비스패키지 요소를 통해 품질의 신호를 보낸다는 것이다(예: 핵심적인 명시적 서비스와 직접 관련되지 않는 암묵적 서비스, 정보, 촉진재, 지원시설). 가령, 조직의 명성과 직원 외모 및 행동이 암묵적 서비스제공품의 일부분이 될 수 있다. 또한, 매력적인 사무실과 회의실은 개별 고객의 다양한 니즈의 만족에 영향을 미칠 수 있고 고객에 대한 영향을 촉진할 수 있다.

## (2) 프로세스

### ① 정의

높은 수준의 고객투입 변동의 원인과 결과에 상관없이 전문서비스 운영 프로세스는 일반적으로 더욱 노동집약적이고 대부분 상당한 양의 자본(재고, 설비, 인프라)과 무관한 것으로 이해된다. 비록 병원운영에서 의료장비와 대규모 전용빌딩과 같은 비인석 자본이 필요하기도 하나 여기서도 전문적인 노동력이 가장 중요하다. 물론, 전문서비스 운영에서 노동강도는 단순히 상대적 직원 수의 문제만은 아니다. 예를 들어, 의료부문에서 전문서비스 상호작용은 진단, 추론, 치료의 프로세스로써 설명되는데 여기서 진단은 정보를 얻고 치료는 환자에게 처방을 하며, 추론은 의사가 진단과 치료 사이의 연결이 불투명할 때 관여하는 추상적 프로세스로써 서비스에서 가장 중요한 비중을 차지한다. 요약하면, 높은 수준의 고객 상호작용/고객화와 개인(혹은 팀)의 판단이 서비스 전달에 핵심역할을 하는 상황은 다시 높은 수준의 서비스 프로세스 변동과 상대적으로 느린 서비스 전달시간으로 이어진다.

② 관리이슈

제한된 학습 기회, 업무 표준화의 결여, 전문가적 판단에 대한 의존은 불확실하고 변동적인 서비스 전달 완료시간을 갖도록 할 뿐만 아니라 흔히 발생하는 복잡한 업무배분으로 인해 업무의 속도를 일정하게 유지하는 것을 어렵게 만든다. 결과적으로, 전문서비스 운영에서 계획과 통제는 성과가 아니라 프로젝트에 대한 시간투입(예: man/month)에 기반하는 경향이 있다.

### (3) 전문가와 전문조직

① 정의

숙련성이 높은 지식집약적인 노동자들은 특정 지식시스템에 자신의 판단을 포함한다. 전문가를 다른 지식노동자와 차별화시키는 것은 이 지식체계의 내용 구성과 활용이 외부적으로(그러나 정부가 하는 것이 아니라 전문협회에 의해서) 규제되고 통제된다는 것이다. 이 지식독점(예: 당신이 어떤 국가의 시스템에 가입-시험 통과 등-하지 못한다면 해당 국가에서 변호사, 의사, 회계사로서 업무를 볼 수 없다)은 비전문가들을 배제하고 높은 노동비용을 유지하는 데 핵심이 된다. 전문가들은 또한 적절한 전문가적 행동을 안내하는 명시적인 외부 윤리강령과 암묵적인 규범을 고수한다. 이 외부적 통제는 전문서비스 운영에서 전문서비스 기업 관리자의 영향을 최소화하는 작용을 할 수 있을 뿐만 아니라 내부 서비스품질 모니터링과 관련된 비용을 줄일 수 있다.

비록 높은 노동비용이 문제가 될 수 있을지라도 상대적으로 낮은 자본집약과 이에 상응하는 외부 투자자들의 제한된 역할을 갖는 대부분의 전문서비스 운영에서 대안적 조직구조의 적용을 가능하게 한다. 특히 파트너십 구조(예: 기업이 많은 고참직원에 의해 소유되는 방식)는 전통적인 '관리하는 전문가' 문제를 해결하도록 한다. 그러나 운영관리 도구와 기법을 전개하는 데 매우 다른 상황이 나타나기도 한다. 예를 들어, 전문서비스 운영이 전형적으로 프로세스 표준화와 자동화에 덜 초점을 둘지라도 더 낮은 비용(예: 신입 변호사)과 다른 자격요건(예: 법무사)을 갖춘 직원을 더 많이 활용하는 특이한 업무관리 형태를 만들 수도 있다.

② 관리 이슈

전문가를 관리하는 것은 흔히 고양이 몰이(거의 불가능한 일을 암시) 문제로써 대표되고 표준운영절차(SOP: standard operating procedure)가 효과적이지 않을 수 있기 때문에 전문서비스 운영관리는 '계획과 통제'가 아니라 '미묘한 영향을 미치기', '안내하기', '유도하기', '설득하기'에 초점을 둘 수 있다. 가령, 직원 스킬의 이동성(전문가라는 자산은 매일 밤 엘리베이터를 타고 내려가고 전문서비스 기업은 그들이 아침에 다시 돌아올지를 통제할 수 없다)과 설비/제품/일상업무를 운영하는 데 전문가의 판단을 포함할 수밖에 없는 이 상황은 전문가의 협상력을 증가시킨다. 파트너십구조는 그러한 상황(예: 다른 직원이 파트너십 위치에 진입하는 것을 제한함으로서 고참직원이 계속 파트너가 되는 인센티브를 창출하거나 승진을 위해 매우 엄격한 규칙(예를 들면, 긴 업무시간이 일상인 문화)을 창출)에서 매우 유리할 수 있다.

 ## 2 전문서비스에서 운영의 통제

### 2.1. 대리인문제

대리인에서 발생하는 문제는 목표 상충에 기인한다. 전형적인 대리인문제에서 대리인(agent: 예를 들어, 전문가)의 사익은 본인(principal: 예를 들어, 전문서비스 기업)의 부의 극대화와 본질적인 잠재적 갈등을 빚는다. 만약 본인이 성과기반 보상계획없이 대리인에게 계약을 제공하거나 대리인의 행동이 모니터하기 어렵고 그의 목표가 본인의 목표와 다르다면 문제를 발생시킬 것이다. (최소한 부분적으로) 업무성과에 기반하여 대리인에게 보상할지라도 만약 그 성과가 무작위적이거나 본인의 성과에 대한 판단이 무작위적으로 이루어진다면 이 또한 문제를 초래할 수 있다. 그럴 경우에 대리인은 부분적으로 성과기반의 계약을 수용하는 것을 꺼려할 수 있다. 따라서, 대리인의 관점에서 수용가능한 성과기반(최소한 부분적으로) 보상은 프리미엄을 포함(즉, 대리인이 리스크없이 기꺼이 그 직무를 수용하는 양+리스크 프리미엄)할 것이다.

대리인문제에서 모니터링의 어려움을 결정짓는 몇 가지 업무 특징이 전문서비스에서 나타난다. 전문서비스에서 낮은 업무 프로그램 가능성은 높은 수준의 고객화와 낮은 수준의 업무 예측가능성과 직결될 수 있다. 대리인 이론에 따르면, 더욱 쉽게 프로그램화되는 업무(높은 업무 프로그램 가능성)는 더욱 쉽게 모니터되고 쉽게 프로그램되지 않는 업무(낮은 업무 프로그램 가능성)와 비교하여 더 낮은 모니터링 비용을 갖는다.

또한, 성과의 측정가능성과 성과의 불확실성은 무형적 행동차원과 연결될 수 있다. 서비스가 성과 측정가능성이 낮을 때(이것은 높은 무형성과 일치) 서비스에 대한 고객인식은 개별적 경험에 기반하기 때문에 상대적으로 측정하고 통제하기 어렵다. 이 높은 무형성을 갖는 서비스의 예로써 사람에게 정보를 제공하는 변호사, 재무플래너, 보험대리인, 공인회계사가 있다.

## 2.2. 대리인문제의 원인

많은 경우에 전문가라는 대리인은 그들의 지식, 필수불가결성, 제공하는 서비스에 관한 본질적 모호성으로 인해 본인에 비해 상대적으로 많은 파워를 갖는다. 그 결과, 전문서비스 기업에서 전문가들 사이에 도덕적 해이(moral hazard)와 역선택(adverse selection)이라는 두 가지 대리인문제가 발생한다.

### (1) 도덕적 해이
도덕적 해이는 본인의 최선의 이익에 기여하지 않는 행동을 대리인이 감출 수 있는 숨겨진 행동의 문제이다. 일반적으로, 기업 내에서 모니터링과 통제기능은 도덕적 해이의 부정적 결과를 줄이는 데 사용될 수 있다. 그러나 이것은 특히 전문가에 의해 수행되는 전문업무에서 문제가 될 수 있다.

### (2) 역선택
역선택은 전문서비스 업무의 본질로 인해서 전문서비스 기업에서 또한 중요한 이슈이다. 가령, 전문가 업무에 있어 투명성의 결여로 여러 전문가가 존재할 경우에 그 중에 어떤 전문가 가 서비스 계약을 제공해야 하는지 모를 수 있다. 게다가, 그들 중 하나가 그들의 서비스를 잘못 전달하는 가능성이 존재할 수 있다(전문가 업무의 본질과 지식 비대칭성에 기인하여 입증될 수 없는).

## 2.3. 통제전략

통제전략은 본인이 대리인에게 제공하는 보상계획과 관련한 계약에 의해 이루어진다. 대리인이론은 두 가지 통제전략(가령, 행동기반 대 성과기반)을 제안한다. 결과적으로, 목표상충과 정보 비대칭성에 대응하는 두 가지 핵심전략은 행동 모니터링과 리스크 공유이다.

### (1) 행동통제

행동통제(행동기반 통제)는 관리자와 전문가 사이에 목표상충이 존재할 때 정보기술을 활용(정보 비대칭성을 줄이기 위해)하고 앞서 지적한 여러 문제를 해결하는 데 직원의 노력(도덕적 해이 문제를 줄이기 위해)을 증가시킬 수 있다.

### (2) 성과통제

성과에 대한 인센티브에 기초하는 성과기반 통제는 서비스 기업에서 리스크 공유의 한 구체적 실현이다. 이에 비해 행동기반 계약은 리스크를 회피하고자 하는 대리인이 더욱 원하는 전략이 될 것이다.

## 2.4. 양자관계의 영향요인

전문서비스에서 양자관계는 전문서비스 기업(본인)-전문서비스 제공자(대리인)와 고객-전문서비스 제공자가 있다. 그러나 대리인-본인 모델에서 대부분은 고객-전문서비스 제공자라는 양자관계에 초점을 둔다.

전문서비스 운영과 전문서비스 제공자에 대한 보상구조에 영향을 미치는 일반적인 영향의 원천이 존재한다. 이 원천은 전문서비스 영향요인이라고 한다. 전문서비스 영향요인은 전문서비스 기업에서 리스크를 모니터하고 줄이는 것을 돕는다. 전문서비스에서 고객서비스 영향요인은 기업기반 영향요인, 전문직기반 영향요인, 교육기반 영향요인으로 분류할 수 있다.

## (1) 기업기반 전문서비스 영향요인

이 요인은 기업 내부적인 모니터링과 통제 메카니즘 요소들을 포함한다. 즉, 이 요인은 기업에 의해 지원되고 통제되는 영향의 원천들로 구성되고 대리인의 행동과 의사결정에 영향을 미친다. 기업기반 영향요인에서 높은 영향을 미치기 위해서는 효과적인 행동 모니터링 및 통제를 수행해야 한다. 반면에, 기업기반 영향요인으로부터 영향이 낮다면 보상을 사용하여 직원이 성과에 초점을 두도록 강제할 수 있다. 이 경우에, 성과의 불확실성, 대리인의 리스크 회피, 계약의 리스크 프리미엄에도 불구하고 보상을 사용한 성과기반 통제전략은 비용이 많이 드는 행동 모니터링에 비해 선호될 수 있다.

## (2) 전문직기반 전문서비스 영향요인

다음과 같이 어떤 인간의 행동을 설명하는 두 가지 요인들이 존재한다.

### ① 상황 내 인간

심리 혹은 행동성향을 창출하기 위해 개인의 니즈, 신념, 인지능력이 환경요인들과 상호작용한다. 그러나 한 개인의 행동이 성공적인지 아닌지는 다음의 두 번째 요인에 기초한다.

### ② 인지와 동기부여

만약 어떤 개인이 정보를 해석하기 위해 바람직한 인지체계를 갖고 있다면 그는 더욱 성공적일 것이다. 또한, 그 개인은 정보에 기초하여 행동하도록 동기부여되어야 한다. 그들의 동기의 강도는 또한 이 인지체계의 성공적 활용에 기여한다.

전문서비스 기업에서 전문가를 위한 인지와 동기부여는 강한 전문직과 전문가 커뮤니티로부터 나올 수 있다. 강한 전문가 커뮤니티는 책임의 경계를 규정함으로써 그 체계를 구축하도록 지원하기 때문이다. 전문가 커뮤니티는 전문협회, 동료들의 커뮤니티, 교육, 선전을 통해 영향을 미칠 수 있다. 이 전문가 커뮤니티는 제도를 규정하고 잠재적 솔루션을 위한 정보전달을 촉진하는 데 중요한 역할을 하며, 혁신을 보장하고 확산시키기도 한다. 많은 전문가 커뮤니티는 전문서비스 제공자에게 그 커뮤니티의 규범과 발전을 알리고 헌신하게 하며, 이끌어가기 위해 존재한다. 이 가이드는 그들의 행동을 명망있는 전문가로 만들도록 지원한다. 만약 대리인에 대한 이 전문직기반의 영향이 존재한다면 본인은 단지 기업기반 영향에 의존해야 하는 상황에 비해 모니터링 비용을 축소시킬 수 있을 것이다.

　　지식은 전문직의 기반이다. 조직과 결합된 전문적 지식은 자격미달의 사람을 배제하고 규제기관에 영향을 미치도록 조직화하며, 무면허 업무를 불법화하도록 할 수 있고 사회적 효용을 위해 윤리강령을 준비하는 전문가 커뮤니티의 기반을 형성할 수 있다. 게다가, 전문적 조직은 지식기반에 많은 투자를 함으로써 영구적으로 존재할 가능성을 높인다.

　　한편, 교육수준의 증가에 따라 리스크 회피가 줄어드는 것을 기대할 수 있다. 즉, 지식은 더 높은 수준의 스킬, 직무 안전성, 고용 기회를 제공하고 그 결과로 교육수준이 높은 전문가들은 미래의 생존과 성공을 위해 공식적 기업통제 메카니즘에 대한 의무감을 느끼지 않을 수 있다.

# 3 전문서비스 운영 프로세스 관리

## 3.1. 전문서비스의 맥도날드화와 개인화 서비스

　　장기적이고 신뢰에 기초한 서비스 관계는 점점 더 단순하고 비인격적인 접점으로 대체되고 있는 중이다. 이 추세는 패스트푸드, 편의점 쇼핑, 단순한 금융거래, 기타 일상적 서비스뿐만 아니라 의료와 치과와 같은 전문서비스에서도 나타나고 있다. 전문서비스는 점점 더 속도와 효율성에 기반하여 제공되고 있고 오히려 제공자와 고객사이의 관계 개발은 낮은 관심을 받고 있다. 의료 혹은 다른 전문서비스를 찾는 고객들은 흔히 우리 사회의 '맥도날드화(McDonaldization)'로 불려지는 패스트푸드를 추구하는 고객들과 유사한 방식으로 자신이 처리되는 것을 발견한다. 예를 들어, 의료부문에서 개인적 관심보다는 효율성을 촉진하는 McDoctor에 의한 수많은 프랙티스가 존재하고 있다.

　　전문서비스에서 탈개인화의 증가는 고객이 서비스 제공자와 장기적인 관계(일반적으로 많은 수익을 제공)를 덜 개발할 것이라는 것을 의미한다. 하지만, 전문서비스에서 맥도날드화(혹은 탈개인화)의 증가는 많은 긍정적 영향을 미치기도 한다. 고객은 탈개인화된 서비스의 효율성과 예측가능성을 감사하게 생각하는 한편, 서비스의 더 큰 다양성, 이용가능성, 편리성, 신속성, 가격적정성으로부터 편익을 볼 수도 있다. 제공자들 또한 탈개인화된 서비스 프랙티스를 통해 얻을 수 있는 통제와 결과의 편익을 누릴 수 있다.

그러나 전통적으로 전문적 상황에서 개인화된 서비스(personalized service)가 강조되어 왔다. 개인화된 서비스와 관련된 커뮤니케이션 행동의 예는 '고객의 구체적 니즈를 규명하기 위해 질문', '고객이 의사결정하는 것을 돕기 위해 선택사항과 조언을 제공', '비공식적 상담을 제공'을 포함한다. 그러한 이 개인화된 서비스 프랙티스들은 서비스 제공자가 고객과의 상호작용에 상당한 시간을 바치는 것을 필요로 한다.

서비스 제공자들은 관계 파트너들의 기능을 이행하고 고객과 개인적 연결을 구축하기 위해 개인화된 서비스 프랙티스에 관여할 수 있다. 그렇게 하면서 그들은 궁극적으로 더 만족되고 충성스러운 고객들을 보유할 수 있다. 고객이 전문서비스 제공자와의 관계에 대해 높은 기대를 갖는다는 것을 고려하면 이것은 특히 전문서비스에서 자주 발생할 것이다. 서비스 제공자에게 탈개인화의 증가는 고객을 보유할 수 없게 되는 결과로 이어질 수도 있다. 정신과의사가 모든 환자를 동일한 절차에 따라 동일한 방식으로 동일한 시간만큼 대응한다는 것이 얼마나 비현실적인지는 여러분이 더 잘 알 것이다.

제공자와 고객 사이의 관계 개발을 위한 유연성이 제한된 채 전문서비스는 점점 더 대기업 모델로 이동함으로서 경쟁시장에 대응하고 있는 중이다. 이 기업 모델하에서 전문서비스 제공자들은 더 작은 시간에 더 많은 고객을 처리함으로써 전문서비스 조직에 효율성을 창출하고 덜 개인화된 서비스에 관여한다. 이 전략은 신속한 이익창출로 결과될 수 있으나 그 전략은 단기에만 효과를 볼 수 있다. 개인화된 서비스에 대한 그들의 기대가 충족되고 있다는 것을 느끼지 못하는 고객들은 덜 만족할 것이고 서비스 제공자들에게 덜 충성적이 될 것이다. 현재의 고객을 유지하는 것보다 신규 고객을 얻는 것이 5-8배 더 비용이 들 수 있다는 서비스분야의 격언(Schneider et al., 1998)을 고려하면 충성적이지 않은 고객에 대한 부정적 영향은 클 수밖에 없다.

## 3.2. 대학교육 프로세스 개선 사례

이 사례는 Finne(2018)의 연구를 요약하여 소개한다.

### (1) 전문서비스 운영으로서 대학교육

대학교육은 서비스 제공자(교수, 강사, 직원 등으로 구성)가 학생들과 가치를 공동 창출하는 전문서비스 운영으로서 인식될 수 있다. 서비스 운영은 일반적으로 사람, 그들의 소유물, 정보를 처리하는 반면에 전문서비스 운영은 주로 정보와 사람의 지식을 처리한다. 전문서비스 운영은 지식 집약적이고 이것은 서비스 인력에 의해 만들어진 지식과 의사결정으로부터 결과되는 가치 창출을 의미한다. 가령, 학생들과 복잡한 주제를 논의하는 것은 강사가 학생들과 효과적으로 상호작용하는 역량뿐만 아니라 그 주제에 대한 전문적 지식과 교육철학을 소유하는 것을 필요로 한다. 일반적으로, 전문서비스 운영은 다음의 네 가지 차원으로 특징된다.

#### ① 프로세스 일상화

이것은 업무 다양성을 줄여 해결할 수 있다. 이것은 프로세스 효율성을 달성하기 위해 더 낮은 숙련성을 갖는 자원의 활용과 자동화를 허용하기 때문에 프로세스 개선에 가치를 부여할 수 있다. 전문서비스 운영은 대부분 비일상적 프로세스도 많이 존재한다. 비일상적 프로세스는 유연성을 허용한다. 예를 들어, 고객을 대면하는 프로세스는 전문인력의 판단에 기초하기 때문에 흔히 유연성을 필요로 하고 이것은 그 프로세스를 비일상으로 만들고 표준화하기 어렵게 한다. 보통 고객은 더 많은 상호작용을 선호하고 이것은 비일상 프로세스를 필요로 한다고 가정된다. 가령, 학생들은 독립적인 연구보다는 대면적인 지식전달을 선호할 것이다. 여기서 발생하는 어려움은 비일상 프로세스들이 유연성을 필요로 하고 개별 강사의 스킬에 더 많이 의존하기 때문에 그 프로세스를 자동화하는 것을 어렵게 만든다는 것이다. 결과적으로, 대학교육 프로세스를 디자인하는 데 핵심 상충관계는 필요한 유연성과 일상화의 동시 지향이라는 니즈가 존재한다는 점이다.

#### ② 직접적 고객 접촉

이것은 제조에서 서비스 운영을 구분하고, 프로세스 통제에 특별한 어려움을 부여한다. 고객 접촉에 따라 일반적 생산운영은 다음의 네 가지로 구분된다(Chase, 1978).

- 순수서비스(pure service): 전형적으로 높은 고객접촉 수준을 보이는 헬스센터, 호텔, 대중운송, 학교, 형무소 등
- 혼합서비스(mixed service): 전형적으로 중간 고객접촉 수준을 보이는 금융기관/로펌/광고회사/컴퓨터기업/보동산기업의 지점, 주차서비스, 경찰 및 소방, 청소, 이삿짐, 수리점, 장례식 등
- 유사제조(quasimanufacturing): 전형적으로 낮은 고객접촉수준을 보이는 금융기관/로펌/광고회사/컴퓨터기업/보동산기업의 본점, 우편서비스, 도매, 연구소 등
- 제조(manufacturing): 제품 제조

전문서비스 운영은 지식집약으로 인해 순수 서비스로 고려된다. 그러나 대형강의는 유사제조보다 결코 상호작용을 더 하지 않으나 전형적인 유사제조 프로세스처럼 프로세스 자동화로부터 편익을 보지 않는다. 따라서, 어떤 전문서비스 운영을 항목화하기 위해 그들의 구성성분의 하위 프로세스로 분해할 필요가 있다. 하위 프로세스를 특징짓는 것은 Wemmerlöv(1990)의 고객 접촉의 구분을 사용하여 수행될 수 있다.

- 물리적 실재를 통한 직접적 고객 접촉: 서비스 제공자와 고객이 직접 대면 접촉
- 매체를 통한 간접적 고객 접촉: 전화, 이메일 등의 매체를 통한 접촉
- 무접촉: 후방 오피스 직원과 고객의 접촉이 이루어지지 않는 상황

학생과 강사 사이의 직접적 상호작용은 학습에 필수로 고려되는 학습의 피드백을 가능하게 한다. 그러나 학습운영의 하위 프로세스를 분석하는 것은 직접 접촉부터 단순한 거래까지를 포함하고 일상화와 자동화를 허용함으로서 프로세스 효율성을 향상시킬 수 있다. 이것은 노동력과 자원의 전문화를 향상시킬 뿐만 아니라 규모, 시간 독립, 저숙련 노동으로부터 편익을 볼 가능성을 더 많이 제공할 것이다. 그러나 대형강의도 작은 수준의 상호작용을 포함하기 때문에 숙련된 노동을 필요로 하지만 여전히 시간의존적이고 단지 낮은 수준의 전문화와 규모로부터 편익을 본다.

③ 서비스의 고객화

이 개념은 고객의 개별 니즈에 대해 맞춤형으로 서비스하는 개념이다. 가령, 의

사는 올바르게 상황을 진단하고 환자를 예의와 존경으로 다루기 위해 환자의 얘기를 조심스럽게 들어야 한다. Schmenner(1986)는 대학교에 대해 '학생 소비자들이 좀처럼 프로세스에 적극적으로 개입하지 않는다. 따라서, 대학교육은 상대적으로 낮은 상호작용 수준을 갖는다. 반면에, 대학 강사는 학생의 요구를 수용하기 위해 강의계획서에서 벗어나는 것을 꺼려한다. 그들은 자신이 아는 것을 가르친다.'라고 서술하였다. 따라서, 전통적 강의는 노동집약적 프로세스로 고려될 수 있으나 상호작용과 고객화 수준이 상대적으로 낮고 이것은 흔히 높은 비용과 낮은 가치로 결과된다. 상황에 따라서는 상호작용과 고객화가 상호의존적이나 선형방식이 아니기 때문에 이들은 구분될 수 있다. 고객화가 노동집약과 유사한 수준에 있을 때 대부분의 서비스는 최적의 생산성에 접근한다.

④ 기술의 역할

기술은 대안적인 전문서비스 운영 프로세스 설계의 가능인자로서 사용될 수 있기 때문에 품질과 비용성과를 동시에 향상시킨다. 기술의 조합은 고객가치와 프로세스 효율성을 추진하기 위한 프로세스 재설계와 더불어 ICT와 AI 같은 새로운 기술을 포함한다. 이 새로운 기술은 다음의 두 가지 주요 목적을 위해 전문서비스 운영에 사용될 수 있다.

- 정보를 수집하고 문서화하기 위해
- 제조 프로세스 자체의 일부분이 되기 위해

대학은 ICT를 주로 교과과정 상의 대화와 다양한 문서를 전달하기 위해 사용한다. 제조 프로세스의 일부분이 되는 기술만이 생산성 향상과 관련되는 반면에 정보를 단순히 문서화하거나 수집하는 정보기술은 그렇지 않다. Khan Academy와 Coursera와 같은 새로운 교육 제공자들은 ICT를 교육 전달 프로세스의 일부분으로서 사용하는 반면에 대학은 보통 원격교육 프로그램에만 이것을 사용한다. 따라서, 대학은 기존의 ICT가 제공할 수 있는 생산성 향상을 빼앗긴다.

## (2) 대형강의의 교육학적 딜레마와 솔루션 발견 시도

대학 강의에서 가치는 학생들의 학습에 의해 정의되고 이것은 학생들이 동료, 강사, 수업자료와 상호작용하는 프로세스에서 공동창출된다. 학생들의 학습은 인지적 스킬의 6단계인 지식, 이해, 응용, 분석, 종합, 평가를 따라 정교하게 향상한다. 뛰어난 학습성과를 얻는 효과적 방법은 풍부한 강사-학생 상호작용과 능동적 학습으로 특징되는 개별적인 일대일 개인교습 방식이다. 그러나 대학은 대형강의가 많아 학생들의 학습에 역효과를 낳는 것으로서 규정되었지만 수업규모를 증가시키기 위해 대부분 더 많은 강의기반 교육을 제공함으로써 비용압박에 대응하고 있는 것이 사실이다. 특히, 강사는 학생 개인의 학습니즈와 문화적 다양성을 다루는 시간이 부족하기 때문에 양방향 커뮤니케이션이 거의 없고 질문과 토론의 감소로 이어진다. 대규모 강의에서 줄어든 의무와 학습에 대한 피드백의 결여로 인해서 학생들은 잘 준비하지 않고 동기부여도 잘 되지 않는다. 따라서, 지속적인 교육적 딜레마는 대형수업을 가르칠 때 개별수업과 비슷한 학습성과를 어떻게 얻을 수 있는지에 있다.

이 대형강의에서 발생하는 이 딜레마를 해결하는 방법 중 하나는 학생들에게 강의 전에 강의노트, 퀴즈 또는 사전 읽기과제, 사전 녹화된 온라인 강의를 제공함으로써 강의에서 불필요한 컨텐츠 전달을 제거하는 것이다. 이 전략은 나중에 학습하는 것(learning)이 가르치는 것(teaching)보다 더 우선순위를 갖는 학생중심의 접근법을 의미하는 '역진행수업(flipped learning, classroom flip, inverted classroom, flipped classroom)'이라는 여러 이름으로 불린다.

'플립드(flipped)'라는 단어는 이 상황에서 두 가지 의미를 갖는다. 첫째, 수업시간 중 활동이 전통적으로 수업 후에 완성된 것들로 뒤집어 진행된다. 둘째, 인지적 스킬 수준의 관점에서 앞서 언급했던 6단계의 인지적 스킬이 반대로 뒤집어진다. 전통적 강의는 일반적으로 컨텐츠 전달을 통해 지식과 이해와 같은 낮은 수준의 인지적 스킬을 대상으로 하는 반면에 과제는 학생들이 그 스킬을 넘어 분석, 응용, 종합, 평가로 가도록 한다. 플립드러닝은 의도적으로 수업 중 더 높은 수준의 학습을 목표로 삼는다. 즉, 학생들은 이 도전적인 학습 중에 지원할 수 있는 강사에게 접근하고 학생들은 수업에 오기 전에 강의실 이외에서 일반적 지식과 이해를 획득한다.

플립드러닝은 수업 중 교육과 온라인 요소를 혼합하거나 새로운 기술없이도 활용될 수 있다. 이 학습법의 실제 실행을 위해 이 접근법을 코스 시작 시 학생들에게 설명하고 잠재적으로 편익을 제공하는 학습전략으로서 제시할 필요가 있다. 그러나 소수 학생은 그 효과성을 확신하지 않을 것이고 오히려 전통적 강의를 선호할 것이다. 강사는 또한 온라인 강의를 준비하는 데 시간을 추가적으로 투자할 필요가 있고 이것은 나중에 편익을 산출하는 초기의 투자로서 고려되어야 한다.

플립드러닝의 편익은 다음과 같다.

- 현장방문과 특강을 통해 주제를 실무와 더 잘 연결시키기 위한 수업에 더 많은 시간을 허용함으로서 학습에 흥미를 더 갖도록 유인
- 강사와 학생의 대화를 장려함으로서 수업에 학생의 관여를 증가시켜 학습성과를 향상
- 학생들이 코수 컨텐츠와 상호작용하는 방법을 선택하도록 함으로써 학생니즈에 맞춰진 교육이 향상되고 동료 대 동료와 강사 대 학생 상호작용과 피드백이 가능
- 온라인 강의의 도입은 학생들이 직접 강사와 함께 하지 않고서도 독립적으로 이론적 지식을 얻도록 함
- 플립드러닝은 코스 전체에 걸쳐 적시에 학습하도록 유인하는 온라인 퀴즈와 병행해 사용되어 학생들에게 균형된 인지적 부하를 제공

### (3) 전문서비스 운영과 교육학의 결합

강의 프로세스의 향상은 가능한한 효과적으로 학습을 만드는 것을 지향해야 한다. 일반적으로 학습은 강의기반 교육(단지 2%의 학생들만이 일대일 지도와 동일한 결과를 얻음)에 의해 주로 저해된다. 이 지속적인 교육적 딜레마를 노동 강도와 고객화에 기초하여 서비스 프로세스를 항목화함으로써 프로세스 디자인 도전 문제로 바꿀 수 있다. 특히, 개별 지도는 많은 양의 고객화를 가능하게 하는 반면에 대형강의는 상대적으로 노동집약적임에도 불구하고 보통 낮은 상호작용을 제공한다. 따라서, 노동강도와 고객화 사이에 균형이 추구되어야 하고 이것은 프로세스 분석을 통해 달성될 수 있다.

이것은 다음의 질문에 대한 답을 찾는 과정이다. '불필요한 직접적인 고객 서비스를 줄이기 위해 운영을 향상시킬 수 있는가?'라는 질문에 답하는 것은 강의의 노동집약을 줄이는 것이다. '제공하는 고객접촉을 향상시킬 수 있는가?' 이 질문에 답하는 것은 더 나은 가치를 위해 높은 노동비용을 정당화할 수 있는 고객화의 증가를 허용하는 것이다.

대학강의에서 기본적 프로세스 디자인에 대한 도전은 예전의 소비자 금융 프로세스 디자인 문제와 유사하다. 이 도전은 육체노동에 의해 전통적으로 수행된 활동

들을 ATM과 인터넷에 의해 전달되도록 재포지셔닝 시킴으로서 해결된다. 이 프로세스 자동화는 노동집약과 비용을 줄이고 유사제조 접근법을 창출한다.

　교육에서 프로세스 자동화를 사용할 때 고객이 상호작용하는 방식은 중요한 문제이기 때문에 엄격히 통제된 자동화된 간접적 상호작용(예: 온라인 강의)과 교실에서 향상된 직접적 상호작용(예: 대면 강의)을 필요로 한다. 특히, 강의실에서 많은 시간을 허용하는 육체적이고 일상적인 컨텐츠 전달은 강의실의 밖으로 방향이 돌려질 수 있고 온라인 강의를 통해 자동화될 수 있다.

　〈표 9.1〉은 지금까지 설명한 강의의 주요 도전을 해결하기 위한 혼합적인 전문서비스 운영과 교육학 관점을 요약한다.

---

**표 9.1**　전문서비스 운영과 교육학 관점에서 분석된 솔루션(플립드러닝)의 논리

|  | 전문서비스 운영 디자인 관점 | 교육학 관점 |
|---|---|---|
| 강의의 주요 도전 | 높은 노동집약, 낮은 고객화 | 대형수업은 개별 지도보다 악화된 학습으로 결과 |
| 가능한 솔루션 | 직접적 접촉에서 벗어나 육체적 일상활동을 재위치시켜 재설계된 프로세스 | 수업 중 제거된 상호작용없는 순수한 컨텐츠 전달 |
| 솔루션의 기반 | － 육체적 업무를 위한 프로세스 자동화<br>－ 높은 접촉업무를 위해 향상된 고객화 | － 순수한 컨텐츠 전달을 위한 온라인 강의<br>－ 더 높은 수준의 인지적 스킬을 목표로 하기 위해 수업 중 더 많은 시간 확보 |
| 자동화된 업무의 편익 | 규모, 시간 독립, 저숙련 노동, 노동과 자원의 전문화 | 관리가능한 대형수업, 자신의 편리대로 보는 온라인 강의, 숙련된 노동 불필요하나 기술적 스킬 필요, 컨텐츠의 전문화 허용 |
| 향상된 접촉의 편익 | 향상된 고객화 | 더욱 능동적인 학습과 피드백 |

자료원: Finne(2018)

## 4  전문서비스 조직의 파워의 균형

### 4.1. 전문서비스 조직에서 파워

전문서비스 조직에서 운영자는 전문가들이고 전문서비스 조직이 기능하는 방식으로 인해 그들의 파워는 다른 조직형태보다 훨씬 높다. 전문가의 파워와 전문적 조직의 파워는 자율(예: 조직의 개별 구성원들에 의해 실행된 파워)과 관련된다. 자율은 전문적 의사결정을 할 때 고객, 조직, 어떤 다른 사람들로부터 외부적 압력이 존재하지 않는 것으로 정의된다. 전문가 직원은 그들의 업무에서 풍부한 재량을 실행함으로서 진정한 특권을 갖는다. 게다가, 그들은 자격 인증시스템(예: 면허)에 의해 보호받는다. 그러나 그들은 조직의 구조와 다른 사람들이 제공한 자원이 형성한 상황에서 일해야 한다. 따라서, 전문가 자율은 고객과 조직에 의해 제한된다.

여러 변수들이 상대적 파워를 결정하는 데 중요한 역할을 한다. 분명한 것은 어떻게 의사결정이 이루어지는지에 의해 조직 내 파워의 분포가 결정된다는 것이다.

### 4.2. 파워에 의한 전문서비스 조직의 분류

조직의 내부와 외부의 파워의 분포에 따라 전문서비스 조직을 분류할 수 있다. 전문적 서비스는 〈그림 9.1〉과 같이 조직 내 전문가의 파워, 고객의 파워, 조직의 경영층의 파워라는 세 가지 차원을 따라 분류된다.

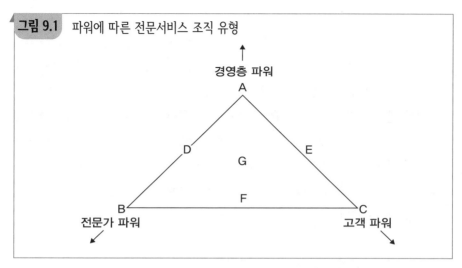

**그림 9.1** 파워에 따른 전문서비스 조직 유형

경영층 파워

A

D         E

G

F

B           C

전문가 파워           고객 파워

자료원: Harvey(1990)

## (1) 전문가의 파워에 영향을 미치는 요인

전문가는 수용된 프랙티스에 따라 조직의 지향, 우선순위, 정책, 절차 내에서 고객에게 서비스한다. 그들은 또한 개인적 및 전문가적 관심, 선호, 열망을 보유한다. 이 변수들의 동태적 상호작용은 전문가가 자신의 업무를 열심히 하는 것을 결정한다. 그러나 많은 외부적 제약과 압력이 그들이 원하는 바를 실행하는 것을 막을 수 있다. 그들은 자율을 얻기 위해 스스로 압력을 가해야 한다. 그들이 그렇게 할 수 있는 수준은 그들의 다음의 두 가지 파워에 의존한다.

① 개인적 파워
② 조직 내 전문가들의 집합적 파워

다시 이 파워는 다른 많은 요소들에 의존한다.
● 어떤 전문직은 다른 전문직보다 더 명망있다. 대중의 인정이 파워를 부여한다.
● 전문가의 공급과 수요의 상황이 파워와 관련된다.
● 전문가 서비스의 결과가 더 중요할 수록 전문가적 책임이 더 높고 조직 내에서 그 전문가는 더 많은 파워를 갖는다.
● 어떤 전문직에서 업무는 혼자서 수행된다. 즉, 전문가가 서비스 전달 시스템의 일부분이다. 이 경우에 그는 다른 전문가들 혹은 기술직들과 그의 업무를

조율해야 한다. 이것은 파워 공유의 방안을 포함한다.

- 관료주의적 업무에 관련된 전문가들은 고객에게 가치가 있는 어떤 재화 혹은 서비스의 문지기(병원의 입원, 공인된 재무제표, 승인된 계획 등)로서 작용한다. 이 역할은 풍부한 파워를 부여할 수 있다.
- 어떤 전문직 내 프랙티스들은 잘 구축되어 개인에게 여유시간을 거의 제공하지 않지만 그렇지 않은 경우에 즉, 자유가 풍부하고 전문가 판단이 고객과 조직에 대해 매우 큰 영향을 미칠 경우에는 더 많은 파워를 부여한다.
- 전문가 그룹이 노조화될 때 그것은 압력 전술과 단합을 통해 부가적인 협상력을 가질 수 있다.

## (2) 고객의 파워에 영향을 미치는 요인들

고객은 전문가와 기업이 그들의 요구사항에 관심을 갖기를 원한다. 그러나 고객요구는 선입견에 의해 영향받을 수 있고 실제로 진정한 니즈를 반영하기 어렵다. 어떤 경우에든 고객은 그들의 요구가 충족되기 원하고 다른 유형의 요구와 충돌할 때 자신의 요구가 우선되기를 바란다. 이것이 일어나도록 고객은 전문가와 기업에 대해 개별적이고 집합적인 압력을 가한다. 이 니즈를 충족하기 위해 활용할 수 있는 고객 파워의 수준은 전문서비스 조직의 환경에 관련된 많은 요인들에 의존한다.

- 영리조직과 비영리조직의 상황이 다르다. 영리조직에서 충분한 수의 고객을 유인, 올바른 유형의 고객을 유인, 고객에게 적정 가격을 제시, 비용의 절감 등이 생존의 필수사항이다.
- 고객이 서비스에 비용을 지불하는지 안하는지 또한 전문서비스 시스템에서 고객의 파워에 영향을 미친다. 또한, 서비스가 정부 혹은 다른 제3자에 의해 지불될 때 고객은 덜 까다로울 수 있고 전문가는 고객을 즐겁게 하는 데 덜 열정적일 수 있다(예: 항상 그렇지 않지만 보험 처리되는 치료).
- 작은 수의 대형 기업을 다루는 것은 이질적이고 조직화되지 않은 대량의 고객을 다루는 것과 매우 다르다. 어떤 전문직(예: 엔지니어, 건축가, 과학자)은 많은 자본을 필요로 하고 그것을 통제하는 기업에 의존한다.
- 경쟁이 심할수록 고객을 즐겁게 하기 위해 전문서비스 기업에 대한 압력은 더 커진다.

전문가의 행동을 제약하는 모든 외부 요인들은 어느 정도 고객의 요구사항과 경쟁한다. 그러한 요인들이 더 많이 존재하고 영향이 더 강할수록 고객은 더 작은 파워를 갖는다.

### (3) 경영층의 파워에 영향을 미치는 요인들

전문서비스 기업은 경영층, 전문가, 기술인력, 지원인력으로 구성된다. 어떤 전문가들(예: 개인 회계 및 세무사무소, 개인 병원, 개인 변호사 등)은 어떤 조직없이 홀로 일하기도 한다. 이것은 전문가들이 스스로 완전한 서비스를 제공할 수 있도록 충분히 다재다능할 뿐만 아니라 집단 업무가 충분한 양의 시너지를 발생시키지 않는 경우에 가능하다. 그러나 전문가들이 동료들을 자극할 필요가 있고 지원인력 혹은 비싼 장비의 비용을 공유할 수 있으며, 전체 서비스가 과도하게 특화되는 경우에 완전한 서비스를 제공하기 위해 대부분의 전문가들은 팀의 일부분으로서 전문서비스 조직에 속한다. 그들이 전문서비스 조직에 속하는 장점을 얻게 되면 대신 홀로 일하는 경우에 누릴 수 있는 어느 정도의 자율을 조직에게 양보해야 한다.

경영층 파워는 외부 조직과 자주 공유되고 공공부문에서 경영층의 파워 혹은 여유는 흔히 규제기관과 정부 부서에 의해 대신되기도 한다. 경영층의 파워는 많은 요인들에 의존한다.

- 고객의 선택 과정에서 전문가의 명성에 비교하여 상대적으로 큰 조직 명성의 중요성
- 특화의 수준(예: 자동차사고 변호사, 투석치료 전문병원)과 전문가들의 상호의존성
- 필요한 자본투자의 크기와 기술적 변화(혹은 진부화)의 속도
- 많은 수의 기술직원과 지원인력의 니즈
- 여러 전문서비스 조직 중 고객을 위한 경쟁수준과 이 경쟁이 명성, 개인적 접촉, 조직 내 뛰어난 전문가의 존재에서 발생하는 수준
- 프랙티스에 필수적이고 개발하는 데 수년이 걸리는 현장에서 검증된 절차와 시스템의 중요성

이 모든 요인들은 전문서비스 분야에서 진입장벽을 나타낸다. 만약 진입장벽이 약하면 어떤 전문가는 전문서비스 조직을 떠나는 것이 쉽고 자신의 개인 사무실을 열기 쉽다. 비록 새로운 조직을 만드는 것이 어려울지라도 어떤 전문가가 다른 전

문서비스 기업으로 이동하기 위해 그 조직을 떠나고 고객을 데려가는 옵션이 존재할 수 있다. 물론, 이 상황들이 존재하지 않을 때에는 파워의 균형이 명확히 경영층으로 기울어진다.

## 4.3. 유형 분류

일반적으로 고객들이 특정 전문서비스를 얻기 위해 더 심한 경쟁을 하고 보통 제3자가 대신 결제하지 않을 뿐만 아니라 이익 동기로 인해서 민간 부문의 전문서비스 기업이 훨씬 더 많은 파워를 보유하는 경향이 있다. 하지만, 공공부문에서 경쟁은 매우 제한적이다. 불만족된 고객은 기껏해야 정부 관료에게 불평하거나 정치적 프로세스를 거친다(예: 병원의 응급부서가 붐비거나 사용이 어려울 때처럼).

앞서의 〈그림 9.1〉에서 삼각형의 각 꼭지점은 이해관계자 중 하나가 가상적으로 모든 파워를 보유하는 상황을 나타낸다. 파워가 상대적 개념이고 이 모델에서 총 파워는 세 이해관계자에 의해 공유된다고 생각하기 때문에 하나에 의해 어떤 파워의 손실이 발생하면 다른 둘에게 파워가 추가된다. 가령, B-C축 상의 점은 경영층을 위해 남겨진 파워가 존재하지 않고 고객과 전문가가 파워를 공유하는 전문서비스 조직을 나타낸다. 점 G는 파워가 이해관계자들 사이에 균등하게 분포된 상황을 나타낸다. 이해관계자가 완전히 파워가 없을 수 없다는 점을 고려하면 삼각형 둘레 상의 점은 전문서비스 조직을 나타낼 수 없다. 그러나 그들은 분석을 위한 유용한 참조 포인트를 구성한다.

동네의 개인병원은 전문가(즉, 개업의)가 매우 강력한 파워를 갖는 전문서비스 기업의 좋은 사례이다. 그들의 넓은 전문가적 자유, 큰 의사결정의 영향, 높은 전문직의 위엄, 조직의 나머지가 그들의 구체적 처방없이 아무 것도 기능할 수 없다는 점 모두가 그 위치를 명확히 한다. 미국과 같은 경쟁이 심한 시장에서 고객은 풍부한 파워를 갖고 경영층은 매우 작은 파워를 가질 것이다. 이 상황은 B-F 라인을 따라가는 점들과 일치한다. 영국과 같이 의료시스템이 국영화된 국가에서 병원은 B-D 라인을 따라가는 점들로 더욱 적절히 대표된다.

사회복지기관은 경영층이 매우 강력한 전문서비스 기업의 좋은 예이다. 고객은 매우 작은 개인적 영향을 미치고 가상의 집단적 목소리도 존재하지 않는다. 반면에 전문가들은 보통 대안적 고용기회가 거의 없고 많은 기술직원의 업무를 지휘하지 않으며, 그들의 업무는 대규모 자본투자를 포함하지 않는다. 이것은 A-D 라인 상의 점들에 의해 가장 잘 나타내진다. 그러나 많은 경우에 정부가 개입하고 엄격하게 규제하기 때문에 전술을 수행하기 위한 경영층의 여지가 상당히 줄어든다. 또한, 사회복지사들은 흔히 노조화되고 전문가 가이드라인이 느슨하여 경영층의 파워를 제한한다.

회계는 고객에 대한 명성의 중요성, 전문가들의 전문성, 고객이 기대하는 매우 다양한 서비스(감사, 세금, 컨설팅), 대규모 조직에서 감사를 수행하는 데 필요한 많은 수의 전문가 수준, 상대적으로 많은 공인회계사의 공급, 일반회계기준에 의해 제한된 전문가 자유로 인해서 경영층이 전문가들에 비해 매우 강력한 분야이다. 그러나 사회복지기관과 반대로 영리조직으로서 회계법인은 고객이 까다롭고 때때로 막대한 자원을 처분하며, 이 전문가 서비스에서 경쟁이 치열하기 때문에 고객은 여전히 파워의 균형을 유지한다. 이것은 C-E 라인 상의 점들에 의해 가장 잘 나타내진다.


## 4.4. 운영 의사결정에 대한 전문서비스 환경의 영향

이해관계자 사이의 파워의 균형이 의사결정이 이루어지는 방식에 영향을 미칠 수 있다.

### (1) 시니어 전문가의 할당
일반적으로, 조직에 대한 전문가의 가치는 그의 경험에 따라 증가한다. 시니어 전문가는 조직내 핵심 자원이고 그들이 가장 필요로 하는 곳에 참여하도록 해야 한다. 하지만, 고객, 전문가, 경영층은 시니어 전문가의 할당에 관해 잠재적으로 충돌하는 다른 목표를 갖는다.

#### ① 고객의 목표
경험은 특정 서비스의 진단과 처방과 같은 서비스 프로세스에서 중요한 방향을 설정하는 의사결정단계일 뿐만 아니라 복잡한 상황을 다루는데 중요한 역할을 한다. 고객은 보통 경험이 많은 전문가들을 원한다.

② 전문가의 목표

전문가들은 그들의 자율에 가치를 부여한다. 그들은 보통 통제된 환경에서 스트레스 없이 관심을 불러일으키는 케이스에서 일하는 것을 좋아한다. 그들은 보통 긴급을 싫어하고 계획되지 않은 활동을 회피하며, 일상적이고 반복적인 업무를 싫어한다. 그들은 자신의 속도로 일하는 것을 선호하고 동료 혹은 경영층에 설명해야 하는 것을 싫어한다.

③ 경영층의 목표

관리자들은 위에 언급된 목표들에 부분적으로 대응한다(예: 고객과 전문가들의 목표). 그들은 또한 목표와 전략을 갖고서 전략적으로 중요한 분야에 그들의 노력을 집중하기 위해 자신의 핵심자원을 투자한다. 그들은 발전하는 분야에 대한 전문가의 지속적인 학습을 보장하면서, 핵심 고객에 최대의 영향을 미치도록 시니어를 할당하기 원한다. 그들은 또한 많은 신입전문가와 기술직원들을 바쁘게 활용하려고 애쓴다. 마지막으로 그들은 최고경영자를 필요로 하고 흔히 가장 경력이 많은 전문가 풀에서 그를 선발하려고 한다.

조직 내 시니어 전문가의 할당은 각 이해관계자가 이 목표의 추구에 적용하는 파워에 의해 결정된다. 이상적으로는 모든 세 파워들이 할당 프로세스에서 중요한 역할을 해야 한다. 조직의 도전과제는 조직의 목표를 동시에 달성하는 창의적 솔루션을 발견하고 실행하는 것이다. 그러나 이것은 비현실적이다.

만약 고객의 파워가 압도적이라면 그 할당은 통찰력이 부족하고 단기 고려사항에 과도한 중요성을 부여한다. 이것은 조직이 선행적이 아니라 너무 반응적이 되도록 만들 수 있다. 그것은 또한 시니어 전문가의 좌절로 결과되고 다시 낮은 품질의 서비스로 결과될 수 있다. 만약 전문가 파워가 지배적이라면 조직은 결국 고객과 소식에 대단히 중요한 서비스 분야에서 신입전문가에게 과도한 집중을 하게 될 수 있다. 만약 경영층의 파워가 지배적이라면 전문가 혹은 고객이 부당한 대우를 받게 되고 불만족된 이해관계자들과 다른 두 이해관계자들 사이에 긴장이 구축될 수 있다. 그러한 불균형은 공공분야에서 더 쉽게 발견될 것이고 민간부문에서 고객과 경쟁자들로부터의 압력은 조직이 전문가를 할당하는 방식을 바꾸도록 요구할 것이다.

## (2) 전문가들 사이의 상호작용 디자인

전문서비스의 복잡성이 증가하고 있다. 이것은 개별 전문가들의 효율성을 증가시키지만 고객이 하나의 서비스를 받기 위해서 두 명 이상의 전문가를 만나야 한다는 것을 의미한다. 이 상황에서 서비스는 동기화되고 조정되어야 하는 많은 중개에 의해 구분될 수 있다. 즉, 이제 한 전문가와만 대면하는 것이 아니라 고객은 다양한 절차와 중개를 거치는 전문가 서비스 프로세스에 직면(예: 종합검진)한다. 그러한 다단계 서비스에서 서비스 시간의 무작위적 변동과 프로세스 단계들 사이의 용량 불균형이 각 프로세스 단계 사이에서 발생할 것이다. 그러한 대기라인을 피하기 위해 각 프로세스 단계를 연결하기 위한 시스템이 고안되어야 한다. 그 단계들을 연결할지 혹은 말지에 대한 의사결정은 다시 이해관계자들의 특정 목표에 의해 영향받는다.

### ① 고객의 목표

고객은 기다리는 것을 싫어한다. 전문가의 관심을 끄는 문제들은 흔히 대기시간 중에 더 악화된다. 특히 각 중개가 긴 대기시간에 의해 분리될 때 다단계 중개는 흔히 고객에게 자연스럽게 연결되지 못한 채 분리되어 나타날 수 있다. 동일한 정보가 반복적으로 사용되고 진단 프로세스가 각 단계별로 다시 반복된다(예: 동네병원에서 대학병원으로 이전 시 다시 진단을 시작해야 함). 연결되지 않은 전문서비스 프로세스는 흔히 조율되지 않은 역효과를 발생시키는 것으로서 고객에게 영향을 미친다.

### ② 전문가의 목표

미연결된 프로세스에서 대기라인은 프로세스 단계를 분리하는 완충(buffer)재고로써 작용하기 때문에 전문가가 자신의 속도를 유지하도록 만든다. 이 분리는 또한 전문가들 사이에 어떤 거리를 두고서 각 전문가가 자신이 선호하는 접근법을 사용하도록 만든다. 이것은 전문가들 사이의 갈등을 줄이나 전문가들 사이의 불필요한 접근법의 차이를 만든다.

### ③ 경영층의 목표

일단 고객이 서비스 프로세스에 진입하면 연결된 시스템은 고객을 더 빨리 처리하는 반면에 서비스 프로세스 진입 시 더 긴 대기라인을 만들 수 있다. 그러한 대기라인은 경영층에 압력을 부과할 것이다. 또한 완충라인의 창출을 피하기 위해 경영층은 여러 번 특정 전문가의 숫자를 놀려야 할 수도 있어 이 상황은 경영층이 피하려고 할 것이다. 마지막으로, 강제로 연결된 시스템은 심각한 전문가 간 갈등을 초래할 수 있고 이 상황도 경영층에 불편할 수 있다.

반대로, 완충라인의 제거는 더 뛰어난 조화에 기반할 경우 전문가들에 의해 장기간 더욱 적절한 서비스의 제공을 보장함으로서 뛰어난 서비스품질로 결과될 수 있다. 많은 상황에서 그러한 품질향상은 보통 상충효과가 발생하는 효율성, 용량, 유연성을 유지하거나 향상시키면서 달성될 수 있다. 병원과 같은 많은 다단계 서비스 프로세스는 고객의 관심에 대해 최고 수준으로 서비스하기 보다는 전문가의 자율을 보존하도록 디자인된다. 이 상황을 바꾸는 것은 전문가들 사이의 더 긴밀한 협력과 그들의 자율을 제한하는 방식으로 프로세스를 수정하는 것을 필요로 한다.

## (3) 단기 용량관리

전문가들은 점점 더 특화된다(예: 이혼전문변호사, 자동차사고전문변호사). 전문서비스 기업 내에서 전문가들은 어떤 유형의 문제 혹은 중개의 특정 단계에서 더 세분되어 전문화될 수 있다. 이 전문화 수준은 서비스품질과 용량관리에 직접적인 영향을 미친다. 전문화의 수준에 대한 의사결정은 각 이해관계자에 의해 다르게 고려된다.

### ① 고객의 목표

고객은 보통 그들이 필요로 하는 정확한 서비스에 전문화된 어떤 사람을 선호한다. 그러나 고객은 그 사람을 이용할 수 있을 때까지 기다리거나 잘못된 유형의 전문가에게 할당되는 것을 싫어한다. 그들은 또한 여유기간에서와 마찬가지로 피크(Peak) 기간에서도 동일한 수준의 서비스를 기대한다.

### ② 전문가의 목표

더 심오한 전문화는 그들의 업무에 관련된 불확실성과 리스크를 줄이기 때문에 전문가들은 가능한 많이 특화되기를 원하고 다른 활동영역에 재배치되는 것을 싫어한다. 나아가, 그들은 더 많은 고객으로 인해 업무를 더 빨리 하거나 다르게 해야하는 것을 싫어한다.

### ③ 경영층의 목표

경영자들은 공급과 수요를 일치시키는 문제에 항시 직면한다. 어떤 특화가 효율성을 달성하기 위해 추구되어야 하는 반면에 그들은 과도한 특화를 피하려고 노력한다. 그들은 유연성을 촉진하기 위해 이중 특화(소위 주전공과 부전공)를 권장하고 활동분야들 사이에 이동성을 유지하려 노력한다. 그들은 유동적인 팀과 다재다능한 개인들을 개발하고 유연한 형태의 업무배분을 촉진하려고 노력한다.

## 기타 운영관리 이슈

### 5.1. 전문가들 간 협력의 필요성

모든 전문서비스 기업과 같이 병원은 높은 수준의 지식집약성(예: 진료와 치료를 전달하는 개별 전문가들에 의해 보유된 복잡한 지식)에 의존한다. 그러나 병원은 그들의 운영을 다른 전문서비스 기업과 약간 다르게 만드는 특징을 보인다. 예를 들어, 소비자들과 상호작용의 관점에서 병원의 환자는 심각성(예: 일반적 감기 대 심장마비)과 만성(예: 단순골절 대 장기 심부전)의 관점에서 차별화되고 다양한 요구사항들을 갖는다. 프로세스 변동성 또한 환자, 정부기관, 민간보험회사를 포함한 다수의 고객의 요청을 만족시키기 위해 병원이 프로세스를 조정해야 하고 서비스에 대한 지불구조도 외부 제약(국민건강보험, 장기요양보험, 개인지불 등)에 의해 복잡해진다.

결국, 이러한 다양한 특성의 효과적인 조정이 필요해 진다. 특히, 병원의 운영에서 두드러진 측면은 두 차별적인 전문적 노동력인 의사와 간호사들 사이의 지속적인 협력의 요청이다. 비록 건축기업과 같은 다른 전문서비스 기업이 또한 다른 전문적 노동력(예: 건축사 대 구조공학자)이 필요할지라도 아픈 환자들을 정교하게 치료해야 하는 끊임없는 압박은 의료 전문가들 사이의 협력문제를 계속 증가시킬 수 있다.

의사와 간호사 모두는 의료서비스 전달에서 보완적인 독특한 스킬을 갖고 있다. 가령, 의사의 교육은 질병의 치료에 초점을 두고 그들의 스킬은 증거기반 표준의 긴밀한 의료 모니터링에 있다. 환자의 의료기록에 대해 문서화하여 의료의 표준에 고수하는 병원의 수준을 나타내기 위해 '적합품질(conformance quality)'이라는 용어가 사용될 수 있다. 반면에, 간호사의 교육은 접근법에서 더욱 종합적이다. 그것은 타인을 돌보는 감정과 문화적 다양성에 대해 학습하는 임상실습뿐만 아니라 환자의 전체 건강과 커뮤니티기반 서비스와 같은 요소들을 포함한다. 따라서, 간호사들은 서비스 전달 중에 환자와 상호작용하기 위해 의사보다 더 잘 준비되어 있어야 한다. 여기서 의료서비스 전달 중 병원의 간호사와 환자 사이의 상호작용의 수준으로서 '경험품질(experienced quality)'을 정의하고 이것은 환자에 의해 경험된 것으로서 평가된다.

재입원율을 줄이고 환자 만족을 향상시키는 관점에서 적합품질과 경험품질 사이에 시너지가 존재한다. 그러나 이 둘을 동시에 달성하기 위해 협력을 촉진하는 것은 병원에 쉽지 않은 일이다. 실제로, 두 전문직들은 각기 다른 엄격한 규제를 갖고 있기 때문에 두 노동력들 사이에는 어떤 보이지 않는 분리가 존재한다. 게다가, 두 전문직들은 공통의 목적(예: 환자를 돌봄)을 공유하는 반면에 그들은 다른 지식기반(예: 다른 교육체계)을 갖고 있어 이것은 서비스를 전달하는 방법의 불협화음으로 이어질 수도 있다. 이 충돌은 전문서비스 기업에서 공통적인 전문가들을 보유하고 지휘하는 어려움으로서 정의되는 고양이 몰이로 비유된다. 따라서, 병원은 간호사와 의사 사이에 협력을 촉진하는 절대적인 명제를 효과적으로 관리할 필요가 있다.

## 5.2. 전문서비스의 제품화

### (1) 제품화 프랙티스

서비스 제품화(service productization)는 무형의 서비스를 고객이 유형의 제품으로 대량생산되는 것처럼 느끼고 인식하도록 만드는 방법을 의미한다. 이 일반적 제품화는 다음의 세 가지 핵심 프랙티스로 구성된다(Jaakkola, 2011).

① 서비스제공품의 규정과 표준화
② 서비스 제공과 전문가 전문성의 유형화와 구체화
③ 프로세스와 방법의 시스템화와 표준화

### (2) 서비스제공품의 규정과 표준화

서비스제공품을 판매와 구매가 용이하도록 규정하고 표준화시키는 것이 필요하다. 〈표 9.2〉에 정리된 것처럼 일반적으로 고객이 어떤 서비스에 대해 자신이 필요한 것과 기업이 그들에게 제공할 수 있는 것에 대해 명확하게 이해하는 것이 쉽지 않다. 따라서 이해하기 쉽고 단순한 유형의 제공품을 창출하는 것이 공통의 목적이 될 수 있다.

**표 9.1** 서비스제공품의 규정과 표준화의 절차, 이해, 관여

| 절차(규칙, 사실) | 이해(수행되어야 하는 것, 노우하우) | 관여(바람직한 것, 올바른 목표는 무엇인가) | 프랙티스 실행과 관련성이 높은 용어 |
|---|---|---|---|
| - 고객은 전문적 서비스를 이해하지 못함<br>- 구매자는 잘 정의된 서비스를 기대<br>- 고객화와 표준화는 동시에 적용될 수 있음 | - 교환의 명확한 목적이 존재해야 함<br>- 서비스는 분리된 부분 혹은 단계들로 분해되어야 함<br>- 서비스의 변동성이 축소되어야 함 | - 매출증가가 중요한 목표<br>- 그 목표는 판매 활동에 더 작은 노력을 투자하는 것임 | 서비스를 객관화하고형태를 제공하기 위한 용어<br>- 서비스패키지<br>- 서비스 버전<br>- 서비스 모듈 |

서비스를 판매하고 마케팅하는 것을 촉진하기 위해 서비스의 내용이 최소한 어느 정도 표준화될 필요가 있다. 고객은 명확하고 잘 정의된 제공품을 기대하기 때문에 서비스의 변동성과 모호성이 줄이는 것이 바람직하다. 이것은 서비스를 표준화하기 쉽고 고객에게 설명하기 쉬운 더 작은 부분 혹은 단계들로 구분함으로서 달성할 수 있다. 이와 관련된 용어로는 서비스 모듈(module), 서비스 패키지(package), 서비스 버전(version)이 있다. 서비스 모듈은 규정된 내용 혹은 다른 특징을 갖는 서비스 버전을 갖는 다른 부분들로 서비스를 구분함으로서 개발될 수 있다.

이를 달성하기 위해서는 고객화와 표준화 사이에 큰 상충관계가 존재하지 않도록 이들을 결합하는 것이 가능하다. 즉, 고객화를 위한 여지를 남기면서 또한 서비스의 일부분을 규정하는 것이 가능하다. 규정된 내용과 프로세스에도 불구하고 실제 서비스 제공이 모든 고객에 대해 고객화되고 독특해야 할 것이다.

### (3) 서비스제공품과 전문가 전문성의 유형화 및 구체화

다른 제품화 프랙티스는 〈표 9.3〉에 정리된 바와 같이 서비스제공품과 전문서비스 제공자의 전문성을 고객의 시각에서 더욱 유형적이고 구체적으로 보이게 만드는 것이다. 명확한 내용, 가격, 납기일이 결여된 서비스를 판매하는 것은 어렵다. 일반적인 사실은 추상적 본질과 유형적 증거의 결여로 인해서 고객이 전문서비스를 구매하는 데 큰 리스크를 인식한다는 것이다. 그 리스크를 줄이기 위해 서비스

는 어떤 유형적 특징을 제공할 필요가 있다. 예를 들어, 서비스패키지 혹은 서비스 제품화 같은 서비스를 통해 고객에 의해 평가될 수 있는 물리적이고 유형적인 제품과 유사한 것을 만들 필요가 있다.

<table>
<tr><td colspan="2">표 9.2</td><td colspan="4">서비스제공품과 전문가 전문성의 유형화와 구체화의 절차, 이해, 관여</td></tr>
</table>

| 절차(규칙, 사실) | 이해(수행되어야 하는 것, 노우하우) | 관여(바람직한 것, 올바른 목표는 무엇인가) | 프랙티스 실행과 관련성이 높은 용어 |
|---|---|---|---|
| – 고객은 무형적 서비스에서 리스크를 인식<br>– 고객은 유형과 구체적 제공품을 평가 | – 유형적 특징이 서비스에 추가되어야 함<br>– 서비스제공품은 고객을 위해 보여져야 함<br>– 고객에게 전문성의 증거를 보여져야 함 | – 목적은 고객에게 측정가능한 무엇을 제공하는 것임<br>– 전문성은 개인이라기 보다는 기업과 관련되어야 함 | 서비스와 전문성을 제품과 같고 측정가능하게 만들기 위한 용어<br>– 서비스 제품<br>– 서비스패키지<br>– 돈의 가치를 제공<br>– 모델과 절차<br>– 솔루션 제공 |

서비스에 이러한 제품을 닮은 특징을 부가하는 것은 고객과 소통을 용이하게 한다. 예를 들어, 제품화는 서비스의 브랜드 개발과 시각적 정체성을 통해서 이루어질 수 있다. 유형성은 또한 서비스에 어떤 물리적 재료(예: 서비스패키지를 상징하는 포장지, 삽화, 슬로건과 같은 촉진재)를 추가함으로서 달성된다. 브로슈어(brochure)와 전단지(leaflet)와 같은 촉진재료는 고객에게 서비스를 설명하는 것을 더 쉽게 만들도록 그들의 프로세스, 방법, 서비스 성과를 묘사하고 표현하도록 디자인된다.

전문서비스 기업의 경영자는 그들의 전문성과 전문적 지식에 대해 설득하는 데 어려움에 직면한다. 제품화의 중요한 목적이 기업과 개인 서비스 제공자의 역량과 진실성을 유형화하는 것이다. 브로슈어의 가장 중요한 기능은 우리가 파는 것을 보여주는 것이 아니라 우리가 할 수 있는 것을 보여주는 것이다.

이에 대한 기본적 전제는 전문성과 경험이 조직수준에서 우선 유형화되어야 한다. 만약 전문서비스 기업이 판매하는 서비스가 개인의 전문성과 강하게 일치된다면 문제가 될 수 있다. 서비스의 구체화, 표준화, 유형화는 고객에게 기업 수준의 전문성을 소통하는 수단으로 고려된다.

### (4) 프로세스와 방법의 시스템화 및 표준화

프로세스와 방법을 시스템화하고 표준화하는 것은 다른 제품화 프랙티스이다. 특히, 생산성과 효율성과 관련하여 서비스 프로세스를 관리하는 것에 대한 규범과 사실이 중요하다. 〈표 9.4〉에 요약된 바와 같이 더욱 체계적이고 동일한 프로세스/방법/도구들이 서비스 프로세스를 더욱 통제가능하도록 만들기 위해 개발될 수 있다. 시스템화는 프로젝트의 수익성을 향상시키는 증가된 효과성과 관련된다. 따라서, 사전에 정의된 프로세스 혹은 방법들은 어떤 루틴을 더 쉽고 더 빠르게 만들기 위해 개발된다.

**표 9.3** 프로세스와 방법의 시스템화와 표준화의 절차, 이해, 관여

| 절차(규칙, 사실) | 이해(수행되어야 하는 것, 노우하우) | 관여(바람직한 것, 올바른 목표는 무엇인가) | 프랙티스 실행과 관련성이 높은 용어 |
|---|---|---|---|
| − 고정된, 통제가 능한 프로세스가 더욱 효율적임<br>− 더욱 효율적인 프로세스가 더욱 생산적이고 수익성이 있음<br>− 프로세스 체계화는 품질을 향상<br>− 프로세스 체계화는 루틴 업무를 축소 | − 개별 전문가들은 공통의 프로세스를 따라야 함<br>− 전문서비스 기업은 자신의 방법과 도구를 개발해야 함<br>− 고객과 프로젝트에 대한 정보가 문서화되어야 함<br>− 초기 업무가 재사용되도록 만들어야 함 | − 합리성과 효율성이 중요한 목표임<br>− 기업가는 누적적 지식에 대한 기업의 소유를 보호해야 함<br>− 개인 중심성이 문제를 낳음<br>− 루틴은 축소되어야 함 | 서비스와 전문성을 제품과 같고 측정가능하게 만들기 위한 용어<br>− 분석 방법과 도구<br>− 암묵적 정보를 축적<br>− 합리적, 효율적 프로세스<br>− 모니터링<br>− 가인드라인과 운영절차 |

나아가, 관리와 조직화를 더욱 합리적이고 효율적으로 만들기 위해 제품화가 시작되기도 한다. 더욱 구체적으로 정의되고 계획된 서비스 프로세스는 자원배분, 계획, 측정을 더 쉽게 만든다. 체계적 절차를 적용한 후에 모니터하고 분석을 지속적으로 개선하는 것을 가능하게 만드는 데이터를 얻는 것이 훨씬 더 쉽다. 예를 들어, 프로젝트를 분석, 프로젝트가 어떻게 진행되는지를 발견, 각 단계에서 올바르게 업무 시간을 측정, 잘못되는 것을 발견하는 것이다. 체계적이고 표준화된 프로

세스는 서비스품질을 향상시킨다. 고객화와 연관된 품질 대신에 표준화는 서비스 품질과 고객을 위한 가치의 선제조건이다.

체계화와 표준화가 실행되는 구체적인 수단들은 문서 템플릿, 프로세스 차트, 데이터베이스, 분석방법과 같은 규정된 프로세스/방법/도구를 개발하고 적용하는 것이 있다. 실제로 전문가에 의해 수행된 많은 일들은 비생산적이고 루틴한 것이며, 실제로 전문성을 필요로 하는 업무를 위한 시간을 찾는 것이 힘들 때도 많다. 제품화는 전문가들이 그들의 업무의 본질에 부가된 가치와 흥미에 의해 동기부여되고 이것은 일상적 업무에 시간을 소비하는 것을 줄인다.

## 5.3. 전문서비스 실패와 회복

### (1) 전문서비스 기업에서 서비스 실패와 회복

놀랍지 않게 많은 전문서비스 기업들은 서비스 실패(예: 의료실패)가 존재하는 것을 거부하거나 그 실패를 논의하고 밝히는 것을 꺼려한다. 예를 들어, 전문회계기업은 그들의 통제의 외부요인(인수 및 합병, 다른 경쟁자들과 연결을 갖는 새로운 CFO, 고객관리에 대한 연결에 관한 증권거래위원회의 규제, 고객의 부분에서 위험한 행동)으로 인해 고객을 잃는 것을 자세히 밝히나 기업의 내부요인(고객에 대한 관심의 결여, 수수료에 대한 비동의)으로 인해 고객을 잃는 것은 거의 밝히고 있지 않고 있다.

### (2) 서비스 실패의 이유

#### ① 시간

가장 지배적인 이유로서 서비스 제공자들은 사전에 계획된 일정을 충족시키지 못하며, 고객과 일정이 수립된 회의에 늦거나 놓칠 뿐만 아니라 고객에 의한 요청에도 접근과 이용이 불가능하다. 변호사와 회계사는 빨리 일하는 것을 선호하지만 고객은 그들이 어떤 프로젝트를 완성하는 데 충분한 시간을 가져야 하고 어떤 약속을 완료하기 위해 자신과 함께 머물러 있기를 원한다.

#### ② 고객 비즈니스 지식의 결여

회계사는 그들이 제공하는 서비스(예: 감사, 세무 등) 이외의 것을 하지 않고 고객의 비즈니스에 대한 지식이 결여되어 있으며, 매우 작은 통찰을 제공하고 기술적 이슈에서 최신이 아닐 수 있다. 많은 고객은 전문가의 자문이 선행적이라기 보다는 반응적이라고 생각할 수 있다.

### ③ 커뮤니케이션

서비스 제공자와 고객 사이의 소통이 전문가의 주요 실패의 이유가 된다. 구체적으로 고객은 자신과 의사 사이의 소통의 결여를 자주 강조한다.

### ④ 인력 관련 실패

이것은 전문가의 지속적인 이직, 관계의 결여(예: 감정평가사는 건방지고 고객과 상호작용하려 특별히 애쓰지 않는다는 불만)를 포함한다. 전문가는 질문에 제대로 답할 준비가 되어 있지 않고 세부사항에 대한 준비없이 고객에 대응한다.

### ⑤ 서비스 회복 노력의 부족

전문서비스 기업에서 서비스 실패 발생시 즉각적이고 공평한 회복 노력을 해야하나 그렇지 못하거나 잘못된 회복 대응을 할 경우에 해당한다.

## (3) 실패에 대한 회복 대응

전문서비스 실패에 대응하는 기업은 다음의 세 가지 유형으로 분류될 수 있다.

① 실패를 인식하고 적절히 회복하는 기업
② 실패를 인식하나 적절히 회복하지 않는 기업
③ 실패를 인식하지 않고 따라서 회복이 시도되지 않은 기업

당연히 첫 번째 유형의 기업이 가장 바람직한 기업이다. 예를 들어, 회계기업의 서비스 실패 발생시 적절한 회복전략으로는 다음을 들 수 있다.

- 회계사가 데이터를 분실하여 일을 완성하기 위해 초과근무를 하였다면 이 초과근무에 대해 요금을 부과하지 않음
- 회계기업의 인력이 세금 환급에서 실수하였을 경우 파트너가 사과하고 소득신고를 수정하고 환급을 신청하며, 고객의 요금을 25%까지 축소
- 회계기업 인력이 세금신고를 잘못 계산하여 벌금을 문 경우에 그 기업이 사과하고 기업과 고객이 그 비용을 분담

- 고객과 회계사 사이의 의사소통 오류가 서류신청에 문제를 초래하는 경우에 지연 요금을 부과하지 않고 재빨리 해결
- 서비스 업무가 너무 오래 진행되어 고객이 화가 난 경우에 회계기업이 관리자를 해고하고 새로운 관리자를 할당
- 지원 감사인이 정보를 잘못 해석하고 고객에게 알리지 않았을 경우에 감사 파트너가 사과하고 회계기업이 그 문제를 해결할거라고 정보 전달

일반적으로, 서비스 실패가 발생할 때 전문가는 다음의 대응을 해야 한다.
- 서비스 제공자가 그 실패를 인식
- 그것에 대한 완전한 책임을 수용
- 고객에게 사과
- 적절한 회복옵션(보상, 원상회복, 추가 및 대안서비스 무료 제공, 환불 등)을 제공

## 5.4. 사무실 디자인

### (1) 공간의 역할

공간은 조직적 현상 혹은 조직의 생활에서 디자인된 공간의 역할 관점에서 중요한 준거로서 규정되어 왔다. 이 공간은 상호작용을 촉진하고 창의성을 고무할 수 있고, 비용 효율성과 생산성을 증가시킬 수 있고, 직원 동기부여와 만족에 영향을 미칠 수 있고, 엄격한 노동의 통제와 관련될 수 있다. 나아가, 조직공간의 사회적 생산의 측면에서 공간의 조작을 통해서 조직의 특정 가치를 전달하고, 조직적 통제의 유형을 전환하고, 이념적인 사회화의 특정 형태를 촉진하는 것에도 영향을 미칠 수 있다.

### (2) 배치 방식

두 가지 사무실 디자인 방법이 제안될 수 있다.

① 가변적 개방형 배치

전문서비스 기업의 사무실 디자인의 가장 일반적 특징 중 하나는 기업 구성원들이 일상업무에서 그들의 상호작용을 촉진하는 시장을 연상시키는 개방형 배치

의 적용이다. 전문서비스 기업에서 개방적 공간은 직접적인 직원의 통제를 추구하지 않고 고정형 벽과 폐쇄된 방에 의한 구분을 최소화할 뿐만 아니라 계층적 경계에 상관없이 기업 구성원들이 앉고 일하는 곳을 자유롭게 선택하도록 하는 더욱 유동적 공간배치방식이다. 실제로, 개방형 공간배치는 어디서 언제 일하는지를 선택하는 권한을 기업 구성원들에게 제공하도록 설계된다.

가령, 대부분의 기업들은 특정 개인들에게 좌석이 할당되지 않고 사무실 책상을 공동으로 이용하는 '핫데스킹(hot desking)시스템'을 적용할 수 있다. 나아가, 어떤 기업은 필요할 때마다 좌석을 미리 예약하는 '호텔식(hoteling)시스템'을 적용하기도 한다. 이 시스템 하에서 직원들은 호텔 방을 예약하는 것처럼 사무실에서 앉아 일하기 위한 장소를 예약한다. 모든 것이 모바일 플랫폼에 기반하고 모든 단일 좌석에 유일한 ID 숫자가 부여되어 스마트폰을 통해 원하는 곳을 결정할 수 있다.

이 할당되지 않은 좌석 시스템의 근본을 이루는 사고는 계층 포지션에 상관없이 모든 직원이 탈계층적 사무실 공간에서 동등한 조건에서 공간적 배열을 사용할 수 있다는 것이다. 파트너와 주니어 직원 사이에 차별이 없기 때문에 주니어 인력과 파트너들은 협력적 환경에서 연결성과 협력을 강화할 수 있다.

이 상황에서 구성원들은 자신을 자유로운 개인 기업가(self-entrepreneur)로서 스스로를 인식하도록 자극받는다. 실제로, 개방형 배치는 사무실 구성원들이 지속적으로 서로 아이디어와 정보를 공유하도록 하면서 사내 상호작용이 제한없이 이루어질 가능성을 높인다. 이것은 지속적으로 아이디어를 공유하는 차원에서 높은 수준의 생산성, 관여, 혁신적 사고를 창출한다. 이 유형의 사무실 디자인에서 기업 구성원들 사이의 경쟁과 협력이 동시에 고무된다. 이러한 현상은 경쟁과 협력(coopetition)으로 불린다. 이 유동적 개방형 배치를 통해 사무실의 전문가들은 내부 경쟁자들(예: 동료)과 의미있게 협력하도록 자극받는다.

② 조정가능한 업무공간 배치

조직 구성원들이 시장의 상황에 그들의 행동을 적응하도록 자극하기 위해 자신을 더욱 생산적으로 만들면서 경쟁적이고 소통적인 기업가로 발전하도록 고무하는 조정가능한 업무공간 기술이 제안된다. 전문서비스 기업에서 많은 사무실 공간은 다양한 업무상황(예: 개별업무, 소규모 그룹업무, 대중 발표)에 적응을 할 수 있도록 설계된다. 가령, 디자이너들은 개방형 공간에서 소음에 의해 방해받지 않고 작은 그룹에서 일하는 구성원들에게 업무공간을 제공하기 원한다. 예를 들어, 개방형 층에서 사람들이 만나 15분 동안에 둘 혹은 네명이서 사담을 나눌 수 있도록 서거나 앉을 수 있는 책상의 위치가 조정가능한 장소를 제공하는 것이다. 이 업무공간은 포드(pod) 형태로 불리는 방식이 적용될 수 있다. 예를 들어, 사방이 막히지 않고 일부가 개방된 휴식공간으로서 소음, 목소리가 외부에 나가지 않고 대화를 할 수 있도록 만드는 것이다.

계단은 직원이 고객 서비스에 대한 정보를 교환하기 위해 낮 동안 잡담을 할 수 있는 공간이다. 그러한 만남의 장소는 다양한 연결 기회를 만들고 이것은 결국 더 뛰어난 서비스품질과 업무효율성으로 전환될 수 있다. 이렇게 직원의 자연스러운 니즈에 적응하는 것을 신자유주의 공간-조직적 배열이라고 할 수 있는데 그 전략은 신자유주의적 공간배치가 오늘날의 전문가들이 자연스럽게 일하는 접근법과 일치한다고 직원들이 생각하여 그들의 일에 대한 만족도를 향상시킨다.

조정가능한 공간은 전문가들의 니즈에 대응하기 위해 다양한 기능(예: 일하기, 훈련하기, 먹기)을 함께 서비스한다. 더 큰 목적은 더 긴 시간 일할 수 있는 사회적 주체로서 전문서비스 기업의 구성원들을 동원할 수 있고 업무와 과제를 효율적으로 이전하는 것이다. 가령, 사무실 공간은 흔히 직원에게 일하면서 먹는 기회를 제공한다. 어떤 사람에게 커피숍과 레스토랑이 일하는 공간일 수 있다. 따라서 그 공간에서 직원들이 일할 수 있도록 전원과 와이파이를 제공하고 권장해야 한다. 실제로, 편안한 카페테리아가 산뜻하게 설계되어 직원들이 동료와 토론하고 컴퓨터로 일하면서 먹을 수 있도록 만들 필요가 있다. 어떤 기업들은 스포츠를 좋아하는 직원이 일하면서 시간을 극대화하도록 하기 위해 업무장소에 헬스센터를 제공하기도 한다. 이러한 체육시설을 제공하는 것은 그들이 훈련과 샤워를 위해 다른 곳으로 갈 필요가 없기 때문에 직원 효율성을 증가시키고 업무에 많은 시간을 투자하여 더욱 생산적이 된다.

이러한 신자유주의 공간은 전문가의 기업가 정신에 기초한 행동을 촉진하기 위해 직원의 감정적 영역을 활용한다. 조정가능한 업무공간은 전문적 기업가들이 그들이 원하는 대로 그들의 일상을 설계하는 데 자유를 느끼도록 한다. 따라서, 당신은 회사의 레스토랑에 들어와 커피를 든 채로 계단 혹은 엘리베이터로 이동하면서 전화 상담을 할 수 있고 회의를 위해 작은 폐쇄된 회의 공간을 예약할 수 있다.

전문서비스 기업의 중요한 목표 중 하나는 전문가로부터 가치를 추출하기 위해 그들의 최고를 얻어내는 것이다. 신자유주의 체계에서 전문가로부터 이 가치추출은 분명한 규제 메카니즘을 통해 수행되지 않는다. 대신, 미묘한 방식으로 전문가의 마음에 영향을 미치는 것을 지향한다.

# 참고문헌

Chase, R.B. (1978), "Where does the customer fit in a service operation?", Harvard Business Review, 56(6), 137–142.

Finne, M. (2018), "Improving university teaching: A professional service operation perspective", International Journal of Operations & Production Management, 38(9), 1765–1795.

Harvey, J. (1990), "Operations management in professional service organisations: A typology", International Journal of Operations & Production Management, 10(4), 5–15.

Hauser, J.R. & Clausing, D.P. (1988), "The house of quality", Harvard Business Review, 66(3), 63–73.

Jaakkola E. (2011), "Unraveling the practices of "productization" in professional service firms, Scaninavian Journal of Management, 27(2), 221–230.

Parasuraman, A., Zeithaml, V.A. & Berry, L.L. (1988), "SERVQUAL: A multiple–item scale for measuring consumer perceptions of service quality", Journal of Retailing, 64(1), 12–40.

Schmenner, R.W. (1986), "How can service businesses survive and prosper?" Sloan Management Review, 27(3), 21–32.

Schneider, B., White, S.S. & Paul, M.C. (1998), "Linking service climate and customer perceptions of service quality: Tests of a causal model", Journal of Applied Psychology, 83(2), 150–163.

# 10

# 전문서비스 품질관리와 생산성 측정

## 10장 전문서비스 품질관리와 생산성 측정

 **전문서비스와 품질관리**

### 1.1. 서비스품질의 역사

서비스품질은 서비스 제공자가 아닌 고객에 의해 주관적으로 인식된 수준에 기초하여 평가된다. 지금까지 논의된 서비스품질의 기본 차원을 소개해보고자 한다.

#### (1) Lehtinen & Lehtinen(1982)의 차원

그들이 지적하였듯이 서비스 자체를 정의하는 것이 어렵기 때문에 서비스품질의 정의도 동일하게 쉽지 않은 문제이다. 그들은 서비스품질에 대한 세 가지 차원을 규정하였다.

• 물리적 품질: 이 차원은 서비스의 유형적 측면과 관련된다. 예를 들어, 의사의 물리적 품질에 영향을 미치는 항목들로는 병원 접수 구역, 검사실, 의료 장비, 의사의 사무실에서 관리되는 약 등을 고려할 수 있다.

• 상호작용적 품질: 이 차원은 서비스의 상호작용적 특징을 포함하고 고객과 서비스 제공자 사이에 발생하는 양방향의 흐름을 의미한다. 금융기관의 대출서비스(양방향) 혹은 ATM서비스(일방향)를 사용하는 동안 고객이 갖는 경험은 상호작용적 품질에 영향을 미치는 두 예이다.

• 기업 품질: 기업 품질은 현재와 잠재적 고객들뿐만 아니라 일반 대중들에 의

해 서비스 제공자에 각인된 이미지를 의미한다. 다른 두 품질 차원들과 비교할 때 기업 이미지는 시간이 지나면서 더욱 안정적이 되는 경향이 있다. 즉, 물리적 품질과 상호작용적 품질이 본질적으로 상황적이기 때문에 흔히 특정 사건에 기초하여 평가된다. 그 이유로, 물리적 품질과 상호작용적 품질은 전문서비스 제공자에 의해 초기에 더욱 잘 관리될 수 있다.

### (2) Grönroos(1983)의 연구

그는 서비스품질을 위한 두 가지 기본적 차원을 제안하였다.

- 기술적 품질(technical quality): 무엇이 전달되는가와 관련된다.
- 기능적 품질(functional quality): 서비스가 어떻게 전달되는가와 관련된다.

이 양분화는 Lehtinen & Lehtinen(1982)에 의해 제안된 세 차원들 중 두 가지와 일치한다. 그들의 물리적 품질은 Grönroos의 기술적 품질과 상응하는 반면에 상호작용적 품질은 기능적 품질과 더욱 직접적으로 관련된다.

### (3) Berry et al.(1985)의 연구

그들은 서비스품질을 위한 두 가지 기본적 차원을 제한하였다.

- 과정품질(process quality): 기능적 차원에 대한 관심은 프로세스에 초점을 둔다.
- 성과품질(outcome quality): 기술적 차원은 성과에 초점을 둔다.

차원들이 상호관련되는 반면에 양분화의 일차적 토대는 평가가 발생하는 시기에 의존한다. 과정품질에 대해 평가는 서비스가 '수행 중'에 발생한다. 이 평가는 '어떻게' 서비스가 수행되고 있는지에 초점을 둔다. 가령, 회계사 사무실에 앉아 있는 동안에 고객은 사무실 환경과 회계사와 그의 인력이 수행하는 절차를 관찰함으로써 그의 품질을 평가한다. 한편, 성과품질에 대한 평가는 서비스 성과 '후'에 발생하고 '어떤' 서비스가 전달되는지에 초점을 둔다. 가령, 법률 서비스를 평가하는 데 소비자의 평가는 소송의 최종 결과에 의해 심각하게 영향받는다. 〈표 10.1〉은 인식된 서비스품질의 이해에 대한 핵심 요점과 공헌인자를 비교한다.

**표 10.1** 서비스품질 차원의 비교

| 설명 | Lehtinen & Lehtinen(1982) | Grönroos(1983) | Berry et al.(1985) |
|---|---|---|---|
| 무엇(성과 후 평가) | 물리적 품질 | 기술적 품질 | 성과품질 |
| 어떻게(성과 중 평가) | 상호작용 품질 | 기능적 품질 | 과정품질 |

### (4) Parauraman et al.(1985)의 연구

그들은 인식된 서비스품질을 서비스 기업이 제공해야 하는 것으로 고객이 기대하는 것과 서비스 기업의 실제 성과에 대한 인식의 비교에 기초하여 서비스의 우월성에 대한 전반적 판단 혹은 태도로서 설명한다. 따라서, 인식된 서비스품질은 소비자의 인식과 기대 사이의 차이를 나타낸다. 이에 그들은 서비스품질을 5개의 차원(유형물, 신뢰성, 대응성, 보장성, 감정이입)을 갖는 다차원적 구성개념으로서 개념화하고 그것을 SERVQUAL이라 불리는 도구를 사용하여 조작화하였다.

### (5) 전문서비스품질 연구

서비스품질에 대한 이 초기 연구들은 대부분 B2C 서비스에 초점을 맞추었다. 그러나 감사, 정보시스템, 제조, 유통, 물류 등을 포함하여 B2B 서비스품질에 대한 관심이 증가하고 있다. B2B 서비스품질에 대한 대부분의 초기 연구는 Parasurman et al.(1985)의 SERVQUAL과 동일한 5개의 차원을 사용하였고 어떤 연구자들은 Grönroos(1984)에 의해 제안된 두 차원(기술적 대 기능적)을 사용하였으나 4개와 6개 심지어 9개의 차원(Duff(2004)의 AUDITQUAL)을 개발하기도 하였다. 나아가, B2B에서도 여러 모델이 전문서비스 분야를 위해 등장하고 있다.

## 1.2. 전문서비스에서 서비스품질

### (1) 중요성

고객과 전문가의 상호작용적 관계에서 고객은 보통 전문가의 상담을 크게 의문시하지 않는다. 대부분의 고객은 신뢰할 수 있는 전문가의 신용과 이미지에 의존하여 그 성과를 판단한다. 그러나 전문가의 업무에 대해 비판하는 고객들이 점점 더 증가하는 경향이 있다. 이에 따라 전문서비스의 입증가능성이 중요해지고 있고 그 증거의 하나로서 품질이 자주 사용된다.

특히, 전문서비스는 전형적인 운영적 특징인 지식집약, 전문가 자율, 자율규제, 정보 비대칭성, 고객화로 인해서 높은 서비스 성과를 달성하는 것이 어려울 수 있다. 그러나 심지어 가장 자율적이라고 할 수 있는 의사, 회계사, 엔지니어링디자이너의 서비스도 고객초점의 품질관리시스템과 프랙티스의 체계적 실행이 경제적 편익으로 결과될 수 있다고 주장되어 왔다.

예를 들어, 법률회사와 같은 고접촉 전문서비스 기업의 경우에도 일하는 방식의 근본적인 변화가 존재한다. 이 모든 변화는 전문서비스 기업이 기능하는 전통적 방법을 전환시키고 그들의 서비스 프로세스와 고객 상호작용의 품질을 향상시키도록 강요한다. 이러한 이유로 전문서비스에서도 품질관리 이슈는 전문서비스 기업의 성공을 위해 매우 중요한 문제가 되고 있다.

### (2) 특징

전문서비스는 정량적 기준이 아니라 고객만족, 높은 구매자-상호작용 수준, 이질성이 중요 측정치가 되는 정성적 기준을 갖는 무형의 산출물로 특징되고 이 모든 것은 고객 요구사항을 규정할 때 문제가 될 수 있다. 나아가, 이 문제는 전문가가 자신의 업무에 부여하는 자율성에 의해 더욱 증폭된다. 그들은 엄격한 시스템 혹은 절차가 아니라 자신의 가치와 신념에 기초하여 개별적 판단을 하는 것을 선호하기 때문이다.

전문가 문화는 개인주의 및 자율성과 강한 전문가 정체성으로 특징된다. 개인주의와 자율성은 강한 개인적 업무분배와 계약을 갖는 전문가로 이어지고 그들은 업무의 산출물에 개인적인 책임을 갖게 된다. 강한 전문가 정체성은 관리업무의 최소화와 더불어 그들이 가능한 한 규제와 조직의 간섭이 거의 없는 것을 선호하는 것으로 이어진다.

비록 이것이 많은 전문가들에게서 사실일지라도 어떤 전문가들은 경영진이 기업에 대한 충성, 그룹 협동, 강한 조직문화, 신입 전문가의 사회화, 제도적 헌신을 강조하는 조직을 선호하기도 한다. 이것을 해결하기 위해서는 적절한 품질관리시스템의 개발이 필요해진다.

조직구조, 리더십, 통제에 기초한 적절한 품질관리시스템의 개발은 전문가의 정체성과 조직문화 사이의 갈등을 해결하는 가장 중요한 방법이다. 전문적 서비스의 조직구조는 전문적 관료주의(bureaucracy) 혹은 운영적 특별임시조직(adhocracy) 중 하나의 관점에서 정의될 수 있다. 전문적 관료주의는 예를 들어 의료와 법률부문에서와 같이 복잡하고 안정적인 환경에서 성공적이고 강한 전문성 지향적인 관점을 갖는 전문가들로 이어진다. 다학제적 전문가 팀을 포함하는 운영적 특별임시조직은 가령 경영컨설팅과 같이 다양한 형태로 고객지향적인 전문적 관점이 요구되는 복잡하고 극변하는 환경에 더 적절하다.

한편, 조직의 품질관리 활동과 개인의 품질관리에 대한 전문성 지향적인 접근법 사이에 충돌이 발생할 수 있다. 전문서비스 기업에서 품질표준 혹은 규범의 설정은 전문가들의 저항과 서비스 산출물의 무형적 특성으로 인해 특히 문제가 발생한다. 품질규범을 설정하기 위한 방법 중 하나는 상위경영층이 직원당 제공된 서비스 수, 제약의 수, 혹은 만족 점수와 같은 산출물 지표들이 개발될 수 있는 품질규범 결정인자를 만드는 것이다.

품질규범의 규정과 더불어 이사회가 전문가에 대한 고객 접근성과 공손한 행동과 같은 일반 프로세스 규범을 제시해야 한다. 품질과 프로세스 규범이 모두에 의해 수용되도록 하기 위해 상위경영층의 모범적 행동이 선행되어야 한다. 이것이 없다면 행동과 태도를 변화시키는 어떠한 시도도 결국 효과없이 종료될 것이다. 일단 규범이 규정되면 그것은 중간관리층에 의해 소통될 필요가 있고 전문가와 고객 상호작용 수준에서 실행된다.

## 2 품질 정의의 상충

품질은 그것을 정의하는 사람에 의존하기 때문에 절대적이고 고정된 개념이 아니다. 비록 서비스품질이 고객의 관점에서 평가되어야 한다는 것이 기본 철학일지라도 전문서비스를 이루는 세 당사자들의 서비스에 대한 관점은 차이가 존재한다. 고객에게 품질이라는 것은 전문서비스 기업의 전문가 혹은 관리자의 시각에서 바라보는 품질과는 다르다. 만약 품질이 그것을 정의하는 사람에 의존한다면 전문서비스에서 최소한 세 당사자를 구분할 수 있다. 이 당사자는 〈그림 10.1〉과 같이 전문가, 전문서비스 기업, 고객이다.

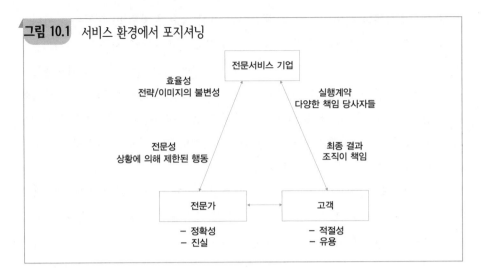

**그림 10.1**  서비스 환경에서 포지셔닝

전문서비스 기업

효율성
전략/이미지의 불변성

실행계약
다양한 책임 당사자들

전문성
상황에 의해 제한된 행동

최종 결과
조직이 책임

전문가
- 정확성
- 진실

고객
- 적절성
- 유용

당연히, 이 세 당사자들 사이에 각기 다른 니즈에 관한 긴장과 문제가 존재할 수 있다. 이러한 니즈를 어떻게 규정하느냐에 따라 전문가 품질의 정의가 결정된다.

### (1) 전문가와 고객 사이의 상충
- 전문가의 관점에서 산출물은 정확성과 진실 기준을 충족시켜야 하고 고객의 관점에서 산출물은 적절성과 유용성의 기준을 충족해야 한다.

### (2) 전문조직-전문가 사이의 상충
- 전문조직 관점에서 효율성과 전략/이미지의 불변성이 중요하고 전문가의 관점에서는 전문성과 상황에 의해 제약된 행동이 중요하다.

### (3) 고객과 전문조직 사이의 상충
- 전문조직은 실행계약을 준수하고 다양한 책임을 지는 당사자들이 존재하는 반면에 고객은 조직이 책임을 지는 최종결과에 관심이 있다.

## 3 전문서비스 품질관리시스템

### 3.1. 품질차원의 결정

전문서비스 품질관리시스템을 수립하고 실행하기 위해서는 우선 해당 전문서비스에 적절한 품질차원을 결정해야 한다. 몇몇 전문서비스 분야에서 검증된 서비스품질 차원을 요약한 결과는 〈표 10.2〉와 같다.

**표 10.2** 전문서비스 분야의 품질차원

| 산업 | 차원 | 해석 |
|---|---|---|
| 회계 | 적시성<br>감정이입<br>보장<br>수수료<br><br>전문성<br><br>예외 | 서비스 적시성과 올바르게 획득<br>개별적 관심<br>기술적 지식과 능력<br>수수료의 적절성을 평가하기 위해 충분한 세부사항을 제공함으로서 돈의 가치를<br>젊은 회계사의 감독, 고객과 빈번한 접촉, 고객이 수수료를 최소화하도록 지원<br>가끔 발생하는 모든 비정상적 상황이 다루어지는 방법 |
| 건축과<br>엔지니<br>어링<br>기업 | 경험/전문성/역량<br><br>고객니즈와<br>관심의 이해<br><br>상호작용/관계/소통<br>계약적/관리적 적합성 | 경영역량, 기업의 명성, 고객지향, 가시적이고 적극적인 전문가, 이전 프로젝트의 독창성과 혁신성, 전문가와 팀의 자격, 디자인팀의 기술적 능력, 인력의 역량<br>창의성, 요구사항을 넘어선 프로젝트에 대한 지식, 고객의 프로젝트와 표준에 대한 이해, 좋은 발표, 팀으로서 일하는 능력<br>경청, 케미(chemi), 관계, 신뢰, 정직<br><br>업무부하, 과도한 헌신, 경쟁적 수수료, 일정 충족 |

| 산업 | 차원 | 해석 |
|---|---|---|
| 컨설팅<br>기업 | 이미지/명성<br>전문가의품질<br>접근성<br>서비스품질<br>서비스 폭과<br>깊이<br>기술적 역량<br><br>요금 | 고객 추천, 3자 추천, 당사자들의 지식, 현재 고객리스트<br>전문가와 경영팀 사이의 관계, 인력의 품질<br>최고의 사람을 이용가능<br>고객에게 전달될 수 있는 서비스품질 데이터의 수집과 보고<br>서비스의 전체 범위<br>고객의 특별니즈에 맞춰 조정된 서비스<br>다방면의 전문가 참여<br>고객문제 솔루션의 넓은 범위<br>부가가치 조항에서 완전히 설명된 수수료 |
| 소규모<br>전문서<br>비스 | 유형성<br>신뢰성<br>대응성<br>보장성<br>감정이입 | 물리적 시설, 장비, 직원의 외관<br>약속된 서비스를 신뢰할 수 있고 정확하게 수행하는 능력<br>고객을 돕고 즉각적인 서비스를 제공하는 의지<br>직원의 지식 및 공손과 신뢰와 확신을 불러일으키는 능력<br>고객에 대한 개별적 관심 |

자료원: Harte & Dale(1995)

이 결과는 특정 산업에 대해 단지 작은 차이가 존재하지만 일반적으로 적용되
는 일관성 있는 기준을 보여준다. 대부분의 고객이 필요로 하는 일반적 특성은 다
음과 같다.

- 적시성: 서비스가 즉각적으로 제공
- 감정이입: 조직이 고객의 니즈를 이해
- 보장성: 업무의 기술적 정확성
- 요금: 지불하는 비용이 적절하거나 보다 뛰어난 가치를 제공
- 유형물: 업무가 올바르게 수행된 증거를 제공
- 신뢰성: 전문조직이 한다고 말한 것을 완료

이러한 일반적 기준은 대부분 Parasuraman et al.(1985)의 차원과 일치한다. 그 이
유는 대부분의 연구들이 기본 모델로서 SERVQUAL을 적용하고 있기 때문이다. 그
러나 전문서비스의 본질을 고려한다면, 두 개의 차원이 문제가 될 수 있다.

- 역량과 관련: 전문서비스 상황에서 전문성은 기술적 품질차원(예: 전문성과 스
  킬)에 상응하는 원래의 SERVQUAL 척도에서 역량차원의 핵심이다. 그 결과
  전문서비스 상황에서 보장성은 기능적(운영, 마케팅, 비즈니스 등)과 기술적 요
  소를 혼란스럽게 만든다. 예를 들어, 높은 수준의 전문성은 뛰어난 기술적 품

질로 이어질 수 있으나 여전히 빈약한 기능적 품질이 수반될 수 있다(예를 들어, 실력은 뛰어나지만 비즈니스를 잘 못하는 의사, 변호사 등). 따라서, 측정이 기존의 SERVQUAL 형식에 기초한다면 이 구분이 명확하지 않을 수도 있다.

- 신뢰성과 관련: SERVQUAL의 신뢰성 차원에서 조작화된 변수의 의미가 어떤 것들이 기능적인 특성을 갖는 반면에 어떤 설명은 기술적 함축성을 갖고 있어 중복이 발생한다.

## 3.2. 품질향상 모델 구축

### (1) SERVQUAL의 적용
일단 조직이 고객의 서비스품질 평가 차원을 결정하고 그 차원의 상대적 중요성을 규정하기만 하면 다음 단계는 향상 모델을 규정하는 것이다. 이 방법을 달성하기 위해 조직의 다양한 수준에서 서비스품질의 결함을 규정하는 데 사용될 수 있는 Parasuraman et al(1985) 모델이 적용될 수 있다. 이 모델은 품질 향상계획을 위한 분야를 규정하기 위해 경영층에서 활용될 수 있는 진단 도구이다.

이 모델은 서비스품질과 실제 서비스 수준에 대한 고객 인식 사이에 네 가지 갭을 규정함으로써 이 문제를 강조한다. 인식과 기대 사이의 네 가지 갭은 소비자, 관리, 직원, 서비스 전달 시스템을 포함하고 다섯번째 갭(고객의 욕구 혹은 기대와 일상적으로 받는 서비스에 대한 그들의 인식 사이에 있는)으로 이어진다.

### (2) 갭(gap) 분석
서비스 접점의 평가는 두 성과(만족 혹은 불만족) 중 하나의 수준으로 결과된다. 만족과 불만족은 기대와 성과 사이의 비교의 결과로서 결정된다. 만족은 성과가 고객의 기대를 충족시키거나 초과할 때 발생하고 불만족은 부정적 편차가 고객의 기대된 성과와 실제 성과 사이에 존재할 때 발생한다.

서비스 접점의 평가에 이러한 불일치 패러다임을 적용하는 것은 개인이 자신의 경험을 어떤 기대 집합과 비교할 것이라는 것에 기초한다. 이 기대는 과거의 관련 경험에 기초할 수 있다. 가령, 어떤 사람은 자신의 경험으로부터 혹은 다른 누군가의 경험에 대해 관찰하거나 알려진 것으로부터 어떤 변호사에 대한 기대를 형성할 수 있다. 따라서, 접점에 대한 평가는 분석적인 방법으로 다음처럼 표현될 수 있다.

$$O_i = X_i - E_i \text{ 그리고 } X_i = f(E_{<i})$$

여기서 $O_i$=접점 $i$의 평가 결과, $X_i$=접점 $i$의 기대, $E_i$=접점 $i$의 경험, $E_{<i}$=접점 $i$이전의 경험이다. 비교의 결과에 따라 경험은 기대와 동일하거나, 낮거나, 나쁜 것으로 평가된다.

이 서비스품질 모델은 다양한 접점에 걸쳐 다섯 개 갭의 크기와 방향을 도출한다. 이것은 서비스 디자인, 커뮤니케이션, 관리, 전달의 차이와 더불어 소비자 기대-경험 편차를 포함한다.

일반적으로, 전문서비스의 품질을 평가하기 위해서는 전문가-고객 사이의 접점에 초점을 둘 필요가 있다. 전문서비스의 상호작용적 본질과 그들의 동시적인 생산과 소비는 서비스 접점에 포함된 두 당사자들(전문가와 고객)의 인식을 중점적으로 살피는 필요성을 강조한다. 종합하면, 전문가의 인식은 제공된 서비스의 디자인과 전달에 가장 직접적으로 영향을 미치는 반면에 소비자 인식은 소비된 서비스의 평가를 더욱 직접적으로 결정한다.

결과적으로, 기대되고 경험된 서비스와 관련하여 서비스 교환의 양 측면을 나타내는 잠재적 갭은 서비스 평가에 유의미한 영향을 미쳐야 한다. 일반적으로, 갭은 다음의 세 가지 갭들을 포함할 수 있다.
- 갭 1 = 고객 기대-고객 경험
- 갭 2 = 고객 기대-고객 기대에 대한 전문가 인식
- 갭 3 = 고객 경험-고객 경험에 대한 전문가 인식

## 3.3. 서비스품질 표준의 정의

일단 고객 요구사항이 규정되면 그 요구사항은 직원과 고객에 의해 쉽게 해석되고 이해될 수 있는 표준들로 전환될 필요가 있다. 서비스 조직이 직면하는 중요한 품질관리 어려움 중 하나는 서비스품질 표준의 정의이다.

조직이 전문서비스에 대해 쉽게 표준을 설정하도록 고객이 쉽게 이해할 수 있

는 형태로 품질관련 정량 데이터를 수집할 필요가 있다. 가령, 잠재고객이 어떤 경영컨설팅 프로젝트에서 특정 주제에 대한 일부 보고서가 어떤 기간 내에 필요하다고 전문가에게 요청할 때 그 전문가는 보고서의 95%는 마감일에 전달된다고 응답할 수 있다. 게다가, 전문가는 나머지 5%에서 발생할 수 있는 상황과 그 문제를 막기 위해 필요한 단계를 설명할 수 있다.

## 3.4. 서비스 전달시스템

고객 요구사항이 규정되고 서비스의 표준이 정의되면 기본이 달성가능한 프로세스로 전환될 수 있도록 하는 시스템을 정의하는 것이 필요하다. 전문서비스에서 제공품은 고객 상호작용에 기반하기 때문에 전달시스템은 채용, 훈련, 고객 관계와 같은 소프트한 이슈에 기초한다. 고객을 만족시키고 심지어 즐겁게 할 수 있는 서비스를 제공하기 위해서 전문서비스 조직은 서비스 프로세스를 거쳐 요구된 표준을 달성하기 위해 직원을 채용하고 훈련시킬 필요가 있다.

### (1) 채용과 선택
적절한 인력의 채용과 선택은 품질을 의식하는 조직의 토대이다. 과거에, 전문가들은 자격, 경험, 적절한 협회 멤버십과 같은 기술적 기준의 기반에서 채용되었다. 비록 이 기준이 여전히 중요할지라도, 기술적 기준은 단지 전반적 서비스제공품의 일부분이기 때문에 마케팅, 품질, 운영, 비즈니스 스킬과 고객관계를 배양하는 능력과 같은 기능적 기준도 포함해야 한다. 고객중심적인 조직은 이 모든 기준을 고려하고 채용을 충성스런, 잘 동기부여된, 행복한 직원을 보유하는 데 첫 단계로써 고려한다.

### (2) 훈련
다른 직원들처럼 전문 직원은 변화하는 시장 요구와 기술에 직면하여 자신의 스킬을 지속적으로 업데이트할 필요가 있다. 잘 구축된 프로그램을 사용하여 이 스킬을 업데이트하는 것은 전문서비스 조직이 그들이 미래의 고객 기대에 대응하는 데 필요한 스킬을 직원이 갖추도록 보장할 수 있다.

### (3) 내부 커뮤니케이션 방법

직원이 고객의 중요성을 인식하도록 하기 위해 일상적으로 경영층이 전문가들과 조직 차원의 품질개선 니즈를 소통하는 것이 필수이다. 이것을 달성하기 위해 다양한 내부 커뮤니케이션 방법들이 이용가능하다. 예를 들어, 뉴스레터, 팀 브리핑, 회의, 내부 고객-공급자 워크샵 및 훈련 등이 있다.

### (4) 성과관련 보상과 인정시스템

고객 상호작용 행동을 수정하기 위해 조직은 고객을 만족시키는 행동을 격려하는 성과관련 보상과 인정시스템을 도입할 수 있다. 일을 잘 하도록 직원을 인정하고 칭찬하는 것은 과잉이 아니고 오히려 달성을 확인하고 헌신을 강화하는 역할을 한다. 보상은 휴식, 성과급, 상패와 상장, 감독자로부터 개인적 감사를 포함할 수 있다.

### (5) 고객 상호작용 프로세스

전문서비스 조직에서 고객과의 상호작용은 다음과 같은 이산적 단계들이 존재한다.

- 판매단계: 고객이 그가 받을 관심을 기대하는 중일 때
- 계획단계: 고객이 프로젝트 내 프로세스를 이해하려고 시도할 때
- 프로젝트 완료 단계: 고객이 그가 받은 편익을 이해하려고 시도하는 중일 때
- 비활동단계: 기업이 고객을 위해 어떤 일을 수행하지 않을 때

전문서비스 조직이 고객과 상호작용할 때 그들은 각각에 대해 적절한 전략을 사용하여 이 단계들을 조심스럽게 관리할 필요가 있다.

### (6) 성공을 모니터하고 측정하는 시스템

일반적으로, 서비스에 대해 불만족한 고객의 96%는 서비스 조직에 불평의 목소리를 내지 않고 보통 9-11명 사이의 동료와 친구들에게 불평하는 경향을 보이고 다른 브랜드로 전환한다. 결과적으로 평판의 손실과 더불어 조직은 이 결손을 보완하기 위해 신규고객을 획득해야 한다. 그러나 기존의 고객을 보유하는 것보다 신규고객을 유인하는 것이 최소한 5배의 비용이 든다. 이 경우에 평판의 손실과 증가된 마케팅 노력의 관점에서 고객의 손실이 중요한 비용으로 이어질 수 있다. 불만족한

고객의 손실을 막기 위해 조직은 서베이, 추후 인터뷰, 체계적 불평취급 절차를 통해 고객의 비판 혹은 불평을 듣는 기회를 만들 수 있다. 만약 서비스 조직이 실제로 불만족한 고객의 문제를 해결한다면 많은 연구는 그들이 처음에 문제를 갖지 않았던 사람들보다 더 충성스럽게 된다고 한다.

고객의 비판과 불평을 소리내어 보고하도록 격려하는 시스템은 조직이 서비스 품질 약점에 자원을 집중적으로 투자하도록 한다. 이러한 약점을 규명하는 것은 서비스 전달시스템(예: 보고서 전달의 적시성)과 인적자원 요구사항(예: 성공적인 고객관계를 위한 기준)의 향상으로 이어진다. 전문서비스 조직에서 이를 달성하기 위해 경영층은 빈약한 대 고객행동에 대해 전문가에게 벌을 내려서는 안되고 대신에 그들에게 권한을 부여하고 책임을 주며, 어떤 고객 불만족 문제를 해결하기 위해 솔루션을 규명하고 실행하도록 격려해야 한다.

##  컨설팅서비스의 품질 사례

### 4.1. 성공요인

컨설팅서비스는 높게 인식된 양방향 리스크, 신뢰관계, 참여자들의 정보수준의 복잡성과 비대칭성으로 특징되는 전문서비스이고 컨설팅에서 신뢰성은 합의된 목표를 충족시키는 것을 의미한다. 그러나 어떤 주장은 경영층의 기대, 프로젝트 목적, 프로젝트 결과물이 보통 명확하지 않고 빈약하게 소통되며, 컨설팅 기업의 전문가와 일반 직원 사이에 책임의 명확한 구분이 없다는 것을 강조한다. 결과적으로, 명확한 기대없는 컨설팅 참여는 성공적으로 결과될 수 없고 그 품질은 매우 낮을 것이다.

가장 중요한 컨설턴트의 스킬/가치는 다음과 같다.

● 청렴과 정직
● 고객-컨설턴트 의사소통
● 신뢰성

이 중 어떤 하나의 실패는 부적절한 성과와 컨설팅 프로젝트에 대한 부정적 인식을 초래할 것이고 다시 그 과제의 구매 후 평가에 영향을 미친다.

## 4.2. 품질 결정요인

컨설팅서비스의 성공은 여전히 편익과 성과지표의 실현에 바탕을 두는 것보다는 고객-컨설턴트 관계와 프로젝트 성과의 관점에서 평가되고 있는 중이다. 이것은 여전히 고객의 관점에서 경영컨설팅 서비스의 인식된 품질 특성과 차원이 무엇인지를 여전히 이해하지 못하고 있다는 사실을 암시한다. 〈표 10.3〉에 지금까지 제시된 컨설팅서비스의 품질 차원들을 제시한다.

**표 10.3** 컨설팅서비스의 품질 차원

| 분야 | 인식된 품질 차원 |
|---|---|
| 경영컨설팅 | - 서비스 잠재력, 서비스 프로세스, 서비스 산출물<br>- 투입물 측정치, 산출물 측정치, 처리과정 측정치 |
| 컨설팅 서비스 | - 프로젝트(지식, 실행, 추천), 프로젝트 비용, 컨설턴트, 계획<br>- 인식된 소프트 품질, 인식된 하드 품질, 인식된 성과품질 |
| 엔지니어링 컨설팅 | - 보장, 감정이입, 신뢰성, 유형성, 커뮤니케이션, 고객 초점 |
| 품질 컨설팅 | - 컨설턴트의 개인적 품질, 일정계획, 유형성 |
| ERP시스템 실행 컨설팅 | - 최고경영층이 지원하는 투입물, 사용자 지원, 컨설턴트 품질, 컨설팅 프로세스, 커뮤니케이션 효과성, 갈등해결 |

자료원: Veres & Varga-Toldi(2021)

비록 기능적 품질에만 초점을 두고 기술적 품질과 성과품질에 대한 초점이 부족하다는 비판이 있었지만 컨설팅서비스품질에 대한 연구는 주로 SERVQUAL 모델을 적용하였다.

## 5 전문서비스에서 지속적 개선 시스템(혹은 접근법)

### 5.1. 개념

전문서비스 전달의 품질을 보장하는 데 있어서 표준이 과연 적절한가에 대한 의문이 항상 존재해 왔다. 서비스의 개인화된 특성과 지식집약적인 자산으로 인해 전문서비스 운영은 그 변동이 심하게 나타나기 때문이다. 이것은 또한 전문서비스 운영의 낮은 효율성과 높은 처리시간으로 이어진다. 그러나 전문서비스 부문에서 증가하는 소비자 중심주의와 경쟁의 심화로 인해 전문서비스 기업은 운영 프로세스의 개선과 향상을 위한 고객지향적인 지속적 개선(CI: continuous improvement) 접근법의 중요성을 점차 인식하고 있는 중이다.

지속적 개선의 개념은 Kaizen이라는 일본어에서 기원하는 비즈니스 철학으로서 좋은 것을 위한 변화를 의미한다. 이후, Deming은 지속적 개선을 성공을 증가시키고 실패를 줄이는 개선 추진으로서 정의하였다. 지속적 개선의 다른 설명은 기업성과를 향상시키는 것을 지향하는 기존 프랙티스의 지속적인, 점진적인, 기업차원의 변화를 계획한, 조직화된, 체계적인 프로세스이다. 지속적 개선은 지속적인 개선을 위한 문화, 연속적 및 점진적 혁신을 위한 기업 차원의 프로세스, 비즈니스 프로세스에서 낭비의 규명과 제거를 위한 도구와 기법의 집합으로도 제시되었다.

### 5.2. 지속적 개선 시스템

미국에서 시작한 지속적 개선 프로그램들은 2차 세계대전 후에 산업을 재구축하려는 일본 제조업체들 사이에서 인기를 끌었다. 이 초기 프로그램들은 보상 및 인정계획과 직무방법 훈련을 통한 현장 개선을 위해 디자인되었다. 현대적인 지속적 개선 프로그램은 제품과 서비스 성과의 개선, 낭비의 제거 혹은 생산과 서비스 전달 시스템의 단순화를 위한 조직화되고 종합적인 방법론에 기초하였다. 잘 알려진 지속적 개선 방법론으로는 Total Quality Management(TQM), Kaizen, Lean management(LM), Six Sigma(SS), Lean Six Sigma(LSS)와 같은 혼합 방법론들이 있다.

### (1) TQM

종합적품질경영은 경쟁우위를 얻기 위한 관리 원칙으로서 경영 리더십, 직원 참여, 조직 문화와 같은 결정적 성공요인을 강조하고 있다. 미국의 Malcolm Baldrige National Quality Award, 유럽의 European Foundation Quality Medal, 일본의 The Deming Prize와 같은 품질상은 모두 TQM에 기초하여 제정되었다. 전문서비스에서 TQM의 적용은 다른 개선시스템의 토대를 이루는 개념으로서 주로 다루어진다.

### (2) LM

제조부문에서 린(lean) 문화의 글로벌 수용 후에 린 운동이 서비스 부문으로 급속도로 확산되었다. 이것은 표준의 결여, 고객화된 실행 방법론의 이용가능성, 변화에 대한 저항을 해결하는 효과적 방법으로서 주로 재무성과와 직원 생산성의 관점에서 서비스부문 린 실행의 편익이 제시되고 있다. 전문서비스 상황에서 의료건강, IT, 금융서비스는 지속적 개선을 위해 린 원칙과 도구를 실행한 주요 전문서비스 항목이다.

### (3) SS

식스시그마는 프로세스 변동의 끊임없는 축소와 비부가가치 업무의 제거에 초점을 둔 강력한 프로세스 개선 방법론(Define-Measure-Analyse-Improve-Control or DMAIC)에 의해 지원된 비즈니스 원칙 혹은 철학이다. 은행과 금융서비스, 의료건강, 건축, 소프트웨어 개발, 회계와 같은 전문서비스에서 식스시그마 적용이 이루어졌다.

### (4) 혼합 방법론

린과 식스시그마를 혼합한 린식스시그마는 린제조와 식스시그마의 개별 이슈에서 다루어진 것들을 결합하고 고객만족, 비용, 품질, 프로세스의 더 빠른 개선율을 달성한다.

## 5.3. 전문서비스에서 지속적 개선의 도구와 기법

전문서비스에서 적용된 바 있는 지속적 개선을 위한 도구와 기법은 〈표 10.4〉와 같이 정리된다.

**표 10.4** 전문서비스에서 지속적 개선 도구와 기법

| 전문서비스 분야 | 대표적 지속적 개선 도구와 기법 |
|---|---|
| 금융서비스 | 밸류스트림매핑(VSM), 업무/프로세스 표준화 및 단순화, 시각화관리(VM), 카이젠, 5S, 풀(pull)시스템, 라인밸런싱(line balancing), 품질통제시스템, 고객의 소리(VOC), 품질기능전개(QFD), Failure Mode & Effect Analysis(FMEA), 물고기뼈분석, 비즈니스 프로세스 관리 시스템, Statistical Process Control (SPC), Quality circles(QC), 식스시그마 프로세스 개선 도구, poke yoke, TRIZ |
| 의료보건서비스 | VSM, Poke Yoke, 프로세스 단순화 및 표준화, 낭비 제거, 프로세스와 플로우 분석, 프로세스 매핑, 재고관리, 약품 주문/전달/관리 프로세스에서 실수예방, 고객의 소리(VOC), 6S, 중단없는 흐름, 문제해결, 근본원인분석, 컨트롤 차트, 제약이론(TOC), 시뮬레이션 |
| 엔지니어링과 경영컨설팅 서비스 | Just-in-time(JIT), VM, 가치분석, VSM, QC, 품질개선팀, 린 워칙, 시뮬레이션 |
| 법률서비스 | 품질개선 태스크포스, 초점그룹, 문서 표준화, 플로우차트, 체크리스트 |

자료원: Prashar & Antony(2018)


# 6 전문서비스의 생산성 측정

## 6.1. 필요성

일반적으로 생산성은 투입물 대비 산출물의 크기로 측정된다. 그러나 '전문서비스의 독특한 특징은 그 생산성을 측정하기 어렵게 만든다. '혹자는 전문서비스에

서 생산성 측정이 반드시 필요한가?'라고 반문하기도 한다. 그러나 반드시 최종 목표가 생산성 측정이 아닐지라도 이러한 과정을 통해서 전문서비스 기업의 중요한 성과평가 프레임워크를 다시 고민해 보는 기회를 가질 수 있게 될 것이다.

생산성 측정의 관점에서 전문서비스는 두 가지 주요 특징을 갖는다. 첫째, 전문적 지식은 그들의 핵심자원이고 그것은 생산 프로세스에서 투입물이자 산출물이 된다. 둘째, 전문서비스 기업의 고객은 다른 기업, 조직, 정부부서들이고 그들의 산출물은 이 기업 혹은 조직들의 생산 프로세스에서 중간 투입물로서 사용된다. 따라서, 전문서비스 생산성을 측정하기 위해서는 기존의 제조 및 서비스부문과 다른 투입물과 산출물을 고려할 필요가 있게 된다(Gummesson, 1978).

## 6.2. 전문서비스 기업의 투입물

### (1) 노동

노동은 전문서비스의 생산에서 결정적 공헌을 하기 때문에 전문서비스 기업의 생산성에 강력한 영향을 미칠 것이다. 전문서비스의 생산에서 노동 투입물의 측정에 관련된 주요 어려움은 그 품질의 변동에 있다. 그 측정치가 생산에 대한 노동의 영향을 결정하기 때문에 어느 정도 품질의 변동을 포착해야 한다. 이 변동은 어떤 표준화된 측정치(예: 업무시수)를 사용해서는 안된다는 것을 의미한다.

노동의 품질이 직접적으로 측정될 수 없기 때문에 대신에 그것을 결정하는 요인들(전문가의 지식, 경험, 지능)을 측정하는 경향이 있다. 그러나 이 모든 요인들을 규정하기는 어렵고 규정될 수 있는 그 요인들은 단지 부분적이고 간접적으로만 측정될 수 있다. 또한, 품질은 건강상태, 경험 관련성, 고객조직의 핵심 플레이어들과의 화학적 융합 등과 일치하여 개별 전문가의 업무에서 변동하는 경향이 있고 이 것은 측정을 더 복잡하게 만든다.

이 어려움을 극복하기 위해 노동 투입물에 대한 운영적 측정치로서 임금을 사용할 수 있다. 즉, 기업에 의해 지불된 총 임금이 높을수록 생산에서 더 많은 노동 투입을 사용한다는 의미이다. 임금(예: 산업의 평균지불 수준)은 노동 품질의 두 가장 중요한 결정요인인 교육수준과 경험기간을 반영하는 방식으로 전문가들 사이에 다양하게 나타날 것이다.

## (2) 지식과 학습

전문서비스의 생산은 투입물인 기존 지식을 사용하여 특정 고객의 문제에 대한 솔루션을 제안하는 것으로 이루어진다. 따라서, 전문가가 보유한 지식은 생산 프로세스에서 결정적 투입물이다. 지식의 획득은 보통 학습으로 불린다. 전문서비스의 생산에서 효과적 지식은 자원의 효율적인 사용을 가능하게 하는 새로운 방법과 프로세스를 학습함으로서 지속적으로 갱신될 필요가 있다. 따라서 학습은 생산의 이동을 추진하는 기저가 되는 원동력이고 생산성을 설명하는 중요한 구성요소이다.

신지식의 획득은 일반적으로 R&D지출에 의해 측정된다. 전문서비스 기업에서 R&D와 동일한 것(예: 신지식을 획득하는 활동)은 엄격한 분석적 사고를 가져오고 지적자본을 개발하는 기업의 능력을 향상시키는 새로운 서비스를 개발하는 데 있다. 지식을 얻는 것과 관련한 추가 활동은 직원 사이에 기업의 지식을 확산시키는 훈련이다. 따라서 새로운 서비스의 개발과 훈련에 할당된 자원은 지식획득을 위한 운영적 측정치로서 사용될 것이다.

## (3) 지식스톡

어떤 시기에 기업의 지식은 현재와 과거 지식으로 구성된다. 따라서 축적된 지식스톡(stock)을 측정할 필요가 있다. 생산성의 증가에서 축적된 지식의 역할은 오랫동안 관찰되어 왔다. 대표적으로 학습곡선(learning curve)이 존재한다. 이 의미는 학습이 경험의 결과이고 생산성 향상으로 이어지며 시간이 지나 그 생산성이 증가한다는 것이다. 실제로, 축적된 경험(기업의 나이로 대리 측정됨)은 광고대리인의 성과에 강한 영향을 미치는 것으로 발견된다. 예를 들어, 학습과 관련한 누적 경험을 나타내는 운영적 측정치로서 5개년 동안에 축적된 지식의 획득과 훈련에 대한 누적 투자비용을 사용할 수 있다.

## (4) 확산

어떤 기업의 지식은 자신의 투자로부터 도출된 지식뿐만 아니라 다른 기업으로부터 빌려오거나 훔쳐온 지식에 의해 영향받는다. 이것은 지식의 무형성으로부터 발생한다. 그들을 활용하고 생산하는 기업에 배타적으로 속하는 유형의 투입물과 달리 지식은 특정 기업에 속하지 않고 완전히 그 기업의 통제하에 있지도 않는다. 결과적으로, 어떤 유형의 지식은 초기에 만들어진 것 이상으로 기업의 생산 프로세스에서 활용될 수 있고 이 현상은 확산(spillover)으로 알려졌다.

확산은 지식을 보호하는 특허가 존재하지 않기 때문에 전문서비스 산업에서 일반적일 수 있다. 확산은 관련 지식을 소유하는 다른 기업 및 개인들과 상호작용을 통해 발생한다. 아마도 확산의 주요 유형은 기업 사이의 전문가의 이동이다. 전문가가 기업 사이에서 이동할 때 그들은 구매하거나 판매될 수 었거나 심지어 기록될 수 없는 특정 기업에 특유한 암묵적 지식을 동반한다. 확산이 발생하는 다른 메카니즘은 전문가 협회, 학회 등이다. 확산을 측정하는 데 이용할 수 있는 운영적 측정치는 기업의 내부와 외부로의 직원의 이동, 산업협회의 멤버십, 학회에 참여, 경쟁자들과 상호작용의 수준에 대한 기업의 평가이다.

### (5) 자본

자본은 점점 더 중요한 생산요인이 되고 있다. 자본은 주로 사무실 공간과 커뮤니케이션(기업 내와 고객과) 설비를 구매하고 운송에 투자하는 데 필요된다. 전문서비스 기업이 그들의 국제적 영업범위와 정보기술을 더욱 자본집약적으로 만들수록 이 비용은 전문서비스의 생산과 관련된 총 비용의 일부분을 설명한다. 자본은 연간 사용된 총 규모와 과거 투자의 감가상각에 의해 측정된다.

그러나 지금까지 논의된 투입물들은 측정에서 이중계산을 수반할 정도로 밀접하게 관련된다. 지식은 직원 내에 존재하고 현재 지식은 지식스톡에 영향을 미친다. 게다가, 대부분의 관심 변수들은 시간에 따라 함께 변동하는 경향이 있고 그들의 분리를 명확하게 밝히는 것이 어렵다.


## 6.3. 고객의 투입물

전문서비스에서 고객은 단순히 수요의 원천이 아닐 뿐만 아니라 산출물의 수동적 수혜자도 아니다. 오히려, 그들은 투입물의 원천이다. 고객은 그들의 문제와 니즈를 생산자에게 제공하고 산업특유의 지식(흔히 서비스 생산자의 지식보다 더 큰)을 전문가와 함께 공유함으로써 생산에 투입물의 일부분을 제공한다. 또한, 산출물은 고객의 적극적 참여로 만들 수 있는 고객 상황의 어떤 변화를 포함해야 한다. 이 특징은 전문서비스 기업의 생산성이 자신의 성과뿐만 아니라 고객에도 의존하는 공급자와 고객 사이의 상호의존성을 창출한다. 따라서 기업의 생산성을 향상시키는 것은 고객의 생산성을 향상시키는 문제가 된다. 따라서, 고객의 생산성 성과는 명백히 생산자의 생산성 측정에 도입되어야 한다. 고객의 투입물은 고객이 관계에 투자한 노동자원의 관점에서 포착될 수 있으며, 노동의 이질성을 고려하기 위해 임금에 의해 측정된다.

## 6.4. 산출물

전문서비스 기업의 산출물의 정의와 범위는 개념적으로 어렵다. 회계 혹은 컨설팅자문의 산출물은 무엇인가? 만들어진 보고서의 수인가?, 이익의 수준인가?, 만족된 고객인가? 많은 경우에 거래된 것과 제공자에게 지불된 것과 상응하는 서비스가 무엇인지가 명확하지 않기 때문에 정의의 문제가 발생한다.

생산 프로세스의 다양한 단계에 상응하여 전문서비스 기업의 산출물 이슈를 다루는 세 가지 방법이 제안되었다.

### (1) 문제에 대한 솔루션을 제안

이 제안은 예를 들어, 광고대행사의 광고캠페인, 경영컨설턴트에 의해 제안된 컨설팅보고서, 시장연구기관에 의해 준비된 시장보고서와 같은 형태로 제시된다. 이 접근법은 명확히 정의된 생산단위들로서 정량화가 가능한 측정으로 결과된다. 그것은 또한 생산과 소비 사이에 명확한 분리를 만들고 서비스 생산자에게 중요한 역할을 할당한다. 하지만 고객의 역할은 고려하지 못한다.

### (2) 솔루션의 실행에 참여

참여수준은 전문가와 전문직 내 기업들 사이에서 다양하게 이루어진다. 이 단계에서 광고대행사들은 보통 그들의 캠페인을 실행하고 경영컨설턴트들은 실행에 참가하거나 그렇지 않을 수 있으며, 시장연구기관은 고객에게 거의 관여하지 않는다. 이 산출물에서 생산은 소비와 함께 부분적으로 발생하고 고객의 투입물은 중요하다.

### (3) 고객의 경제적 상황에 대한 전문가의 일의 영향

산출물이 고객과 함께 만들어지고 소비가 생산의 일부분이 되기 때문에 산출물과 투입물 사이의 구분은 더욱 모호해진다. 고객은 산출물의 중요한 결정요인이고 그 고객의 역할이 측정에 도입되어야 한다. 업무가 미래의 편익을 포함하기 때문에 산출물은 시간에 따라 측정되어야 한다.

이중에서 세 번째 산출물의 개념화가 가장 적합할 수 있다. 전문가의 업무의 부가가치는 고객의 변화와 함께 하기 때문에 산출물의 측정은 이 변화를 인식해야 한다. 따라서, 전문서비스 기업의 산출물의 측정치는 자신의 비즈니스의 양과 고객의 경쟁적 포지션의 향상 모두로 이루어진다.

지금까지의 내용을 요약하면 다음의 〈표 10.5〉와 같다.

**표 10.5** 전문서비스의 생산에서 사용가능한 투입물과 산출물 변수

| 변수 | 가능한 운영 측정치 |
|---|---|
| 투입변수<br>• 서비스 생산자의 투입물<br>　– 노동<br>　– 신지식의 획득<br><br>　– 지식의 스톡<br><br>　– 확산<br><br><br><br><br>　– 자본<br>• 고객의 투입물<br>　– 노동 | – 노동비<br>– 신서비스 개발을 위해 할당된 자원<br>– 훈련에 할당된 누적된 자원<br>– 신서비스 개발에 할당된 누적 자원<br>– 훈련에 할당된 누적 자원<br>– 전문협회 멤버십<br>– 전문컨퍼런스(자국내와 국제)에 참여<br>– 경쟁자들과 상호작용<br>– 직원의 이동<br>– 연간지출+감가상각<br><br>– 프로젝트와 관련된 노동비용 |
| 산출물 변수<br>• 서비스 생산자의 산출물<br>　– 매출 | – 총 매출 |
| • 고객의 산출물<br>　– 향상된 경쟁 포지션 | – 시장지분의 변화 |

# 참고문헌

Berry, L.L., Zeithaml, V.A. & Parasuraman, A. (1985), "Quality counts in services, too", Business Horizons, 28(3), 44-52.

Duff, A. (2004), Auditqual: Dimensions of Audit Quality, Institute of Chartered Accountants of Scotland, Edinburgh.

Gröonroos, C.h, (1983), Strategic Management and Marketing in the Service Sector, Report no. 83-104, Marketing Science Institute, Cambridge, MA.

Gummesson, E. (1978), "Toward a theory of professional service marketing", Industrial Marketing Management, 7(2), 89-95.

Harte, H.G. & Dale, B.G. (1995), "Improving quality in professional service organizations: A review of the key issues", Managing Service Quality: An International Journal, 5(3), 34-44.

Lehtinen, U. & Lehtinen, J.R. (1982), "Service quality: A study of quality dimensions", Working Paper. Service Management Institute, Helsinki.

Parasuraman, A., Zeithaml, V.A. & Berry, L.L. (1985), "A conceptual model of service quality and its implications for future research", Journal of Marketing, 49(4), 41-50.

Prashar, A. & Antony, J. (2018), "Towards continuous improvement (CI) in professional service delivery: A systematic literature review", Total Quality Management & Business Excellence, DOI: 10.1080/14783363.2018.1438842.

Veres, Z. & Varga-Toldi, K. (2021), "ERIP: Service quality model of management consulting projects", Journal of Business & Industrial Marketing, 36(7), 1090-1102.

# 11

## 전문서비스 마케팅관리

# 11장 전문서비스 마케팅관리

 **전문서비스 마케팅의 특징**

## 1.1. 전문서비스 특징과 마케팅에 대한 영향

본격적인 마케팅관리에 들어가기 앞서 전문서비스의 특징에 비추어 마케팅의 어떤 요인이 영향받을 수 있는지를 이해하는 것이 필요하다. 회계법인의 예를 들어 보자. 회계법인에 의해 제공된 제품의 무형성(예: 세금준비, 경영컨설팅, 재무감사 등)은 소비자들이 서비스 구매시 얻게 되는 것을 파악하기 어렵게 만든다. 이 무형의 서비스는 특히 포지셔닝 업무를 더 잘하는 경쟁자들에 의한 도전에 특히 취약하다. 생산과 소비의 비분리성은 회계사와 고객 양 당사자가 특정 시간에 같이 있어야 하기 때문에 흔히 회계사의 시간의 비효율성으로 결과된다. 또한 서비스가 우선 판매되고 나서 동시에 생산되고 소비되기 때문에 서비스의 결과가 어떻게 될지를 입증하는 데 어려움이 발생한다. 소멸성은 전문가의 청구 프로세스에서 극히 중요한 시간요인을 포함한다. 회계 서비스의 이질성은 서비스가 다른 시기에 여러 회계사에 의해 빈번하게 수행되기 때문에 서비스 성과의 높은 변동가능성으로 결과된다. 이 품질의 변동은 흔히 회계사가 얼마나 많은 경험을 했는지에 의존한다.

## 1.2. 전문서비스 마케팅에 대한 과거와 현재 인식

### (1) 변화하는 환경

오늘날 온라인 신문이나 광고판을 보면 가장 명백한 변화 중 하나는 로펌, 의료, 금융서비스 기업을 위한 상업광고의 증가이다. 당신은 지하철, 옥외광고판, TV, 라디오, 버스 등에서 병원, 변호사, 보험 등과 관련된 광고를 목격하고 있다. 몇 년 전만해도 이렇게 전문서비스 기업이 광고를 하는 것은 전문가답지 못하고 또한 바람직하지 않은 것으로서 고려되었다. 물론, 지금도 의료법에서 금지하는 광고유형이 존재하지만 변호사시장은 TV에서도 상업광고가 허용되기 시작했다. 이 급격한 광고 증가의 원동력은 전문서비스 기업의 경쟁심화이다. 현재 전문서비스 기업의 시장성장이 뚜렷하게 나타날 지라도 경쟁은 그보다 빨리 심화되고 있는 중이다.

전문서비스 기업이 경쟁에서 이기도록 지원하는 많은 마케팅 전술들이 존재한다. 예를 들어, 커뮤니티 이벤트의 스폰서, 스포츠 시설 지원, 심지어 어린이들의 스포츠 팀 후원, 우수 납세자 수상, 커뮤니티 위원회 참여 등은 조직의 이미지를 구축하는 더욱 교묘한 방법들이다. 나아가, 기업은 전문가를 위한 네트워킹 기회를 계획하고 촉진하는 다양한 프랙티스를 구축하였다. 이에 많은 전문서비스 기업은 마케팅 전문가를 별도로 고용하여 이러한 활동이 원활히 수행되도록 지원하고 있다.

### (2) 전문서비스 마케팅의 과거

미국에서는 1980년대에 시작하였지만 우리나라는 2000년대에 들어서 의사, 변호사, 치과의사, 엔지니어, 건축가와 같은 전문서비스 제공자가 마케팅을 받아들이고 실행하고 있다. 하시만 몇 장애물들이 미케팅활동의 느린 발전에 기여하였다. 그중에 대표적인 것으로 다음이 있다.

- 전문서비스 기업의 사업화 무시: 전문가는 자신의 프랙티스를 비즈니스가 아닌 과학으로 바라보는 경향이 있었다.
- 윤리규범: 관련협회의 윤리규범에 의해 마케팅활동에 상당한 제한이 있었다.
- 선입견: 마케팅은 판매하는 것인데 전문가들은 자신의 서비스를 판매하는 것을 좋아하지 않았다.

### (3) 전문서비스 마케팅에 대한 인식의 변화

2000년대 초반부터 전문서비스 부문의 몇 가지 변화가 마케팅전략 개발에 대한 관점의 변화에 기여하였다. 이 변화는 다음과 같다.

- 공급 측면: 변호사, 치과의사 등 많은 전문서비스 분야의 공급의 급속한 증가가 발생하였고 어떤 전문직의 급격한 공급 증가는 향후에 여러 특화된 전문분야의 증가로 이어질 것으로 추정된다.
- 전문가에 관련된 법적 및 윤리적 관점의 변화: 법원판결은 과거의 대고객 커뮤니케이션과 마케팅에 대한 전문협회의 제한규정을 바꾸고 있다. 오늘날 많은 전문가들은 기만 혹은 호도를 하지 않는다는 유일한 규제하에 자신의 서비스를 촉진하는 데 있어서 훨씬 자유로워졌다.
- 적극적 소비자 운동: 오늘날의 소비자는 다양한 소통방법을 통해 전문서비스에 대해 적극 표현하거나 불평한다.
- 전문서비스 관련 기술의 급속한 변화: 의료, 법률 등의 기술적 변화(예: 비대면 자문, SNS 홍보, 원격 프랙티스 등)가 전문직에 영향을 미치는 중이다.

이러한 변화가 전문가들이 자신의 서비스에 대한 마케팅을 바라보는 관점에 많은 변화를 촉발시켰다. 전문서비스 제공자들은 마케팅이 판매를 넘어 많은 비즈니스 의사결정(제품, 가격책정, 촉진, 입지 의사결정)을 포함한다는 생각을 점점 더 수용하고 있다. 예를 들어, 마케팅 담당자는 윤리적 및 도덕적 제약 하에서 경험에 기초한 의사결정을 하였고 시장분석과 계획(예: 개인병원의 입지 의사결정)은 성공적으로 전문서비스를 마케팅하는 데 필수가 되었다. 결과적으로, 전문가들은 점차 마케팅이 효과적인 서비스 전달 계획의 일부분이라는 관점을 받아들이고 있다.

### (4) 전문서비스를 마케팅하는 어려움

오늘날의 환경에서 전문가들은 그들의 프랙티스를 도울 수 있는 다양한 마케팅 접근법과 기법을 참고해야 한다. 전문가들이 그들의 서비스에 마케팅을 활용할 때 인식해야 하는 많은 특이한 문제들을 제안하면 다음과 같다(Kotler, 1984).

- 구매 전과 후에 고객이 전문서비스를 평가할 수 없음: 의료, 법률, 회계, 감정평가 프랙티스에 관련된 고객의 지식결여와 이용가능한 모든 대안들에 대한 판단의 어려움이 발생한다.
- 고객이 전문가의 전문적 제공품을 차별화하지 못함: 보통 고객은 어떤 법률적 혹

은 의학적 견해나 제안된 조치가 더 나은지를 알 수 없다.

- 어떤 서비스 전달의 차이는 단지 명목적이기 때문에 고객의 평가가 불완전: 회계와 시력검사와 같은 분야에서 고객은 이 서비스의 평가에 한정된 수의 기준만 갖는다.
- 일관적이지 않은 고품질 유지: 사람 지향적 전문서비스에서 높은 수준의 품질 표준과 서비스 전달을 지속 유지하는 것이 어렵다.
- 시간 고려: 요구된 서비스의 본질은 갑작스러운 서비스의 전달을 의미한다. 즉, 고객이 치과치료를 긴급하게 원한다면 많은 고객은 치과의사를 보기 위해 일주일을 기꺼이 기다리지 않을 것이다. 이것은 전문서비스에서 효과적 비즈니스 계획에 이용가능한 시간의 크기를 감소시킨다.
- 전문가의 마케팅 지식의 결여: 대부분의 전문가들은 자신의 전문성 마케팅에 관련된 지식이 결여되어 있다. 따라서 전문가들이 서적, 저널, 논문, 세미나 등을 통해 마케팅 아이디어에 노출될 필요가 있다.

#  2 전략적 경쟁 포지셔닝

## 2.1. 배경

전략적 포지셔닝(strategic positioning)은 마케팅전략에 포함되어 있지만 가장 먼저 시작되는 단계이기 때문에 그 중요성에 비추어 별도로 먼저 설명한다. 전문서비스는 비록 고객을 위한 어떤 일상적인 업무를 포함할지라도 자격을 갖고서 자문을 하고 문제를 해결한다. 전문가들은 공통의 정체성을 갖고 전통과 윤리강령에 의해 규제된다. 따라서 전문서비스 기업은 차별적인 특징 하에서 독특한 마케팅 도전에 직면한다.

전문서비스는 극단적으로 무형적인 속성을 지닌다. 그들의 제품은 수년 동안의 전문화된 연구와 훈련의 결과이고 고객은 이 제품을 평가하는 어려움을 갖는다. 또한, 전문서비스는 복잡(포함된 단계의 수의 관점에서)하고 이질적이며(각 단계에서 실행의 범위의 관점에서). 많은 전문서비스 제공품에서 표준화는 거의 존재하지 않는 것으로 보인다. 이 요인들은 고객 불확실성의 증가로 이어지고 의사결정이 이루어지기 어렵다는 것을 의미한다. 게다가, 전문가 윤리강령에 대한 준수와 일반적인 전문가 표준의 수용은 전문서비스 기업들이 또한 규제기관과 자신의 전문직의 다른 멤버들에 대해 많은 고려를 해야 한다는 것을 의미한다.

전문서비스 제공자들은 대부분 그들의 상업화가 명예를 더럽히기 때문에 일반적으로 부정적 마케팅 관점을 유지하였다. 이 우려는 전문서비스 제공자의 마케팅 관점이 판매 혹은 광고에만 제한되어 마케팅이 서비스의 가치를 하락시키고 고객 인식에 부정적 영향을 미친다는 두려움으로 결과되었다. 이러한 회의주의는 마케팅에 필요한 시간뿐만 아니라 마케팅에 대한 스킬의 결여에 의해 더욱 악화되었다. 이 낭비라는 전문가 관점은 그 시간과 노력이 청구가능한 시간을 줄이기 때문에 나타났다. 일부 전문서비스 기업은 마케팅에 관여하는 니즈를 인식하였으나 여전히 많은 전문서비스 기업은 그러한 접근법을 취하는 데 저항한다. 이러한 이유로 인해서 마케팅 포지션을 다루는 것이 중요해지고 있다.

## 2.2. 경쟁 포지셔닝

### (1) 목표
전문서비스의 무형성과 노동집약적인 서비스의 특성으로 인해 관계, 서비스품질, 가치, 명성이 고객에게 중요하다. 전문서비스는 높은 수준의 고객신뢰와 고객 리스크를 줄이는 강한 브랜드(특히 서비스품질을 반영하는)를 개발하는 것을 필요로 한다. 또한, 전문서비스 기업은 단지 하나가 아니라 여러 경쟁 포지션의 기반에서 경쟁하는 것을 지향한다. 발생된 포지션은 또한 상호연결되어 나타난다. 따라서 높은 서비스품질 인식은 인식된 가치를 증가시키고 더 밀접한 관계와 증가된 효율성으로 이어진다. 이것은 많은 조직이 한 포지션 이상의 기반에서 경쟁한다는 것을 암시한다.

### (2) 차원
기업이 시장에서 자신을 위치시킬 수 있는 많은 방법이 존재한다. Porter(1980)의 연구는 핵심적인 선택으로서 시장측면 혹은 초점규모로서 비용리더십과 차별화(브랜드 이름, 혁신성, 우월한 품질, 가격 포지션, 관계, 새로운 서비스개발과 같은 방식으로 달성)를 제안하였다. 나아가, 일반적으로 포지셔닝은 여섯 개의 차원(가격, 기술적 품질, 서비스, 혁신, 고객화, 독특성)에 속한다고 볼 수 있다(Hooley et al., 2004). 이 프레임워크는 Porter(1980) 프레임워크의 단순성을 극복하였고 더욱 실용적으로 활용될 수 있다.

서비스 중심 기업들은 재화지배적논리 패러다임에서 강조된 4P 전략이 아니라 관계, 성과(서비스품질), 가격(가치)의 기반에서 경쟁한다. 전문서비스는 서비스 중심이기 때문에 경쟁적 포지셔닝 목표로서 관계, 서비스품질, 가치의 사용뿐만 아니라 이 목표를 달성하기 위해 전문서비스 기업이 수행하는 활동에 기반하여 논의해야 한다.

① 관계적 포지셔닝
- 개념: 고객과 관계를 개발하고 유지하는 것은 서비스기업의 핵심 차별요인이다. 이 관계적 접근법의 기저를 이루는 세 가지 측면은 상호작용 마케팅(개인적, 대인적 관계를 개발), 데이터베이스 마케팅(고객을 목표로 하고 보유하기 위해 기술기반의 도구를 사용), 네트워크 마케팅(기업 간 관계를 개발)이다.
- 성과: 유형 혹은 규모와 상관없이 대부분의 기업은 개인적 접촉, 개인적 관계, 고객 상호작용과 같이 관계구축 요인들의 기초하에 경쟁하는 중요성을 강조한다. 고객과 가깝게 일하고 그들의 니즈에 서비스를 맞추는 것은 고객이 떠나거나 경쟁자들이 그들의 행동을 모방하는 것을 어렵게 만들기 때문에 관계적 포지셔닝은 지속가능한 경쟁우위를 제공한다. 관계를 개발하는 편익은 고객에 대한 더 좋은 이해, 특정 니즈를 충족시키는 더 좋은 능력, 신뢰와 충성을 구축하는 더 좋은 기회, 더 많은 친숙성, 더 많은 긍정적 구전 추천, 줄어든 비용(신규 고객을 유인하고 서비스하는 것과 비교된)을 포함한다.
- 활동: 많은 전문서비스 기업은 고객의 니즈를 다루기 위해 한 직원이 아니라 여러 직원들로 이루어진 팀을 활용하여 더 큰 자원과 스킬기반을 통해 고객과 기업 사이의 관계를 보호한다. 이 전문서비스 기업은 고객을 직원에게 소개하고, 팀에 업무를 할당하고, 고객 정보가 팀 사이에 공유되고(예: 내부 브리핑 세션), 모든 수준에서 기업 간 관계를 권장한다.

좋은 관계를 구축하기 위해 전문서비스 기업은 개인적 연결(예: 성격, 인구통계

적) 혹은 연공서열과 공식화 중 하나를 통해 고객팀을 구성한다. 전문서비스 기업
은 한 팀에서 성격차이와 같은 문제가 발생하면 팀멤버들을 변화시키는 데 망설이
지 말아야 한다. 어떤 기업(특히 대규모 기업)은 또한 직원에게 새로운 비즈니스를
개발하거나 그 관계를 조정하고 관리(예: 회의 소집, 고객 관심사 다루기, 사회적 이벤트
에 고객 초대)하도록 임무를 부여할 수 있다. 이 책임은 관계 관리자, 마케팅 관리자,
비즈니스 개발자와 같은 사람이 맡을 수 있다. 다른 관계구축 활동은 개방된 커뮤
니케이션을 격려하고 업무 이외의 상호작용과 같은 비공식적 관계를 구축하는 활
동을 포함한다.

### ② 서비스품질과 가치 포지셔닝

서비스(혹은 제품)품질과 가치(가격)는 기업의 포지션을 차별화하는 핵심 방법이
다. 서비스품질과 가치전략은 높은 고객화수준, 추가 부가가치 서비스, 더 나은 대
응성을 요구하는 경쟁시장에서 특히 중요하다. 비록 이 개념들이 상호관련될지라
도 가치가 더욱 포괄적이고 다양한 '제공' 요소(혹은 고객이 서비스에 투입하는 것으로
서 예를 들어, 수수료)와 '획득' 요소(혹은 고객이 서비스로부터 받는 것으로서 예를 들어,
고품질의 산출물)를 도입한다는 점에서 그들은 또한 차별적이다.

### ③ 브랜드 포지셔닝

강한 브랜드는 경쟁적 포지션의 기반을 제공한다. 강한 브랜드는 특히 잘못된
의사결정을 할 리스크가 높은 상황인 전문서비스에서 중요하다. 브랜드 이미지는
서비스의 무형성으로 인해 구매 이전에 쉽게 평가될 수 없는 기업의 역량, 품질, 가
치, 다른 구매기준의 대리치로써 작용한다. 예를 들어, 브랜드 정체성은 전문서비
스 제공자의 한 유형인 교육기관(예: 대학)의 경쟁우위와 수준을 강화하는 중요한
변수로서 규정된다. 잘 구축된 브랜드 명성의 개발이 사회적으로 복잡하고 시간이
경과되면서 획득될 수 있으며, 불완전하게 모방할 수 있기 때문에 전문서비스 기업
과 같이 높은 경험과 신용 특성을 반영하는 서비스에서 경재우위의 지속적인 원천
이 될 수 있다. 강한 브랜드는 과거 관계의 역사와 미래 관계의 약속을 반영하기 때
문에 그것을 소유한 기업에게 가치를 부여한다.

## 3 전문서비스의 마케팅전략

### 3.1. 필요성

대량생산이 2차 세계대전 후에 대중적이 된 이유는 제품의 수요가 공급을 초과했기 때문이다. 그러나 경쟁이 증가할수록 제조업체들은 시장의 수요에 더욱 유연하게 되었다. 유사하게, 과거에 철도는 다른 대안이 없었기 때문에 성공적으로 운영되고 성장하였으나 자동차와 항공과 같은 새로운 운송수단이 도입되면서부터 철도는 시장기회를 활용하는 데 실패하면서 비즈니스 경쟁에서 밀려나고 새로운 기술(지하철, 고속철도)을 접목하도록 강요받거나 정부 보조금에 의존하는 추세이다.

동일한 연대기가 회계, 법률, 의료 전문직에서도 발생 중이다. 과거에 전문가들은 자신들(예: 공급)보다 더 많은 일(예: 수요)이 있기 때문에 시장에 대한 니즈를 중요하게 인식하지 않았다. 그러나 지금은 더 많은 사람들이 전문서비스 산업에 진입함에 따라 전문가들은 자신의 비즈니스를 위해 경쟁해야하는 압력을 받는 중이다.

이에 대응하여 많은 전문서비스 기업은 마케팅활동을 적극적으로 시작하였다. 이 활동의 초점은 전략이 아니라 최종 제품(예: 브로슈어, 비디오, 상업광고, 제안, 언론발표 등)에 있었다. 그 이유로 '마케팅은 쉽다(예: 모든 사람이 브로슈어를 만들 수 있다)'라는 사고가 일반적이어서 많은 전문서비스 기업은 마케팅을 전략적 역할 대신에 지원적 역할에만 제한하여 수행하였다. 하지만, 마케팅전략이 결여되면 기업들은 그들의 노력으로부터 이익을 실현하는 데 실패하고 반마케팅(anti-marketing: 원치 않는 고객을 제거하는 마케팅) 활동에 관여한다.

마케팅전략은 기업이 관계를 개발할지, 누구와 관계를 개발할지, 어떻게 이 관계가 구축되는지를 결정하는 것을 돕는다. 특히, 고객과의 신뢰는 달성되어야 하고 지속적으로 강화될 필요가 있다. 비즈니스 혹은 프랙티스 관점에서 이 활동은 시간, 돈, 헌신, 노력을 필요로 한다. 신뢰구축 프로세스에서 모든 마케팅 조각들은 함께 작동할 필요가 있다. 따라서, 브로슈어의 중요성은 신뢰구축 프로세스에 대해 그 브로슈어가 이바지하는 바에 의존한다. 결국, 전문서비스 기업은 마케팅전략의 효과성을 개발하고 결정하는 데 더 큰 비중을 둘 필요가 있다.

## 3.2. 신조와 정의

### (1) 신조

마케팅과 관련 지식을 전략적 도구로서 사용하는 전문서비스 기업이 늘어나고 있다. 전문서비스 산업의 'Big 5' 기업들은 증가된 경쟁 상황에서 자신의 입지를 견고히 하기 위해 다음의 마케팅 신조에 의존할 수 있다.

- 고객이 누구인지를 결정하라
- 고객의 원츠(wants)와 니즈(needs)를 결정하라
- 자신의 역량과 경쟁자의 역량을 결정하라
- 현재와 잠재고객들이 우리가 충족시킬 수 있는 원츠와 니즈가 어떤 것인지를 알도록 만들어라.

### (2) 정의

전문서비스에서 마케팅의 일반적 정의는 다음과 같이 다양하게 기술될 수 있다.

- 마케팅은 제품 혹은 서비스를 적극적으로 판촉하거나 판매하는 것이다.
- 마케팅은 현재와 잠재적 고객에게 기업을 판촉하는 프로세스이다.
- 마케팅은 당신의 서비스 혹은 제품의 고객을 얻기 위한 창의적 프로세스이다.
- 마케팅은 자가 판촉이다.
- 마케팅은 광고이다.
- 마케팅은 판매와 판매하는 기회로 이어지는 활동이다.

나아가, 전문서비스에서 마케팅의 전략적 정의는 다음과 같이 기술될 수 있다.

- 마케팅은 기업이 산업의 경쟁적 특징을 이해하고 적절한 행동강령을 가장 잘 결정하기 위해 그들의 현재 상황을 분석하기 위해 열심히 일하는 것이다.
- 마케팅은 경쟁자 대비 우리 서비스를 포지셔닝하면서 고객과 지역 시장의 니즈를 결정하는 것이다.
- 마케팅은 관계가 구축되고 서비스가 판매될 수 있는 환경을 배양하는 이벤트/활동의 계획과 실행이다.
- 마케팅은 제조업체와 고객 사이에 재화와 서비스의 교환을 지휘하는 어떤 비즈니스 활동이다.

종합하면 마케팅은 다음의 두 가지 양 극단 사이의 조합에 의해 정의될 수 있다.

- 일련의 단기활동에 초점: 마케팅은 광고, 뉴스레터, 직접 메일 등과 같은 기업과 그 제공품에 대해 고객과 잠재고객에게 정보를 제공하고 설득하는 전술이다.
- 장기적 초점: 전략적 도구로써 마케팅은 기업의 기능하는 시장, 고객, 미래를 이해하는 조직의 청사진으로써 관계, 성장, 경쟁우위로 결과된다.

이러한 마케팅활동은 전술적 측면에서 홍보(예: 이벤트에서 강연 혹은 이벤트 스폰서), 네트워킹(예: 커뮤니티에 참여, 전문조직에 멤버십 유지), 광고, 전화마케팅, 직접적 편지, 개인 판매전화, 기업 브로슈어 등이 활용될 수 있다. 그러나 이러한 마케팅활동은 기업 규모에 따라 그 유형과 범위가 달라질 수 있다.

### (3) 인적자원과의 관계

전문서비스 기업에 의해 수행되는 마케팅활동의 범위는 또한 그 활동에 기여하는 인적자원에 의해 결정될 수 있다. 이 인력은 전문가, 파트너, 마케팅 직원, 관리자, 판매직원, 외부에서 임시로 고용한 마케팅 전문가들일 수 있다. 풀타임 직원을 갖는 전문서비스 기업은 당연히 마케팅을 더욱 전략적 기능으로 바라볼 것이다.

한편, 작은 지역에 기반한 전문서비스 기업은 그들의 마케팅활동과 관계를 구축하는 데 초점을 둔다. 그들은 흔히 대규모 'Big 5' 조직이 갖는 잘 알려진 고객기반이 존재하지 않기 때문에 자신만의 브랜드 이미지를 구축하려고 노력하는 것은 현명하지 못할 수 있다. 오히려 그들은 추천에 따른 후속 조치, 부정적 구전에 대한 대응, 우수성에 대한 신뢰와 개인적 헌신에 기초한 고객과의 관계 개발, TV와 매스미디어를 통한 개인직 홍보에 치중할 필요가 있다.

## 3.3. 마케팅전략 개발

서비스 제공자에 의한 마케팅의 전략적 계획 프로세스는 다음을 포함한다.

- 조직 미션의 수립: 우리는 어떤 비즈니스에 있는가?
- 내부와 외부 비즈니스 환경 평가: 기회와 위협은 무엇인가?
- 비즈니스 단위 평가: 강점과 약점은 무엇인가?

- 비즈니스 단위의 목표와 계획의 수립: 사업전략, 어떤 계획을, 어떻게 개발
- 운영계획과 실행: 비즈니스 전술을 개발하고 전술을 실행
- 성과를 통제: 결과를 측정하고 평가함으로서 가능
- 사후 조치: 결과 평가가 목표를 충족하지 않을 때 적절한 행동 조치

이러한 전략 프로세스는 세 가지 프로세스로서 구분된다. 즉, 단계 1-4는 계획, 단계 5는 실행, 단계 6-7은 통제이다.


## 3.4. 기타 고려사항

### (1) 지속가능한 경쟁우위

경쟁우위는 기업이 구매자에게 창출할 수 있는 가치가 성장하고 그것을 창출하는 데 소요된 비용을 초과하는 것이다. 가치는 구매자들이 기꺼이 지불하는 것이고 우월한 가치는 동일한 편익을 경쟁자들보다 더 낮은 가격으로 제공하거나 더 높은 가격을 상쇄하는 것 이상으로 독특한 편익을 제공하는 것으로부터 발생한다. 경쟁우위의 두 가지 본원적 유형으로는 비용 리더십과 차별화가 있다(Porter, 1985).

어떤 조직의 가치사슬(value chain)은 잠재적 경쟁우위를 규명하는 핵심방법으로서 간주된다. 가치사슬은 비용을 이해하고 잠재적 차별화 원천을 규정하기 위해 기업의 아홉 개의 전략적 활동을 바라본다. 기업은 고객에게 제품/서비스를 가져가기 위해 다섯 개의 주요 활동을 수행해야 한다. 이 주요 활동은 내부 물류, 운영, 외부 물류, 마케팅과 판매, 고객에 서비스이다. 또한, 네 개의 지원 활동이 수행되어야 한다. 이들은 주요 활동을 위한 다양한 투입물의 조달, 주요 활동에서 기술개발, 모든 주요 분야에 걸친 인적자원관리, 기업 인프라를 운영하는 프로세스이다. 기업의 인프라는 이전에 언급한 모든 활동에 영향을 미치는 전체 계획, 재무, 회계, 법적 업무로 구성된다.

이때, 전략 프로세스는 특정 비즈니스 주체의 경쟁우위를 구축하는 시도이다. 지속가능한 경쟁우위의 창출은 최소한 네 개의 주요 요인들을 포괄해야 한다.
- 제품전략, 포지셔닝전략, 생산운영전략을 완성하는 방법
- 경쟁기반, 주체의 스킬기반, 자산의 기반

- 경쟁하는 장소인 시장 선택
- 경쟁하려고 하는 경쟁자 선택

위의 네 가지 분야는 지속가능한 경쟁우위를 구축하는 주요 분야이다. 여기에 추가 분야가 존재한다(주로 첨단기업과 서비스 부문에서).
- 품질에 대한 명성, 대고객 서비스/제품 지원, 세간의 이목을 끄는 인지도
- 좋은 인력의 보유, 저비용 생산, 재무 자원, 고객 지향, 제품 라인의 다양성
- 기술적 우월성, 만족한 고객의 규모, 시장세분화/초점

우위의 기반은 많은 형태를 취할 수 있다. 가장 많이 제안된 기본적 아이디어는 경쟁자보다 더 많은 무언가를 보유하고 어떤 것을 더 잘 수행하는 것이다. 경쟁자와 동일하게 하는 것은 실패에 대한 단순 처방일 뿐이다.

### (2) 서비스-시장-비용 모형
서비스 기업의 성장을 위한 일반적 전략 모형은 서비스, 시장, 비용 차원을 포함한다. 시장과 서비스 차원은 네 가지 셀 매트릭스로 결합되어 시장 침투, 시장 개발, 서비스 개발, 다각화로 분류된다. 이 네 가지 차원에 대해 비용우위 포지션의 추가는 일반 전략모형의 복수의 가능성을 보여주는 〈그림 11.1〉과 같은 여덟 개의 셀 큐브(2×2×2)를 제공한다.

이 모형의 세 가지 차원은 경쟁자에 비해 지속가능한 경쟁우위를 구축하기 위한 전문서비스 조직의 기회를 반영한다.
- 시장 차원: 여기서 전문조직은 현재 이용가능한 서비스로 충족시킬 수 있는 신규고객시장 혹은 새로운 지역을 찾는다. 예를 들어, 새로운 지역 혹은 새로운 서비스 전달 상황으로의 이동은 이 목표를 달성할 수 있다. 여기서, 그 서비스를 이전에 구매하지 않은 신규고객에 대한 실험이 적절할 것이다.
- 서비스 차원: 여기서 조직은 통합적 성장의 가능성을 제공할 추가적인 신규고객 서비스를 개발할 기회를 찾는다. 이것은 현재 서비스제공품의 확장, 약간 관련이 있거나 완전히 관련성이 없는 서비스 추진, 혹은 서비스 특징의 추가를 포함한다.
- 비용 차원: 여기서 전문서비스 조직이 서비스 생산과 전달의 최저 비용을 달성하는 방식을 제공한다. 이 서비스 전달의 저비용은 전문가에 의한 가격책정

이 경쟁자들보다 더 낮아지도록 만들고 경쟁자들이 경쟁할 수 없는 고객 혹은 서비스 개발을 가능하게 하는 자본의 창출을 허용한다.

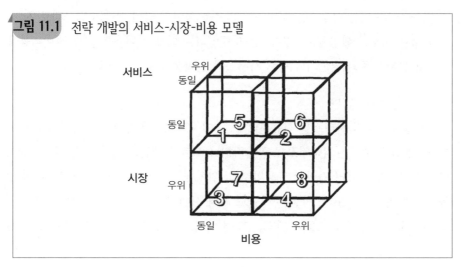

**그림 11.1** 전략 개발의 서비스-시장-비용 모델

자료원: Heischmidt & Hekmat(1992)

여기서 셀은 다음처럼 이름이 붙여진다. 이 모형에서 각 셀은 서비스 조직이 우위를 얻는 주요 핵심을 규정한다.

① 시장침투

이 셀은 현재 시장에서 현재 서비스로 더 큰 시장지분과 서비스 활용을 달성함으로서 조직이 증가된 매출을 얻는 것을 필요로 한다. 그 조직은 더욱 효과적이고 효율적인 광고를 활용함으로서 시장지분을 증가시킬 수 있다. 예를 들어, 척추지압사가 특정 목표집단(예: 측만증 환자)에게 직접마케팅(direct marketing)을 사용할 수 있다. 증가된 서비스 활용은 서비스 사용 빈도의 증가와 현재 사용자에게 새로운 적용의 발견에 의해 달성될 수 있다. 가령, 세차시설은 단골 고객에게 특별 가격 혹은 쿠폰을 제공할 수 있다. 항공사는 고객이 서비스를 더욱 많이 이용하도록 마일리지(mileage) 프로그램을 제공한다. 다른 새로운 적용의 예로는 헬스/피트니스 센터의 현재 사용자들이 일상적 운동에 덧붙여 시설을 사교모임으로서 이용하도록 권장하여 멤버가 그 시설을 사용하고 다니는 빈도와 시간을 증가시키는 것을 포함한다.

### ② 저비용 우위

서비스의 저비용 우위를 구축하는 방법을 찾는 것이다. 저비용은 저비용의 인력과 시설을 사용하거나 현재 직원 혹은 시설의 더욱 효율적 이용을 통해 달성될 수 있다. 가령, 법률 사무소는 서비스의 비용을 줄이기 위해 대량의 법률검토 시 사무장 혹은 시보를 활용할 수 있다. 신규 개업의는 의료 서비스를 위한 설비비용을 줄이기 위해 기존의 일반의와 병원 사무실과 인력을 공유할 수 있다.

### ③ 시장 차별 우위

이 셀은 현재의 서비스를 신규 시장으로 가져감으로서 매출을 증가시키려 시도한다. 이 신규 시장은 지리적으로 확장하거나 새로운 세분화 시장일 수 있다. 가령, 병원은 본점에서 멀리 떨어진 도시의 여러 위치에 독립적인 입원치료시설(예: 지점)을 개설할 수 있다. 또한, 병원은 대규모 지역 산업시설 내 전 직원에 대한 의료 서비스를 제공하기 위해 그들과 계약을 맺어 서비스에 대한 신규 세분시장을 고착화시킬 수 있다.

### ④ 시장-비용 우위

네 번째 셀은 이전 두 셀에서 개발된 전략의 결합이다. 가령, 대도시의 소아과 의사는 현재 소아진료가 존재하지 않는 외곽지역에서 소아의 건강점검을 위해 임상간호사를 고용할 수 있다.

### ⑤ 좋은 서비스 우위

여기서, 서비스 산업은 현재 시장에 새로운 서비스를 도입함으로서 매출의 증가를 자극하려 노력한다. 이것은 현재 서비스에서 확장, 서비스 특징의 추가, 신규 서비스 개발을 통해 달성될 수 있다.

- 서비스 확장 사례: 오락시설이 체중조절 서비스로 확장하거나 치과의사가 전통적 치아보호를 치주염의 치료까지 확장하는 경우가 해당한다. 조경회사는 자신의 서비스를 잔디깎기까지 포함하여 확장할 수 있다. 의학연구실은 자신의 혈액분석 서비스에 콜레스테롤 수준 측정을 추가할 수 있다.
- 서비스 특징의 추가 사례: 이 사례로는 치과서비스의 전달에서 무통 선택을 추가하는 치과의사 혹은 일상적 오일교환업무에 추가된 세차와 진공청소를 제공하는 오일교환기업이 포함될 수 있다.
- 신규서비스 개발 사례: 이것은 마케팅 혹은 유통 강점을 활용하는 기회를 창출

한다. 가령, 회계와 세무서비스는 현재의 서비스에 법률서비스를 추가할 수 있다. 이것의 강점은 사무실공간, 현장인력, 고객명단을 공유할 수 있다는 점이다.

### ⑥ 서비스-비용 우위

서비스와 비용우위를 결합하는 것은 셀 6을 구성한다. 가령, 조경기업은 여름의 잔디 성장기간에 잔디관리서비스로 확장하고 일자리를 구하는 고등학생과 대학생을 낮은 임금을 통해 활용할 수 있다. 그 기업은 저렴한 노동을 이용하고 고정비를 분산시킴으로서 경쟁자들에 비해 비용우위를 창출하면서 서비스를 확장한다.

### ⑦ 서비스-시장 우위

이 셀은 새로운 시장에 새로운 서비스를 제공한다. 세무회계서비스는 법률서비스로 확장할 수 있고 대도시에 위치한 본사와 더불어 더 작은 지역사회에도 사무실을 구축한다.

### ⑧ 서비스-시장-비용 우위

이 셀은 대부분의 서비스 기업이 구축하려고 노력하는 전략적 위치이다. 여기서 기업은 유리한 시장에서 경쟁하면서 경쟁자들보다 더욱 매력적인 서비스를 제공하고 더 낮은 비용기반을 구축함으로서 경쟁우위를 구축할 수 있다. 한 예는 여행과 보험서비스로 확장하고, 작은 외곽지역의 사무실을 구축하고, 젊은 독신자/일찍 결혼해 아이가 있는/분가한 자녀를 둔 빈집 부모/은퇴한 개인을 목표로 하고, 모든 최종 법률서류를 완성하는 면허를 갖는 전문인력을 활용하는 동시에 초기 고객접촉을 돕는 시간제직원을 고용하는 대도시의 부동산기업일 수 있다. 이 셀은 서비스 기업이 달성하려고 노력해야 하는 궁극적 전략을 의미한다.

## (3) 환경변화를 고려한 마케팅전략

전문서비스는 계속 변화 중이다. 소비자들은 제품과 서비스를 찾기 위해 온라인 탐색을 하며, 온라인을 통해 투명성을 기대하고 정확히 그들이 찾는 것을 발견하고 있다. 또한, 소비자는 자신의 선택을 합리화하기 위해 소셜 미디어와 동료 리뷰에 의존한다. 이러한 상황은 B2B판매를 변환시키는 중이다. 잠재적 고객은 그들의 문제를 해결할 것으로 기대하여 누가 그들이 필요로 하는 특정 전문성을 갖는지를 결정한다. 그 답을 얻기 위해 그들은 온라인을 탐색하고, 웨비나(webinar)에 참여하고, 동료들과 정보를 교환하고, 컨퍼런스에 참여한다. 온라인 탐색이 전통적 방식의 추천과 자문요청보다 더 빠르고 쉽기 때문에 점차 대중적으로 변하고 있다. 이러한 변화에 따라 마케팅전략은 구매자 행동의 새로운 실체를 반영할 필요가 있다.

### ① 전문성의 가시성을 증가

전문성은 고객이 구매하는 근원적 제품이다. 그것은 최고의 선택 기준이고 보통 4개의 새로운 기업을 탐색하여 그중 3개에서 최종 선택을 한다. 그러나 전문성은 가시적이지 않다. 그것을 볼 수 없고, 만질 수 없고, 직접 측정할 수 없다. 잠재고객이 선택하기 위해서는 오직 그것을 경험해야만 한다.

### ② 틈새 특화

전문서비스는 늘 스페셜리스트와 제너럴리스트를 갖는다. 그러나 지리적 입지와 마케팅 접근과 같은 실무적 한계는 과거에 스페셜리스트의 장점을 제한하지만 현재 변화하는 중이다. 새로운 커뮤니케이션 기술과 원격업무의 폭넓은 적용은 놀이판을 바꾸었다. 틈새 특화는 명확한 우위를 점하고 있다.

### ③ 360도 마케팅

'도움을 찾는 잠재고객은 모든 곳에 있다.'는 격언이 있다. 이것은 마케팅전략의 근원이다. 그러나 고객이 보는 곳은 변화하는 중이다. 점차 그들은 온라인으로 보기 때문에 명확한 결론은 당신이 또한 온라인에 있을 필요가 있다. 전통적 오프라인과 온라인 마케팅 기법의 균형을 사용하는 기업들은 가장 빨리 성장하고 단지 전통적 마케팅전략만을 활용하는 기업들보다 더 수익적이다.

### ④ 제품/서비스패키지

고객은 그들의 어려움에 대한 솔루션을 발견할 필요가 있다. 때때로 그 솔루션은 소프트웨어와 서비스 조합의 형태를 취한다. 점점 더 전문서비스 기업은 제품/서비스 결합을 미리 포장함으로써 고객에게 많은 가치를 창출할 수 있다고 인식한다. 물론, 소프트웨어를 서비스와 묶을 필요가 없다. 그것은 단지 하드웨어 혹은 훈련일 수 있다. 핵심은 고객 시간과 돈을 절약하거나 다른 중요한 편익을 만드는 통합된 솔루션을 제안하는 것이다.

⑤ 하위 브랜딩(sub-branding)

더 쉽고 수익적으로 서비스할 수 있는 다른 시장 세그먼트에 주목할 필요가 있다. 그러나 문제가 있다. 그 시장에 서비스하는 것은 당신의 브랜드 포지셔닝을 희석시킬 수 있다. 많은 기업에서 그 솔루션은 새로운 시장 세그먼트에 기여하는 분리된 브랜드를 개발하는 것이다. 물론, 이 새로운 브랜드들은 부모 브랜드(parent brand)와 어떤 관계를 갖어야 하고 이를 하위 브랜드 라벨(예: 삼성 Galaxy, Toyota의 Prius, Apple의 iPhone)이라고 한다. 다른 산업에서 일반적일지라도 이 마케팅계획은 전문서비스에서도 매력을 얻고 있는 중이다.

⑥ 신규 비즈니스 모델

기술의 발전은 새로운 비즈니스 모델의 기회를 창출하였다. 실제로 기술은 전체 산업을 재형성하고 있다. 음악부터 소매에서 운송까지 Uber, Airbnb, Amazon은 어떻게 비즈니스를 구성하는지를 다시 정의하는 중이다. 전문서비스 분야도 유사한 혁신의 기회가 무르익고 있다. 인공지능은 비용과 서비스 이용가능성의 급격한 변화 가능성을 제공한다.

⑦ 마케팅 자동화

이것은 기술이 마케팅 게임을 급격하게 전환시킨 다른 영역이다. 기업들은 지금 마케팅 프로세스의 큰 비중을 자동화할 수 있는 이 빠르게 성장하는 도구에 접근할 수 있다. 이것은 비즈니스 개발 프로세스에서 개별전문가의 역량을 포함하여 모든 것을 변화시킨다.

⑧ 아웃소싱된 마케팅

당신의 핵심에 집착하고 당신이 실제로 하는 것에 집중해야 한다. 많은 기업에서 그 역량영역은 마케팅을 포함하지 않는다. 이미 많은 산업이 마케팅의 아웃소싱에 깊숙이 관여하고 있을지라도 전문서비스는 여전히 뒤쳐져 있는 분야이다. 이것은 아웃소싱을 흥미로운 대안으로 만든다. 잘 구축된 마케팅 기능이 결여된 기업들은 상대적으로 용이하게 마케팅의 아웃소싱을 적용할 수 있다. 현대 마케팅이 폭넓은 전문화된 스킬을 요구하기 때문에 정교한 마케팅 대리인으로 아웃소싱하는 것은 전략적 우위를 전달할 수 있다.

⑨ 초목표화된 광고

역사적으로, 광고는 대부분의 전문서비스 기업에게 잘 작동하지 않았다. 많은 B2B 시장은 목표화하기 어렵고 전통적 광고들은 전문성을 잘 전달하지 못했다. 그러나 이 모든 것이 변하고 있다. 오늘날, 온라인 광고는 잘 정의된 틈새 내에서 특정 기업 혹은 포지션을 목표로 할 수 있다. 물론, 당신은 당신의 전문성을 입증하는 다운로드 가능한 컨텐츠로 쉽게 연결할 수 있다. 이것은 당신이 당신 기업의 전문성을 커뮤니케이션하는 메시지를 과다 목표화할 수 있다는 것을 의미한다.

⑩ 특징적인 컨텐츠

시그니처(signature) 컨텐츠는 당신의 기업에게 독특하고 잠재고객에게 높은 가치를 제공하는 컨텐츠를 말한다. 예를 들어, 컨설팅기업의 연간 산업서베이(annual industry survey) 혹은 품질표준 대상의 순위가 있다. 또한, 많은 전문서비스 기업들은 자신의 컨텐츠에 대한 베스트셀러, 심지어 자신의 인쇄된 잡지 혹은 저널을 출판하기도 한다. 더욱 최근에 특징적인 컨텐츠의 경로로서 Podcast, Webinar, Blog, Youtube와 같은 전문화된 시리즈의 등장이 나타나고 있다. 마케팅전략의 일부분으로서 특징적인 컨텐츠를 사용하는 핵심은 그것이 진정으로 목표 고객에게 가치있다는 것을 확신시켜 주는 것이다.

 **4 마케팅전략 유형**

## 4.1. 관계마케팅 프랙티스

일반적으로 고객과의 관계를 중시하는 마케팅은 다음의 프랙티스로 분류되어 왔다.

- 거래마케팅: 고객을 유인하고 만족시키기 위해 마케팅 믹스를 관리
- 데이터베이스마케팅: 고객을 목표로 하고 보유하기 위한 기술기반 도구
- 네트워크마케팅: 상호 편익을 위해 여러 당사자들 사이의 활동을 조정하는 기업간 관계를 개발
- 상호작용마케팅: 상호편익을 위해 구매자와 판매자 사이의 협력적 상호작용을

창출하기 위한 관계 내 대면의 대인간 상호작용
- e-마케팅: 기업과 규명된 고객 사이에 대화를 창출하고 중개하는 인터넷과 여러 상호작용 기술을 사용

뒤의 네 가지 형태는 관계마케팅 측면을 반영하나 거래마케팅은 프랙티스 범위를 구축하는 관계의 한 끝으로써 관계 프랙티스의 범위를 완성하기 때문에 포함된다. 관계마케팅은 기업이 우월한 성과를 창출하고 경쟁우위를 획득하기 위해 관계 포트폴리오(혹은 역량)를 규정, 개발, 배양하는 전략적 의사결정으로 간주할 수 있다.


## 4.2. 현대 마케팅 프랙티스

유럽과 미국 학파의 연구와 사고를 종합하여 현대 마케팅 프랙티스(CMP: contemporary marketing practice)의 특징은 다음과 같다.
- 고객관계의 관리에 대한 강조: 고객관계 관리 특히 기존 고객을 보유하고 활용하는 것을 강조하고 있다. 이 배경은 만약 관계로부터 얻은 통찰이 고객에게 향상된 가치 제공과 기업에 의해 더욱 효율적인 가치 전달로 결과된다면 그 강한 관계가 더 큰 점유율로 활용될 수 있다는 점에 있다.
- 내부 및 외부 이해관계자들과 관계 강조: 관리자들이 단지 고객이 아니라 다양한 내부 및 외부 이해관계자들과 그들의 관계, 네트워크, 상호작용을 관리하는 데 관심이 증가하고 있다. 성공적인 마케팅은 내부와 외부 고객 및 커뮤니티 이해관계자들 모두를 포용한다. 이것은 특히 관계를 창출하고 유지하며, 새로운 비즈니스를 목표로 하고 구체적 서비스를 판매할 뿐만 아니라 고객에게 프로세스와 성과품질 모두를 전달할 수 있어야 하는 전문직에서 그렇다.
- 다원적 마케팅(pluralistic marketing): 기업들은 어떤 고객들과 많은 거래지향적 관여를 할 수 있고 다른 사람들과 매우 밀접하게 관리된 관계를 가질 수 있다는 점에서 동시에 다양한 마케팅 스타일을 실행한다. 이 다원적 마케팅은 적절한 가치를 다양한 고객 세그먼트와 기업에 전달하는 조심스러운 자원할당과 전략개발로 연결된다.

이러한 상황을 고려하여 관리적 차원과 관리적 교환차원에 의한 마케팅 분류체계는 다음의 〈표 11.1〉과 〈표 11.2〉와 같이 정리될 수 있다(Coviello et al., 2000).

**표 11.1** 관리적 차원에 의해 분류된 마케팅 유형

| | 거래적 관점 | 관계적 관점 | | |
| --- | --- | --- | --- | --- |
| | 거래마케팅 | 데이터베이스 마케팅 | 상호작용 마케팅 | 네트워크 마케팅 |
| 관리적 의도 | 고객 유인 (어떤 이익으로 고객을 만족시키기 위해) | 고객보유(고객을 만족, 이익을 증가, 증가된 충성, 감소된 고객 리스크 등과 같은 다른 목표를 달성하기 위해) | 상호작용(상호 편익을 위해 협력적 관계를 구축, 개발, 촉진 하기 위해) | 조정(상호편익, 자원교환, 시장 접근 등을 위해 여러 기업들의 판매자, 구매자, 다른 당사자 사이의 상호작용) |
| 관리적 초점 | 제품 혹은 브랜드 | 제품/브랜드와 고객(목표시장 에서) | 개인들 사이의 관계 | (어떤 네트워크 내) 기업들 사이의 연결된 관계 |
| 관리적 투자 | 내부 마케팅 자산 (서비스, 가격, 유통, 촉진역량에 초점) | 내부 마케팅 자산(커뮤니케이션, 정보, 기술 역량을 강조) | 외부 마케팅 자산(다른 개인들과 관계를 구축하고 개발하는 것에 초점) | 일반 관리자 |
| 관리적 수준 | 기능적 마케터 (예: 판매관리자, 제품관리자) | 전문가 마케터 (예: 고객서비스 관리자, 충성관리자) | 기업 내 다른 모든 기능과 수준의 관리자 | |

표 11.2 관계적 교환 차원에 의해 분류된 마케팅 유형

| | 거래적 관점 | 관계적 관점 | | |
|---|---|---|---|---|
| | 거래마케팅 | 데이터베이스 마케팅 | 상호작용 마케팅 | 네트워크 마케팅 |
| 초점 (목적) | 경제적 거래 | 정보와 경제적 거래 | 구매자와 판매자 사이에 상호 작용적 관계 | 기업, 판매자, 구매자, 다른 기업들 사이의 연결된 관계 |
| 커뮤니케이션 패턴 | 기업에서 시장으로 | 기업에서 개인으로 | 개인들을 갖는 개인들 (조직들에 걸쳐) | 기업들을 갖는 기업들 (개인들을 포함) |
| 접촉 유형 | 견제, 비인간적 | 개인화된 (그러나 거리가 먼) | 대면, 개인간(헌신, 신뢰, 협력에 기초한 밀접한) | 비인간적-개인간(거리가 먼것부터 가까운 것까지 다양) |
| 기간 | 이산적 (아마도 오랫동안) | 이산적이고 오랫동안 | 연속적(지속적이고 상호 적응적인, 단기 혹은 장기) | 연속적(안정적이나 동태적, 단기 혹은 장기) |
| 형식성 | 공식적 | 공식적(그러나 기술을 통해 개인화된) | 공식적 및 비공식적(예: 기업과 사회적 수준 모두에서) | 공식적 및 비공식적(예: 기업과 사회적 수준 모두에서) |

### (1) 거래마케팅

이 유형은 마케팅 믹스 요소들을 관리함으로서 잠재적 고객을 유인하고 만족시키는 기업과 관련한다. 일반적으로 거래적 접근법은 흔히 고립되거나 견제적(arm's length), 공식적, 비개인적 프로세스의 상황에서 흔히 다루어지는 이산적인 경제적 거래를 창출하는 것을 포함한다. 이 형태의 마케팅에서 고객들은 커뮤니케이션 관계에서 수동적이지만 적극적으로 거래를 관리하고 대량시장에서 고객에 대한 커뮤니케이션을 관리한다. 관리적 수준에서 관리자들은 규명된 고객집단에게 제품/브랜드를 마케팅하는 데 초점을 둔다. 게다가, 마케팅활동은 보통 기능적 마케팅 분야로 격하되고 관리자들은 마케팅 믹스와 관련된 내부 역량을 개발하는 데 초점을 둔다. 기업 내 다른 기능들과 조정이 제한되고 이 유형의 마케팅을 위한 계획 기간은 일반적으로 단기이다.

### (2) 데이터베이스마케팅

이 유형의 마케팅은 기업과 목표된 고객들 사이의 장기관계를 개발하고 관리하기 위해 기업에 의해 사용된 도구 혹은 기법에 초점을 둔다. 이 마케팅에서 초점은 여전히 시장 거래에 있으나 또한 경제적 및 정보교환을 포함한다. 마케터는 어떤 유형의 관계를 형성하기 위해 정보기술(데이터베이스 혹은 인터넷의 형태)에 의존하고 따라서 기업들이 대량 마케팅과 다른 방식으로 경쟁하도록 한다. 더욱 구체적으로, 그 목적은 시간이 지나면서 고객을 보유를 늘리는 것이다. 커뮤니케이션 패턴은 보통 판매자에 의해 주도되고 관리되기 때문에 일반적이 비대칭적(거래마케팅과 유사)이다. 마케팅은 고객과 함께 하기보다는 여전히 고객에게 일방적이다. 관계 그 자체는 밀접하지 않고 기술의 사용을 통해서 촉진되고 개인화된다. 그러한 관계는 일반적으로 개인들 사이의 지속적인 개인 간 커뮤니케이션과 상호작용을 포함하지 않고 시간이 지나더라도 교환은 이산적이다. 데이터베이스마케팅을 위한 관리적 투자는 도구/기법, 지원기술, 정보에 있다. 즉, 그것은 전문가 마케터에 의해 관리되어지는 내부적이고 통제가능한 마케팅 자산이다. 이 유형의 마케팅에서 관리적 초점은 제품/브랜드와 목표된 고객들 모두를 포함하기 위해 범위가 넓어진다.

### (3) 상호작용마케팅

이 유형은 관계 내에서 대면 상호작용을 암시한다는 점에서 데이터베이스마케팅과 다르다. 마케팅은 사회적 프로세스와 개인적 상호작용에 기초하여 개인적 수준에서 발생한다. 관계는 당사자들이 상호 간에 적극적이고 적응적이면서 조직의 개인들 사이에서 구축되고 공식적 및 비공식적 방식으로 발생할 수 있다. 양자관계에서 두 당사자들이 상호 편익을 제공하고 개인 간 관계를 개발하기 위해 자원에 투자하기 때문에 관리적 수준에서 상호작용마케팅은 진정으로 고객과 함께 한다. 상호작용마케팅은 그 자체로 전문가 마케터의 책임이 아니고(데이터베이스마케팅에서처럼) 판매자의 위치에서 반드시 전문가가 아니다. 오히려, 상호작용마케팅은 기능과 기업 내 수준에 걸쳐 많은 개인들을 포함할 수 있고 구매와 판매 활동 모두를 포괄할 수 있다.

### (4) 네트워크마케팅

이 마케팅 유형은 여러 조직에 걸쳐 발생하며 기업들은 관계의 네트워크에서 포지션을 개발하기 위해 자원을 바친다. 이것은 개인적, 상호작용 기반 관계를 개발하고 유지하는 결과로써 나타나고 보통 시간이 지나면서 비즈니스와 사회적 거래를 통해 달성된다. 따라서, 네트워크마케팅은 개인적 수준과 기업 수준 모두에서 관계를 포괄한다. 관계는 더 큰 네트워크의 일부분이고 따라서 그들은 밀접한(개인 간)에서 거리가 있는(비개인 간)까지 다양할 수 있고 다양한 수준의 파워와 의존성뿐만 아니라 커뮤니케이션 수준을 갖는다. 네트워크마케팅은 일반적 관리수준 혹은 조직 내 다른 기능분야 심지어 조직 외부의 시간제 마케터에 의해서 수행될 수 있다. 관계는 고객, 유통업체, 공급자들, 경쟁자들 등과 함께 할 수 있다.

### (5) 기업규모의 영향

대규모 기업들은 그들의 운영과 서비스되는 시장의 범위를 고려하면 거래마케팅을 더 실행할 것이다. 또한 그들의 상대적 자원기반과 인프라와 첨단의 정보기술을 활용하는 그들의 역량을 고려하면 데이터베이스마케팅에 더 관여할 것이다. 반대로, 더 작은 기업들은 시장에 대한 그들의 접근에서 더욱 관계적이 되는 것으로 기대될 수 있고 결과적으로 고객에게 더 가깝게 다가갈 필요가 있고 비즈니스를 개발하기 위해 개인적 네트워크의 더욱 광범위한 사용으로 결과된다. 따라서 상호작용과 네트워크마케팅을 강조할 것이다. 전문직의 상황에서는 더욱 전통적인 거래기반마케팅이 아니라 상호작용마케팅과 네트워크마케팅이 보편적인 패러다임으로 기대할 수 있다.

## 4.3. 제공자 유형에 따른 마케팅전략 유형

### (1) 전문서비스 제공자의 분류

전문서비스 전략은 각 서비스 제공자가 총 시장의 특정 세그먼트에 가장 잘 서비스하기 때문에 다른 시장 자원, 조직 스킬, 조직 구조를 요구한다. 네 가지 기본적 유형을 분류하면 〈표 11.3〉과 같이 개별전문가(individual practitioner), 동일서비스파트너십(same service partnership), 단체연합(group association), 다중서비스통합조직(multiservice integrated organization)로 구분될 수 있다(Hill & Fannin, 1986).

**표 11.3** 전문서비스 제공자의 유형과 특징

| 제공자 유형 설명 | 개별전문가 | 동일서비스 파트너십 | 단체연합 | 다중서비스 통합 조직 |
|---|---|---|---|---|
| 제공자 특징 | 단일 전문가, 작은 고객기반, 작은 지원인력 | 둘 이상의 전문가, 더 큰 고객기반 | 독립적 전문가, 공통 입지, 관련 서비스의 다양성 | 많은 전문가들을 갖는 단일 조직, 통일된 서비스제공품 |
| 환경적 특징 | 높은 고객/전문가 비율 | 높은 고객/전문가 비율 | 분야에서 독립적 전문가와 파트너십과 함께 경쟁, 매우 높은 고객/전문가 비율 | 높은 수준의 경쟁, 낮은 고객/전문가 비율, 정교한, 복잡하고 미심쩍은 고객층 |
| 제공자에 대한 영향 | 독립적, 긴 시간, 높은 간접비, 구전/사회적 접촉에 의존 | 증가된 자유시간, 어느 정도 낮아진 간접비, 독립 | 어느 정도 독립성, 편리한 위치를 통한 더 넓은 고객기반, 추천 원천, 약간의 고객 인식 | 매출 확실성, 고객기반을 유인하는 것을 강조 |
| 고객에 대한 영향 | 제한된 서비스 다양성, 추가 서비스 거의 없음, 개인화된 서비스 | 더 잘 알려진 서비스품질, 개별전문가보다 더 넓은 서비스 다양성, 낮은 전문화, 추가 서비스 거의 없음 | 편의성/접근가능성, 낮은 여행비, 서비스 유형의 넓은 다양성, 특정 서비스 유형의 제한된 선택 | 조율된 서비스 패키지, 전문화된 서비스, 서비스 유형의 넓은 다양성, 개인화된 서비스 없음, 전문가 선택 없음 |

① 개별전문가

개별전문가는 작은 지원인력을 갖는 단일의 전문가(개업의, 개인 세무사/회계사/법무사 등)로 특징된다. 전문화된 서비스를 수행(예: 동네의원의 진료)하거나 다른 사람들에게 전문화된 업무를 필요로 하는 케이스를 추천하는 일반적인 초기 서비스 제공자(예: 질병의 추가 정밀검진이 필요하거나 치료능력을 벗어난 경우에 종합병원을 추천)이기 때문에 서비스 다양성은 전형적으로 낮다. 법률부문에서 일반 변호사는 흔히 경범죄를 다룰 것이고 그들은 유언장과 같은 개인적 법률서비스와 작은 소송제기가 중요하다. 중대한 민·형사상 소송 혹은 복잡한 소송은 그러한 업무에 특화된 다른 대형 법무법인에서 담당할 것이다.

### ② 동일서비스파트너십

둘 이상의 개별전문가가 협력하고 기업의 모든 전문가들(practitioner)이 동일한 서비스를 제공한다. 서비스의 다양성은 일반적으로 개별전문가처럼 동일하나 더 넓은 고객기반으로 인해 제공자의 비용은 감소하는 경향이 있고 이것은 고객에게 더 낮은 가격으로 결과될 수 있다.

### ③ 단체연합

전문가들이 느슨한 단체연합을 형성하기 위해 함께 합류한다. 가령, 의료분야에서 많은 커뮤니티들은 작은 병원, 의사 사무실, 의료 연구소, 약국으로 이루어진 센터를 가질 수 있다. 간접비가 동일서비스파트너십보다 더 많이 확산되고 한 지역에 제공된 서비스의 다양성이 더 넓어지기 때문에 고객에 대한 비용이 줄어든다. 고객이 많은 전문가들에게 쉽게 접근하기 때문에 품질 또한 향상한다.

### ④ 다중서비스통합조직

대형 회계기업과 로펌처럼 단일 조직이 고객에게 많은 전문화된 서비스를 제공하는 이 조직의 원형이다. 고객은 조직에 서비스하는 개별전문가가 아니라 조직과 관계를 맺는다.

## (2) 전문서비스 제공자 유형별 전략

각 유형의 전문서비스 제공자에게 다른 전략이 요구된다. 즉, 조직, 환경, 공공 변화와 같은 다양한 전술에 대한 강조가 변하게 된다. 〈표 11.4〉에 정리된 바와 같이 네 가지 전략 요소인 시장 초점, 서비스 개발, 수수료, 고객 채용이 이 전략을 개발하는 데 균형이 이루어져야 한다(Hill & Fannin, 1986).

**표 11.4** 유형별 전문서비스 제공자의 전략

| 전략요소 | 개별전문가 | 동일서비스 파트너십 | 단체연합 | 다중서비스통합 조직 |
|---|---|---|---|---|
| 시장 초점 | 위치에 기반한 고객, 스페셜리스트는 높은 밀도 지역을 요구, 덜 인구가 많은 지역에서는 제너럴리스트 | 파트너십 계약을 통해 얻어진 고객, 기존 고객 집단 수용 | 동질적 고객기반, 편리한 입지, 약간의 시장 인식 | 세그먼트된 고객 그룹, 더 작고 동질적인 그룹, 높은 밀집 지역 |
| 서비스 개발 | 제너럴리스트 혹은 스페셜리스트, 제너럴리스트는 일차 서비스 제공, 스페셜리스트는 좁은 서비스 제공 | 동일 서비스, 개인화된 서비스 | 서비스 유형의 다양성, 동일 지역에 관련 서비스 | 완전히 통합된 서비스패키지, 높은 수준의 전문화, 서비스의 넓은 다양성 |
| 수수료 정책 | 큰 비용 압박, 높은 가격, 낮은 화폐비용 | 비용 경제학을 갖는 약간의 가격 유연성 | 비경쟁적 가격, 가격 유연성, | 가격 유연성, 가격경쟁 |
| 고객 채용 | 전문가 추천, 가시적 입지, 커뮤니티 참여, 고객 추천 | 구전, 커뮤니티 참여, 사회적 접촉, 현재 고객 | 협회 추천, 안정적인 추천 네트워크 | 조직적 광고, 커뮤니티 홍보, 높은 수요조직에 개인적 판매 |

① 개별전문가

이 형태는 업무에 대한 전문가의 개인적 통제, 자수성가라는 명성, 많은 다른 비유형적 보상을 제공한다. 만약, 성공한다면 개별전문가 형태는 뛰어난 금전적 보상을 제공할 수 있다. 그러나 이 프랙티스 형태는 많은 리스크를 갖기 때문에 성공하기 위해 잘 계획되어야 한다.

- 시장초점: 이 서비스 제공자는 제너럴리스트(예: 일반의)부터 스페셜리스트(예: 전문의)까지 다양할 수 있다. 가령, 제너럴리스트 접근법을 따르는 변호사는 유언과 주택판매와 같은 작은 민사소송과 계약을 다룰 것이나 고객의 대규모 비즈니스의 판매는 상업적 판매에 특화된 다른 변호사를 추천할 것이다. 서비

스 수준의 선택은 프랙티스가 위치한 장소의 선택과 일치되어야 할 것이다. 스페셜리스트는 일반적으로 총 수요가 높은 지리적 중심에 위치될 필요가 있다(예: 의료서비스의 3차 대형 종합병원). 제너럴리스트는 작은 서비스 니즈를 제공하고 법률, 의료, 상담, 기타 전문시스템에 처음 진입하는 고객들을 위한 진입 포인트에 있기 위해 인구가 많은 밀집지역에 위치할 수 있다. 제너럴리스트는 또한 1차 서비스 제공자로서 인구가 많지 않은 지역에서 서비스할 수 있다(예: 의료서비스에서 1차 의료기관 즉 동네 일반의원).

- 고객채용: 스페셜리스트는 전문가 추천에 많이 의존한다. 따라서, 그들은 제너럴리스트와 기타 전문가들과 계약하고 개발하는 것에 참여할 것이다. 스페셜리스트 프랙티스는 대부분 더 큰 프랙티스에 참여하는, 그 기업의 평판에 기반한 고객기반을 구축하는, 그 고객기반을 개인의 프랙티스로 가져가는 전문가와 함께 시작한다. 좀처럼 고객이 전문가시스템에 진입하지 못하기(즉, 전문가의 지식과 스킬을 알 수 없음) 때문에 유망한 고객에 대한 직접적 판촉은 거의 수행되지 않는다. 제너럴리스트는 다른 전문가의 추천에 덜 의존할 것이다. 그들은 작은 도시의 외로운 의사 혹은 교외 사무실의 변호사처럼 입지를 통해 고객을 확보할 수 있다. 제너럴리스트는 스페셜리스트들처럼 더 큰 프랙티스로부터 분할하는 프랙티스를 시작할 수 있다. 그러나 그들은 전문가 조직과 커뮤니티 참여를 통해 전문적 접촉을 추구할 것이다.

- 수수료전략: 개별전문가는 강한 비용압박을 받는다. 즉, 모든 비용이 한 전문가의 고객 부하에 의해 견뎌져야 하기 때문에 일반적으로 높은 고객당 간접비 혹은 고정비를 갖는다. 그러면 가격은 다른 유형의 제공자들보다 더 높아야 한다. 따라서, 다른 프랙티스들과 경쟁은 스페셜리스트의 전문성 수준, 서비스의 개인화, 개별 프랙티스가 더 작은 고객기반을 갖는 지역에서 운영할 수 있다는 사실에 기반한다. 비금전적 비용은 여행시간, 대기시간, 불편한 서비스 시간, 인식된 서비스의 부정적 측면(예: 치과의사의 드릴 소음)을 포함한다. 모든 개별전문가 수준에서 비금전적 비용을 줄여서 잠재적 시장에 더욱 쉽게 접근할 수 있는 서비스를 만드는 것이 부가적인 노력이 될 수 있다.

## ② 동일서비스파트너십

전략적 의미에서 이 형태는 전체 고객층보다는 목표고객들에게 훨씬 더 큰 편익을 제공한다. 따라서, 전략경영 의사결정은 개별전문가와는 크게 다르지 않다.

파트너십이 전문가들에게 더 큰 고객기반을 제공하기 때문에 다른 유형의 경쟁이 전개될 수 있다는 잘못된 인식이 흔히 존재하고 외부의 힘으로부터 보호가 가능하다는 환상을 갖기 쉽다. 그러나 고객의 관점에서 동일서비스파트너십은 개별전문가 형태에 비해 단지 몇 개의 우위만을 제공한다.

- 시장 수용: 전문서비스를 제공하는 파트너들은 그들의 기존 고객기반을 넘어 시장을 조사하거나 대응하지 않는 경향이 있다. 오히려, 그들은 파트너십 계약을 통해 더 많은 고객에게 서비스하는 능력을 증가시키는 것이 더 많은 고객을 유인하는 데 충분하다고 믿을 수 있다. 더 생산적인 대응은 파트너십으로부터 이용가능한 증가된 개인시간을 활용하여 고객에 대한 접촉을 늘리는 것이다. 그 전문가는 잠재적 고객집단을 더 가까이서 보는 기회를 갖고, 니즈에 대응하기 위해 경험을 사용하고, 그 고객 세그먼트를 생산적으로 추구한다.

- 서비스 특화: 파트너십이 진행되면서 두 가지 경우가 발생할 수 있다. 첫째, 모든 파트너들은 그들의 전문적 강점이 동일한 방향으로 발전하는 것을 발견할 수 있다. 이 경우에 동일서비스파트너십은 시장침투전략(작은 시장세그먼트에서 큰 고객을 보유)을 추구해야 한다. 둘째, 만약 각 파트너가 다른 전문적 강점을 개발한다면 더 폭넓은 시장기반 전략이 적합하다(몇몇 시장세그먼트에서 작은 고객을 보유).

- 가격유연성: 파트너십에서 전문가들이 특화된 스킬을 적극적으로 개발하는 경향을 보일 뿐만 아니라 경험은 자연스럽게 향상된 서비스품질 혹은 더 뛰어난 운영효율성으로 이어진다. 파트너들은 또한 그들의 비용을 낮출 수 있는 서로의 경험에 의지할 수 있다. 특화로 인한 제한된 비용절감과 고객기반의 구축은 파트너십에게 더 큰 가격유연성을 제공한다.

- 파트너십의 촉진: 둘 이상의 고객기반들이 결합되기 때문에 파트너십은 조직에 대한 구전 커뮤니케이션에 큰 기회를 제공한다. 전문직의 윤리적 가이드라인에 순응하면서 낮은 비용으로 동일서비스파트너십을 촉진하기 위해 많은 것을 수행할 수 있다(이것은 대규모 조직보다는 소규모 조직에 영향을 미치는 것으로 보임). 파트너들은 전문조직에서 전문적 서류와 업무를 만드는 것과 같은 네트워크를 구축하기 위해 증가된 자유시간을 활용할 수 있다. 가시성은 명백히 추천에 의존적하는 조직에 필수적이다. 여기서 또한 커뮤니티 서비스 조직에서 가시성은 전문가의 서비스를 촉진할 수 있다. 제한된 고객기반 때문에

파트너십은 또한 고객과의 장기관계에 의존한다. 일반적으로, 고객이 파트너십을 개별전문가보다 더 높은 관심품질을 제공(사무실의 더 많은 전문가들의 이용가능성 때문에)하는 것으로 인식하는 반면에 그 고객은 흔히 작은 그룹(단체연합 혹은 다중서비스통합조직과 반대로)에 개인적 관심이 커지기 때문에 매력을 갖게 된다.

### ③ 단체연합

단체연합은 가장 큰 마케팅 관리의 편익을 갖는다. 경쟁과 성장에 대한 몇 가지 장점들이 단체연합에 특유하게 존재한다. 편의, 추천기반, 서비스 다양성, 고객과 긴밀한 접촉이 강한 경쟁적 조직으로 통합될 수 있다.

- 제한된 시장초점: 비록 실무적 의미에서 활동을 하지 않을지라도 더 높은 수준의 시장인식(market awareness)이 단체연합에 존재한다. 단체가 모든 멤버들에 의해 공유된 유사한 고객들을 유인하기 때문에 고객세분화가 자연스럽게 이루어진다. 고객의 동질성은 그룹이 단체연합의 통제 범위 내에서 사람들을 유인함에 따라 발생하고 그 단체연합이 더 클수록 그 범위는 더 커지며, 고객이 흔히 유사한 커뮤니티들로부터 나오기 때문에 그들은 유사한 특징을 갖는다. 대부분의 전문가들은 고객이 누군지를 알고 있는 반면에 고객을 수용하기 위한 독립적인 프랙티스의 조정이 최소로 이루어져야 한다. 또한, 단체연합은 성장을 위한 많은 기회를 제공한다. 일차적으로, 단체연합은 단지 비용을 줄이고 고객기반을 확장하기 위해 협회에 가입하기보다는 더욱 고객지향적인 접근법을 개발할 수 있다. 그 핵심은 비공식적 협회를 하나의 조직으로서 보는 것이고 그 단체 내 개별 프랙티스들을 조율하기 위해 여러 관리기법들을 사용하는 것이다. 그러한 활동 중 하나는 협회의 인식된 강점(위치로 인한 편리한 접근성 혹은 수년간의 경험을 통한 전문성이 강점이든 간에)에 기초하여 전체로서 단체의 이미지를 개발하는 것을 포함한다. 이 이미지는 다시 다양한 커뮤니케이션 방법들(구전, 홍보활동, 광고 등)을 통해 널리 알려진다.
- 차별화된 서비스: 고객은 단체연합을 다양한 서비스를 제공하는 것으로 본다. 즉, 의료부문에서 그들 피부과, 이비인후과, 산부인과, 임상, 제약 서비스를 제공할 수 있다. 그러나 고객이 추천 네트워크를 통해 단체연합시스템에 고착화된다고 느끼는 수준만큼 제한된 선택이 이루어진다. 대부분 멤버들의 서비스가 또한 차별화된다. 가령, 이비인후과 전문의는 신기술과 장비를 포함하여

고객그룹에게 자신만의 다양한 서비스를 제공할 것이고 성형외과 의사도 자신만의 서비스를 제공할 것이다. 약국은 또한 단체연합 멤버들과 관련된 전문성에서 가장 큰 상품화의 깊이(처방약과 처방전이 필요없는 약)로 차별화된 제품을 제공할 것이다. 협회 멤버들은 또한 한 멤버에서 다른 멤버로의 추천이 편의가 아니라 전문성에 기초하도록 고객니즈에 기반한 서비스를 추가하기 위해 함께 일할 수 있다. 이것은 단체연합 내 고객의 신뢰를 강화한다.

- 가격책정 전략: 단체연합 형태의 큰 고객기반은 멤버들에게 어느 정도 가격을 낮추는 유연성을 제공하여 고객으로부터 높은 충성을 개발한다. 그러나, 이 가격 유연성은 모든 단체연합에서 실행되지 않는다. 단체연합에 의해 제공된 차별화 우위(예: 원스톱 쇼핑의 편리성, 전속시장(captive market의 존재))에 대한 고객의 태도로 인해서 비경쟁적인 가격 구조가 유지되는 경향이 있다. 특히 전문가 서비스의 분야에서 서비스의 가격과 품질을 연결하는 심리적 현상이 발견된다. 이용가능한 서비스에 대한 적절한 정보를 비교하지 않는 소비자의 동기와 그러한 정보를 제공하기 위한 산업의 결여로 인해서 대중은 흔히 가격을 서비스품질의 대리 측정치로서 사용한다. 이것은 다시 단체연합(또한 개별 전문가와 동일서비스파트너십에서도)에서 더 높은 가격을 유지하도록 조장한다.

- 고객확보: 시장과 커뮤니케이션은 서비스 전문가들에게 어색하고 편안하게 보이는 활동이 아니다. 개별 멤버들은 사회적 접촉(예: 공동 취미생활, 친구, 동창 등)을 통해 대안적인 추천을 하는 성향이 덜하며, 오히려 특정 기간에 발생한 추천 네트워크에 의존한다. 광고는 거의 활용되지 않고 심지어 개인은 단체연합에 대한 정보에 잘 등재되지 않는다.

④ 다중서비스통합조직

- 시장침투: 높은 수준의 시장 차별화가 다중서비스통합조직에서 발생한다. 사실상 이 유형의 전문서비스 제공자는 경쟁우위의 니즈 때문에 개발되었다. 이 유형은 그들이 생존을 위해 더 큰 고객기반을 필요로 하기 때문에 보통 높은 인구밀도 지역에서 발견된다. 이 유형의 서비스 조직은 다른 다중서비스통합조직에 의해 서비스되지 않거나 적절히 서비스되지 않아 발전을 위한 기회를 제공하며, 더 작고 더 동질적인 시장을 추구하도록 요구받는다. 그러나 이 작은 시장들은 조직의 서비스에 헤비유저(heavy user)인 경향이 있다. 이 유형의 조직은 매우 높은 간접비와 변동비를 갖기 때문에 조직은 더 큰 고객기반 혹

은 자신을 지원하기 위해 헤비유저를 창출해야 한다. 대부분의 다중서비스통합조직은 헤비유저 전략이 시장의 지분을 위해 경쟁하는 가장 효과적인 방법임을 알고 있다. 이 유형의 조직은 일반적으로 가장 높은 수준의 시장 초점을 달성한다.

- 특화된 서비스의 다양성: 이 유형의 서비스의 수요가 증가하면서 관리적 요구를 충족시키기 위해 인력의 규모가 증가한다. 이것은 더 많은 관리층이 추가된다는 것을 의미한다. 추가된 층은 보통 경영/마케팅 기법에 익숙하지 않은 서비스 전문가들로 이루어진다. 따라서, 추가된 층들은 비즈니스 혹은 고객지향적이지 않은 경향이 있고 그 결과는 흔히 고객과의 개인적 접촉의 손실과 줄어든 서비스품질 통제로 나타난다. 이러한 상황은 다음의 두 가지 결과를 낳는다. 첫째, 서비스의 갭을 충족시킴으로써 경쟁을 위한 시장의 매력이 증가한다. 둘째, 경쟁이 서비스의 특화를 강요한다. 따라서, 각 다중서비스통합조직은 생존과 성장을 위해 가장 잘하는 것에 집중해야 한다. 특화수준의 증가와 더불어 이 유형의 조직은 특정 고객집단의 기본적 니즈를 충족시키는데 완전한 헌신을 하여 통합된 제품시스템을 제공한다. 예를 들어, 정보시스템과 관련한 컴퓨터 기업은 차별적 우위를 얻기 위해 컴퓨터보다 훨씬 많은 것(소프트웨어, 주변시설, 설치, 직원훈련, 유지보수)을 필요로 할 수 있다.

- 가격유연성: 넓은 고객기반에 간접비를 분산시키는 많은 고객 규모를 통해 다중서비스통합조직에서 가격유연성이 달성된다. 서비스패키지를 위한 가격이 줄어들고 대규모 구매고객은 가격에 민감하고 경쟁자들을 열성적으로 알아보기 때문에 이 유형의 시장에서 가격경쟁은 항상 발생한다. 또한, 다중서비스통합조직은 경쟁자들로부터 자신을 차별화함으로서 그들의 상황을 향상시킬 수 있다. 한 방법은 고객에게 기타(비금전적) 비용을 줄이는 데 집중하는 것이다. 완전성, 접근성, 신뢰성, 호의, 고객 교육은 매우 경쟁적인 환경에서 더욱 의미있게 된다.

- 공격적 고객확보: 이 유형의 조직에서 잠재적 고객에게 서비스를 알려주고 그 고객들에게 더 나은 서비스가 제공될 수 있다는 것을 설득시키는 커뮤니케이션과 같은 다양한 도구를 사용하는 경향이 증가한다. 이 유형의 조직은 광고를 적극적으로 활용하는 유일한 전문서비스 제공자 유형이다. 많은 고객이 필수적이기 때문에 공격적 고객확보가 더욱 필요할 뿐만 아니라 촉진 메시지의 초점이 개

별전문가가 아니라 조직이기 때문에 그것이 수용될 수 있다. 이 유형의 조직은 이 목표의 달성을 위해 촉진 목표와 계획을 실제로 실행하는 좋은 위치에 있다. 잠재적 고객과 커뮤니케이션하는 다중서비스통합조직 내에 많은 조직의 차별적 강점, 관련 이미지, 종합 서비스, 가격유연성이 존재한다.

## 5 | 전문서비스의 마케팅 믹스

### 5.1. 포지셔닝과 마케팅 믹스

포지셔닝은 기업과 제품/서비스의 위상을 정립하기 위해 마케팅 믹스(marketing mix)를 통해 소비자들에게 자사 제품의 정확한 위치를 인식시키는 것이다. 포지셔닝은 고객의 인식에 가치있는 포지션을 보장하기 위해 핵심 마케팅 변수를 변화시키는 것을 포함한다(가령, 대형 회계법인은 규모가 큰 감사와 컨설팅 계약을 얻기 위해 자신을 대기업으로 포지션시킨다). 전문서비스 기업은 차별화된 특징을 갖고 있기 때문에 그 기업이 포지셔닝의 개념을 효과적으로 이해하고 활용하기 위해서는 마케팅 믹스의 전통적 4P(입지, 가격, 제품, 촉진)를 넘어 소매 포지셔닝의 6P로 확장해야 한다. 이 6P들은 입지(place), 가격(pricing), 제품(product), 촉진(promotion)이라는 전통적 마케팅 믹스 요소에 사람(people)과 제시(presentation)라는 두 가지 요소를 추가한다.

사람과 제시 요소들은 핵심 전술적 의사결정의 생략을 막고 서비스 기업의 특정 방향을 제공하기 위해 추가된다. 기업의 제시는 사무실의 외관(예: 가구, 사무실 장식)과 기업의 이미지를 묘사하는 어떤 유형의 암시(예: 문구류, 로고) 혹은 서비스의 최종 제품(예: 보고서 표지)과 관련된다. 사람 요소는 모든 직원과 그들의 특징을 포함한다. 서비스가 노동 집약적이기 때문에 사람 구성요소는 서비스 포지셔닝 믹스의 디자인에서 필수이다. 성공적인 전략적 포지션을 창출하는 것은 기업에 의해 고용된 사람의 개성 및 전문성과 다른 촉진변수에서 전송된 이미지와 일관적인 기업의 제시를 필요로 한다.

〈그림 11.2〉는 포지셔닝 믹스의 6P들과 서비스 기업의 독특한 특징을 보여준다. 어떤 마케팅 믹스 요소들이 한 특징 이상과 관련되는 반면에 전문서비스 기업에게 사람 요소는 모든 네 개 특징과 관련되기 때문에 그 믹스의 핵심 요소가 된다.

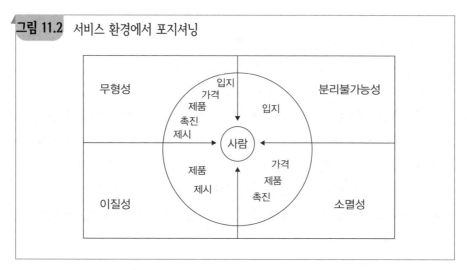

**그림 11.2** 서비스 환경에서 포지셔닝

|  |  |
|---|---|
| 무형성 | 분리불가능성 |

입지
가격
제품
촉진
제시

입지

사람

제품
제시

가격
제품
촉진

|  |  |
|---|---|
| 이질성 | 소멸성 |

자료원: Ellis & Mosher(1993)

세법과 회계표준의 복잡성과 지속적 변화로 인해 공인회계사가 전문화하는 것이 중요하다. 이 특화는 시장 세분화(market segmentation)로 이어져야 한다. 어떤 방식으로 시장을 세분화하는 CPA 기업들은 세분화의 기반으로서 흔히 고객 유형과 산업부문(예: 제조, 부동산)이라기 보다는 제공된 서비스 유형(예: 세금, 감사)을 사용한다.

회계기업이 무형의 제품을 제공하기 때문에 서비스의 가격책정은 수요의 수준에 영향을 미칠 뿐만 아니라 고객에게 제공된 서비스의 품질과 가치의 지표이다. 소비자들은 회계서비스의 인식된 품질을 구축할 때 가격보다 이미지와 같은 다른 정보를 더욱 중요한 것으로 고려한다.

전문가는 고객의 관점이 아닌 생산 관점에서 시장을 인식하기 때문에 전문가는 주로 서비스 비용을 기준으로 수수료를 책정한다. 비용지향적 가격의 인기는 가격이 경쟁 요금(경쟁지향 가격)이나 시장이 지불할 의향(수요지향 가격)에 따라 결정된다면 비용을 충당하지 못할 수 있다는 점에 있다. 그러나 가격결정의 진정한 핵심은 가격이 고객이 획득하는 가치의 정량적인 반영이라는 것이다.

기업의 위치가 어떻게 비즈니스에 영향을 미치는가? 위치와 회계직원의 접근성은 생산과 소비의 비분리성으로 인해 고객에게 중요한 이슈이다. 또한, 전문서비스 기업의 대부분이 고객을 생각하면서 자신의 사무실을 장식하고 대부분은 일차 고객에 가깝게 위치한다. 브로슈어, 광고전단, 세미나, 언론 보도자료와 같은 촉진도구는 광고보다 더 중요할 수 있다. 회계법인의 파트너와 직원에 의한 유망고객과 대면접촉은 신규고객을 얻기 위해 회계법인에 의해 자주 사용된 다른 촉진 방법이다.

포지셔닝 믹스의 사람 요소는 회계사와 고객 사이의 접촉과 신뢰의 수준으로 인해서 특히 전문적 회계법인에 중요하다. 서비스가 전달되는 프로세스뿐만 아니라 직원 태도와 외모는 생산과 소비의 비분리성 문제로 인해 기업의 서비스를 촉진하는 데 중요하다. 회계 서비스의 무형성은 기업이 어떻게 고객에게 제시되는지에 대한 특별한 관심과 연계된다. 사무실 장식과 경영보고서와 같은 유형의 실마리는 제공되는 서비스의 성과와 소통을 촉진하는 것을 돕는다. 제시 요소는 또한 고객이 로고와 슬로건의 사용을 통해 서비스의 무형의 특징과 관련되는 것을 돕는데 사용될 수 있다.

## 5.2. 6P의 고려사항

### (1) 가격의 고려사항
- 업무비용, 경쟁, 고객의 지불할 능력, 고정비용, 고객니즈에 따른 조정가격, 고객의 지불할 능력에 따른 서비스 수정, 각 서비스에 동일한 요금 청구

### (2) 판촉/광고
- 프랙티스 개발: 시민단체 참여, 뉴스레터, 세미나, 대중 강연, 광고, 기사 발간
- 광고 미디어: 우편, 신문, 라디오, 잡지, TV, SNS, 웹사이트
- 광고 강조사항: 세부 시비스, 경력기간, 위치, 목표 청중, 전문 멤버십, 기업의 규모, 업무시간

### (3) 장소
- 입지를 선택하는 중요성: 고객의 접근성, 외양, 규모, 임대여부 혹은 임대료, 주차

### (4) 제시
- 사무실 장식: 고객을 염두하고 선택, 전문적으로 업무 수행에 초점, 직원을 염두하고 선택, 순수하게 기능적으로 장식, 무계획
- 로고의 사용: 로고를 보유, 전문적으로 디자인

### (5) 사람

- 각 전문성에 각기 다른 인력을 활용
- 채용기준: 경험, 전문성, 성격, 배경 등

한편, 전문서비스 마케팅의 7P도 고려되기도 한다. 그것은 기존의 4P에 사람(personnel), 물리적 시설(physical facility), 프로세스(process) 관리를 포함한다.

#### ⑥ 물리적 시설

물리적 시설은 서비스 기업의 특별한 이미지를 구축하도록 도와준다. 입지, 외부 환경, 내부 시설 등은 모두 서비스가 고객에게 전달되는 시각적 신호이다.

#### ⑦ 프로세스 관리

프로세스 관리는 서비스 전달에 포함된 업무 순서와 활동의 감독을 포함한다. 프로세스 관리는 서비스 전달에 포함된 활동에 대한 고객의 인식과 기대를 충족시키는 것과 관련된다. 서비스 기업의 신뢰와 장기 성과는 이 전통적 마케팅 믹스의 폭넓은 차원들에 대한 이해에 의해 풍부하게 영향받을 것이다.

## 5.3. 문제해결을 위한 전략과 전술

지금까지의 내용을 종합하면 다음의 〈표 11.5〉와 같다.

**표 11.5** 서비스 기업의 독특한 문제와 해결방안

| 문제 | 전략 | 전술 |
|------|------|------|
| 무형성<br>(제품이 물리적<br>인게 아님) | – 장소 | – 고객 근처에 입지 |
| | – 제시 | – 고객을 염두에 두고 사무실 장식<br>– 수행된 업무에 대한 문서 보고서 제공<br>– 로고와 슬로건 사용<br>– 브로슈어와 뉴스레터 사용 |
| | – 가격 | – 바람직한 이미지와 맞는 가격 설정 |
| | – 제품 | – 신용을 위한 자격인증을 제시 |
| | – 사람 | – 전문가–고객관계에 초점, 세미나 제공 |
| 동시성<br>(동시에 생산되고<br>소비) | – 장소 | – 목표시장 선택 후 입지 선택<br>– 편리한 시간 제공 |
| | – 사람 | – 고객과 전화관계를 개발 |
| 소멸성<br>(시간을 저장하는<br>것이 불가능) | – 사람 | – 다른 영역의 전문가 채용<br>– 바쁜 기간에 일시적으로 경험많은 전문가 채용<br>– 수요에 맞추기 위해 일정계획을 조정 |
| | – 가격 | – 수요기반 가격책정<br>– 사전판매 서비스 |
| | – 촉진 | – 신규고객에게 작은 양의 무료 상담 제공 |
| 이질성<br>(서비스품질의<br>변동성) | – 제품 | – 서비스를 고객화 혹은 표준화 |
| | – 제시 | – 모든 작성된 문서에 자격인증 제시 |
| | – 사람 | – 전문가를 채용하고 보유하는 데 품질 프랙<br>티스를 개발하고 유지<br>– 전문가와 함께 품질관리<br>– 모든 전문가와 직원에게 유사한 훈련 제공 |

자료원: Ellis & Mosher(1993)

이 모든 추천들은 목표시장의 적절한 규명과 선택에 의존한다. 이 절차는 기업이 제공하는 서비스뿐만 아니라 비즈니스의 유형(예: 제조, 소매) 혹은 고객의 니즈에 의해 시장을 세분화하는 것을 포함한다. 다음에 기업은 그 광고와 촉진 전술에서 이 세분화를 강조해야 한다.

## 6 마케팅계획

마케팅전략과 그와 관련된 전술은 흔히 마케팅계획에 반영된다. 나아가, 마케팅관리는 전술적 수준에서 전략을 연결하면서 그 계획을 실행하는 프로세스이다.

### 6.1. 마케팅계획

#### (1) 일반적 절차

전문서비스 마케팅계획의 주요 편익은 그것이 시장 포지션을 명확히 규정하고 기업에게 그 포지션을 유지하는 지혜를 주기적으로 평가하는 데 사용될 수 있는 객관적 프레임워크를 제공하는 데 있다. '모든 고객에게 모든 것을'이라는 격언은 이제 전문가에게 과거의 이야기이다. 전문가는 시장 틈새를 결정하고 그 틈새 내에서 성공적으로 만드는 전략과 전술을 개발해야 한다. 소비자들이 그들의 돈으로 많은 대안들로부터 구매할 수 있는 것을 정확하게 알기 원하기 때문에 전문가는 명확히 그들이 잘 할 수 있는 서비스를 설명할 필요가 있다. 따라서, 첫 번째 단계는 특정 목표를 구축하는 프랙티스를 결정하는 것이다. '만약 당신이 가야할 곳을 모른다면 당신이 거기로 갈 길은 없다.'

#### (2) 구체적 절차

① 목표 설정

당신은 무엇을 하고 싶은가? 비록 목표설정이 쉬운 일처럼 들릴지라도 달성하려고 노력한 사람들은 결코 쉽지 않다는 것을 알 것이다. 첫째, 대안들이 규정될 필요가 있고 각각에 대한 찬성과 반대가 연구되어야 한다. 그 다음에 선택이 이루어진다. 대안들을 따로 떼어놓는 최종 단계는 보통 가장 어렵다. 최종 결과는 전문가들이 그들 기업이 되도록 바라는 것을 묘사하는 것이다.

이를 위한 실행 아이디어는 다음과 같다. 고객접촉의 수, 신규고객의 수, 규정된 전문성 내 신규고객, 청구된 금액, 반복고객의 수, 홍보활동의 수, 지속교육에 소비된 시간과 같은 다양한 분야의 전문가 목표 설정에서 시작한다. 매년 달성해야 할 목표에 대해 다양한 집단들이 모여 토론을 한 후 환경변화를 분석한 후 임무 명세서를 작성한다.

### ② 상황분석

이 환경에서 설정된 목표가 의미있는가? 이러한 분석을 위해서는 데이터를 수집할 필요가 있다. 임무 명세서와 연간목표가 현실적인지를 보기 위해 전문가는 소비자 시장, 경쟁, 규제 추세, 윤리적 이슈, 경제적 요인, 고객의 의사결정 프로세스, 기업 자신의 강점과 약점을 이해할 필요가 있다. 만약 당신이 당신의 비즈니스 목적을 아직 규명하지 않았다면 당신에게 이용가능한 기회를 밝히기 위해 SWOT 분석과 다양한 유형의 마케팅 기법을 사용할 수 있다.

### ③ 경쟁우위

당신의 전문가가 어떤 방식으로 실력을 발휘하는가? 전문가들이 로펌의 경쟁우위를 결정할 때 그들은 기업에 의해 가장 잘 다루어진 문제와 상황을 유인할 것이다. 잠재적 고객은 이제 '좋은 컨설턴트를 아는가'라고 친구에게 질문하지 않고 오히려 '어떤 분야에 특화된 좋은 컨설턴트를 잘 아는가'라고 질문할 것이다. 일반대중은 다양한 선문적 분야를 한 전문가가 역량을 갖고서 모두 다루기에 너무 넓은 것으로 바라본다. 이에 비해 어떤 전문가들은 초점을 좁혀 고객 집단을 좁히고 더 작은 범위의 비즈니스를 하는 것을 두려워할 수 있다. 서비스의 특화는 소비자들이 그 전문직이 자신을 위해 무엇을 할 수 있는지를 정확히 이해하도록 하여 그 서비스를 덜 무형적으로 만든다. 다시 한번 강조하지만 잠재고객은 일반적 서비스를 추구하지 않는다. 그는 특정 문제를 해결할 수 있는 스페셜리스트를 원한다.

### ④ 목표시장

어떤 고객을 유인하기 원하는가? 전문가가 이용할 수 있는 많은 시장이 존재한다. 이번 단계는 분석에서 좋은 잠재력을 갖는 것으로 규명되고 경쟁우위에 대응해야 하는 전문가의 목표에 맞는 시장을 선택하는 것이다. 이들은 고령층, 비즈니스 시장과 같은 소비자시장의 세그먼트일 수 있다. 당신이 이미 고객의 니즈와 우선순위를 이해하고 있다고 생각할 수 있다. 그러나 인생의 다른 많은 일들처럼 고객은 항상 변화하고 있다.

### ⑤ 서비스의 전달

그것을 어떻게 할 것인가? 목표화된 시장을 고정시킨 후의 프랙티스는 시장과 소통하는 방법을 고안하는 것이다. 네 가지 상호작용 부분들이 전문가 집단의 서비스 전달을 결정한다. 이것은 마케팅계획에서 관찰할 수 있는 마케팅 믹스이다.

- 초점 서비스
- 수수료 구조
- 입지 특징
- 기업의 경쟁우위를 소통하는 방법

### ⑥ 실행 일정표

당신은 이 전략을 어떻게 실행할 것인가? 전문서비스 마케팅계획의 최종 단계는 전략이 실현되도록 구체적 시간표를 제안하는 것이다. 구체적 임무, 마감일, 점검사항이 설정되고 수행될 때가 바로 프랙티스가 실제로 진행되기 시작하는 때이다. 이를 위해 향후 기간동안 해야 할 임무 리스트를 설정하고 이를 기반으로 어떤 활동이 진행될지, 어떤 사람이 그것들에 책임있는지를 정밀하게 나타내는 일정표를 준비해야 한다.

### ⑦ 어떤 마케팅 기법을 사용할지를 규정

고성장기업에 대한 연구에 따르면 오프라인과 온라인 기법의 50:50 혼합이 최고의 성과를 발생시키는 것으로 논의하고 있다.

- 오프라인 마케팅 기법의 예: 네트워킹, 강연, 미팅, 인쇄물, 우편, 전화 접촉 혹은 방문 판매(cold call), 협회/무역박람회 등
- 온라인 기법의 예: 소셜 미디어, 웨비나(인터넷 상의 세미나), 전화/비디오, 블로그/온라인 출판, 이메일, 탐색, 온라인광고, 그룹/온라인 컨퍼런스 등

여기서 마케팅 기법 포트폴리오를 선택할 때 판매 깔때기의 모든 단계(인식, 관심, 고려, 의지, 평가, 구매)를 다루도록 해야 한다.

⑧ 필요로 하는 새로운 도구, 스킬, 인프라를 규정

마케팅이 진화하면서 사용하는 도구들 또한 변화할 필요가 있고 시간과 보조를 맞추어야 한다. 평가하거나 업그레이드하기 원할 수 있는 몇 가지 일반적 도구들은 다음과 같다.

- 도구: 웹사이트, 인쇄된 마케팅 정보(전단지, 광고지, 브로슈어 등), 마케팅 자동화, 탐색엔진 최적화, 소셜 미디어, 비디오, 이메일, 제안 템플릿(template) 등

⑨ 운영일정과 예산을 문서화

실행가치가 있는 계획은 종이에 기록할 가치가 있다. 진행 상황을 평가할 수 있도록 특정 마감일, 기대된 결과, 각 업무가 얼마나 오랫동안 진행되어야 하는지를 확실히 해야 한다. 그 계획은 마케팅 일정과 마케팅 예산을 포함해야 한다. 마케팅 일정은 계획을 실행하는 데 필요한 모든 활동을 기술하고 마케팅 예산은 각 전술과 관련된 비용을 설명하도록 노력해야 한다. 어떤 경우에 이 비용들은 알려져 있을 것이고 반면에 다른 경우에는 추정할 필요가 있다. 비상시를 위해 계획을 세우는 것이 현명하다. 전체 마케팅 예산의 5-10%는 예측하지 못한 비용과 마케팅 기회를 설명해야 한다.

# 참고문헌

Coviello, N.E., Brodie, R.J. & Munro, H.J. (2000), "An investigation of marketing practice by firm size", Journal of Business Venturing, 15(5/6), 523-545.

Ellis, B. & Mosher, J.S. (1993), "Six Ps for four characteristics", Journal of Professional Services Marketing, 9(1), 129-145.

Heischmidt, K.A. & Hekmat F. (1992), "Professional services: Application of the service-market-cost model of strategy development", Journal of Professional Services Marketing, 8, (1), 67-82.

Hill, C.J. & Fannin, W.R. (1986), "Professional service marketing strategies in the 80s", Journal of Professional Services Marketing, 2(1-2), 11-23.

Hooley, G.J., Saunders, J.A. & Piercy, N. (2004), Marketing Strategy and Competitive Positioning, Prentice Hall Financial Times Harlow.

Kotler, P. & Bloom, P.H. (1984), Marketing Professional Services, Prentice-Hall.

Porter, M. (1980), Competitive Advantage: Creating and Sustaining Superior Performance; and Competitive Strategy: Techniques for Analyzing Industries and Competitors. Free Press.

# 12

## 전문서비스 마케팅 믹스와 기타 이슈

전문서비스 마케팅 믹스와 기타 이슈

 광고와 촉진

### 1.1. 광고에 대한 전문가와 소비자 태도

광고는 전문서비스를 촉진하기 위한 마케팅 커뮤니케이션채널 중 하나이다. 의료시스템의 민영화는 의료서비스를 촉진하기 위한 병원, 의사 및 간호사를 포함한 의료서비스 제공자들의 니즈를 확장시켰다. 회계, 변호사, 의사를 포함한 여러 전문가에 대한 광고의 탈규제와 규제의 추세가 번갈아 가면서 오랫동안 존재해 왔다.

광고에 대한 태도는 전문가와 일반 대중 사이에 상당히 다양하게 전개되었다. 1970년대는 전문가들이 광고를 싫어했고 대부분의 전문가들은 그러한 광고가 전문가들의 공공 이미지를 더럽힐 거라고 생각했다. 예를 들어, 의료 전문가들에 의한 광고는 일반 대중보다 의료 전문가들에게 더 부정적으로 인식되었다. 하지만, 소비자들은 특히 전문서비스가 구전에 심하게 의존하여 선택되는 상황에서 전문가들에 의한 정보 제공을 원했다.

소비자에 의하면 전문가는 매우 우호적인 대중 이미지를 즐기는 것으로 볼 수 있다. 또한, 소비자는 전문가 광고가 서비스에 대한 정보를 제공하는 데 유용한 것으로 고려하고 있다. 예를 들어, 변호사에 의한 광고는 법률직을 더욱 접근가능하고 투명하게 만들기 때문에 소비자들은 유용하다고 믿는다. 그러나 소비자들은 전문가에 의한 광고가 전문서비스의 비용을 증가시킬 것으로 인식하기도 한다. 또한, 저렴한 가격을 호소한 변호사나 의사에 의한 광고는 허위일 수 있고 심지어 변호사에 의한 광고는 분쟁의 해결을 위한 선호수단으로서 무조건적 소송을 권장할 수도 있을 것이다.

## 1.2. 광고와 촉진전략

전문회계 서비스 기업에서 사용되고 있는 일반적 광고 및 촉진전략과 전술은
〈표-12.1〉과 같다.

**표 12.1**  전문회계서비스 기업의 광고전략과 전술

| 전략 | 전술 |
|---|---|
| • 전국 및 대규모 기업<br>  − 기업 이미지 향상에 초점<br>  − 마케팅 전문가 고용<br>  − 교차판매 기회를 인식하기 위한 전문가(예: 회계사) 훈련<br>  − 고객과 장기관계 구축에 초점<br>  − 장기관계를 향상시키는 고객 활용을 위한 제품을 개발하고 제공 | − 대규모 전국 신문, 잡지, 게시판, 라디오, TV 광고/지역 판촉으로 보충<br>− 다양한 산업에 전문저널 출판(전문가에 의해 쓰여진 기사)<br>− 웹사이트<br>− 다른 전문가들과 네트워킹 기회를 제공하는 지역 커뮤니티 참여<br>− 국가, 지역 이벤트와 자선활동의 후원<br>− 비즈니스 전문가를 위한 세미나<br>− 전국규모의 뉴스레터 |
| • 작은 지역기반 기업<br>  − 고객 서비스 계획을 통한 기업 이미지 창출과 고객관계 구축에 초점<br>  − 추천에 대한 신속한 후속 조치<br>  − 부정적 구전에 대한 신속한 대응<br>  − 경쟁우위 구축 방법으로서 고객만족에 초점 | − 우편 혹은 이메일<br>− 신문과 라디오를 포함하여 지역 언론매체를 활용한 광고<br>− 사내 홍보실에서 만들어진 뉴스레터<br>− 지역 커뮤니티 이벤트에 후원 |

자료원: Barr & McNeilly(2003)

대규모 기업은 TV와 라디오 상의 대규모 광고, 전국 신문과 잡지에 참여할 수 있는 더 많은 자본력을 갖는다. 그들은 또한 뉴스레터, 후원된 세미나, 웹사이트, 산업협회 출간물, 현재 고객과 잠재고객을 위한 사회적 친목모임과 같은 지역활동으로 전국단위의 판촉을 보완할 수 있다. 이 기업들은 기업 내 한 개인이 아니라 전체 기업의 이미지를 구축하는 데 더 초점을 두는 경향이 있다. 따라서, 개인의 이미지는 기업의 이미지와 유사하게 보여질 수 있다.

이에 비해, 작은 기업은 자금, 전문성, 시간의 결여로 인해 더 작은 선택을 가질

수밖에 없고 주로 개인의 이미지를 구축하는 데 초점을 둔다. 지역에 기반을 둔 기업은 구전이 새로운 비즈니스의 일차적 원천일지라도 지역 언론매체, 산업 특유의 출판물, 뉴스레터, 웹사이트에 많이 의존할 수 있다. 다른 외부 마케팅 활동은 대중강연, 우편 혹은 이메일, 텔레마케팅, 지역 스폰서십을 포함한다.

이러한 광고 프랙티스를 구체적으로 설명하면 다음과 같다.

### (1) 개인적 접촉을 위한 프랙티스 촉진

#### ① 업무추천과 접촉

과거의 고객과 접촉을 유지하는 것은 적극적으로 추진되어야 한다. 기존 관계를 강화하고 새로운 관계를 구축하기 위해 전화를 사용하는 것은 전문가의 프랙티스(예: 컨설팅 프랙티스)를 촉진하는 최선의 방법 중 하나이다. 전화와 이메일 네트워킹을 위한 가장 효과적 수단은 고객중심적 접근법을 사용하는 것이다. 단순히 어떤 서비스에 대한 어떤 니즈가 있는지를 질문하기 보다는 당신이 고객에게 관심받을 것 같은 어떤 정보를 가지고 있을 때 전화를 해야한다.

#### ② 전문 멤버십

전문 멤버십이 또한 중요하다. 전문 멤버십에 핵심은 참여하는 것이다. 몇몇 협회에 단순히 가입하고 몇 번의 회의에 참여하는 것은 도움이 되지 않을 것이다. 멤버십을 편익적으로 만들기 원하는 전문가는 회의 프로그램을 후원하면서 주요 위원회에 참여해야 한다. 어떤 분야의 최고 전문가는 전문가 사회의 리더인 경향이 있다.

#### ③ 고객중심 편지

이것은 온라인 이메일 캠페인과 다른 개인적인 촉진으로 불린다. 이 편지는 개인적 맞춤형이고 글자로 표현된 커뮤니케이션이며, 특정 잠재고객에게 맞춤형으로 목표화 되어 판매 기회를 증가시킨된다. 이 편지의 목적은 전문가의 도움을 받는 데 일종의 추천역할로 작용하고 관련 편익을 고객에게 설득하는 것이다. 컨설턴트가 자주 사용하는 기술적 용어가 아니라 고객에게 친숙한 스타일로 작성되어야 한다.

#### ④ 대중강연과 세미나

대중강연은 전문가들에게 추가 소득일 뿐만 아니라 개인적 판촉의 효과적인 수단일 수 있다. 우선은 좋은 강연경험을 쌓기 위해 작고 강연비가 없는 참여에서 시작한 후 대형의 유료청중에게 다가갈 수 있다. 이 청중들은 커뮤니티 회의, 전문협회 회의, 산업 워크샵, 세미나 등을 포함할 수 있다. 많은 전문가들(특히, 부동산컨설턴트)은 책의 판매, 팜플릿, 온라인 강연자료를 포함하여 세미나 비즈니스가 그들의 일상적 컨설팅보다 수익이 더 좋은 것을 발견하기도 한다.

### (2) 비개인적 촉진을 통한 마케팅 활용

비개인적 판촉이라는 대량 마케팅 노력을 사용함으로서 전문가는 잠재고객에 대한 접근 수를 기하급수적으로 증가시킬 수 있다.

#### ① 대안적 이익센터

특히, 컨설턴트 비즈니스의 특징은 활동 폭이 크다는 것이다. 따라서 소득원을 다양화시켜 안정적 수익을 창출할 필요가 있는데 이를 위해 세미나, 잡지 기고, 책, 뉴스레터 등을 사용할 수 있다.

#### ② 출판과 방송출연

책과 기사를 출판하거나 방송에 출연하는 것은 대중성을 얻는 뛰어난 수단일 수 있다. 이것의 편익은 평판 구축, 신뢰 구축, 우호적 인상 창출, 프로젝트로 이어질 수 있는 질문 유도 등이 있다.

#### ③ 브로슈어

간접적 판촉의 최고 형태로서 전문가로서 자신의 자격, 서비스품질, 사무실 위치, 과거 고객, 서비스 범위, 평판, 경험, 사업이력 등을 브로슈어에 포함해서 고객에게 전달할 수 있다. 광고의 기본 규칙에 따르면 처음 두 단계는 관심을 얻고 흥미를 자극하는 것이다. 이 둘을 얻는 가장 효과적 수단은 독자의 자기이익에 대해 직접적인 호소를 통해 시작하는 것이다. 브로슈어의 내용은 '전문가', '선도적인', '뛰어난 능력'과 같은 진부한 형용사와 부사의 사용을 최소화하고 명사와 동사를 많이 사용해야 한다. 브로슈어는 약속할 수 있는 고객에 대한 편익에 초점을 두어야 하고 우호적인 결과를 전달할거라는 신뢰할 수 있는 증거를 제공해야 한다.

#### ④ 기타 광고형태

기존의 신문, 잡지, 라디오, TV 등은 잘 알려진 광고 형태이다. 이들은 비용과 고객노출 수를 고려하여 적용해야 한다.

⑤ 기타 촉진 형태

명함, 광고 무역박람회, 광고판촉물 등이 있다. 광고판촉물로는 달력, 메모장, 필기도구, 컵 등이 사용된다.

## 1.3. 광고 메시지 내용

### (1) 정보 신호

광고의 상황에서 서비스품질 차원의 성과를 평가하기 위해서는 Parasuraman et al.(1988)의 SERVQUAL 차원을 도입하는 것이 필요하다. 그것은 신뢰성, 대응성, 보장성, 감정이입, 유형성의 다섯 가지 차원이다. 나아가, 광고 카피(copy)에 이러한 차원을 포함하는 것은 그 전문서비스에 대한 리스크 인식을 줄이는 데 기여할 수 있다. 또한, 광고 내용 중에서 시각화와 문구 중에서 어떤 것이 그 기업의 인식된 전문성에 영향을 미치는지를 알 필요가 있다.

### (2) 서비스품질과 리스크

서비스품질의 다섯가지 차원은 다음과 같다. 소비자들은 이 차원에 대한 자신들의 인식에 기초하여 인식된 서비스품질 수준을 평가한다.
- 신뢰성: 성과표준
- 대응성: 직원이 적시에 지원하려는 의지와 그들의 지식
- 보장성: 서비스 제공자의 전문성
- 감정이입: 민감성
- 유형성: 시설의 물리적 요소

잠재고객들은 서비스에 대한 경험을 하기 전에 서비스 광고에 의해 큰 영향을 받을 수 있다. 제품 광고보다는 서비스 광고에서 더 많은 품질에 대한 신호가 발견될 수 있다. 서비스 광고의 정보 컨텐츠는 가격, 보장/보증, 수월성과 이용가능성의 증거를 포함할 수 있다. 또한, 서비스 광고는 소비자가 기대할 수 있는 것과 리스크를 줄이는 신호를 나타내는 서비스품질 신호를 전송해야 한다.

서비스는 재화보다 더 위험한 것으로 인식된다. 따라서, 전문서비스를 구매하

도록 고객을 설득하는 데 서비스 기업의 한 목표는 인식된 리스크 수준을 줄이는 것이어야 한다. 인식된 리스크는 불확실성과 결과라는 두 차원으로 개념화된다. 리스크의 유형(사회적, 재무적, 물리적, 시간적, 성과)과 상관없이 인식된 리스크 수준은 위험 그자체의 크기와 결과가 (비)우호적인지라는 불확실성에 대한 소비자 인식의 함수이다.

이론적으로, 광고에서 서비스품질 신호가 그 서비스가 높은 수준으로 수행될거라는 것을 보여준다면 그 서비스를 애용할 때 발생하는 리스크는 줄어야 한다. 즉, 만약 소비자들이 서비스 기업이 신뢰할만하고 그들의 특정 요구에 대해 대응하며, 그 품질을 재보장하고 개인으로서 감정이입을 잘 한다고 느끼면 빈번한 사용의 리스크가 줄어들어야 한다.

### (3) 서비스 제공자의 전문성
전문서비스 광고의 목표는 전문서비스 제공자가 서비스를 수행하는 데 충분히 숙련성을 갖고 있다는 것을 잠재고객에게 전송하는 메시지를 창출해야 한다는 것이다. 따라서, 앞서의 서비스품질 신호는 인식된 전문성 수준에 직접적인 영향을 미쳐야 하고 더 높은 수준의 인식된 전문성은 인식된 리스크를 줄여야 한다.

## 2 가격

서비스 기업이 재무전략의 일부분으로서 올바른 가격책정 모형을 선택하는 것이 중요하다. 모든 가격책정 모델은 자신의 특징과 운영이익에 영향을 미치는 다른 방식을 갖고 있다. 각 모델이 서비스 기업에 제공할 수 있는 것을 아는 것이 장기적 성장과 수익성을 위한 지속가능하고 경쟁적인 재무전략을 창출하는 데 핵심이 된다.

### 2.1. 서비스산업의 가격정책

일반적으로 서비스 기업에서 적용되는 가격정책은 〈표 12.1〉과 같다. 어떤 가격정책은 특정 산업에만 적용될 수 있는 반면에 어떤 가격정책은 한 형태 혹은 다른 형태로 모든 서비스 제공자들에 의해 사용된다.

**표 12.2** 서비스 산업의 가격정책

| 가격 유형 | 설명 |
|---|---|
| 정가<br>(list) | 기업이 목표로 하는 다른 시장 세그먼트에 따라 차별화하지 않고 한 가격을 설정 |
| 차별화<br>(differentiated) | 구매시간, 구매장소, 서비스의 소비, 소비자의 개인적 특징과 같은 여러 기준의 기반에서 다른 고객들에게 다른 가격을 제공 |
| 지역<br>(geographical) | 다른 지리적 위치에 입지한 고객에게 다른 가격을 제공 |
| 협상<br>(negotiated) | 기업과 고객 사이의 개별 협의 하에 가격 결정 |
| 수량할인<br>(quantity discounts) | 대량으로 구매하는 고객들에게 할인 |
| 현금할인<br>(cash discounts) | 사전에 결정된 시기 내에 총 금액을 지불하는 고객들에게 할인 |
| 거래할인<br>(trader discounts) | 제품 혹은 서비스를 판촉하고 지원하기 위해 대리점과 유통업체들에게 할인 |
| 유인<br>(loss-leader) | 더욱 수익적이고 더 높은 가격의 다른 서비스를 제공받는 고객들을 유인하기 위해 낮은 가격(심지어 비용 아래에서)에서 제공되는 서비스 |
| 이미지<br>(image) | 고급 이미지를 전달하기 위해 높은 가격을 설정 |
| 순수 결합판매<br>(pure bundling) | 독립적으로 구매될 수 없는 두 서비스들 감소된 가격에서 제공되는 가격 꾸러미의 한 유형 |
| 혼합 결합판매<br>(mixed bundling) | 독립적으로 구매될 수 있는 두 서비스들 감소된 가격에서 제공되는 가격 꾸러미의 한 유형 |
| 관계<br>(relationship) | 고객과 장기관계를 개발하고, 그들의 니즈를 이해하고, 이 니즈에 따라 가격을 책정하는 것을 지향하는 고객지향적인 접근법 |

| 가격 유형 | 설명 |
|---|---|
| 수율관리<br>(yield<br>management) | 다른 시장 세그먼트의 요구를 모니터링함으로서 기업의 기존 용량을 관리하며 그들이 지불할 의지가 있는 세그먼트에 최대 가격을 부과하는 것 |
| 효율성<br>(efficiency) | 가격에 민감한 고객들에게 계속 낮은 가격의 결정을 허용하는 최소 수준(예: 정교한 기술의 적용을 통해)까지 기업의 비용을 낮추는 노력 |

자료원: Avlonitis & Indounas(2007)


## 2.2. 전문서비스에서 가격책정

### (1) 전문서비스 가격책정 방법들
전문서비스의 가격을 정량적으로 결정하는 몇 가지 사례들은 다음과 같다.

① 엔지니어링 서비스에서 적용되는 가격책정 전략
- 시간기반(time-based) 수수료
- 상환비용(reimbursable expense) 수수료
- 정액(fixed sum) 수수료
- 가치기반(value-based) 수수료
- 비용지향적(cost-oriented) 수수료
- 경쟁지향적(competitive-oriented) 수수료

② 시간에 따라 반복적으로 사용되는 경제학적인 네 가지 모델
- 비용기반 가격책정: 가격이 생산비용과 이익마진을 포함하도록 설정
- 수요기반 가격책정: 수요가 높을수록 가격이 높아진다는 경제원칙에 기반하여 설정
- 경쟁기반 가격책정: 가격책정이 서비스의 제품에 대해 산업의 현행가격에 따라 이루어짐
- 가치에 따른 최적가격책정: 고객니즈, 시장 세그먼트 등과 같은 몇 가지 요인들이 가격설정에 고려됨

③ 기타

- 고정비율 커미션(fixed-commission)
- 고정 수수료(flat-fee)
- 경매제(consignment system)

### (2) 전문서비스 가격책정의 특징

전문서비스 제공자에게 수수료는 제공한 서비스의 결과를 나타내고 고객에게 그것은 전달받은 서비스의 가치를 나타낸다. 이 경우에 그 수수료는 두 당사자에게 공평하고 합리적인 것이어야 한다. 그러나 서비스는 무형성, 프로세스 중심, 동시성 등과 같은 독특한 특징으로 인해 물리적 제품과 다르다. 재화의 경우에 얻을 수 있는 물리적으로 계량할 수 있는 개체가 존재하지만 서비스에서는 인적 요소가 지배적인 투입물이 된다. 또한, 투입물을 계량화하는 것이 불가능하기 때문에 수수료의 관점에서 공평이라는 것은 늘 서비스 거래에 참여한 당사자들이 불만을 갖는 이슈이다. 또한, 서비스와 같은 무형의 제품에서 상호 간에 만족하는 공평한 수수료 구조를 얻기 위해 서비스 제공자와 고객 모두를 포함하는 가격책정 전략이 필요해 진다.

가격책정에서 공평은 과도한 혹은 과소한 가격책정의 잘못된 현상을 피하는 것이다. 여기서 과소가격은 가격이 시장가치 아래에서 설정되는 것인 반면에 과대가격은 가격이 합리적인 구매자가 지불하기 원하는 것의 윗부분에 있을 때를 의미한다. 이때, 과소가격책정은 서비스품질에 부정적 영향을 미치는 경향이 있고 연구, 혁신, 품질향상을 추구하는 서비스 제공자의 능력을 제한한다.

지금까지의 연구와 논의에 의하면 소비자들은 재화의 가격책정과 비교하여 서비스의 가격책정이 훨씬 덜 공평하다고 생각한다고 한다. 그 이유는 재화를 만드는 데 사용된 투입물(예: 자본, 설비, 노동 등)의 계량화가 용이하지만 서비스는 상대적으로 더 어렵기 때문이다. 따라서, 투입물만 이용해서 가격을 책정하는 것은 전문서비스 부문에서 오히려 가격 공평성을 저해할 수도 있게 된다. 가격 공평성에 관련된 중요한 변수는 가격부담 가능성, 가격책정 목적, 가격책정 전략, 세금, 국제거래 등이 있다.

게다가, 서비스 가격책정은 재화와 같이 서비스품질과 관련이 있다. 가격과 서비스품질 사이의 관계에 대한 고객의 인식은 제공된 서비스 유형에 의존한다. 즉, 고객의 인식은 여러 서비스 유형에 따라 다양하게 나타난다. 따라서 조직적 및 환경적 특징이 다양한 서비스 상황에서 전문서비스의 다른 가격정책으로 이어지는 것은 당연하다.

### (3) 최고의 가격책정 모형

전문서비스 산업에서 가장 폭넓게 사용된 가격책정 모형은 다음과 같다. 그것은 보통 1인당, 업무 유형당으로서 가격이 결정된다.

#### ① 시간과 재료(time and materials) 모형

이 모형은 노동(시간)의 비용과 다른 비용(재료)을 계산하고 간접비와 이익을 포함하기 위한 가격인상을 추가하는 것을 포함한다. 이 인상된(marked-up) 요율은 흔히 '시간당 대금청구율'로서 언급되고 누가 일하는지에 따라 다양할 수 있다. 시니어전문가일수록 더 강한 브랜드를 갖기 때문에 더 높은 요율을 요구할 것이다. 이 모형에서 서비스 혹은 제품은 정기적으로 고객에게 부과된 단일의 협정가격으로 판매된다. 따라서, 서비스 기업은 고객과 가격을 협상하고 그 대금은 결정된 대금청구 주기별로 정기적으로 부과된다.

이것은 모든 가격책정 모형 중에서 가장 일반적이고 단순한 것으로 고려된다. 결국, 이 모형에서 프로젝트 비용은 사전에 정해진 시간당 요금과 함께 소비한 시간에 기초한다. 본원적인 단순성으로 인해 특히 컨설팅 부문과 같은 많은 전문서비스가 이 모형을 사용한다. 시간과 재료 모형이 고정가격에 비해 덜 위험하기 때문이다. 게다가, 서비스 공급자는 비용지불이 이루어지기 전에 계획과 전략을 만들 필요없이 고객요구사항의 변경에 더욱 쉽게 적응할 수 있다. 종합하면, 시간과 재료모형은 기업이 그들의 수익을 계속 예측할 수 있게 만든다. 동시에, 고객은 그들의 재무적 의무에 대해 더 작은 불확실성을 경험한다.

#### ② 시장가격책정(market pricing) 모형

이 모형은 경쟁하는 다른 서비스 제공자들이 이 서비스에 대해 일반적으로 지불하는 가격을 반영하여 요율을 결정하는 방법으로 서비스의 가격을 책정한다. 이 가격책정 모형은 그 서비스와 편익이 경쟁자들과 비교가능(예: 차별화되지 않는 경우)하다는 것을 전제한다. 기업은 가격책정 우위를 얻기 위해 시장의 가장 낮은 가격(최저 가격책정) 혹은 브랜드 혹은 평판의 가치를 잡기 위해 시장의 가장 높은 가격(프리미엄 가격책정) 중 하나를 선택할 수 있다.

### ③ 고정가격반복(fixed price recurring) 모형

어떤 규정된 목표집단에 고정된 가격을 제공하는 전략으로서 패키지가격책정 (package pricing) 모형이라고도 불린다. 고정가격반복 대금청구는 다양한 서비스 산업에서 사용된 대중적 가격책정 모형이다. 이 모형하에서 기업은 각 대금청구 주기의 초에 사전에 결정된 고정가격으로 각 서비스 혹은 제품을 판매할 것이다. 이 전략은 뒤에 설명할 가치가격책정과 함께 사용되거나 아니면 홀로 사용될 수 있다. 고객에게 소비된 시간에 기초하여 대금이 청구되지 않기 때문에 그들은 패키지의 전체 가치에 초점을 둔다. 이것은 가치가격책정을 실행하는 것을 더 쉽게 만든다.

이 모형은 기업과 고객에게 다음의 장점과 단점을 발생시킨다. 고정가격은 기업이 매월 기대수익을 재빨리 계산하고 투자전략을 수립하는 것을 가능하게 한다. 고객은 또한 그들이 전체적으로 어떤 서비스에 접근하는 데 많은 수수료를 한꺼번에 지불하는 대신에 특정 서비스제공품에 접근하는 데 대금청구 주기당 더 낮은 금액을 지불할 필요가 있기 때문에 이 모형을 선호한다. 그러나 기업은 고정가격이 그들을 더욱 가격경쟁에 빠지기 쉽게 만든다는 것을 인식할 필요가 있다. 또한, 서비스 기업에게 복잡한 자원배분의 이슈가 존재한다. 여러 고객들이 각기 다른 서비스 이용단계(이를 가입 사이클이라고도 함)에 있기 때문에 전문서비스 기업은 장기적으로 모든 서비스 가입자들에게 서비스의 이용가능성을 보장하기 위해 많은 자원을 보유하고 계획할 필요가 있을 것이다.

### ④ 의뢰비용가격책정(retainer pricing) 모형

의뢰비용 혹은 착수금가격책정 모형도 대중적인 모형이다. 이것은 서비스 산업에서 정기적으로 비용을 지불받을 수 있도록 만든다. 이 모형에서 고객은 서비스 제공자로부터 특정 시간 혹은 특정 양의 업무를 구매한다. 그 요금은 시간기간 혹은 고정된 업무량에 대해 사전에 설정되고 사전에 청구된다. 가령, IT 컨설팅의 고객은 매달 고정된 가격으로 수백시간의 개발 업무를 구매할 수 있다.

전형적으로 두 가지 의뢰비용가격책정 모형이 존재한다.

- 롤링(rolling) 유형: 롤링 의뢰비용은 고객이 다음 대금청구 주기까지 사용하지 않은 시간을 계속 갖고 가는 것을 허용한다.
- 제한(limited) 유형: 제한 유형에서 미사용된 시간은 잃게 되고 다음 사이클에서 잔액이 0으로 재설정될 것이다. 제한 유형은 흔히 컨설팅서비스와 같은 전문서비스 기업에게 더 나은 선택이 될 수 있다.

의뢰비용 가격책정 모형은 실제로 업무가 얼마나 길었는지에 상관없이 모든 대금청구 주기에서 고정된 비용을 얻는 것을 가능하게 만든다. 그러나 전문가가 너무 많은 시간을 부주의하게 소비하지 않는다는 것을 보장하기 위해 수행된 업무에 대해 모든 시간을 추적하는 것이 필수이다.

⑤ 계층적 수량기반가격책정(tiered quantity-based pricing) 모형

계층적 가격책정은 판매자가 제품 혹은 서비스의 가격을 다양한 목표시장과 일치시키기 위해 부문으로 구획화하는 방법이다. 각 부문 사이에 제공품을 최적화하고 변화시키면서 다른 요율과 가격을 제공하기 때문에 더 폭넓고 다양한 고객기반에 이 가격을 호소할 수 있다.

이 가격책정 모형하에 고객은 사전에 결정된 특정 수량에 어떤 추가물(혹은 사항)이 존재할 경우에 그 대한 추가요금을 부담할 것이다. 이 모형은 웹개발 기업과 같이 핵심 차별화 요인이 수량인 서비스 기업에게 이상적이다. 이 모형에서 서비스 기업은 서비스 혹은 제품의 다른 수량을 갖는 두 개 이상의 계층을 사용할 것이다. 일반적으로는 세 가지 계층이 구매 전환의 증가로 이어지면서 더 나은 기준점 프레임을 제공하기 때문에 선호된다.

이 모형의 가장 큰 장점은 매우 투명하다는 것이다. 고객은 이미 자신의 계층 선택에 기초하여 서비스 기업으로부터 기대할 수 있는 것을 알고 있다. 또한, 서비스 기업은 비즈니스를 효율적으로 규모화하면서 소요 비용을 예측할 수 있게 된다.

⑥ 가치기반 가격책정 모형

가치기반 가격책정은 고객에게 전달된 가치에 기반하여 제품 혹은 서비스의 가격책정을 하는 방법이다. 가치기반 가격책정은 흔히 전문서비스 기업이 단순 공급자를 넘어서 고객에게 진정한 파트너가 되도록 만들기 때문에 뛰어난 선택이다. 이것은 전문서비스 기업에게 이익의 증가를 위한 많은 기회를 제공한다.

이 모형의 성공을 위해 전문서비스 기업의 서비스 혹은 제품이 경쟁자들과 의미있는 차이를 갖고 고객이 그 차이를 인식하고 평가할 수 있다는 것을 보장할 필요가 있다. 성공적으로 실행되면 다음의 중요한 편익을 제공한다.

● 이 모형하에서 기업과 고객은 동일한 것(서비스가 비즈니스에 미치는 진정한 영향)에 초점을 둔다. 전통적인 시간당대금청구 모형에서 전문서비스 기업은 서비스를 제공하는 비용에 초점을 둔다. 그것이 얼마나 오래 걸릴까? 누가 그 업

무를 할까? 그에 비해 고객은 그 서비스의 가치에 초점을 둔다. 그것이 비용만큼 가치가 있는가? 그것이 내 문제를 해결할 것인가? 그러나 이 모형에서 고객과 제공자는 이 차이를 줄이고 인식된 가치에 초점을 둔다. 이 둘의 관심은 더 잘 일치되고 성과와 커뮤니케이션이 향상된다.

- 이 모형은 당신이 당신의 통찰과 전문성의 가치를 더 잘 이해하도록 만든다. 시간기반대금청구의 잔인한 아이러니 중 하나는 그것이 빠르고 효율적인 전문가에게 벌을 준다는 것이다. 전문가가 업무에 더 숙련될수록 그가 업무를 하는 데 걸리는 시간은 줄어들고 이것은 관리적 및 운영적 부담을 추가할 수 있다.

- 고객이 좋아하는 가격에 대한 예측가능성이 존재한다. 아무도 깜짝요금을 좋아하지 않는다. 기대하지 않은 요금부과가 존재하지 않으며, 그 범위와 가격은 업무가 시작되기 전에 사전에 협약이 이루어진다. 심리적 관점에서 이 계획은 고객이 비용증가를 두려워하여 중요한 질문 혹은 논의를 회피할 염려를 하지 않아도 된다.

- 전문서비스 기업이 기술을 활용하고 프로세스를 최적화하도록 권장한다. 만약 향후 수익이 줄어든다면 왜 당신은 시간절약 기술 혹은 체계적 프로세스 향상에 투자하는가? 가치기반 접근법은 이에 대한 고민을 줄인다. 특히 최종 결과물에 더 많은 가치를 추가하는 것들에 더 나은 기술과 더 최적화된 프로세스를 적용하도록 유인한다.

- 일반적인 대금청구 질문과 분쟁을 줄인다. 전문서비스 기업의 요금부과가 정확하고 잘 문서화되었다고 해서 이것이 고객을 괴롭히지 않는다는 것은 아니다. 단지 문서를 복사하는 시간으로 인해 요금을 부과한다는 것은 오히려 고객을 분노하게 만든다. 그 고객은 시간당 요금 혹은 시간과 업무를 세부적으로 보지 못하고 또 보려고도 하지 않기 때문이다.

한편, 가치기반 가격책정의 효과적 실행을 위해 극복해야 할 과제도 존재한다.
- 핵심 관리프로세스의 변화를 필요로 한다. 때때로 기업의 관리프로세스는 가치가격책정에 장애를 제공할 수 있다. 만약 당신의 대금청구시스템이 추적된 시간에 기초하여 청구서를 자동으로 보낸다면 이 프로세스를 조정하는 데 내부적인 저항이 존재할 수 있다. 유사하게, 전문서비스 기업이 청구가능한 시

간에 기초하여 직원 혹은 지분파트너에게 보상한다면 가치기반 대금청구는 성과를 정반대로 산출할 수 있다. 이 저항에 대응하기 위해 가치기반 가격책정 전략의 편익으로 인해 영향받는 사람들을 교육시킬 필요가 있다.

- 많은 전문가는 서비스의 가치를 계산하는 방법을 확신하지 못한다. 임원과 전문가가 가치기반 가격책정에 경험을 갖고 있지 않다면 그것은 독단적이고 완전히 위험한 것으로 보일 수 있다. 따라서, 가격책정을 구축하기 위해 따르는 체계적 프로세스를 갖는 것이 중요하다.
- 전체 비즈니스 개발 접근법을 다시 생각하는 것이 필요하다. '전문가가 정말로 고객의 문제를 해결하는가?', '이 문제를 해결하는 가치는 무엇인가?', '전문가의 접근법이 경쟁자가 하는 것 이상으로 가치를 추가하는가?', '전문가가 그 가치를 어떻게 입증하는가?', '잠재적 고객은 전문가가 약속한 대로 전달할 수 있을지를 믿는가?' 이 각 질문은 서비스의 가격에 중요한 영향을 미칠 수 있다. 많은 전문가는 비즈니스 개발의 프로세스와 성공을 위해 필요한 스킬을 개발하는 기회에 대해 다시 생각할 필요가 있을 것이다.
- 어떤 잠재고객은 가치 가격책정을 수용하지 않을 것이다. 모든 잠재고객이 가치가격책정의 편익을 인정하지 않을 것이다. 혹은 그들이 그것을 인정할지라도 그들은 행동할 위치에 있지 않을 수도 있다.


## 2.3. 미국의 변호사 관련 비용

변호사의 비용과 관련하여 일반적으로 우리나라는 착수금과 성공보수가 있지만 미국은 세 가지 변호사 비용이 있다.

### (1) 시간제 대금청구(hourly billing)

가장 일반적인 변호사 비용 계산방식으로 변호사가 수임건과 관련해 실제로 일한 시간을 계산하는 방식이다. 일한 시간에는 고객과 미팅, 재판 참석, 상대변호사와 통화, 서류검토 및 준비, 이메일 답변, 케이스와 관련된 출장 등 수임 건과 관련된 모든 시간을 포함하고, 일반적으로 시간(예: 30분) 단위로 계산한다. 예를 들어 변호사 비용은 (시간당 청구율×청구가능시간)으로 이루어진다. 일반적으로 수임을 맡기면 일부를 초기 수임료의 보증금 형태로 선금을 내고 부과된 청구금액이 이를 넘어가면 정기적으로(예: 월별) 청구하는 방식이 이루어진다.

시간당 청구율(billing rate)은 변호사의 명성, 경험, 경력, 사무실 규모와 위치, 업무분야에 따라 차이날 수 있다. 또한, 수요에 비해 변호사들이 많은 지역에 위치한 경우에는 비용이 상대적으로 낮을 수 있고. 장기간 수임을 맡긴 고객이나 앞으로 계속 수임할 가능성이 있는 고객인 경우는 할인이 가능하기도 하다.

### (2) 정액요금(flat fee)

변호사 비용이 예상하기 쉬운 경우(예: 유산상속과 법인설립과 같은 표준화된 계약서 작성을 요구)에 사용하는 방식으로 수임건당 정해진 변호사 비용을 부과하는 방식이다. 고객은 전체 수임액을 수임 시작시 지불하거나 일부를 수임 시작시 내고 업무의 종료시 나머지를 지불하는 방식을 선택할 수 있다.

### (3) 성공보수(contingency fee)

주로 교통사고나 상해사건에서 적용되는 방식으로 승소할 경우 승소액의 일정 %를 정해 변호사 비용으로 받는 방식이다. 미국에서는 실제로 교통사고나 상해사건 이외에 다른 분야에서 적용하는 경우는 극히 드물다고 한다.

물론 위의 방식을 혼합한 방식도 존재한다.

## 2.4. 전문서비스 가격책정을 위한 의사결정 프로세스

가격책정을 수행하기 위해서는 우선 가격을 설정하는 일차적 목적을 결정하고 가격책정 의사결정에 포함되는 요인들을 고려한 후 최종 가격 의사결정을 한다.

### (1) 목적

전문서비스의 가격책정 목적은 고객이 좋은 가치를 인식하도록 만드는 것과 기업에게 많은 이익을 제공하는 것의 두 가지이다.

## (2) 영향요인

목적이 명백해지면 가격책정 의사결정에 정보를 제공하기 위한 다음의 데이터를 수집할 필요가 있다.

- 비용: 이익을 결정하기 위해 프로젝트나 케이스를 판매하고 전달하는 비용을 이해해야 한다.
- 고객가치: 고객의 프로젝트나 케이스의 중요성에 대한 인식은 가격책정 의사결정에 상당한 영향을 미친다. 고객가치를 이해하기 위한 방법으로서 Almquist et al.(2018)의 가치의 B2B 모델을 참고하기 바란다.
- 경쟁: 가격책정은 제공하고자 하는 전문서비스의 경쟁수준에 따라 매우 다를 것이다.
- 관계: 고객이 일회성 거래적 구매자(임시 관계)인지 혹은 장기 파트너 관계인지에 따라 가격책정은 명백히 다를 것이다.

## (3) 세 가지 의사결정

- 어떤 가격구조를 제공해야 하는가? 법률과 회계에서 시간기반 요금, 고정 수수료, 가치가격책정과 상담료 등과 더불어 엔지니어링과 컨설팅기업에서 변동조항을 갖는 프로젝트 수수료가 일반적이다. 하나의 완벽한 가격책정 구조는 없다. 선택된 구조는 고객의 선호, 상대적 협상력, 리스크의 본질과 수준, 관계의 깊이, 범위와 편익의 확실성, 가치 공동창출 수준의 함수이다.
- 어떤 가격수준을 설정해야 하는가? 가격수준은 당신이 선택한 구조 내에서 부과되는 금액이다. 시간당 요금 혹은 고정 요금 수준에서 어느 정도 동일한 금액 수준을 사전에 결정하여 참조로서 활용할 수 있다.
- 우리의 제안을 던지는 최선의 방법은? 이것은 가치를 소통하는 전략과 전술을 포함한다. 여기에는 가격책정 옵션, 가격과 가치에 대한 대화 및 협상 등이 포함된다.

# 3 전문서비스 사무실의 입지

전문서비스 사무실의 입지는 전통적으로 마케팅에서 적용하던 소비자의 점포 선택행동에 영향을 미치는 요인들에 기초할 수 있다.

## 3.1. 물리적 점포의 선택 영향요인

전문서비스의 입지를 설명하는 모형과 가장 유사한 연구는 점포선택 기준을 제시한 Kelly & Stephenson(1967)의 연구가 있다. 그들의 연구에서는 점포선택기준으로서 〈표 12.2〉와 같은 여덟 가지의 개 차원을 제안하였다.

**표 12.3** 물리적 점포의 선택에 영향을 미치는 요인

| 점포선택기준 | 구체적 내용 |
|---|---|
| 전반적인 점포 특성 | 지역사회에서의 명성, 상점 수 |
| 점포의 물리적 특성 | 실내 장식, 청결성, 분위기 |
| 편리성 | 접근 소요시간, 주차시설 |
| 제공품 | 품질, 다양성, 신뢰성 |
| 가격 | 가치, 적절성 |
| 판매원 | 정중함, 친절성, 대응성 |
| 촉진활동 | 정보제공능력, 신뢰성, 판촉활동, 소구력, 광고 |
| 점포에 대한 친구들의 인식 | 친구들에게 알려진 정도, 친구들이 좋아하는 정도, 친구들에게 추천할 정도 |

자료원: kelly & Stephenson(1967)

## 3.2. 전문서비스 기업의 입지 선택 모형

전문서비스의 입지와 관련하여 김종신(1999)의 전문서비스 기업의 점포선택 모형 연구가 있다. 그 연구에서 국내 전문서비스 제공자들에 대한 조사 결과 다음의 6개의 선택 요인이 결정되었다.
- 인간성: 적극성, 친절성, 책임성, 정직성, 정중함, 협조성
- 실력수준: 경험, 능력, 명성, 전문성, 정확성, 신뢰성, 기술
- 시설수준: 신속성, 최신시설
- 촉진활동: 판매촉진, 광고, 가격
- 청결성: 위생정도, 실내 장식, 분위기
- 편리성: 위치, 주차시설, 편의시설

# 4 고객관리 전략

## 4.1. 고객창출

### (1) 창출 원천
전문서비스에서 신규고객은 직·간접적인 접촉과 아이디어 혹은 정보의 상호교환인 네트워킹에 의해 만들어진다. 이 교환은 추천 네트워크, 커뮤니티 참여, 전문조직에 적극적 멤버십, 사회적 이벤트 주최로부터 나올 수 있으며, 추천 네트워킹은 새로운 비즈니스의 가장 좋은 원천 중 하나로 언급된다. 이 원천들은 기존의 만족된 고객, 관련 서비스를 접해 만족한 고객들(예: 회계서비스일 경우에 은행원, 변호사들), 이전의 전문직원에 의한 추천으로 이루어진다.

### (2) 고객추천
변호사, 은행원, 투자전문가들을 포함하는 여러 전문가들로부터 고객추천을 적극적으로 추구하는 전문서비스 기업은 그리 많지 않다. 그 이유는 그 추천행동이 자신의 전문가 윤리라는 행동강령에 위배된다고 느끼기 때문이다. 대신에 전문서비스 기업은 외부 커뮤니케이션 네트워크와 현재고객의 추천에 주로 의존한다.

### (2) 창출 방법

신규고객을 유인하기 위해 전문가는 기사 작성을 위한 자문, 콜드콜(cold call: 미지의 잠재고객에게 투자 혹은 상품구입을 권유하기 위한 전화접촉 또는 방문, 영업사원의 사전접촉 없는 방문 혹은 연락), 세미나 혹은 컨퍼런스 주최, 직접 메일, 언론 및 방송에 인용 및 출연, 취미생활(골프, 여행, 아이스하키 등) 네트워크 등이 있다.

신규고객은 전문가가 보지 못할 뿐 모든 주위에 있다. 그 프로세스는 목표고객을 규명, 잠재고객을 개발, 잠재고객의 자격 부여, 창출된 잠재고객과 후속작업을 포함한다. 다른 전문가들과 네트워킹과 기존 고객으로부터 추천이 잠재고객의 결정에 핵심이다. 다른 일반적으로 언급된 원천들은 문화/자선/시민 이벤트에 참여, 관련 컨퍼런스 혹은 세미나, 텔레마케팅, 온오프라인 광고 등이 있다. 또한 좋은 경험을 갖고 있던 전직 직원이 다른 기업 혹은 산업으로 가게 되면 그들은 그 기업의 경영층에게 그 전문서비스 기업을 추천하게 될 것이다. 예를 들어, 세무사가 고객 및 친구와 스포츠 활동에 참여하여 나눈 대화가 세금절감과 기존 전문가에 대한 불신으로 전환될 수 있고 그 후 정보 제공이 이루어진 후 점심식사 자리를 갖게 되어 세무서비스에 대한 추가 논의가 이루어질 수 있다.


## 4.2. 고객 손실

고객손실이 발생하는 이유를 통해서 현재고객을 잃지 않으려는 노력을 경주할 필요가 있다.


### (1) 통제가능 이유

전문서비스 기업을 바꾸는 고객의 일차적인 이유는 자문의 지연, 전문가의 관심의 결여, 문제에 대한 커뮤니케이션의 결여, 피드백이 없는 요청, 전문적 지식의 결여(대부분의 고객은 자신의 지식을 전문가와 동일한 수준으로 인식), 높은 수수료 등이 나타날 수 있다. 심지어 불만족스러운 전문가 태도, 이전의 서비스 경험, 전문가의 적극적 대화 의지 부족 등도 중요한 이유가 될 수 있다.


### (2) 통제불가능 이유

고객을 잃는 것에 대한 전문서비스 기업의 관심의 결여라기 보다는 통제권 밖에 있는 이유들이 있다. 이것으로는 인수합병으로 인한 고객 손실, 수수료의 불일치, 경영의 변화, 고객이 서비스하는 능력보다 더 성장하는 상황 등이 해당한다.

## 4.3. 고객 보유

### (1) 기존고객 보유

고객만족이 고객보유의 핵심 결정요인이라는 것은 고전적인 지혜이다. 전문서비스 기업 중 특히 작은 기업일수록 고객서비스 계획과 고객만족 리뷰를 통해서 그들이 사업하는 방식을 변화시키는 것이 필요하다. 그 계획은 시기, 인력, 비용의 세부사항을 통해 고객에게 가장 가치있는 서비스를 제공하는 것을 포함할 것이다. 프로세스의 마지막에 고객만족 리뷰가 지속적으로 고객관계를 향상시키기 위해 사용된다.

고객보유를 위한 다른 조언은 고객과 서비스 제공자 사이의 인적 상호작용에 기인한 서비스 실패가 존재할 경우에 이에 대한 적극적인 회복 노력이 필요하다는 것이다. 여기서 전문가는 왜 고객이 자신의 전문서비스를 떠나는지에 초점을 두기 보다는 고객을 보유하는 방법들을 바라봐야 한다. 이를 위해, 고객만족의 모니터링을 지원하는 것도 필요하다. 즉, 불만족한 고객이 기업의 평판에 손해를 끼치고 추천을 좌절시킬 수 있기 때문에 주기적으로 고객을 대상으로 이를 조사해야 한다. 고객은 불만족된다고 해서 항상 기업에게 불평하지는 않는다. 불평을 표현하기 보다는 무언의 침묵하에 다른 브랜드로 전환할 가능성이 높다. 따라서, 고객에게 전문서비스 기업이 이렇게 하고 있는지를 질문하는 것이 중요하게 된다. 고객 피드백을 얻는 많은 방법론이 존재한다. 그것은 서비스품질을 평가하는 피드백 단계에서 고객관계에 대한 고객 서비스 팀 미팅, 고객에게 보내지는 주기적 서베이 후 대면회의, 빈약한 성과가 다시 발생하는 것을 막는 잃어버린 고객분석 등이 있다.

### (2) 교차판매의 기회

기존고객을 보유하기 위해 그들에 대해 서비스를 확장하는 것을 고려할 필요가 있다. 경쟁의 심화로 인해 고객들은 문제를 해결하는 새로운 접근법 혹은 개선시킬 기회에 민감하고 최고의 아이디어를 갖는 전문가의 이야기에 귀를 기울인다. 따라서, 기존 고객에게 추가 서비스를 판매하는 것은 더 이상 비윤리적이 아니고 장기적으로 성장하는 관계의 한 부분으로 인정받고 있다.

그러나 서비스 관련 규제에 의해 이것은 조심스럽게 접근될 필요가 있다. 만약 고객이 현재 기업에 만족하고 신뢰한다면 추가 서비스를 제공하는 것은 기업의 성장을 돕고 경쟁력을 확보해 이익을 증가시킬 것이다. 이를 위해 전문가는 다양한 서비스에 대해 교육을 받아야 하고 필요에 따른(as needed) 기반에서 이 서비스들을 제공해야 한다.

전문서비스 기업은 제공된 서비스의 다양성을 확장함으로서 기존의 고객간 관계를 확장하는 것을 시도한다. 그러나 그들의 접근법이 솔루션을 제안하기 전에 현재 고객의 문제에 대한 깊은 이해로부터 시작한 것이 아니라 단순히 서비스를 판매를 증가시키는 것에 있었기 때문에 체계적 방식으로 교차판매(간혹 cross-serving이라고도 함)를 하는 기업은 별로 없다. 교차판매가 성공적이 되기 위해서는 모든 멤버들이 하나의 팀이 되어 일하도록 고객정보가 다양한 분야 사이에 공유되어야 한다. 기존 고객에게 마케팅하는 것은 고객의 이익이 서비스되도록 조직과 고객관계에 대한 헌신을 필요로 한다.

한편, 어떤 전문가는 특정 고객에 대해 다른 분야를 서비스하게 되면 자신의 전문성이 약화될 수 있다는 것을 두려워할 수 있다. 이러한 두려움을 극복하기 위해 고객이 필요로 하는 서비스의 유형과 누가 이 서비스를 제공할 수 있는지를 규정하는 고객 서비스 프로그램이 개발될 필요가 있다. 바로 이 커뮤니케이션이 통합된 서비스를 조율하는 것이 성공의 핵심이다.

직원이 교차판매 기회에 대해 알고 있도록 하기 위해 월별 파트너/관리자 회의가 새로운 서비스에 대한 토론하고 이전 프로젝트의 사례들을 검토하기 위해 열릴 수 있다. 또한, 전문가 그룹에서 발표와 토론이 이루어지고 이메일 혹은 뉴스레터를 통한 내부 광고가 전문서비스 기업 전체에 걸쳐 회람된다. 어떤 경우에, 전문서비스 기업은 서비스 기회에 대한 조직차원의 태도를 강화하기 위해 교차판매 기회를 구축하는 전문가에게 보너스를 제공하기도 한다.

### (3) 고객 대 고객 상호작용의 관리

#### ① 중요성

고객 사이의 상호작용 혹은 관여를 의미하는 고객 대 고객 상호작용(customer-to-customer(CC2) interaction)은 점차 중요한 개념으로 확산되고 있다. 고객 대 고객 상호작용은 그들의 선호, 실제 구매행동 혹은 그들이 다른 고객들과 추가로 상호작용하는 방식을 바꾸는 잠재력을 갖는 방식으로 한 고객(혹은 한 고객 집단)에서 다른 고객(혹은 고객들의 집단)으로의 정보의 이전으로 정의할 수 있다. 고객관여 행동의 개념은 구매를 넘어서 브랜드 혹은 기업에 대한 고객의 행태적 표현을 의미한다. 그러한 행동은 고객들 사이의 구전, 추천, 다른 고객의 지원, 블로깅과 리뷰 작성을 포함한다. 온라인 마케팅의 등장이 C2C 상호작용의 일차적 동인인 반면에 오프라인 환경에서도 C2C 상호작용에 많은 관심을 둘 필요가 있다.

#### ② 추천

전문가들은 고객의 추천행동에 상대적으로 작은 영향을 미친다. 또한, 고객은 능동적으로 다른 고객에게 추천을 하기 보다는 그들의 사회 네트워크의 멤버에 의해 도움을 요청받았을 때 주로 대응한다. 고객의 구전은 명백히 초기 구전을 위한 자극이 추천 요청자(보통 친구 혹은 가족 멤버)에 의해 부추겨진다는 점에서 외부적으로 주도된다. 따라서, 추천을 요청하는 전문서비스 제공자들의 어떤 프랙티스는 오히려 역효과를 낳을 수 있다.

### (4) 고객과 신뢰구축을 위한 메시지 전달

어떤 마케팅 전략의 통합적 부분은 '메시지'의 개발이다. 메시지는 기업의 제품 혹은 서비스에 대한 생각을 전송하는 어떤 것을 나타낸다. 각 전문가들, 사무실의 입지, 서비스 가격, 이벤트가 열리는 장소, 제품 혹은 서비스 활용, 서비스 요금, 심지어 안내실 로비는 고객에게 각자 자신만의 독특한 메시지를 전송한다. 따라서, 전문서비스에서 일관적인 메시지를 만드는 것이 쉽지 않은데 이러한 비일관적인 메시지는 재앙을 초래한다. 어떤 상황에서도 한 로펌은 세계에 한 목소리로 말해야 한다.

기업의 메시지를 개발하는 데, 마케팅 담당자는 제품, 장소, 촉진, 가격이라는 네 가지 도구를 사용한다. 고객에 대한 신뢰는 모든 네 가지 마케팅 도구(즉, 4Ps)가 통일되고 일관된 메시지를 전달하는 단일 시장틈새에 초점을 둘 때 구축된다.

예를 들어, Mercedes Benz는 부유한 구매자에게 다음을 호소한다.

- 제품은 고품질과 호화롭다는 평판을 얻고 판매자는 일등급의 서비스를 전달할 것으로 기대된다.
- 사회의 특정 세그먼트만이 그것을 구매할 수 있고 고품질 제품이라는 생각을 다시 강화하도록 가격을 결정한다.
- 촉진은 부유한 구매자를 목표로 하고 지속적으로 메르세데스는 우아하고 잘 만들어진 자동차라는 개념을 강화한다.
- 판매처는 부유한 지역 인근에 입지한다.

비록 이것은 메르세데스의 마케팅 전략을 과도하게 단순화시킨 것이나 일관성 있는 메시지의 필요성을 잘 보여준다.

기업의 메시지는 사람들이 기업에 대해 일반적으로 믿는 것에 기초해야 한다. 그렇지 않다면 그것은 무시되거나 거절되는 리스크를 갖는다. 그 거절은 기업과 고객 사이에 불신을 초래할 수 있다.

이 원칙은 전문서비스 기업에도 적용된다. 성공적인 마케팅은 제품, 장소, 촉진, 가격이 목표 청중에게 일관되고 의미있는 메시지를 만들 때 가능해진다. 가령, 대형 종합병원은 명망있는 의사를 채용, 첨단 장비, 트라우마 센터, 첨단 연구 프로젝트에 투자한다. 이것은 지역병원보다 더 높은 중증환자의 비율을 유인할 것이다. 한편, 지역병원은 지역 거주자들에게 호소하기를 원하기 때문에 지역의 의사를 채용하고 지역 이벤트에 참여하며, 지역 미디어를 통해 소통한다.

## 5 다각화와 브랜딩

### 5.1. 다각화

#### (1) 특징

전문서비스 기업의 성장은 다각화의 증가와 병행한다. 대형 전문서비스 기업은 대형 프로젝트를 조율하고 대규모 고객의 복잡한 니즈를 만족시키는 다각화된 서비스의 전체 패키지를 제공하는 능력을 결합해야 한다. 이 점에서, 다각화는 주로 수요의 힘으로 인해 전문서비스 기업의 성과에 영향을 미친다. 다른 수요 상황에서도 원스톱 쇼핑, 소비자 효용에서 범위의 경제라는 고려사항을 포함하여 수요기반 다각화의 편익이 존재한다.

### (2) 프랙티스와 편익

이러한 다각화를 효율적으로 추진하기 위해서는 전문서비스 기업은 다음의 노력을 전개하고 있다.

- 범위의 경제: 더 다양한 고객 혹은 더 높은 가격을 통한 성과 향상
- 무형자원의 명시화 및 가시화: 인적자본 스킬과 같은 무형의 자원들은 그들이 프랙티스 기반이고 루틴적 프로세스의 성과이기 때문에 흔히 암묵적이지만 지식이 효과적으로 전달되기 위해 복제되어야 하기 때문에 명시화를 시도
- 서비스에 유형의 제품 추가: 유형제공품의 이용가능성은 시장 내 정보를 덜 비대칭적으로 만들어 고객을 유인

### (3) 단점

그러나 이러한 노력에 기반한 다각화가 전문서비스 기업의 핵심 역량을 저해하는 문제점도 초래할 수 있다.

- 유형제품의 실현은 더 많은 공식적 명시화를 적용하도록 강제하여 지속가능한 비교우위의 원천을 방어하는 전문서비스 기업의 능력을 축소
- 고객 스스로가 자신의 솔루션을 만들도록 유도하는 유형적 제품은 결국 전문가에 내재된 역량을 잠식
- 전문서비스 기업에서 제품으로 다각화는 일차적으로 시장에서 전문서비스 기업의 비모방성과 비대체성을 줄여 전략적 자원을 약화

## 5.2. 다각화에서 브랜딩

서비스는 품질이 단지 소비 후에 평가될 수 있는 경험재화(experience goods)의 전형적인 예이고 어떤 서비스가 사후평가가 복잡하거나 심지어 불가능하다면 신뢰

재화(credence good)일 수 있다. 전문서비스는 정보 비대칭성이 특히 높다. 이 점에서, 전문서비스 기업은 촉진, 보호, 그들의 무형자원을 활용할 때 도전에 직면한다. 의사결정을 하기 위해 이전의 경험에 의존할 수 없는 고객들은 대신에 기업의 명성에 의존한다. 브랜드는 기업의 명성이 의지하는 고전적 도구이다. 따라서 어떤 브랜드가 전송하는 정보는 서비스와 그 제공자의 품질에 대한 불확실성을 줄이는 핵심일 수 있다.

특정 커뮤니케이션 형태로서 브랜딩은 다른 역할을 수행하기도 한다. 고객은 정보탐색 도중에 제공자의 어떤 특성에 대한 불확실성을 줄여 시장에서 거래비용이 낮아진다. 그것은 또한 시장에서 제품/서비스를 구분하고 규명하는 것을 돕기 때문에 적절한 도구로써 작동한다. 그 이유로 브랜드는 신규진입에 장애물을 형성하기도 하고 고객충성을 증가시키고 그 이유로 기업의 평판적 자산을 강화시킨다. 결과적으로, 강한 브랜드 자산(brand equity)은 더 높은 소비자 인식, 더 높은 기업 성과, 더 높은 재무수익에 관련된다.

전문서비스 기업의 상황에서 모든 전문서비스 기업이 경쟁우위를 창출하기 위해 브랜딩을 전략적으로 사용하고 있지는 않다. 그럼에도 불구하고, 전략적 관점에서 전문서비스의 본원적 특징때문에 브랜드를 통한 명성 구축이 전문서비스 기업 성과의 핵심 동인이 될 것이다. 브랜드의 폭(brand breadth)에 따라 전문서비스 기업의 브랜딩 전략을 다음의 두 가지로 정의할 수 있다.

## (1) Branded house 전략

여러 제품/서비스들이 통일된 하나의 브랜드 타이틀로 모여있는 폭넓은 하우스 구조 형태로서 전문서비스 기업은 다각화가 발생할 때 확장될 수 있는 하나의 (혹은 몇 개의) 병합된 브랜드에 초점을 둘 수 있다. 이 전략은 보통 기업 이름과 이미지와 연결된 감정적 인식을 규정하는 이름과 로고를 통해 실현된다.

폭넓은 브랜드는 프리미엄 가격을 부과하거나 수요를 촉발하는 도구일 수 있다. 그들의 이름을 거는 기업들은 약속한 가치를 전달하는 데 최선을 다할 것이라는 믿음에서 행동하는 소비자들에 의해 보상받을 수 있다. 실제로, 브랜드 확장전략은 시장 애널리스트에 의해 긍정적으로 평가받는 경향이 있다.

그러나, 폭넓은 브랜드는 기업들이 더 많은 리스크에 노출될 수 있다. 첫째, 다각화 시도에 실패하여 발생하는 부정적 홍보의 경우이다. 브랜드로 시장화된 제품/서비스의 종료, 도태, 리콜은 다른 제품/서비스에 역효과를 낼 수 있다. 둘째, 동일한 브랜드를 사용함으로써 적대적 틈새에 어떤 특유의 자원을 적용하여 부정적 외부효과를 창출하는 경우가 있다. 가령, 환경적에 관심있는 고객과 공해기업들을 함께 동일한 브랜드하에서 판매하는 것은 문제를 낳을 수 있다.

### (2) House of brands 전략

여러 개별 브랜드들이 독립된 타이틀로 모여있는 하우스 구조로서 전문서비스 기업은 제품/서비스 특징에 대한 구체적 정보를 포함하는 브랜드를 창출할 수 있고 이것은 특화된 협소한 브랜드 포트폴리오를 창출한다.

오직 시장이 정당하다고 고려한 경우에만 다른 시장에 대한 어떤 브랜드의 확장은 서비스 기업에게 편익을 제공할 수 있다. 즉, 브랜드 확장을 위한 중요한 시장 제약이 존재할 수도 있다. 경영컨설팅기업의 어떤 경우에 평판 고착성(reputation stickiness)을 이야기할 수 있다. 제공된 서비스가 복잡하고 추상적일 경우에 고객은 한 서비스에서 다른 서비스로 기업의 평판을 쉽게 확장하지 않는다. 경쟁자들과 자신을 차별화하기 위해 급진적으로 새로운 제공품을 브랜딩하는 것과 특정 부문에서 그들의 정당성과 전문가 규범에 일치시키기 위해 그들의 핵심 미션을 고수하는 것 사이의 충돌이 항상 전문서비스 기업에 존재한다. 정보 비대칭성이 강하기 때문에 강한 정당성이 기업에게 중요한 자산이다. 따라서, 기업들은 목표된 제품/서비스 세그먼트에 매우 특유한 협의의 브랜드를 갖는 것을 선호할 것이다.

## 참고문헌

김종신(1999), "전문서비스 점포선택기준의 탐색적 개발", 경영교육연구, 17(1), 361-375.

Almquist, E., Cleghorn, J. & Sherer, L., (2018), "The B2B elements of value: How to measure—and deliver—what business customers want", Harvard Business Review, 96, 72-81.

Avlonitis, G.J. & Indounas, K.A. (2007), "An empirical examination of the pricing policies and their antecedents in the services sector", European Journal of Marketing, 41(7/8), 740-764.

Barr, T.F. & McNeilly, K.M. (2003), "Marketing: Is it still "just advertising? The experiences of accounting firms as a guide for other professional service firms", Journal of Services Marketing, 17(7), 713-729.

Kelly, R.F. & Stephenson, R. (1967), "The semantic differential: An information source for designing retail patronage appeals", Journal of Marketing, 31(4), 43-47.

# 13

## 전문서비스 기업의 혁신

# 13장 전문서비스 기업의 혁신

## 1 서비스혁신과 전문서비스

### 1.1. 서비스혁신

#### (1) 개념

혁신은 경제성장의 핵심 동인이고 국가 및 기업수준의 경쟁에 중요한 역할을 한다. 혁신하는 능력은 조직이 우월한 성과와 경쟁우위를 얻고 유지하는 강한 토대를 제공하는 것으로 알려졌지만 우리나라 서비스부문의 혁신역량은 아직 갈 길이 멀다고 볼 수 있다. 특히, 서비스부문의 혁신을 위해 기술도 중요하지만 경영, 마케팅, 디자인, 고객화된 솔루션, 인적자본의 활용, 산업협력의 형태와 같은 비기술적 혁신을 개발하는 능력이 상대적으로 더 필요하다. 나아가, 전문서비스 기업의 혁신에 대한 이해가 서비스부문의 성장에 중요하다.

최근 기술발전의 가속화로 인해서 서비스혁신 환경은 급격한 변화를 경험하고 있다. 그러나 기술의 발전만이 서비스혁신의 주 원동력은 아니다. 일반적으로 제품 기업에서는 혁신을 위해 제품과 이 제품에 관련된 서비스를 강조한다. 이후 서비스지배논리(SDL: service-dominant logic)에 기초하여 제품이 아니라 제품의 사용에 더 초점을 둔 제품-서비스 시스템(product-service system)의 개념이 등장하면서 이제 고객은 제품 자체를 구매하지 않고 제품의 사용에 자신의 비용을 지불한다고 믿는다(이를 사용가치라고 함). 또한, 서비스부문에서 성공적 혁신을 위해 양방향 지식교환의 중요성을 강조하지 않을 수 없다. 동태적 자원(사람, 기술, 조직, 공유된 정보)의 활용을 통해서 서비스 제공자와 고객은 가치를 창출하기 위해 다양한 방식으로 협력한다. 따라서, 서비스혁신은 이제 네트워크화된, 반복적인, 개방적 특징을 갖는 혁신으로써 이해되고 시장니즈를 규명하는 데 선도적 역할을 하는 고객의 잠재력을 강조한다. 따라서, 서비스혁신의 정의는 새로운 기술(new technology)이 아니라 서비스분야에서 새로움(novelty)과 성공적인 사업화(successful commercialization)를 반영하는 매우 일반적인 정의에 기초한다.

### (2) 혁신활동

혁신활동은 흔히 '초기 탐구'와 '후기 활용'이라는 순차적인 프로세스로 표현된다. '아이디어 창출(ideation)', '개시(initiation)', '탐구(exploration)'가 초기의 혁신활동을 설명하기 위해 사용되는 반면에 후기의 혁신활동은 흔히 '실행(implementation)', '체계화(codification)', '사업화(commercialization)', '활용(exploitation)'으로써 표현된다. 초기 탐구활동은 나중에 알려질 수 있는 잠재적으로 새로운 지식의 추구를 포함하는 반면에 후속적인 활용활동은 이미 알려진 지식 사용과 개발로써 더욱 시장에 초점을 둔 지식을 필요로 할 수 있다(Levinthal & March, 1993).

또한, 개시와 실행활동을 구분할 수 있다. '개시활동'은 혁신에 개방성을 필요로 한다. 즉, 조직의 구성원들은 새로운 아이디어와 새로운 행동에 저항하기보다는 개방적이어야 한다. 유사하게, 혁신에 대한 조직의 문화적 지향을 반영하는 새로운 아이디어의 '혁신성(innovativeness)'에 대한 기업의 개방성을 고려할 필요가 있다. 한편, 새로운 아이디어, 프로세스, 제품을 성공적으로 실행(혹은 적용)하는 조직의 능력은 '혁신하는 역량'으로써 불려질 수 있고 이는 '실행활동'에 해당한다.

어떤 접근법은 탐색, 초점, 자원, 실행, 학습활동과 같이 더 구체적인 혁신활동을 포함하기도 하고 아이디어 창출, 체계화, 사업화와 같이 폭넓게 분류하기도 한다. 그러나 모든 이 분류에 공통적인 것은 초기 요소로서 '아이디어 창출' 활동과 후기 요소로써 '체계화' 활동을 고려한다.

혁신 프로세스의 복잡한 본질을 고려하면 기업은 이 여러 혁신활동들의 요구사항을 균형시킬 필요가 있다. 혁신하는 조직의 전략적 및 관리적 어려움은 탐구에서 나오는 장기적 이익과 활용의 단기적 편익을 균형시키는 데 있다. 여기서 탐구활동은 탐색, 변동, 위험감수, 실험, 놀이, 유연성, 발견, 혁신과 같은 용어에 의해 포착되는 반면에 활용활동은 개선, 선택, 생산, 효율성, 선택, 실행, 수행과 같은 것들을 포함한다. 이 탐구와 활용은 과거에 서로 다른 특성으로 인해 동시에 달성이 어려

운 것으로 평가받았으나 이제는 이 둘을 동시에 추구하는 양면적(ambidextrous) 조직
이 많은 관심을 받고 있다.

### (3) 혁신활동과 프랙티스

혁신활동을 크게 아이디어 창출활동과 체계화활동으로 구분하였을 경우에 이
각각의 혁신활동에서 주로 사용되는 프랙티스는 다음과 같다.
- 아이디어 창출활동: 아이디어 창출을 위한 다기능팀 활용, 새로운 아이디어 창
  출을 위한 고객/경쟁자/컨설턴트와 협력 등
- 아이디어 체계화활동: 체계화를 위한 다기능팀 활용, 서비스/프로세스 개발을
  위한 팀 업무, 체계화를 위한 공급자/고객/규제자와 협력 등

나아가 이러한 활동의 폭을 넓히는 프랙티스로는 혁신지향 문화, 리더십과 상
위 관리팀의 혁신 지원, 유연하고 편평한 업무조직, 소유권의 다양성 등이 있다.

## 1.2. 서비스혁신과 전문서비스의 관계

### (1) 전문서비스에서 혁신

전문서비스 기업 중에서 변호사들은 일반적으로 '보수적', '냉혹한', '루틴에 집
착'하는 특성을 갖는 것으로 알려졌다. 로펌은 흥미롭고 창의적인 브레인스토밍 활
동보다는 검은 양복과 긴 업무시간을 더 연상시킨다. 그들은 새로운 기술적 아이디
어가 아니라 이전의 학술적 지식과 평판 위에서 그들의 서비스를 유지하는 것으로
알려졌다. 따라서, 법률부문의 전문서비스 기업은 급진적 혹은 탐구기반 혁신과 이
미 존재하는 솔루션의 미세한 조정을 수반하는 활동을 보통 싫어한다. 그럼에도 불
구하고, 다양한 환경의 변화는 법률 전문직이 고객에게 더 나은 서비스를 하면서
목표를 달성하기 위해 프로세스와 정책을 개선할 수밖에 없는 변화를 경험하도록
만들고 있다.

전문서비스는 숙련된 전문가들이 고객의 문제해결 서비스(본질적으로 자문, 상
담, 조언)를 전달하는 서비스의 한 유형이다. 전문서비스 기업의 근원적 자원은 생
산운영 프로세스의 투입물이면서 산출물인 지식과 정보이다. 모든 기업과 유사하

게 그들의 혁신 잠재력을 극대화하는 전문서비스 기업의 능력은 기업의 장기 생존 및 성장과 고객의 경쟁력과 가치창출에 크게 공헌하며, 서비스의 성공에 근본적 역할을 한다.

경영과 기술컨설팅처럼 빠르게 성장하는 전문서비스 기업은 지속적으로 밀접하게 고객과 협력하에 서비스가 혁신적으로 디자인되고 전달된다. 서비스의 성공이 고객 투입물(예: 고객의 니즈 및 원츠, 지식과 정보, 상호작용 등)에 크게 의존하기 때문에 전문서비스에서 강조된 고객의 역할은 고객이 생산 프로세스에 중요한 투입물을 제공한다는 사실이다. 따라서, 대부분의 전문서비스에서 혁신은 사업화단계 이전에 조직 내에서 만들어진다기보다는 서비스의 전달 과정 중에 창출된다.

### (2) 전문서비스 기업의 혁신 필요성

과거 대부분의 전문서비스는 안정적인 성장을 보였다. 그들은 황금알을 낳는 캐시카우(cash cow)로서 경기침체와 경제위기, 심지어 글로벌 팬데믹하에서도 성장하였다. 그러나 이 성장에 반작용 역할을 하는 증가하는 시장의 힘과 기술발전이 포착되기 시작하였다. 하지만, 인생에서 확실한 것은 죽음과 세금뿐이라는 말처럼 오늘날 현재 로펌, 병원 등은 퍼펙트 스톰의 눈에 있다. 다음의 세부 환경변화가 혁신을 더욱 촉진하고 있다.

- 증가하는 가격압력: 시장은 전문서비스에 대해 최대 수수료라는 제한을 설정하고 있고 그 수수료에 전통적인 비용중심적인 청구가능시간보다 가치기반과 창의적 접근법을 요구하면서 이제 시장은 전문서비스에 더 많은 비용을 지불할 의지가 없어지고 있다.

- 인재비용과 경쟁의 증가: 진문서비스 시장은 가격압력의 증가와 함께 인재전쟁을 겪고 있고 인건비에 대한 비용의 증가를 경험하고 있다. 주니어 변호사, 회계사, 감정평가사, 의사의 초기 임금은 계속 증가하고 있다.

- 벤더(vendor) 다각화와 경쟁적 파괴: 전문서비스 기업에게 공급사슬 상의 상위와 하위의 양방향 압력이 더욱 거세지고 있다. 예를 들어, 법률정보기술(lawtech 혹은 legaltech) 창업기업이 세계적으로 늘어나고 있다. 이들은 기존의 로펌에 비해 고객에게 더 낮은 비용으로 효율적이고 많은 첨단기술을 포함한 서비스를 제안하는 대안적 법률서비스 제공자라고 할 수 있다.

전문서비스 산업에서 수익압력, 이익압력, 벤더 다각화가 결합되어 변화의 필요성이 점차 격화되고 있다. 하지만, 이러한 변화에 둔감한 사람들은 전문서비스 기업에서 혁신은 불필요한 자원의 낭비이자 역량의 집중을 방해하는 요인이라고 간주하는 경우도 여전히 있다.


## 1.3. 서비스지배논리와 전문서비스혁신

### (1) 서비스지배논리

서비스지배논리는 재화가 아닌 서비스가 경제적 교환의 근본적 기반이라는 개념에 기초한다. 비록 SDL이 마케팅 문헌에서 기원할지라도 그것은 서비스사이언스(service science)의 철학적 토대로서 폭넓게 수용되고 있고 서비스관리, 정보기술운영, 서비스혁신과 같은 다양한 분야에서 적용되어 왔다.

SDL은 서비스 제공과 물리적 재화를 구분짓는 독특한 특징에 기초한 이전의 서비스 개념을 확장한다. 그러나 그것은 서비스를 다른 서비스의 편익을 위한 역량의 응용(지식과 스킬)에 뿌리를 둔 상호작용 프로세스로서 고려한다. 전문서비스 상황에서는 이 SDL의 10개 기초 전제들 중에서 다음의 3가지가 특히 중요하다.

① 고객은 항상 가치의 공동창출자이다.

고객이 상호작용할 때 기업이 가치명제(value proposition)를 제공할 수는 있으나 고객에게 가치를 전달할 수는 없다. 가치가 특정 자원의 통합과 적용을 통해 각 개체에 의해 공동창출되기 때문에 가치명제는 수혜자의 사용을 통해 수용되고 실현될 필요가 있다. 서비스 제공자와 고객은 가치의 공동창출자들이다. 이 프로세스에서 특정 자원들은 천연자원과 물리적 자원 등의 유형자원(operand) 혹은 지식 및 스킬 등의 비유형자원(operant)으로 구분될 수 있다. 물론, 비유형자원이 서비스지배논리의 핵심 자원이 된다.

② 비유형자원이 경쟁우위의 근본 원천이다.

유형자원은 운영 혹은 행위가 수행되는 물리적 개체로서 정의된다. 이에 비해 비유형자원은 유형자원과 다른 비유형자원에 따라 행동하기 위해 활용된다. 비유형자원은 지식, 스킬, 정보로서 대표되기 때문에 그들은 무형적, 동태적, 무한적이라는 특성을 갖는다. 비유형자원의 사용이 새로운 비유형자원(예: 아이디어 혹은 지식)으로 결과될 수 있을 뿐만 아니라 그들이 다른 개체와 함께 가치 공동창출 프로세스를 시작할 수 있는 유형자원에도 적용될 수 있다.

③ 가치는 수혜자에 의해 늘 독특하고 현상학적으로 결정된다.

여기서 교환가치(value in exchange)과 사용가치(value in use)를 구분하는 것이 중요하다. 구체적으로, 교환가치는 재화와 같은 유형자원에 내재된 가치를 보고 이것은 다시 돈으로 교환된다. 전문서비스를 포함한 대부분의 서비스에서는 고객이 가치의 공동창출자이고 비유형자원이 중요하기 때문에 교환가치보다는 사용가치가 더 중요하다.

## (2) 서비스지배논리와 혁신

SDL은 기업관점에서 진정한 소비자 중심적 관점, 생산된 유형자원에 내재된 무형자원, 교환가치가 아닌 사용가치로 사고의 전환을 통해 혁신에 대한 재사고의 기회를 제공한다. SDL의 관점에서 혁신은 가치 공동창출 프로세스의 변화를 추구하는 데 특히 고객에 의해 인식된 사용가치에 초점을 둔다. 따라서, 혁신이 발생하기 위해서는 고객이 사용가치를 공동창출하는 수단을 이해하는 것이 필요하다. 혁신에 대한 관점으로서 SDL을 활용함으로서 조직은 이전의 혁신에 대한 인식에 존재하는 한계를 극복할 수 있고 고객과 함께 가치 공동창출 프로세스를 향상시키는 다양한 수단으로 관심을 전환시킬 수 있다.

구체적으로 전문서비스 기업에서 서비스지배논리는 다음의 결론으로 도출될 수 있다.

① 무형자원은 스킬과 지식을 넘어서 정의되어야 한다.

무형자원으로서 지식과 스킬은 필수일지라도 유일한 혁신의 원천일 수 없다. 이와 더불어 '사회적 자본(social capital)'이 전문서비스 기업이 경쟁우위를 창출하고 전문적 업무를 수행하는 새로운 방식의 탐구를 촉진하는 것을 가능하게 하는 중요한 무형자원이다.

② 지불자와 최종 사용자로서 고객

가치의 공동창출자로서 고객을 단일 수혜자로서만 인식하는 것은 전문서비스 기업의 혁신 상황에서 문제를 발생시킬 수 있다. 전문가와 전문서비스 기업을 넘어

'최종 사용자로서 고객'과 '지불자로서 고객'과 같은 다수의 수혜자들이 포함되고 그들의 역할은 각기 다르다. 예를 들어, 의료보험서비스에서 의료전문가는 지불자로서 고객(보험회사)과 최종사용자로서 고객(보험정책의 수혜자) 모두와 씨름해야 할 수 있다. 이처럼 다수의 수혜자가 존재함에 따라 다수의 주체들이 공동창출 프로세스에 관여할 때 이 수혜자 집단들(예를 들어, 지불자로서 고객과 최종 사용자로서 고객들 사이에) 사이에 다른 관심이 나타날 수 있다. 결과적으로, 개별 수혜자들의 관심은 불일치되기 때문에 사용가치의 경험이 충돌하게 되고 공동창출 프로세스의 변화를 의미하는 혁신은 모든 수혜자 집단들 사이에서 동일하게 경험되지 않는다.

③ 사용가치와 혁신은 경험단계에 따라 변동한다.

사용가치가 시간에 걸쳐 등장하고 기업과 고객 사이의 사회적 상호작용이 이 프로세스에 영향을 미칠 것이기 때문에 각기 다른 사용가치가 경험단계에 따라 달라진다. 그러한 단계들은 '실행단계'와 '사용단계'를 포함한다. 예를 들어, 치과와 같은 의료서비스를 생각하면 충전절차 중에 경험된 사용가치는 충전의 내구성을 통해 경험된 사용가치와는 완전히 다를 수 있다. 또한, 사용가치의 상충 혹은 충돌하는 경험이 존재할 수 있다. 누군가는 더 내구성이 있고 오래 지속되는 충전을 하는 것과 비교해 어떤 사람은 통증이 덜한 충전절차를 갖는 것에 더 가치를 둘 수도 있다.

 ## 전문서비스 기업의 혁신 관점과 유형

### 2.1. 혁신 관점

전문서비스 기업에서 혁신은 두 가지 관점을 활용한다.

#### (1) 지식관점

혁신을 가능하게 만들기 위해 어떻게 지식이 흘러가는지에 초점을 둔다. 전문서비스 기업은 상대적으로 수평적 조직이기 때문에 수평적 지식흐름과 동시에 시니어와 주니어 인력 사이의 수직적 지식흐름이 중요하다. 전문서비스 기업 내 조직 프로세스는 기업의 지식기반을 개발하고 유지하는 데 초점을 둔다. 이 프로세스는 업무 상 협력하는 전문가들에 의해 형성된 조직 루틴을 포함한다. 그러한 루틴은 전문가들이 협력하면서 동료들에 의해 구축된 비공식적 업무 이해와 프랙티스를 반영한다. 그들은 지식 창출, 공유, 결합, 교환과 적용을 촉진하는 데 있어서 전문서비스 기업을 위한 중요한 자원을 구성한다.

### (2) 조직요소관점

이 측면에 전문서비스 기업이 재능있는 인력을 유인, 채용, 개발, 보유하는 것을 가능하게 하는 조직 정책의 창출과 그들이 혁신적인 전문성을 공유하고 재사용하는 것을 가능하게 하는 지식 명시화 프랙티스와 같은 조직 시스템을 포함할 수 있다. 전문서비스 기업에서 대부분의 업무는 고객의 니즈에 서비스하기 위한 프로젝트 혹은 케이스 지향적이다. 프로젝트팀은 전문서비스 기업에서 일이 수행되는 일차적인 수단이다. 전문가들은 서로 함께 지식을 획득, 교환, 공유하면서 함께 일한다. 예를 들어, 컨설팅 프로젝트팀에서 고객의 다양한 문제를 해결하는 솔루션을 고안하도록 돕기 위해 인적자본, 세금과 연금, 투자에 다양한 스페셜리스트 스킬을 갖는 사람들로 구성된 교차기능팀이 요구된다. 또한, 다른 서비스를 위해서는 다른 팀 구성이 요구된다. 이 스킬 요구사항의 다양성은 성공적인 팀 형성과 개발, 최적의 스킬 활용, 성공적 업무 완성을 보장하기 위해 높은 수준의 커뮤니케이션과 조정을 필요로 한다.

## 2.2. 혁신유형과 원천

### (1) 혁신유형

① 원천에 따른 분류

전문서비스 기업에서 혁신은 그 원천에 따라 다음과 같이 구분된다.

- 조직적 혁신
- 전략적 혁신
- 기술적 혁신
- 사회적 혁신

이중에서 주로 조직적과 전략적 혁신에 높은 관심을 기울일 필요가 있다. 그 이유는 혁신이 더 나은 내부 조직과 외부적 전략적 관계의 구축에 기초할 수 있기 때문이다. 그러나 혁신의 조직적 이슈를 강조할지라도 특정 혁신유형이 특정 전문서비스 기업의 유형과 관련된다고 말하기는 어렵다.

② 주체에 따른 분류

개인적 혁신(individual innovation)과 제도적 혁신(institutional innovation)을 구분하는 것이 중요하다.

- 개인적 혁신: 많은 전문가들은 그들의 서비스 방법 혹은 결과의 관점에서 정기적으로 혁신하도록 요청받고 있다. 그러나 이것은 일차적으로 개인적 혁신이다. 그러한 혁신은 개인적이기 때문에 체계화되지 않고 더 넓은 조직으로 규모가 확장될 가능성이 없다. 따라서, 그러한 개인적 혁신의 영향은 제도적 혁신에 비해 제한된다.
- 제도적 혁신: 제도적 혁신은 새롭거나 향상된 서비스, 새로운 업무방식, 새로운 전략과 같은 성문화되고 확장적용이 가능한 개선을 통해 기업 내 다른 인력과 외부에 영향을 미친다. 제도적 혁신은 개인적 혁신으로서 시작할 수 있다. 그러나 외로운 혁신자는 단지 자신만이 아니라 타인들에 의해서도 사용될 수 있는 어떤 것(즉, 제도적 혁신으로 전환될 수 있는 것)을 창출한다. 기업이 경쟁력을 향상시키기 위해 혁신을 사용하는 데 효과적이 되기 위해서는 제도적 혁신을 숙달해야 한다.

## (2) 혁신원천

전문서비스 기업의 혁신의 원천으로는 주로 다음이 사용된다.
- 지식, 기술, 관계, 개인 스킬, 축적된 경험, 경영지원, 새로운 프랙티스 분야
- 서비스 디자인, 자원 재결합, 인적자원 프랙티스, 학습, 문화/가치/규범, 자원

## 2.3. 혁신 고려사항

### (1) 내부차원
주로 기업 내부 차원에서 혁신을 고려할 경우에 초점을 두는 주제는 다음과 같다.
- 지식경영
- 인적자원 프랙티스
- 조직문화의 역할
- 기술의 사용
- 전문가의 자율 수준과 권한 분포
- 탐구(기술적 측면)와 활용(조직적 측면)의 균형 능력

### (2) 외부차원
한편, 주로 기업 외부차원에서 혁신을 고려할 경우에 초점을 두는 주제는 다음과 같다.
- 외부 네트워크의 구축
- 고객과 가치의 공동창출
- 제도적 행동과 외부 상황압력에 대한 대응
- 기타 외부차원의 조직측면, 전략측면, 사회측면.

## 3 전문서비스 기업의 혁신 프랙티스와 시스템

### 3.1. 혁신지향적 프랙티스

기술적 발전이 혁신의 중요한 원동력으로 작용하기는 하지만 전문서비스 기업에서 단지 기술만이 혁신으로 정의될 수는 없다. 오히려 혁신은 다음의 특징을 갖출 필요가 있다.
- 최신 기술의 적절한 활용
- 지속적 변화를 실행

- 고객에게 서비스를 전달하는 기업 역량의 지속적 증가
- 관리 프랙티스와 운영을 정기적으로 변환

전문서비스 기업의 성공적 혁신을 위해 자주 사용되는 혁신 프랙티스는 다음과 같이 정리될 수 있다.

- 지식창출과 공유를 배양하는 인적자원 프랙티스
- 전문가에게 특정 수준의 자율 부여
- 자원 재결합 혹은 브리콜라주(bricolage: 이전에 필요에 의해 만들었던 결과물을 새로운 것을 만들기 위한 수단으로 활용하면서 별개의 대상을 상황에 따라 하나로 통합하는 능력을 가지는데 이러한 기술을 '브리콜라주'라고 한다. 즉, 좋은 기술과 아이디어를 조합해 가치있는 새로운 혁신적인 제품들을 만들어 내는 것을 의미)
- 고객 및 공급자들과 공동창출과 협력
- 다양한 이해관계자들과 네트워크 구축
- 외부 자원획득과 내부 조직이슈를 고려하는 전문가들의 니즈가 존재하기 때문에 활용과 탐구를 균형
- 지식자산의 통제가 혁신과 고객과 파워의 협상에 중요하기 때문에 지식통제 권한을 관리
- 지식창출, 공유, 확산을 촉진하기 위한 기술의 활용

## 3.2. 혁신시스템

효과적 혁신을 하기 원한다면 혁신을 위한 올바른 조건을 능동적으로 구축할 필요가 있다. 변호사들이 혁신을 문화로 제도화하기 위해서는 많은 변호사들이 작은 팀이 아니라 조직 전체에 걸쳐서 그들이 하는 것과 그들이 이 혁신을 공유할 수 있는 것에서 혁신적일 수 있다는 것을 느껴야 한다. 효과적이고 지속가능한 혁신은 전체적이고 체계적인 접근법이 필요하고 그것을 전달하기 위해 통합된 시스템을 필요로 한다. 이 시스템은 다음과 같이 8가지 핵심 프랙티스로 구성된다.

### (1) 혁신을 위한 리더십

리더가 혁신과 변화를 위한 권한을 부여하면서 파트너 수준에서 혁신을 총괄 담당하는 인력이 필요하다. 물론, 리더십에 의한 혁신전략의 수립이 선행적으로 이루어져야 한다. 이러한 리더십을 통해 신뢰할 수 있도록 상위에서부터 문화적 변화가 주도되어야 하고 혁신목표를 설정할 뿐만 아니라 혁신을 측정하고 보상해야 한다. 그러나 이 리더십에 대해 시니어 인력 혹은 파트너들의 저항이 존재하고 이미 비즈니스가 잘 되고 있기 때문에 혁신과 같은 이슈가 중요하지 않는다고 생각하는 경향도 많을 수 있다.

파트너의 보수성은 중요한 장애물이다. 전문서비스 기업은 여전히 혁신의 사고가 부족하고 의사결정이 너무 느리다. 대부분의 로펌 파트너들은 변호사이자, 판매원이자, 관리자이기 때문에 이 리더십을 배양해야 된다.

리더십은 효과적 혁신역량을 구축하는 데 핵심이다. 조직파워와 자원에 접근할 수 있는 누군가는 혁신의 챔피언이 되어야 한다. 일반적으로 챔피언은 시니어 수준이거나 시니어 수준의 관리자에 의해 후원되어야 한다. 이 챔피언의 역할은 다음의 세 가지 활동으로 이루어진다.

- 비즈니스 어젠다에 혁신을 강력하게 설정해야 한다.
- 혁신을 위해 인력과 예산 자원을 부여해야 한다.
- 혁신을 지원하고 선도하기 위해 경영층의 참여를 이끌어야 한다.

조직의 변화를 이끄는 '특별부대(special force team)'인 챔피언이 기업 내에서 혁신리더십의 가시적 얼굴인 반면에 리더십팀은 혁신을 긍정적으로 지원해야 하며, 그렇지 않으면 챔피언의 업무가 헛되게 될 것이다. 이 분야에서 필요한 핵심 프랙티스는 혁신에 대한 가시적 헌신을 보여주는 관리를 포함한다. 그예로는 말한 것을 실행하기, 기업의 미션과 가치에 혁신을 적극적으로 내재시키기, 혁신문화에 권한을 부여하기, 혁신에 자금을 지원하기, 적극적 채용/보유/보상 정책을 통해 다양성의 문화를 지원하기, 혁신을 측정하기가 있다.

### (2) 혁신을 위한 전략

파트너들은 보통 비용절감에 초점을 둔다. 전문서비스 기업의 CEO와 이사회는 보통 혁신에 대해 언급하는 것을 불필요하고 조심스럽게 생각한다. 이것은 혁신을 위한 전략이 중요함을 암시한다.

기업의 혁신전략은 바람직한 비즈니스 목표를 달성하는 데 혁신이 필요한 곳을 명확히 규정하고 기업의 혁신의지를 정의한다. 그것은 직원과 관리자들이 어디에 초점을 두어 혁신노력을 전개해야 하는지 알도록 전체 조직에서 잘 정의되고 소통되어야 한다. 혁신전략은 또한 점진적 혁신(예: 더 잘하는 것)과 달리 도전적인 급진적 혁신(예: 다르게 하는 것)을 위한 여유와 방향을 제공할 필요가 있다.

효과적인 혁신에 대한 강한 초점이 요구된다. 이것은 조직이 비즈니스에서 가치를 제공할 수 있는 소수의 아이디어를 선택하고 개발하는 것을 가능하게 한다. 반대로, 많은 다른 아이디어들이 동시에 진행되는 방식과 같은 혁신의 분산 접근법은 기업자원을 희석시키는 위험에 빠트린다. 혁신은 새로운 아이디어를 바라보고 평가하는 관점을 필요로 한다. 이 관점이 바로 기업의 비전과 전략이다.

### (3) 혁신을 위한 프로세스

여러 아이디어가 제시되지만 대부분의 아이디어는 블랙홀에 빠져 사라진다. 실무에서 많은 형편없는 프로젝트는 어떤 프로세스를 거쳐 진부하게 되거나 사멸시킬 필요가 있다. 이것은 혁신을 위한 프로세스가 얼마나 중요한지를 간접적으로 암시하고 있다.

혁신을 위해 제안한 모든 아이디어는 자신의 여정을 따르나 극소수의 아이디어만이 비즈니스 가치에서 중요한 개선을 낳을 것이다. 그것은 아이디어를 창출하는 데 도움을 주기 위한 혁신 프로세스의 역할이다. 효과적인 혁신 프로세스가 없다면 경영층이 새로운 아이디어를 쉽게 보지 못하고 그 편익이 실현되는 데 자원이 조정될 수 없을 것이다. 반면에 적합하지 않은 아이디어에 대한 투자는 자원을 낭비한다. 효과적인 혁신 프로세스는 다음의 두 가지 핵심 기능을 수행해야 한다.

- 새로운 가치향상 혹은 비용절감을 포착하고 탐구하는 메카니즘을 제공해야 한다.
- 리스크와 비용에 대한 잠재적 편익을 평가하면서 최고의 아이디어를 선택하고 실행해야 한다.

예를 들어, 기술경영 분야에서 자주 활용된 개념인 아이디어가 깔때기 모양의 파이프를 따라 흘러간다는 비유가 혁신 프로세스를 논의하는 데도 적용될 수 있다. 이것은 다시 stage-gate® 모형의 단계(stage)들 사이의 'go/kill' 의사결정을 사용한 프로세스에 기반하여 아이디어의 진행을 통제하는 게이트(gate) 형태를 갖는 stage-gate 프로세스로 적용될 수 있다. 이 의사결정 게이트들은 비즈니스 혁신전략과 일치하는 선택기준을 사용한다. 이 유형의 혁신은 제품혁신을 위해 개발되었으나 전문서비스에서도 동일하게 적용될 수 있다.

### (4) 혁신을 위한 분위기

많은 전문서비스 기업은 느리지만 꼼꼼한 문화를 갖고 있다. 이 기업에서 개인의 조직 적합성은 중요한 가치를 갖게 되나 독불장군식의 개별 전문가는 이 적합성에 문제를 초래한다. 그러나 혁신은 대부분의 위험회피 성향을 갖는 변호사, 의사, 회계사, 감정평가사들에게 자연스럽게 오지 않는다.

식물이 자라는 데 필요한 특정 조건처럼 조직은 혁신적 아이디어가 뿌려지고, 뿌리를 내리고, 비즈니스 편익을 전달하는 데 적절한 조건이 제자리에 준비되어 있도록 보장해야 한다. 혁신 분위기는 혁신구축의 다른 메카니즘과 함께 혁신적 조직의 핵심 요구사항이다.

혁신을 지원하는 분위기를 위해 필요한 핵심 요소들은 다음과 같다.

- 의심하는 문화: 혁신조직은 문제에 대한 호기심과 일을 하는 새로운 방법을 찾는 호기심있는 조직이다. 조직내 모든 수준에서 의심하고 도전해야 하며, 이 의심을 하는 데 외부의 아이디어나 변화에 개방된 자세가 특징이다.
- 문제에 대한 긍정적 태도: 혁신적 기업에서 어떤 문제는 현재 프랙티스 혹은 서비스제공품의 약점의 신호를 보내기 때문에 개선을 위한 기회로서 간주되어야 한다. 문제를 비난하지 않고 학습을 위한 기회로써 간주하는 조직들은 측정과 개선 문화를 배양할 것이다.
- 사고의 다양성: 대안적 관점과 경험은 혁신을 고무하고 포용하는 조직 분위기를 가능하게 하는 데 중요하다. 여기서 집단사고는 적이다. 신선한 아이디어는 각기 다른 산업배경, 나이, 성별, 국적, 개성의 직원들로부터 조달되는 사고의 다양성에서 태어난다.
- 가치를 인정받는 챔피언: 혁신을 위해 싸우는 사람들이 혁신적 조직에서 가치를 인정받아야 한다. 혁신조직의 영웅은 혁신활동과 프로젝트를 위해 싸우는 개인들을 포함한다.
- 인정: 혁신을 고무하고자 하는 기업은 공식적인 재무적 및 비재무적 보상과

인정을 제공할 필요가 있다. 이것은 명백히 개인들에게 기업의 의지를 전달한다. 팀기반의 보상과 인정은 협력을 보상함으로써 제도적 혁신을 고무하는 최선의 방법이다.

### (5) 혁신을 위한 자원

대부분의 전문서비스 기업에는 창의적이기 위해 빈둥거릴 수 있는 시간과 장소, 혁신에 바쳐진 지원이 결여되어 있다. 그들은 열정적이나 그들이 책임져야 하는 목표 청구가능시간을 고려하면 비현실적인 사고를 위한 시간이 제약될 수밖에 없다.

혁신은 필수자원이 결여될 경우에 발생할 수 없다. 가장 기본적 자원으로서 노력과 시간투자가 직원과 파트너들로부터 요구된다. 다른 중요한 자원은 예산, 지원인력, 혁신을 위한 방법과 도구, 지원적 업무환경을 포함한다. 그러나 절대적으로 긴요한 것은 시간이다. 혁신을 위한 시간을 만드는 것은 전문서비스 환경에서 중요한 도전이다. 모든 전문서비스 기업은 근무시간에 혁신과 관련한 워크샵, 브레인스토밍, 훈련과 개발, 마케팅 등의 활동을 제공할 필요가 있다.

### (6) 혁신을 위한 외부 연계

좋은 아이디어는 다양한 이해관계자들과 협력을 통해 나온다. 전문서비스 기업은 주로 고객과 협력을 한다. 이 협력은 새로운 방법론을 공동으로 개발하기 위해 주로 전개된다. 이외에도 새로운 방법론을 개발하기 위해 기술기업, 대학과도 협력을 한다.

고객은 혁신을 요구하는 중이다. 하지만, 전문가는 자신만의 편협한 세계에 살고 있고 강한 자부심을 갖고 있기 때문에 외부에 무슨 일이 일어나는지를 잘 신경쓰지 않는다. 기업이 고립하여 혁신할 수 있을지라도 이것은 성공의 기회를 급격히 줄인다. 고객, 공급자, 다른 조직들과 외부 연계가 혁신을 위한 핵심 자원을 제공한다. 이 외부 연계는 구체적으로 다음의 목적을 달성하기 위해 요구된다.
- 고객니즈를 더 잘 이해하여 혁신의 새로운 기회를 규명하기 위해
- 고객이 가치를 보장하고 고객과 함께 제안된 혁신을 입증하기 위해
- 다른 부문들에게서 혁신적인 새로운 아이디어를 발견하기 위해
- 혁신을 위해 필요한 추가 자원을 협력을 통해 제공하기 위해

### (7) 혁신으로부터 학습

전문가들은 자존심과 경쟁심으로 베스트프랙티스(best practice) 사례를 잘 공유하지 않기 때문에 지식공유의 결여가 상시 존재한다. 경영컨설팅기업은 중심에 뛰어난 지식 저장고를 갖고 있으나 사람들은 그것을 잘 활용하지 않는다.

전문서비스 기업을 위한 이 분야의 핵심 프랙티스는 다음을 포함한다.

- 정보공유를 권장하는 문화
- 학습을 포착, 공유, 내재시키기 위한 방법과 시스템 도입
- 반복적인 활동과 서비스를 성문화하기 위해 문서화된 절차를 사용
- 다른 비즈니스 분야에서 새로운 혁신을 촉진

서비스가 잘 정의되고, 문서화되고, 표준화되지 않는다면 학습을 실행하는 것이 어려울 수 있다. 학습을 보장하기 위한 입증된 방법은 핵심분야에서 학습을 협력적으로 개발하는 실행 커뮤니티를 구축하고 그것을 포착하고 공유하기 위해 지식경영시스템을 활용할 필요가 있다.

### (8) 사람

전문서비스 기업이 아이디어 공유를 권장하고 실패를 허용하는 혁신촉진 문화를 갖고 있을지라도 전문가들은 혁신에 시간을 소모하기에 너무 바쁘다. 또한, 변호사나 회계사는 보통 기술에 전문성을 갖고 있지 않다. 반면에 전문서비스를 잘 아는 기술자를 채용하는 것도 쉽지 않다. 다양한 전문분야에 기술적 능력을 갖춘 '혼합형 전문가'에 대한 요구가 높은데도 불구하고 여전히 이러한 인재를 채용하는 것은 쉽지 않다.

### (9) 기술

전문서비스에서 기술의 사용이 부진한 이유는 다음과 같다.

- 전문서비스와 관련한 기술 생태계가 아직 파편화되어 있고 미성숙해 있다.
- 전문가는 과도한 일상업무로 인해 신기술 사용법을 습득하는 시간이 충분하지 않다.
- 전문가는 이미 잘 해왔고 수익이 발생하고 있기 때문에 변화의 니즈를 인식하지 못하고 긴급하지도 않다. 하지만, 이제 상황이 변하고 있다.

- 기업은 새로운 비즈니스를 얻기 위한 차별요소로써 기술을 사용하고 있다.
- 기술은 인력을 절감하는 동시에 줄어든 인력에도 불구하고 많은 양의 업무를 처리하는 것을 가능하게 만든다.
- 재택근무가 신기술을 사용하는 젊은 전문가들에게 익숙하다.

## 3.3. 전문서비스 기업에서 혁신의 장애물

이미 전문가의 시간, 안정적인 수익, 기술수용 등의 몇 가지 문제가 지적되었지만 이들을 종합하면 다음의 혁신 장애물이 제안될 수 있다.
- 인력이 혁신에 시간을 소비하기에 너무 바쁨, 예산 제약, 스킬 격차
- 공식적 혁신 프로세스가 없음, 빈약한 실행과 변화관리, 위험회피 문화
- 단기 투자의사결정에 초점, 어떤 기술/방법론을 사용할지를 알지 못함
- 긴급하지 않으며 사업이 잘 되고 있음, 시니어 인력/파트너의 저항
- 규제에 의한 제약, 아이디어 부족, 고객의 저항 등

#  기타 혁신관리 이슈

## 4.1. 혁신역량

### (1) 중요성

전문서비스 기업은 핵심 산출물이 고객이 얻기 어려운 지식과 스킬이기 때문에 '신용품질'이 다른 기업들에 비해 높다. 심지어 사용 후에도 고객은 그 '서비스품질'을 평가하는 것이 어렵게 된다. 또한 전문서비스는 높은 수준의 고객접촉과 고객화, 고객과 서비스 제공자 사이의 높은 상호의존성으로 인해서 서비스 제공자와 고객에게 더 큰 가치창출 기회를 부여한다. 결과적으로, 전문서비스 기업은 그 가치를 창출하기 위해 자원을 통합하고 전개하는 기업의 역량을 이해해야 한다.

## (2) 자원과 역량기반이론

### ① 자원기반이론

경영학에서 자원기반이론(RBT: resource-based theory)은 조직이 우월한 성과와 경쟁우위를 달성하기 위해 내부 조직자원을 얻고 활용하는 편익에 대해 논의한다. 이 이론은 기업특유의 자원이 가치있고 희소하며 모방 혹은 대체가 어려울 때 지속가능한 경제적 수익의 원천이라고 제안한다. 이 이론의 옹호가들에 따르면 자원 혹은 자산(asset)이 활동사슬 혹은 프로세스가 아니기 때문에 조직의 자원은 조직의 역량(capability 혹은 competence)과는 다르다. 오히려, 이 자원은 어떤 기업에 의해 소유되거나 통제될 수 있고 유형적(예: 건물, 토지, 재무적) 혹은 무형적(예: 평판, 브랜드, 지식)일 수 있다. 유형자원은 외부 거래를 통해 얻어질 수 있는 반면에 무형자원은 시간이 지나 기업 내 축적되는 경향이 있고 따라서 경쟁우위에 대해 더욱 내구적인 특징을 보이는 원천이다.

### ② 역량기반이론

전문서비스 기업에서 비록 지식이 경쟁우위를 위한 기반을 제공할지라도 그것은 혁신과 가치창출에 대한 많은 투입물 중 단지 하나일 뿐이다. 자원은 중요하지만 스스로가 기업의 경쟁우위를 만들지 못한다. 오히려, 지식이 활용되거나 혁신과 같은 무엇인가를 하는 데 이용될 경우에 그 자원이 우위의 원천일 수 있다.

자원이 기업에 의해 소유되거나 통제되는 반면에 역량은 고객을 위한 가치를 제공하기 위해 자원을 결합, 개발, 전환하는 데 사용된다. 역량은 경쟁자보다 뛰어난 성과를 내도록 시장에 제품과 서비스를 전달하기 위해 다양한 조직 루틴을 수행하는 능력으로서 정의된다. 그 이유로 인해 역량은 자원 이상의 의미를 내포한다. 역량은 기업에 내재되고 실행에 의한 학습(learning-by-doing)을 통해 실현된 경로의존적 루틴(path-dependent routines)과 정보기반 프로세스(information-based processes)이다.

따라서, 역량은 높은 수준의 인과 모호성(causal ambiguity)으로 인해 경쟁자들이 모방하기 가장 어려운 자원이고 이 차별적 역량이 기업의 성과에 중요한 영향을 미친다. 지식집약적 서비스 상황에서 새로운 지식으로 기존 지식을 전환하는 능력(예: 기업의 혁신역량을 혁신하거나 활용하는 능력)은 중요한 경쟁우위 원천으로써 인식된다. 특히, 전문서비스 상황에서 혁신적 서비스와 솔루션을 경쟁자들보다 더욱 효과적이고 효율적으로 제공하는 능력은 점점 더 기존 고객을 보유하고 제공품을 확장하며, 신규고객을 얻는 한 방법으로서 간주된다. 우월한 조직의 경쟁우위를 역량으로 설명하는 이러한 역량기반이론(CBT: capability-based theory)에 기초하면 혁신역량(innovation capability)은 기업과 고객을 위해 가치를 창출하는 새로운 서비스와 솔루션의 개발과 사업화에 결정적이다.

### (3) 혁신역량

① 개념

조직의 혁신역량은 자원의 활용을 가능하게 하는 스킬과 능력으로부터 발생하고 기업과 이해관계자들의 편익을 위해 새로운 제품, 프로세스, 시스템으로 지식과 아이디어를 지속적으로 전환하는 능력을 나타낸다.

특히, 기술경영분야에서 혁신역량은 다음과 같이 다양하게 정의된다.

- 기존의 기술을 효과적으로 흡수, 숙달, 향상시키고 새로운 것을 창출하는 데 필요한 스킬과 지식
- 디자인과 제조를 위한 혁신기술에 접근, 개발, 실행하는 능력
- 시장 니즈를 충족시키는 신제품을 개발하기 위한 기회를 탐구하고 활용하기 위해 기업이 소유하는 전반적 역량과 자원의 지속적 개선
- 프로세스, 시스템, 조직구조에 토대하는 기업의 역량으로서 제품 혹은 공정혁신활동에 적용할 수 있는 것
- 기술적 혁신(제품과 서비스, 제조프로세스 기술)과 비기술적 혁신(관리, 시장, 마케팅)에 관한 혁신활동을 수행하기 위한 기업의 집합적 지식, 스킬, 자원을 적용하는 통합적 프로세스

② 전문서비스 기업의 혁신역량

전문서비스 기업을 위한 다음 세 가지 차원의 혁신역량이 제시될 수 있다(Hogan et al.,2011)

- 고객초점 혁신역량: 경쟁자들보다 우월하고 독특한 편익을 제공하는 서비스와 제품을 고객에게 제공하는 기업의 능력과 혁신방법을 통해 고객문제를 해결하는 능력을 나타낸다. 이 차원은 전문서비스 상황에서 중요한 세 가지 유형의 혁신역량(서비스와 제품, 문제해결, 행동적 혁신역량)을 연결한다. 구체적 평가

항목으로는 '우리 고객에게 경쟁자들보다 우월한 독특한 편익을 제공하는 서비스/제품의 제공', '매우 혁신적 방식으로 고객문제를 해결', '고객에게 혁신적 아이디어와 솔루션을 제공', '고객에게 혁신적 솔루션을 제시', '문제를 다루는 새로운 방법의 추구'이다.

- 마케팅초점 혁신역량: 새로운 촉진방법과 혁신적 마케팅 프로그램을 개발하고 실행하는 기업의 능력을 반영한다. 지금까지 전문서비스 기업의 전문가들은 마케팅을 '부적절한', '비전문가적인', '품위없는' 것으로서 간주하여 왔다. 그러나 이제 혁신적 마케팅 프로그램을 실행하는 능력을 갖는 것은 점점 더 경쟁에 앞서 나가는 방법으로써 고려되고 있다. 전문서비스의 상호작용적 특징은 현장 전문가 고객에게 기술적 조언을 제공하는 일차적 역할의 책임을 지닐 뿐만 아니라 많은 마케팅 활동에도 책임이 있다고 제안한다. 구체적 측정항목으로는 '서비스/제품을 위한 산업에 혁명적인 마케팅 프로그램의 개발', '우리 기업을 마케팅하는 새로운 방법의 적용', '시장에 앞서나가는 마케팅 프로그램으로 혁신', '혁신적 마케팅 프로그램의 실행'이다.

- 기술초점 혁신역량: 새로운 소프트웨어, 통합된 시스템, 기술을 적용하고 시장에 앞서기 위해 새로운 소프트웨어와 기술로 혁신하는 기업의 능력을 반영한다. 이 혁신역량은 전형적으로 제품과 운영적 프로세스 혁신역량과 통합된다. 구체적 측정항목으로는 '새로운 소프트웨어로 혁신', '신기술로 혁신', '새로운 통합 시스템과 기술의 도입', '산업 내 최신 기술의 적용'이다.

## 4.2. 기업가정신

### (1) 필요성

기업가정신(entrepreneurship)은 제품, 프로세스, 조직혁신의 형태로 혁신활동을 수행하기 위해 조직의 승인과 자원헌신을 필요로 하는 기업가적 노력을 구현하는 것으로서 정의할 수 있다. 혁신을 촉진하는 기업가적 활동은 잠재적인 새로운 기회의 평가, 자원의 일치, 이 기회의 활용과 사업화이다.

전문서비스 기업 상황에서 더욱 글로벌화, 다각화, 까다로운 고객에게 서비스, 전문가에게 성장경력을 제공함으로써 충분한 인재를 유인하는 능력이 중요하다.

또한, 대부분 전문서비스 기업의 지배구조 형태인 파트너십은 전문가의 기업가적 행동을 지원하는 운명을 갖는다. 파트너십에서 개별 파트너들은 기업의 소유자이기 때문에 기업의 성장에 장기적인 관심을 갖는다. 대리인이론(agency theory)에 따르면 소유권은 리스크를 수용하는 관리자의 의지에 영향을 미치기 때문에 이 소유권은 기업가정신과 긍정적으로 관련된다.

게다가, 파트너십으로 진입하는 경력경로(career path)는 혁신에 대해 우호적인 태도를 보장한다. 대부분의 전문서비스 기업에서 비즈니스 개발 스킬을 향상시키고 새로운 비즈니스를 발생시키는 것은 경력경로 상에서 발전하기 원하는 전문가를 위한 필수적인 선제조건이다. 결과적으로, 새로운 비즈니스를 창출할 수 있을 것으로 검증된 기업가적 직원들만이 파트너십에 합류하도록 선발될 것이다. 따라서, 오늘날의 동태적 비즈니스 상황과 지배구조로서 파트너십은 전문서비스 기업의 기업가정신을 촉진한다.

## (2) 기업가정신의 가능요인과 추진요인

유연한 관리 구조, 높은 직원 자율성, 조건부 보상시스템, 명성에 의존이라는 전문서비스 기업의 독특한 조직형태는 기업가정신을 가능하게 하는 요인(단순히 기업가정신이 가능하게 되는 경로를 여는)과 기업가정신을 추진하는 요인(개인들이 기업가정신 행동을 실행하는 것을 적극적으로 조장하는)으로 구분될 수 있다.

① 기업가정신을 가능하게 하는 특징

- 분권화된 관리구조: 전문서비스 기업은 기업가정신의 토대를 형성하는 구조적 및 문화적 요인들을 보유한다. 전문서비스 기업 내 비공식적 관리 구조는 다른 기업형태에 비해 상대적으로 제한되지 않는 수평적 및 수직적 커뮤니케이션 통로를 허용한다. 예를 들어, 다른 프랙티스 그룹 혹은 파트너들과 어쏘 사이부터 동료들 사이의 커뮤니케이션은 과도한 관료주의에 의해 방해받지 않는다. 전문서비스 기업 내 혁신은 내부와 외부 정당성(legitimacy)의 획득을 필요로 한다. 그러한 정당성을 얻는 것은 내부와 외부 당사자들과 일관적이고 명확한 커뮤니케이션 통로를 필요로 한다. 분권화된 관리에서 나타나는 자유와 이와 수반하는 커뮤니케이션의 용이성은 새로운 아이디어의 구축을 위한 잠재적 정당성의 원천들로서 새로운 아이디어의 전송과 확산이 조직 내에서 방해받지 않도록 만든다. 이미 혁신은 개방된 커뮤니케이션 통로를 보유한 환

경 내에서 번성한다는 것이 잘 알려진 이야기이다. 결과적으로, 전문서비스 기업 내 커뮤니케이션의 개방성은 전문가들이 아이디어에 기초해 재빨리 행동하고 피드백과 지원을 얻는 것을 가능하게 한다.

- 높은 수준의 자율성: 전문가는 업무현장에서 높은 수준의 자율성을 누리고 전문서비스 기업은 외부 자금조달을 덜 필요로 할 것이다. 특히, 로펌의 경우에 법적 공정성 향상을 위해 그들은 외부 투자와 외부 관리를 받는 것이 금지된다(많은 자본이 필요한 병원은 대기업의 투자 허용). 결과적으로, 전문서비스 기업은 스스로 전문가와 지원인력을 관리하면서 전문직이라는 업무를 동시에 이행하는 관리자(manager)이며 동시에 생산자(producer)에 의해 운영된다. 이것은 전문가가 자신의 업무를 스스로 관리하고 그렇게 해야만 하는 독립성을 갖는 것을 필요로 한다(심지어 외부 자본이 투입된 병원의 경우에도 의사는 이 독립성을 어느 정도 부여받음). 이미 조직 내 직원이 새로운 아이디어를 제안하고 실험하는 자유를 느끼기 때문에 덜 공식적 통제를 받는 것은 더 높은 수준의 기업가정신과 연관된다는 것이 입증되었다. 결과적으로, 전문서비스 내에서 엄격한 공식적 통제 메카니즘의 결여는 직원이 기업가정신에 참여하도록 만든다.

## ② 기업가정신을 추진하는 특징

- 조건부 보상계획의 활용: 전문서비스 기업 내 조직 분위기는 기업가정신을 가능하게 할뿐만 아니라 추진하는 요소들을 소유한다. 대다수 전문서비스 기업은 직원혁신과 창의성을 장려하는 조건부 보상계획을 보유한다. 무시해도 될 정도의 물리적 자원(가장 큰 물리적 자원은 아마도 사무실)이 필요하기 때문에 전문서비스 기업은 가장 값비싼 자원(예: 그들의 전문가)을 보유하기 위해 그들의 이익의 대다수를 지출한다. 이 직원들은 고도의 스킬을 갖고 있으며, 이 스킬들은 쉽게 이동이 가능하다. 따라서, 이 특징을 갖는 전문가를 보유하는 것은 상위경영층과 유사한 형태의 보상계획을 필요로 한다. 전문서비스 기업은 전문가의 산출물의 질과 양과 관련된 성과급을 포함한 어떤 형태의 조건부 보상계획을 활용하고 보상계획과 경쟁전략의 일치가 기업성과를 향상시킬 것이다. 임금정책과 경쟁전략이 일치될 때 전문가는 업무를 완수하도록 동기부여되어 자신의 분야에서 전문성을 개발하고 연간 보너스를 얻기 위해 청구가능시간의 충족이라는 요구사항을 이행하도록 유인받는다. 그들은 또한 궁극적으로 파트너십 제안을 얻기 위해 새로운 시장에 관심을 갖고 새로운 프랙

티스 그룹을 구축하도록 동기부여된다. 이런 식으로 전문서비스 기업의 조건부 급여정책은 전문직의 기업가정신 프랙티스를 고무한다.

- 전문가 명성에 대한 강조: 전문가들은 새로운 고객과 전문적 성공을 얻기 위한 수단인 명성에 대한 높은 의존성으로 인해 기업가정신을 이해하도록 이끌어진다. 전문가와 고객 사이에 지식과 전문성의 비대칭성이 존재하고 이 비대칭성의 결과로써 고객이 궁극적 서비스품질을 정확히 판단하는 것이 어려울 수 있다. 가령, 어떤 변호사가 소송에서 질 때 고객은 그것이 변호사 능력의 결과인지 아니면 단순히 소송사실 그 자체를 반영한 결과인지를 알아내는데 많은 어려움을 느낄 수 있다. 이 지식의 비대칭성으로 인해 전문가는 명성의 활용을 통해 그들의 현재와 장래 고객에게 품질에 대한 신호를 줘야 한다. 명성은 몇 가지 방식으로 구축할 수 있다. 그 중 하나는 특정 분야에서 주목할만한 전문성을 개발하는 것이다. 전문가들은 그들이 실행하는 핵심 지식기반에 숙달할 뿐만 아니라 그 분야에서 새롭고 혁신적인 사고를 입증해야 한다. 이것은 틈새 전문성 혹은 시장의 새로운 분야 중 하나를 포착하는 새로운 프랙티스 그룹의 창출 형태로 나타난다. 그들은 새로운 영역과 관할권에 진출하기 위해 내부적으로 그들의 프랙티스를 확장하거나 외부적으로 새로운 입법 혹은 전문가 규제의 근본적 변화에 대응할 수 있다.

### (3) 기업가정신의 실행

법률과 회계법인과 같은 고전적 전문서비스 기업은 높은 수준의 전문서비스 강도의 세 가지 특징을 보유하지만 다른 전문서비스 기업들은 하나 혹은 두 가지 특징만을 소유한다. 이 다른 유형의 전문서비스 기업은 전문가캠퍼스(병원), 신전문서비스 기업(컨설팅과 광고기업), 기술개발자(바이오테크놀로지와 R&D연구소)이다. 이들과 기업가정신의 관계는 다음의 〈그림 13.1〉에 나타나 있다. 즉, 그림처럼 세 가지 전문서비스 강도에 따라 전문R&D기업, 신전문서비스 기업, 전문가캠퍼스, 고전적 전문서비스 기업의 순서로 배치되고 기업가정신 수준은 이에 적합하게 실행되어야 한다.

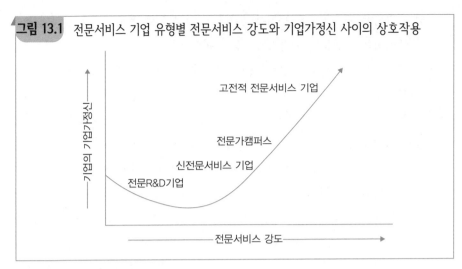

**그림 13.1** 전문서비스 기업 유형별 전문서비스 강도와 기업가정신 사이의 상호작용

자료원: Phillips & Messersmith(2013)

① 고전적 전문서비스 내에서 기업가정신

- 지속적 개선: 기업이 제공한 조건부 보상을 얻고 명성을 향상시키려는 차원에서 전문가는 그들의 고객에게 제공할 새로운 전문분야와 새로운 서비스를 창출함으로서 지속적 재생성(regeneration)에 관여한다. 사실 전문서비스 기업에서 급진적 혁신은 점진적 혁신에 비해 매우 어렵기 때문에 개선이라는 용어가 선택되었다. 예를 들어, 법률과 회계법인은 법적 환경에서 변화의 최일선에 머물러 있어야 한다. 그 예로, 인터넷이 창출한 지적재산법, 상법, 개인정보보호법의 확장으로 인해 지속적으로 새로운 법규가 등장하고 있고 이에 따라 새로운 해석이 필요하게 되었다. 이 기술적 발전과 관련된 법률이슈를 다루는 일반 역량, 그러한 변화로 인해 발전된 전문성과 프랙티스 그룹을 기대한 로펌들은 새로운 고객을 포착하는 독특한 포지션에 있어야 한다.

- 영역 재정의: 법률부문에서 새로운 기술 혹은 변화의 도래는 전문가들에게 영역 재정의(domain redefinition)를 위한 기회를 제시한다. 만약 어떤 기업이 e-commerce에 관한 지적재산을 둘러싼 이슈에서 선도기업으로서 이미지를 구축한다면 그 기업은 전문성의 새로운 영역을 규정하고 이 영역의 관점에서 최초진입의 우위를 점할 수 있다. 가령, Napster의 파일 공유 소프트웨어에 관련된 지적재산 이슈를 처음 조사한 전문서비스 기업은 사회 네트워킹 사이트(예: Facebook과 Twitter와 같은)와 다른 온라인 미디어 공유 사이트(예: YouTube)

를 통해 정보의 공유를 둘러싼 이슈에 더 잘 포지션될 것이다. 영역 재정의의 핵심은 새로운 시장을 구축하고 창출하는 행위를 포함하고 성공적인 전문서비스 기업은 일반적으로 그들의 우위를 달성하기 위해 이 형태의 기업가정신을 활용한다.

- 조직적 개선: 전문서비스 기업은 조직적 및 전략적 개선을 배양해야 한다. 이 조직개선은 기업이 경쟁자들과 더 잘 경쟁하도록 하는 내부 프로세스의 발전을 수반한다. 전문서비스 기업은 몇 가지 방식으로 조직적 개선을 시작한다. 예를 들어, 과거 십년동안 판례검색, 화상회의, 문서저장과 보호에서 현저한 기술적 발전이 이루어졌다. 이러한 첨단기술을 활용하는 전문서비스 기업은 그들의 전문가가 업무를 더욱 효율적으로 그리고 더 작은 비용으로 이행하는 것이 가능해지고 있다. 서비스를 경쟁자보다 더 빨리 그리고 더 싸게 전달하는 그들의 능력은 그들에게 시장에서 차별적 경쟁우위를 제공한다.

한편, 기술과 관련되지 않은 방식으로서 전문서비스 기업이 더 많은 파트너십 기회와 잠재적 승진을 포함하는 새로운 파트너십 승진 구조를 개발한다면 전략적 개선에 관여할 수 있다. 그러한 조직의 재구조화는 기업 내 직원들을 추가적으로 자극할 수 있고 정적인 조직구조를 갖는 기업들로부터 최고의 전문가들을 유인할 수 있다. 이런 식의 구조적 재조직화는 실제로 시장에서 경쟁우위로 이어질 수 있다.

- 전략적 개선: 조직적 개선과 달리 전략적 개선은 경쟁방식을 변화시키고 경쟁환경에 관점을 집중하는 기업을 만든다. 이 맥락에서 전문서비스 기업은 여러 방법으로 새로운 전략적 방향을 적용한다. 기술적측면의 사례로서 인터넷과 관련 기술의 발전은 커뮤니케이션과 무역 차원에서 지구를 작게 만들었다. 이에 전문서비스 기업은 국내 기반의 전략에서 글로벌하게 기업전략을 전환시킬 수 있다. 여기서 조직적 및 전략적 개선은 전문서비스 기업의 독특한 환경에 의해 자극된다. 전문서비스 기업의 상대적으로 낮은 자본집약은 그들이 서비스를 전달하는 기술적 능력을 향상시키는 내부의 기술적 자원에 투자하는 것을 가능하게 하는 반면에 유연하고 분권화된 조직구조는 그들이 외부 소유자/관리자를 달래거나 많은 관료주의에 방해받지 않고 전략을 적용하는 것을 가능하게 만든다. 한편, 지속적 개선과 영역 재정의와 유사한 방식으로 내부 및 외부에서 목표화된 기업가정신은 또한 전문서비스 기업문화에 의해 고무

되고 전문가들은 글로벌 프랙티스를 개발(혹은 세계적 수준의 전문가와 일함으로써)함으로써 그들 자신의 명성을 향상시킨다.

② 비고전적 전문서비스 기업 내에서 기업가정신

어떤 점에서 낮은 전문서비스 강도는 단순히 비전문기업으로 해석되고 그 점에서 전통적 산업 내에서 구축된 기업가정신의 결정요인이 적용될 것이다. 예를 들어, R&D기업의 높은 자본요구와 외부 투자/관리 니즈에도 불구하고 그들은 그들의 관료주의와 외부 소유권의 장애물을 극복하기 위해 입증된 다양한 관리기법(예: 전환적 리더십)에 참여할 수 있다. 그러한 기업에서 기업혁신 혹은 기업가적 지향을 위한 직접적인 경영지원은 높은 자본요구와 공식적인 전문가 규제가 결여됨에도 불구하고 전문가들 사이의 기업가정신을 고무할 수 있다. 따라서, 가장 낮은 수준의 전문서비스 기업 강도를 갖는 전문기업들 사이의 관계는 더욱 복잡하게 설명된다. 그 결과는 다음과 같이 제시될 수 있다.

- 전문서비스 강도가 줄어들수록 기업가정신이 감소한다.
- 고전적 전문서비스 기업은 높은 수준의 기업가정신에 관여할 것이다.
- 전문가캠퍼스는 고전적 전문서비스 기업에 비해 상대적으로 중간수준의 기업가정신에 관여할 것이다.
- 신전문서비스 기업은 고전적 전문서비스 기업에 비해 상대적으로 중간 수준의 기업가정신에 관여할 것이다.
- 전문R&D기업은 전문가캠퍼스 및 신전문서비스기업에 비해 상대적으로 높은 수준의 기업가정신에 관여할 것이다.


## 4.3. 전문서비스의 모듈화

### (1) 개념

① 모듈성

모듈성(modularity)은 전체로서 함께 기능하는 독립적으로 디자인된 더 작은 하위시스템을 이용해 복잡한 제품 혹은 프로세스를 구성하는 것으로서 정의한다. 모듈성에서 핵심 개념은 더 작은 부분들로 더 큰 시스템을 분할하는 분해가능성

(decomposability)이다. 어떤 시스템이 더 작은 부분들(모듈들)로 분리될 때 그 모듈 사이의 상호의존성이 모듈 내 상호의존성과 비교해 최소화된다. 이것은 모듈 내 상호작용이 모듈 사이의 상호작용보다 더욱 빈번하거나 복잡하기 때문에 인터페이스(interface)의 단순화를 가능하게 한다. 나아가, 모듈들 사이의 표준화된 인터페이스는 재사용가능성과 공유를 가능하게 하고 모듈의 분리와 재결합은 기능성을 잃지 않고 다른 구성을 만드는 것을 가능하게 한다. 이 인터페이스의 표준화는 대량생산을 가능하게 하고 조정비용을 줄이는 모듈을 모방하거나 반복하는 능력을 지원한다.

따라서, 모듈성은 다음의 아키텍처(architecture) 측면을 설명하는 시스템이라고 할 수 있다.

- 시스템이 구성요소들(components)로 분리될 수 있는 수준
- 이 구성요소들 사이의 결합(coupling)의 수준
- 구성요소들의 재결합

② 전문서비스에서 모듈성

전문서비스의 추구와 전달은 기술, 수요, 규제, 경쟁과 같은 특징들로 이루어진 고도로 동태적인 환경에 의해 영향받고 기능과 이해관계자들 사이의 통합과 조정 메커니즘을 필요로 한다. 예를 들어, 의료서비스에서 조정된 치료는 환자 경험을 향상시키기 위해 의사, 간호사, 관리직원이 보유한 자원과 노력을 조정한다. 그 조정은 환자를 중심으로 이루어지고 치료 규범을 따르는 전문가들의 수와 능력에 의존한다.

그러나 서비스 제공자들 사이의 명확한 업무 분업을 지원하기 위해 전문서비스는 각각 특정 기능을 수행하는 모듈(module)들의 집합으로 분해될 수 있다. 이 모듈화는 파편화된 시스템에서 복잡성을 줄임으로서 유연성을 향상시키고 전문서비스를 조직화하는 더욱 효과적인 방법이다.

예를 들어, 의료건강 프로세스는 모든 프로세스에 공통적인 기본 모듈, 특정 환자부문을 위해 구성된 모듈, 개별 환자 수준에서 고객화된 모듈의 관점에서 조직화될 수 있다. 여기서 모듈성은 치료와 진료 관련 절차에서 서비스 모듈을 의미하고 유연하고 상호운영가능한 방식으로 환자의 선택에 관해 구성될 수 있는 프로세스를 지원한다.

## (2) 필요성

### ① 환경변화

다른 많은 비즈니스처럼 전문서비스 기업 또한 기술개발, 글로벌 경쟁, 비용압력에 직면해 있다. 결과적으로, 운영을 강화하고 유연성을 증가시키며, 서비스 품질과 혁신성을 향상시키고 규모의 경제로부터 편익을 보려고 하는 두드러진 니즈가 존재하는 데 이에 대응하는 방법이 모듈화(modularization)이다.

### ② 다각화

전문서비스 기업은 더 이상 한 전문분야에만 초점을 두지 않고 그들의 활동을 인근 비즈니스분야들로 다각화하고 있다. 예를 들어, 기존의 회계법인은 회계감사에 초점을 두었으나 요즘 고객을 위한 재무관리 분야로 다양한 서비스를 창출하고 있다. 또한, 광고대행사는 과거와 같이 단순한 마케팅 캠페인만이 아니라 기업과 제품 브랜드 개발을 위한 전반적인 솔루션을 제공한다. 이 변화는 이 다각화된 니즈의 복잡성을 다루기 위해 그들은 서비스제공품에서 모듈성을 향상시키려고 하였고 이것은 모든 유형의 전문서비스 기업에 관련된다.

### ③ 표준화

보통 전문가 업무는 표준화되거나 사전에 결정된 형식으로 주어질 수 없다고 주장되어 왔다. 그러나 더욱 효율적이고 합리적인 프로세스 운용, 집합적 지식의 축적, 루틴업무 대신에 전문적 업무에 더 많은 시간배분 가능과 같이 표준화가 전문서비스 기업에 잠재적인 편익을 창출할거라고 주장하는 관점도 존재한다. 이 유형의 조정은 모듈화를 통해 달성될 수 있다. 모듈화는 유연하게 전체 비즈니스 단위에서 지식집약적 활동을 분리하는 깃을 가능하게 만드는 구성요소들로 지식을 분해할 수 있게 한다. 비록 서비스 제품이 개별적일지라도 프로세스와 투입물 요소들은 표준이 될 수 있고, 그 반대도 사실이다. 따라서, 모듈적 아키텍쳐는 지식집약적 서비스 생산프로세스에 필요한 유연성(flexibility)과 적응성(adaptability)을 제공할 수 있다.

### (3) 모듈성의 차원과 아키텍처

#### ① 전문서비스에서 모듈성의 차원

모듈성 관점에서 서비스제공품은 표준 인터페이스의 도움으로 다양한 고객화된 솔루션으로 결합될 수 있는 '모듈'들의 꾸러미로서 간주된다. 전문서비스를 개발하는 데 모듈성의 적용은 다음의 두 차원에 의해 설명될 수 있다.

- 서비스의 전체 구조의 분해(decomposition): 이것은 서비스가 고객에게 제공하기 위해 서비스의 명시적 구조를 이루는 기능적 요소들로 분해하는 것을 의미한다.
- 인터페이스 규정(interface specification): 어떻게 서비스 모듈이 서비스 내에서 함께 상호작용할지를 규정해야 한다. 고객과 서비스 제공자 사이의 접점 프로세스와 인터페이스는 모듈성의 관점에서 조직적으로 이해될 필요가 있다.

#### ② 서비스 아키텍처

서비스 전달은 본질적으로 모듈적일 수 있는 프로세스의 집합을 포함한다. 차별적 모듈과 관련된 내포된 프로세스의 조합이 서비스를 전달한다. 이 모듈들의 표준화, 독특성, 결합과 반복가능성의 수준은 전체 시스템 아키텍처(architecture)를 정의한다. 이 아키텍쳐는 모듈적 서비스, 모듈적 프로세스, 모듈적 조직의 결합을 포함한다. 서비스에 걸쳐 이용가능한 서비스의 범위, 독특한 환자 상태, 중단없는 인수인계의 니즈는 헬스케어 시스템에 느슨하게 결합된 복잡한 구조를 제공한다. 전체 서비스 아키텍처는 정보의 흐름을 지배하는 사람, 정보, 규칙의 관점에서 표현된 잘 정의된 인터페이스를 갖는 모듈들의 네트워크로써 구성된다.

서비스 모듈들은 서비스 제품 모듈, 서비스 프로세스 모듈, 둘의 혼합일 수 있고, 그들은 서비스 수준, 서비스 조직, 서비스 꾸러미, 서비스 구성요소를 따라 혹은 서비스 패밀리, 서비스, 모듈, 구성요소, 특징을 따라 분해될 수 있다.


## 4.4. 전문서비스 기업의 네트워크

### (1) 필요성

전문서비스 기업은 내부의 자원이 부족할 경우에 외부에서 자원을 조달할 필요가 있다. 이 자원으로는 물리적 자원과 인적 자원뿐만 아니라 지식, 정보, 아이디어도 포함한다. 이처럼 외부에서 자원을 효과적으로 조달하기 위해서는 외부 주체들과 네트워크를 구축하는 문제가 중요하게 대두된다.

또한, 전문서비스 기업에서 새로운 비즈니스 기회와 신지식에 대한 탐구(exploration)는 기업의 장기 성과와 생존에 필수적이다. 그러나 탐구는 특히 기존 지식과 스킬의 개선에 초점을 두고 지식 재사용을 강조하는 규모가 큰 기존 기업이 도전해야 하는 문제이다. 탐구하기 위해서는 변화(variation)와 폭넓은 탐색에 대해 강조를 해야 하는 데 규모가 큰 전문서비스 기업의 특성과는 반대이기 때문이다. 이러한 탐구가 네트워크를 통해서 가능해 지게 된다.

### (2) 탐구를 위한 네트워크 구조

사회네트워크 관점을 적용한 이전의 논의에서는 밀집하게 연결된 네트워크(dense network)와 희박하게 연결된 네트워크(sparsed network)의 우위에 대해 여러 논쟁이 있었다. 한편으로는 많은 지식과 정보에 접근할 수 있는 밀집된 네트워크를 구성하는 것이 사회적 자본을 크게 만들어 혁신에 기여할 수 있다는 관점이 있었다. 이에 비해 중복된 지식과 정보는 무의미하고 다양한 다른 지식과 정보에 접근할 수 있는 네트워크 상의 위치(예: 구조적 공백)가 더 바람직하기 때문에 희박하게 연결된 네트워크가 혁신을 위해서 더 바람직하다는 관점이 있다.

두 관점 중에서 혁신에 바람직한 네트워크는 다양성을 강조하는 희박하게 연결된 네트워크가 더 바람직하다는 주장이 널리 인정받고 있다. 즉, 네트워크를 통해 흐르는 정보의 진기성으로 인해 탐구하는 데 이 네트워크 특성이 더 나을 수 있다. 게다가, 탐구에 관련된 새로운 비즈니스와 새로운 지식이 현재 기업에 중요한 것으로서 인식되지 않는 스킬과 자원의 진기한 결합으로부터 흔히 발생하기 때문에 더 큰 자율성을 제공함으로서 희박 네트워크는 관리자들이 이 분야에서 탐구하는 것을 지원한다.

### (3) 자원으로서 네트워크 컨텐츠

네트워크 컨텐츠는 아이디어 혹은 재화와 같이 그들이 상호작용하는 노드들 사이를 지나가는 흐름으로서 이야기한다. 전문서비스 기업의 관리자들은 그들의 업무를 달성하기 위해 기존 혹은 유망고객, 전문협회, 대학 및 연구소의 산업과 지식

전문가, 공유 자회사와 같은 기업 외부 주체들과 전문가 관계를 정기적으로 구축하고 유지한다. 모든 전문가 관계에서 자원(예: 조언, 지원, 정보)에 대한 접근은 그 관계에 대한 관리자의 호혜적 자원의 투자를 필요로 한다. 따라서, 그것이 특화된 지식, 전문성, 재무적 자본, 물리적 자산 혹은 사회적 자본이든 간에 그 관계의 형성과 유지는 자원의 투자를 필요로 한다.

기업의 관리자들은 전문가 관계를 구축하고 유지하는 데 이용될 수 있는 다음의 여러 자원들을 가진다.

- 개인자원: 개인적으로 그들은 그들의 전문적 지식, 고객 및 산업지식, 프로젝트 관리 역량 혹은 커뮤니케이션 스킬을 갖고 있다.
- 기업자원: 보통 관리자라는 공식 지위에 있기 때문에 조직에서 이용할 수 있는 것으로서 고객 및 경쟁자 등에 대한 데이터베이스, 다른 유형의 정보의 형태로서 루틴, 표준운영절차, 품질통제 매뉴얼 등이 있다.

네트워크는 기업간 관계, 개인 간 관계 혹은 이 둘의 결합 관계로 구성될 수 있다. 물론, 전문서비스 기업에서 주도적인 것은 전문가들의 개인관계이다. 이 개인적 연결은 대기업에서 가장 적합하다. 소기업에서 관리자들에게 이용가능한 기업자원은 제한될 것이고 극단적으로 개인과 기업자원이 하나이거나 기업가적 창업기업처럼 동일할 수도 있다.

### (4) 기업자원의 장점

대형기업에서 개인과 기업자원 사이의 명확한 차이가 존재한다. 대기업에서 조직멤버들이 그들의 공식적 직무 포지션의 결과로서 접근할 수 있는 자원들은 그들이 개인적 접촉의 결과로서 접근하는 자원보다 자신에게 훨씬 더 유리할 것이다. 그들의 공식적 포지션을 통해 이용가능한 자원이 조직 자체의 파워, 부, 명성을 수반하기 때문이다. 게다가, 기업의 자원은 신뢰할 수 있고 흔히 개인의 자원을 사용하는 것보다 더 낮은 비용으로 쉽게 이용할 수 있기 때문이다. 전문서비스 기업이 크게 성장하면서 시니어 관리자들은 대형 고객 프로젝트의 책임을 맡는다. 그들의 역할은 개인화된 고객 상호작용에서 벗어나 표준화된 루틴으로 특징된 대규모 프로젝트를 관리하는 역할로 바뀐다. 이 변화는 그들이 공식적인 기업자원에 더욱 의존하도록 만든다.

### (5) 개인자원의 장점

전문적 관계에서 개인자원에 투자하는 것은 다음의 세 가지 이유에서 관리자의 탐구(즉, 급진적 혁신) 행동에 중요하다.

① 개인연결은 기업연결보다 더욱 다양한 정보를 제공하는 잠재력 보유

더 많은 개인적 연결로 이루어진 네트워크를 갖는 관리자들은 주로 기업연결로 이루어진 네트워크를 갖는 동료들에 비해 더욱 다양한 정보에 노출된다. 따라서, 주로 개인자원에 투자함으로서 창출된 네트워크는 다양한 정보를 가져오고 그러한 네트워크가 탐구와 긍정적으로 관련될 것이다.

② 개인연결은 더 큰 자율성을 가능하게 함

새로운 비즈니스와 새로운 지식을 통한 성장이 현재 기업에게 중요한 것으로 인식되지 않는 진기한 스킬의 결합으로부터 발생하기 때문에 관리자의 탐구하는 능력은 자율성을 갖는 것에 의존한다.

③ 개인연결은 네트워크의 접촉에서 자원에 더 쉬운 접근을 제공

사회적 교환에서 다른 사람에게 자원을 제공하기 위한 어떤 사람의 접촉 의지는 관계에서 호혜성의 기대에 의존한다. 호혜성의 규범이 기업들간의 관계를 포함하여 모든 사회적 행동을 지배하면서 호혜성의 강도는 개인적 차원의 관계에서 더 커진다. 이 개인적 연결을 통한 지식과 자원에 대한 더 용이한 접근으로 인해서 개인적 연결은 잠재적 파트너들에 대한 불확실성을 줄이고 자원과 지식에 대한 더 용이하고 신속한 접근을 제공한다.

# 참고문헌

Hogan, S.J., Soutar, G.N., McColl-Kennedy, J.R. & Sweeney, J.C. (2011), "Reconceptualizing professional service firm innovation capability: Scale development", Industrial Marketing Management, 40(8), 1264-1273.

Levinthal, D.A. & March, J.G. (1993), "The myopia of learning", Strategic Management Journal, 14(S2), 95-112.

Phillips, J.M. & Messersmith, J.G. (2013), "Are professional service firms uniquely suited for corporate entrepreneurship? A theoretical model connecting professional service intensity and corporate entrepreneurship", Journal of Business & Entreprenueurship, 24(2), 79-96.

# 14

## 전문서비스와 기술

## 14장　전문서비스와 기술

##  전문서비스에서 기술의 역할

인터넷과 4차산업 혁신기술이 주도하는 혁신이 비즈니스가 운영되는 방식을 혁신적으로 전환시키고 있다. 특히, 거래시 대인간 상호작용을 요구하지 않고 인터넷이 새로운 유통채널로써 작용하는 금융서비스와 같은 부문에서 이러한 현상은 명확하게 나타나고 있다. 이외에도 4차산업과 관련한 혁신기술은 법률, 회계, 의료서비스와 같은 전문서비스의 역할과 전달의 변화를 초래하고 있다. 이제 전문서비스에서 인터넷은 단지 유통채널로써의 역할이 아니라 일차적으로 접근가능한 정보자원의 역할을 한다.

### 1.1. 로펌에서 최신 기술의 역할

2019년 Legal Trends Report에 의하면 미국 변호사는 하루 중 청구가능 업무에 단지 3시간 미만만을 소비하고 있었다. 청구하지 않는 나머지 시간인 사무실관리, 요금청구와 전달, 기술구축, 대금회수 등이 청구가능한 시간의 48%를 차지하였고 나머지는 개인 활동이었다. 그러나 다음의 기술활용이 이 청구가능시간을 확장하는 데 도움을 줄 수 있다.

- 자동화: 고객유치와 같이 많이 소비되는 업무를 자동화하는 것은 전문가의 시간을 절약하고 더 원활한 고객경험을 창출한다.
- 통합시스템: 통합시스템에 중요한 데이터를 반복해 입력하거나 다른 시스템에서 시간을 낭비할 필요가 없다.

- 어디서든 접근: 클라우드 컴퓨팅(cloud computing)의 등장으로 변호사는 어디서 든 그들의 프랙티스에 접근할 수 있기 때문에 가장 효율적인 시간과 장소에 서 업무를 볼 수 있다.
- 더 나은 협력: 클라우드 기반의 법률 프랙티스 관리 소프트웨어와 같은 도구들 로 모든 핵심 정보가 한 곳에 있고 비록 다른 사무실에 있을지라도 어떤 사람 이든지간에 함께 어떤 문제를 해결하기 위해 일할 수 있다.
- 간소화된 결제: 온라인 신용카드 결제를 받는 변호사는 그렇지 않은 변호사들 보다 39% 정도 더 빨리 지불받는다고 한다. 즉, 다양한 결제시스템기술은 전 문서비스 기업이 더 빨리 지불받도록 할 수 있다.


## 1.2. 미래의 회계기술

회계부문과 기술의 결합은 다음의 분야에서 발생하고 있다.
- 클라우드 컴퓨팅: 클라우드 컴퓨팅은 개인 컴퓨터의 하드 드라이브가 아니라 온라인 상의 데이터 저장과 향상된 외부 접근성을 의미한다. 클라우드는 또 한 고객이 협력과 정보교환을 더 쉽게 하도록 만들고 어떤 데이터에 접근하 는 능력을 향상시킨다. 클라우드 컴퓨팅은 클라우드에서 이용가능한 대중적 인 회계 소프트웨어인 QuickBooks Online, Kashoo, Xero, and FreshBooks 등을 이용함으로써 가능해 진다. 이 클라우드 기반 회계프로그램은 가입 후 구매주 문, 지출요구, 급여지출, 자산관리, 외환회계와 같은 도구와 소프트웨어를 활 용할 수 있도록 만든다.
- 블록체인기술: 블록체인은 거래에 포함된 모든 당사자 간에 암호화된 데이터 를 보호하고 확장된 거래 리스트를 유지할 수 있다. 과거의 회계업무는 주로 회계사와 독립 감사인이 기업의 재무정보를 입력하고 검증하는 복식부기에 기초한다. 하지만, 블록체인기술로 데이터가 다른 당사자없이도 쉽게 검증되 기 때문에 이 중복이 더 이상 필요없게 된다. 이것은 각 개별거래의 완전하고 자동화된 디지털 감사를 의미한다. 즉, 이 기술을 통해 거래의 양 당사자가 공 유된 원장, 심지어 각 회계사와 감사인에게 동시에 기록된다는 것을 의미하고 기업은 개별적으로 관리된 데이터베이스를 유지한다.

- 자동화된 회계기술: 현재의 비즈니스 환경은 사실상 데이터 입력이 필요없게 되는 회계의 노코드(no-code) 시대에 다가서고 있다. 이 자동화된 기술은 늘 기술이 인간을 대체하는 양날의 칼이라는 편익을 제공하였다. 그러나 회계사의 경력이 정말로 위협받거나 아니면 이전보다 더 수익성이 좋은 잠재력을 가질 것인가? 전문가가 단순한 시간기반 대금청구에서 벗어날수록 그의 지식과 경험은 가장 가치있는 상품이 될 것이다. 자동화된 회계기술의 통제자는 높은 수요를 보일 것이기 때문에 비록 회계사가 자신의 역할을 재정의하게 될 것이지만 높은 가치를 갖는 가상의 통제자가 되는 것은 회계사의 경력경로를 유지하는 데 도움이 될 수 있다. 어떤 회계분야의 전문가들은 수동적 기입이라는 시간낭비를 줄이고 인간으로서의 실수를 줄이면서 자동화된 기술이 회계사의 삶을 더욱 효율적으로 만들 것이라고 주장한다. 이 효율성은 회계법인의 높은 수익을 창출하는 전략에 회계사의 참여를 증가시키는 추가시간을 제공할 수 있다. 이것은 더 높은 수익성으로 전환될 수 있을 것이다.

- 광학문자인식: 광학문자인식(OCR: optical character recognition)은 인쇄하거나 손으로 작성된 문서를 스캔하여 기계가 읽을 수 있는 문자로 전환하는 방식이다. 이 기술이 손으로 작성한 노트 혹은 노트의 사진을 스캔하고 전자문서를 만들 수 있기 때문에 전문가들은 동료 및 고객과 신속하게 정보를 공유할 수 있다. 구체적으로 이 기술은 회계사들이 영수증의 항목별 정리, 청구서 준비, 비용추적, 종이문서 제거와 같은 업무로부터 부담을 줄여준다.

- AI와 회계: AI는 전문서비스 기업에게 실시간 보고를 가능하게 만들어 게임체인저(game changer)가 될 수 있다. 회계분야에서 AI는 회계사 업무의 대부분을 차지하는 반복적이고 기본적인 업무인 감사, 임금지불, 파일 업로드, 대량 파일의 정리를 수행할 수 있다. 그 이유로 회계사는 데이터 분석 및 해석과 기업 성장과 안정을 위한 효율적 방안 제안과 같이 인간이 결정해야 하는 전략적 업무에 초점을 두는 자유를 얻을 수 있다. 한편, AI의 하위부분인 머신러닝(machine learning)은 알고리듬과 통계를 사용하여 대규모 데이터를 분석함으로써 데이터의 패턴을 감지한다. 회계기업은 항목화와 검증업무를 단순화하고 자동화하기 위해 머신러닝을 활용해야 한다. 가령, 회계사는 대규모 비용분석을 하지 않고서도 추가 비용이 적절한지를 검토하기 위해 머신러닝 기법을 사용할 수 있다. 많은 회계사는 AI와 머신러닝이 그들의 업무를 완전히 자동

화할 것이라고 믿지만 회계법인은 회계사들을 더욱 수익적인 업무로 전환하여 생산성을 높이기 위해 이 파괴적 기술을 활용할 수 있다.

- 디지털 화폐: 디지털 화폐의 사용을 수용하거나 관심을 갖는 사용자의 증가가 주목받고 있다. 만약 이러한 현상이 지속된다면 회계법인은 다른 금융거래처럼 디지털 통화거래를 기록하는 데 관심을 가질 필요가 있다.

- 차세대 모바일 앱(app): 많은 회계법인은 직원들이 자신의 기기를 가져와 사용하도록 한다. BYOD 전략(bring your own device: 개인 소유 스마트기기들을 업무에 활용하는 전략)은 회계사들이 그들의 모바일 기기를 사용해 언제 어디서든 재무 데이터에 접근하고 금융거래를 기록하도록 하였다. 그러나 회계기업은 종합적인 모바일 안전계획을 실행하지 않고서는 재무 데이터를 안전하게 유지할 수 없다. 그들은 클라우드 컴퓨팅을 활용하고 데이터 보안에 초점을 두는 맞춤형 모바일 앱을 구축할 필요가 있다. 그 앱은 또한 권한을 가진 직원이 보안공격의 영향을 막아 민감한 재무 데이터에 접근할 수 있도록 해야 한다.


## 1.3. 소비자와 의료정보

의료부문에서 환자들은 의사의 역량 혹은 전문성, 의료 서비스, 약의 효과, 활용된 기술을 대부분 평가하지 않는다. 물론 일부 예외가 있지만 대체로 환자는 그러한 평가를 할 수 있는 지식을 갖지 않고 의사와 다른 전문인력(예: 간호사, 치료사)과 지속적이고 장기간의 접촉을 필요로 하는 조건(예: 외래진료, 입원 등)에 포함되는 경우에만 이 지식을 얻는 기회가 생긴다.

환자가 어떤 의료전문가에게 상담할지를 결정하는 의사결정은 그 의료전문가가 어떤 문제를 다룰 수 있다고 생각하는 개별 인식 혹은 판단의 결과이다. 소비자는 어떤 추가 정보없이 질병에 대한 의료 전문가의 조언을 따르거나 혹은 이차 의견 혹은 이차 자료원을 통해 자신의 지식을 보완할 수 있다. 전형적인 이 예시는일반적으로 의사 혹은 적합한 자격을 갖춘 사람들에 의해 작성된 자조 매뉴얼(self-help manual)이다. 이것은 소비자가 만성적이거나 장기 조건(예: 고혈압)을 갖는 경우에 특히 적절하다.

〈표 14.1〉은 의료부문에서 인터넷을 통해 소비자에게 이용가능한 정보의 원천과 유형을 예시로 보여주고 있다.

표 14.1 소비자가 이용가능한 정보의 원천과 유형 분류

| 본원적 정보 | 생산 정보 | 환자 정보 |
|---|---|---|
| 건강촉진 사이트의 의료 조건에 대한 기본 교육 | 제조업체 사이트의 세부 약정보 | 특별 관심집단 |
| 건강촉진 사이트의 치료에 대한 기본 교육 | 제조업체 사이트의 세부 의료장치 정보 | 온라인 지원집단 |
| 치료 소식 | 전문의와 상담 | 성공/실패 이야기 |
| 의학 저널 | 전문의 탐색 | |
| 학회 하이라이트/게시판 | 기업에 한정되는 의료뉴스 | |

현재, 인터넷은 소비자들에게 전례없이 다양한 의료정보를 제공하고 있다. 그러나 일차적 접점(예: 소비자와 의사 사이의 일차적 서비스 접점)이 아닌 곳에서 소비자들이 전문가 및 다른 소비자들 모두와 함께 하는 논의에 참여하는 데 인터넷이 제공할 수 있는 부분이 증가하고 있다. 예를 들어, 양방향적 정보포럼이 있다면 소비자들에게 특정 의료조건에 대한 이해 및 진단과 치료에 대한 대안적 의견을 제시하는 것을 보장하는 기회를 가짐으로서 의료서비스 접점을 재구성하는 큰 잠재력을 지닌다. 그러나 그렇게 하기 위해서는 중요한 것을 학습하는 편익과 비교하여 자신의 세부정보를 제공하는 비용을 넘어설 필요가 있다.

종합하여, 정보기술을 통한 일차적 의료서비스 접점은 다음의 〈그림 14.1〉과 같이 병행 서비스 접점으로 확대될 것이다.

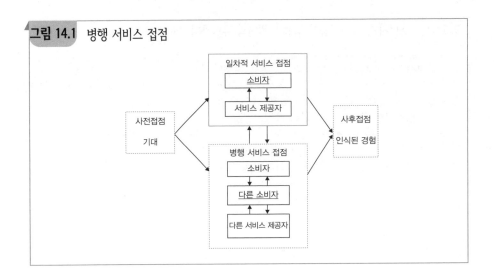

**그림 14.1** 병행 서비스 접점

일차적 서비스 접점
소비자
서비스 제공자

사전접점
기대

사후접점
인식된 경험

병행 서비스 접점
소비자
다른 소비자
다른 서비스 제공자

## 2 전문서비스에서 자동화 논의와 전략

특정 분야의 숙련사다리(skill ladder)의 최상위에는 항상 광범위한 훈련과 준비가 필요한 소위 전문서비스 직무가 존재한다. 지금까지 이 전문서비스는 기술의 발전에 별 영향을 받지 않는 것으로 생각되어 왔다. 사실 숙련사다리의 최상위에 있는 전문가의 스킬을 기술이 향상시키는 것이 어렵기 때문에 이것은 그들에게 행운으로 받아들여졌다. 그러나 기술이 계속 진화함에 따라 우리는 점차 복잡한 프로세스를 자동화하는 기술의 잠재력을 지켜보고 있다. 가령, AI 기술은 고도로 숙련된 의료전문직에서 활발한 적용분야(예: 지매예측, 질병진단, 신약개발, 의료메타버스 등)를 찾고 있는 중이다. 자동화를 직무, 업무, 전문서비스 자동화로 구분하여 살펴본다.

### 2.1. 직무자동화와 업무자동화의 개념

#### (1) 직무자동화

AI를 포함한 정보기술의 발전에 따라 직무자동화(job automation)가 나타난다. 셀프서비스 기술은 장점과 단점을 갖고 있지만 현장 노동자들을 대체하고 있다. 자동화된 상호작용의 핵심 장점은 증가된 생산성과 낮아진 노동집약이다. 자동화로 인해 많은 사람들은 장시간의 노동에서 해방되고 여유시간을 가질 수 있게 되었다. 물론 여윳돈이 있을 경우에만 이것이 가능해 질 것이고 그 비중이 어떻든 간에 자동화된 직무가 실업을 초래할 것이다.

### (2) 업무자동화

업무수준에서 자동화는 분명히 편익을 제공한다. 여기서 업무자동화(task automation)는 직무대체라기보다는 직무개선을 통해서 편익이 발생할 것이다. 비록 자동화가 직무의 일상적 측면을 대신할지라도 노동자들이 기존의 직무를 확대하는 기회가 발생한다. 즉, 자동화는 여러 업무에 각기 다른 방식의 영향을 미친다. 예를 들어, 업무내용의 자동화로 인해서 ① 단순하고 명시적인 규칙을 갖는 인지적 및 육체적 업무를 수행하는 데 있어서 노동자를 대체하고, ② 비일상적 문제해결과 복잡한 커뮤니케이션 업무를 수행하는 데서 노동자를 보완한다.


## 2.2. 전문서비스의 자동화

자동화와 연계되어 중요한 고려사항은 업무의 특성이다. 전문서비스는 비일상적, 추상적, 직관, 창의성, 설득을 포함한다. 따라서, 자동화가 쉽지 않다고 인식된다. 자동화와 관련되는 다른 요인은 업무가 성문화될 수 있는 지이다. 전문서비스는 성문화가 어렵고 낮은 프로그램화 가능성을 보이며, 구조화가 어렵고 모호한 특성을 지닌 것으로 설명되기도 한다. 전문직무는 흔히 전문적 판단을 필요로 한다. 하지만, 과거에 전문적 판단은 오직 인간의 판단을 의미하였으나 이제 AI의 발전과 함께 이것도 어느 정도 변화하고 있는 중이다.

AI기술은 전문서비스를 자동화 영역으로 진입시킨 한 사례이다. 고도로 숙련된 직무의 고용성장은 점차 속도가 줄어들고 있다. 이 직무에도 자동화, 정보기술, 기술적 진보가 업무 영역을 계속 잠식 중이고 전문적, 기술적, 관리적 직무를 대체하기 시작했다. 하나의 예가 AI기술이 방사선전문의의 진단을 대신하도록 개발된 의료 방사선학이다.

하지만, 전문서비스 직무가 비전문서비스 직무에 비해 덜 자동화된다는 것은 분명하다. 이 논리는 다음의 두 가지로 설명이 된다. ① 자동화는 전문직 직무가 덜 훈련받은 노동자들에 의해 대신 수행되도록 하면서 전문직 직무의 스킬 요구사항을 줄였다. ② 어떤 전문직의 요구사항은 자동화의 장애물이다. 이를 더 구체적으로 설명하자면 다음과 같다.

### (1) 전문적 탈숙련화

직무의 스킬 요구사항을 줄이는 프로세스는 업무의 탈숙련화(deskilling, downskilling, degradation of work)로써 언급된다. 직무를 탈숙련화시키는 한 방법은 그들을 단순화된 구성요소로 분해하여 더 작은 스킬을 갖는 노동자들이 각 직무를 수행하도록 규정하는 것이다. 비록 가끔 기술이 직무를 더욱 복잡하게 만들지라도 보통 자동화 기술은 직무의 일부 기능을 담당할 수(혹은 자동화) 있고 그 결과로 직무를 단순화하고 탈숙련화를 증가시킨다. 그 이유로, 탈숙련화는 어떤 직무를 덜 숙련된 노동자 혹은 심지어 고객이 수행하도록 만든다.

예를 들어, 자동화기술이 세무업무에 영향을 미쳤다. 회계사와 세무사는 복잡하지만 일상적인 세금계산을 다루는 컴퓨터 소프트웨어로부터 많은 편익을 누린다. 이 기술은 연말정산과 종합소득세 환급 등의 일반적인 세무업무가 회계사나 세무사가 아닌 숙련성이 떨어지는 국민 스스로 수행하도록 허용한다. 이 기술은 소비자들이 스스로 자신의 세금준비를 하도록 하는 소프트웨어(예: Hometax, TurboTax 등)에 내재된다.

이 탈숙련화의 진화는 〈표 14.2〉와 같이 전문서비스의 세 가지 자동화 유형의 관점에서 나타난다.

**표 14.2** 전문서비스 상호작용 유형

| 유형 | 특징 | 상호작용과 전문가시스템 사용 |
|---|---|---|
| 유형 1 | 전문가의 직무를 지원/확장 | - 전문가가 고객과 상호작용<br>- 전문가가 전문가시스템 사용 |
| 유형 2 | 전문가의 직무에서 탈숙련 | - 준전문가가 고객과 상호작용<br>- 준전문가가 전문가시스템 사용 |
| 유형 3 | 전문가의 직무를 자동화<br>(셀프서비스 기술) | - 전문가시스템이 고객과 상호작용 |

자료원: Sampson(2018)

Sampson(2018)의 세 가지 유형은 전문적 업무자동화 프레임워크의 기초를 제공한다. 유형 1에서 전문서비스 노동자들은 그들의 직무를 향상시키고 계속 고객과 직접적으로 상호작용하기 위해 전문가시스템(expert system)을 사용한다. 결국, 기술은 훈련수준이 상대적으로 낮고 이에 상응하여 더 낮은 보수를 받는 준전문가(혹은 반전문가)가 직무를 수행할 수 있도록 의사결정하는 데 유용하게 사용된다. 탈숙련화인 유형 2도 이와 유사하다. 마지막으로, 유형 3에서 그 기술은 고객이 접근할 수 있게 되어 훈련받지 않은 고객이 자신의 니즈를 충족시키기 위해 그 전문가시스템을 사용할 수 있게 된다.

어떤 전문적 직무(예: 경영)는 다른 직무(예: 의료)보다 탈숙련화에 더 민감하게 영향받는다. 결과적으로, 이 프레임워크는 어떤 자동화 유형이 어떤 특징을 갖는 전문적 업무에 더 적절한지를 보여주는 프레임워크를 설명한다.

### (2) 전문적 직무/업무자동화의 장애물

전문서비스 직무가 다른 직무들보다 덜 자동화되는 이유에 대한 두 번째 해석은 특정 전문적 직무 요구사항이 자동화에 장애물이 된다는 것이다. 그 직무는 보통 다음의 특징을 갖는다.

- 어떤 직무/업무는 첨단 스킬을 필요로 한다.
- 최신 스킬은 전문적 준비를 필요로 한다.
- 최신 스킬의 요구사항은 자동화에 의해 쉽게 충족되지 않는다.
- 어떤 직무/업무는 자동화를 위해 적합하지 않다.

그렇다면 쉽게 자동화되지 않고 최신의 전문훈련을 필요로 하는 스킬 요구사항은 무엇인가? 자동화가 어려운 다음의 두 가지 폭넓은 업무 집합들이 존재한다.

- 직관과 창의적 문제해결을 포함하는 추상적 업무
- 신체적 적응성(adaptability)과 효과적 대인간 상호작용(interpersonal interaction)을 포함하는 육체적 업무

추상적 업무는 고도로 교육받은 전문적 기업의 특징이나 육체적 업무는 고도로 숙련되지 않은 노동자들에 의해 수행될 수 있다. 일반적으로, 육체적 업무와 대인 업무는 문제해결에 따라 자동화에 저항하는 두 가지 다른 비일상적 업무를 대표할

수 있다. 유사하게 어떤 업무는 인식, 조작(수동적 양손을 포함), 창의적 지능, 사회적 지능을 필요로 하기 때문에 자동화를 위한 병목현상을 경험하는 것으로 볼 수 있다.

## 2.3. 전문가업무-자동화 전략

### (1) 전문가 업무-자동화 프레임워크

Huang & Rust(2018)는 자동화에 의해 사람이 대체되는 것에 저항하는 인간 스킬(지능)을 제안하였다. 그것은 감정적 지능(대인간, 사회적, 사람의 스킬을 포함하는 지능)과 직관적 지능(창의적으로 생각하고 진기한 상황에 적용하는 능력으로 정의되는 지능)이다. 그들은 직관적 지능을 '하드 싱킹(hard thinking) 전문적 스킬'로서 언급하였으나 감정적 지능은 심리학자와 같은 숙련된 전문가 혹은 비행 승무원과 같은 상대적으로 덜 숙련된 현장 노동자에서 발견된다고 하였다. 즉, 그들은 전문가들은 창의성이 뛰어나나 대인 간 스킬의 관점에서는 다른 노동자들과 별반 다르지 않다고 설명하였다.

결국 이러한 주장은 육체적 스킬 요구사항, 창의적 스킬 요구사항, 대인 간/사회적 스킬 요구사항의 어떤 결합에 의해 자동화가 저해된다는 것이다. 이 세 가지 영역 중에서 전문적 직무는 일반적 직무보다 육체적 요구사항이 더 낮고 창의적 요구사항은 더 높은 데 비해 대인간/사회적 스킬 요구사항은 일반적 직무와 크게 차이나지 않는다. 따라서, 앞서 설명한 첨단 스킬 요구사항은 창의적 스킬 요구사항과 대인간 스킬 요구사항 모두를 포함한다. 또한, 창의적 스킬 요구사항이 고도로 숙련된 전문적 직무에서 차별적이라고 가정하는 반면에 대인 간 스킬 요구사항은 특정짓기 어려우며, 결국 이 두 요구사항은 자동화에 장애물이 된다.

만약 지금까지의 내용에 기초한다면 다음의 전문적 업무할당을 위한 전략이 제안된다.
- 만약 어떤 업무가 고도의 창의적 스킬을 요구한다면 이것은 자동화에 의해 쉽게 수행될 수 없다. 그러면 질문은 전문노동자가 그 업무를 상호작용으로 혹은 비상호작용적으로(고객/수혜자로부터 분리된) 수행하는지가 된다.
- 만약 어떤 업무가 고도의 대인 간 스킬을 요구한다면 그것은 자동화에 의해 쉽게 수행될 수 없다. 그러나 이것은 그 전문가와 같은 수준의 대인 간 스킬을

갖는 준전문적 노동자(예: 법률서비스에서 법무사, 의료서비스에서 레지던트 등)에
의해 수행될 수 있을 것이다.
- 만약 어떤 업무가 고도의 대인간 스킬 혹은 고도의 창의적 스킬을 필요로 하
지 않는다면 그 업무가 완전히 자동화될 수 있다. 본질적으로, 고객들은 기술
(셀프서비스 기술)과 직접 상호작용함으로써 자신의 니즈를 충족시킬 수 있다.

이러한 방식의 업무 할당규칙은 〈표 14.3〉과 같이 나타내질 수 있다. 이 네 가
지 전략은 직무전략이 아닌 업무전략을 나타낸다.

**표 14.3** 전문가 업무-자동화 프레임워크

| | | 대인간 스킬 요구사항 | |
|---|---|---|---|
| | | 저 | 고 |
| 창의적 스킬 요구사항 | 고 | '전문업무'<br>• 전략: 전문가 업무 중심화<br>– 가능한 곳에서 필수적 고객 상호작용을 확장하면서 고객으로부터 전문가 전문성을 분리/완충 | '대인 간 전문업무'<br>• 전략: 전문가 업무 확장<br>– 고도로 숙련된 전문가에 의해 제공된 업무의 품질 혹은 효율성을 확장하기 위해 자동화를 적용 |
| | 저 | '일상업무'<br>• 전략: 전문가 업무 확장<br>– 고객이 자신의 니즈를 스스로 충족시키도록 상호작용적인 셀프서비스기술을 개발 | '대인 간 업무'<br>• 전략: 전문가 업무 탈숙련화<br>– 상호작용 업무를 숙련되지 않은(더 낮은 비용지출) 노동자에게 이전시키고 상호작용 노동자를 자동화로 권한부여 |

자료원: Sampson(2021)

### (2) 확장전략

이 전략은 전문가에 의해 수행될 필요가 있는 대인과 창의적 스킬 모두를 필요
로 하는 업무에 적용된다. 자동화 목표가 다음의 두 가지인 경우에 전문가의 일을
확장할 수 있다.
- 이전에 가능하지 않은 수준으로 전문가가 일을 수행하도록 허용
- 개인적 관심을 필요로 하는 전문적 업무에 초점을 두도록 자유 시간을 제공
하거나 효율성을 향상시키는 것 중 하나로 전문가의 일을 확장

때때로 전문적 확장은 단순한 형태로 온다. 의사를 위해 설계된 많은 스마트폰과 태블릿 앱이 존재한다. 그 예로서 임플란트를 이식한 환자를 스캐닝하는 간호사들을 돕는 임플란트 리스크 평가 스마트폰 앱이 있다.

### (3) 탈숙련 전략

만약 창의적 전문성의 요구사항이 높지 않다면 첨단기술로 무장한 준숙련 전문가가 전문가와 동일한 품질의 업무를 더 낮은 비용으로 제공할 수 있다. 어떤 경우에는 이것이 전문직의 해외진출을 가능하게 만든다. 이 전략은 환자가 고도로 숙련된 의사와 만나기 위해 기다리는 대신에 간호사와 만나는 대안이 있는 의료분야에서 활용된다. 간호사는 의사가 사용하는 유사한 진단기술(예: 치과의 치아 X-ray)을 사용할 수 있고 기술이 더 스마트해짐에 따라 의사와 간호사의 진단 사이의 품질 차이는 줄어든다. 다른 예로는 고임금 특허 변호사의 일부 업무가 특허 대리인 혹은 법무사에 의해 허용되도록 만드는 소프트웨어이다.

### (4) 자동화 전략

이 전략은 자동화에 대한 대인 간 혹은 창의적 장애물이 존재하지 않는 경우이고 고객이 셀프서비스 기술을 통해 업무를 수행하도록 하는 것이다. 셀프서비스 기술의 편익은 향상된 효율성, 향상된 생산성, 어떤 경우에는 향상된 서비스품질까지도 포함한다. 그 자동화 전략의 예로는 세무에서 TurboTax이고 WillMaker라는 소프트웨어는 개인이 변호사를 고용하지 않고 자신의 법적 유언과 재산신탁의 초안을 작성하는 프로세스를 자동화한다.

### (5) 중심화 전략

이 전략은 어떤 업무가 창의적 전문성을 필요로 하나 대인 간 스킬에 심하게 의존하지 않는 상황이다. 창의적 스킬 요구사항은 훈련된 전문가가 그 업무를 수행할 필요가 있다는 것을 의미하나 기술에 의해 원격으로 수행될 수 있다는 것을 암시한다. 이 중심화 전략은 원격으로 달성될 수 있는 중심화된 전략으로서 정의된다. 주제별 전문가들이 어디서든 접근이 가능한 교육과정을 가르치는 대량의 개방형 온라인과정 플랫폼이 이 전략을 따른다. 나아가, 이 전략은 직접적으로 환자와 상호작용을 필요로 하지 않는 진단의학에서 점점 더 사용 폭을 넓힐 것이다. 이미지

스캔을 통한 진단이 원격 의료에 의해 이루어지는 원격 방사선진단(teleradiology)이 의사에 의해서 가능해질 것이다.

# 3 전문서비스와 플랫폼

## 3.1. 의의

오늘날 개인과 국가의 건강한 삶과 지속가능한 복지 향상부터 폭넓고 균등한 고품질의 교육과 공평한 정의에 이르기까지 다양하고 많은 목표를 달성하기 위해서는 전문가의 참여가 필요하다. 특히, 저소득계층에게 전문서비스 활용은 여전히 중요한 문제가 되고 있고 이 불평등이 앞으로 더 악화될 가능성이 충분히 있다는 우려가 존재한다.

전문서비스에 대한 접근의 제한은 전적으로 전문가의 부족에 있지 않다. 실제로 일부 변호사, 회계사, 의사들이 비자발적 실업상태에 있거나 불완전 고용형태로 능력 이하의 일을 하고 있는 것이 사실이다. 그 이유는 단지 공급과 수요의 문제라기보다는 전문서비스의 본질과 관련되는 시장 비효율성이 존재하기 때문이다. 전문가는 시장의 수요와 공급에 의해 결정되는 가격보다 높은 수준의 임금을 원하지만 시장의 전문성에 대한 평가는 여전히 불확실하고 미흡하다.

발전하는 기술은 서비스에 심각한 영향을 미칠 수 있고 심지어 그들을 소비자들이 이용하게 하는 방식 즉, 전달방식을 변화시킬 수 있다. 예를 들어, 이 기술이 전체 전문서비스 산업의 비용을 급진적으로 줄이고 이용의 폭을 넓히도록 만들 수 있다. 특히, 기술의 발전으로 가능해진 플랫폼(platform)이라는 개념은 일상에서 우리가 자주 접하는 Amazon, Airbnb, Uber와 같이 글로벌 경제에서 지금 널리 확산되고 있다. 소비자와 생산자가 직접 교환거래에 참여하는 단일시장과 달리 생산자와 소비자를 연결하는 양면시장(double-side market)에서 플랫폼의 등장으로 인해 서비스부문에서 상대적으로 작은 자산활용, 네트워크효과(network effect: 팩스나 전화와 같이 어떤 상품이나 서비스의 사용자의 수가 증가할수록 그 상품이나 서비스의 가치가 증가하는 현상)의 가능성, 기하급수적 성장의 보장이 가능해 졌다.

작은 자산요구와 결합된 네트워크효과는 단시간대에 많은 산업에서 큰 영향을 창출하였다. 여행부터 숙박까지 다양한 상황에서 소수의 플랫폼이 거의 전체 시장을 지배하는 승자독식적인 성과를 수반하면서 어떤 서비스에 대한 접근을 증가시킬 수 있다. 특히, 파편화된 산업과 극단적인 정보 비대칭으로 특징된 정보집약적 산업은 향후에 전체 경제에 중요한 영향을 미칠 수 있는데 전문서비스는 위의 모든 특징을 반영하고 있다. 전문서비스 상황에서 이 새로운 비즈니스 모델(즉, 플랫폼 비즈니스)은 전문서비스의 본질을 바꾸고 새로운 조직형태를 가능케 하면서 서비스에 대한 접근 향상부터 전문가들의 시장진입 촉진까지 많은 영역에 중요한 변화를 초래할 수 있다.

## 3.2. 전문서비스 특징과 비즈니스 플랫폼

모든 전문서비스 기업에서 제시되는 높은 지식집약은 서비스품질을 평가하는 것을 어렵게 만든다. 고객은 높은 수준의 정보 비대칭성을 갖기 때문에 서비스 제공자보다 전문성 분야에 대해 낮은 수준의 지식을 갖고 있다. 게다가, 전문서비스는 서비스품질이 심지어 소비 후에도 평가하는 데 많은 비용이 든다는 것을 간접적으로 반영하는 신용재화(credence goods)이기 때문에 그 서비스를 구매하고 사용한 후에도 적절한 품질을 평가하기 어렵다. 가령, 의료서비스에서 환자들은 처방된 약과 복용량이 가장 적절한지 확신할 수 없고 그들은 의사의 전문성에 의존해야 하고 심지어 성공적 치료 후에도 그 결과가 복용약과 치료의 직접적인 결과인지를 확신할 수 없다. 동일한 논리가 고속도로 디자인 혹은 법률서비스에도 적용된다. 비록 고객이 어느 정도 바라는 바를 이룰지라도 그들이 디자인 기준 혹은 법률자문이 가장 적절한지를 확신한다는 것은 매우 어렵다.

경제적 관점에서 이 높은 신용재의 특성과 결합된 높은 수준의 정보 비대칭성은 비록 국가 혹은 전문협회로부터 자율규제가 이루어질지라도 품질을 보증하는 데 필요한 다른 규제가 뒤따르게 된다. 이 필요성은 규제협상에 의해 다루어진다. 국가는 공공이익과 관련되는 경우에 전문가 집단의 자율과 자기규제에 대한 보답으로 특정 지식기반에 대해 전문직에게 자율 통제권을 부여한다. 〈표 14.4〉는 전문화된 노동력이 존재할 때마다 표현되는 이 전통적 규제협상의 요소를 요약한다.

**표 14.4** 전통적 규제협상의 요소

| 시장통제 형태 | 규제형태 |
|---|---|
| 생산자의 생산 | – 교육과 훈련 요구사항의 내용의 정의<br>– 전문적 교육과 훈련을 제공하는 조직에 대한 영향<br>– 합격시험을 통한 후보자의 평가와 선별<br>– 해외 전문가의 평가와 선별<br>– 비공식적 사회적 폐쇄 메카니즘(회비, 학회, 대정부와의 협상 통제 등) |
| 생산자에 의한 생산 | – 조직형태에 대한 제약<br>– 전문가 간 경쟁의 한계<br>– 가격담합, 의무적 수수료 규모<br>– 광고에 대한 제약<br>– 전문가 및 윤리강령<br>– 경쟁을 제한하는 비공식적 메카니즘(합격자 수 제한) |

자료원: Quack & Schüßler(2015)

여기서 사회적 폐쇄(social closure)는 어떤 사회 집단이 가지는 보상과 특권의 기회에 다른 집단들이 접근하지 못하도록 제한함으로서 자신만의 상황적 이점을 확대하는 것을 의미하다. 즉, 신분집단들이 자기의 힘을 동원하고자 할 때 이 사회적 폐쇄를 이용한다.

〈표 14.4〉의 요소들이 품질통제에 공헌할 수 있는 반면에 그들은 또한 높은 진입장벽을 구축하고 결과적으로 공급을 제한하여 조용한 경쟁을 창출한다. 그럼에도 불구하고 변호사의 경우와 같이 공급이 접근을 제한하는 유일한 측면일 수가 없다. 이러한 논리에 기초하여 전문서비스가 더 높은 가격을 갖는 이유를 설명하는 세 가지 구체적 특징이 제시되기 때문에 왜 전문서비스에 대한 접근이 특히 피라미드의 바닥(base of pyramid: 소득 최하위 계층을 의미)에서 중요한 관심사가 되는지를 설명할 수 있다.

전통적인 상황에서 누군가가 전문서비스를 필요로 할 때마다 그들은 지인 특히 그 분야의 어떤 지식을 갖는 사람들에게 추천을 요구한다. 그러나 그들이 어떤 분야에서 지식이 풍부할지라도 이 지인들이 품질을 적절히 평가하는 포지션에 있다고 할 이유가 거의 없기 때문에 이것은 매우 비효율적인 솔루션이다. 예를 들어, 의료부문의 경우에 전문적 가이드가 필요한 사람들은 의료제공자들이 출간한 안내

책자에 의존할 수 있다. 그러나 일반적으로 서비스품질에 대한 정보가 결여되어 있고 이것은 다시 앞서 언급한 '높은 신용재의 특성'으로 인해 평가하기 어렵게 된다. 이 상황은 전문가들이 시장 비효율성(이것은 혜택을 못받는 사람들에게 접근을 막으며 가끔 거의 독점 프랙티스로 전환될 수 있는)에 의존할 수 있기 때문에 일괄타결(grand bargain)로서 언급된다. 그러나 기술은 그러한 상태를 변화시킬 것이다. 그것은 효율성의 증가를 허용하면서도 이 전문서비스를 사회에서 이용할 수 있게 되는 방식을 변화시키는 잠재력을 갖기 때문에 모든 산업에 영향을 미친다. 그 기술 중 하나가 바로 디지털 비즈니스 플랫폼이다.

## 3.3. 디지털 비즈니스 플랫폼

### (1) 플랫폼의 개념
플랫폼(platform)은 신용카드와 동일한 원칙에 기초하여 공급자와 구매자 사이의 중개를 한다. 플랫폼은 플랫폼 참여자들의 연계를 필요로 하고 둘 이상의 참여자들 간의 상호작용 가능성을 창출하는 양면(two-sided) 혹은 다면(multisided) 시장으로서 고려된다. 이 설명은 사람과 조직이 정보를 공유/구매하거나 다양한 재화와 서비스를 판매 혹은 접근/구매하는 것을 가능하게 만드는 온라인 시장으로서 설명된 거래 플랫폼과 일치한다.

### (2) 플랫폼의 합병 특징
플랫폼의 합병은 플랫폼의 다른 추가 특징인 네트워크효과의 중요성, 네트워크 위상(topology), 탈중개(disintermediation)의 위협에 의해 설명될 수 있다. 이들은 플랫폼이 전문서비스 산업을 변화시킬 수 있는 방식에 많은 영향을 미친다.

#### ① 네트워크효과
1970년대부터 기술적 표준의 창출과 적용에 초점을 둔 논의들이 나타나기 시작하였다. 이상황하에서 사용자들은 한 경쟁자에 의해 지배가 촉진되는(결국 승자가 독식하는 가설) 더 큰 네트워크에 더 높은 가치를 두었다. 그러나 과거의 기술적 표준의 적용은 복수 표준의 동시 적용을 제한하면서 고정자산과 더 높은 전환비용에 의해 이 지배적 표준(혹은 지배적 디자인이라고도 함)의 적용이 강화된다는 주장을 내

세웠다. 디지털 비즈니스 플랫폼의 경우에 비록 대부분의 플랫폼이 임계치(critical mass)를 달성하기 위해 애쓰고 어떤 하나의 플랫폼이 지배적이 될지라도 만약 더 나은 서비스제공품을 이용할 수 있게 되면 시장은 더욱 경쟁적이게 되고 기존의 독점기업들이 시간이 지나면서 다른 기업으로 대체될 수 있다. 그 차이에도 불구하고 디지털 플랫폼이 대량의 정보이전을 통해 거의 0의 한계비용을 보이기 때문에 네트워크효과의 강점은 플랫폼 성공과 그들의 기하급수적 성장에 핵심 공헌역할을 한다.

### ② 네트워크 위상

비록 네트워크효과와 긍정적 피드백의 중요성이 흔히 강조될지라도 네트워크상의 위치를 의미하는 위상은 사용자 기반의 규모에 대한 고려로만 고려되었을 뿐 상대적으로 덜 논의되었다. 최근에 네트워크는 위치상의 차이(local bias)를 제공할 수 있고 이것은 다시 승자독식을 막을 수 있다는 주장이 제안되었다. 그 논리는 때때로 기술의 선택이 경쟁 네트워크의 규모라기보다는 사용자의 네트워크(예: 고객의 인맥 네트워크 혹은 SNS 네트워크)에 의해 더욱 영향받을 수 있다는 것이다. 어떤 경우에 네트워크효과는 다른 지역에 큰 영향을 미치지 않으며 어떤 구체적 분야에서 제한될 수 있고 더 큰 네트워크 우산하에 함께 그룹화된 많은 지역 네트워크로 연결된다.

사용자들이 더 크고 분산된 공급기반을 지원하기 때문에 Airbnb는 단일의 대형 네트워크의 한 예이다. 반면에 Uber는 복수의 지역 네트워크의 한 예이다. 특정 지역에서 승차자와 운전자 사이의 중요한 네트워크효과가 존재하는 반면에 그러한 효과는 다른 지역에서 제한된 가치를 갖는다. 즉, 한 도시의 Uber 사용자는 다른 도시들의 대형 공급기반으로부터 큰 편익을 보지 않는다. 이것은 승자독식 가설을 유지하는 것이 더 어렵고 많은 수의 플랫폼이 각기 다른 지역에서 생존할 수 있다는 것을 의미한다.

### ③ 탈중개화

예를 들어, 유료 플랫폼에서 수요와 공급이 최초로 매칭된 후에 이 플랫폼 밖에서 거래가 이루어지는 탈중개화(disintermediation) 현상은 막을 수가 없다. 플랫폼에 수수료를 지급하지 않고 더 싸게 거래를 하고 싶어 하는 건 인간의 본능이기 때문에 이걸 인정하는 이런 회사들은 수요와 공급의 초기 매칭에만 집중하는 비즈니스 모델을 도입하고 있다. 이러한 문제를 막기 위해 반드시 플랫폼을 사용해야만 하는 장치를 마련해놓는 서비스를 제공(예: Airbnb의 고객이 기물파손 보상을 하는 보험 제공 서비스)하거나 온디맨드(on-demand) 비즈니스만을 추구(예: Uber의 택시 사전예약 기능 비제공) 또는 수수료 기반의 비즈니스 모델이 아닌 리드생성(lead generation)기반의 비즈니스 모델(예: 숨고와 같이 서비스 수혜자가 아닌 제공자가 수수료 지불)을 적용하는 방법이 사용될 수 있다.

이미 언급하였듯이, 낮은 자산활용과 결합된 네트워크효과는 단기간에 많은 산업에 중요한 영향을 미쳤다. 예를 들어, Uber가 2009년에 처음 출시되었는데 단지 몇 년 후에 택시 산업에 이미 상당한 영향을 미쳤다. 이 플랫폼은 디지털 비즈니스이고 그들이 거래비용을 상당히 줄일 수 있을 때 성공한다. 이러한 상황 하에서, 그들은 탐색비용을 줄이고 경쟁 제공품과의 비교를 촉진한다. 게다가, 이것이 거래의 한계비용이 거의 무시될만할 때 그들이 중개하는 거래의 수를 증가시킴으로써 그들로 하여금 더 많은 사용자들을 유인하고 수익을 극대화하도록 허용하기 때문에 플랫폼은 전형적으로 그들의 판매자가 제공하는 가격보다 더 낮은 가격을 제시할 수 있다. 이것은 정보집약적 산업, 고도로 파편화된 산업, 극단적인 정보비대칭으로 특징된 산업이 모두 향후 수년간 중요한 영향을 받기 쉬운 이유이다. 전문서비스는 위의 모든 특징들을 반영한다.


## 3.4. 전문서비스 플랫폼 분석 프레임워크

Nishikawa & Orsato(2021)은 전문서비스가 전문화를 필요로 하는지와 네트워크 위상과 관련된 두 가지 측면을 결합하여 전문서비스의 디지털 플랫폼을 분석하는 프레임워크를 〈표 14.5〉와 같이 제안하였다.

**표 14.5** 전문서비스 플랫폼 분석 프레임워크

| | 입지가 적절<br>(위치상의 차이 존재) | 입지가 부적절<br>(위치상의 차이 없음) |
|---|---|---|
| 전문화된 노동력 | Q1<br>고도로 파편화된 시장<br>법률과 의료상담 | Q4<br>중간 집중<br>회계서비스 |
| 비전문화된 노동력 | Q3<br>중간 파편화<br>채용(HRtechs) | Q2<br>고도로 집중된 시장<br>디지털서비스 |

### (1) Q1

흔히 자기규제를 수반하는 높은 수준의 노동력 전문화는 비록 그들이 매우 효율적이지 않더라도 조용한 경쟁을 전개하며, 몇몇 경쟁 기업들의 생존에 기여한다. 위치가 중요할 때 군집된 네트워크 혹은 심지어 분리된 지역 네트워크의 존재에 공헌하는 높은 수준으로 위치상의 차이가 존재한다. 결과적으로, 시장은 더욱 파편화될 것이고 전통적 기업관점과 플랫폼관점에서 모든 성과에 대해 더 낮은 승자독식으로 결과될 것이다. 법률서비스와 의료상담에 초점을 둔 플랫폼인 Jusbrasil과 Doctlib이 그 예이다. 그들은 매우 작은 범위의 관할권이 입지를 중요하게 만들기 때문에 일반적으로 높은 수준의 노동력 전문화(그리고 조용한 경쟁)를 수반하고 높은 위치상의 차이를 제공한다.

결과적으로, 노동력 전문화를 필요로 하고 위치상의 차이를 제공하는 전문서비스를 제공하는 플랫폼은 더 낮은 승자독식 성과 가능성을 보인 채 매우 파편화된 시장으로 결과될 것이다.

### (2) Q2

다른 극단인 Q2에서 상황은 실질적으로 바뀐다. 더 낮은 수준의 노동력 전문화는 경쟁을 지원하고 비효율적 기업들의 생존 기회를 사실상 제거한다. 또한, 위치상 차이의 결여는 대규모의 전세계적으로 운영하는 네트워크의 발생 가능성을 증가시킨다. 플랫폼 상황에서 이것은 승자독식 성과를 지원할 수 있는 더 강한 네트워크효과로 이어질 수 있다. 로고 디자인(logo design)과 언어번역과 같이 전적으로 디지털 방식으로 수행되는 서비스를 제공하는 플랫폼이 이 항목에 속한다. 그들은 노동력 전문화를 포함하지 않고 물리적 인접성을 필요로 하지 않으며, 관할권에 의해 제한되지 않기 때문에 세계적 규모로 운영될 수 있다. Fiverr와 Upwork가 그 예이다. 이 경우, 만약 플랫폼이 실제로 높은 수준의 경쟁없이 운영할 수 있다면 그들은 매우 작은 서비스 제공자들에게 더 많은 압력을 가할 수 있을 것이고 그 결과 잠재적으로 서비스에 대한 접근을 증가시키면서 더 낮은 가격으로 서비스를 제공한다.

결과적으로, 전문화된 노동력을 필요로 하지 않고 위치상의 차이를 보이지 않는 전문서비스를 제공하는 플랫폼은 승자독식 성과의 가능성을 더 높이고 잠재적으로 전문서비스에 접근을 증가시키면서 매우 집중된 시장으로 결과될 것이다.

### (3) Q3와 Q4

네트워크 유형이 군집화에 기여(혹은 방해)하면서 노동력의 전문화가 집중화를 방해하는(혹은 기여하는) 두 가지 중개 상황이 존재한다. 회계 플랫폼보다 인적자원 플랫폼이 더 많이 존재하는 것처럼 위치상의 차이는 경쟁하는 플랫폼들의 공존에 더 중요할 수 있다. ZipRecruiter와 Thumbtack과 같은 인적자원 플랫폼들은 고객이 지역적 지식에 종종 가치를 두고 노동력 전문화를 필요로 하지 않는 전문서비스에 해당한다(Q3). AccountingLeap과 같은 회계 플랫폼들은 회계표준이 점점 더 세계적으로 일치되고 있기 때문에 전문화된 노동력을 필요로 하나 더 작은 위치상의 차이를 제공한다(Q4).

결과적으로, 전문화된 노동력을 필요로 하지 않으나 위치상의 차이를 제공하는 전문서비스를 제공하는 플랫폼은 시장 파편화로 결과될 것이다. 또한, 노동력 전문화를 필요로 하나 지역적 편의를 제공하지 않는 전문서비스를 제공하는 플랫폼은 시장 집중화로 결과될 것이다.

**로봇상담**

## 4.1. 배경

AI가 향상시킨 로봇 프로세스 자동화와 비체화되거나 자동화된 지식 플랫폼은 지금 금융서비스 기업 내 전문적 상담의 개발과 전달의 일부분의 역할을 담당하고 있다. 현재 로봇상담자(robo-advisor)는 은행, 투자은행, 보험대리인 등에서 전문적 금융상담과 금융중개인들에게 높은 임금이 지불되는 서비스부문에서 고객과 접촉하고 함께 일하고 있다. 로봇상담자는 경쟁적인 수수료 기반의 지식산업에서 금융서비스와 기술(주로 정보기술)의 결합인 핀테크(FinTech)에서 많은 역할을 하고 있다.

## 4.2. 로봇상담자의 역할

금융부문에서 로봇상담자는 고객에게 재무상담을 제공하기 위해 AI에 의해 향상된 최신의 알고리듬을 사용해 전문적 조언과 추천을 제공하는 플랫폼으로써 온라인 상황에서 사용된 자동화된 의사결정지원의 변이이다. 이들은 금융서비스 고객에게 전통적인 서비스에 대한 비용효율적인 대안을 제공한다. 일반적으로 로봇상담자는 그들의 생활목적, 의존 네트워크, 재무상황, 재원조달뿐만 아니라 투자목적에 대한 업데이트된 설문지로부터 고객정보를 취합한다. 그후 AI가 수수료를 지불하는 고객에게 다양한 금융옵션을 만들어 제공한다.

로봇상담자의 도움으로 셀프서비스 고객은 상장지수펀드(ETF: exchange-traded fund) 혹은 중개된 보험정보와 유사한 패키지, 담보, 교육서비스를 선택하고 금융포트폴리오를 창출한다. 가장 일반적인 로봇상담자의 포트폴리오는 주식, 채권, 뮤추얼 펀드(mutual fund) 등의 금융 제품에 초점을 둔다. 게다가, 일단 포트폴리오가 운영되면 로봇상담자의 프로그램이 그것을 관리한다. 이 관리서비스는 가령, 활동의 리밸런싱, 배당 재투자, 사전 포트폴리오 추정을 포함한다.

로봇상담자에서 로봇(robo)은 항상 구체적 형태 혹은 의인화된 구성을 취하지는 않으며, 어떤 메카니즘에 내재되기 보다는 오히려 프로그램된 정보에 비체화된다.

그들은 낮은 수준의 기술을 갖는 로봇 진공청소기 혹은 첨단의 서비스 사이보그에 내재되지 않는다. 산업로봇과 달리 그것은 조립라인에서 금속 차체를 들어올리거나 로봇을 고정시키는 것을 가능케 하는 팔과 같은 요소를 갖지 않는다. 또한, 로봇상담자의 어떤 것도 프로그램을 통해 상호 소통하는 음성 혹은 채팅서비스, 노인 혹은 의사를 위한 물리치료서비스와 같은 서비스를 제공하지 않는다. 로봇상담자는 고객-상담자 관계에 내재된 전문적 지식과 결합하거나 대체하는 것으로서 소비자들에게 직접 안내와 정보를 제공하며, 재무적 조언과 모니터링을 추구하는 사람들을 대체하기 위한 데이터 기반이고 AI가 적용된다(Wexler. & Oberlander, 2021).

## 4.3. 로봇상담자가 도입되는 방식

로봇상담자는 서비스지배논리와 양립하면서 잠재적으로 기존의 금융서비스 산업을 파괴할 수 있다. 이 산업은 현재 상태를 유지하면서 로봇상담자를 도입하기 위해 혼합적인 비즈니스 모델을 활용한다. 여러 이해관계자들(기존 및 신규고객, 산업 내 투자자들, 지식 노동자, 정보기술기업, 공인된 전문협회) 모두는 기존의 사람 전문가와 로봇상담자를 동시에 활용하는 혼합모델하에서 로봇상담자를 수용하고 그들을 가치있는 한 실험의 대상으로서 고려한다.

이 실험 즉, 혼합전략은 산업을 확장하고 고객-대리인 관계를 강화하며, 로봇상담자가 안내하는 금융정보를 천천히 도입한다. 이 혼합모델에서 로봇상담자는 전문서비스 기업의 핵심에 있는 매우 가치있는 지식영역에 외부인(즉, 로봇상담자)에 의한 침입으로서 고려되지 않는다. 대신, 로봇상담자는 산업에 의해 통제된다. 로봇상담자와 관련된 주식거래, 재무모델링, 금융예측에서 알고리듬에 의해 발생한 데이터에서 이 알고리듬의 진실성 혹은 신뢰의 확산은 금융산업과 사회에서 빅데이터, 정보기술, AI기반의 머신러닝으로 확장하는 새로운 추세에 맞춰 전문직의 지식영역에서 자산이 될 수 있다.

특히, 로봇상담자는 핀테크에서 선도역할을 하는 데 이에 관심을 갖는 기업들에게 요구되는 본질(신규 고객을 유인, 원거리 정보기술에서 고객 유지)을 강조함으로써 금융부문에서 상대적으로 노동집약적인 전문화된 노동력을 대체할 것이다.

## 참고문헌

Huang, M.H. & Rust, R.T. (2018), "Artificial intelligence in service", Journal of Service Research, 12(2), 155−172.

Nishikawa, B. & Orsato, R.J. (2021), "Professional services in the age of platforms: Towards an analytical framework", Technological Forecasting & Social Change, 173(C), 121131. DOI:10.1016/j.techfore.2021.121131.

Quack, S. & Schüßler, E. (2015), "Dynamics of regulation of professional service firms: national and transnational developments", In Empson, L., Muzio, D., Broschak, J.P., & Hinings, B. (Eds.), The Oxford Handbook of Professional Service Firms. Oxford University Press, Oxford, p. 523.

Sampson, S.E. (2018), "Professional service jobs: Highly paid but subject to disruption?" Service Science, 10(4), 457−475.

Sampson, S.E. (2021), "A strategic framework for task automation in professional services", Journal of Service Research, 24(1) 122−140.

Wexler, M.N. & Oberlander, J. (2021), "Robo−advisors (RAs): The programmed self−service market for professional advice", Journal of Service Theory and Practice, 31(3), 351−365.

# 15

# 전문서비스
# 국제화

**15장** **전문서비스 국제화**

 **전문서비스 국제화의 변화와 도전**

### 1.1. 변화의 압력

회계기업의 사례를 보면 국제화를 촉진하는 다음의 변화 압력이 존재한다.

- 기업 규모의 성장
- 표준(예: 기업회계기준) 증가
- 기업들 사이의 합병
- 비회계기업들의 확장(특히, 경영컨설팅과 세무서비스)

대규모 회계기업은 더 넓은 국가에서 더 많은 해외 사무실을 운영하며 많이 국제화되고 있다. 이것은 세계와 지역경제의 통합 증가와 수수료 소득의 확장에 기인한다. 또한, 최근에 다국적 고객에게 종합적인 국제적 네트워크를 제공하는 대규모 회계기업의 욕구에 의해 주도된 합병이 자주 등장하고 있다. 나아가, 최근의 회계기업 성장의 특징 중 하나는 회계와 감사에서 벗어나 경영컨설팅, 세무, 파산서비스로 그들의 활동이 다각화하고 있다는 점이다. 1980년대 중반에 컨설팅으로 인한 소득은 감사에 의한 소득보다 두배 빠르게 성장하였고 훨씬 더 많은 이익을 제공하였다. 미국의 경우에 1990년까지 비감사 업무가 기업의 총 수수료 수입의 절반 이상을 차지하였다.

회계와 컨설팅부문과 달리 법률서비스 분야는 일차적으로 로펌이 다른 국가의 법률시장으로 국제화하는 수준을 제한하는 관할권 통제의 문제로 인해 최근 20년

전까지 폭넓게 국제화되지 않았다. 그러나 이제는 로펌에게도 규범적이고 전문화된 법률지식이 특정 지역의 관할권에 지역적으로 서비스가 내재될 필요가 있다는 사실과 함께 중요한 관심사가 되고 있다.

## 1.2. 도전

전문서비스 기업의 국제화 추진 시 해결해야 할 도전사항들이 존재한다.

### (1) 전체 시장에서 지속적 서비스 전달과 고품질을 위한 글로벌 통합

전 세계의 글로벌 고객에게 지속적 서비스와 품질을 제공하기 위해 전문서비스 기업에게 증가하는 압력이 존재한다. 이것을 달성하기 위해 전문서비스 기업은 그들의 프로세스, 자원, 경영구조의 글로벌 통합을 달성하려 노력하나 글로벌 프랙티스의 실행에서 계속 어려움이 뒤따르고 있다. 이 어려움의 다양한 원인으로 언어와 문화적 차이, 정책의 지역적 실행을 저해하는 훈련의 미흡, 단위들의 이익공유 제한, 사무실 간의 파워관계와 고정관념에 대한 지정학적 영향이 존재한다.

### (2) 제도적 복잡성

여러 시장에서 운영하는 전문서비스 기업은 각국의 제도적 상황에 적응해야 한다. 이것은 두 가지 방식으로 전문서비스 기업에게 영향을 미친다. 한편으로, 전문서비스 기업은 전문가와 그들이 전달하는 서비스를 규제하는 지역 규제에 순응해야 한다. 다른 한편으로는 통합과 성과를 저해할 수 있는 다른 상황의 전문가들 사이에 갈등이 발생할 수 있음에 따라 여러 제도적 상황에 직면하거나 전문화의 국가적 변동을 경험하는 전문가들을 관리해야 한다.

전문서비스 기업의 노동력의 전문화가 제도적 복잡성의 주요 원인이다. 전문직들은 다양한 제도들(국가, 전문협회, 대학)과 국제화에 의해 규제되고 전문서비스 기업은 그들이 직면하는 제도적 압력의 복잡성을 증가시킨다. 높고 중간수준의 전문화된 산업(회계, 법, 엔지니어링, 건축)의 기업들은 낮은 전문화로 특징된 산업 내 기업들(컨설팅, 광고)보다 이 도전에 더 직면하게 된다.

### (3) 국제화를 위해 필수적인 지식과 함께 자원의 이용가능성

인적자본은 전문서비스 기업의 국제화에 핵심이기 때문에 강한 인적자본없이 국제화하는 전문서비스 기업은 성공하기 어려울 것이다. 그러나 전문서비스 기업은 국제시장에서 운영하기 위해 필요한 스킬과 지식을 충분히 보유한 전문가들을 발견하고 보유하는 것이 어렵다는 것을 알고 있다.

### (4) 분산된 지역을 아우르는 지식을 관리하기

전문가들의 특화된 지식은 전문서비스 기업이 고객에게 전달하는 서비스의 기반이기 때문에 따라서 전문서비스 기업을 위한 핵심 자산이다. 전체 지역에 걸쳐 전문가들에게 이용가능한 기업의 핵심 지식과 경험의 축적을 위해 베스트프랙티스 혹은 프로세스(예: 암묵적, 관리적 지식의)의 이전이 필요하고 공유된 학습공간을 창출하는 것이 필요하다. 그러나 그러한 활동을 성공적으로 실행하는 데 어려움이 있거나 직접적인 재무성과의 향상을 보장하지 않는다.

전문서비스 기업이 기업 내 지식을 공유하고 이전하는 것은 어렵다. CAGE 프레임워크를 사용하여 지식 공유와 이전을 어렵게 만드는 네 가지 핵심 차이는 다음과 같다.

- 문화적(cultural) 요인: 언어 차이와 지식의 문화적으로 내재된 본질
- 관리적(administrative) 요인: 다른 관할지역의 규범
- 지리적(geographical) 요인: 시간과 공간 차이 혹은 여행비용
- 경제적(economic) 요인: 자회사에 걸친 요금과 제공된 지식의 가치의 차이

게다가, 분산된 지역에 걸쳐 지식을 관리하는 것은 그 지식이 대부분 경험적이고 기업의 직원에게 내재되기 때문에 특히 전문서비스 기업에게 어렵다. 암묵적 지식은 기업 내 다른 지역에 존재하는 전문성을 연결하는 내부 네트워크를 통해 기업 내에서 가장 잘 공유된다. 실제로, 지식경영시스템을 통해 지식공유를 촉진하려는 시도는 전문서비스 기업에서 잘 성공하지 못하는 것으로 보인다.

### (5) 품질 신호를 보내고 해외에서 평판을 구축하기

전문서비스의 품질은 심지어 서비스가 종료된 후에도 평가하기 어렵다. 따라서, 전문서비스 기업은 품질신호를 보내고 평판을 구축하는 방법을 발견해야 한다.

고객과 정보소통이 더욱 쉽지 않고 문화적 및 제도적 상황이 다른 국제적 상황에서 이것은 더욱 어려워진다. 이 도전은 전문서비스의 지식집약적 특성과 더욱 구체적으로 품질의 불투명성(예: 서비스의 산출물을 평가하는 어려움)에 기인한다. 전문서비스 기업은 기업의 평판을 구축하기 위해 고객니즈에 서비스를 고객화하는 개인들의 전문적 경험과 그들의 능력에 토대한다. 그러나 이것은 개인 혹은 기업이 잘 알려지지 않은 국제시장에서 더욱 도전적인 문제이다.

### (6) 국제적 고객 관계를 구축하고 유지하기

전문서비스 기업은 고객의 문제를 해결하는 신뢰할 수 있는 약속을 판매하고 이것을 달성하기 위해 고객과 신뢰에 기반한 관계를 구축해야 한다. 지역 파트너들과 대면 상호작용과 협력은 국제적인 고객과 관계구축을 촉진하나 달성이 느리고 비용이 많이 든다.

### (7) 서비스의 비이전성(non-transferability)

전문서비스 기업은 그들의 서비스가 주어진 시장에 특유적이고 다른 조직에 쉽게 이전되지 않는다는 것을 발견할 수 있다. 실제로, 전문가 지식의 적용가능성은 특정 상황 혹은 다른 상황에 부적합한 창의적 프로젝트(예: 광고 혹은 건축)의 결과에 의해 제약받을 수 있다.

### (8) 국제적 활동의 수익성

국제화가 성장을 위한 수단을 제공하는 반면에 규모의 경제를 발생시키는 기회가 전문서비스 기업에게 제한된다. 전문서비스 기업의 낮은 자본집약과 고객화된 서비스는 규모의 경제를 달성하는 역량을 제한한다. 또한, 전문서비스 기업이 가격에 민감하고 지리적 거리로 인해 추가 비용이 초래되는 환경에서 운영할 때 규모의 비경제(diseconomies of scale)가 발생할 수 있다. 게다가, 시장과 경쟁 조건에 의해 가격이 제한받을 수 있기 때문에 국제 시장에서 전문적 서비스의 제공은 더 높은 비용을 수반할 수 있다. 이것은 전문서비스 기업이 이익을 달성하고 유지하는 것을 어렵게 만든다.

### (9) 언어와 문화적 장벽

신뢰할 수 있는 약속을 전달하는 전문가의 능력은 그들이 고객 및 파트너들과 효과적으로 소통하는 능력에 의존한다. 언어와 문화적 차이는 이 커뮤니케이션에서 중요한 역할을 하고 전문서비스 기업의 국제화에 장애요소로 고려된다.

### (10) 국제화에 대한 파트너 태도

전문서비스 기업은 전문가가 동시에 소유자, 관리자, 서비스 제공자라는 충돌하는 역할을 하는 파트너들로 이루어진 전문가파트너십($P^2$: professional partnership) 형태를 적용한다. 이 파트너들은 국제화 프로세스에서 핵심 역할을 하고 그들의 역할에 따른 우선순위의 상충은 그 프로세스에 영향을 미칠 수 있다. 예를 들어, 파트너들은 단기적 관점(예: 청구가능 시간)과 장기적 관점(예: 국제고객을 추구하는 데 투자) 사이에서 균형을 이루어야 하는 데 단기 관점에 대한 과도한 관심은 국제적 확장을 더디게 한다.

## 2 전문서비스 기업의 국제화

### 2.1. 국제화의 동기

일반적으로, 기업들은 다양한 동기로 국제화한다.
- 시장 추구
- 자원 추구
- 효율성(주로, 비용) 추구
- 전략적 자산 추구

그럼에도 불구하고, 서비스가 무형, 이질적, 소멸가능하고 서비스의 생산과 소비는 전형적으로 분리될 수 없기 때문에 국제화 동기와 서비스 기업의 경험은 제조기업과는 다를 수 있다.

왜 전문서비스 기업이 글로벌하게 되는가? 서비스에서 생산자와 소비자 사이의 긴밀한 상호작용을 필요로 하는 동시적인 생산/소비의 비율이 더 클수록 국가에서 국가로 고객화될 필요가 있는 자원의 비율이 더 높아진다(즉, 국제화를 위해 필요한 자원의 양이 더 많아진다). 이것은 전문서비스가 전통적으로 지역적 법률과 다른 환경적 조건을 고려하도록 매우 고객화되었을 뿐만 아니라 규모의 경제가 달성되기 어렵다는 점을 의미한다.

이 국제화에 대한 강력한 장애요인에도 불구하고 대형 전문서비스 기업은 점점 더 국제적 전략을 적용하여 왔다. 이 국제화를 위한 강력한 동기는 국제화한 기존의 고객이 해외 활동에 서비스 제공자가 따라가는 것을 요구하기 때문이다. 또한, 지리적 시장 다각화는 더 큰 시장과 고객 포트폴리오로부터 수익을 발생시키도록 만든다. 경제적 통합과 비즈니스 세그먼트 혹은 고객기반의 다국적과 같은 요인들로 인해 해외 시장에 진입하도록 유인하는 현상이 추가되고 있다.

국제화는 흔히 기업이 자국 시장에서 국제 시장으로 운영을 이동하는 프로세스로서 정의된다. 그것은 기업에게 새로운 국경을 가로질러 비즈니스 활동을 확장하는 역할을 부여한다. 일반적으로 국제화는 다음의 측면들을 고려해야 하는 다차원적 개념이다.

- 지리적 다각화
- 국제 전략
- 속도
- 해외 운영 형태

이 측면들 중에, 속도와 운영 형태는 특히 전문서비스 기업과 관련된다. 국제화의 속도에 관해서 낮은 수준의 자원을 요구하게 되면 서비스 기업의 국제화 경험이 촉진할 수 있는 반면에 현지국의 규제는 국제화 속도를 방해할 수 있다. 운영 형태에 관해서는 현지국의 제도, 자원, 국제적 경험, 의사결정 논리, 서비스 항목들은 전문서비스 기업이 해외 시장에 진입하는 형태를 선택하는 방식에 영향을 미칠 수 있다.

## 2.2. 국제화 형태

국제화가 진행되는 프로세스는 학술적 관점에서 국제경영(IB: international business), 전략(strategy), 전문직과 전문조직의 세 가지 관점으로 논의가 되었다. 전통적인 IB이론에 따르면 전문서비스 기업이 통제와 자원헌신의 비용 사이의 상충을 가장 잘 균형시키는 진입 유형을 선택할 것이기 때문에 국제화 혹은 해외직접투자(FDI: foreign direct investment) 이론의 적용가능성을 논의하고 있다. 그러나 전통적인 전략적 접근법은 전문서비스 기업의 몇 가지 특징으로 인해 이 분야에 효과적으로 적용되기 어렵다고 논의되었고 오히려 전문적 특징과 제도와 상호작용에 기초한 전문서비스 기업의 차별적 형태를 반영하는 전문직과 전문조직의 관점이 더 활발하게 적용되고 있다.

네 가지 다른 전문서비스 기업의 국제화 형태가 제안되었다(Boussebaa & Morgan, 2015).

- 프로젝트 형태: 일시적인 임시 프로젝트 팀
- 네트워크 형태: 함께 일하는 기업들의 독립적인 네트워크
- 연방 형태: 단일 브랜드 정체성과 중심화된 경영과 얽힌 파트너십 구조
- 다국적 형태: 여러 기업에 걸쳐 학습을 활용하는 수단으로 글로벌 효율성과 지역적 대응성 전략을 균형시키는 형태


## 2.3. 해외 운영 방식

전문서비스 기업이 해외 시장에서 운영하는 데 사용한 유형은 다음과 같다.

- 수출
- 해외직접투자
- 프랜차이즈
- 제휴
- 네트워크

전문서비스 기업은 해외직접투자 유형을 선택하기도 하지만 네트워크, 프랜차이즈, 수출과 같은 다양한 다른 유형을 선택하는 경우도 있다.

## 2.4. 국제화의 어려움

국제경영 문헌은 기업이 국제화시 직면하는 도전 혹은 장애물이 무엇인지를 예견하기 위한 몇 가지 이론적 관점을 제공한다.

### (1) 기업의 자원기반 관점(RBV: Resource-based View of the firm)

기업 특유의 자원을 개발, 활용, 이전하는 우월한 역량으로 인해서 어떤 기업이 다국적 기업으로 발전한다. 이 관점에 의존하여 전문서비스 기업이 국제화 시 다음의 세 가지 중요한 도전에 직면할 수 있다.

- 특화된 자원(예: 전문적 노동력)이 국경을 넘어 이전하기 어려울 수 있음
- 이 자원들이 현지 시장에서 가치 혹은 적용성을 잃을 수 있음
- 지역자원(예: 전문가와 지역 파트너들)을 발견하기 어려울 수 있음

### (2) 지식기반관점(KBV: Knowledge-based View)

자원기반관점에 관련되어 있지만 이것은 지식이 기업의 핵심 자원이고 기업이 지식의 창출과 이전에 특화된 사회적 커뮤니티라고 제안한다. KBV는 기업의 지식이 암묵적일수록 그것은 기업에게 더 강한 경쟁우위를 가져올 뿐만 아니라 이전하기 더 어렵게 만드는 더 끈적한 지식일 것이라고 주장한다. 전문서비스 기업의 많은 지식이 개인에게 내재되고 부분적으로 암묵적이라는 것을 고려하면 전문서비스 기업은 국제화할 때 그 지식을 국경을 넘어 이전시키는 어려움에 직면할 것이다.

### (3) 웁살라 모델(Uppsala model)

스웨덴 웁살라 대학에서 제시한 모델은 지식기반관점에 기반하고 지속적인 지식획득과 자원헌신의 사이클로 국제화 기업의 점진적인 확장을 설명한다. 이 모델의 후속 개발은 기업은 지식을 내부적으로 개발할 뿐만 아니라 지역시장에서 대리인들의 네트워크에서 상호작용을 통해 지식 개발한다고 주장한다. 게다가, 이 지역 네트워크에 침투하는 데 성공하지 못한 기업들은 필수적인 시장 특유의 비즈니스 지식을 획득하는 어려움을 갖고 지역 시장에서 신뢰의 결여에 직면한다고 한다. 전문서비스는 보통 강한 관계에 의존하기 때문에 전문서비스 기업이 지역 네트워크에 접근하고 굳건한 평판을 구축하는 것이 특히 중요하나 그 네트워크에 접근하는 데 많은 시간과 비용이 소요된다.

### (4) 제도이론(institutional theory)

기업이 운영하는 환경 내 제도로부터 압력을 받고 이 제도에서 정당성을 얻기 위해 적용해야 한다는 것을 고려하면 다국적 기업은 제도적 이중성(institutional duality: 예를 들어 자국과 진출국 모두에서 제도에 적용하기)의 도전에 직면할 것이다. 게다가, 다국적기업이 외부적 정당성(외부적인 제도적 환경 내에서 기업의)과 내부적 정당성(다른 환경에 각각 내재된 다국적기업 하위단위들 간에) 모두를 관리할 필요가 있기 때문에 이 도전은 더욱 복잡해 진다. 전문서비스 기업은 전문직의 제도적 환경에 내재되고 규제자, 전문협회, 대학 등에 의해 영향받는다. 따라서, 제도적 관점은 전문서비스 기업이 다른 제도적 상황을 관리해야 하는 도전에 직면할 것이라고 예측한다.

### (5) 통합-대응성 프레임워크(integration-responsiveness)

국제화 기업의 전략을 설명하는 데 자주 사용되는 다른 이론적 프레임워크는 통합-대응성 프레임워크이다. 이것은 글로벌 통합의 업무는 지역시장에 대한 대응성 혹은 적응의 업무와 상충하기 때문에 국제적으로 분산된 기업은 이 두 가지 충돌하는 힘을 균형시키는 도전에 직면할 것이다. 특히, 기업은 지역적으로 적응된 제품으로 시장에 서비스하면서 동시에 규모의 경제를 달성하는 것을 추구할 것이다. 전문서비스 기업은 글로벌 통합과 지역적 대응성을 균형시키는 도전에 직면하나 각 전문서비스가 고객의 특정 문제를 해결하는 것을 지향하기 때문에 규모의 경제를 달성하는 데 제한을 갖고 다른 시장에서 적용할 수 있는 지식도 부족할 것으로 예측된다.

## 2.5. 전문서비스 국제화의 성공요인

여러 문헌을 통해서 연구된 바에 의하면 기업 국제화 성공에 중요한 성공요인으로서 관리자들에 의해 논의된 세 가지는 제공품의 이전가능성, 재무자원, 경쟁적 가격책정이다.

### (1) 제공품의 이전가능성

이것은 특정 시장을 위해 필요한 제품/서비스 고객화의 수준으로서 정의된다. 이전가능성이 높은 제공품은 새로운 시장에 진입할 때 제한된 조정을 필요로 하는 반면에 이전가능성이 낮은 제공품은 새로운 시장에 진입할 때 폭넓은 조정을 필요로 한다.

가령, 특정 고객을 위한 건축물의 아키텍쳐 디자인은 그 고객에게 독특하기 때문에 낮은 이전가능성을 갖는 반면에 넓은 시장에 걸쳐 유사한 시스템에서 기능할 수 있는 컴퓨터 소프트웨어는 높은 이전가능성을 갖는다. 제공품의 조정의 성공이 지역시장에 대한 관리자의 지식에 의해 결정되기 때문에 낮은 이전가능한 제공품의 조정의 니즈가 증가하면 국제화의 성공율과 관련된 리스크가 증가할 것이다. 따라서, 낮은 제공품의 이전가능성은 국제화 프로세스에 대한 관리자의 기대를 감소시킨다.

### (2) 재무자원

기업이 지역시장 지식을 개발하는 데 자원에 대한 투자를 증가시킬 때 국제 시장에서 성공적이되기 위한 능력이 증가할 것이다. 기업이 자국 내 경계를 넘어 확장하면서 효과적으로 경쟁하기 위해서는 더 큰 자원이 요구된다. 결과적으로, 재량적으로 사용할 수 있는 더 큰 재무자원을 갖는 기업들이 신규 시장에 진입할 때 더 작은 자원을 갖는 기업에 비해 경쟁우위를 달성할 수 있다.

### (3) 경쟁적 가격책정

경쟁적 가격으로 서비스 제공품을 제공하는 기업의 능력은 그 성공확률을 증가시킨다. 전체 비용을 최소화할 수 없는 것은 낮은 이익 혹은 더 높은 가격으로 이어지면서 기업을 차별적인 경쟁비우위에 놓는다. 국제화의 기저에 있는 프로세스는 전문서비스 기업이 국제 시장에 진입하면서 생산과 지식에서 규모의 경제를 활용한다는 것을 제안한다. 규모의 경제는 기업의 운영비용이 산출물보다 더 낮은 비율로 증가할 때 존재하고 전문서비스 기업에게 경쟁우위로서 작용할 수 있다. 기업이 국제화 프로세스를 통해 이동하면서 획득한 지식을 새로운 경험에 적용하고 그 학습곡선을 활용한다. 지식의 레버리지는 기업이 국제화할 때 더욱 가격 경쟁적이 되도록 허용하면서 전체 비용의 절감으로 결과된다.

**국제화와 지식, 학습, 활용**

지식은 성장과 경쟁우위의 원천으로서 폭넓게 인식되고 최근의 국제화 연구는 그 지식의 역할에 다시 많은 관심을 갖도록 만들었다.


## 3.1. 지식 차원

### (1) 지식집약

지식집약은 기업이 주요 투입물, 산출물, 핵심 역량, 혹은 전략적 자원을 구성하는 지능적으로 숙련된 노동력의 복잡한 지식에 의존하는 수준으로서 정의될 수 있다. 비록 전문서비스 기업이 지식집약, 낮은 자본집약, 전문화된 노동력이라는 세 가지 차별적 특징을 갖는 것으로서 정의되었으나 모든 전문서비스 기업이 낮은 자본집약을 보이지 않거나(예: 병원) 매우 강한 전문적 노동력(예: 경영 컨설팅)을 보이지 않으나 모든 전문서비스 기업은 복잡한 인적자본 형태를 갖는 높은 지식집약으로 특징된다.

지식집약적 기업에서 국제화 속도와 지식집약 사이가 긍정적 연결을 갖는 것으로 논의되고 있다. 지식집약적 기업들은 거래와 국가 경계에 의해 덜 방해받기 때문에 그들은 많은 고정자산에 대한 투자에 의존하는 기업들보다 더욱 유연한 방식으로 국제적인 기회를 활용할 수 있다. 지식집약적 서비스 기업은 아래의 세 가지 우위로 인해서 자본집약적 기업들보다 더 빨리 국제화의 편익을 수확할 수 있고 해외 진입의 비용을 낮출 수 있다.

- 유형자산 투자에 대한 낮은 부담
- 기존 고객의 해외 진출
- 더 커진 글로벌 표준화

그러나, 그러한 기업들이 과도하게 국제화하여 자원을 너무 많은 시장, 프로젝트, 고객에 분산하여 펼치는 가능성이 존재한다. 하지만 낮은 자본집약, 글로벌화된 고객기반, 지식집약적 서비스에 관련된 진입유형의 유연성은 전문서비스 기업에 의한 국제화를 더 고무할 것이다. 지식집약적 기업은 자본집약적 기업보다 거의 두배 더 빨리 국제 시장에 자원을 투자한다(Shukla and Dow, 2010). 자본집약적 기업이 자산을 해외로 이전(예: 대규모 해외 설비투자)하는 대규모 일회성 변화를 하는 경향(혁신적 성장)이 있는 반면에 지식집약적 기업은 점진적으로 해외 투자를 증가시키는 경향(진화적 성장)이 있다.

인적자본에 대한 의존하는 높은 지식집약은 국제화 프로세스에서 경영에 큰 도전을 부과한다. 그러한 인적자본은 권한, 명령, 공식적 조직 프로세스라기보다는 자율과 가이드를 강조하는 관리적 접근법에 더 반응한다(예: 고양이 몰이).

### (2) 암묵성

전문서비스에 특히 적합한 지식의 두 번째 차원은 암묵성이다. 전문 노동력에 내재된 인적자본에 대한 의존성은 전문서비스 기업이 제조 혹은 자본집약적 서비스보다는 암묵적 지식에 더 의존하도록 만든다. 기업 지식의 암묵성은 그 지식이 어려울 뿐만 아니라 이전 시 많은 비용이 소요되게 만들며, 비용과 이전 유형에 영향을 미친다. 암묵적 지식집약에 의해 부과된 전략을 극복하기 위해 국제 시장에 대해 높은 통제(따라서 높은 비용)를 갖는 집입유형이 더 선호될 것이다.

전문서비스 기업의 암묵적 지식의 특이성과 경쟁자들에 의한 모방가능성은 결정적인 전략적 중요성을 갖는다. 전문서비스 기업에서 가치창출과 경쟁우위는 직원의 지식, 스킬, 전문성, 경험, 개인적 네트워크의 전개와 개발에 기초한다. 숙련된 인적 및 관계자본과 특히, 평판은 지식집약적 전문서비스 기업의 핵심적인 암묵적 자산이고 그들의 국제화 패턴과 연결될 수 있다.

암묵적 지식(전문서비스 기업의 학습, 관계자본, 평판, 특화된 인적자본, 경험적 학습을 구현하는)이 국제화 시장에서 더 크고 가속화된 참여에 관련된다는 것을 발견할 수 있다. 인적자본은 기업이 고객의 니즈에 더 잘 대응하도록 하고 친숙하지 않은 해외 시장의 복잡성을 다루도록하고 관계적 자본을 구축하도록 한다.

암묵적 지식은 심지어 조직의 규칙, 루틴, 지식에 내재된 명시적 지식보다 단일의 혹은 소수의 의사결정자들에 심하게 의존하는 중소기업의 국제화에서 더 중요하다. 전문서비스 기업에서 이 국제화 특유의 지식은 해외에서 기존의 지식기반 경쟁우위를 강조할 수 있다. 명시적과 암묵적 지식은 보완적이고 국제화의 프로세스에서 하나는 다른 것으로 전환되어야 한다. 가령, 전문적 스킬은 해외 시장의 상황에 적용되어야 한다. 또한, 지역 규모에서 암묵적 지식은 명시적 지식에서 분리될 필요가 있다. 이것은 암묵적과 명시적 지식모두를 통합하는 지식경영 프랙티스를 전개한다는 것을 의미한다.

### (3) 지식의 원천

세 번째 차원은 전문서비스 기업의 지식 국제화의 원천이다. 전문적 노동력에 내재된 지식집약에 대한 의존성을 고려하면 전문서비스 기업은 인적자본에 내재된 내부 지식의 중요성을 강조한다. 그러나 이 인적자본의 개발에 대한 외부적 영향의 중요성도 많이 강조되고 있다. 예를 들어, 엔지니어링 컨설팅 기업에 의한 국제적인 시장진입 유형 선택에서 우위의 원천을 구성하고 비즈니스 파트너에 의한 지식의 기회주의 혹은 남용의 리스크를 줄이는 것은 기업 내 개인, 팀, 조직 지식의 결합이다. 개인적 접촉, 관계, 개별 직원의 현지국에 대한 지식이 기업 내에 내재된 경험적 및 기술적 지식에 의해 보완되기 때문이다.

유사한 맥락에서, 기업의 학습하는 내부 역량은 기업이 상호작용하는 어떤 주체들과 상호간의 학습에 관여하는 역량에 의해 보완된다. 따라서, 지식의 외부 원천은 전문서비스 기업 내 지식 개발에서 중요한 역할을 한다. 외부적 원천은 전문적 네트워크와 조직, 대학, 조인트벤처, 전략적 제휴 파트너, 고객을 포함한다. 해외 시장의 지식집약적 네트워크와 제도적 구조(예: 대학)에 자신을 내재시킴으로서 국제화하는 전문서비스 기업은 정당성, 지역특유의 지식, 새로운 채용을 위한 인재풀에 대한 접근할 수 있게 된다.

외부적 네트워크를 통한 관계적 자본은 전문서비스 기업의 국제화를 지원한다. 흔히 전문서비스 기업은 해외 시장으로 가는 주요 고객을 따라간다. 이러한 방식의 국제화를 촉진하기 위해 사회적 접촉을 포함한 외부 네트워크의 사용은 특히 핵심자원이 부족한 소기업에게 중요한 것으로 보인다.

요약하면, 전문서비스 기업은 지식의 내부적(인적자본)과 외부적(관계적 자본) 원천 모두에 의존하고 이들은 성공적으로 내부화될 수 있으며, 이 두 자본은 보완적이기 때문에 균형적 관점이 중요하다.

## 3.2. 경험적 지식과 조직학습

국제화 프로세스에서 지식을 성공적으로 활용하기 위한 핵심은 학습에 있다. 이것은 전문서비스 기업이 국제화하기 위해 기존의 지식자원을 필요로 할뿐만 아니라 국제화 프로세스 중에 획득한 새로운 지식을 적용할 필요성을 의미한다. 따라서, 경험적 지식(experiential knowledge)은 조직학습과 국제화 역량에 있어서 핵심이된다. 국제화의 상황에서, 경험적 지식은 해외 시장에 적극적으로 관여하여 기업이 축적하는 지식으로서 정의되고 경험적 지식의 세 가지 유형이 존재한다.

- 국제화
- 해외 비즈니스
- 해외의 제도적 지식

다양한 지역에서 운영하는 것은 기업이 학습 프로세스에서 다양한 지식을 축적하도록 만들고 넓은 기회에 민감한 흡수역량을 개발하고 불확실성을 줄이는 것을 가능케 한다. 경험적인 조직학습은 국제화 프로세스에서 현명한 선택을 하는 노우하우를 활용하는 기업의 능력을 반영한다. 국제화의 프로세스에서 기업은 지역 법규, 정부, 지역 문화와 같은 제도적 요인들뿐만 아니라 개별 고객과 시장에 대한 경험적 지식을 추구해야 한다. 경험적이 많은 기업은 해외에서 적절한 지역, 공급자, 파트너, 정보시스템을 잘 선택할 것이다. 게다가, 전문서비스 기업의 성공은 고객, 경쟁, 비용, 기술에 대한 새로운 정보원천으로부터 지속적인 필터링과 학습을 위한 역량에 의해 결정되고 경험적 지식은 지속적이고 효과적인 방식으로 그러한 지식을 활용하는 기업의 역량을 반영한다. 기업의 국제적인 경험적 지식(혹은 전문서비스 기업이 일상의 운영 과정에서 서비스를 전달하는 것, 장소, 방법, 대상)은 학습과 지식개발로 연결된다.


## 3.3. 국제화 프로세스에서 지식을 활용하는 메카니즘

경험적 지식이 국제화 프로세스에서 유용하게 되기 위해 베스트 프랙티스(best practice)의 형태로 축적된 지식이 기업 내에서 활용될 필요가 있다. 지식을 활용하는 것은 학습, 지식이전 및 관리, 내부화, 통합 혹은 국제화, 순환, 조직, 적용(사용)을 포함한다. 성공적인 이전, 적용, 통합은 기업의 국제화 프로세스에서 지식과 조직학습의 활용에 핵심이라는 것은 명확하다. 이것은 특히 조직의 지식과 더불어 여러 개인적 지식 집합(고객을 다루는 것, 접촉, 파트너뿐만 아니라 전문적 표준, 규범, 윤리에 의해 영향받는)을 필요로 하는 전문서비스 기업에서 사실이다. 그러나 그러한 의존성은 국제적 경계를 가로질러 개인의 지식을 집합적 지식으로 전환하기 위한 효과적 내부 메커니즘이 결여되었을 경우에 지식 중복성, 이중성, 직원 이탈로 인한 취약성을 갖는다.

 **국제화 역량**

## 4.1. 역할

전문서비스 기업은 필수적으로 다른 조직처럼 재무적, 물리적, 인적, 사회적, 조직적과 같은 자본을 필요로 한다. 그러나 전문서비스 기업에서 특히 중요한 것은 무형의 인적, 사회적, 조직적 자본이다. 전문서비스 기업에서 이 자원기반관점은 암묵적 혹은 명시적, 인적, 물리적, 전자적이든 간에 지속가능한 경쟁우위에 필요한 중요한 자원이 존재해야 한다는 것을 지적한다. 그러나 성공적인 국제화는 본질적으로 이전하기 어려운 자원(예: 암묵적이고 경험적인 지식)의 이전을 필요로 한다는 역설이 존재한다. 따라서, 성공적인 국제화는 다음의 독특한 역량들을 필요로 한다.

- 경험적 지식: 다양한 시장에서 기업의 국제적 운영에 관한 다양한 축적된 지식과 지속적이고 효과적인 방식으로 이 지식을 활용하는 역량을 반영
- 성장을 관리하기 위한 스킬과 경험: 사무실 네트워크 구축, 전문인력의 획득과 통합, 운영 효율성의 구축, 조직구조의 재디자인, 지배구조 시스템 등
- 글로벌 네트워크 구축: 단순히 독립적인 해외의 국제사무소들의 집합과 다른 이 네트워크를 구축하기 위한 시장 선택, 분산된 제도적 상황 내에서 문화적/정치적/법적 통합과 같은 추가 역량 등
- 다양한 사무실 간의 효과적인 조정 메커니즘

## 4.2. 역량개발과 관련한 이슈

### (1) 글로벌 시장진입 전략

글로벌화하는 기업은 해외시장에 진입하는 프로세스를 통해 가치있는 자원과 역량을 획득할 수 있다. 국제적 확장에 헌신하는 기업은 이 성장을 달성하기 위한 여러 수단을 갖는다. 즉, 개발된 적이 없는 창업(start-up), 구매(buying), 라이센싱(licensing), 조인트벤처(joint venture)이다.

최근의 전문서비스 기업의 국제적 확장은 인수 및 합병(M&A: merge & acquisition)에 의해 지배적이 되고 있다. M&A의 리스크가 큼에도 불구하고 특히 서비스 기업에서 이 M&A의 급증이 나타나고 있다. 그 이유로는 다음이 있다.

- 기존고객을 보유하기 위한 방어적인 차원의 전략
- 명성 확장
- 글로벌 역량의 획득

마지막의 글로벌 역량 획득의 일부분으로서 전문가들의 수평 이동이 전문서비스 기업에서 활발하게 전개되고 있다. 이 수평 이동성(lateral mobility)은 현대 전문서비스 시장의 가장 두드러진 특징 중 하나로서 설명되기도 한다. 수평 이동의 한 예는 Big Four 회계기업에서 다른 기업으로 이동하는 세무부서의 전문가이다. 수평이동의 관점에서 한 핵심 전문가를 잃는 것은 전문서비스 기업 실패의 원인이 될 수 있다. 따라서 M&A를 통해 고품질을 갖는 전문가의 수평이동을 유인하는 것은 해외시장에 진입을 하기 위한 핵심 전술이 된다.

### (2) 지배구조

전문서비스 기업이 다양한 시장으로 확장함에 따라 많은 변화가 조직의 체계에 요구된다. 일반적으로 전문직들이 고도로 제도화되는 추세에 있기 때문에 이 유형의 조직적 변화가 한 개념적 체계에서 다른 체계로의 변화로 대표되는 체체변화(archetype shift)를 필요로 한다. 현대의 전문서비스 기업에서 발생하는 주요 변화는 다음이 있다.

- 관리통제주의 강화와 더욱 일반 기업화
- 비공식적 네트워크에 덜 의존

- 개별적 보상 강화
- 파트너십에서 멀어지는 경향
- 글로벌화 경향

전통적인 계층적 전문가파트너십($P^2$)의 더욱 기업과 같은 개체로의 변화는 관리된 전문가 비즈니스(MPB: managed professional business) 혹은 GPN(global professional network)으로 변화하고 있다. 거리(문화적 및 지리적)의 증가로 인해 과거의 집단적 동료파트너십(collogial partnership) 구조에서 기능하는 데 복잡성을 증가시키기 때문에 국제화하는 전문서비스 기업에서 파트너십 구조는 문제를 초래할 수 있다.

새롭게 등장하는 조직적 성향의 한 예로서 문제해결, 의사결정, 논란 해결에 전문적 재능이 더 중요하기 때문에 새로운 조직 형태는 전문가와 고객 모두의 니즈를 충족시키는 방향으로 나타날 것이다. 예를 들어, 전통적인 계층적 구조는 성과 측정이 개인 수준까지 내려가는 임의계약(at-will contract)을 활용하는 형태의 분산된 유사 자율조직으로 대체될 가능성이 높아지고 있다.

### (3) 레버리지

전문서비스 기업은 자신의 핵심 자원의 활용을 최적화하기 위한 노력 중 하나로서 파트너당 어쏘 수의 비율과 같은 레버리지를 활용하고 있다. 단순한 산술적 계산을 하면 레버리지 비율이 클수록 파트너당 수익 발생과 이익 배분이 더 커진다. 그러나 실제로 레버리지를 활용하는 조직에 관리적 도전이 상당히 클 수 있다. 가령, 높은 레버리지 비율은 어쏘에게는 더 작은 승진 기회를 나타내기 때문에 그들의 의욕을 꺾을 수 있다.

따라서, 레버리지를 활용한 역량은 정교한 조직적 및 관리적 스킬을 필요로 하기 때문에 전문서비스 기업이 더 국제화될수록 그 레버리지 결합을 관리하는 것은 어려워지게 된다. 가령, 성과가 낮은 파트너들을 오히려 강등시키는 최근의 프랙티스는 지리적, 법적, 문화적 차이에 의해 더욱 복잡해지는 민감한 협상을 필요로 한다.

### (4) 내부 통합

글로벌화하는 조직에게 중요한 도전은 글로벌 접근을 수익으로 전환시키는 것이다. 서비스 기업의 글로벌화로부터 발생하는 수익은 일반적으로 해외 시장의 브랜드, 배타적 제공품, 지식, 경험, 교차판매 능력, 기타 역량으로부터 발생한다. 글로벌 규모로 이것을 달성하는 것은 다른 시장에서 매력적인 품질을 갖는 서비스뿐만 아니라 지속적 학습과 분산 조직들 사이의 지식이전을 더 신속히 처리하는 조직 역량을 필요로 한다. 로펌의 글로벌화는 법률 제품/서비스 그 자체의 글로벌화가 아니라 효과적인 글로벌 서비스 전달을 제공하는 데 필요한 조직적 및 관리적 프로세스에 대한 것이다.

## 5 전문서비스의 프랜차이즈

### 5.1. 프랜차이징의 성장이유와 편익

#### (1) 성장이유

전문서비스분야에서 프랜차이징(franchising)이 해외 시장진입의 방법으로서 점점 더 사용이 증가하고 있다. 그 이유는 다음과 같다.
- 그것은 작은 재무 리스크를 포함
- 그것은 통신과 기술의 발전을 통해 더 쉽게 실현
- 그것은 프랜차이지(franchisee)가 규모의 경제로부터 편익을 얻고 프랜차이저 (franchisor)가 더 작은 기업의 규제적 유연성을 달성하도록 하는 전략적 제휴를 제공
- 브랜드 서비스의 긍정적 이미지를 통한 높은 성장

#### (2) 프랜차이즈로부터 도출된 서비스 유형과 편익
- 진행되는 절차와 운영의 표준, 입지 분석, 마케팅과 경영 지원, 중심화된 구매
- 재정적 지원/가이드, 경영 개발, 건물/시설/인테리어 레이아웃의 디자인
- 이름의 사용과 상표권의 보호, 업그레이드를 위한 지속적인 관리적 접근법

## 5.2. 프랜차이징의 증가에 영향을 미치는 요인

국제적 프랜차이징의 자원기반 설명은 프랜차이저가 충분한 양의 자원을 축적한 후에 국제화한다고 설명한다. 통신과 모니터링 기술의 발전에도 불구하고 문화적 차이와 현지국의 특이성은 기업들이 국제적 확장의 목적을 위해 상당한 양의 금전적 및 인적 자원을 바칠 필요가 있다는 것을 의미한다. 해외 프랜차이즈의 성공의 결정요인은 흔히 환경적 차이로 인해 자국 내 시장에서 핵심 성공요인과는 다르다. 이처럼 다른 경제적, 정치적, 문화적 환경은 운영, 진입유형, 협상의 변화를 필요로 한다.

자원기반이론 하에서 거리관리, 문화적 적응성, 현지국 경영 스킬을 포함한 자원은 프랜차이저가 국제화를 시도하기 전에 개발되는 것이 필요하다. 이 자원으로는 다음이 있다.

- 재무적 자본
- 인적 자본
- 관리스킬
- 지역에 대한 지식

따라서, 조직의 인적 및 자본자원은 프랜차이즈 시스템의 국제화의 중요한 결정요인이다. 이 자원들이 자국에서처럼 해외에서도 쉽게 이용할 수 있기 때문에 그들은 신규 기업에게 진입 장벽으로서 작용한다.

기업들은 이 장애물을 어떻게 극복하는가? 그들이 성숙하고 성장함에 따라 자원을 개발하여 극복한다. 자국 내 프랜차이징 문헌에서, 프랜차이저의 규모, 나이, 성장률은 프랜차이징 기업의 자원을 측정하는 데 사용된다. 결국, 프랜차이징 시스템이 더 클수록, 더 오래될수록, 더 높은 성장률을 가질수록 국제화 프랜차이즈를 더 추구할 것이다.

대리인 이론이 프랜차이즈 시스템을 통한 국제화를 설명하는 데 사용된다. 대리인 이론은 프랜차이저와 대리인인 프랜차이지 사이의 이익의 일치에 초점을 둔다. 국제적 프랜차이징에 대한 연구는 프랜차이지를 통제하는 데 있어서 프랜차이저의 역량에 관심을 둔다. 프랜차이지의 행동을 통제하는 데 프랜차이저가 더 역량을 갖고 있을수록 국제적 프랜차이지를 더 추구할 것이다.

그러나 국제화에서 발생하는 물리적 및 문화적 거리로 인해서 모니터링은 더욱 어려워진다. 프랜차이징 시스템의 국제화는 흔히 기업의 모니터링 역량과 관련된다. 이 어려움으로 인해 기회주의의 기회가 증가한다. 국제적 프랜차이지의 기회주의는 적절한 모니터링 스킬의 개발을 통해 최소화될 수 있다.

국제화된 기업들은 더 많은 수익이 초기에 획득되기 때문에 초기 수수료가 증가할수록 프랜차이즈 기업의 확률도 증가한다. 이 관계는 다음의 이유로 유지된다.

- 프랜차이즈 수수료는 해외 프랜차이즈에 대한 투자를 결정한다.
- 프랜차이즈 협약은 프랜차이지가 약속을 불이행할 경우에 프랜차이저가 계약을 취소하는 것을 허용한다.

따라서, 프랜차이지는 프랜차이저의 운영 프로토콜을 따르는 인센티브를 갖는다. 따라서, 가격 구속이 더 클수록 프랜차이저는 국제적 프랜차이지를 더 추구하려 할 것이다.

 ## 6 M&A를 통한 국제화

### 6.1. M&A의 문제점

전문서비스에서 발생하는 M&A의 문제점은 다음과 같다.

#### (1) 지식과 고객관계는 흔히 개인들에게 전속적이다.

기업들은 지식을 성문화하고 확산시키기 위한 시스템을 개발할 수 있으나 가장 가치있는 지식은 기업 내 개인들의 암묵적 지식일 것이다. 이 암묵적 지식은 수년 간의 경험에 기반하고 공식적 및 성문화된 언어로 소통하기 어렵다.

#### (2) 전문가들은 상당한 운영적 자율을 누린다.

전문서비스 기업을 특징짓는 분산권한 구조(그리고 흔히 지배구조의 파트너십 형태 내에서 간직되는)는 개별 전문가들의 개인적 자율을 증가시키고 관리자가 그들에 대해 통제를 실행하는 능력을 최소화한다.

### (3) 전문가는 M&A의 전망에 부정적으로 반응할 것이다.

M&A에 대해 전문가는 보통 지극히 부정적인 감정을 밝힌다. 이 감정은 두려움, 분노, 고민을 포함하고 수동적이고 적극적인 저항과 이탈과 같은 부정적인 행동반응과 관련된다. 따라서, 합병하는 전문서비스 기업의 관리자는 파트너 동료들과 그들의 기술적 지식과 고객관계(기업 내 일차적인 파워의 원천을 나타내는)를 공유하기 위해 매우 자율적인 전문가들을 설득해야 한다.


## 6.2. 통합 프로세스

Empson(2000)은 전문서비스 기업의 통합 프로세스를 미국의 고등학교 댄스모델이라는 은유적인 표현으로 제안하였다. 전통적인 학교 댄스에서 소년과 소녀들은 선생님의 감독하에 체육관의 다른 편에 서로 마주보고 위치한다. 처음에는 서로 다가가지 않고 자기 친구들에게 그들의 친구를 폄하함으로써 그들의 분노를 숨긴다. 결국 소수의 개인이 댄스 파트너를 발견하기 위해 서로에게 다가간다. 이 성공에 고무되어 더 많은 학생들이 댄스 파트너를 찾는다. 파트너를 발견하지 못한 사람들은 체육관을 떠난다. 그 저녁의 마지막에 통합이 달성된다.

여기서 인식해야 하는 핵심 포인트는 선생님들이 그 댄스를 조직화할 수 있지만 누구와 함께 춤출지 혹은 그 저녁이 성공인지를 결정할 수 없다는 것이다. 그들은 통합을 위한 상황을 창출하나 통합을 위한 원동력은 소년과 소녀 자신들로부터 나온다.


### (1) 적응(1-2년째)

대부분의 경우에 통합협상을 마무리한 후 매우 작은 통합이 약 18개월 동안에 발생한다. 기존의 브랜드 이름, 경영구조, 관리시스템이 보유되고 모든 기업이 분리된 사무실을 계속 점유한다. 이 기간은 교착상태와 휴전상태로서 설명된다. 시니어 관리자들은 일상의 운영적 이슈들을 관리하는 데 초점을 두고 세부적인 실행계획을 발굴하지 않는다. 그들은 통합에 있어서 자유방임형 접근법을 적용하고 개별 전문가가 변화의 속도를 결정하도록 한다.

관리자들은 그들의 합병 파트너 기업과 자신을 친숙하게 하는 시간을 필요로 한다. 시니어 관리자의 무대책에 대한 가장 중요한 설명은 대규모 전문인력의 사직을 막기 위해서이다. 경험많은 전문가들의 이직은 기업에게서 가치있는 기술적 전문성과 고객관계를 잃게 만들고 주니어 전문가의 사직은 그들이 가장 높은 이익의 비율을 발생시키기 때문에 또한 피해를 입힐 수 있다.

가치 파괴를 최소화하는 것을 추구하는 데 시니어 관리자들은 거의 도움이 되지 않는다. 동시에, 기업 내 모든 수준의 전문가가 합병 파트너 동료들과 기술적 지식과 고객관계를 공유하는 데 거의 관심을 보이지 않고 때때로 적대감을 보이기도 한다. 협력을 거절하는 그 이유는 '활용'과 '오염'의 두 가지 두려움에 기인된다. 활용의 두려움은 개인들이 자신의 기술적 지식을 합병 파트너 동료보다 더 높게 가치를 평가할 때 발생한다. 결과적으로, 그들은 어떤 변화로 인해 손해를 볼 것이라고 믿기 때문에 이 동료들과 협력하는 인센티브를 갖지 않는다. 두 번째 두려움인 오염의 두려움은 한 기업의 직원이 자신을 합병 파트너 동료보다 더욱 고급 이미지를 갖는다고 인식할 때 발생한다. 그들은 자신의 개인적 이미지와 명성에 구현된 가치가 새로운 합병으로 인해 줄어들 것이라고 두려워한다. 흔히 개인들이 그들의 지식 혹은 이미지가 더 우월하다고 인식하는 이유는 어떤 객관적 기준에 의해 정당화(혹은 객관화)되기 어렵기 때문에 합병의 양측면에 있는 개인들은 서로를 경시하는 이유를 찾는다.

하지만, 모든 전문가들이 이 두 가지 두려움에 걸리지는 않는다. 어떤 사람은 합병이 제시하는 소득 증가와 개인적 발전을 위한 기회를 인식하기도 한다. 어떤 경우에 이 '통합 기업가'는 협력을 위한 기회를 탐구하기 위해 합병 파트너 기업에서 유사한 생각을 갖는 동료를 찾으려고 노력함으로써 통합 프로세스를 발전시키는데 핵심 역할을 한다.

### (2) 전이(2-3년째)

인수합병 이후에 직원은 자신의 기업을 이상적으로 생각하고 상대 합병기업을 악마화할 수 있다. 통합 기업가는 합병 파트너 기업의 개인들과 개인적 관계를 구축함으로서 이 프로세스를 미연에 방지하고 반대로 바꾸는 것을 도와야 한다. 그들은 자신의 기업에서 긍정적 경험을 통해 부정적 고정관념에 도전할 수 있다. 시간이 지나면서, 점점 더 많은 개인들이 이 새로운 동료들과 접촉을 추구하기 시작한다.

더 많은 개인들 간의 관계가 개인적 수준에서 조직 경계를 넘어 이루어지지만 분리된 입지, 브랜드 명칭, 보상 구조, 회계시스템의 개별적 유지와 같은 통합에 남아 있는 구조적 방해물에 의해 개인들이 좌절된다. 심지어, 여전히 협력하는 것을 꺼려하는 직원들이 통합이 제대로 안되는 것에 대한 그들의 좌절을 표현한다. 변화가 발생하는 데 2년을 기다린 후에 그들은 더 이상 자신의 미래에 대한 지속적인 불확실성을 허용할 수 없다. 이 두 번째 단계 동안에 전문가들(즉, 학생들)은 통합의 속도를 가속화하라고 시니저 관리자(즉, 선생님)에게 압력을 넣기 시작한다.

여전히 통합에 저항하는 어떤 직원은 마지막에 사직을 선택한다. 비록 시니어 관리자에게 심각한 우려를 초래하는 수준까지 가지 않더라도 직원 이직의 수준은 이 둘째 단계에서 증가하기 시작한다. 그러나 대부분의 요지부동의 저항자들이 사직하는 것은 아니다. 어떤 개인들은 마음의 변화를 경험하고 통합의 편익을 인식하게 된다.

### (3) 통합(3년째 이후)

이 유형의 태도의 변화는 전격적인 통합을 위한 준비하는 것을 지원한다. 통합에 대한 풍부한 진행이 셋째 해 동안에 발생한다. 두 기업 사이의 물리적 및 인지적 경계를 제거하도록 설계된 개선된 조직 구조와 새로운 사무실 빌딩으로의 이전이 이루어지면서, 대규모의 수익성이 높은 통합된 프로젝트가 고객에게 판매된다. 이 변화의 기간 동안에 두 기업의 경계에 대한 전문가의 인식은 희미해지기 시작하고 많은 개인들의 조직 내 소속이 변하기 시작한다. 셋째 해의 마지막에 시니어 관리자들은 그들의 합병이 성공적이라고 판단한다. 물론 회의론자는 이것이 단순히 회상적 편의와 자기 정당화를 반영한다고 주장할 수 있다.


## 6.3. 성공적 통합의 관리

### (1) 두 관리자들이 상대방 기업에 대한 구체적이고 정확한 정보를 갖는다.

만약 두 기업이 오랫동안 제휴 혹은 다른 형태의 협력적 관계를 갖았다면 성공적인 통합이 이루어질 것이다. 비록 두 당사자들이 서로에게 정직하게 소통하고 있다고 믿을지라도 기술적 지식과 고객 관계의 형태와 내용과 같은 복잡하고 무형적인 개념을 논의할 때 상당한 범위의 오해가 발생할 수 있다.

**(2) 시니어 관리자가 합병으로부터 어떻게 가치가 창출되는지에 대해 동의하고 그들의 관점이 현실적 실행계획에 의해 후원된다.**

분산 권한구조의 상황 내에서 기업들 간뿐만 아니라 기업 내에서 동의를 구축하는 것이 중요하다. 세부적 통합계획이 개발될 수 있는 수준은 전적으로 협상단계 중에 얻어진 정보의 세부사항과 품질에 의존할 수 있다.

**(3) 가치 파괴를 막기 위해 핵심 가치창출 자원이 규정된다.**

전문서비스에서 핵심 가치창출 자원은 전문가와 고객이거나 일반적 전문성 분야일 수 있다. 이 전문성의 형태와 내용을 규정하고 기업 내에서 그것이 어디에 있는지를 결정하는 것이 중요하다.

#  파트너십 관리

## 7.1. 파트너십의 성공요인

전문서비스 기업의 파트너십은 보통 공동으로 운영함으로써 더 큰 편익을 달성하기 위해 노력한다면 자율적 조직들 사이에 존재하는 지속적 관계이다. 이 파트너십이 잘 관리되지 못하면 어떤 그 관계의 붕괴로 결과될 수 있다. 파트너십의 성공은 몇 가지 요인들에 의해 결정된다.

### (1) 파트너십의 특징

① 헌신

헌신은 관계를 대표하여 노력을 발휘하는 거래 파트너의 의지를 의미한다. 그것은 기대하지 않은 문제에 견딜 수 있는 관계를 구축하기 위해 파트너가 시도하는 미래 지향적 행동을 반영한다. 높은 수준의 헌신은 양 당사자들이 기회주의적 행동의 불안에 떨지 않고 개별 및 공동의 목표를 달성할 수 있는 상황을 제공한다. 더욱 헌신된 파트너들이 노력을 발휘하고 단기 문제를 장기 목표 달성과 균형시킬 것이기 때문에 더 높은 수준의 헌신은 파트너십 성공과 관련된다.

### ② 조정

조정은 각 당사자가 다른 사람이 수행하는 것으로 기대하는 업무 집합을 반영한다. 성공적 업무 파트너십은 조직에 걸쳐 일관적인 상호 목적으로 지향된 조정된 행동에 의해 이루어진다. 어떤 환경에서 안정성은 더 큰 조정을 통해 달성될 수 있다. 높은 수준의 조정이 없다면 즉시 프로세스는 실패하고, 생산은 멈추고, 어떤 계획된 상호 우위가 달성될 수 없다.

### ③ 신뢰

신뢰는 다른 사람의 호의와 신뢰성의 평가로서 다른 기업에 의해 수행된 바람직한 행동을 갖을 가능성에 대한 개인의 신념과 기대로서 설명된다. 파트너십의 핵심 특징인 협력은 거의 신뢰없이는 불가능하다. 신뢰는 대부분의 조직간 관계에서 불확실성과 협력 장애물을 줄이고 파트너십 성공을 이루기 위해 투명성과 정보의 공유를 고무한다. 다른 조건이 일정하다면, 신뢰를 특징짓는 교환관계는 더 큰 스트레스를 관리할 수 있고 더 큰 적응성을 보여줄 것이다. 따라서, 신뢰의 결여는 정보교환, 영향의 호혜성에 해를 미칠 것이고 공동 문제해결의 효과성을 줄일 것이다.

## (2) 커뮤니케이션 행태

전략적 파트너십의 편익을 달성하기 위해 당사자들 사이의 효과적 커뮤니케이션이 필수적이다. 커뮤니케이션 행태의 세 가지 측면은 커뮤니케이션 품질, 당사자들 사이에 교환되는 정보의 수준, 계획과 목표설정에 참여이다.

### ① 커뮤니케이션 품질

이것은 정보 전송의 핵심 측면이다. 품질은 교환된 정보의 정확성, 적시성, 적절성, 신뢰성의 측면을 포함한다. 잠재적 파트너십의 모든 범위에서 커뮤니케이션 품질은 성공의 핵심 요인이다. 적시적이고, 정확하고, 적절한 정보는 파트너십의 목표가 달성되기 원한다면 필수적이다. 거래 파트너들 사이의 밀접한 연결에 기반해 지속적 성장에 대한 진실된 커뮤니케이션이 중요하다.

### ② 참여

참여는 계획과 목표설정에서 파트너들이 공동으로 관여하는 수준을 의미한다. 의사결정과 목표 수립은 파트너십이 성공하는 것을 돕는 참여의 중요한 측면이다. 의사결정에 참여는 파트너십에 대한 만족과 관련되는 반면에 공동계획은 상호 기대가 구축되고 협력노력이 규정되도록 한다. 더욱 성공적인 파트너십은 더 높은 수준의 커뮤니케이션 품질을 보이는 것으로 기대되고 파트너들 사이의 더 많은 정보 공유와 계획 및 목표설정에 더 많은 참여로 기대된다.

③ 정보공유

정보공유는 결정적인, 흔히, 전유적인 정보가 서로의 파트너에게 소통되는 수준을 의미한다. 더 밀접한 연결은 더 많은 빈도와 더 관련된 정보 교환으로 결과된다. 정보를 공유하고 서로의 비즈니스에 대해 지식이 풍부하게 됨으로써 파트너들은 시간이 지나 관계를 유지하는 데 독립적으로 행동할 수 있다.


## 7.2. 협력적 갈등 해결

갈등은 당사자들 사이의 내재적 상호의존성으로 인해 조직간 관계에서 자주 존재한다. 관계에 대한 갈등해결의 영향은 생산적이거나 파괴적일 수 있다. 따라서, 파트너들이 갈등을 어떻게 해결하는지는 파트너십 성공에 결과를 갖는다. 전략적 파트너십에 있는 기업들은 공동 문제해결에 관여하도록 동기부여된다. 당사자들이 공동 문제해결에 관여할 때 상호간의 만족스러운 솔루션이 만들어질 수 있고 파트너십 성공을 향상시킨다.

파트너들은 갈등상황에서 특정 솔루션을 적용하기 위해 서로를 설득하려고 시도한다. 이 설득 노력은 일반적으로 강제 혹은 지배의 사용보다 더 건설적일 것이다. 그러나 파괴적 갈등해결 기법(예: 지배와 대립)은 역효과로써 간주되고 파트너십의 기본구조를 제한할 것이다. 어떤 파트너십에서 갈등해결의 방법이 제도화되고 삼자 중재가 시도되기도 한다. 그러한 중재가 편익을 제공하도록 지원할 수 있는 반면에 내부적 해결(예: 외부 당사자들에 의존하지 않는 것)은 장기적 성공을 제공한다. 결국, 갈등해결을 사용해 파트너십의 상호이익 목표를 악화시키지 않고 갈등의 근본원인을 다루는 옵션이 성공을 낳을 것이다.

# 참고문헌

Boussebaa, M. and Morgan, G. (2015), "Internationalization of professional service firms", in Empson, L., Muzio, D., Broschak, J. and Hinings, B. (Eds), Handbook of Professional Service Firms, Oxford University Press, pp. 71-91.

Empson, L.(2000), "Merging professional service firms", Business Strategy Review, 11(2), 39-46.

Shukla, A. & Dow, J.D. (2010), "Post-entry advancement of international service firms in Australia: A longitudinal approach", Scandinavian Journal of Management, 26(3), 268-278,

## 저자약력

## 김진한

금오공과대학교 경영학과에 재직 중인 김진한은 서강대학교에서 경영과학 전공으로 박사학위를 받았다. 저자는 한국외 환은행 경제연구소, 현대경제연구원, 포스코경영연구소, 피츠버그대학교에서 과학적 의사결정, 신사업, 기술혁신과 네트워크 등에 대한 컨설팅과 프로젝트를 수행하였으며, 서강대, 이화여자대학교, 건국대, 인천대, 세종대 등에서 강의를 한 바 있다. 현재 대학에서는 서비스운영관리, 기술경영, 공급 사슬관리, 빅데이터분석 관련 과목의 강의를 주로 하고 있다.

## 전문서비스경영

| | |
|---|---|
| 초판발행 | 2023년 2월 28일 |
| 지은이 | 김진한 |
| 펴낸이 | 안종만·안상준 |
| 편 집 | 김윤정 |
| 기획/마케팅 | 장규식 |
| 표지디자인 | BEN STORY |
| 제 작 | 고철민·조영환 |

펴낸곳 (주)**박영사**
서울특별시 금천구 가산디지털2로 53, 210호(가산동, 한라시그마밸리)
등록 1959. 3. 11. 제300-1959-1호(倫)

| | |
|---|---|
| 전 화 | 02)733-6771 |
| f a x | 02)736-4818 |
| e-mail | pys@pybook.co.kr |
| homepage | www.pybook.co.kr |
| ISBN | 979-11-303-1709-0   93320 |

정 가   34,000원